제2판

전략경영

제2판

전략경영

방호열 · 김민숙

Strategic Management

문우사
MoonWoo

제2판 머리말

경영자의 일상은 의사결정의 연속이다. 어떤 의사결정을 하는가에 따라 기업에 미치는 영향이 달라진다. 효과적인 의사결정을 위해 필요한 것이 '좋은 정보'이다.

「왓 위민 원트(What women want?)」라는 영화를 보면, 주인공(멜 깁슨)은 우연한 사고로 여성들의 속마음을 들을 수 있는 능력을 얻게 된다. 여성들이 무엇을 원하는지(왓 위민 원트) 알 수 있는 능력이 생긴 것이다. 여성이 무얼 원하는지 알 수 있기 때문에 호감이 가는 여성에게 쉽게 다가갈 수 있다. 광고기획자인 주인공은 이 능력을 활용해 여성에게 어필하는 광고를 만들 수도 있다.

기업의 경영자도 고객이 진정으로 원하는 것이 무엇인지를 안다면 이를 만족시키는 제품이나 서비스를 쉽게 개발할 수 있을 것이다. 어떤 전략이 효과적인지를 안다면 여러 대안 중에서 최선의 전략을 선택할 수 있을 것이다.

안타깝게도 현실의 경영자는 의사결정에 필요한 충분한 정보를 가지고 있는 경우가 드물다. 정보가 부족한 불확실한 환경에서 의사결정을 해야 한다. 이때 필요한 여러 정보 중 하나가 어떤 전략적 의사결정(전략)이 어떤 결과(성과)를 가져오는지에 대한 정보이다. 이러한 정보는 의사결정(전략)과 결과(성과) 간의 인과관계를 설명하는 전략경영분야의 이론을 이해함으로써 얻을 수 있다. 『전략경영』이라는 이 책도 이러한 정보를 제공하는 데 목적이 있다.

『전략경영』의 개정판도 이러한 목적을 염두에 두고, 크게 다음의 두 가지 점을 보완하였다.

첫째는 각 장마다 〈들어가면서〉라는 글을 추가하였다. 〈들어가면서〉에는 각 장의 첫 페이지에 인용한 문구나 기업 사례에 대해, 인용 이유와 그 내용이 해당 장의 주제와 어떤 관련성이 있는가를 설명하였다. 지금까지는 책을 읽는 사람이 각자의 관점에서 그 의미를 찾았을 것인데, 제2판에서는 저자들이 생각하는 해석을 덧붙였다. 저자들의 해석을 먼저 참고로 한다면 인용한 문구나 기업 사례를 이해하는 데 도움이 될 것이다.

둘째는 각 장마다 〈전략포커스〉라는 부분을 추가하였다. 〈전략포커스〉는 각 장의 주제에 맞는 기업 사례를 하나씩 소개하고, 사례에 대한 해석을 덧붙인 글이다. 책 내용에 개념이나 이론을 설명하는 부분이 많다 보면, 딱딱하고 지루하기 쉽다. 개정 전에도 설명을 돕기 위해 다양한 기업의 사례를 소개하였지만 대개는 짤막하게 소개하는 데 그쳤다. 제2판에서는 개념이나 이론을 이해하는 데 도움이 되는 기업의 사례를 한 편씩 길게 소개하고 있다. 이들 사례는 잡지나 신문기사 등에서 발췌한 것이다. 사례에 대한 저자들의 해석을 추가하였기 때문에 사례의 의미를 이해하는 데 도움이 될 것이다.

제2판을 준비하는 데 큰 도움을 준 문우사의 김영훈 대표님과 편집에 수고하신 직원분들께 감사드린다. 지난번의 책 표지도 멋지게 디자인하였는데, 개정판의 표지도 정말 멋지게 디자인하였다.

2020년 3월 2일

저자 씀

머리말

'킹 랄프(King Ralph, 1991)'라는 미국영화를 보면, 미국에서 살던 주인공 랄프는 어느 날 갑자기 영국의 왕위 계승자가 된다. 밤무대에서 노래 부르며 격식과 규율을 전혀 모르는 무명가수가 왕위 계승자가 되었으니, 모든 것이 달라져야 한다. 국왕이 되기 위한 왕위 계승 수업을 받는데 이는 무척 고생스러운 과정이다. 지금과는 전혀 다른 말투와 행동을 해야 하고, 판단하는 기준도 달라져야 하니 배워야 할 것이 너무 많다. 그러나 국왕이 되기 위해서는 배우고 익히지 않을 수 없다.

그렇다면 기업경영을 책임지는 경영자는 어떤가? 경영자도 이에 적합한 자격을 갖춘 사람이 그 자리를 맡아야 한다. 경영자의 자격을 갖추기 위해서도 많은 것을 배워야 한다. 국왕이 어리석은 행동과 현명하지 못한 판단으로 국가를 다스릴 수 없듯이, 경영자도 일반인과 같이 전문적 지식이 뒷받침되지 않는 상식적 판단으로 기업을 경영할 수는 없다.

만약 시간이 촉박하여 경영학의 많은 지식 중에서 가장 중요한 핵심을 배워야 한다면 어떤 과목을 먼저 배워야 할까? 답은 '전략경영'(strategic management; 경영전략의 수립과 실행에 관한 학문)이다. 이 책이 다루고 있는 주제가 전략경영이라서 그런 것은 아니다. 그렇다면 그 근거는 무엇인가?

아주 오래전에 경영학의 체계를 파르테논 신전에 비유한 그림을 본 적이 있다. 신전을 받치는 네 개의 기둥은 경영학의 주요 기능분야인 인사관리, 재무관리, 마케팅, 생산관리를 나타내고, 조직론은 신전의 기초(토대)를 나타내며, 회계학은 신전의 바닥을 나타내는 것으로 그려져 있었다. 여기서 전략경영은 신전의 지붕에 해당하는 과목으로 표시되었다.

그림에서 전략경영은 경영학의 가장 높은 위치에 자리하고 있었다. 경영학의 어느 분야인들 중요하지 않을 수 없지만, 전략경영의 학문적 지위를 말해주는 그림이다. 핵심은 전략경영은 조직 전체를 조망하면서 네 개의 기능을 조정하여 전체의 균형과 조화를 달성하게 하는 임무가 주어진 과목이라는 것이다. 따라서 경영자가 되고자 하는 사람은 누구나 전략경영을 우선적으로 학습하여야 한다.

전략경영은 조직의 성공원인과 실패원인을 탐구하는 학문이다. 전략경영을 연구하는 사람은 조직이 성공하였다면 그 이유가 무엇이며, 실패하였다면 그 이유가 무엇인가에 대해 궁금해하며, 이러한 의문을 해소할 수 있는 답을 찾고자 노력한다.

대부분의 조직은 경쟁을 통해 생존한다. 고객과 생산요소를 확보하기 위해 경쟁하며, 궁극적으로는 자신이 선택한 생존방식에 소요되는 비용을 만회하기 위한 수입을 얻기 위해 경쟁을 한다.

기업이 생존하기 위해서는 선택을 하여야 한다. 본질적으로 전략적 성격을 띠는 이 선택에는 여러 가지의 선택문제가 포함된다. 목표의 설정, 제품과 서비스의 결정, 시장 지위를 구축하기 위한 경쟁전략의 설계와 구상, 적정한 수준의 사업범위와 다각화의 결정, 과업의 규정과 조정을 위한 조직구조와 관리제도의 설계 등과 같은 선택문제가 주요한 예라고 하겠다. 전략경영분야의 기본 전제는 이러한 선택이 기업의 성공과 실패에 결정적인 영향을 준다는 것이다. 그리고 이들 각 부분의 선택을 통합한 집합체가 바로 기업의 전략이다.

전략경영은 실무(경영관리)에 뿌리를 두고 있는 학문분야이며, 그 주제 자체의 중요성이 존재의 당위성을 뒷받침한다. 기업의 전략이야말로 현대 산업사회에서 부를 창출하는 핵심이라고 하겠다. 전략경영은 다른 사회과학과 같이 철학에 학문의 뿌리를 두고 생성된 것이 아니며 현재의 학문적 전통도 그렇다. 또한 경제학 분야와 같이 이론적 기반의 세련됨이 학자들의 관심을 끄는 것도 아니다. 그보다는 공학이나 의학과 같이 우리 사회를 위해 필요한 조직의 역할과 과업을 능숙하게 수행하는 방법을 체계적으로 기록하고 가르치며 확장시키는 데 학문의 목적이 있다.

그런데 전략경영이라는 학문의 시작은 실무(경영관리)와 그것을 체계적으로 서술하는 데 있었지만, 독립된 학문으로 발전하기 위해서는 조직의 성공과 실패를 설명하고 예측하는 이론이 필요하다. 학문을 체계화하고 가르치기 위해서도 이론은 필요하다. 실증적으로 검증된 이론이 있어야 현실을 설명하고 예측할 수 있으며, 나아가서 보다 나은 방식으로 실무(경영관리)를 수행하는 데 활용할 수도 있다. 따라서 전략경영의 학문적 관심은 조직의 성공과 실패에 관한 검증된 결과를 축적하고, 그에 따른 교훈에 대한 이해력을 높임으로써 보다 효율적이고 적응력이 뛰어난 조직이 우리 사회에 봉사하게끔 하는 데 있다.

이 책에서는 기업이 장기적으로 생존하고 성장하기 위한 방법에 대해서 설명하고 있다. 기업의 성공과 실패에 영향을 주는 수많은 요인을 체계화하는 큰 그림을 그리려고 노력하였다. 경영학의 각 분과를 파르테논 신전에 비유한 것과 같이 기업의 성공과 실패에 영향을 주는 요인을 사업전략(business strategy)과 기업전략(corporate strategy)으로 구분하여 주요 개념과 논리를 설명하였다. 이 책의 전반적 수준은 기본적으로 학부생에 맞도록 하였으나, 필요한 경우 대학원생 수준에 맞는 내용도 포함시켰다. 어려운 내용은 교수의 재량으로 생략하여도 진체를 이해하는 네 상관이 없다.

이 책을 통해 전략을 연구하는 전략경영에 흥미를 느끼고, 더욱 열심히 연구하여 기업의 성공에 도움이 되는 새로운 개념과 이론을 개발하거나, 아니면 실무에 종사하여 실제 기업의 성과를 높이는 탁월한 경영자가 나온다면, 이 책의 목적을 더할 나위 없이 훌륭하게 달성하는 것이 된다.

2014년 8월 1일

방호열·김민숙

차 례

STRATEGIC MANAGEMENT

제 1 장

전략의 개념과 전략경영

1975년 캐나다의 북쪽 끝에 위치한 노바스코시아라는 지역에 캐나다의 한 회사와 일본의 아타카라는 회사가 합작으로 정유공장을 세웠으나 곧 실패하고 파산을 하게 된 사건이 있었다. 나는 당시 국제경영전략을 전공하고 있었으며 박사학위논문을 쓰기 위해 논문주제를 선정하던 시기였다. 나로서는 석유도 안 나고 시장도 없는 노바스코시아에 왜 그렇게 큰 회사들이 정유공장을 짓겠다고 결정했는지 의문이 생겼다. 그래서 두 회사가 어떻게 그곳을 공장부지로 선택했으며, 왜 실패로 돌아갔는지를 논문주제로 삼아 연구하기로 했다.

이러한 연구계획을 들은 로버트 스토보(Robert Stobaugh) 교수는 다음과 같은 이야기를 들려주었다. 10층 건물 옥상에 다섯 사람이 서 있었다. 그들은 어떻게 하면 안전하게 땅바닥에 떨어질 것인가를 연구하고 있었다. 첫 번째 사람은 우산을 들고 뛰어 내리면 안전할 것이라고 여기고 뛰어 내렸으나 우산이 뒤집혀 죽고 말았다. 두 번째 사람은 침대 매트리스 위에 앉아 뛰어 내렸으나 매트리스가 뒤집혀 죽었고, 세 번째 사람은 천으로 몸을 감싸고 뛰어 내렸으나 역시 죽었다. 이같이 5명 모두 나름대로 독특한 시도를 해보았으나 다 죽고 말았다.

스토보 교수는 "5명의 실패사례에서 우리는 무엇을 배울 수 있겠는가. 그 실패사례를 연구했다고 해서 우리가 그 건물에서 안전하게 뛰어내릴 방법을 찾아냈는가." 라고 덧붙였다. 이 이야기로부터 나는 스토보 교수가 뜻하는 바를 알아차렸다. 실패사례로부터는 성공하는 방법을 배울 수 없으며 성공하는 방법을 배우기 위해서는 성공사례를 연구해야 한다는 것이었다. 이후 나는 캐나다의 그 사례를 포기하고 다른 주제로 논문을 끝냈다.

– 조동성 교수(한국경제, 1995.5.10.)

스위스의 심리학자 칼 구스타프 융(Carl Gustav Jung)은 누군가의 성공을 보고 배울 수 있는 것은 거의 없다고 역설했다. 성공은 그의 오류를 입증하는 것과 다를 바 없다는 이유에서다. 장기간 만사가 순조로울 경우 자신이 무엇을 견뎌낼 수 있는지, 어려운 상황에서 이떤 자원을 이용할 수 있는지 알 수 없다는 것이다.

반대로 실패가 사람을 자극하고 앞으로 나아가게 한다고 융은 확신했다. 실패는 그동안 갖고 있었던 신념을 의심하고 몸에 밴 습관을 버리도록 한다. 실패를 경험하면 자신의 힘과 잠재력, 때로는 창조성에 대한 확신을 잃게 된다. 삶이 위협받는 상황에 놓일 수도 있다. 실패했을 때 견뎌내고 이를 바탕으로 성장하고 성숙할 수 있는지 없는지가 가장 중요하다.

– 레나테 다니엘(김하락 옮김), 『오직 용기』, 한스미디어(2013)

제1장 들어가면서

성공사례와 실패사례

"사과는 왜 지면에 수직으로 떨어질까?" 이 질문이 뉴턴(Isaac Newton)으로 하여금 만유인력의 법칙을 발견하는 데 기여하였다고 한다. 어떤 학문이든 그 학문이 탐구대상으로 하는 고유한 큰 질문(a big question)이 있다. 전략경영이라는 학문의 큰 질문은 "조직의 성공과 실패를 좌우하는 요인은 무엇인가" 하는 것이다. 예컨대, 어떤 기업이 성공하였다면 왜 성공하였는지, 실패하였다면 왜 실패하였는지 하는 질문에 관심을 가진다. 그리고 이 질문에 대한 답, 즉, 기업의 성공과 실패를 설명할 수 있는 요인(성공요인과 실패요인)을 찾고자 한다.

이 장을 시작하면서 인용한 사례에서 알 수 있듯이, 연구자는 박사학위논문을 쓰기 위해 "캐나다기업과 일본기업이 합작한 정유공장이 왜 실패하였는가" 하는 질문을 제기하였다. 이 질문으로 우리는 연구자의 전공이 전략경영이라는 것을 알 수 있다. 정유회사가 왜 실패로 돌아갔는지를 논문주제로 삼기로 마음먹었기 때문이다.

그런데 연구자의 지도교수는 성공사례를 연구해야 성공요인을 알 수 있지, 실패사례를 연구해서는 성공요인을 알 수 없다고 한다. 실패사례를 연구해서 실패요인을 안다고 한들 정작 성공요인을 알 수는 없다는 것이다. 그런데 이 말은 반은 맞지만 반은 틀린다. 기업이 당장 알고 싶은 것은 성공요인이지 실패요인은 아닐 것이다. 그러나 실패사례를 연구하고 이를 바탕으로 실패요인을 보완하고 개선함으로써 새로운 시도를 할 수 있다. 이러한 과정을 반복하면 결국 어느 상황에서도 성공할 수 있는 성공요인을 찾아낼 수 있을 것이다. 기업과 달리 연구자는 실패사례를 연구한다고 해서 실패에 따르는 비용을 부담하는 것은 아니다. 따라서 성공사례를 연구하는 것 못지않게 실패사례를 연구하는 것도 중요한 연구과제가 된다.

1.1 학문으로서의 전략경영

1. 이론의 유용성

연구(research)를 쉽게 정의한다면 모르는 것에 대해 의문을 제기하고 이에 대한 답을 찾는 활동이라고 할 수 있다. 따라서 연구는 누구나 할 수 있는 활동이다. 그런데 모르는 것이 있을 때 책을 찾아보거나 누구에게 물어보는 것으로도 의문을 해소할 수 있는데 이런 활동을 연구라고 하지는 않는다. 이미 다른 사람이 같은 의문을 제기하고 이에 대한 답을 찾아 놓았기 때문이다. 이런 점에서 본다면 연구는 아무나 할 수 있는 것은 아니다. 연구는 누군가 아직 찾아놓지 않은 답을 찾기 위해 노력하는 활동이기 때문이다.

연구를 통해 어떤 의문에 대한 답을 얻었다고 한다면, 처음에 제기한 의문과 이에 대한 답과의 관계를 일반화한 것이 이론(theory)이다. 즉, 이론은 연구의 결과물이다. 이러한 이론에 대해 잘못 알려진 부분들이 많다. 이론과 현실은 다르기 때문에 이론이 유용하지 않다는 주장은 대표적인 예이다. 이론은 현상을 이해하고 설명하는 데 도움을 주기 위해 필요한 것이다. 그렇지 못한 이론은 이론으로서의 가치를 상실했다고 볼 수 있다. 앞에서 말했듯이 어떤 의문에 대한 답을 일반화시킨 것이 이론이기 때문이다.

맥도날드(McDonald's)는 가장 성공한 미국기업의 예로 들 수 있다. 1955년에 설립된 맥도날드는 110개국 이상에서 매년 2,000여 개의 매장을 확장하고 있다. 이러한 맥도날드의 성공을 보면서 맥도날드가 성공한 원인이 무엇인가에 대해 의문을 제기할 수 있을 것이다. 여기에 대해 다양한 답을 할 수 있다. 하버드 대학의 허즈링거(R. Herzlinger) 교수가 제시한 다음과 같은 답은 그중의 하나이다.

"맥도날드의 성공에 있어서 핵심은 집중(focus)에 있다. 맥도날드의 한정된 메뉴는 간결함의 전형(a model of brevity)을 보여준다. 이러한 간결함은 표준화를 가능하게 하는데, 이를 통해 신속성, 품질의 일관성, 가치성을 극대화하게 한다. 맥도날드는 감자 칩의 재료를 공급하는 업체들에게 미사일 제조업자가 신경 써야 하는 것만큼의 까다로운 사양을 요구하고 있다. 조리사는 하이테크 튀김기계를 사용하여 정확하게 9/32인치 두께의 감자 칩을 바깥은 바삭바삭하되 안은 보플하게 조리함으로써 맛의 일관성을 유지한다. 그리고 주문 후 1분 내에 완료가 되게 하고(신속성), 한 봉지를 1달러에 제공함으로써 고객이 지불하는 돈에 대한 대가를 극대화(가치성)한다."

이상의 주장에 따르면, 맥도날드의 성공은 메뉴의 집중으로 설명할 수 있으며, 이를 통해 신속성, 일관성, 가치성을 높일 수 있다는 것이다. 따라서 허즈링거 교수의 설명은 맥도날드가 어떻게 성공했는가 하는 의문을 해소하는 데 도움을 주는 좋은 연구를 하였다고 할 수 있다.

그렇다면 이상의 내용을 이론이라고 할 수 있는가? 앞에서는 이론을 "제기한 의문과 이에 대한 답과의 관계를 일반화한 것"이라고 하였다. 여기서 '일반화한 것'이라는 문구의 의미는 어떤 답이 특정 상황에만 적용되는 것이 아니라 다른 상황에서도 적용될 수 있는 보편성을 가지고 있다는 것을 의미한다. 허즈링거 교수는 맥도날드의 성공모형을 의료산업에 적용시킬 수 있다고 한다.

미국의 병원들도 맥도날드와 같이 제한된 메뉴에 집중함으로써 효율성을 극대화할 수 있다는 것이다. 환자들이 칭송하는 유명병원의 공통점이 있다면, 그것은 바로 제한된 진료서비스라는 것이다. 예컨대 캐나다 토론토에 있는 한 병원(Shouldice Hernia Centre)은 탈장만 집중(전문화)하여 수술하는데, 다른 병원에서는 한 외과의사가 일 년에 30회 미만의 수술을 하는 데 비해, 이 병원에서는 일 년에 평균 600회의 수술을 함으로써 탈장수술에 있어서 최고의 숙련도에 도달하게 된다는 것이다. 이에 따라 이 병원 환자는 다른 병원에 비해 훨씬 낮은 수술비용을 지불하고 있다. 또 미국 텍사스의 심장전문병원(Texas Heart Institute)은 심장개복수술에 전문화함으로써 수술비용을 다른 병원보다 한 건당 16,000달러나 절감시키고 있다고 한다. 전문화하는 병원은 반복을 통해 숙련도를 높일 수 있을 뿐 아니라 서로의 경험을 공유하는 기회를 늘리고, 자료의 축적량을 늘리므로 가장 효과적인 치료법을 찾게 하는 장점도 가지고 있다.

이상에서 예로 든 병원은 진료분야를 집중(전문화)함으로써 효율성을 극대화할 수 있다는 사실을 보여주고 있다. 따라서 패스트푸드 산업의 성공요인이 의료산업에도 적용될 수 있다는 것을 알 수 있다. 이에 따라 허즈링거 교수는 맥도날드의 성공모형을 패스트푸드 모형(the fast-food model)이라고 하고, 좀 더 낮은 비용으로 더 나은 서비스를 원하는 고객을 충족시키려는 병원이 채택해야 할 성공모형으로 제시하고 있다.

패스트푸드 모형이 다른 많은 산업에도 적용될 수 있는 보편성을 가지게 된다면, 이 모형은 아주 강력한 메시지를 담고 있는 이론이 될 수 있다. 이제 이 이론을 알고 있는 당신이 어떤 회사를 책임진다고 가정한다면, 맥도날드의 메뉴 집중이라는 핵심어로 대표되는 전략을 채택하여 실행할 수도 있을 것이다. 결론적으로 우리가 알 수 있는 사실은, 이론은 현상을 설명하고 이해하는 데 도움을 준다는 것이다. 나아가 바람직한 결과(병원의 성공과 높은 수익)를 얻기 위해 어떤 행동을 해야 할 것인가에 대한 규범적 답을 제시해 주기도 한다.

2. 전략경영의 관심현상

앞절에서 보았듯이 이론은 의문을 해소하는 답을 제시해준다. 무엇인가에 대해 알고 싶을 때, 어떤 일에 대해 왜 그런지 궁금할 때 여기에 답을 해주는 것이 이론이다. 따라서 모든 이론의 출발점은 "왜?"라는 의문을 제기하는 데서부터 시작된다.

어떤 현상에 관심을 가지는가에 따라 학문분야가 달라진다. 자연현상에 관심을 가지는 자연과학과 사회현상에 관심을 가지는 사회과학을 대표적으로 들 수 있다. 이러한 분류를 연구자의 입장에서 본다면 궁금해 하는 관심사가 무엇인가 하는 것이다. 다른 말로 한다면 "왜?"라는 의문부호를 어디에 붙이는가에 따라 전공분야가 달라진다고 하겠다. 신발 디자인을 전공하는 사람은 신발과 관련된 사항에 의문부호를 붙일 것이다. 미용사는 사람들의 머리에 의문부호를 붙일 것이다. 특정한 현상에만 집중하여 의문부호를 붙이는 사람을 전문가라고 할 수 있다. 어떤 분야의 전문가는 그 사람의 관심사가 특정 현상에 집중되어서 다양한 의문을 제기해보고 이에 대한 답을 찾아본 경험이 많을 것이므로, 그 분야에 대한 새로운 의문이 제기될 때에도 올바른 답을 제시할 가능성이 높을 것이다.

그렇다면 전략경영(strategic management)을 연구하는 학자나 사람들이 관심을 가지는 현상은 무엇인가? 이에 대해 "전략경영을 연구하는 학자가 관심을

전략포커스 | 실패를 자축하는 'SUPERCELL(슈퍼셀)'에게 배우는 실패의 철학

2010년대가 올해로써 막을 내린다. 2020년대를 맞이해 '앱애니'는 지난 10년간 전 세계 모바일 게임 누적 다운로드 수 및 소비자 지출 상위 10위를 선정해 26일 발표했다. 지난 10년간 모바일 게임 유저들이 가장 많은 지출을 한 게임 1위는 핀란드 게임회사 '슈퍼셀 (SUPERCELL)'의 '클래시 오브 클랜(Clash Of Clans 일명, COC)'이다. 10위로는 '클래시 오브 클랜'과 같은 세계관을 갖고 있는 같은 회사의 '클래시 로얄 (Clash Royale)'인데, '슈퍼셀'은 10위권 이내에 자사의 게임을 두 개나 랭크시킨 유일무이한 기록을 세웠다.

슈퍼셀은 실패를 자축·장려하는 기업 문화를 가지고 있다. 슈퍼셀의 CEO 일카 파나넨은 실패가 적은 기업일수록 도전이 적은 것이며, 수많은 실패와 도전은 곧 창조적인 아이디어를 만드는 지름길이라며 실패의 철학을 강조했다. 또한 그는 '게임 산업'의 특성상 관료적인 조직도는 알맞지 않다고 여겨 중간 관리자를 없애 심플한 조직도를 구성해냈다. 이로 인해 자율성과 창의성을 보장해주는 문화를 정착시킬 수 있었다고 한다. 이 문화를 바탕으로 만들어진 게임이 바로 '헤이 데이', '클래시 오브 클랜', '붐비치', '클래시 로얄', '브롤 스타즈'이다.

슈퍼셀은 2010년 스타트업으로 시작해 단 4개의 게임으로 지난해 매출 18억 유로(약 2조 3000억 원)를 기록했다. 회사를 설립한 후 단 7년 만에 이룩한 성과다. 세계적인 유니콘 기업으로 급부상한 슈퍼셀은 계속해서 실패를 거듭하고 있다고 한다. 슈퍼셀이 새로 출시한 게임 '스푸키팝'이 그 예이다. 스푸키팝 개발자들은 실패를 확신함과 동시에 케이크와 함께 파티를 열었다고 한다. 슈퍼셀의 '실패 자축 파티'는 앞서 말한 '실패의 철학'을 그 무엇보다 잘 설명해주고 있다.

슈퍼셀의 대표 일카 파나넨은 "실패는 아프다. 허나 실패를 통해 무엇을 얻을 수 있고 앞으로 어떻게 이를 해결할 수 있을지 배울 수 있다는 점에서 우리는 실패에 대해 파티를 연다."고 말했다. 일카 파나넨은 몇 주, 몇 달만 즐기고 마는 게임이 아니라 수십 년을 해도 즐거운 게임을 만들겠다는 하나의 원칙을 최우선으로 삼는다고 한다.

출처: 문화뉴스(2019. 12. 27.), 이성훈 기자

가지는 현상은 조직의 성공과 실패(the success or failure of firms)이다"라고 말할 수 있다. 즉 전략경영을 연구하는 사람들은 조직이 성공하였다면 그 이유가 무엇이며, 실패하였다면 그 이유가 무엇인가에 대해 궁금해 하며, 이러한 의문을 해소할 수 있는 답을 찾고자 노력한다.

〈전략포커스〉에 소개한 슈퍼셀은 "실패는 성공의 어머니"라는 오래된 격언을 상기시켜주는 기업문화를 가진 기업이다. 실패가 적은 기업일수록 도전이 적은 것이며, 수많은 실패와 도전은 곧 창조적인 아이디어를 만드는 지름길이라는 실패의 철학을 가지고 있는 기업이다. 이러한 철학은 이 장을 시작하면서 성공사례를 통해서만 성공요인을 배우는 것이 아니라 실패사례를 통해서도 성공요인을 배울 수 있다고 한 주장과 일맥상통하는 내용이다.

슈퍼셀에서는 게임을 기획하기 위해서 CEO에 보고하면, 바로 개발에 착수하고 누구나 핵심 콘텐츠가 만들어지기까지 다양한 방식으로 테스트할 수 있도록 자유로움과 독립성이 부여된다. 비록 프로젝트가 성공하지 못하더라도 그 경험을 얻은 것이 조직에 도움이 된다고 생각하기 때문에 실패를 축하하는 샴페인 파티를 진행하는 것이다.

전략경영분야가 관심을 가지는 것이 조직의 성공과 실패라고 하였는데, 이에 대해 보다 일반화된 표현을 생각해 볼 필요가 있다. 다음의 〈그림 1-1〉과 같이 같은 산업에 속한 비슷한 규모의 다섯 개 기업이 각기 다른 손익현황을 보이고 있다고 하자.

그림의 다섯 개 기업 중에서 성공한 기업과 실패한 기업을 구분한다면 어떻게 구분할 수 있는가? 여러 가지 방법이 있겠지만 먼저 이익이 난 기업과 손

그림 1-1 각 기업의 손익현황

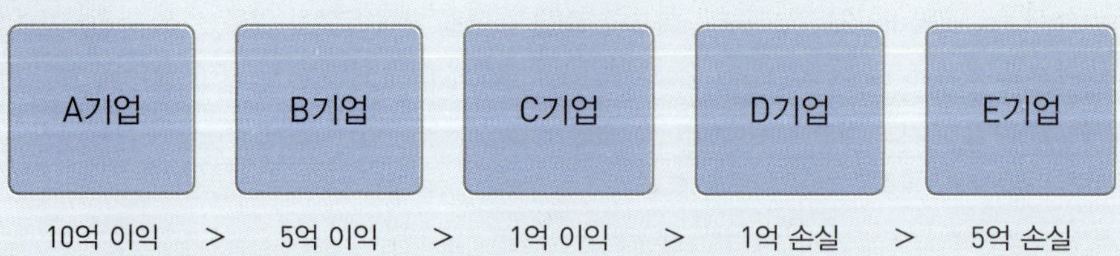

실이 난 기업을 기준으로 성공과 실패를 구분할 수 있을 것이다. 즉 흑자를 기록한 A, B, C 기업은 성공한 기업으로, 적자를 기록한 D, E 기업은 실패한 기업으로 볼 수 있을 것이다. 이 경우 앞의 인용문에서 성공방법을 알기 위해서는 성공사례를 연구하여야 한다고 한 스토보 교수의 말에 따르면, A, B, C 기업을 대상으로 성공요인(success factors)을 연구하면 될 것이다.

그런데 만약에 흑자를 본 기업이 없고 모든 기업이 적자를 보고 있다면 연구할 대상기업이 없는 것인가? 이때 성공과 실패의 기준은 무엇인가? 앞에서 인용한 사례와 같이 기업이 완전히 망하고 없기 때문에 실패사례라고 명확하게 판별할 수 있는 상황이 현실세계에서는 잘 나타나지 않는다. 따라서 조직의 성공과 실패라는 표현을 이분법적(dichotomous)으로 해석하는 것은 너무 단순하므로 이를 보다 확대할 필요가 있다.

먼저 적자가 난 D 기업과 E 기업을 비교해 보면, 같이 적자가 났지만 D 기업은 E 기업에 비해 적자가 난 규모가 적다. 이는 상대적으로 D 기업이 보다 나은 전략을 수행하였다고 할 수 있겠다. 즉 D 기업은 다른 세 개 기업보다는 못하지만 E 기업보다는 나은 성과를 올렸다고 할 수 있으므로 상대적으로 성공하였다(comparative success)고 할 수 있다. 한편 흑자가 난 A, B, C 기업을 보면, C 기업이 1억 원의 흑자를 기록하고는 있지만, A 기업과 B 기업보다는 못한 성과를 보이고 있다. 이는 B 기업도 마찬가지이다. 따라서 B 기업과 C 기업은 A 기업에 비해 상대적으로 실패하였다고 할 수 있다.

이상의 논의를 요약하면 다음과 같다. 전략경영분야가 관심을 가지는 현상은 조직의 성공과 실패인데, 이를 보다 일반화시켜 표현한다면 기업간(또는 조직간)의 상대적 성과차이(inter-firm or inter-organizational difference in performance)라고 하겠다. 따라서 전략을 연구하는 학자들은 기업 간의 상대적 성과차이를 가져오는 원인을 파악하고, 이들 원인이 성과에 어떤 영향을 주는가를 논리적으로 설명하고자 한다.

1.2 기업의 수명

기업은 조직이다. 조직을 극히 단순하게 정의한다면 공통의 목적을 추구하는 사람들의 집단이라고 할 수 있다. 사람들의 집단이라고 하였으나 기업의 구성원은 항시 변한다. 신입사원이 계속하여 들어오고, 기존 사원은 정년과 사직 등의 사유로 기업을 떠난다. 기업을 하나의 생명체로 간주한다면 구성원의 끊임없는 순환은 기업이 영속성을 유지하는 데 중요한 전제조건이라고 할 수 있다. 그렇다면 기업은 영원한 존재인가? 흔히 기업을 계속기업(going concern)으로 표현할 때는 기업의 영속성을 전제로 하고 있는 것은 아닌가? 기업이 영속성을 유지하기 위해서는 어떤 조건을 갖추어야 하는가? 이러한 문제에 대해서는 다음 절에서 보다 구체적으로 다루기로 하고, 여기서는 실제의 자료를 통해 기업이 영속적인 존재인지, 그렇지 않다면 기업의 수명은 얼마나 되는지를 살펴보기로 하자.

한국기업의 수명은 얼마나 되는가? 이러한 질문에 대해 흔히 100대 기업 또는 500대 기업의 생존율로 답을 한다. 기업의 생존율이란 일반적으로 기준연도에 일정한 순위권(예컨대 100대 기업)에 포함되었던 기업들 중에서 일정 시간이 지난 후 같은 순위권에 남아 있는 기업이 얼마나 되는가를 비율로 표시한 것을 말한다. 이 때 기업의 순위를 매기는 기준으로는 매출액이나 순이익의 규모를 주로 사용하고 있다.

한국기업의 순위변동에 관한 자료를 통해 100대 기업(매출액기준)의 생존율을 살펴보자. 체계적으로 자료의 입수가 가능한 1965년을 시작으로 하여 1991년에 이르는 기간 동안 한국 100대 기업의 변화상을 보면 〈표 1-1〉과 같다.

표에서 알 수 있듯이 1965년을 기준년도로 할 때 1991년까지 한국 100대 기업의 생존율은 불과 16% 수준인 것으로 나타나고 있다. 불과 26년 동안의 100대 기업생존율이 16%라는 것은 상당히 낮은 수준이라고 할 수 있다. 한국의

표 1-1 100대 기업의 생존율 (단위: 개)

비교연도 \ 기준연도	1965년	1975년	1985년	1991년
1965년	100	22	19	16
1975년		100	30	25
1985년			100	74

자료: 공병호, 『21세기 기업변신을 위한 한국기업 흥망사』, 명진출판사(1993), p. 16.

경제성장이 어느 정도 궤도에 접어든 1975년을 기준연도로 할 경우는 어떠한가? 1975년을 기준으로 보더라도 1975년의 100대 기업 중 16년이 지난 1991년에 100위권에 머물고 있는 기업은 25개 기업이다. 나머지 75개 기업이 100위권에서 밀려나고 있다. 한국경제 전체로 볼 때 1975년부터 중화학공업 위주의 성장정책이 본격적으로 추진되었으며, 대기업구도가 자리 잡아가던 시기임에도 불구하고 100대 기업의 생존율이 25%에 지나지 않는다.

100위권에서 밀려난 75개 기업은 어떻게 되었는가? 이 중 16개 기업은 도산하였으며, 500위권으로 밀려난 기업이 48개 기업이고, 1,000위권 밖으로 밀려난 기업이 11개 기업이다. 이상의 내용은 보다 엄밀하게는 100대 기업의 생존율을 의미하고 있으나, 중요한 것은 100대 기업에서 탈락한 기업들의 순위가 크게 낮아지거나 기업의 전반적인 지위가 하락하여 유명무실해졌다는 사실이다.

최근의 자료를 보더라도 이상과 같은 현상은 크게 차이가 나지 않는다. 대한상공회의소에서 1980년도를 기준으로 30년이 지난 2010년 현재 100대 기업(시가총액)의 변천에 대한 자료를 발표하였다. 이에 따르면 1980년에 시가총액 상위 100위 안에 들었던 국내 기업 중 73개 기업이 지난 30년 사이(1980년~2010년)에 탈락하였다. 지난 10년 사이(2000년~2010년)에는 41개 기업이 100대 기업에서 밀려났다. 치열한 경쟁 속에서 불과 10년 사이에도 절반에 가까운 기업들이 100대 기업명단에서 사라진 것이다.

이상과 같은 순위변동을 볼 때 당연히 제기되는 의문은 어떤 기업이 살아남았고, 어떤 기업이 탈락하였는가 하는 것이다. 즉, 100위권에서 살아남은 기업은 어떤 구체적 특징을 가지고 있는가 하는 것이다. 요약하면, 100대 기업의 변천상은 우리나라의 산업이 발전하는 단계를 반영하고 있다. 1965년의 100대 기업 중 38개 기업이 주로 먹고 마시고 입는 경공업(음식료품, 섬유·의복 등) 위주의 기업들이다. 이들은 1980년대에 들어 대부분 100위권에서 밀려났다. 이 기간 중에는 건설업, 중화학공업, 금융 및 보험업종의 성장률이 높았다.

한편, 1980년도 100대 기업의 5대 주력산업은 건설(대림산업, 동부건설 등 13개), 섬유(효성, 제일모직 등 11개), 식품(삼양사, 농심 등 8개), 금융(대구은행, 대우증권 등 7개), 제약(유한양행, 동아제약 등 6개) 분야의 비중이 높았다. 그러나 30년이 지난 2010년에는 금융(신한금융, 미래에셋증권 등 15개), 전자·통신(삼성전자, SK텔레콤 등 12개), 건설(현대건설, GS건설 등 7개), 조선(현대중공업, 대우조선해양 등 5개), 자동차(현대자동차, 기아자동차 등 5개)가 주력산업으로 나타났다.

따라서 기업의 흥망성쇠는 사업의 성격, 또는 산업의 성장성에 의해서 크게 좌우된다고 하겠다. 즉, 장기적으로 성장성이 높아지는 산업에 종사하는 기업은 100대 기업에 속할 가능성이 높으며, 성장성이 낮아지는 산업에 종사하는 기업은 100대 기업에서 탈락할 가능성이 높다. 그러므로 경영자의 가장 중요한 임무는 미래에 어떤 산업의 성장성이 높을 것인가를 예측하는 일이라고 하겠다.

100대 기업의 생존율이 낮은 것은 우리나라 기업에만 국한되는 현상인가? 다른 선진국의 기업은 어떠한가? 미국 경제전문지인 포춘(Fortune)지가 조사한 1992년도의 자료에 따르면, 1992년 기준으로 과거 36년 동안 미국 100대 기업의 생존율이 21%인 것으로 나타났다. 그리고 최근 2012년의 포춘지 자료에 따르면, 2002년 미국 100대 기업에 속했던 기업 중 10년 후인 2012년에 100대 기업에 남아있는 기업의 수는 61개이며 39개 기업은 순위에서 사라졌다. 이상과 같은 자료를 근거로 평균 30년의 기업수명설이 제기되고 있다.

미국의 경제전문잡지인 포브스(Forbes)가 2012년에 조사한 자료를 보면, 기업의 수명에 관한 대략적인 내용을 짐작할 수 있다. 포브스는 2012년에 실시한 조사에서 매출액, 수익성, 자산, 시장가치라는 4개 항목을 기준으로 세계 최대 규모의 글로벌 2000대 기업을 선정하였다. 2000대 기업 중 100년 이상의 역사를 가진 기업은 총 448곳이며, 우리나라는 2개 기업(두산, 한국전력)이 여기에 해당되었다. 우리나라 기업 중에서 장수기업에 관한 자료를 보면, 〈그림 1-2〉

그림 1-2 국내 장수기업

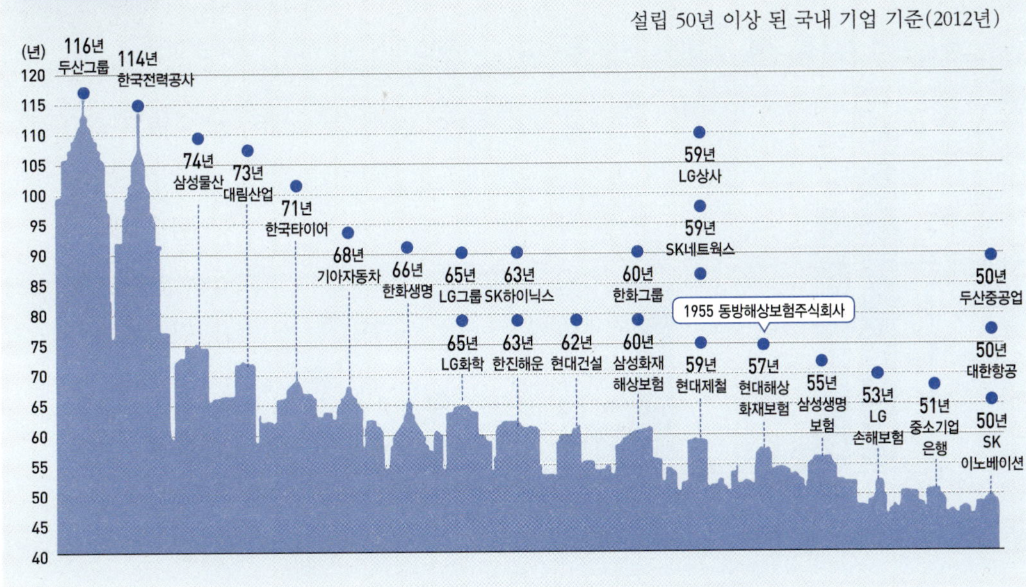

자료: "100년 이상의 역사를 가진 세계의 장수기업"(조선일보, 2013.1.17.)에서 인용.

에서 알 수 있듯이 50년 이상 된 기업이 27개 정도에 그친다. 이를 미국이나 일본과 비교해 보면 〈그림 1-3〉과 같다.

이제 처음에 제기하였던 기업의 영속성에 관한 질문으로 되돌아간다면, 이상의 통계자료로 미루어 볼 때 우리는 기업이 영속적인 존재라고 답을 할 수가 없다. 그러면 2014년 현재 우리나라의 100대 기업은 앞으로 그 순위를 유지할 수 있을 것인가? 예컨대 앞으로 30년이 지난 후에도 계속 100대 기업에 포함될 수 있는가 하는 질문에 대해서 누구도 확신을 가지고 대답할 수 없을 것이다. 불과 50년간의 통계자료를 통해 보았음에도 불구하고 기업의 흥망성쇠가 급변하여, 기업의 지속적 성장이나 영속성이 보장되지 않는다는 것을 보았다. 기업은 끊임없이 도전받고 이에 적응하지 못할 경우 도태된다는 것만이 변하지 않는 사실이라고 하겠다. 그렇다면 기업이 영속성을 유지하지 못하는 이유는 무엇인가? 이 질문에 대해 답을 하는 것이 이 책의 목적이며, 이 책의 전 내용이 이 질문에 대한 답이기도 하다. 여기서는 단지 전략이 실패하였기 때문이라는 정도로 답을 대신하기로 한다.

그림 1-3 국내 장수기업의 국제비교

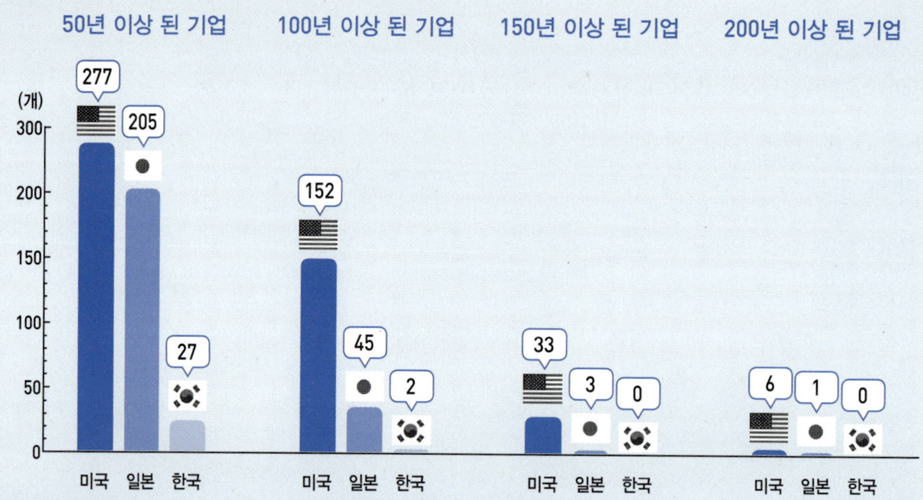

자료: "100년 이상의 역사를 가진 세계의 장수기업"(조선일보, 2013.1.17.)에서 인용.

1.3 전략의 개념

1. 성공전략의 두 가지 조건

원래 전략(strategy)이라는 개념은 전쟁을 수행하는 계획이라는 의미로 사용되었다. 이 책에서는 전략을 기업차원의 경영전략(corporate strategy 또는 business strategy)을 의미하는 단어로 사용할 것이다. 경영전략 또는 간단히 전략은 경쟁에서 승리하기 위한 수단이다. 경쟁에서 승리한다는 것은 기업이 목표를 달성한다는 것과 같은 의미로 사용할 수가 있다. 이때 기업의 목표는 궁극적으로 이익의 극대화라고 할 수 있다.

어떤 산업이든 경쟁기업이 존재하지 않는 산업은 없다. 현재 한 기업이 특정산업을 독점하고 있다고 하더라도 그 산업에 진입하려고 기회를 엿보는 잠재적인 기업이 존재하기 마련이다. 극단적으로 거대기업에 의해서 장기간 동안 국내에서 독점상태가 지속될 것으로 예상된다고 하더라도, 전 세계의 다국적기업이 국내시장에 진입하기 위한 기회를 엿보고 있을 것이다. 특정산업에서 하나의 기업만이 존재한다는 것은 그만큼 그 산업에서 누릴 수 있는 이익의 규모나 잠재력이 크다는 것을 의미하므로 시장진입에 대한 잠재기업들의 열망이 강하다고 하겠다. 그리고 법적 규제로 진입이 제한되고 있다면, 그 규제를 완화하기 위한 직접 및 간접적인 압력이 드세어질 것이므로 그 산업에서 독점적 지위를 구축하고 있는 기업은 곧 치열한 경쟁에 당면하게 될 것이다.

이런 점에서 본다면 같은 산업에서 다른 기업과의 경쟁에서 승리한다는 것은 비슷한 목표를 추구하는 다른 기업보다 뛰어난 경영성과를 누린다는 것을 의미한다. 전략이 경쟁에서 승리하는 수단이고, 경쟁에서의 승리가 기업의 목표달성을 의미한다면, 전략은 기업이 경쟁에서 승리하는 데, 또는 목표를 달성하는 데 어떤 방식으로 도움을 주는가? 이에 대한 답을 제시하는 것이 바로 전략에 대한 정의를 내리는 것이라고 할 수 있겠다.

이 책에서는 전략(또는 경영전략)을 다음과 같이 정의한다. 전략이란 경쟁에서 승리하기 위한 수단, 또는 기업의 목표를 달성하기 위한 수단으로 다른 기업보다 유리한 상황에서 경쟁할 수 있도록 하는 계획이다. 따라서 전략은 경쟁에서 승리하는 데 유리한 상황을 창출함으로써 기업의 목표를 달성하는 데 그 목적이 있다.

그렇다면 유리한 상황이란 구체적으로 어떤 상황을 의미하는가? 유리한 상황이란 다음과 같은 두 가지 조건이 갖추어진 경우를 의미한다. 첫째, 매력적 사업영역(attractive business domain)을 확보하고, 둘째, 지속적 경쟁우위(sustainable competitive advantage)를 보유할 때이다. 이렇게 본다면 경영전략이란 결국 경쟁에서 승리하기 위해 매력적 사업영역을 확보하고 지속적 경쟁우위를 보유하기 위한 계획이라고 하겠다.

첫 번째 조건인 매력적 사업영역의 확보는 장기적으로 이익잠재력이 크고 유망한 산업이면서, 기업이 보유하고 있는 강점을 최대한으로 활용할 수 있는 사업영역을 선택하는 문제이다. 여기에 대한 보다 구체적인 설명은 제4장에서 다루기로 한다. 앞에서 살펴본 100대 기업 생존율에서 확인한 바와 같이 기업의 장기적인 성장과 생존은 어떤 산업, 즉 어떤 사업영역(예컨대 IT, 자동차, 통신, 금융 및 보험업 등)을 선택하느냐에 따라 결정적인 영향을 받게 된다.

그런데 사업영역을 결정하는 데 있어서 기업이 단일사업으로 구성되어 있는 경우는 하나의 사업영역을 결정하는 문제가 되지만, 복수의 사업으로 구성되어 있는 경우는 복수의 사업영역을 결정하는 문제가 된다. 이 경우 단일사업의 기업이 당면하지 않은 의사결정문제가 추가로 발생하는데, 크게 볼 때 한정된 기업자원을 각 사업단위에 배분하는 문제와 이들 사업들의 관련성을 활용하여 시너지(synergy)를 극대화시키는 문제가 포함된다.

두 번째 조건인 지속적 경쟁우위의 보유는 기업이 선택한 사업영역에서 경쟁상의 우위를 확보하고 이를 지속시키는 문제이다. 기업은 경쟁우위를 확보함으로써 경쟁에서 승리하여 성공기업(높은 수익성, 높은 시장점유율, 생존)으로 발전할 수 있다. 경쟁기업과 비교하여 경쟁우위의 차별성이 클수록 경쟁우위의 정도가 커지고 경쟁우위의 지속기간이 길어진다. 경쟁우위의 차별성은 기업이 보유하고 있는 자원 면의 강점과 약점이 무엇이며, 해당 산업의 핵심성공요인이 무엇인가에 의해서 결정된다. 그러므로 기업이 경쟁우위를 보유하기 위해서는, 먼저 강점이 될 수 있는 내부자원이나 능력을 개발하여 축적하고, 이들 축적된 내부자원이나 능력(강점)을 외부환경과의 관계 속에서 차별적으로 활용하여야 한다.

이상의 두 가지 조건을 군사용어로 바꾸어 표현한다면 매력적 사업영역의 확보는 유리한 고지의 확보라고 할 수 있으며, 지속적 경쟁우위의 보유는 우세한 군사력 및 화력의 보유라고 할 수 있다.

2. 두 가지 조건의 동태성

앞에서 살펴본 두 가지 조건에 대한 정확한 개념파악을 위해서는 이들 개념의 동태성에 대한 이해가 필요하다. 그것은 이상의 두 가지 조건을 동태적인 관점에서 해석하여야 한다는 것이다. 현재의 시점에서 매력적 사업영역을 확보하고 있고, 경쟁우위를 보유하고 있는 것은 별 의미가 없다. 전략의 미래지향적 속성, 즉 미래의 목표를 설정하고 이 목표를 달성하기 위한 앞으로의 행동계획을 수립한다는 속성을 고려해 볼 때, 전략의 두 가지 조건인 매력적 사업영역과 지속적 경쟁우위도 이를 동태적으로 추구해 나가는 과정으로 해석하여야 할 것이다. 이를 쉽게 비유한다면, 현재 유리한 고지와 우세한 군사력 및 화력을 보유하고 있다고 하더라도 이를 효과적으로 또는 차별적으로 활용하지 못할 경우 전쟁, 좁게는 전투에서 승리할 수 없는 것과 같다고 하겠다.

어떤 전쟁이나 전투에서 승리한 요인을 설명할 때 지휘관(장군)의 뛰어난 지모와 지략을 빠뜨릴 수 없다. 지휘관의 독창적이면서도 대담한 발상과 이를 완벽하게 실행하는 능력이 전쟁이나 전투의 승리를 이끌어 낸다. 따라서 전투의 승리는 탁월한 지휘관이 있었기 때문에 가능하였다고 말하기도 한다. 현재

그림 1-4 칸나에 전투의 전개상황

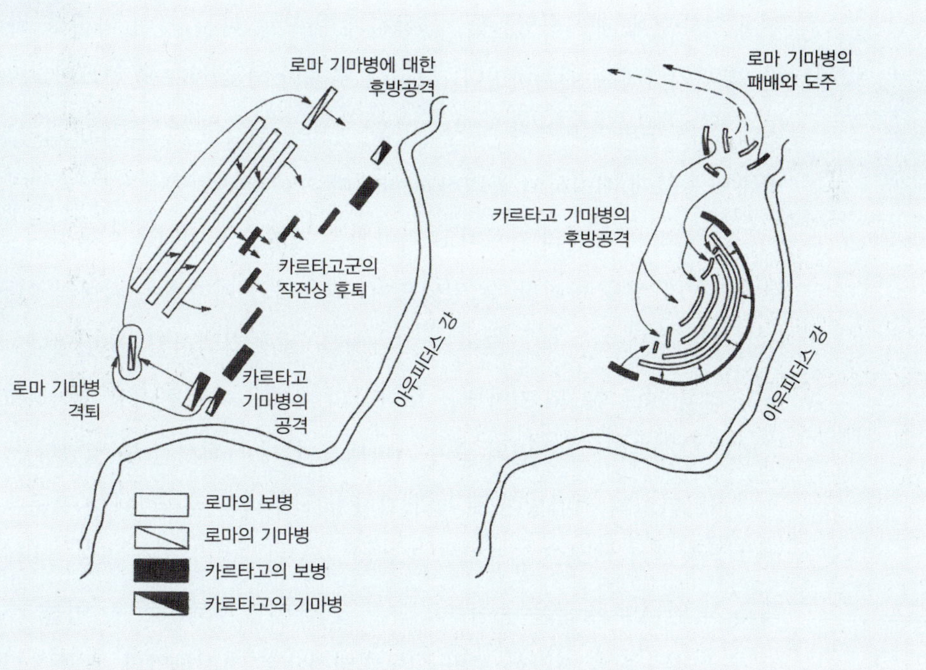

자료: J.A. Czepiel, *Competitive Marketing Strategy*, Prentice-Hall, Englewood Cliffs, NJ(1992), p. 2에서 재인용.

아군이 처하고 있는 지형(고지)과 보유하고 있는 군사력－비록 현재 불리한 지형에 처해 있고 열세인 군사력을 보유하고 있다 하더라도－을 잘 활용함으로써 유리한 상황을 창출하는 것이 바로 장군의 지모와 지략이다. 그러므로 주어진 조건을 최대한 활용하여 동태적으로 유리한 상황을 창출하는 것이 전략의 핵심이라고 하겠다. 이를 다음의 예를 들어서 설명해 보기로 하자.

〈그림 1－4〉는 기원전 216년 한니발(Hannibal) 장군이 이끄는 카르타고군과 바로(Varro) 장군이 이끄는 로마군 간에 벌어진 칸나에(Cannae) 전투의 상황을 나타낸 것이다. 카르타고군과 로마군의 군세를 보면, 기마병은 양측이 모두 2천 기 정도로 비슷하였으나, 보병은 카르타고군이 2만 명인 데 비해 로마군이 7만 명으로 카르타고군이 수적으로 절대적인 열세에 있었다. 반면 카르타고군은 고지대에 위치하고 있어서 지형상으로 유리한 입지에 있었다.

한니발 장군의 전략은 보병에서 절대적으로 불리한 상황(정태적)을 양측이 비슷하게 보유하고 있는 기마병을 이용하여 유리한 상황(동태적)으로 전환시킴으로써 승리를 거두는 것이었다. 이를 위해 한니발 장군은 기마병을 반으로 나누어 양측면에 배치하였는데, 균등하게 반으로 나눈 것이 아니라 좌측진영에 더 많은 기마병을 배치하였다. 그런데 로마의 바로 장군은 한니발 장군이 양측면에 같은 수의 기마병을 배치하였을 것으로 생각하고, 로마의 기마병을 양측면에 균등하게 배치하여 공격하게 하였다.

그 결과 우측면의 카르타고 기마병은 지형상의 이점을 이용하여 적은 수로 로마의 기마병을 방어할 수 있었으며, 좌측면의 기마병은 지형적 이점과 함께 수적으로 우세한 군세로 로마의 기마병을 쉽게 격퇴시킬 수 있었다. 좌측면에서 승리한 카르타고의 기마병은 로마군의 후방을 가로질러가 방어하고 있던 기마병과 합세하여, 우측면의 로마 기마병도 쉽게 격퇴시킬 수 있었다.

카르타고의 기마병이 로마의 기마병을 무찌른 후, 한니발 장군은 적의 보병부대가 자기 부대의 중심부를 공격하기를 기다렸다. 7만 명의 로마군이 공격해 오자 한니발 장군은 중심부의 보병을 작전상 후퇴시켰다. 이를 카르타고군이 붕괴되는 줄로 생각한 로마군은 대대적으로 전진하였다. 이를 이용해 카르타고군은 초승달형의 진형을 만들어 로마군을 포위한 후 대기하고 있던 기마병이 로마군의 후방을 차단하면서 공격하자, 로마군은 일시에 무너져 카르타고군은 대승리를 거두었다. 이 작전은 역사상 가장 완벽한 전술을 구사한 승리라고 칭송되고 있다.

이상에서 알 수 있듯이 로마군이 전투를 시작하기 전에는 수적으로 압도적인 군사력(보병)을 보유하고 있었으나(정태적 시점), 전투의 승리에 별다른 영향을 주지 못하였다. 한니발 장군은 자신의 기마병을 불균등하게 반으로 나누어(독창적 발상), 균등하게 반으로 나눈 로마의 기마병보다 수적으로 우세한 상황에서 싸울 수 있는 조건을 인위적으로 창출하였다. 또한 지형이 높은 곳에 위치(유리한 고지)하고 있다는 것을 이용하여 적은 군사로 많은 적을 방어하게 하였고, 승리한 기마병이 나머지 로마 기마병을 공격하기 위해 방어하던 기마병과 합류하게 함으로써 더욱 우세한 상황을 만들어 내었다(동태적 상황 창조). 그리고 적절한 대진형으로 수적으로 우세한 로마군의 보병이 실질적인 효력을 발휘하지 못하게 하여 승리를 이끌어 낼 수 있었다(동태적 상황 창조)고 하겠다.

이상의 예에서 알 수 있듯이 전략의 두 가지 구성요소인 매력적 사업영역의 확보와 지속적 경쟁우위의 보유는 정태적 조건이 아니라 동태적 조건이므로, 이들 조건이 동태적으로 충족되도록 하는 것이 전략의 핵심적 요체라고 하겠다. 그러면 어떤 방식으로 이러한 조건을 충족시켜 유리한 상황을 창출할 것인가? 이는 독창적 아이디어와 기발한 발상에 의해서 가능하다고 하겠다. 새로

그림 1-5 전략의 개념

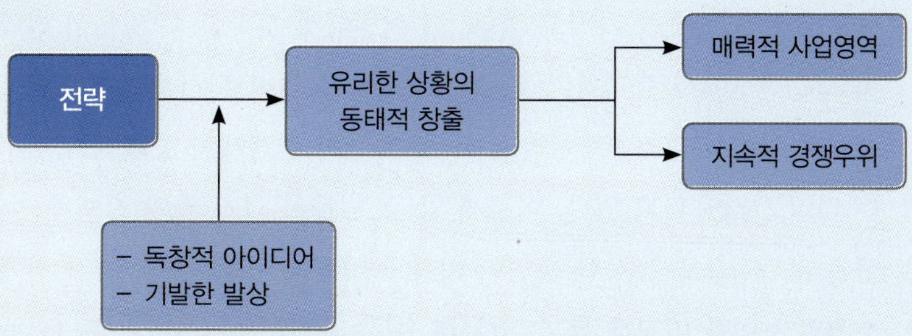

운 혁신상품을 개발하거나, 독특한 광고선전을 통해 차별화하거나, 그 외 역사적으로 성공한 수많은 성공기업들의 예에서 알 수 있듯이 그 방법은 무수히 많다. 인간의 상상력이 무한히 발휘될 수 있다고 볼 때 독창적 아이디어나 기발한 생각의 가능성도 거의 무한하다고 하겠다. 그러나 실제 다양한 형태로 전개되는 수많은 성공전략들도 그 이면에는 일정한 원칙에 기초한 전략과 전술이 고도로 세련된 형태로 응용되어 있다고 하겠다. 전략에 관한 연구는 이러한 일반적 원칙을 발견하는 데 그 근본목적이 있기도 하다. 이상의 내용을 간단하게 요약하면 〈그림 1－5〉와 같다.

1.4 전쟁과 경쟁의 차이

전략의 개념을 쉽게 설명하기 위해 카르타고군과 로마군 간의 전투상황을 예로 들었지만 양국 간의 전쟁과 기업 간의 경쟁을 동일하게 볼 수는 없다. 따라서 전쟁과 경쟁의 차이를 살펴봄으로써 전략의 개념을 보다 잘 이해할 수 있을 것이다. 영어의 strategy라는 단어는 원래 고대 그리스어의 strategos에서 유래한 것으로 strategos는 군대를 지휘하는 장군이라는 뜻을 가지고 있었다. 그리고 동사인 stratego는 자원의 효과적 사용을 통해 적을 패배시키기 위한 계획을 수립한다는 뜻을 가지고 있다. 그 어원에서 짐작할 수 있듯이 전략이란 일반적으로 전쟁에서 승리하기 위한 계획이라는 의미로 사용되고 있다. 이를 경영학에서 빌려서 경영전략이라고 하며, 기업이 경쟁에서 승리하기 위한 계획이라는 의미로 사용되고 있다. 이로써 알 수 있듯이 국가 간의 전쟁과 기업 간의 경쟁은 기본적으로 유사한 측면이 많다고 하겠다. 그러나 몇 가지 점에서 전쟁과 경쟁의 차이를 비교해 볼 수 있는데, 이를 요약하면 다음의 〈표 1－2〉와 같다.

표 1-2 전쟁과 경쟁의 차이

	전 쟁	경 쟁
주 체	• 국가 간의 대결	• 기업 간의 대결
승패원인	• 군사력의 차이	• 경쟁력의 차이
결정권자	• 전쟁 당사국	• 고객
승 패	• 일방적 승리나 패배	• 성과수준의 차이(공존가능)

전쟁이란 전쟁 당사자(보통 국가) 간에 발생하는 상충적 이해관계를 물리적 힘에 의존하여 해결하는 과정이라고 할 수 있다. 따라서 전쟁은 기본적으로 전쟁 당사자의 물리적 힘의 차이, 보다 포괄적인 의미로는 당사자 간의 군사력의 차이에 의해서 승패가 좌우된다. 즉, 전쟁의 승리는 우세한 군사력에 의해서 얻어지는데, 우세한 군사력은 아군과 적군과의 상대적 관계(군사력의 상대적 차이)에 의해서 결정된다.

기업 간의 경쟁도 경쟁기업의 수가 보통 복수라는 점을 제외한다면 경쟁기업 간의 상대적 관계, 즉 경쟁력의 차이에 의해서 승패가 결정된다고 할 수 있다. 그런데 이를 좀 더 깊이 있게 본다면, 기업 간의 경쟁에서는 고객(customer)이라는 제3의 요인이 있다. 즉, 기업 간의 경쟁은 고객의 최종선택에 의해서 승리가 결정된다. 기업들은 자신이 보유한 경쟁력을 상대기업을 공격하는 데 사용하는 것이 아니라 자사제품이 선택될 수 있도록 고객에게 소구(appeal)하는 데 사용한다. 그러므로 기업이 보유한 경쟁력의 우월을 최종적으로 판단하는 것은 경쟁기업이 아닌 고객이다. 따라서 전쟁 당사자 간의 힘의 불균형에 의해서 승리가 결정되는 전쟁과는 근본적으로 다르다고 하겠다.

이런 점에서 세계 초우량기업의 대명사격인 IBM의 토머스 왓슨(Thomas Watson) 회장이 한 다음과 같은 말은 시사하는 바가 크다. "기업의 성공은 단숨에 날아갈 수도 있는 불완전한 성취일 뿐이다." '고객에 대한 최상의 서비스'를 경영이념으로 삼아온 IBM도 고객의 수요가 메인프레임 컴퓨터에서 PC(개인용 컴퓨터)로 옮겨가고 있다는 사실에 둔감한 나머지 기업성장의 절대적 위기에 처하기도 하였으며, 비대해진 조직으로 인해 난공불락 기업의 이미지가 손상되기도 하였다. 2004년에는 IBM의 중점사업이지만 매력도가 낮아지고 있는 PC 사업을 중국의 Lenovo에 매각하고, 지금은 사업영역을 서비스 분야로 전환하여 컨설팅, 소프트웨어 및 서비스 비즈니스 매출이 전체 매출의 60%를 차지하는 통합 솔루션 회사로 거듭나고 있다.

전쟁과 경쟁은 그 승패의 결과도 다르게 나타난다. 전쟁의 결과는 단일하다. 승리하는 것이 아니면 패배하는 것이다. 휴전이나 정전이라는 것도 있지만 일단 전쟁의 결과, 특히 패전은 조직(당사국)의 존재 자체에 대해 심각한 위협이 된다. 기업 간의 경쟁은 이렇게 살벌하지는 않다. 승패의 결과도 일방적인 승리나 패배로 나타나는 것이 아니라 목표달성에 있어서 성과의 상대적 차이로 나타난다. 즉, 매출액이나 이익규모의 차이로 나타난다. 물론, 이런 차이가 지속될 경우 장기적으로 어떤 기업이 시장에서 사라지는 결과로 나타나지만 전쟁과 같이 어느 시점에서 모든 경쟁기업이 단번에 사라지는 것은 아니다. 기업 간의 경쟁은 경쟁기업과의 공존을 일반적인 전제로 하고 있다.

경제학의 균형모형에서 알 수 있듯이 시장에는 다수의 생산자와 다수의 소비자가 참가하여 균형가격이 결정되는 수준에서 개별기업이 적정한 생산활동을 통해 제각각의 시장점유율을 확보하게 된다. 여기에서 한 기업이 다른 경쟁기업을 완전히 도태시키거나 배제시키려는 의도를 읽을 수가 없다. 실제로 그런 목표를 달성하는 것도 불가능하다. 완전경쟁시장의 조건이 충족되지 않아 다수의 기업이 존재하지 않는 경우에도 국가가 법률적 규제를 통해 독점적 상황을 보호하지 않는 이상 한 기업만이 존재하는 경우는 없다.

경쟁기업이 소수인 복점이나 과점산업에서 대규모 사업의 수주나 특정제품의 매출을 두고 경쟁을 하여, 한 기업이 성공하고 다른 기업이 실패하였을 경우, 승리한 기업이 모든 것을 얻고, 실패한 기업이 모든 것을 잃는 것처럼 보인다. 그러나 기업 간의 경쟁은 보통 수많은 기업들이 상호 간의 적절한 시장범위 내에서 복수의 경쟁을 하게 된다. 그리고 이 결과 나름의 독특한 경쟁우위(내부자원의 결합)를 보유함으로써 자사의 시장영역을 확보할 수 있다. 이는 궁극적으로 고객의 특성이 동질적이지 않고 서로 다르기 때문이며, 또한 기업이 생산하는 제품도 동질적이지 않기 때문이다.

고객은 다수의 경쟁기업을 원한다. 고객은 동질적 집단이 아니므로 한 기업의 시장지배력이 커지는 것을 원하지 않는다. 고객이 모두 동일한 욕구(갈증)를 느끼더라도 이를 충족시키기 위해 원하는 제품은 다양하다(청량음료, 쥬스, 맥주 등). 개별 고객의 입장에서도 동일한 욕구(갈증)가 발생하더라도 시간과 장소에 따라 다른 제품(생수, 청량음료, 맥주)을 원할 때가 있다. 따라서 고객은 다양한 충족물을 원한다. 최종소비재가 아닌 생산재의 구입에 있어서도 그 정도의 차이는 있으나 본질적으로 마찬가지라고 하겠다.

고객의 욕구를 충족시키는 충족물은 생산기술이 변함에 따라 달라진다. 기존의 방식과 다른 방식으로 고객의 욕구를 만족시키는 기업이 등장하게 마련이다. 기존기업이 연구개발을 통해 기술을 적절하게 변화시키거나 혁신을 기할 수도 있으며, 시장참가경험이 없는 새로운 기업이 기존기술과는 전혀 다른 기술을 개발하여 새로운 제품을 생산해 낼 수 있다. 잠재적 경쟁기업이 존재한다는 사실은 시장경쟁에서 한 기업이 다른 경쟁기업을 영원히 배제시킬 수는 없다는 것을 의미한다. 따라서 시장경쟁은 복수의 경쟁자를 전제로 한다. 기업의 입장에서는 경쟁기업을 모두 배제시키는 상황을 창출하기 위해서 노력하지만, 그러한 상황은 결코 창출될 수가 없다. 그러한 기회가 주어졌다고 하더라도 지속기간은 그렇게 길지 않다. 이런 점에서 볼 때 기업 간의 경쟁은 항상 경쟁기업과의 상대적 공존관계 속에서 진행된다고 보아야 한다.

1.5 전략수준 및 연구분야

앞절에서 전략을 매력적 사업영역을 확보하고 지속적 경쟁우위를 보유함으로써 기업의 목표를 달성하는 수단으로 정의하였다. 그런데 실제로는 학자에 따라서 전략의 정의를 조금씩 다르게 내리고 있어, 이들 다양한 정의를 하나로 일반화하는 것이 용이하지가 않다. 민츠버그(H. Mintzberg)는 마케팅의 4P[제품(product), 가격(price), 유통(place), 촉진(promotion)]에 비유되는 전략의 4P[계획(plan), 유형(pattern), 지위(position), 관점(perspective)]를 제시하여 전략이 네 가지의 다양한 의미로 사용되고 있음을 보여주고 있다. 즉 전략은 상황에 따라 계획(plan: 목적달성을 위한 의도적 행동계획이나 지침), 유형(pattern: 반복되는 행동에서 발견되는 일관성), 지위(position: 환경 내 기업의 위치선정 수단 또는 기업과 환경 간의 매개변수), 관점(perspective: 구성원들이 공유하는 준거체계나 패러다임)의 의미로 사용되고 있다고 한다.

먼저, 계획(plan)으로서의 전략은 우리가 가장 쉽게 이해할 수 있고, 실제로 가장 널리 사용하는 의미이다. 목표를 달성하기 위한 사전적 계획이 바로 전략이라는 의미이다.

유형(pattern)으로서의 전략은 계획으로서의 전략(plan)이 사전에 수립된다는 측면과 대비시킨 개념으로, 사전에 계획된 것이 아니라도 사후적으로 관찰되는 일관된 행동패턴을 보고 이를 전략이라고 할 수 있다는 의미이다.

지위(position)로서의 전략은 기업이 시장에서 구축하고자 하는 경쟁지위가 무엇인지를 알게 해 준다. 기업이 목표로 하는 시장지위가 바로 전략이라는 의미이다.

관점(perspective)으로서의 전략은 전략이 수행하는 목표제시 및 규범제시적 측면을 강조하는 개념이다. 전략은 기업의 이해관계자들(stakeholders: 주주, 종업원, 고객, 정부 등)에게 기업이 지향하는 목표를 알려줄 뿐 아니라, 어떤 의사결정과 행동을 해야 하는가에 대한 준거틀이나 규범을 알려주는 역할을 한다.

따라서 이와 같이 복합적 의미를 가진 전략을 하나의 의미에 중점을 두어 정의할 경우 의미상의 혼란을 초래한다고 하였다.

일반적으로 전략이 외부환경에서 발생하는 기회와 위협에 대해 기업내부의 강점과 약점을 대응(match)시키는 기능을 수행한다는 점에 있어서는 학자들 간에도 어느 정도 의견의 일치를 보이고 있다. 그럼에도 불구하고 현실적으로 전략의 의미파악에 혼란을 초래할 수 있는 것은 다음과 같은 세 가지 측면에 기인한다고 하겠다. 그것은 ① 전략을 목적을 달성하기 위한 수단으로 보는가, 아니면 목적을 포함하는 개념으로 보는가 하는 데서 차이가 나거나, ② 전략의 수준이 다르거나, ③ 전략의 연구분야에 있어서 차이가 나기 때문이다.

1. 전략의 개념범위

전략의 정의가 학자들마다 다른 가장 큰 이유는 전략의 개념범위가 다르기 때문이다. 전략의 개념범위란 전략을 목적(ends) 달성을 위한 수단(means)으로 보는가, 아니면 목적과 수단을 포함하는 보다 넓은 개념으로 보는가 하는 문제이다. 이 책에서는 전략을 기업의 목표, 더 나아가서 기업의 사명을 달성하는 수단으로 정의하고 있다. 그리고 전략에 관한 대부분의 연구가 기업의 목표 달성에 있어서 어떤 전략이 보다 효과적인가를 보는 것이라는 점에서 볼 때, 전략을 목적 달성을 위한 수단으로 보는 것이 보다 일반적이다. 이런 점에서 전략이란 기업의 사명을 추구하거나 목표를 달성하기 위해 어떻게 할 것인가 하는 방법(how)에 관한 것이라고 하겠다.

그러나 학자에 따라서는 전략의 개념에 기업의 사명을 규정하고 목표를 설정하는 목적제시적 측면을 포함시키고 있다. 예컨대 챈들러(A. Chandler)는 전략을 다음과 같이 정의하고 있다.

> "전략이란 기업의 기본적 및 장기적 목표를 결정하고, 이들 목표를 달성하기 위해 필요한 일련의 행동계획을 채택하고 자원을 배분하는 것이다(Strategy is the determination of the basic, long term goals of an enterprise and the adoption of courses of actions and the allocation of resources necessary to carry out these goals)."

이와 같은 챈들러의 전략개념은 기업의 장기적 목적과 목표를 포함하는 포괄적 개념으로 사용되고 있다. 그리고 바로 다음에서 살펴볼 전략의 수준 면에서 본다면, 사업전략은 수단으로서의 전략개념이 강한 반면, 기업전략은 기업의 장기적 사업영역에 관한 의사결정을 내리기 위해 기업의 사명, 나아가 장기적 비전에 관한 사항을 고려하여야 할 것이므로 목적제시적 측면의 전략개념이 강한 것으로 이해할 수 있다.

2. 전략수준

전략의 개념정의에 있어서 차이를 발생시키는, 또 다른 측면은 전략의 수준(level of strategy)이다. 일반적으로 경영자가 당면하는 의사결정의 수준과 범위에 따라 전략을 기업전략(corporate strategy), 사업전략(business strategy), 기능별 전략(functional strategy)으로 나누고 있다.

기업전략은 기업의 사업영역에 관한 의사결정, 즉 기업이 어떤 제품시장(product market)에 참가할 것인가 하는 문제를 다룬다. 기업전략은 세 가지 전략 중에서 가장 높은 수준의 전략이며, 기업에 미치는 영향의 정도가 가장 크고, 그 범위도 넓다. 다음과 같은 전략의 정의는 기업전략에 관한 정의이다.

> "전략은 기업의 사업영역, 즉 현재 기업이 종사하고 있고, 앞으로 종사해야 하는 사업을 결정하는 것이다(Strategy defines the competitive domain of the firm, that is, the businesses the firm is in or should be in)."

사업전략은 주어진 제품시장에서 경쟁우위(competitive advantage)를 누리는 문제와 관련된 전략이다. 즉, 기업전략에서 결정한 사업영역에서 경쟁우위를 누리기 위해 어떻게 할 것인가 하는 것이 사업전략의 주요한 과제이다. 다음과 같이 전략을 정의하는 것은 사업전략에 관한 정의라고 하겠다.

> "경쟁전략은 산업의 경쟁을 결정하는 요인들에 대항하여 이익이 나고 지속가능한 지위를 구축하는 것을 목적으로 한다(Competitive strategy aims to establish a profitable and sustainable position against the forces that determine industry competition)."

> "사업전략은 주어진 사업과 지위 내에서 경쟁기업들과 어떻게 경쟁할 것인가를 결정하는 것이다(Business strategy is the determination of how a company will compete in a given business and position itself among its competitors)."

기능별 전략은 생산·마케팅·재무 등 기업의 주요 기능부문에서 자원활용을 극대화하기 위한 전략으로, 사업전략과 밀접한 연관성을 가지며 전개된다. 기능별 전략 중 하나로 마케팅 전략에 대한 정의를 보면 다음과 같다.

> "마케팅 전략은 매출 증가와 지속적 경쟁우위 달성을 목표로 조직으로 하여금 자원을 최적 기회에 집중시킬 수 있게 하는 과정이다(A marketing strategy is a process that can allow an organization to concentrate its resources on the optimal opportunities with the goals of increasing sales and achieving a sustainable competitive advantage)."

이상의 세 가지 수준의 전략은 상호 밀접한 연관을 맺고 있다. 하위전략은 상위수준의 전략에 의해서 제약을 받으며, 상위전략은 하위전략의 방향과 목표를 제시해 주는 역할을 한다.

전략을 수준 면에서 기업전략, 사업전략, 기능별 전략으로 분류하는 것은 이미 일반화되어 있으며, 각 수준의 전략개념과 내용도 학자들 간에 일치하고 있어서 이러한 분류가 전략의 개념정의에 혼동을 주지는 않는다. 오히려 복잡한 전략의 개념을 구체화시켜 주므로 전략을 이해하는 데 도움을 준다고 하겠다. 그러나 현실적으로는 이들 세 가지 수준의 전략을 구분하기가 쉽지 않다.

표 1-3 기업전략과 사업전략의 의사결정 문제

기 업 전 략	사 업 전 략
1. 어떤 사업영역에 참가할 것인가? 다음과 같은 의사결정이 사업영역(제품 시장의 범위)에 변화를 가져온다. ① 관련 및 비관련 다각화(새로운 제품 시장으로의 진출) ② 수직적 및 수평적 통합 ③ 기존 사업의 매각 2. 각 사업단위에 어떤 목표를 부여할 것이며, 이에 상응하는 최적자원 배분을 어떻게 달성할 것인가? 3. 다각화된 사업 포트폴리오를 어떻게 관리할 것이며, 시너지효과를 극대화하기 위해 이들 간의 관련성을 어떻게 활용할 것인가?	1. 주어진 사업영역 내에서 어떻게 경쟁할 것인가? ① 내부자원(경쟁우위의 원천)의 개발과 축적 ② 내부자원의 차별적 활용(내부자원과 외부환경 간의 적합성 달성) 2. 기능부문별로 자원을 어떻게 배분할 것이며, 사업전략과의 전략적 일관성을 어떻게 확보할 것인가?

즉, 기업의 어떤 전략적 행동을 보고, 그것이 기업전략인지, 사업전략인지, 기능별전략인지를 판단하는 것이 용이하지 않다는 것이다. 또한 전략에 관해 논의할 때 어떤 수준의 전략에 관한 것인지를 사전에 밝히고, 그 전략수준에 맞추어 논의를 전개하지 않으면 내용전개에 있어서 혼란을 초래할 수가 있다.

이 책의 내용전개와 전략수립가가 당면하는 전략적 의사결정문제를 이해하기 위해서도 기업전략과 사업전략의 개념차이를 파악하는 것이 중요하다. 이를 위해 〈표 1−3〉을 통해 두 전략을 대비시켜 보았다.

이 책의 구성을 기업전략과 사업전략의 개념에 맞추어 분류한다면, 제3장부터 제8장까지가 사업전략에 관한 부분이며, 제11장과 제12장이 기업전략에 관한 부분이다.

(1) 기업전략

기업전략은 다음과 같은 세 가지 측면에 중점을 둔다.

첫째, 먼저 기업전략의 핵심은 사업영역에 관한 의사결정에 있다. 이는 기업의 다각화와 관련된 문제이다. 다각화의 주요 관심은 기업의 사업 포트폴리오(a portfolio of business units)를 어떻게 구성할 것인가 하는 것이다. 특히, 신규사업에 진입할 때 기존사업과의 관련성(relatedness)을 얼마나 고려할 것인가에 따라 관련 다각화와 비관련 다각화의 문제가 대두된다. 이와 함께 새로운 사업영역(제품시장)에 진출할 때 사업을 신설하여 진입할 것인가, 기존기업을 인수하여 진입할 것인가 하는 문제도 다루게 된다. 그리고 수직적 통합과 수평적 통합의 정도를 결정하는 것도 기업전략의 주요한 의사결정문제이다.

둘째, 다양한 사업단위의 특성을 고려하여 각 사업단위에 적합한 장·단기적 목표를 부여하고, 부여된 목표를 수행하는 데 필요한 자원을 배분하는 것이 기업전략의 주요 과제이다. 기업의 자원이 한정되어 있다는 점에서 볼 때, 사업단위들 간에 투자의 우선순위를 결정하고, 이에 따라 최적자원배분을 달성하는 문제는 기업전략의 주요한 의사결정문제이다. 다각화기업에 속한 사업들은 사업의 매력도라는 측면에서 모두 다를 것이다. 일반적으로 사업단위의 매력도가 높아질수록 투자 우선순위도 높아질 것이다. 한편, 사업성과가 낮은 사업을 매각함으로써 비생산적인 사업에 자금이 고정되지 않도록 하고, 이를 유망산업에 재배분하거나 새로운 사업을 인수하는 데 사용하여야 할 것이다.

셋째, 기업전략은 다각화된 사업 포트폴리오를 관리함으로써 기업의 전체성과를 제고하는 문제를 다룬다. 이는 궁극적으로 기업 전체의 장기적 경쟁지위를 강화하고 수익성을 높이는 것이라고 하겠다. 이를 위해 기업본부는 자금지원을 통해 개별 사업단위의 생산능력 확장이나 효율성 증대를 기하거나, 개별사업단위가 부담할 수 없는 연구개발 투자를 통해 혁신기술이나 노하우를 제공해 주기도 하고, 기존사업을 보완하는 신규사업을 인수하기도 한다. 다각화기업을 관리하는 데 도움을 주는 다양한 포트폴리오관리모형들이 개발되어 있다. 이 모형들이 제시하는 기본적 정책제언을 요약하면, 가장 유망한 사업에서는 급속한 성장전략을 추구하고, 핵심사업의 건전성은 계속 유지하며, 잠재력이 있으나 성과가 낮은 사업은 이를 전환하기 위해 노력하고, 더 이상 매력적이지 않거나 기업의 장기적 목표와 일치하지 않는 사업은 매각하라는 것이다.

한편, 기업전략은 사업단위 간 시너지(synergy)를 극대화하는 데 중점을 둔다. 시너지는 사업단위들을 독립기업으로 운영한 성과를 합한 것보다 통합하여 운영한 성과가 커지는 효과를 의미하는데, 흔히 2+2=5가 되는 현상으로 비유되고 있다. 일반적으로 기술, 유통채널, 고객, 운영방식 등에서 유사한 관련사업으로 다각화하는 것이 비관련사업으로 다각화하는 것에 비해 시너지효과가 발생할 가능성이 높아진다. 이는 관련사업으로 진출할 경우, 기존사업이 보유하고 있는 관련기술이나 경험을 신규사업에 이전하거나 시설이나 기자재를 공유함으로써 비용을 절감(범위의 경제)할 수 있기 때문이다. 따라서 사업단위들 간의 관련성이 클수록 기술이전이나 시설공유의 가능성이 커지며, 이에 따라 시너지효과가 증대되어 경쟁우위를 창출하거나 강화할 가능성이 커진다.

(2) 사업전략

사업전략은 개별 사업단위의 성공적인 목표달성을 위해 필요한 전략이다.

사업전략의 핵심은 사업의 장기적 경쟁지위를 어떻게 구축하고 강화할 것인가 하는 데 있다. 이는 결국 지속적 경쟁우위를 어떻게 창출할 것인가에 관한 문제라고 하겠다. 이를 위해 사업전략은 다음과 같은 측면에 중점을 둔다.

첫째, 경쟁우위의 원천이 되는 자원이나 능력을 개발하고 축적하기 위해 노력한다. 일반적으로 성공적인 사업전략은 전략의 성공에 필수적인 기업의 핵심활동(원료조달, 생산, 마케팅 등)에 있어서 핵심역량(core competences)을 구축하고 이를 활용함으로써 경쟁우위를 확보한다. 핵심역량이란 뛰어난 기술적 능력, 탁월한 고객서비스, 효율적인 제조기술 등과 같이 경쟁기업에 비해 특별히 뛰어난 자원이나 능력을 의미한다. 따라서 핵심역량은 경쟁기업이 현재 보유하고 있지 않거나 쉽게 모방할 수 없는 것이기 때문에 경쟁우위의 원천이 된다.

둘째, 외부환경의 변화를 파악하고 이에 대응하는 방안을 마련하여야 할 것이다. 외부환경의 변화는 한편으로 기업생존에 심각한 위협이 되기도 하며, 다른 한편으로는 새로운 성장기회를 제공해 주기도 한다. 따라서 좋은 전략이란 외부환경에 잘 부합하는 전략으로 기회를 활용하고 위협을 회피하는 데 도움을 준다. 이를 위해 기업이 당면하는 기회와 위협에 대응하여 그동안 개발하고 축적한 내부자원을 어떻게 활용함으로써 경쟁우위를 확보할 것인가 하는 것이 사업전략의 주요한 관심사항이 된다. 이때 탁월한 핵심역량이 뒷받침될 경우 동일한 환경변화 속에서도 경쟁기업보다 뛰어난 경쟁우위를 확보할 수 있다.

셋째, 기능별 부서의 전략적 행동을 조정하고 통합하여야 할 것이다. 기능별 전략은 사업전략을 구체화하고, 기능별 활동(마케팅, 재무, 생산, 인사 등)을 어떻게 관리할 것인가에 관한 것이다. 따라서 기능별 전략은 각 기능부서의 주어진 목표를 달성함으로써 전체적으로 사업전략을 지원하고 이를 강화하는 데 그 목적이 있다. 사업전략은 이러한 기능별 부서의 전략적 행동을 전체 사업전략의 방향과 일치하게끔 조정하고 통합하여야 한다.

3. 경영전략의 연구분야

전략에 관한 연구는 크게 전략내용에 관한 연구분야(strategy content research)와 전략과정에 관한 연구분야(strategy process research)로 나눌 수 있다. 전략내용 연구는 변화하는 환경 속에서 기업의 어떤 전략지위(strategic position)가 최적의 성과를 가져오는가 하는 문제를 규명하고자 한다. 이런 점에서 전략내용 연구는 기업이 사용하는 전략의 유형을 설명하는 데 중점을 둔다. 즉, 전략내용 연구의 관심은 기업의 성과달성에 있어서 어떤 유형의 전략이 다른 유형의 전략에 비해 보다 효과적인가 또는 성공적인가 하는 것을 규명하는 데 있다. 전략에 관한 많은 연구가 전략내용연구에 해당된다.

전략과정 연구는 경영자가 적절한 의사결정과정과 관리시스템(administrative system)을 활용함으로써 기업의 전략적 지위에 어떻게 지속적으로 영향을 미치는가 하는 문제를 규명하고자 한다. 이때 관리시스템은 기업의 조직구조, 계획, 통제, 인센티브, 인적자원관리 등을 의미한다. 따라서 전략과정 연구는 전략적 의사결정이 이루어지는 과정(strategic decision process) 즉, 전략이 수립되는 과정, 실행되는 과정, 변화되는 과정을 설명하는 데 중점을 둔다. 전략내용 연구가 무엇(what)이라는 질문에 답을 하고, 전략과정 연구는 어떻게(how)라는 질문에 답을 하는 것이라고 할 수 있다. 무엇(what)이라는 질문에 대해서는 어떤 것이라는 내용(content)으로 답을 하여야 하며, 어떻게(how)라는 질문에 대해서는 그렇게 되는 과정(process)을 설명하여야 할 것이다.

이런 점에서 효과적인 전략이 어떻게 수립되고 타당화 되어서 효율적으로 실행되는가 하는 것은 대표적인 연구과제이다. 그리고 외부환경에서 새로운 기회와 위협이 대두되거나 내부능력과 전략의지가 변함에 따라 전략이 변화되어야 하는데, 전략과정 연구는 기업의 이러한 적응과 자가 변신(self renewal)에 대해서도 관심을 가진다. 전략과정 연구는 전략적 의사결정과정을 전략의 수립과정, 실행과정, 변화과정으로 구분함으로써 각 단계의 주요 변수를 파악하고, 그 역할을 평가하여 전략수립과 실행의 효과성을 높이는 데 도움을 준다. 전략과정 연구의 주요 연구문제를 요약하면 다음과 같다. 첫째, 기업의 관리시스템이

표 1-4 전략내용 연구와 전략과정 연구의 비교

	전략내용 연구	전략과정 연구
중점분야	• 기업전략과 사업전략의 내용(사업범위의 선정, 산업내 경쟁방법, 경쟁우위 원천이 되는 자원의 조합) • 무엇(what)이라는 질문에 답	• 지위를 구축하거나 성과를 달성하고 유지하는 전략적 의사결정과정 • 어떻게(how)라는 질문에 답
학문기반 (기본전제와 연구문제)	• 경영학, 경제학, 조직론, 심리학 • 기본적으로 합리성을 전제 • 기업과 환경 간의 관계에 관심	• 다양한 학문의 학제 간 연구 • 제한된 합리성을 전제 • 개인 및 집단 간의 상호작용에 관심
연구방법	• 정태적 비교를 위한 횡단면분석 • 내부 자료 및 외부의 2차 자료	• 동태적 시계열분석 • 기업 내부의 1차 자료

나 의사결정과정이 기업의 경쟁지위나 자원지위와 어떤 관계를 가지고 있는가? 둘째, 기업은 이들 관계에 있어서 어떻게 효과성을 달성하고 유지하는가? 셋째, 기업이 환경변화에 대응하거나 아니면 스스로 전향적 행동을 통해 관리시스템과 의사결정과정을 어떻게 수정하는가?

이상의 두 연구 분야를 좀 더 구체적으로 비교하면 〈표 1-4〉와 같다.

1) 중점분야: 전략내용 연구는 기업의 사업범위(기업전략)와 개별시장에서 경쟁하는 방법(사업전략)에 대해 다루며, 외부환경에 대한 기업의 효과적인 지위구축(effective positioning)에 관심을 가진다. 그리고 최근의 연구(제9장 및 제10장의 자원준거관점)에서는 기업이 보유하고 있는 내부자원이 기업의 높은 성과달성에 미치는 영향이 무엇이며, 바람직한 경쟁지위와 자원수준이 무엇인가에 대해 관심을 가지고 있다. 이에 비해 전략과정 연구는 기업이 목표로 하는 지위구축이나 성과를 어떻게 달성하고 유지하는가(그 과정이 의도적이든 아니면 시행착오를 거치든)에 대해 관심을 가진다. 어떤 학자는 전략내용 연구가 한 장 한 장의 정지된 흑백사진술(black and white free frame photography)이라고 한다면, 전략과정 연구는 총천연색의 영화촬영술(full color cinematography)이라고 하였다.

2) 학문기반: 두 연구분야의 연구를 수행하기 위해서는 경제학, 조직론, 심리학 등 경영학 이외 학문의 지원이 필요하다. 그런데 전략과정 연구는 전략내용 연구에 비해 보다 다양한 학제간 연구(interdisplenary research)를 필요로 한다. 전략과정 연구가 보다 다양한 학문적 방법이 필요한 것은 기본전제와 연구문제가 다르기 때문이다. 전략내용 연구는 기본적으로 합리성을 전제로 하고 있는 데 비해, 전략과정 연구는 제한된 합리성(bounded rationality)을 전제로 하고 있으며, 더 나아가 조직원의 비합리적 행동의 가능성도 수용하고 있다. 또한 전략내용 연구가 기업과 환경 간의 관계에 중점을 두는 데 비해, 전략과정 연구는 개인간, 집단 간, 조직단위 간, 기업내부 및 기업 간의 행동적 상호작용을 다룬다.

3) 연구방법: 두 분야의 연구를 위해 필요한 연구방법이 다르다. 전략내용 연구는 기업이나 외부기관이 발표한 2차 자료에 의존하더라도 어느 정도의 연구를 수행할 수 있다. 그러나 전략과정 연구는 연구문제에 대한 만족스러운 답을 얻기 위해서는 기업내부에서 접근하여야 한다. 기업 외부에서 일정한 거리를 유지한 상태에서는 필요한 자료를 구할 수가 없다. 따라서 전략과정 연구를 수행하기 위해서는 기업내부의 1차 자료를 수집하기 위한 설문조사, 현장연구, 행동연구 등과 같은 다양한 연구방법이 필요하다. 한편 전략내용 연구는 전략의 정태적 비교분석을 위해 횡단면분석이 널리 사용될 수 있으나, 전략과정 연구는 과정에 대한 자세한 관찰이 필요하므로 횡단면분석보다는 시계열분석을 통한 관찰이 필요하다. 전략과정 연구에서 가장 많은 연구가 이루어진 분야가 전략수립과정(strategy formulation process)에 관한 연구이다. 여기에 관한 대표적인 연구로 들 수 있는 것이 민츠버그(H. Mintzberg)의 연구이다. 여기에 대해서는 다음 장에서 다루기로 한다.

1.6 전략경영의 역사적 발전

전략경영(strategic management)은 조직의 성공과 실패의 원인을 탐구하는 연구분야이다. 대부분의 조직은 경쟁을 통해 생존한다. 생산요소나 고객을 확보하기 위해 경쟁하며, 궁극적으로는 자신이 선택한 생존방식에 소요되는 비용을 만회하기 위한 수입을 얻기 위해 경쟁을 한다. 기업이 생존하기 위해서는 선택을 하여야 한다. 본질적으로 전략적 성격을 띠는 이들 선택에는 여러 가지의 선택문제가 포함된다. 목표의 설정, 제품과 서비스의 결정, 제품시장에서 경쟁하기 위해 기업의 지위를 어떻게 구축할 것인가에 관한 경쟁전략의 설계와 구상, 적정한 수준의 사업범위와 다각화의 결정, 과업을 규정하고 조정하기 위한 조직구조와 관리제도 및 정책의 설계 등과 같은 선택문제가 주요한 예라고 하겠다. 전략경영분야의 기본 명제는 이러한 선택이 기업의 성공과 실패에 결정적인 영향을 준다는 것이다. 그리고 이들 각 부분의 선택을 통합한 집합체가 바로 기업의 전략이라고 할 수 있다.

전략경영은 실무(경영관리)에 뿌리를 두고 있는 학문분야이며, 그 주제 자체의 중요성이 존재의 당위성을 뒷받침한다. 기업의 전략적 방향이야말로 현대 산업사회에서 부를 창출하는 핵심이라고 하겠다. 전략경영은 다른 사회과학과 같이 철학에 학문의 뿌리를 두고 생성된 것이 아니며 현재의 학문적 전통도 그러하다. 또한 경제학 분야와 같이 이론적 기반의 세련됨이 학자들의 관심을 끄는 것도 아니다. 그보다는 공학이나 약학과 같이 우리 사회를 위해 필요한 조직의 역할과 과업을 능숙하게 수행하는 방법을 체계적으로 기록하고 가르치고 확장시키는 데 학문의 목적이 있다.

그런데 전략경영이라는 학문의 시작은 실무(경영관리)와 그것의 체계적 기술에 있었지만, 독립된 학문으로 발전하기 위해서는 조직의 성공과 실패를 설명하고 예측하는 데 도움을 주는 이론정립의 필요성이 증대하게 되었다. 학문을 체계화하고 확장하고 가르친다는 점에서도 이론은 필요하다. 실증적으로 검증된 이론이 있어야 이를 이용해 현실을 설명하고 예측할 수 있으며, 나아가서 보다 나은 방식으로 실무(경영관리)를 수행하는 데 적용시킬 수도 있다. 따라서 전략경영의 학문적 관심은 조직의 생성과 성공, 그리고 생존에 관한 연구를 통해 검증된 결과를 축적하여 제공하고, 또한 조직의 실패와 대가, 그에 따른 교훈에 대한 이해력을 높임으로써 보다 효율적이고 적응력이 뛰어난 조직이 우리 사회에 봉사하게끔 하는 데 있다.

전략경영의 학문적 전통은 경영학의 역사와 같이 한다. 1960년대 이전에 있어서 경영학의 주요 관심사는 기업의 기능 간 통합에 있었다. 이런 맥락에서 보다 넓은 시각으로 전문지식을 통합하는 경영정책(business policy)이라는 학문적 시각이 등장하였다. 경영정책의 주요 시각은 두 가지인데, 첫째는 기업을 부분보다는 전체로서 대하는 것이며, 둘째는 일반관리자(general manager)의 입장에서 기업을 보는 것이었다. 학문적 추상성보다는 실용적 현실성을 강조하는 학문적 특성과 함께 이상의 두 가지 시각은 오늘날 전략경영분야의 중심적 시각으로 남게 되었고, 다른 시각을 가진 학문분야와 구별되는 특징이 되고 있다.

(1) 1960년대의 연구

1960년대에 와서 새로운 주제, 즉 전략(strategy)이라는 주제가 등장하였다. 전략은 기능들의 단순한 통합 또는 조정기능(경영정책)을 넘어서는 개념으로 간주되었다. 전략은 기업이 경쟁하는 제품시장을 선택(기업전략)하고, 선택된 제품시장에서 어떤 방법으로 경쟁(사업전략)할 것인가에 관한 주요정책을 선택하는 개념으로 구체화되었다. 전략은 단일한 의사결정 또는 일회적인 행동계획이 아니라, 서로 연관되고 강화하는(reinforcing) 자원배분에 관한 의사결정과 이를 실행하는 행동계획의 집합체로 간주되었다. 따라서 전략분야에 있어서 이 시기에 이루어진 대표적 연구들, 예컨대 셀즈니크(P. Selznick)의 『관리에 있어서 리더십(*Leadership in Administration*, 1957)』, 챈들러(A. Chandler)의 『전략과 조직구조(*Strategy and Structure*, 1962)』, 앤소프(H.I. Ansoff)의 『기업전략(*Corporate Strategy*, 1965)』, 앤드류(K.R. Andrew)의 『기업전략의 개념(*The Concept of*

Corporate Strategy, 1971)』을 보면, 전략을 기업의 강점과 약점을 균형 있게 고려해야 할 뿐만 아니라, 새로운 시장과 제품을 개발하기 위하여 경쟁우위와 시너지효과를 누리는 것이라고 정의하고 있다. 그리고 기업의 성장은 자사의 사명, 또는 차별적 역량(distinctive competences)에 근거한 전략에 의해서 가능하다고 하였다. 이러한 전략의 개념은 학문연구를 위해 필요한 개념의 엄밀성이 부족함에도 불구하고 1960년대 이후 이 분야의 중심적 개념으로 남게 되었다.

(2) 1970년대의 연구

1960년대에 전략분야의 기본 개념들이 등장하였다면, 1970년대에 들어서는 이들 개념이 발전되고 이를 실무에 적용시키게 되었다. 이에 따라 현재의 전략경영과 같은 학문적 연구가 이루어지게 되었다. 1970년대에 두드러진 현상 중의 하나는 전략분야에 전문화하는 컨설팅회사가 급속하게 증가하였으며, 전문학술단체가 구성되고, 전략에 관한 연구물을 출판하는 학술저널이 등장하였다는 것이다. 전략분야에 전문화한 최초의 컨설팅회사가 보스턴 컨설팅그룹(Boston Consulting Group; BCG)인데, 1960년 초에 브루스 헨더슨(Bruce D. Henderson)에 의해서 설립되었다. BCG의 등장은 그 뒤에 이와 유사한 컨설팅회사가 설립되는 데 공헌하였다.

1970년대에 전략분야가 학문으로 발전하는 데는 다음과 같은 세 가지 요인이 크게 기여하였다.

① 1970년대 들어 기업을 둘러싼 경영환경의 적대성(hostility)과 불안정성(instability)이 심화됨에 따라 기존의 기획(planning)이라는 방식에 실망하게 되었고, 미처 예측하지 못한 상황에 적응하고 이를 활용하는 방법을 모색하게 되었다. 이 점에 있어서 전략은 기획이라는 방식에 대한 대안을 제시할 수 있었다. 즉, 전략은 변화에 견딜 수 있는 전문화된 강점을 구축하고 지속시키는 측면을 강조함으로써 시장환경이 변화할 경우 새로운 제품과 서비스에 이들 강점을 활용하게 해주었다.

② 두 번째 중요한 요인은 분석적 수단과 개념에 기반을 둔 전략컨설팅 기

법이 계속적으로 확장되고 발전하였다는 것이다. 이런 점에서 특히 BCG는 경험곡선(experience curve)을 발견하고, 성장성 점유율 매트릭스(growth share matrix)를 창안함으로써 선도적 역할을 수행하였다.

③ 마지막으로 다각화기업이 성숙단계에 들어서고 지배적인 기업형태로 자리잡게 되었다는 것이다. 이에 따라 최고경영자들이 기업을 사업단위들의 집합(포트폴리오)으로 간주하기 시작했으며, 사업단위들 간의 자원배분문제를 그들의 주요 의사결정 과제로 보기 시작하였다. 이와 때를 같이 하여 등장한 전략경영(strategic management)이라는 새로운 시스템은 이러한 측면에 도움을 주는 관리기법, 예컨대 포트폴리오관리모형(portfolio management model)을 제공해 줄 수 있었으며, 또한 사업단위 관리자들(business unit managers)이 필요로 하는 전략분석기법과 전략수단을 제공해 줌으로써 이 분야의 시장수요를 창출하였다.

1970년대 이전까지 이루어진 전략분야의 학문연구는 주로 실제상황에 관한 임상적 사례연구(연역적 방법)를 통해 이론의 일반화를 기하고자 하였다. 1970년대에 들어와서도 이런 유형의 연구가 계속하여 중요한 비중을 차지하였으나, 한편으로 귀납적 방법과 반증주의(falsification philosopy), 그리고 계량경제학적 다변량통계기법을 이용한 새로운 연구유형이 등장하였다. 이와 거의 동시에 세 가지의 다른 흐름이 이 학문 분야의 면모를 새롭게 바꾸고 있었다. 이 중 두 가지는 하버드 경영대학에서 형성되었고, 나머지 하나는 퍼듀 대학에서 형성되고 있었다.

하버드 경영대학에서는 챈들러(A. Chandler, 1962)의 선구적 연구에 기반을 둔 다각화기업의 성과에 관한 일련의 연구가 시작되었다. 또한 하버드 대학의 경제학과에서는 케이브즈(R.E. Caves)를 중심으로 산업 내의 전략집단(strategic group)에 관한 연구를 시작함으로써, 산업구조와 성과에 관한 전통적인 메이슨(E.S. Mason)과 베인(J.S. Bain)의 연구를 수정하여 동일산업 내에서도 기업들의 지위가 다를 수 있다는 사실에 관심을 가지게 되었다.

한편, 퍼듀 대학에서는 쉔델(D.E. Schendel)을 중심으로 조직자원의 선택(전략으로 해석)과 기업성과 간의 실증적 연관성을 분석하는 연구를 시작하였다.

이 중에서 하텐과 쉔델(K.J. Hatten and D.E. Schendel, 1977)의 연구는 산업 내 구조적 이질성(structural heterogeniety)의 존재를 처음으로 보여 준 것으로, 하버드 대학에서 연구하고 있던 전략집단(strategic group)의 존재에 대한 최초의 명확한 실증적 근거를 제시해 주었다.

하버드 대학과 퍼듀 대학에서 이루어진 연구의 내용보다 더욱 중요한 것은 연구의 실증적 성격이 바뀌었다는 것이다. 연역적인 사례연구 외에도 대량의 자료를 다룰 수 있는 컴퓨터와 다변량 분석방법의 발달로 가설검정이라는 귀납적 연구방법이 가능하게 되었다는 것이다.

그런데 연구방법의 변화는 궁극적으로 사례분석이나 단순한 가설검증만으로는 해답을 제시해 주지 못하는 의문들을 제기하게 되었다. 이는 연구결과를 상호연관 시킬 수 있는 통일된 이론이 없어 결과를 해석하는 데 어려움이 따랐기 때문이다. 이로 인해 연구결과가 누적되어도 그 결과들이 과연 실무자(경영자)에게 도움되는지의 여부를 판단할 수 없었고, 오히려 풀리지 않는 의문만이 누적되어갔다. 따라서 1970년대의 연구는 1980년대의 연구, 즉 이론과의 연관성을 탐구(인과관계를 밝히고 예측력을 갖는 이론의 탐구)하는 동기유발요인으로 작용하였다고 하겠다. 또한 이에 못지않게 중요한 측면은 새로운 유형의 연구와 지적 수요에 보다 잘 대응할 수 있는 새로운 세대의 연구자를 배출하였다는 것이다.

(3) 1980년대의 연구

1980년대에는 앞에서 언급한 변화로 인해 변화속도가 가속화되었다. 실증분석과 이론구축을 위해 필요한 학문을 모색하는 과정에서 경제적 접근법이 전략경영분야의 중심직 사고로 등장하였나. 1980년대에 있어서 가장 영향력이 큰 경제학적 공헌은 포터의 『경쟁전략(*Competitive Strategy*, 1980)』이다. 이 연구에서 사용된 이동장벽(mobility barriers), 산업분석(industry analysis), 본원적 전략(generic strategies) 등의 개념과 분석수단들이 폭넓게 받아들여져 많은 연구프로젝트나 강의, 그리고 컨설팅에서 사용되었다.

한편, 전략에 대한 포터의 접근법이 시장지배력에 중점을 두는 산업조직론의 전통적 접근법, 즉 구조–행동–성과모형(structure-conduct-performance model)에 근거하고 있는 데 비해, 산업구조를 시장지배력 대신에 효율성의 결과로 보는 시카고 대학의 이론적 전통도 있었다. 이들은 기업 간의 성과차이가 개별기업이 보유한 자원의 차이를 반영하는 것으로 보았다. 또한 기업이 높은 성과를 지속시키는 데 있어서 모방하기 어려운 독특한 자원의 중요성을 강조하는 새로운 사고의 흐름이 등장하게 되었다. 전략경영분야에서 이들 두 가지 접근법이 합쳐져 자원준거관점(resource based view)으로 불리게 되었다.

이러한 폭넓은 시각의 등장과 더불어 1980년대에는 경제학이론을 사용하고 이를 통해 보다 고도화된 연구방법을 사용하는 새로운 연구들이 등장하게 되었다. 금융경제학의 사건연구방법이 전략변화와 조직변화를 분석하고, 기업인수의 전략적 접합성을 연구하는 데 사용되었다. 또한 증권시장의 성과를 측정하는 새로운 척도가 다각화와 기업성과 간의 관계와 시장점유율과 기업성과 간의 관계에 관한 오래된 의문을 풀기 위해 적용되기도 하였다. 거래비용적 관점을 통해 기업의 범위와 통합을 설명하기도 하고, 사회적 유대(social bonding)의 효율성에 대한 새로운 이론이 발전되었다. 혁신에 관한 연구는 지대와 전유성(appropriability)에 관한 용어와 논리를 사용하게 되었으며, 모험자본(venture capital)에 관한 연구는 대리인과 그 행동의 특징인 불리한 선택문제(adverse selection problem)에 관심을 보이기 시작했다. 대리인이론은 기업의 규모와 다각화, 최고경영자의 보수, 그리고 기업의 성장을 설명하는 데 사용되었다. 산업조직론에 있어서 새로운 게임이론적 접근법은 생산자의 명성, 진입 및 철수, 기술변화, 표준채택 등에 관한 연구를 촉진시키기도 하였다.

이상에서 알 수 있듯이 1960년대에 전략경영의 기본적인 개념들이 제시되고, 1970년대에는 연구방법의 다양화와 고도화가 이루어짐으로써, 1980년대에 와서 인과관계를 규명하고 예측력을 갖춘 이론을 모색할 수 있었다. 따라서 지난 30년간의 연구는 전략경영이라는 독립된 학문분야가 자리를 잡고 성숙하는 데 도움을 주었다고 하겠다.

(4) 1990년대 이후의 연구

1) 자원준거시각(a resource-based view): 1990년대 이후에 이루어진 전략경영분야의 연구는 자원준거시각의 발전과정과 같이 한다고 말할 수 있다. 자원준거시각에 대해 최초로 언급한 워너펠트(B. Wernerfelt)의 논문은 1984년에 발표되었지만, 자원준거시각의 비약적인 발전은 사실상 1990년대 이후 본격화되었다. 자원준거시각은 전략경영분야의 학문적 정체성과 위상을 새롭게 정립하는 계기가 되었다. 자원준거시각은 전략경영분야에서 논의되었던 1970~1980년대의 이론적 기반과 뚜렷이 차별화되는 측면이 있다.

그동안 전략경영분야에서 사용되고 있던 주요 개념과 이론은 대부분 다른 학문분야에서 도입한 것이다. 포터의 산업구조분석모형이나 전략집단분석은 산업조직론의 이론적 패러다임을 응용한 것이다. 또한, 다각화기업의 지배구조를 설명하는 많은 연구들이 거래비용경제학이나 대리인이론에 관한 이론을 도입하여 적용하였다. 경영학 내에서도 전략경영분야는 그동안 조직론, 마케팅, 인적자원관리, 재무관리와 같은 인접분야의 개념과 이론을 빌려와서 사용한 경향이 높았다. 이는 전략경영분야가 독창적인 이론을 개발하지 못하였기 때문이다. 이런 점에서 볼 때 자원준거시각은 전략경영분야의 고유한 이론으로 개발되어 체계화되었을 뿐 아니라, 주요 개념과 논리가 경영학의 전 분야와 인접학문으로 급속하게 전파되어 확산된 대단히 성공적인 사례라는 데 의의가 있다.

기업을 자원의 묶음(a firm as a bundle of resources)으로 보는 자원준거시각은 본질적으로 새로운 것은 아니다. P. Selznick(1957), H.I. Ansoff(1965), K.R. Andrew(1971) 등에서 이미 기업의 내부자원이나 차별적 역량(distinctive competence)의 중요성에 대해 논의하였다. 그리고 자원준거시각의 실질적인 이론적 기반은 1959년도 Penrose의 연구에서 기인한다. 펜로스는 기업을 생산적 자원의 집합체로 보고, 이들 자원으로부터 얻은 창출서비스가 동일하지 않고 기업마다 이질적이기 때문에 개별기업은 독특한 성격을 가진다고 보았다. 기업이 서로 이질적인 자원을 보유함으로써 독특한 성격을 가지고 이에 따라 성과가 달라질 수 있다는 연결관계가 나중에 자원준거시각의 핵심적 논리가 되었다.

기업이 보유한 자원이 경쟁우위를 어떻게 창출하는가에 관한 논의를 본격적으로 제기한 논문이 워너펠트(B. Wernerfelt, 1984)이다. 워너펠트는 자원을 유형자원과 무형자원으로 구분하고 자원과 수익성 간의 관계를 최초로 분석하였다. 이후 기업이 보유한 자원의 차이가 어떻게 고성과에 영향을 주는가를 설명하는 연구가 진행되었지만, 보다 중요한 연구는 지속적 경쟁우위를 가져다주는 자원의 구체적인 속성이 무엇인가 하는 의문에 답을 하는 연구였다.

1991년에 발표된 바니(J.B. Barney)의 연구는 이러한 의문에 답하는 구체적이고도 포괄적인 이론적 틀을 제시하였다. 즉, 지속적 경쟁우위를 창출하기 위해 갖추어야 할 자원의 속성을 가치성, 희소성, 비모방성, 비대체성이라는 네 가지로 제시하였다. 바니의 모형은 다양한 분야에 적용되어 실증분석에 활용되었다. 또한 자원준거시각은 지속적 경쟁우위에 관심을 두는 사업전략뿐 아니라 기업전략에도 새로운 통찰력을 제공해 주었다. 콜리스와 몽고메리(D.J. Collis and C.A. Montgomery, 1997)에 따르면, 기업이 다각화에 관한 의사결정을 하는 데 있어서도 보유한 자원의 속성에 따라 다각화 유형과 통제방식이 어떻게 달라진다는 것을 보여주고 있다.

2) 동태적 능력 접근법(dynamic capability approach): 자원준거시각은 본질적으로 정태적이다. 변화하는 환경 속에서 기업이 지속적인 경쟁우위를 누리는 것을 설명하는 데 미흡하다. 경쟁환경이 변할 경우 경쟁우위를 뒷받침하는 자원과 조직능력의 유형도 변하기 때문이다. 이러한 의문에 답을 할 수 있는 개념이 1997년 티스(D. J. Teece *et al.*, 1997) 등에 의해서 제시되었다. 이들은 동태적 능력(dynamic capability)이라는 개념을 제시하였는데, 동태적 능력은 급속하게 변하는 환경에 대응하기 위해 내부 및 외부역량을 통합하고, 구축하고, 재구성하는 능력이라고 정의하였다. 이전에도 여러 학자들이 이와 유사한 개념을 사용하였다. 예컨대 애버나시와 클락(W.J. Abernathy and K. Clark, 1985)의 아키텍쳐 혁신(architectural innovation), 코굿과 잰더(B. Kogut and U. Zander, 1992)의 결합능력(combinative capabilities), 헨더슨과 콕번(R. Henderson and I. Cockburn, 1994)의 구성역량(configuration competence) 등을 들 수 있다. 그러나 이들 개념

은 동태적 능력만큼 학계에서 유행되지는 못하였다. 티스 등은 '동태적'이라는 수식어를 사용한 것은 "변화하는 환경과 적합성을 달성하기 위해 역량을 새롭게 하는 능력"이라는 사실을 반영하는 의미라고 하였다.

동태적 능력은 자원준거시각을 보완하고 확장시켰다고 하겠다. 정태적 관점의 자원준거시각을 동태적 상황에서도 적용할 수 있는 논리로 발전시켰다. 자원준거시각과 동태적 능력을 자원채집(resource picking)과 자원쇄신(resource renewal)으로 비교하기도 한다. 자원준거시각은 경쟁우위를 창출할 수 있는 독특한 자원결합을 선택(selecting resource combinations)하는 것에 관심을 가지며, 동태적 능력은 자원을 재구성해 새로운 운영능력을 창출(reconfiguring resources into new combinations of operational capabilities)하는 것에 관심을 가지기 때문이다.

그동안 이루어진 다양한 실증연구들이 동태적 능력이 기업성과에 미치는 긍정적인 영향에 대해 보고하고 있다. 동태적 능력에 대한 비판적 시각도 있다. 그 개념은 매력적이기는 하지만 실증적으로 관찰하거나 측정하기가 어려운 만큼 모호하며 애매한 개념이라는 비판이다. 뉴버트(S.L. Newbert, 2007)의 연구에 따르면 실증연구에서도 동태적 능력의 역할에 대해 통계적으로 유의한 결과를 얻지 못한 경우도 많았다. 또한 동태적 능력에 관한 개념적 정의가 워낙 다양하여, 이를 구성하는 하위속성에 관한 연구의 필요성이 제기되고도 한다. 따라서 앞으로의 주요 연구과제로는 동태적 능력에 관한 개념화와 조작화를 발전시킴으로써 그 역할에 관한 보다 발전된 연구를 진행하는 것이다.

제1장 토의자료

실패하는 전략의 세 가지 공통점

기업들은 경영전략을 세울 때 가장 뛰어난 인재를 투입시키고, 굴지의 컨설팅 회사에 자문하는 등 특별히 많은 노력을 기울인다. 하지만 안타깝게도 이렇게 공들여 만든 경영전략의 대부분은 실패로 돌아가고 마는 것이 현실이다. 실제로 미국의 경제전문지인 포춘(Fortune)이 1996년부터 10년간 500대 기업들의 경영전략을 조사한 결과, 목표 달성에 성공한 전략은 25%밖에 되지 않았다. 2006년 매킨지에서 실시한 비슷한 조사에서도 전략 실패 확률이 60%를 넘었다. 왜 이런 결과가 나타난 걸까? 전문가들은 기업들이 경영전략을 세우고 실행할 때 중요한 것을 간과했기 때문이라고 지적한다. 그 중요한 것이 무엇인지 세계적인 석학 마이클 포터 하버드 경영대학원 교수가 소개한 '실패하는 전략의 공통점'들을 통해 알아보자.

① 실패한 전략은 고객 만족이 아닌 경쟁사를 이기는 데 초점을 둔다

패스트푸트 업계 1위인 맥도날드는 2위 버거킹과 1950년대 설립 이래 버거 전쟁이라고 불리는 치열한 경쟁을 벌여 왔다. 맥도날드가 본사에서 매장을 먼저 운영한 후 가맹점주에게 장기 임대하는 전략을 쓰면, 버거킹은 정확히 반대로 갔다. 가맹점주를 먼저 모집하고, 자율적인 운영을 할 수 있도록 한 것이다. 마케팅에서도 마찬가지였다. 맥도날드가 '고객의 주문에 미리 대비하고 있다'라고 광고를 하면, 버거킹은 '어떤 주문도 즉시 소화할 수 있다'라는 콘셉트로 광고했다. 심지어 맥도날드를 상징하는 캐릭터가 버거킹에서 햄버거를 먹고

1. 경쟁사 이기는 데 초점을 둔다

가장 중요한 고객의 마음 못 읽어

2. 현재 고객에게만 집중한다

미래 고객을 놓칠 수 있음

3. 단기 수익에 눈이 먼다

기업의 장기 생존이 불투명해질 수 있음

를있는 광고를 내보낸 적도 있다. 신제품 역시 마찬가지로 버거킹이 99센트짜리 세트를 내놓으면, 맥도날드는 1달러짜리 세트를 내놓아서 대응하는 식이었다.

이런 경쟁은 과연 어떤 결과를 낳았을까? 두 회사 모두 갈수록 매출이 떨어졌다. 웰빙 바람으로 사람들은 몸에 좋지 않은 패스트푸드를 멀리하고, 몸에 좋은 음식을 찾기 시작했기 때문이다. 하지만 맥도날드와 버거킹은 오직 서로를 누른다는 생각으로 햄버거 하나에만 집중했고, 소비자의 변화는 읽지 못했다. 결국 업계 1위인 맥도날드는 2011년 웰빙 샌드위치 전문점인 서브웨이에 매장 수에서 밀렸고, 버거킹은 2위 자리를 웰빙 버거를 앞세운 웬디스에 내주어야만 했다. 이처럼 경영전략을 세울 때는 경쟁사에 집착하느라 고객을 보지 못하는 실수를 조심해야 한다. 전략의 성패는 경쟁사가 아니라 고객이 결정해 주기 때문이다.

② 실패한 전략은 미래의 고객을 보지 못하고 현재 고객에게만 집중한다

미국의 PC 업체인 델은 유통과정을 줄여서 가

격을 낮추는 전략으로 1980년대 중반부터 20년간 세계 PC 시장을 지배했다. 그런데 2006년에 매출이 급격하게 떨어졌다. 1위 자리도 휴렛패커드(HP)에 빼앗겼다.

델이 추락한 이유는 무엇일까? 그것은 주요 고객이었던 저가(低價) 데스크톱 사용자에게만 집착했기 때문이다. 2000년대에 들어서면서 무선 인터넷처럼 이동 중에도 PC를 활용할 수 있는 기술들이 상용화되자 컴퓨터의 활용도는 이전보다 크게 넓어졌다. 고객들도 비싸더라도 무선 인터넷을 원활하게 쓸 수 있는 고성능 컴퓨터를 원했다. 하지만 델은 이런 트렌드를 외면했다. 그리고 오직 싼 컴퓨터를 만드는 일, 즉, 기존에 제공하던 가치에만 집중했다. 이런 행동은 잠재 고객을 끌어당길 수 없게 만들었으며, 취향이 바뀐 기존 고객들마저도 놓치는 결과를 낳고 말았다. 현재 고객에게만 집중하면 결국 시장을 잃게 되거나, 잘해봐야 현상 유지를 할 뿐이다. 전략을 세울 때는 항상 새로운 고객을 찾아 나서는 자세가 필요하다는 것을 잊지 말자.

③ 실패 원인은 장기 전략을 세워 놓고 단기 수익에 눈이 멀어 전략의 방향을 비틀어 버리는 것이다

미국의 보험회사인 세이프코(Safeco)는 1980년대에 들어서 장기적인 경영전략을 세웠다. 무리한 투자를 하지 않고, 보험업에 집중하며, 매년 적게나마 반드시 순이익이 나도록 하는 것이다. 이는 안전을 추구하며 천천히 오래가는 기업을 만들려는 의도였다. 그런데 1990년대 들어서 보험업계가 큰 호황을 맞이하자 세이프코에 투자하는 사람이 많아졌다. 그리고 주주들은 공격적인 확장 전략을 펼치길 원했다. 주주들의 요구처럼 공격적인 경영을 하면 분명 더 많은 돈을 벌 수 있어 보였다. 결국 세이프코는 눈앞의 수익에 눈이 멀어버렸다. '안전'을 버리고, 본격적으로 금융회사들을 인수하기 시작한 것이다.

세이프코는 성공했을까? 아니다. 처음 몇 년 동안 반짝 성장을 했을 뿐, 금세 몰락해 버리고 말았다. 1990년대 중반, 금융업 전반에 불황이 찾아왔기 때문이다. M&A(인수·합병)를 하느라 돈을 다 써 버렸던 세이프코는 경영난에 빠졌고, 1997년부터 3년 만에 주가가 60% 이상 폭락하는 비극을 맞았다. 물론 전략이 어떤 경우에도 변하지 말아야 한다는 것은 아니다. 시장이나 고객, 유통망에 큰 변화가 생겼다면 장기 전략도 수정할 수 있다. 그러나 그것이 단기 수익 때문이어서는 안 된다. 장기 전략은 더 넓은 안목으로 끈기 있게 밀고 나갈 때 소기의 성과를 달성할 수 있다.

자료: 전유현 교수, "전략은 완벽한데 번번이 실패하는 당신이 놓친 3가지," 조선일보(2013.5.23.)

토의문제

1. 실패하는 전략의 공통점은 무엇인가?
2. 실패하는 전략의 공통점은 이 책에서 정의한 전략의 두 가지 구성요소(매력적 사업영역의 확보, 지속적 경쟁우위의 보유)와 어떤 관련성이 있는가?
3. 실패하는 전략의 공통점은 성공하는 전략을 수립하는 데 어떤 교훈을 주는가?

참고문헌

공병호, 『21세기 기업변신을 위한 한국기업 흥망사』, 명진출판사(1993).

Andrews, K.R., *The Concept of Corporate Strategy*, Irwin, Homewood, IL(1971).

Abernathy, W.J. and K. Clark, "Innovation: Mapping the winds of creative destruction, *Research Policy*, Vol. 14(1985), pp. 3~22.

Ambrosini, V., C. Bowman, and N. Collier, "Dynamic capabilities: An exploration of how firms renew their resource base," *British Journal of Management*, Vol. 20(2009), pp. 9~24.

Ansoff, H.I., "Critique of Henry Mintzberg's The design school: reconsidering the basic premises of strategic management," *Strategic Management Review*, Vol. 12(1991), pp. 449~461.

________, *Corporate Strategy*, McGraw Hill(1965).

Bain, J.S., *Barriers to New Competition*, Harvard University Press(1956).

Barney, J.B., "Firm resources and sustained competitive advantage," *Journal of Management*, Vol. 17(1991), pp. 99~120.

Barretto, I., "Dynamic capabilities: A review of past research and an agenda for the future," *Journal of Management*, Vol. 36(2012), pp. 256~280.

Chakravarthy, B.S. and Y. Dos, "Strategy Process Research: Focusing on Corporate Self Renewal," *Strategic Management Review*, Vol. 13(1992), pp. 5~7.

Chandler, A., *Strategy and Structure*, MIT Press, Cambridge, MA(1962).

Czepiel, J.A., *Competitive Marketing Strategy*, Prentice Hall, Englewood Cliffs, NJ(1992).

Forbes, The World's Biggest Companies Full list: The Global 2000(2012.4.18.). http://www.forbes.com/sites/scottdecarlo/2012/04/18/the-worlds-biggest-companies/

Hatten, K.J. and D.E. Shendel, "Heterogeneity within an industry: Firm conduct in the US brewing industry," *Journal of Industrial Economics*, Vol. 26(1977), pp. 97~113.

Henderson, B., "The origin of strategy," *Harvard Business Review*(Novemver-December 1989), pp. 139~143.

Henderson, R. and I. Cockburn, "Measuring competence? exploring firm effects in pharmaceutical research," *Strategic Management Journal*, Vol. 15(Winter Special Issue, 1994), pp. 63~84.

Herzlinger, R., *Market Driven Health Care: Who Wins, Who Loses in the Transformation of America's Largest Service Industry*, Addison-Wesley(1997).

Hirsch, P.A., "Areas of agreement and common ground," a presentation made at the Minnesota

Conference on Strategy Process Research, Minneapolis, MN, October(1991), pp. 20~22.

Kerin, R.A., V. Mahajan, and P.R. Varadarajan, *Contemporary Perspectives on Strategic Market Planning*, Allyn and Bacon, Boston(1990).

King, A.W., "Disentangling interfirm and intrafirm causal ambiguity: A conceptual model of causal ambiguity: A conceptual model of causal ambiguity and sustainable competitive advantage," *Academy of Management Review*, Vol. 32(2007), pp. 156~178.

Kogut, B. and U. Zander, "Knowledge of the firm, combinative capabilities, and the replication of technology," *Organization Science*, Vol. 3(1992), pp. 383~392.

Mason, E.S., *Economic Concentration and Monopoly Problem*, Harvard University Press(1957).

Liddell Hart, B.H., Strategy, Greenwood Publishing Group, Inc., Westport, CT(1954).

Lin, Y. and L-Y. Wu, "Exploring the role of dynamic capabilities in firm performance under the resource-based view framework," *Journal of Business Research*, Vol. 67(2014), pp. 407~413.

Mintzberg, H., "Opening up the definition of strategy," in J.B. Quinn, H. Mintzberg and R. M. James, *The Strategy Process: Concepts, Contexts, and Cases*, Prentice Hall, Englewood Cliffs, NJ(1988), pp. 13~20.

__________, "The Design School: Reconsidering the Basic Premises of Strategic Management," *Strategic Management Journal*, Vol. 11(1990), pp. 171~195.

__________, "Crafting strategy," *Harvard Business Review*(July-August 1987), pp. 66~75.

__________, "The fall and rise of strategic planning," *Harvard Business Review*(January-February 1994), pp. 107~114.

Newbert, S.L., "Value, rareness, competitive advantage, and performance: A conceptual-level empirical investigation of the resource-based view of the firm," *Strategic Management Journal*, Vol. 29(2007), pp. 745~768.

Porter, M.E., *Competitive Strategy: Techniques for Analyzing Industries and Competitors*, Free Press, New York(1980).

__________, "The contributions of industrial organization to strategic management," *Academy of Management Review*, Vol. 6(1981), pp. 609~620.

__________, *Competitive Advantage: Creating and Sustaining Superior Performance*, Free Press, New York(1985).

Quinn, J.B., "Strategic change: "Logical incrementalism," *Sloan Management Review*(Summer 1989), pp. 45~60.

Quinn, J.B., H. Mintzberg, and R.M. James, *The Strategy Process: Concepts, Contexts and Cases*, Prentice Hall, Englewood Cliffs, NJ(1988).

Rumelt, R.P., D.E. Schendel, and D.J. Teece, "Strategic management and economics," *Strategic Management Journal*, Vol. 12, Special Issue(Winter 1991), pp. 5~29.

Selznick, P., *Leadership in Administration*, Harper & Row, New York(1957).

Teece, D., G. Pisano, and E. Romanelli, "Dynamic capabilities and strategic management," *Strategic Management Journal*, Vol. 18(1997), pp. 509~533.

Thompson, A.A. and A.J. Strickland, *Strategic Management: Concepts and Cases*, Irwin, Homewood, IL(1993).

Wernerfelt, B., "A resource-based view of the firm," *Strategic Management Journal*, Vol. 5(April-June, 1984), pp. 171~180.

02

STRATEGIC MANAGEMENT

제 2 장

전략경영과정, 사명 그리고 목표

세 명의 석공이 건설현장에서 일하고 있었다. 지나가던 사람이 그중 한 사람에게 물었다. "당신은 무슨 일을 하고 있습니까?"

첫 번째 사람은 하는 일에 지친 듯 보였고 표정도 행복해 보이지 않았다. 그리고 자주 시계를 쳐다보았다. "나는 망치로 바위를 부수고 있소."

좀 더 행복해 보이고 보다 근면하게 일하는 두 번째 사람에게 다가가서 물었다. "당신은 무슨 일을 하고 있습니까?" 두 번째 일하는 사람이 답했다. "나는 돌로 벽돌을 만들고 있소. 이 벽돌은 담을 세우는 데 사용될 것이요."

마지막으로 앞의 두 사람과 마찬가지로 돌을 열심히 다듬고 있는 세 번째 사람에게 다가갔다. 이 사람은 매우 정성을 들이며 정교하게 작업하고 있었다. "당신은 무슨 일을 하고 있습니까?" 세 번째 사람이 말했다. "나는 성당을 짓고 있소."

– 출처: 미상

정용진 부회장의 경영철학은 뚜렷하다. 항상 기업의 존재 이유를 '고객과 직원의 행복'에서 찾는다. 기업은 고객을 행복하게 하는 데서 존재 이유를 찾아야 하고 고객을 행복하게 하려면 직원이 먼저 행복해야 한다는 것이 그의 지론이다.

정 부회장은 '고객의 행복'이라는 관점에서 유통업을 재해석하고 있다. 그는 신세계가 단순히 상품을 판매하는 기업에 머무는 것을 거부한다. '고객의 행복한 라이프 스타일을 만드는 기업'이 그가 내세우는 신세계의 비전이다. 백화점, 대형마트 등으로 구분되는 기존 유통업의 관점에서 벗어나 쇼핑은 물론 외식, 문화생활을 한 곳에서 즐길 수 있는 '라이프 스타일센터'를 만들어야 한다는 것이다.

정 부회장은 평소 "유통업은 야구장, 테마파크와 경쟁해야 한다."는 말을 자주 한다. 업종과 상관없이 누가 소비자의 시간을 더 많이 점유하느냐가 경쟁의 핵심이라는 것이다. 신세계백화점이 본점 옥상에 야외정원을 조성하고 부산 센텀시티점 옥상에 공룡을 주제로 한 쥐라기 공원을 만든 것도 야구장과 테마파크 이상의 즐거운 경험을 고객에게 제공하기 위해서다.

– 전유현(IGM교수)·윤경혁(IGM 연구원)

제2장 들어가면서

성당을 짓는 사람

앞에서 인용한 사례를 보면, 같은 작업장에서 같은 일을 하는 세 사람의 대답이 각기 다르다는 것이 흥미롭다. 작업 내역의 관점에서 보면, "망치로 바위를 부수고 있다."고 말한 첫 번째 사람의 답이 가장 정확한 답이다. 그런데 첫 번째 사람은 왜 그 일을 하는지에 대한 의미를 모르기 때문에 일에 대한 몰입도나 정확도가 떨어질 수 있다.

"담을 세우는 데 사용될 벽돌을 만든다."고 답한 두 번째 사람은 다음 공정에 대해 알기 때문에 첫 번째 사람에 비해 몰입도나 정확도가 높을 것이다. 즉, 담을 만드는 데 사용될 벽돌이라는 것을 알기 때문에 벽돌을 다듬을 때 정확한 규격에 신경을 쓸 것이고, 담을 완성하는 전체 일정에 맞추어 작업을 진행할 것이다.

"성당을 짓고 있다."고 답한 세 번째 사람은 본인이 하는 일의 의미를 이해하는 사람이다. 다른 두 사람과 달리 본인을 단순히 벽돌을 만드는 사람이 아니라 성당을 짓는 사람이라고 생각한다. 하나님을 모시는 성전, 즉, 성당을 짓는다고 생각하는 사람은 본인이 맡은 일을 허투루 하지 않을 것이다. 자신의 일이 숭고하다고 생각하는 사람은 이를 완수하기 위해 스스로 최선을 다할 것이다.

조직을 공통의 목표(common goals)를 추구하는 사람들의 집단이라고 정의하였다. 여기서 공통의 목표는 기업의 비전이나 사명을 의미한다. 그런데 실제로는 같은 조직에 속한 구성원이라고 하더라도 공통의 목표를 자신의 목표와 동일시하는 정도는 구성원마다 다를 것이다. 세 번째 사람은 조직의 목표를 자신의 목표와 동일시하는 사람이다. 이런 사람은 조직 몰입도가 높을 뿐 아니라 스스로 동기 부여하여 조직의 목표를 달성하기 위해 노력할 것이다. 경영자의 입장에서 가장 바람직한 종업원이라고 하겠다. 그렇다면 종업원의 목표를 조직의 목표와 동일시하게 유도하거나 만드는 방법은 무엇인가? 여기에 답하는 것이 2장에서 다룰 주요 내용이다. 결론을 먼저 말한다면 좋은 사명은 종업원을 스스로 춤추게 한다.

2.1 전략경영과정

전략경영(strategic management)이란 기업의 사명(mission)을 추구하고 목표를 달성하기 위한 효과적 전략을 수립하고 실행하는 일련의 의사결정과 행동의 과정이다. 따라서 전략경영은 관련되고 서로 강화하는(related and mutually reinforcing) 의사결정과 행동들이 연속되는 동태적 과정이다. 관련되고 서로 강화한다는 것은 어떤 의사결정(또는 행동)이 다른 의사결정(또는 행동)에 의해서 영향을 받으며, 의사결정들(또는 행동들) 간에 강한 보완성이 있다는 것을 의미한다. 이러한 동태적 과정을 구체화한다면 다음의 〈그림 2-1〉과 같이 다섯 단계로 나누어 볼 수 있다.

전략경영의 첫 번째 단계에서는 기업의 사명을 규정한다. 기업의 사명은 기업의 존재목적을 밝히고, 이를 달성하기 위해 기업이 나아갈 방향을 제시한다. 구체적으로는 기업이 어떤 사업에 참여하고 있으며, 앞으로 어떤 사업에 참여할 것인가 하는 사업영역(business domain) 또는 전략영역(strategic domain)을 결정하는 것이라고 하겠다.

두 번째 단계에서는 기업의 장·단기적 목표를 설정한다. 사명을 구체적인 성과 척도로 전환하는 것이 목표이다. 목표는 기업의 전략적 방향을 제시해 주

그림 2-1 전략경영과정

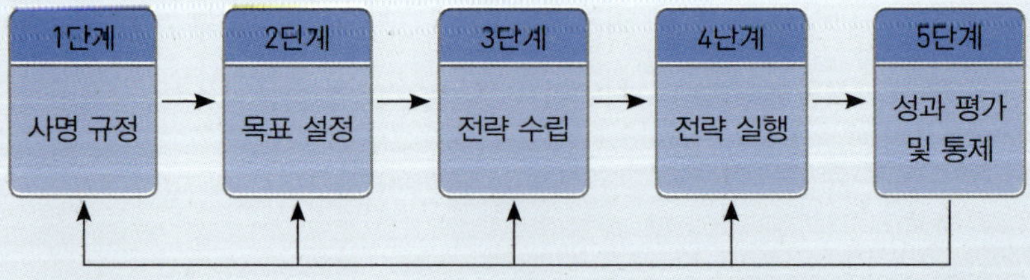

며, 궁극적으로 기업의 사명을 실천하는 것으로 연결된다.

세 번째 단계는 기업의 사명을 추구하고 목표를 달성할 수 있는 효과적인 전략을 수립(strategy formulation)하는 단계이다. 이를 위해 외부환경에 대한 분석을 통해 기회(opportunities)와 위협(threats)을 파악하고, 기업이 보유하고 있는 내부자원과 능력에 대한 분석을 통해 강점(strengths)과 약점(weaknesses)을 파악한다. 그리고 외부환경(기회와 위협)과 내부자원(강점과 약점) 간의 적합성을 달성할 수 있는 전략을 수립한다.

일반적으로 전략의 수립단계는 기업이 선택 가능한 전략대안을 파악하고, 이 중에서 목표달성에 가장 효과적인 전략대안을 선택하는 과정으로 설명되고 있다. 전략수립이 선택 가능한 전략대안을 파악하고 이 중에서 하나의 대안을 선택하는 것인가, 아니면 어떤 상황에 적합한 단일한 전략대안을 만들어 내는 것인가 하는 것은 전략수립을 선택적 의사결정문제로 보는가 아니면 창의적 발상문제로 보는가에 따라 달라진다. 여기에 대해서는 제8장에서 다시 논의하게 된다. 실제로는 상황에 따라 두 가지 방법이 모두 사용될 것이며, 의사결정에 필요한 정보를 많이 보유한 상황일수록 선택적 의사결정에 의한 전략수립의 가능성이 높아질 것이다.

네 번째 단계에서는 수립된 전략을 세부적 행동계획과 절차로 구체화하고 이를 실행(strategy implementation)한다. 기업의 목표달성은 전략의 수립과 실행에 의해서 좌우된다. 아무리 좋은 전략을 수립하더라도 이를 잘 실행하지 못한다면 원하는 목표를 달성할 수가 없다. 이를 위해 기업은 보유하고 있는 내부자원을 배분하고, 이들 자원을 수립된 전략적 방향에 맞추어 효과적 및 효율적으로 활용하는 것이 필수적이다.

마지막 단계에서는 전략을 실행한 성과를 평가하고, 필요한 경우 조정과 수정을 통해 다음의 전략수립단계에 반영한다.

이상에서 알 수 있듯이 전략경영의 일반적 과정은, 먼저 기업의 사명과 목표를 설정하고, 외부환경과 내부환경에 대한 분석을 통해 기업의 전반적인 상황을 평가한 후, 이러한 외부환경과 내부환경에 적합한 전략을 수립하고 이를 실행하는 단계로 진행된다. 전략경영을 이러한 과정으로 설명하는 것, 특히 전략의 수립단계와 실행단계를 구분하여 설명하는 것이 합리적 분석모형(rational analytical model)의 대표적인 특징이다. 여기에 대해서는 제4절에서 보다 구체적으로 살펴볼 것이다.

〈그림 2-1〉에서 살펴본 전략경영의 단계적 과정을 보다 구체적으로 나타내 보면 〈그림 2-2〉와 같다.

그림 2-2 전략의 수립 및 실행과정

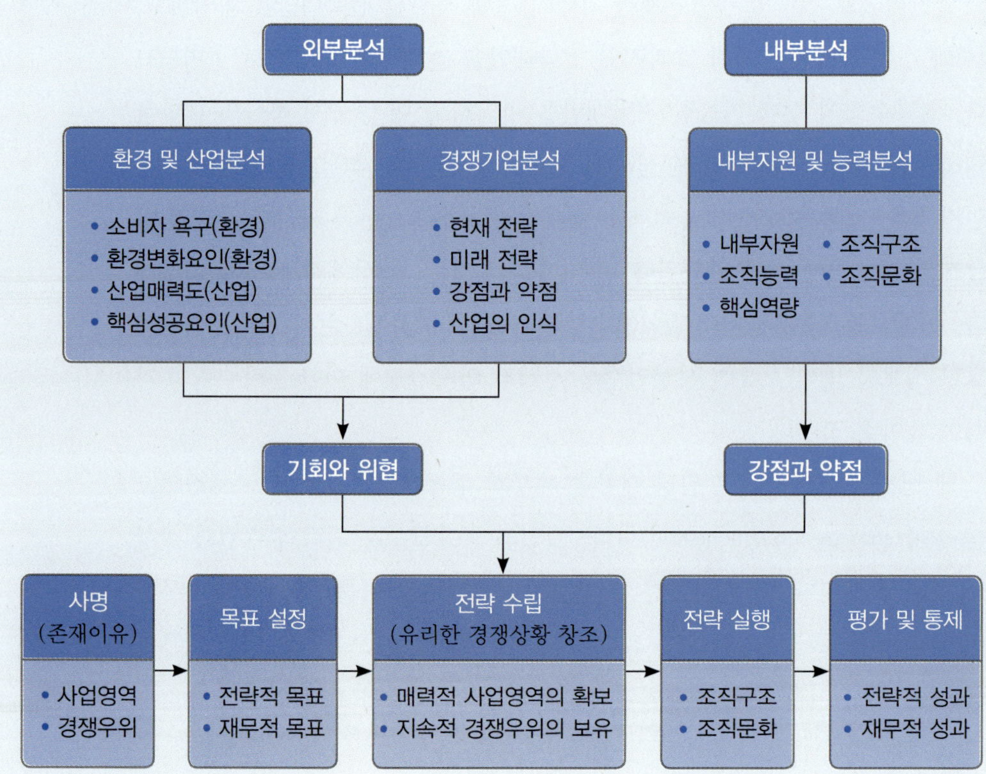

2.2 기업의 사명

1. 기업의 존재와 사명

기업이라는 조직은 생명체와 달리 태어남으로써 존재의 당위성이 부여되는 것이 아니다. 새로운 기업이 생겨나기 위해서는 사회적으로 그에 합당한 당위성이 부여되어야 한다. 설립된 기업이 생존하기 위해서도 자신의 존재목적을 제시하고, 이것을 끊임없이 추구하여야 할 것이다. 이는 기업이 사회의 일원으로써 존재하기 때문이다. 한 사회에 속하는 어떤 조직도 사회적으로 격리된 진공상태에서 존재할 수 없다. 사회의 다른 구성요소와 끊임없이 상호작용하며, 긍정적인 또는 부정적인 영향을 주고받게 된다. 그러므로 사회 전체의 관점에서 볼 때 부정적 영향이 큰 조직은 규범적인 측면에서 그 존재의 당위성을 인정받기 어렵다. 이런 점에서 기업이라는 조직도 예외라고 할 수 없다.

기업은 사명(mission)을 통해 존재의 당위성을 밝힌다. 그러나 사명은 사전적으로 존재의 당위성을 제시하는 데 그친다. 사후적으로 이러한 사명을 실천하여야만 존재의 당위성이 현실적으로 충족된다고 할 수 있다. 이런 점에서 기업은 사명을 실천하기 위한 보다 구체적인 목표를 설정하고 이를 달성함으로써 당위성을 충족시키기 위해 노력하여야 한다. 전략을 기업의 목표를 달성하는 데 도움을 주는 수단이라고 하였으므로 결국은 기업의 사명을 완수하기 위한 수단이기도 하다.

기업의 사명과 유사한 개념으로 널리 사용되고 있는 것이 비전(vision)이다. 사명과 비전은 어떻게 정의하는가에 따라, 사명이 비전보다 상위개념이 되기도 하고, 또는 비전이 사명보다 상위개념이 되기도 한다. 이 책에서는 사명과 비전을 다음과 같이 구분하고자 한다. 비전은 기업의 바람직한 미래상이다. 즉, 비전은 기업이 자신의 사명을 원활하게 수행하였을 경우 궁극적으로 도달하고자 하

전략포커스 | 경동나비엔 콘덴싱보일러, '올해의 광고상' 수상

〈광고요약〉 한 아이가 등장해 "우리 아빠는요. 지구를 지켜요. 미세먼지를 줄여 공기를 맑게 해주고, 소나무를 많이 심어 북극곰을 구해 준데요."라고 외친다. 그러자 궁금한 선생님이 묻는다 "아빠가 뭐 하시는데?" 아이의 답이 전혀 예상 밖이다. "콘덴싱 만들어요."

국가대표 보일러 경동나비엔은 '콘덴싱이 옳았다: 우리 아빠는요' 편이 '제15회 서울영상광고제 은상', '제26회 국민이 선택한 좋은 광고상'에 이은 3번째 수상으로 한국광고학회에서 주관한 '제25회 올해의 광고상' TV광고 부문에서 대상을 수상했다고 4월 8일 밝혔다.

이번에 수상한 '콘덴싱이 옳았다: 우리 아빠는요' 편은 미세먼지 저감, 온실가스 감축, 에너지 절감 등 콘덴싱보일러의 친환경 효과를 어린아이의 관점으로 풀어내 좋은 평가를 받았다. 어린아이의 시선에서는 콘덴싱보일러를 만드는 아빠가 지구를 지키는 히어로와 동등하게 비춰진다는 간단한 서사 구조로 대중들의 공감을 이끌어낸 것이다. 실제로 TV CF 말미에 등장하는 '콘덴싱 만들어요'라는 대사가 다양하게 패러디될 정도로 콘덴싱보일러의 친환경 효과에 대한 대중의 주목도도 상승했다.

김시환 경동나비엔 마케팅본부장은 "콘덴싱보일러의 친환경 효과라는 메시지가 아직은 대중들에게 다소 생소하게 느껴질 수 있다고 판단했다. 이에 아이의 눈높이에 맞춘 스토리텔링 방식으로 쉽게 접근한 것이 높게 평가받은 것 같아 기쁘다."고 말하며, "광고 메시지처럼, 올해에도 경동나비엔은 고객의 생활환경 파트너로서, 환경 오염을 줄이고 에너지 효율을 높이는 다양한 제품을 선보임은 물론 관련 메시지에 대한 대중의 공감대 확산을 위해 노력할 것"이라고 밝혔다.

출처: 글로벌뉴스통신(2018. 4. 10.), 정수연 기자

는, 또는 달성하고자 하는 바람직한 모습이다. 사명이 '우리 기업은 왜(why) 존재하는가' 하는 질문에 답을 하는 것이라면, 비전은 사명을 완수함으로써 '우리 기업은 어떤(what) 모습이 되기를 원하는가' 하는 질문에 답을 하는 것이라고 할 수 있다. 이를 다르게 표현하면, 비전이 어떤(what) 모습이 되고 싶은지를 밝히는 것이라면, 사명은 왜(why) 그렇게 되고 싶은지를 밝히는 것이다. 이러한 미래 모습과 사명을 어떻게(how) 달성할 것인가 하는 질문에 답을 하는 것이 바로 전략이다. 기업에 따라서는 사명에 기업의 존재이유(why)와 함께 이를 어떻게(how) 달성할 것인가 하는 방법이 추상적으로 포함되기도 한다. 일반적으로 비전은 사명에 비해 보다 추상적이며 보다 장기적 관점에서 표현된다. 사명에 대한 규범적인 가치를 부여하는 것이 비전이다. 그러나 비록 비전이 추상적이고 장기

적이라 실제로는 도달하거나 달성할 가능성이 낮다고 하더라도 하위 의사결정과정에 영향을 미친다. 이는 북쪽 하늘에 위치한 북두칠성과 같이 기업이 지향해야 하는 방향을 제시함으로써 의사결정을 유도하는 지침이 되기 때문이다.

〈전략포커스〉에 소개된 '아빠가 지구를 지킨다'는 광고는 경동나비엔의 직원과 자녀들에게 굉장한 자부심을 심어주었을 것이다. 기업의 사명은 기업의 존재이유를 밝히는 것이라고 하였다. 경동나비엔 직원들은 그동안 보일러 만드는 일을 한다고 생각했을 것이다. 그런데 어느 날 지구를 지키는 사람이 되었다. 슈퍼맨과 같은 영웅들이 연상되는 일을 자신들이 하고 있는 것이다. 세 명의 석공 이야기에서 자신의 일이 성당을 짓는 일이라고 생각하는 사람과 같은 숭고한 일을 하는 사람이 된 것이다.

본인들이 하는 일을 지구를 지키는 일이라고 정의하게 되면, 일에 임하는 태도나 생각이 달라질 것이다. 경동나비엔의 15초짜리 광고가 소비자를 설득하는 것 못지않게 내부 직원들의 사명감도 고취시켰을 것이다. 보일러를 개발하고 제작하는 직원뿐만 아니라 현장에서 보일러를 판매, 설치, 수리하는 사람들에게도 이 광고는 사명감과 숭고한 가치를 심어주었을 것이다. 훌륭한 사명은 직원을 춤추게 한다.

앞에서 보았던 세 명의 석공 이야기는 대부분의 조직 구성원이 회사의 비전과 사명을 모르고 있다는 사실을 비유적으로 말해준다. 그들이 하는 일이 목표를 달성하는 데 있어서 얼마나 중요한지에 대해서는 더욱 모를 것이다. 이로 인해 조직의 몰입도는 낮아지고 동기 유발이 되지 않는다. 조직의 전략적 비전과 사명, 그리고 목표를 공유하는 것은 매우 중요한 일이다. 이에 관한 정보는 조직의 전 구성원들에게 소통되어, 조직 전체의 목표를 달성하기 위해 개개인의 목표와 역할이 얼마나 중요한지 명확하게 알 수 있어야 한다.

다음과 같은 사례는 사명의 중요성을 다시 한번 확인하게 해 준다.

IT업체인 대원CTS는 '창립 30주년에 1조 원 기업이 되자'는 비전을 제시하고, '인류에게 유용한 제품의 가치를 재창출해 기업과 사업의 성공을 돕는다'는 핵심 가치를 설정했다. 그 결과는 다음과 같다.

> "가치관을 강조하고 벽에 걸어 놓으니 2년 후 직원들 태도가 하늘과 땅 차이로 변했다"면서 "처음에는 교훈처럼 느꼈지만, 이제는 자부심으로 자리 잡고 직원들 스스로 '이런 게 의미가 있구나'라고 생각하게 된다."
>
> –정영학(대원CTS 부사장)

앞장에서 언급하였듯이 어떤 산업이든 경쟁기업이 존재하지 않는 산업은 없다. 이때 경쟁기업은 잠재적 경쟁기업까지도 포함하는 개념이다. 이런 점에서 볼 때 어떤 산업에서 자기 기업이 존재하는 이유가 무엇인가에 대한 정당한 근거가 제시되어야 한다. 이에 대해 '이익을 추구하기 위해서 존재한다'라는 답을 할 수 있을 것이다. 그러나 이러한 답은 본말이 전도된 것이다. 기업이 이익을 추구하는 존재이기는 하나 자체적으로 이익을 생산하는 것은 아니다. 이익은 기업이 어떤 활동을 수행한 결과로서 얻어지는 것이다.

기업이 수행하는 어떤 활동이란 본질적으로 가치창출활동(value creation activity) 또는 가치증대활동이라고 할 수 있다. 기업이 이익을 얻기 위해서는 이러한 가치창출활동을 원활하게 수행하여야 하며, 기업이 얻는 이익은 그 결과로서 얻는 것이다. 즉, 기업의 이익은 상품 또는 서비스 구입의 대가로 지불하는 고객의 돈에서 얻어지는 것이다. 고객이 특정기업에게 대가를 지불하는 것은 그 기업에 대해 특별한 혜택을 베푸는 것이 아니라 상품이나 서비스를 소비

그림 2-3 기업의 가치창출활동

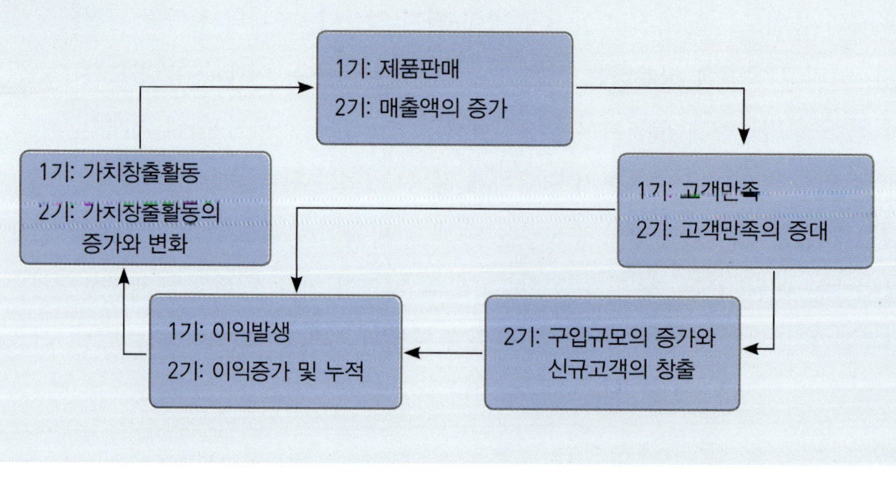

함으로써 얻게 되는 만족에 대한 대가로서 지불하는 것이다. 따라서 이익의 지속성과 규모를 결정하는 가장 중요한 요인은 고객의 만족이다. 이와 같은 내용은 〈그림 2-3〉을 이용해 설명할 수 있다.

〈그림 2-3〉은 기업의 가치창출활동을 통해 생산된 제품이 고객에게 판매되고 제품의 소비를 통해 고객이 만족할 경우, 이에 대한 대가로 기업은 이익을 얻는다는 앞에서의 설명을 순서대로 나타내고 있다. 이러한 과정이 계속해서 반복되어 이익이 누적될 경우 기업은 이를 재투자함으로써 가치창출활동을 증가(생산규모의 증가)시키거나 변화(품질개선과 신제품개발)시킴으로써 매출액을 더욱 증가시킬 수 있으며, 그 결과 고객의 만족도 한층 높아져 고객의 구입규모가 증가하거나 새로운 고객이 창출될 것이다. 이러한 순환과정이 계속적으로 확대(선순환)될 경우 기업은 성장하게 되며, 축소(악순환)될 경우 기업은 쇠퇴의 길을 걷게 된다.

2. 사명의 규정

앞절에서 기업이 생존하기 위해서는 자신의 존재목적을 제시하고 이를 끊임없이 추구하여야 하는데 기업은 사명을 통해 존재목적을 밝힌다고 하였다. 그렇다면 기업의 사명이란 무엇을 의미하는가? 여기에 대한 답은 〈그림 2-3〉을 설명하는 과정에 이미 내포되어 있다.

기업의 사명은 고객의 어떤 욕구를 만족시킬 것이며, 그 욕구를 효과적으로 만족시키기 위해 어떤 방법으로 노력할 것인가를 밝히는 것이다. 이런 점에서 보면 기업의 사명은 경영전략의 두 가지 구성요소를 어떻게 수행할 것인가를 자기 기업의 특성을 고려하여 정의하는 것이라고 하겠다. 고객의 어떤 욕구를 만족시킬 것인가 하는 것은 바로 사업영역의 결정에 관한 것이며, 고객욕구를 보다 효과적으로 만족시키는 방법은 경쟁우위의 확보에 관한 것이다. 따라서 사명은 전략의 두 가지 구성요소를 규범적으로 밝힘으로써 존재목적을 제시한다고 하겠다.

이러한 사명은 다음과 같은 질문을 통해 보다 구체화된다. "우리 기업은 현재 어떤 사업에 종사하고 있으며, 앞으로 어떤 사업에 종사할 것인가(What businesses are we in and should be in?), 또는 우리 기업이 나아갈 방향은 어디인가" 하는 것이다. 따라서 사명은 기업의 장기적 성장방향(long-term growth direction)을 제시해 준다.

(1) 사업영역의 정의

사명은 기업의 고유한 정체성(identity), 성격(character), 성장경로(growth path)를 제시하여, 같은 산업에 속하는 다른 경쟁기업과 자사를 구분 짓는다는 점에서 기업마다 다르게 규정된다. 같은 컴퓨터산업에 속하더라도 전 세계적 영업망을 갖추고 있는 HP(Hewlett-Packard)의 사명과 국내시장을 대상으로 하는 중소 컴퓨터업체의 사명이 다를 것이다. 그런데 기업의 사명을 규정하는 것이 그렇게 쉬운 일이 아니다. 우선 기업이 현재 종사하고 있는 사업영역을 정의하는 것도 쉽지가 않다. 예컨대 HP는 컴퓨터사업(computer business: 제품 중심적 정의)에 속하는가, 정보 및 데이터 가공사업(information and data processing business: 고객욕구 중심적 정의)에 속하는가, 아니면 첨단전자공학사업(advanced electronics business: 기술 중심적 정의)에 속하는가? 이상의 질문에 대해 간단히 답을 할 수는 없을 것이다.

기업의 사업영역을 어떻게 정의하느냐에 따라 여러 가지 복잡한 문제가 수반된다. 기업의 사업영역을 어떻게 정의하느냐에 따라 경쟁기업의 범위가 달라지기 때문이다. 예컨대 코카콜라는 청량음료산업에 속하는가, 아니면 음료산업에 속하는가? 청량음료사업에 속한다면 펩시콜라, 칠성사이다, 천연사이다 등이 경쟁제품이 될 것이나, 음료산업에 속한다면 각종 과일주스, 우유, 생수, 맥주, 커피, 차 등의 다양한 음료제품들이 경쟁제품이 될 것이나. 따라서 사업영역을 어떻게 정의하는가에 따라 기업의 장기적 성장방향과 전략이 영향을 받게 될 것이다.

기업이 종사하고 있는 사업영역은 전통적으로 기업이 생산하는 제품이나 기술을 중심으로 정의되어 왔다. 그런데 제품이나 기술은 시간이 지나면 결국 진부화하기 때문에 장기적으로 지속되는 보다 본질적인 측면에 중점을 두어야 한다는 점이 강조되고 있다. 보다 본질적인 측면에 중점을 둔다는 것은 바로 고객의 원초적 욕구(generic needs)를 중심으로 사업영역을 정의하는 것을 의미한다. 제품 중심적으로 사업영역을 정의하는 것과 소비자욕구를 중심으로 사업영역을 정의하는 것을 비교하면 다음과 같다.

(2) 제품 중심적 정의

이 방법은 기업의 사업영역을 그 기업이 생산하는 제품이나 서비스를 중심으로 정의하는 것이다. 예컨대 HP의 사업영역은 컴퓨터산업이며, 현대자동차의 사업영역은 자동차산업이다. 제품을 중심으로 사업영역을 결정하는 방법은 전통적으로 가장 널리 사용되고 있는 방법이다. 이 방법은 대부분의 경영자가 항상 당면하고 있는 전략적 의사결정문제와 밀접한 연관을 맺고 있다. 즉 경영자가 당면하는 주요한 의사결정문제는 어떤 제품을 계속 생산할 것이고, 어떤 제품을 새로 추가할 것이며, 어떤 제품을 중단할 것인가 하는 제품전략에 관한 것이다. 제품을 중심으로 한 사업영역의 결정방법은 다음의 두 단계로 나누

그림 2-4 제품의 자리매김

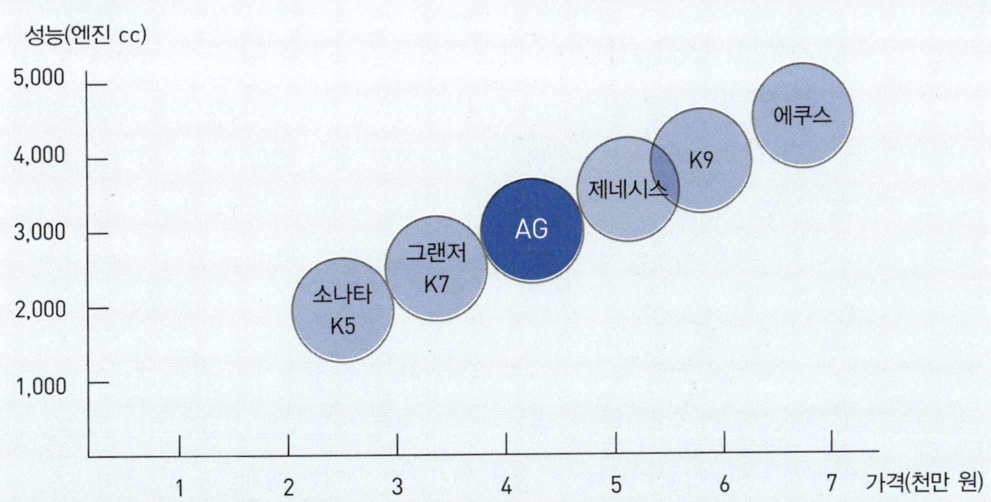

어서 설명할 수 있는데, 첫째는 제품계열의 범위(scope)를 명확히 하는 것이고, 둘째는 제품의 자리매김(positioning)을 하는 것이다.

먼저, 제품계열의 범위란 제품계열의 폭(breadth of product line)을 의미한다. 예컨대 HP에 있어서 사업영역의 결정문제는 제품계열의 범위를 프린터, 모니터, 하드디스크 등과 같은 컴퓨터 주변기기와 각종 소프트웨어사업을 제품계열에 포함시킬 것인가 하는 문제를 의미한다. 이러한 문제는 수직적 통합의 정도와 관련된 것으로 사업영역에 직접적인 영향을 준다.

다음으로 제품의 자리매김이란 제품이 보유하고 있는 특성, 가격, 품질 등을 연관시켜 시장에서 제품의 지위를 구축하는 것을 의미한다. 자동차산업을 예로 들면 〈그림 2-4〉에서 알 수 있듯이, 현대-기아차그룹은 중형 승용차 이상의 제품라인에서 소나타와 K5, 그랜저와 K7, 제네시스와 K9, 에쿠스라는 모델을 보유하고 있다. 이들은 엔진 크기, 성능, 가격 등에서 서로 다른 특징을 가지고 있다. 이에 따라 제네시스와 K9이 약간 중첩되는 부분이 있지만 서로 구별되는 시장지위를 구축하고 있다. 그림에서 알 수 있듯이 그랜저와 제네시스 사이에 빈 공간이 있는데, 현대차는 이 공간을 채워줄 새로운 모델(예컨데 AG)을 개발함으로써 기존 제품과는 다른 자리매김을 할 수 있을 것이다.

(3) 원초적 욕구 중심적 정의

사업영역을 정의하는 두 번째 방법은 소비자의 원초적 욕구를 중심으로 사업영역을 정의하는 것이다. 소비자의 원초적 욕구란 소비자의 무엇에 대한 본능적인 갈망의 상태를 말한다. 사람은 어떤 것이 결핍되거나 박탈되었을 경우 그 상태를 벗어나 처음의 균형상태로 되돌아가려고 하는 어떤 성향을 가지고 있다. 이러한 성향을 항상성(恒常性: homeostasis)이라고 한다. 항상성을 예로 들어서 설명해 보자.

사람이 운동을 하면 이에 필요한 에너지를 공급하기 위해 체내에서 활발한 신진대사가 이루어진다. 활발한 신진대사는 에너지를 공급하지만 체온을 상승시키게 된다. 사람의 체온은 평균 36.7도가 균형된 상태이다. 체온이 높아져 불균형상태가 되면 항상성이 작용하게 된다. 우리 몸은 땀을 내게 하여 기화열로 몸을 식히게 한다. 그러나 땀을 통해 수분이 배출되었으므로 핏속의 수분이 부족(불균형)하게 된다. 이때 또 다른 항상성이 작용한다. 혈중농도를 항상 일정하게 유지하기 위해 핏속의 수분이 부족한 경우, 우리 몸은 갈증이라는 증세를 느끼게 함으로써 물을 마시게 한다. 이때 갈증을 느끼는 불균형상태에서 갈증을 느끼지 못하는 균형된 상태로 돌아가고 싶어 하는 마음(갈망)의 상태가 바로 인간의 원초적 욕구이다.

소비자가 어떤 원초적 욕구를 가지고 있을 경우 이를 충족시키는 방법은 ① 어떤 구체적인 충족물(제품이나 서비스)을 소비하거나, ② 정신적 억제(일종의 고행)를 통해 종교적 희열로 승화시키는 것이다. 소비자가 자신의 욕구를 충족시키기 위해 어떤 구체적인 충족물(specific satisfiers)을 원하는 상태를 필요(wants)라고 한다. 소비자가 가지는 욕구(needs)는 구체적 충족물을 원하는 필요(wants)로 나타나고, 이 필요가 구매력(purchasing power)에 의해서 뒷받침될 때 기업 측에 의미 있는 수요(demand)가 된다. 즉, 갈증이라는 욕구를 충족시키기 위해 구체적 충족물인 물이나 코카콜라 또는 맥주를 원하는 것이 소비자의 필요이다. 구체적 충족물을 자신이 생산할 수 없을 때 소비자는 시장에서 판매되고 있는 상품을 구매하게 된다. 여기서 우리가 유의해야 할 것은 소비자의 욕구는 인간이 현재와 같은 본능을 가진 인간으로 존재하는 한 영원히 존재하나, 이를 충족시키기 위한 어떤 구체적 충족물에 대한 필요는 시대와 문화에 따라 다를 수 있다는 사실이다. 즉, 동일한 욕구(예컨대 배고픔의 해소)를 충족시키는 데 있어서 소비자가 원하는 것이 시간에 따라 다르거나(아침은 밥, 점심은 햄버거), 문화에 따라 다르다(미국은 고기와 빵, 한국은 국과 밥)는 것이다.

레비트(T. Levitt)는 「마케팅 근시안(Marketing Myopia)」이라는 논문에서 사업영역을 제품 중심적으로 정의하는 데 따르는 위험을 경고하고, 대신에 원초적 욕구에 의한 사업영역정의의 중요성을 강조하고 있다. 미국의 1950년대 철도산업과 1950~1960년대의 영화산업이 쇠퇴하게 된 이유는 그들의 사업을 운수산업(transportation industry)과 오락 및 연예산업(entertainment industry)이라고 규정하지 않고 철도산업(railroad industry)과 영화산업(movie industry)이라고 규정하였기 때문이라고 하였다.

표 2-1 제품 중심적 정의와 원초적 욕구 중심적 정의의 비교

제품 중심적 정의	원초적 욕구 중심적 정의
• 우리는 화장품을 생산한다.	• 우리는 미에 대한 희망을 판다.
• 우리는 철도회사이다.	• 우리는 사람과 물건을 이동시킨다.
• 우리는 가솔린을 판매한다.	• 우리는 에너지를 공급한다.
• 우리는 영화를 제작한다.	• 우리는 오락을 제공한다.
• 우리는 에어컨과 난방기기를 생산한다.	• 우리는 쾌적한 주거환경을 선사한다.
• 우리는 비료를 판매한다.	• 우리는 농업생산성을 증대시킨다.
• 우리는 백과사전을 판매한다.	• 우리는 정보의 생산 및 유통산업에 종사한다.
• 우리는 드릴(송곳)을 생산하고 판매한다.	• 우리는 구멍(홈)을 판매한다.
• 우리는 소매업에 종사한다.	• 우리는 상품의 이동을 촉진시킨다.

자료: P. Kotler, *Marketing Management: Analysis, Planning, Implementation, and Control,* Prentice-Hall, Englewood Cliffs(1988), p. 39의 〈표 2-1〉을 수정.

승객(관객)이 철도(영화)를 이용하는 행위의 이면에 숨어있는 원초적인 욕구는 철도이용(영화관람) 그 자체에 있는 것이 아니라 공간적 또는 지리적 이동(오락 및 흥미만끽)이라는 욕구충족을 위해서라는 것이다. 따라서 소비자의 원초적 욕구에 사업의 초점을 맞추고 이 욕구를 충족시켜 줄 수 있는 보다 효과적이고 효율적인 방법개발에 소홀히 하고 철도(영화)라는 제품에만 매달린 결과, 보다 효과적이고 효율적 수단인 비행기나 고속버스(텔레비전)의 등장으로 쇠퇴하고 말았다는 것이다. 그에 따라 공간적 이동(오락 및 연예)에 대한 소비자의 욕구는 현대에 들어와서 더욱 급격하게 증가하고 있는 데 반해 그들의 사업은 오히려 곤경에 빠지게 되었다는 것이다.

제품 중심적 사업영역의 정의방법과 원초적 욕구 중심적 사업영역의 정의방법을 비교해보면 〈표 2-1〉과 같다.

경영자가 소비자의 원초적 욕구를 중심으로 사업영역을 정의하려는 사고를 갖게 되면 독창적 전략대안을 개발하는 데 필요한 창의력을 크게 향상시킬 수가 있다. 새로운 사업기회를 발견하는 데 있어서도 경영자의 창의력이 중요시되므로 욕구 중심적 정의는 경영자의 창의적 의사결정을 촉진시킬 뿐 아니라, 궁극적으로 기업이 새로운 성장방향을 발견하는 데 도움을 준다.

이 방법에 의하여 사업영역을 정의하는 데 따르는 한계는 소비자의 원초적 욕구가 구체적 개념이 아니기 때문에 실제의 의사결정에 유용한 지침이 될 수 없다는 데 있다. 다시 말하면 기업의 현재 제품시장(철도사업)과 미래의 제품시장(예컨대 고속도로 건설사업, 렌트카 사업 등) 간의 관계를 명확하게 연결시켜 주지 못하기 때문에 기업의 장기적인 성장방향을 구체적으로 제시하는 데 있어서 미흡하다는 것이다.

(4) 아벨(D.F. Abell)의 정의방법

이상에서 사업영역을 정의하는 데 있어서 제품 중심적 정의방법과 원초적 욕구 중심적 정의방법을 대비시켜 보았는데, 실제로는 이들 방법이 서로 배타적인 방법이라고 할 수 없으며, 이들을 동시에 고려하는 것이 보다 바람직하다고 하겠다. 이런 점에서 아벨은 사업영역을 정의할 때 다음과 같은 세 가지 차원을 동시에 고려해야 한다고 하였다. 그것은 ① 고객의 욕구, ② 대상으로 하는 고객집단, ③ 사용기술과 수행기능(function)이다. 이들 항목은 각각 고객의 어떤 욕구(what)를 충족시킬 것이며, 어떤 고객집단(who)을 만족시킬 것이며, 어떤 기술과 기능(how)을 통해 충족시킬 것인가 하는 것이다.

이러한 세 가지 항목을 포함하여 정의한 사업영역의 좋은 예로 들 수 있는 것이, 폴라로이드(Polaroid)가 1970년대 초까지 채택하였던 다음과 같은 정의이다.

> "우리는 비교적 부유한 미국과 서유럽가족(고객집단)의 애정, 우정, 좋은 추억, 유머에 대한 수요(고객욕구)를 충족시키는 즉석 현상기술(사용기술 및 수행기능)의 완성을 추구하고, 이를 마케팅한다(perfecting and marketing instant photography to satisfy the needs of more affluent U.S. and West European families for affection, friendship, fond memories, and humor)."

쌤앤파커스는 한국의 중소출판사이지만 기업이 뚜렷한 비전과 사명을 가지는 것에 대한 중요성을 깊이 인식하고 있는 기업이다. 이 기업이 창업한 2006년에 박시형 CEO는 다음과 같은 사명을 가지고 있었다.

> "나의 사명은 편견과 무지가 없는, 깨어 있는 세상을 만드는 것이다. 나는 이 사명을 완수하기 위해 2015년까지 쌤앤파커스를 연 매출 3,000억 원 수준의 콘텐츠 공급회사(수행기능)로 성장시켜 최소한 1억 명 이상의 사람들(고객집단)이 영적 진화의 기쁨(고객욕구)을 맛보게 할 것이다."

쌤앤파커스 CEO의 사명선언문에는 다음 절에서 논의할 구체적인 매출목표와 고객목표까지 포함되어 있지만, 사명을 규정하는 데 있어서 핵심요인이라고 할 수 있는 고객의 원초적 욕구가 무엇인지를 잘 파악하고 있다는 것을 보여주고 있다.

3. 사명의 주요 내용

기업의 사명에는 사업영역을 정의하는 것 외에도 고객욕구를 어떻게 충족시킬 것이며, 기업의 바람직한 미래상이 무엇이며, 기업의 철학이나 가치관이 무엇인가 하는 내용들이 포함되고 있다. 사명을 규정하는 데 있어서 고려해야 할 주요 항목으로 다음과 같은 항목을 들 수 있다.

1) 고객의 원초적 욕구(customer's generic needs)
2) 경쟁우위의 달성방법(sources of competitive advantage)
3) 주요 제품과 서비스(principal products and services)
4) 기업철학의 핵심요소(key elements in the company philosophy)
5) 인류와 사회에 대한 공헌(commitment to human and global community)
6) 대상고객 및 시장(target customers and markets)
7) 지리적 영역(geographic domain)

기업의 사명을 규정할 때 이상의 일곱 개 항목 외에도 다른 것들이 포함될 수 있지만 크게 보면 이들 일곱 개 항목과 관련이 있다. 그리고 이들 중에서 어느 한 가지에 중점을 두어 사명을 정의할 수도 있으나, 실제로는 사업영역을 정의하는 아벨(D.F. Abell)의 방법에서 알 수 있듯이 이들을 복합적으로 고려하여 정의하고 있다. 기업에 따라 어떤 항목을 반영하는가 하는 것은 바로 기업의 독특성과 철학에 의해 결정될 것이다. 실제 기업의 사례를 통해 사명을 규정하는 데 어떤 항목들이 포함되어 있는지 살펴보자. 사례로 든 기업의 사명에도 여러 항목들이 복합적으로 포함되어 있지만 편의상 한 가지 항목에 초점을 맞추어 설명한다.

1) 고객의 원초적 욕구: 기업의 사명에는 그 기업의 존재이유가 포함되어 있어야 한다. 존재이유는 어떤 원초적 욕구를 만족시키려고 하는가에 대한 기업의 선택을 밝히는 것이다. 앞에서 살펴본 쌤앤파커스의 사명에는 고객이 독서를 통해 얻고자 한다는 원초적 욕구(영적 진화의 기쁨)를 잘 표현하고 있다고 하겠다. 다음의 예에서 알 수 있듯이, BMW그룹은 기본적으로 자동차기업이다. 이들은 자동차와 관련서비스를 판매하지만 궁극적으로는 고객의 공간적 이동성을 높여주는 기업이라는 것을 사명에 표현하고 있다. 코카콜라(Coca-Cola)는 사명만으로는 어떤 기업인지 짐작할 수 없게 만든다. 코카콜라의 사명은 판매하는 모든 제품이 궁극적으로 고객에게 어떤 혜택을 주려고 하는가를 표현하고 있다.

> "BMW그룹은 개인 이동성을 위한 프리미엄 제품과 서비스를 제공하는 세계적인 선도자이다(The BMW Group is the world's leading provider of premium products and premium services for individual mobility)."

> "전 세계인의 몸과 마음과 정신에 활력을 채우고, 우리의 상품과 행동을 통해 긍정의 순간을 불어넣고, 우리가 관여한 모든 곳에서 가치를 창출하고 변화를 가져올 수 있도록(To refresh the world - in mind, body and spirit··· To inspire moments of optimism - through our brands and actions··· To create value and make a difference everywhere we engage)."

2) 경쟁우위의 달성방법(sources of competitive advantage): 기업의 사명에는 기업이 충족시키고자 하는 고객의 원초적 욕구가 포함되기도 하지만 이러한 욕구를 어떻게 충족시킬 것인가 하는 방법이 포함되어 있기도 하다. 맥도날드와 셀레스티얼 시즈닝(Celestial Seasonings)의 사명은 경쟁기업과 어떻게 차별화시킬 것인가에 대한 방법이 제시되어 있다. 맥도날드의 성공요인에 대해서는 이미 제1장에서 설명한 바와 같다.

"맥도날드는 한정된 메뉴의 따뜻하고 맛있는 음식을 깨끗하고 친근한 레스토랑에서 좋은 가격으로 신속하게 접대한다(Serving a limited menu of hot, tasty food quickly in a clean, friendly restaurant for a good value)."

"우리의 사명은 고객의 기대를 넘어섬으로써 미국 고급차 시장을 성장시키고 지배하고자 한다. 이를 위해 최상의 맛, 100% 내추럴 핫 티와 아이스 티, 셀레스티얼의 미학과 철학을 담은 포장으로 가장 가치 있는 차 경험을 선사할 것이다(Our mission is to grow and dominate the U.S. specialty tea market by exceeding consumer expectations with: The best tasting, 100% natural hot and iced teas, packaged with Celestial art and philosophy, creating the most valued tea experience)."

3) 주요 제품과 서비스(principal products and services): 많은 기업의 사명에는 기업이 생산하여 판매하는 제품과 서비스에 대한 내용들이 포함되어 있다. 기업이 정의하고 홍보하는 내용의 핵심은 기업이 실제 생산하여 판매하는 제품과 서비스가 될 것이다. 애플, 아마존, 유튜브의 사명을 보면, 이들 기업이 어떤 제품과 서비스를 제공하는지 짐작할 수 있다. 예컨대 아마존(Amazon)은 단순히 물건을 판매(또는 중개)하는 회사가 아니라, 원하는 물건을 찾지 못하고 있는 고객에게 만남의 공간을 제공함으로써 고객의 문제를 해결해주는 회사라는 점을 표현하고 있다.

"애플은 혁신적인 하드웨어, 소프트웨어, 인터넷 제품을 제공함으로써 전 세계의 학생, 교육자, 창조적 전문가, 소비자들에게 최상의 개인용 컴퓨팅 경험을 제공하는 데 전념하고자 한다(Apple is committed to bringing the best personal computing experience to students, educators, creative professionals and consumers around the world through its innovative hardware, software and Internet offerings)."

"아마존의 사명은 지구상에서 가장 고객중심적인 기업이다. 고객들이 온라인으로 구매하고자 하는 모든 것을 발견하고 찾을 수 있는 공간을 구축하고자 한다(Amazon's mission is to be earth's most customer centric company; to build a place where people can come to find and discover anything they might want to buy online)."

"유튜브의 미션은 빠르고 쉽게 어디서든 비디오에 접근할 수 있도록 하고 자주 비디오를 공유할 수 있도록 하는 것이다(YouTube's mission is to provide fast and easy video access and the ability to share videos frequently)."

4) 기업철학의 핵심요소(key elements in the company philosophy): 기업의 사명을 통해 그 기업이 추구하는 신념, 가치관, 야망, 철학적 우선순위 등을 알 수 있다. 많은 기업들이 기업의 장기적 목표와 사명을 달성하기 위해 노력하는 과정에서 어떤 가치관과 신념을 가지고 행동해야 하는가 하는 기준을 사명에 포함시키고 있다. 이에 관한 예로는 혼다(Honda)의 사명을 들 수 있다.

"새로운 도전과 꿈의 실현을 통해 전 세계에 즐거움을 제공하고자 한다(Providing joys to the world through new challenges and the realization of dreams)."

5) 인류와 사회에 대한 공헌(commitment to human and global community): 기업이 존재하는 궁극적인 목표는 인류의 풍요로운 삶과 사회의 지속적 성장에 기여하는 것이다. 이런 점에서 사명에 인류와 사회에 대한 공헌을 포함시키기도 한다.

"삼성은 인재와 기술을 바탕으로 최고의 제품과 서비스를 창출하여 인류사회에 공헌하는 것이다(Samsung is to devote our talent and technology to creating superior products and services that contribute to a better global society)."

"클로락스 재단의 사명은 클로락스 종업원들이 살고 일하는 공동체의 삶의 질을 개선하는 데 있다. 공동체에 참여하는 것은 우리 사업의 필수적인 요소이며, 공동체 서비스를 위한 모금운동, 자원봉사, 리더십 프로그램을 통해 달성될 수 있다(The mission of The Clorox Company Foundation is to improve the quality of life in communities where Clorox employees live and work. Community involvement is an integral part of our business and is carried out through a program of grant-making, volunteerism and leadership in community service)."

6) 대상고객 및 시장(target customers and markets): 기업이 사명에 목표 고객을 명시하는 경우도 있지만 그렇지 않은 경우도 있다. 목표고객을 명시할 경우 그 고객층에 집중하여 보다 전문화되고 맞춤화된 제품과 서비스를 제공하는 각오를 보여줄 수 있을 것이다. 그러나 어떤 고객집단을 명시할 경우 다른 고객집단에 대해 관심이 없는 것으로 비쳐질 수도 있을 것이다. 여기에 대한 예로는 여성전문헬스센터인 커브스(Curves)와 화장품 기업인 에이본(Avon)을 들 수 있다.

> "우리는 하나의 공통된 열정으로 움직입니다. 그것은 여성의 삶을 높이기 위해 힘을 기르는 데 전념하는 것입니다(We are driven by a common passion, a commitment to empower women to improve their lives)."

> "커브스의 임무는 여성을 보다 건강하게 하는 것입니다."(커브스 코리아에 게시된 사명)

> "우리는 글로벌 뷰티 리더로서 미용품과 관련 브랜드의 독특한 포트폴리오를 구축할 것이다. 이를 위해 우리는 품질 혁신 가치에서 경쟁기업을 능가하고, 우리의 이미지를 제고시켜 전 세계 모든 여성들이 믿고 의지하는 뷰티 컴퍼니가 될 것이다(The Global Beauty Leader, We will build a unique portfolio of Beauty and related brands, striving to surpass our competitors in quality, innovation and value, and elevating our image to become the Beauty company most women turn to worldwide)."

7) 지리적 영역(geographic domain): 기업의 사명에 목표로 하는 지리적 영역이 포함되기도 한다. 사명에 지리적 영역이 포함될 경우 대부분의 경우 특정국가나 지역의 고객을 대상으로 하는 것이 아니라 글로벌 고객을 대상으로 한다는 점을 강조하고 있다. 화장품 회사인 아모레퍼시픽은 사명을 "Asian Beauty Creator로 기억되는 것"이라고 규정하고 있다. 이 문구의 뜻은 Asian의 의미를 어떻게 해석하느냐에 따라 달라진다. 첫째는 Asian이 Creator, 즉 아모레퍼시픽을 수식하여 아시아의 대표적인 미 창조기업이라는 의미이다. 화장품 산업이 그동안 서구기업에 의해 주도되어 왔지만 이제는 Asian인 아모레퍼시픽

도 전 세계 고객들에게 아시아의 문화가 품어 온 미(美)의 정수를 선보이려는 기업이 될 것이라는 의미로 해석할 수 있다. 둘째는 Asian이 Beauty를 수식하여, 아시아적 미 또는 아시아 사람의 미를 의미하므로 이를 통해 아모레퍼시픽이 목표로 하는 고객이 누구인지를 알 수 있다. 아모레퍼시픽은 서구기업보다 Asian의 미를 더 잘 이해하고 차별적으로 실현할 수 있으므로 30억 아시아인을 대상으로 그들만의 고유한 아름다움에 대한 꿈을 실현시켜주는 기업이라는 점을 강조하는 의미로 해석할 수 있다.

2.3 전략의 목표

1. 목표의 중요성

기업이 사명을 제시하는 것으로 존재의 당위성이 인정되는 것은 아니다. 이를 위해서는 사명을 실천하기 위한 노력이 뒷받침되어야 할 것이다. 사명을 실천하기 위해 구체적인 성과척도로 전환하는 작업이 바로 기업의 장·단기적 목표를 설정하는 것이다. 기업이 지향하는 궁극적이고 장기적인 방향을 제시해주는 것이 사명이라면, 이러한 사명을 기업이 속한 현재의 상황과 시간성을 고려하여 구체화한 것이 목표이다. 사명은 추상적이고 포괄적으로 정의되므로 일상적인 의사결정에 도움이 되는 구체적 지침이 되지 못한다. 따라서 제각기 다른 사업부문과 업무에 종사하고 있는 개별 사업단위나 기능별 부서에 맞는 목표, 즉 사업단위의 특성에 맞게 구체화시킨 목표가 필요한 것이다.

목표의 중요성을 설명하기 위해 동화(이상한 나라의 앨리스) 속의 주인공(앨리스)이 고양이(체시아 퍼스)와 주고받는 다음과 같은 대화를 흔히 인용하고 있다.

(앨리스): "여기서 내가 어느 길(which way)로 가야 될지 말해 주겠니?"
(고양이): "그것은 네가 어디로(to where) 가고 싶은지에 달려있지."
(앨리스): "가는 곳(destination)이 어디라도 상관이 없는데."
(고양이): "그러면 어느 길(any way)로 가더라도 상관이 없지!"

목표는 달성한 성과를 평가하는 기준이 된다. 각 사업단위가 달성한 성과를 목표와 비교함으로써 성과수준을 평가할 수 있으며, 이들이 기업 전체의 목표, 또는 기업의 성장에 얼마나 공헌하였는가를 평가할 수 있다. 따라서 목표는 구체적이고 계량화될수록 좋다. 즉, 달성기간이나 성과기준이 측정 가능한 방식으로 표현되는 것이 바람직하다. 따라서 목표는 일반적으로 '언제까지(by when) 어떤 종류(what kind)의 성과를 얼마나(how much) 달성할 것인가' 하는 방식으로 표현된다. '이익을 극대화한다', '비용을 절감한다', '매출을 증대시킨다', '효율성을 극대화한다' 등으로 표현하는 것은 적절한 목표제시 방식이라고 할 수 없다.

화장품회사인 아모레퍼시픽은 2011년에 '5000억 브랜드 암벽타기'라는 목표를 발표하였다. 이는 아모레퍼시픽이 보유하고 있는 주요 브랜드인 라네즈, 헤라, 아이오페, 마몽드 등 주요 브랜드별로 2015년까지 각각 연 매출액을 5천억 이상으로 끌어올리자는 목표를 의미한다(설화수는 2009년에 5천억 돌파). 제품 브랜드별로 구체적인 달성기한과 매출목표가 제시될 경우 구성원들이 나아가야 할 방향은 뚜렷해진다는 장점이 있다.

목표가 설정되고 나면 경영자나 종업원의 입장에서는 볼 때 주어진 시간 내에 정해진 성과를 달성하겠다는 약속이 된다. 그런데 목표가 너무 낮게 설정될 경우, 종업원들에게 도전의식을 심어 주지 못하여 기업의 잠재력을 최대한으로 발휘하지 못하게 된다. 이와 반대로 너무 높게 설정될 경우에는 종업원들이 성취동기를 가지지 못할 것이다. 따라서 도전가능하면서도 성취가능한(challenging but achievable) 수준의 목표를 설정하는 것이 중요하다고 하겠다. 적정한 목표설정을 위해서는 산업의 경쟁환경과 평균적 성과수준, 경쟁기업의 목표, 보유자원의 규모와 능력, 기업의 잠재능력, 바람직한 성과수준 등과 같은 기업의 내부 및 외부요인을 고려하여야 할 것이다.

2. 재무적 목표와 전략적 목표

목표는 시간차원에 따라 장기적 목표와 단기적 목표로 나눌 수 있다. 보통 1~2년 이내에 달성가능한 목표를 단기적 목표라고 하고, 5년 이상이 소요되는 목표를 장기적 목표라고 한다. 한편, 목표는 재무적 목표(financial objectives)와 전략적 목표(strategic objectives)로 나눌 수 있다. 재무적 목표는 기업의 수익성과 관련된 목표를 의미하며, 전략적 목표는 기업의 전반적 사업지위(over all business position)를 강화하는 것과 관련된 목표를 의미한다.

〈표 2-2〉에서 알 수 있듯이 재무적 목표는 이익증가율, 투자수익률, 현금흐름 등과 같은 회계적 지표로 정의되는데, 이들은 기업의 수익성을 대변하는 성과척도가 된다. 전략적 목표는 시장점유율의 증대, 기업의 명성 제고, 품질과 서비스 면의 우월성, 기술 면의 선두기업이 되는 것 등과 같은 지표로 정의되는데, 크게 다음의 두 가지로 구분할 수 있다. 하나는 성장성이나 점유율(예컨대 매출액 성장률이나 시장점유율)과 관련이 있고, 다른 하나는 기업의 미래위상이나 시장에서의 지위(예컨대 신제품의 개발이나 업계의 명성)와 관련이 있다.

기업의 성과를 측정하고 평가하는 데 있어서 전략적 목표와 재무적 목표 외에 중요시되는 기준으로 조직의 유효성(effectiveness)을 들기도 한다. 조직의 유효성은 전략적 기준과 재무적 기준을 포함하는 보다 넓은 의미의 목표이

표 2-2 재무적 목표와 전략적 목표

재무적 목표	전략적 목표
• 이익성장률의 증대	• 시장점유율 증대
• 높은 배당금	• 품질의 제고
• 이익 마진의 확대	• 제품라인의 확대
• 투자수익률 증대	• 기업의 뛰어난 명성
• 신용도 제고	• 탁월한 고객 서비스
• 현금흐름의 증대	• 기술과 제품혁신의 선두기업
• 주가의 상승	• 국제시장에서의 경쟁력 증대
• 이익기반의 다각화	• 성장기회의 확대
• 불경기 때 안정적 이익의 확보	• 업계에서의 높은 지위

다. 따라서 조직 유효성은 전략적 목표와 재무적 목표 외에 종업원의 만족도, 질(quality), 사회적 책임 등과 같이 기업의 이해관계와 관련한 목표를 포함하고 있는데, 크게 두 가지로 나눌 수 있다. 하나는 질(quality)(예컨대 제품의 품질, 종업원의 만족도, 전반적 질)과 관련된 것이며, 다음으로는 사회적 책임과 관련된 것(예컨대 환경과 지역사회에 대한 책임)이다.

전략적 목표와 재무적 목표 중에서 어떤 것이 보다 중요한가? 일반적으로 미국기업은 재무적 목표를 중요시하고, 한국기업이나 일본기업은 전략적 목표, 특히 시장점유율의 증대를 중요시한다고 한다. 전략적 목표와 재무적 목표 모두가 중요함에도 불구하고 이들 간에는 서로 상충되는 측면이 있다. 예컨대 단기적 재무성과를 높이기 위한 의사결정이 지속될 경우 기업의 장기적 사업지위를 약화시키는 결과를 초래할 수도 있다.

흔히 미국기업들이 재무적 목표, 즉 수익성에 치중하여 장기적 투자(대규모의 시설투자나 연구개발투자)를 소홀히 함으로써 기업의 경쟁력이 약화되었다는 지적은 이러한 목표 간의 상충성을 반영한 주장이다. 장기적 시장지위를 강화하는 데 치중할 경우에도 단기적으로 재무적 위기에 처할 수 있다. 저가격과 저마진 정책을 지속적으로 수행하여, 업계에서 선두적인 시장점유율을 달성하였다고 하더라도 그러한 시장지위가 수익성 증대로 연결되지 않는다면, 기업의 장기적 성장성과 동태성을 유지하는 데 도움이 되지 않는다. 기업의 생동적 상태를 유지하게 하고, 전략적 목표를 지속적으로 추구할 수 있게 하는 원동력이 바로 기업의 재무적 능력, 즉 자금력이기 때문이다. 따라서 단기적인 재무성과에 치중함으로써 지속적 경쟁우위를 약화시키는 결과를 초래해서도 안 될 것이며, 장기적인 전략적 목표를 추구하더라도 궁극적으로 기업의 수익성을 높이는 문제를 염두에 두어야 할 것이다. 기업의 성장이 수익성에 의하여 뒷받침되지 않을 경우 성장의 원동력이 약해진다고 볼 수 있다. 이익이 누적적으로 증대될 때 새로운 사업이나 신기술개발에 투자할 수 있는 여력이 생기고, 주주에 대한 배당을 실시할 수 있으며, 보다 장기적 관점의 투자를 수행할 수 있을 것이다.

3. 전략적 의지

하멜과 프라할라드(G. Hamel and C.K. Prahalad)는 전략적 의지(strategic intent)라는 개념을 통해 전략적 목표의 중요성을 강조하고 있다. 이들은 전 세계 시장에서 미국·유럽·일본기업의 성공과 실패의 이유를 연구하는 과정에서 미국이나 유럽기업과 일본기업이 서로 다른 전략모델을 사용하고 있다는 것을 발견하였다. 대다수 미국과 유럽기업이 사용하는 모델은 전략적 적합성(strategic fit)을 달성하는 데 초점을 맞추었고, 일본기업이 사용하는 모델은 자원을 최대로 활용(leveraging resources)하는 데 초점을 맞추었다.

두 가지 전략모델이 서로 배타적인 것은 아니지만 강조점에 있어서 상당한 차이를 보이는데, 이것이 시간이 지남에 따라 기업의 성패를 좌우하게 된다는 것이다. 예컨대 두 전략 모두 기업이 한정된 자원을 가지고 치열하게 경쟁할 수밖에 없다는 사실에 대해서는 인식을 같이 하고 있으나, 전략적 적합성에 중점을 두는 모델은 기업이 보유하고 있는 가용한 자원에 적합하도록 목표를 조정하는 데 강조점을 두는 반면, 자원활용에 중점을 두는 모델은 얼핏 도달할 수 없다고 생각되는 목표를 설정하고, 이에 도달하기 위해 자원을 최대한으로 활용하는 데 역점을 둔다는 것이다. 이러한 차이로 인해 시간이 지날수록 일본기업은 성공하고 미국과 유럽기업은 패배의 길로 나아갈 수밖에 없었다는 것이다.

이들에 따르면 지난 20년 동안에 걸쳐 국제적 선두기업으로 성장한 기업들은 한결같이 그들의 보유자원과 능력에 걸맞지 않는 원대한 야망(ambitions)을 가졌다고 한다. 그리고 이들 기업은 반드시 이기고야 말겠다는 승리에 대한 강박관념(obsession)을 기업 내 모든 계층에 조성하여 국제적 선두기업이 되기까지 10~20년에 걸친 장기간에 이러한 강박관념을 고수해 왔다는 것이다. 이러한 강박관념을 전략적 의지라고 할 수 있다. 1970년대의 일본기업들이 그 당시로는 무모하다 싶을 정도로 높게 설정한 목표, 예컨대 코마츠(Komatsu)의 '캐터필러를 포위하자(Encircle Caterpiller)', 캐논(Canon)의 '제록스를 공략하자(Beat Xerox)'라는 슬로건이나, 혼다(Honda)가 자동차업계의 선구자격인 제2의 포드(Ford)가 되고자 하는 목표들이 전략적 의지를 표현한 예에 해당한다. 이러한 전략적 의지는 도달하고자 하는 기업의 미래위상을 가시화하고, 이를 향한 기업의 성장 진로를 제시해 주는 역할을 하였다. 기업의 야망 또는 전략적 의지를 중시하는 이들의 주장은 기업이 핵심역량(core competences)을 구축하고 이를 적극 활용하여야 한다는 주장으로 연결되는데, 이들의 전략모형을 레버리지 모형(leverage approach)이라고도 한다. 여기에 대해서는 제8장에서 좀 더 자세히 살펴볼 것이다.

4. 성공적 전략의 평가기준

성공적 전략의 평가기준으로 중요시되는 것이 효과성(effectiveness)이다. 효과성이란 전략이 기업의 목표를 달성한 정도를 의미한다. 이때의 목표는 기업이 달성하고자 하는 바람직한 전략적 또는 재무적 상태이다. 전략이 목표를 달성하기 위한 수단이라면, 주어진 목표를 어떤 수단을 동원하더라도 달성하는 것이 중요한 문제이다. 이런 점에서 효과성은 결과를 중시하는 평가기준이다. 일정수준의 매출을 올리고 일정규모 이상의 이익을 얻을 수 있을 때, 기업이 생존할 수 있다면 목표의 달성여부를 평가하는 효과성이 당연히 중시되어야 할 것이다.

그러나 한편으로 볼 때 어떤 기업도 자원 면에서 제약을 받지 않는 기업이 없다. 또한 기업이 보유한 어떤 자원도 그 능력에 있어서 한계가 있다. 따라서 어떤 목표를 달성하는 데 비용측면을 고려하지 않을 수 없다. 동일한 성과를 달성하였다고 하더라도 최소의 비용으로 달성하는 것이 보다 바람직하다고 하겠다. 이런 점에서 효율성(efficiency)은 중요한 평가기준이 된다. 효율성은 주어진 성과(산출물)를 달성하는 데 있어서 투입물을 얼마나 사용하였는가에 대한 비율(즉 산출물/투입물)이다. 주어진 성과를 보다 적은 비용으로 달성할 수 있다면 보다 효율적이라고 할 수 있다. 따라서 효율성은 과정(생산성)을 중시하는 평가기준이다.

그렇다면 효과성과 효율성 중에서 성공적인 전략을 평가하는 보다 중요한 기준은 무엇인가? 일반적으로 전략은 효율성보다는 효과성을 중시한다고 할 수 있다. 효과성이 결과(또는 목표달성의 정도)를 중시한다는 점에서 의사결정(또는 전략)의 방향성이 중요시된다. 이는 목표를 달성할 수 있는 방향으로 올바른 의사결정(the right decision)이 이루어져야 함을 의미한다. 전략수준 면에서 사업영역을 결정하는 기업전략은 기업전체의 성과에 장기적이면서 거시적인 영향을 주게 된다. 잘못된 의사결정이 기업의 사활과 장기적 성장성에 심각한 영향을 준다. 따라서 이들 의사결정은 우선 그 방향에 있어서 올바른 의사결정이 이루어져야 한다(Do the right things).

예컨대 2011년 SK그룹이 하이닉스(Hynix)를 인수하기로 결정한 것은 올바른 방향의 의사결정이었다고 할 수 있다. 반면, 1970년대에 대부분의 미국기업이 텔레비전산업에서 철수하기로 한 것은 잘못된 의사결정으로 평가되고 있고, 또한, 2006년 폴크스바겐이 디자인 총괄책임자인 피터 슈라이어를 내보내 기아차의 최고 디자인 책임자로 옮기게 한 것은 잘못된 의사결정으로 평가되고 있다.

이런 점에서 성공적 전략의 평가기준으로 효과성이 중요시된다. 그러나 원하는 목표를 달성하는 데 이를 효율적으로 달성한다면 보다 바람직하다고 하겠다. 따라서 올바른 방향의 의사결정이 이루어지고 난 후에 관심의 대상이 되는 것은 이를 올바른 방법으로 실행하는 것이다(Do the things in the right way).

한편, 기능별 전략은 기업전략과 사업전략을 통해 제시된 전략방향을 기능별로 구체화 시킴으로써 기업전략과 사업전략을 완성시키는 데 중점을 둔다. 기능별 전략은 기업전략에 비해 미치는 영향이 국지적이며 단기적이다. 실패가 장기간 누적될 경우를 제외하고는 기능별 전략이 실패하더라도 기업 전체의 사활에 직접적으로 영향을 주지는 않는다. 따라서 일반적으로 이 수준의 의사결정은 상위전략에서 주어진 방향으로 나아가거나 또는 목표를 달성하기 위해 최소의 투입물로 최대의 산출물을 얻는 효율성에 중점을 둔다.

그렇다면 사업전략을 평가하는 기준은 무엇인가? 개별사업단위의 존재는 각 사업단위의 전략적 독립성을 전제로 한다. 따라서 사업전략도 기업전략과는 별도로 사업단위별로 구체적인 목표를 설정하고 이를 추구한다. 이런 점에서 효과성이 우선적으로 중요시되는 평가기준이 된다.

2.4 균형성과표

1. 균형성과표의 필요성

앞절에서 기업의 목표를 전략적 목표와 재무적 목표로 나누었다. 그런데 전통적으로 많은 기업들은 성과를 평가할 때 재무적 목표에 중점을 두어, 당기순이익이나, 투자수익율(return on investment; ROI), 주당순이익(earning per share; EPS), 자본이익율(return on equity; ROE), 매출액과 같은 재무적 지표를 사용하여 성과를 평가한다. 이들 지표는 다음과 같은 장점을 가지고 있다. 첫째, 측정하기가 쉽다. 대부분의 회계적 성과지표는 재무제표 상에서 구체적 수치로 나타난다. 둘째, 경영진을 포함한 기업 구성원에게 익숙한 개념으로서 경영훈련 프로그램을 통해 쉽게 접할 수 있다. 셋째, 기존의 정보시스템에서 쉽게 관련정보를 추출할 수 있어 추가적인 비용부담이 없다.

그러나 이들 재무적 지표는 몇 가지 단점도 가지고 있다. 첫째, 시간상으로 볼 때 재무적 지표는 후행적이라는 한계가 있다. 이들 지표는 전략이 어느 정도 실행된 후 나타나는 결과물을 반영한다. 따라서 일정 기간이 지난 후에야 전략의 성공과 실패를 평가해 볼 수 있는 지표이다. 둘째, 기업이 단기적인 재무적 성과를 강조하고 이를 높이기 위해 전념할 경우 단기적 목적의 자산에 과잉투자하거나 고객의 불만에 소홀히 함으로써 기업의 미래 성장을 뒷받침하는 무형자산에 과소투자하거나 고객응대에 소홀히 하는 결과를 초래할 수 있다. 셋째, 성과지표가 재무적 성과에 치중될 경우 연구개발, 종업원 교육과 훈련, 기타 재무성과에 반하는 다른 투자를 억제함으로써 궁극적으로 기업의 미래 경쟁력을 떨어뜨리는 원인이 되기도 한다.

이런 점에서 볼 때, 전략을 실행하는 과정에서 올바른 방향으로 나아가고 있는지에 대해 점검해 볼 수 있는 중간단계의 지표가 필요할 뿐 아니라, 성과를 다양한 관점에서 파악하고 측정함으로써 미래 경쟁력이 저해되지 않도록 균형된 성과지표를 사용해야 할 필요성이 제기되었다.

2. 균형성과표의 구성

균형성과표는 하버드 대학의 교수인 로버트 캐플란과 컨설턴트인 데이비드 노튼이 1992년에 최초로 개발하였다. 〈그림 2-5〉에서 알 수 있듯이 균형성과표는 최종적으로 재무적 성과를 높이는 데 도움을 주는 세 개의 비재무적 관점의 성과지표를 추가하여 기업의 전체 상황을 조망할 수 있게 하는 성과표이다. 즉, 균형성과표는 재무적 관점의 성과를 달성하기 위해 고객 관점, 내부 프로세스 관점, 학습과 성장 관점을 연계시킴으로써 궁극적으로 기업의 목표를 달성할 수 있게 해 준다.

1) 재무적 관점(financial perspective): 재무적 관점은 기업의 성공과 실패에 관한 최종적인 평가를 가능하게 한다. 재무적 관점은 일반적으로 수익성과 관련된 지표를 통해 전략이 이해관계자(주주, 종업원, 채권자, 지역사회 등)의 지속적

그림 2-5 균형성과표의 구성

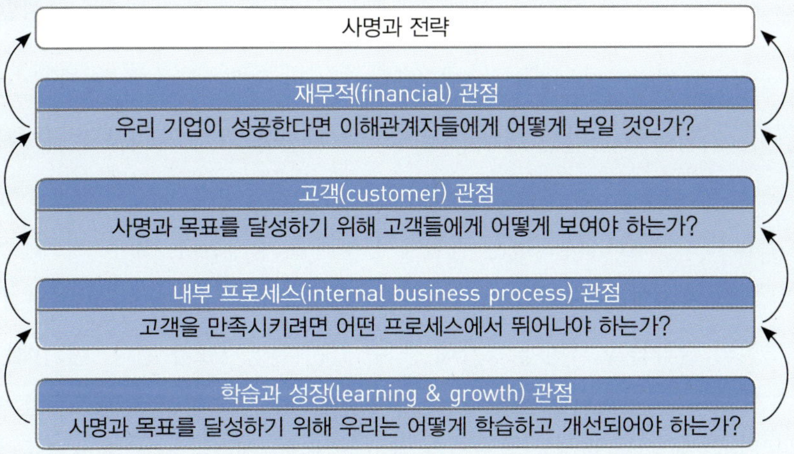

자료: 로버트 S 캐플란·데이비드 P 노튼(웨슬리 퀘스트 옮김), 『Strategy Maps』, 21세기북스(2004), p. 31.

성장을 창출해낼 수 있는지를 살펴볼 수 있게 한다. 재무적 관점을 하나의 문장으로 요약해서 보면, "우리 기업이 성공한다면 이해관계자들에게 어떻게 보일 것인가(How do we look to shareholders?)" 하는 관점에서 기업의 성과를 평가한다.

2) 고객 관점(customer perspective): 기업이 목표로 하는 재무적 성과를 달성하기 위해서는 목표 고객층에게 차별화되고 지속적인 가치를 창출해야 한다. 고객 관점은 "목표를 달성하기 위해 고객들에게 어떻게 보여야 하는가(How do customer see us?)" 하는 관점에서 성과를 평가한다. 오늘날의 경쟁 환경을 감안해 볼 때 기업의 재무적 성과는 무엇보다도 고객 만족이 전제가 되지 않고서는 불가능하다. 이런 점에서 고객 관점은 목표 고객층을 대상으로 다른 경쟁기업보다 뛰어나고 차별화되기 위해 무엇을 할 것인가 하는 구체적인 가치명제(value proposition)를 알려준다. 가치명제는 고객층에게 제공하고자 하는 제품, 가격, 서비스, 관계, 이미지 등에 대한 그 기업 특유의 결합방식을 의미한다. 예컨대 사우스웨스트 항공사와 델 컴퓨터의 가치명제는 최고의 구매, 즉 그 분야 최저 원가를 제공하는 것이며, BMW나 인텔이 추구하는 가치명제는 제품혁신과 리더십이다. 고객 관점은 이를 통해 고객 만족, 고객 유지, 고객 확장에 성공하였는지를 평가하게 한다. 고객 관점의 성과를 달성하기 위해 많은 기업들은 기업 사명에 고객 만족과 고객 지향성을 강조하고 있다. 고객 관점의 성공 여부는 고객만족도, 고객 유지율, 신규고객 확보율, 고객 수익성 등으로 측정할 수 있다.

3) 내부 프로세스 관점(internal process perspective): 내부 프로세스 관점은 기업이 수행하는 내부 프로세스에 관심을 가지고 성과를 분석하는 관점이다. 이 관점은 "고객을 만족시키려면 어떤 프로세스에서 뛰어나야 하는가(What must we excel at?)" 하는 관점에서 성과를 평가한다. 내부 프로세스는 고객을 위한 가치명제를 창출하고 전달하는 기업의 내부활동으로 고객 관점과 재무 관점의 결과물을 사전에 평가해 볼 수 있는 선행지표가 된다. 여기에는 운영관리 프로세스, 고객관리 프로세스, 혁신 프로세스, 판매 후 서비스 프로세스가 포함된다. 혁신 프로세스는 고객의 욕구를 충족시킬 수 있는 새로운 제품, 서비스, 프로세스를 창조함으로써 새로운 시장이나 고객층을 개척할 수 있게 하는 프로

세스이다. 운영 프로세스는 현재의 제품과 서비스를 생산하여 고객에게 제공하는 일상적인 프로세스이며, 고객관리 프로세스는 고객과의 관계를 확장하고 발전시키기 위해 고객 선정, 고객 개발, 고객 유지, 고객 성장을 위한 프로세스이다. 그리고 판매 후 서비스 프로세스는 제품이나 서비스를 판매하거나 인도한 다음 고객에 대한 서비스를 지원하는 것이다.

4) 학습과 성장관점(learning and growth perspective): 학습과 성장관점은 기업이 지속적으로 가치를 창출하고 성장할 수 있는 역량과 원천을 평가하는 관점이다. 기술과 시장이 급속하게 변화하고 글로벌 차원으로 경쟁이 확대되고 있는 요즘의 경영환경에서 기업이 성공하기 위해서는 스스로 끊임없이 변해야 한다. 이를 위해 기존 제품과 서비스를 개선하거나 전혀 새로운 제품과 서비스를 시장에 도입하는 노력을 지속해야 한다. 이러한 노력을 가능하게 하는 것이 학습과 성장이다. 학습과 성장 관점은 "사명과 목표를 달성하기 위해 우리는 지속적으로 가치를 증진시키고 창출할 수 있는가(Can we continue to improve and create value?)" 하는 관점에서 성과를 평가한다. 학습과 성장 관점의 성공 여부는 혁신과 학습을 통해 결과적으로 경쟁력의 원천이 되는 무형자산을 얼마나 개발하고 축적하였는가를 평가함으로써 판단할 수 있다. 제품의 개선과 혁신을 가능하게 하는 주요한 무형자산으로는 인적자산(전략을 지원하는 데 필요한 기술, 재능, 노하우 등), 정보자산(전략을 지원하는 데 필요한 정보 시스템, 네트워크, 인프라 등), 조직자산(전략 실행에 필요한 변화과정을 활성화하고 지속시키는 조직의 능력)을 들 수 있다.

이상에서 살펴본 네 가지 관점은 인과관계의 고리로 서로 연계되어 있다. 즉, 무형자산을 강화하고 활용함으로써 내부 프로세스의 성과를 향상시킬 수 있으며, 이는 다시 고객과 이해관계자를 만족시키는 성공의 원동력이 된다. 이들 네 가지 관점을 연계시키는 인과관계를 보여주는 것이 전략체계도(strategy map)이다. 〈그림 2-6〉은 전략체계도의 한 예이다. 전략체계도는 각 구성요소들이 기업의 사명과 목표를 달성하는 데 어떤 연관성을 가지며 상호작용하는가를 보여준다. 즉, 전략적 목표를 달성하기 위해 실행하고 감시해야 할 각 관점별 가치활동의 인과관계를 보여준다.

그림 2-6 전략체계도

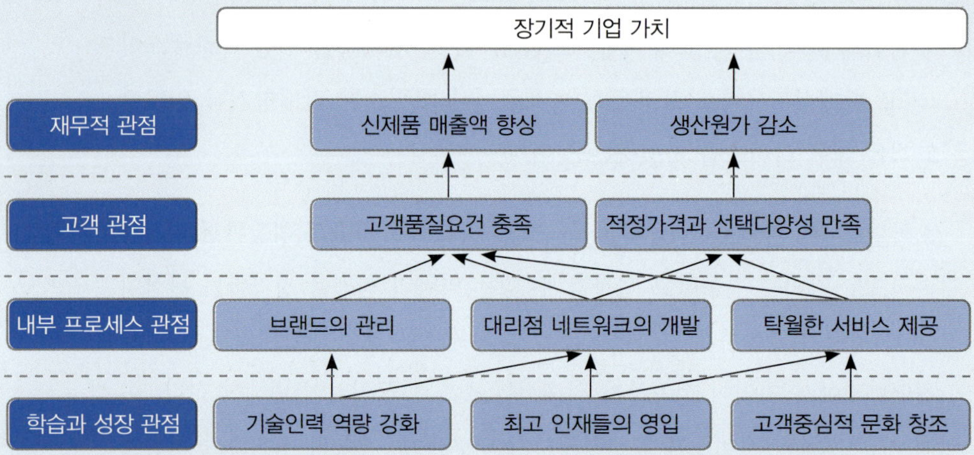

2.5 전략수립모형

경영전략의 연구분야에서 언급하였듯이 전략에 관한 연구는 크게 전략내용 연구와 전략과정 연구로 나눌 수 있다. 제1장에서는 전략의 개념이나 전략의 수준과 같이 주로 전략내용 연구와 관련된 것을 살펴보았고, 전략과정 연구에 대해서는 살펴보지 않았다. 전략과정 연구에서 가장 많은 연구가 이루어진 분야가 전략수립과정(strategy formulation process)에 관한 연구이다.

그동안에 이루어진 연구결과에 따르면 전략수립과정은 학자에 따라 다양한 유형으로 분류되고 있다. 전략수립과정이 단일하지 않고 학자에 따라 여러 가지 유형으로 다르게 나타나는 것은, 크게 다음과 같은 세 가지 측면에 대한 가정에서 차이가 나기 때문이다. ① 합리적 의사결정의 정도, ② 전략수립과정에 있어서 최고경영자의 역할정도와 유형(전략수립과정에 기업구성원들이 참여할 수 있는 정도), ③ 최고경영자의 상징적 역할(최고경영자가 어느 정도까지 전략적 비전을 명확하게 규정하고 이를 종업원들이 수용하게 만드는가의 정도)이 그것이다. 여기서는 이들 세 가지 측면 중에서 첫 번째 합리적 의사결정의 정도에 대한 가정이 다를 경우 전략수립과정이 어떻게 다르게 설명되는가에 대해 살펴보고자 한다.

전략수립과정은 일반적으로 합리적 분석과정(rational analytical process)으로 해석된다. 합리성(rationality)은 사전에 주어진 목표를 추구하는 과정에서 최적화(극대화 및 극소화)를 추구하는 성향이라고 정의할 수 있다. 이때 최적화(optimization)란 바람직한 것은 극대화하고 그렇지 않은 것은 극소화하는 것을 의미한다. 이런 합리성을 기술적 또는 기능적 합리성이라고 하는데, 기술적 합리성은 목표의 설정(goals setting) 문제는 다루지 않으며 목표의 실행(goals implementation)과 관련된 합리성이다. 합리성을 '주어진 목표를 가장 효율적으로 달성하기 위해 일련의 행동을 조직화하는 정도'로 정의하는 것은 이런 기술적 합리성을 의미하는 것이다.

합리성에 관한 이상의 정의를 고려하면, 합리적 분석과정이라는 것은 의사결정이 이루어지기 전에 기업의 내부 및 외부환경에 대한 전반적(comprehensive)이고 완전한(exhaustive) 분석이 뒷받침된다는 것을 의미한다. 따라서 합리적 분석과정에 의한 의사결정이 이루어지기 위해서는 보통 다음과 같은 세 가지 조건이 충족되어야 한다. 이를 완전정보의 가정(assumption of perfect information)이라고 한다. 이는 의사결정자가 의사결정에 필요한 모든 정보를 보유하고 있다고 가정하는 것으로, 이 가정이 충족될 때 확실성 하에서 의사결정이 이루어지게 된다. 즉, 첫째, 의사결정자가 선택가능한 모든 대안을 파악하고 있고 둘째, 각 대안의 선택에 수반되는 모든 결과를 파악하고 평가할 수 있으며, 셋째, 이들 결과를 평가하여 가장 가치 있는 목표기준에 따라 하나의 대안을 선택한다는 것을 가정한다. 이러한 의사결정의 합리성 모형이 전략수립에 적용될 경우 전략수립과정은 ① 체계적인 환경분석, ② 기업내부의 강점 및 약점에 대한 평가, ③ 명확한 목표설정, ④ 전략적 대안들에 대한 평가와 선택, ⑤ 목표달성을 위한 종합적 계획의 개발로 연결된다.

실제 전략수립과정이 이상과 같은 합리적 분석과정이라고 볼 수 있는가 하는 것에 대해서는 논란의 여지가 있다. 민츠버그(H. Mintzberg)는 합리적 분석과정을 중시하는 대표적 시각을 설계학파(design school)라고 이름하였다. 설계학파는 하버드 경영대학을 중심으로 발전해 왔는데, 현재 전략경영분야의 주류적 시각이라 할 수 있다. 실제 전략경영분야의 각종 교재와 전문서적, 그리고 사례연구를 중시하는 교육과정 등에서 널리 채택되고 있는 시각이다. 설계학파의 주요한 이론적 특징과 이에 대한 비판을 살펴보기로 하자.

1. 설계학파의 전략모형

설계학파가 보는 전략수립과정은 의식적 사고의 과정이며, 이 과정은 논리에 의해서 지배된다. 최고경영자가 전략가(strategist)가 되며, 전략가는 전략수립을 위해 필요한 대부분의 정보를 보유하고 있다고 전제한다. 그리고 수립된 전략은 전략가의 명백한 의도(intention)를 담고 있다. 현실적으로는 실행된 전략이 처음에 의도하였던 전략과 다를 수도 있겠으나 설계학파는 전략이 전략가의 사전의도를 담고 있다고 본다. 합리적 분석과정을 거쳐서 수립된 전략은 명백한 형태로 구체화되어 나타나는데, 전략이 명백해질수록 전략을 잘못 이해하거나 오해하여 실행상의 착오를 일으킬 위험이 적어진다. 그러므로 기업의 비밀이 외부로 누출되는 위험이 없다면 기업의 전략은 명백하게 구체화될수록 좋다. 한편 합리적 과정을 통해 수립된 전략은 실행단계로 넘어가 기업의 조직구조 등의 내부환경 속에서 실행된다.

〈그림 2-7〉은 이상과 같은 설계학파의 전략모형을 잘 나타내 주고 있다.

민츠버그(H. Mintzberg, 1990)는 설계학파의 전략모형이 가지고 있는 전제를 다음과 같이 일곱 가지로 요약하고 있다.

(1) 전략수립(strategy formation)은 통제된 의식적 사고의 과정이다

사전에 명확한 의도를 가진 전략수립가의 의식적 사고에 의해서 통제되는 과정을 통해 전략이 수립된다. 설계학파에서 중요시되는 것은 행동이 아니라 이성적 사고이다. 전략이 수립된 후에 이를 실행하는 행동이 뒤따른다.

그림 2-7 설계학파의 전략모형

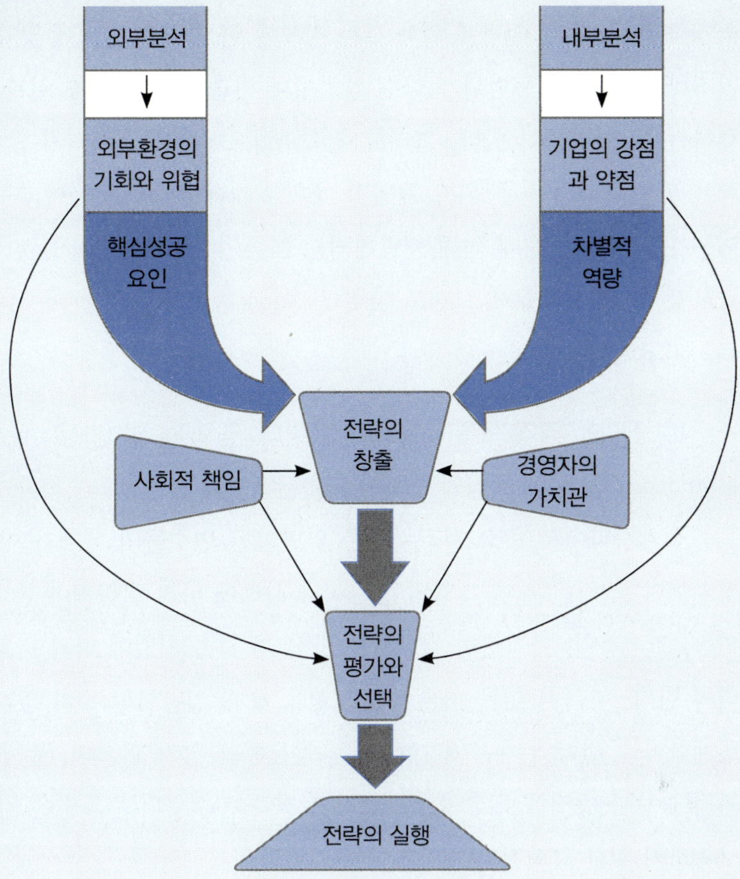

자료: H. Mintzberg, "The design school: Reconsidering the basic premises of strategic management," *Strategic Management Journal*, Vol. 11(1990), p. 174.

(2) 통제와 의식성(consciousness)에 대한 책임은 최고경영자가 진다: 최고경영자가 바로 전략가이다

설계학파에는 오직 한 사람의 전략가가 있으며, 이 사람은 조직의 최정점에 위치한다. 전략가는 조직목적의 설계자이다. 전략가는 조직의 존재목적을 규정하고, 이 목적에 잘 적응하게끔 조직을 설계하며, 그 설계가 살아남는가를 지켜본다.

(3) 전략수립모형은 단순하면서도(simple) 비공식적(informal)이다

전략이 한 사람(전략가)에 의해서 통제될 수 있는 방법은 그 과정을 단순하게 하는 것이다. 전략에 의해 모든 정보가 한 사람의 능력에 맞게끔 축소되지 않거나, 기업의 활동범위가 다수 산업이나 기술로 확대될 때 일관된 전략을 수립하는 데 어려움이 있다. 그리고 전략수립모형은 공식화되지 않는다. 기업전략은 단순히 실무자를 위한 개념적 계획(conceptual scheme)에 지나지 않는다. 이는 논리적 엄격성에 의해 뒷받침되는 이론이 아니며, 개념들 간의 관계를 계량화할 수 없기 때문에 모형도 아니다. 이는 하나의 유익한 아이디어(informing idea)라고 할 수 있다.

(4) 전략은 각각 독특(unique)해야 한다: 창의적 설계과정(a process of creative design)을 통해 최상의 전략이 도출된다

설계학파에서 중요시되는 것은 일반화된 변수들의 체계가 아니라 구체적 상황이다. 전략은 개별 기업의 상황이나 사례에 따라 달라져야 한다. 즉 차별적 역량, 조직자원, 가치관이 결합되는 방식(전략)은 기업에 따라 다르며, 또한 달라야 한다. 따라서 이를 이론이나 모형을 통해 일반화할 수가 없다. 이에 따라 설계학파는 전략의 내용에 대해서는 언급하고 있지 않으며, 전략이 개발되는 과정에 보다 중점을 두고 있다. 그라고 전략이 수립되는 과정은 차별적 역량을 구축하기 위한 창의적 설계과정이어야 한다.

(5) 이러한 설계과정을 거친 전략은 완전하게(full blown) 수립된다

설계학파는 전략이 점진적으로 수립되거나 사후적으로 형성되는 것을 인정하지 않는다. 전략이 설계과정을 거치는 즉시, 실행할 수 있는 완성된 상태로 나타난다. 이러한 전략은 사업의 전반적 개념을 담고 있는 대전략(grand strategy)이다.

(6) 전략은 명백해야(explicit) 하며, 가능하다면 자세히 기술되어야(articulated) 하는데, 그것은 단순할수록 좋다

전략은 최소한 전략수립에 참여한 사람들 간에는 명백해야 하며, 가능하다면 자세하게 기술하여 조직 내 다른 사람들이 이해할 수 있도록 하여야 한다. 기술되지 않은 전략은 검증이나 경쟁이 되지 않으며, 그로 인해 강한 전략이 되지 못한다. 전략을 명백히 할 경우 보안유지 등에서 문제가 발생할 수 있으나 이는 필요악이다. 어떤 행동이 필요하며 어떤 행동이 불필요한가를 판단할 수 있을 정도로 효과적이고 구체적이기 위해서도 전략은 명백하여야 한다. 한편, 전략을 기술할 경우 이해하기 쉽도록 쉽게 기술하여야 한다. 단순성이 훌륭한 전략의 핵심이다. 전략은 복잡한 현실을 축소시켜 외부환경과 내부자원이라는 핵심적 측면에서 고려하게끔 단순화함으로써 조직이 더 나은 의사결정을 하는 데 도움을 준다.

(7) 독특하고(unique), 완전하고(full blown), 명백하고(explicit), 단순한(simple) 전략이 수립되고 난 후에야 실행될 수 있다.

우리는 첫 번째 전제에서 설계학파는 사고와 행동을 명확하게 구분한다는 것을 보았다. 전략의 수립(사고)과 실행(행동)을 구분하는 것은 이에 따른 것이다. 이러한 구분은 진단 처방 행동이라는 고전적 합리주의와 일치하는 것이다. 이러한 구분과 관련이 있는 것이 "조직구조는 전략을 따른다(Structure follows Strategy)"는 챈들러(A. Chandler, 1962)의 명제이다. 챈들러는 기업전략이 조직구조와 절차를 어떻게 설계할 것인가를 결정하여야 한다고 하였다. 이는 새로운 전략이 수립될 때마다 조직구조와 조직 내의 모든 것이 새로 바뀐다는 것을 의미한다. 따라서 전략을 알지 못하면 적절한 조직구조를 말할 수 없다.

2. 민츠버그의 전략모형

민츠버그의 전략모형을 학습모형(learning model)이라고 하는데, 이 모형은 설계학파의 합리주의와 상반되는 전략모형이다. 설계학파가 전략의 수립단계와 실행단계를 구분하여 전략이 사전에(ex ante) 명백하게 수립되고 난 후에 실행되는 것으로 보는 데 비해, 민츠버그 모형은 전략이 사전에 구체화되는 것이 아니라 어떤 행동이 반복적으로 계속되어 일관된 유형(consistent patterns)으로 나타날 때, 이러한 일관된 유형을 사후에(ex post) 전략으로 인식하는 접근법이다.

그림 2-8 의도한 전략과 사후형성전략

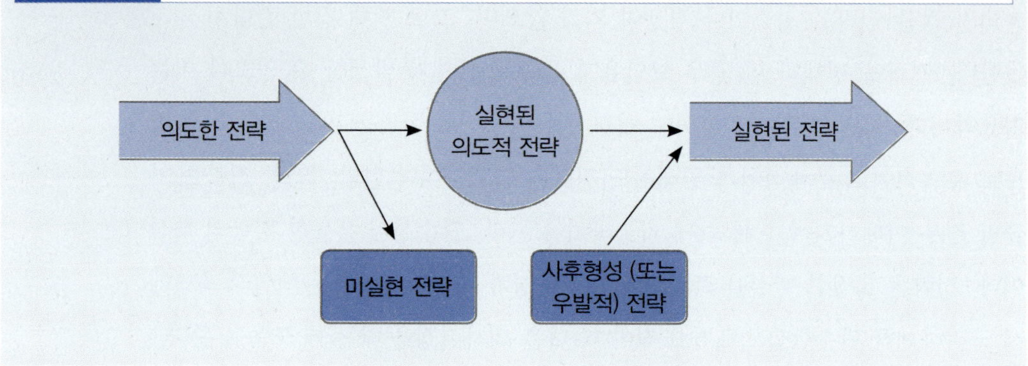

자료: H. Mintzberg, "Opening up the definition of strategy," in J.B. Quinn, H. Mintzberg and R.M. James, *The Strategy Process: Concepts, Contexts, and Cases*, Prentice Hall, Englewood Cliffs, NJ(1988), p. 15.

예컨대 우연히 어떤 행동을 하였는데 그것에 대한 고객의 반응이 좋았을 경우 이런 행동을 반복해서 되풀이할 수 있을 것이다. 이런 행동유형이 일관되게 반복될 때 이를 사후적으로 인식하여 전략이라고 할 수 있을 것이다.

민츠버그는 자신의 전략을 표현하는 개념으로 사후형성된(또는 우발적) 전략(emergent strategy)이라는 단어를 사용하고 있다. 이와 대비시켜 볼 수 있는 것이 의도한 전략(intended strategy)이다. 의도한 전략은 설계학파의 전략개념과 같이 전략수립가의 의도를 담고 있는 사전 계획(plan)으로서의 전략이다. 〈그림 2-8〉에서 알 수 있듯이 의도한 전략의 결과는 두 가지로 나눌 수 있는데, 실현된 부분(realized strategy)과 실현되지 않은 부분(unrealized strategy)이다. 사전에 의도한 전략으로 실현된 전략을 실현된 의도적 전략(deliberate strategy)이라고 한다. 따라서 실현된 전략은 의도한 전략에서 실현되지 않은 전략을 빼고 사후형성된 전략을 더한 것이다.

(1) 설계학파에 대한 비판

민츠버그는 설계학파의 전략모형에 대해 다음과 같이 네 가지 측면에서 비판하고 있다.

첫째, 설계학파의 전략수립과정은 사고(thinking)의 중요성을 강조함으로써 전략수립을 계획창안의 과정(a process of conception)으로 보고 있다. 그러나 행동과 사고를 분리하는 것은 비현실적이다. 이러한 특징은 기업의 강점과 약점을 평가하는 과정에서 명백하게 드러난다. 기업이 자사의 강점과 약점을 사전에 알 수 있는가? 설계학파에 따르면 의식적 사고를 통해 평가함으로써 알 수 있다고 한다.

그러나 기업의 강점과 약점을 현실적으로 테스트해 보지 않고서는 그것이 강점인지 약점인지를 확신할 수가 없다. 즉 새로운 전략은 본질적으로 새로운 경험, 위험의 감수, 미지의 영역으로 진입하는 것과 같은 일이 수반되므로 기업이 자사가 보유한 능력이 강점이 될지 약점이 될지를 사전에 알 수가 없다. 더구나 강점과 약점은 주로 기업내부적 시각에서 평가되고 있는데, 실제로는 외부상황과 연계하여 평가되어야 할 것이다. 경영자들을 대상으로 자기 기업의 강점과 약점을 평가하게 한 연구결과에서도 자사의 강점과 약점에 대해 경영자들의 의견이 일치하지 않은 것으로 나타났다.

둘째, 설계학파는 조직구조가 전략을 따른다는 명제를 전제로 하고 있다. 전략이 조직구조보다 앞서야 한다는 것은 전략이 기업이 구축한 능력을 앞서야 한다는 것과 같다. 전략수립을 위해 기업의 강점과 약점을 먼저 평가하여야 하는데, 조직구조는 기업의 능력을 담고 있는 집이므로 전략수립 시 고려해야 할 주요 요소이다. 따라서 조직구조는 전략을 유도하고 제약함으로써 전략을 선택하는 데 영향을 준다.

현실적으로 기업의 규모가 커짐에 따라 조직구조가 한번 구축될 경우 단기간에 변화시키기가 쉽지 않다. 현재의 조직구조는 전략의 선택에 영향을 주는 제약조건으로 작용하며, 혁신적 변화를 수반하는 전략의 선택을 어렵게 만든다. 이런 점에서 본다면 조직구조가 전략선택에 앞선다. 따라서 조직구조와 전략 간에 어느 것이 먼저인가 순서를 정하는 것은 의미가 없다. 이는 전략과 조직구조 모두 기업을 지원하며, 왼발과 오른발이 서로 번갈아 가며 앞서듯이 조직구조가 앞서고 전략이 뒤따르기도 하고, 전략이 앞서고 조직구조가 뒤따르기도 하기 때문이다.

셋째, 설계학파는 전략은 명백해야 한다고 하였는데 명백한 전략은 경직적이다. 설계학파에 따르면 명백하고 잘 기술된 전략만이 주장, 검증, 토론의 대상이 되며, 전체 구성원의 행동에 있어서 일관성을 기하게 해준다고 한다. 또한 명백한 전략은 지지를 받을 수 있으며 외부인에게 확신을 준다는 것이다. 이러한 주장은 다음과 같은 상황에서 그 타당성이 인정된다. 그것은 기업의 외부환경이 안정적이고 예측가능하며, 한번 정해진 전략을 변경할 필요가 없을 때이다. 환경이 급변하여 예측이 어려울 경우 전략을 명백히 하는 것이 어렵다. 또한 불확실한 상황에서는 전략을 명백하게 하지 않는 것이 오히려 위험부담이 적다. 환경이 급변하는 상황에서 미래의 행동계획을 사전에 수립하고, 이의 실행에 전념할 경우 환경변화에 탄력적으로 대응하지 못하고, 오히려 조직이 경직될 가능성이 있다.

물론, 전략이 사전에 구체화되어 있다고 하더라도 환경이 예상과 다르게 변화할 경우 사전에 의도하였던 전략을 수정할 수 있을 것이다. 그러나 환경변화를 인식하고 전략을 수정하기에 이르는 과정, 즉 환경변화를 인식하여 전략변화의 필요성을 확인하고, 전략을 변화시켜 실행하는 데 따르는 각 조직의 영향을 분석하여, 그 변화를 하부조직에 명확하게 전달하여 하부조직의 전략을 수정하기까지는 상당한 시간이 필요하다. 따라서 이러한 문제를 전담하는 조직이 갖추어져 있지 않을 경우 실제적으로 상당히 어려운 과정이다. 민츠버그는 전략수립가가 확신을 갖지 못할 때, 전략을 명백하게 기술하지 않는 것이 좋으며, 또한 지금 확신을 가지고 있다고 하더라도 영원히 확신을 가질 수는 없다고 하였다.

넷째, 전략수립과 전략실행을 분리하는 것은 사고와 행동을 분리하는 것과 같다. 전략수립과 전략실행을 분리하는 것은 사고를 먼저하고 행동한다는 서구적 합리주의의 한 유형이다. 즉, 행동하기 위해서는 먼저 무엇을 달성하고자 하는가를 알아야 된다는 것이다. 그런데 이러한 전략모형이 타당성을 갖기 위해서는 다음과 같은 몇 가지 조건이 충족되어야 한다. 먼저, 전략수립가가 전략이 실행되는 현장에서 어떤 일이 일어나고 있는지를 잘 알고 있다는 것을 전제로 한다. 이러한 상황은 현장의 정보가 종합되어 중간에서 정보가 상실되거나 왜곡되지 않고 상부로 전달될 때 가능하며, 수립된 전략이 효과적으로 실행되기 위해서는 전략수립 시의 외부환경이 변하지 않아야 한다. 그리고 전략수립가가 수립한 전략에 대해 실행부서가 저항하지 않고 협조적일 때 가능하다.

그러나 현실적으로 전략수립가가 의사결정에 필요한 모든 정보(최소한도의 충분한 정보)를 보유하고 있다고 할 수 없다. 또한 전략수립가가 사전에 기업의 내부 및 외부환경에 대한 정확한 정보의 획득이 가능하여 이를 바탕으로 한 전략을 수립하였다고 하더라도 이 전략이 실행되어 예상하는 성과를 거둘 수 있을지는 알 수 없다. 특히 기업의 외부환경이 끊임없이 변하는 상황을 두고 볼 때, 전략수립 시의 경영환경이 지속될 것으로 기대할 수 없다. 그리고 좋은 의도든 나쁜 의도든 실행부서의 저항이 없다고 가정하는 것은 무리이다.

따라서 전략의 수립과 실행을 독립된 단계로 생각하는 것은 현실을 무시하는 것이다. 전략의 수립과 실행은 동시에 진행된다. 수립된 전략이 실행되는 과정에서 원하는 결과를 얻지 못할 때, 이를 수정하고 다시 실행하는 과정을 반복함으로써 최적전략으로 수렴된다고 하겠다. 따라서 전략의 수립과 실행은 서로 분리되는 과정이 아니라 상호작용하는 지속적 학습과정으로 볼 수 있다. 이러한 주장을 뒷받침하는 사례로 들고 있는 것이 1960년대에 혼다자동차가 미국의 오토바이산업에 진출할 때 사용한 전략이다. 혼다자동차의 성공은 사전에 의도한 전략이 아니라 사후적으로 형성된 전략에 의해서 달성되었다고 한다. 즉 사전에 치밀하게 계획된 전략의 결과가 아니라 성공적인 전략을 찾을 때까지 계속해서 새로운 접근방식을 모색하여 변화시킨 결과라고 한다.

(2) 학습모형

설계학파에 대한 비판을 고려해 볼 때 사전에 구체화된 행동계획을 수립하지 않고 어떤 행동을 한 후, 이에 대한 시장반응을 관찰하고 그 결과를 피드백을 통해 다음 행동에 반영함으로써 보다 나은 행동으로 발전하는 학습과정을 생각해 볼 수 있다. 이러한 과정은 먼저 생각(논리적 사고)을 한 후 행동(실행)한다는 합리적 분석과정과 대비되는 것으로 행동(실행)을 먼저하고 이를 통해 사고하는 것으로 볼 수 있다. 이러한 전략수립방식에 대해서 다음과 같은 의문을 제기해 볼 수 있다. 기업이 사전에 구체적인 행동계획(전략)없이 운영될 수 있는가 하는 것이다. 여기에 대해서는 다음과 같이 설명해 볼 수 있다.

일상적인 업무수행과정에서 우연히 실행된 아이디어나 행동이 의외의 성공을 거둘 경우, 이에 대한 본격적인 평가를 통해 전략으로 구체화하는 과정을 생각해 볼 수 있다. 이를 위해서 시장조사를 통해 소비자들의 아이디어에 대한 반응이 어떠한지를 분석하고(환경분석), 아이디어를 본격적으로 수행할 수 있는 자원이 뒷받침되는가를 평가하고(내부분석), 성공이 일시적인 것인지 또는 성공의 이유가 무엇인지를 분석해야 할 것이다. 이 과정에서 다른 경영자나 내부인과의 의사교환을 통해 아이디어를 수정하거나 보다 발전시킬 수 있으며, 또한 폐기할 수도 있을 것이다. 이렇게 하여 아이디어의 실행가능성이 있을 경우 본격적인 전략수립과정으로 진행될 수 있을 것이다.

이러한 과정은 외부환경과 내부환경에 대한 사전분석을 통해 전략을 도출해 내는 과정과는 역으로 진행된다. 즉 상황분석을 통해 전략을 수립하고 이를 실행하는 행동단계로 나아가는 것이 아니라, 사전에 뚜렷한 계획이 없이 행동을 한 후 사후적 상황분석을 통해 전략의 가능성을 평가하고 이를 다시 실행하는 과정이 반복되는 것이다. 따라서 학습모형에서의 전략은 사전에 명확한 의도 없이 일관되게 반복되는 행동의 유형(pattern)으로 정의된다. 이 정의는 기업의 행동을 사후적으로 관찰하여 일정기간 반복되는 일관된 행동유형을 전략으로 인식하는 개념이다. 이상의 내용은 다음과 같은 민츠버그의 문장으로 요약된다(H. Mintzberg, 1990, p. 151).

> "어떤 행동이 취해지고 피드백을 받는 과정이 반복되어, 조직(의 행동)이 어떤 유형으로 수렴하여 전략이 될 때까지 지속될 수 있다(A single action can be taken, feedback can be perceived, and the process can continues until the organization converges on the pattern that becomes its strategy)."

이상과 같은 전략수립과정에 따르는 문제도 심각하게 생각해 볼 수 있다. 사전에 어떤 의도나 계획이 확립되어 있지 않을 경우 기업의 전략적 행동 자체가 무계획적으로 표류할 우려가 있으며, 기업구성원들의 전체 행동에 대한 통제에 어려움이 있을 것이다. 전략이 기업이 지향하는 방향을 제시하고 구성원들에 대한 행동지침을 제공한다는 측면을 고려해 볼 때, 구체화되지 않고 학습과정을 통해 계속적으로 수정할 가능성이 있는 전략에 대한 불안감이 있다고 하겠다. 이러한 것은 환경의 변화에 대한 탄력적 대응이라는 측면과는 다른 것이다.

그림 2-9 합리적 분석모형과 학습모형의 비교

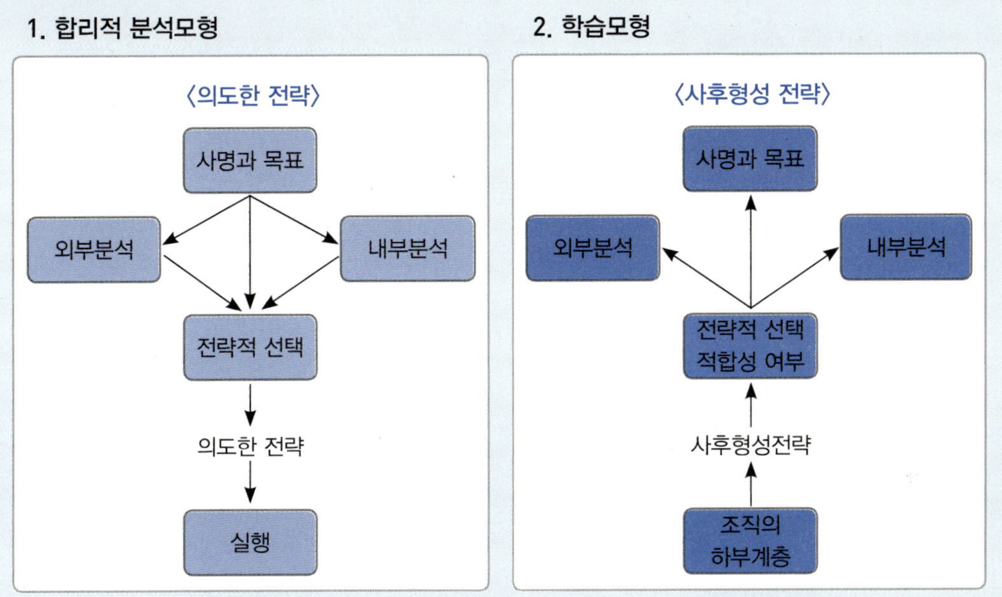

자료: H. Mintzberg, "Opening up the definition of strategy," in J.B. Quinn, H. Mintzberg and R.M. James, *The Strategy Process: Concepts, Contexts, and Cases*, Prentice Hall, Englewood Cliffs, NJ(1988), p. 15.

합리적 분석모형과 학습모형의 두 가지 전략모형을 대비시켜 보면 〈그림 2-9〉와 같다.

현실적으로는 서로 대비되는 두 가지 유형의 전략모형이 혼재되어 있다고 보아야 할 것이다. 한편으로 기업이 의도하는 목표를 사전에 설정하고 이를 달성하기 위해 현재시점을 기준으로 내부환경과 외부환경에 대해 분석하고, 앞으로의 변화에 대한 예측을 통해 전략을 수립할 것이다. 그리고 전략을 실행하는 과정에서 예상과 다른 환경변화가 파악되거나 분석과정에서 완벽한 분석이 이루어지지 않았을 경우, 사후적으로 주요 변수에 대한 분석을 보완함으로써 전략을 수정하거나, 아니면 실행상의 시행착오를 다음의 전략적 행동에 반영하거나 전략을 수정하는 학습과정을 거친다고 볼 수 있겠다. 이상의 두 가지 전략수립과정 중에서 이 책에서는 기본적으로 합리적 분석모형에 따라 전략의 수립과 실행을 설명할 것이나, 필요한 경우 부분적으로 수정할 것이다.

제2장 토의자료

"현장에서 일어나는 실시간 학습이 성공 기업의 밑거름"

민츠버그(H. Mintzberg) 교수는 '우발적(emergent) 전략'이란 독자적인 경영 이론을 창안했다. 이 개념은 CEO들이 큰 비전이나 사전 계획 아래 경영 전략을 미리 짜놓고 추진해야 한다는 '의도된(intended) 전략' 이론과 정반대된다. 마이클 포터(M.E. Porter) 하버드대 교수 등의 '경쟁우위 전략'이 '의도된 전략'이론의 전형이다.

그가 주창하는 '우발적 전략'의 핵심은 ① 조직의 '실무자'와 관리자의 역할에 초점을 맞추며 ② 이들이 '현장'에서 매일 보고 느끼는 생각과 판단을 중시하며 ③ 사내에 부단한 '학습'과 체계적인 전략 경영 시스템 구축을 강조한다는 세 가지이다. 민츠버그 교수는 15권의 저서와 150편의 논문을 통해 "우발적 전략이 기업의 질적 성장을 달성하는 데 훨씬 효과적"이라고 주장하고 있다. 지난달 초 기자가 캐나다 몬트리올 시내에 있는 민츠버그 교수의 대학 연구실을 찾아갔을 때, 그는 이렇게 말했다.

"코닥, 아메리칸온라인(AOL), 델, 리먼브라더스의 CEO는 책상머리에 앉아 허술한 전략을 만들어 실패했다. 이들은 기업 내부에서 발생하는 위험이나 현장 업무를 몰랐다. CEO는 학습 역량을 갖추고 현장에 밝은 실무자들에게 권한을 이양해 전략 경영의 '과정 관리자(process manager)' 역할에 충실해야 한다."

"기업 전략경영의 키워드는 1950~1960년대 '관리'를 시작으로 1970~1980년대의 '역량(competence)', 1990~2000년대의 '지식'을 거쳐 지금은 실시간(實時間)적 '학습'을 통해 장기 성장을 꾀하는 것으로 진화했습니다.

"글로벌 제약·건강용품 기업 존슨앤드존슨, 호텔 유통 체인 메리어트 호텔, 세계 최대 가구기업 이케아(IKEA). 이들을 관통하는 하나의 공통점은 뭘까요?" 6.6m²(약 2평)짜리 연구실에서 기자와 책상 하나를 두고 마주 앉은 민츠버그 박사는 이런 질문을 던진 다음 곧장 답(答)을 내놓았다.

"바로 현장 실무 직원의 제안과 혁신 아이디어에서 100년 가까이 존속하는 장수(長壽)의 열쇠를 찾았다는 점입니다."

먼저 존슨앤드존슨의 실무 직원들은 1900년대 초 병원에 납품하던 깁스를 쓰다 가려움증을 호소하는 소비자의 불만에 착안해 가려움증을 완화해 주는 파우더를 고안해냈고, 지금 베스트셀링 상품인 유아용 파우더를 세계 최초로 상품화했다. 메리어트 호텔은 비행기 승객이 기내에서 먹을 음식을 미리 구입해서 타는 모습을 보고 항공 케이터링(catering)사업을 시작해 붐을 일으켰다. 이케아는 한 배달 직원이 의자 완제품이 다른 제품으로 꽉 찬 운송 트럭에 들어가지 않자 의자 다리를 해체해 실은 사실에서 착안해 조립가구 생산을 본격화했다.

민츠버그 박사는 "우발적 전략은 이 세 기업의 사례에서 보듯 전략 수립의 권한을 현장 책임자에게 맡기기 때문에 훨씬 더 유효하고 현장 친화적인 전략 패턴을 만들 수 있으며 적실성도 높다"고 했다. 반대로 '의도적 전략'은 기업의 현장 상황과 동떨어진 채 경영진의 의도를 실현하는 데 급급해 성장으로 연결되지 못하는 경우가 많다는 것이다.

당신이 주장하는 '우발적 전략'이 유용하다는 구체적인 근거가 궁금하다.

"40여 년간 경영학 교수로 CEO들의 생활을 분석해보니 이들 업무의 80%는 단순 구두 커뮤니케이션으로 이뤄지고 있다. 그들이 방해 없이 일하는 시간은 이틀(48시간)에 한 시간꼴이다. 어떤 CEO는 14번의 미팅 중 13번은 당일 잡은 '번개미팅'으로 시간을 낭비했다. 준비 부족으로 질적인 토론은 매우 빈약하다. CEO들이 아래 직원들에게 전화로 단순 지시하는 경우가 전체 전화 사용량의 약 50%인 반면, 고객·협력사 등과 통화하는 시간은 20%에 불과했다. 한 마디로 안팎의 기업 사정에 대해 잘 모르는 것이다."

다른 근거도 있나?

"하나 더 꼽는다면 마이클 포터 박사 등이 만든 '경쟁우위 전략'의 문제점이다. 이 전략은 1970~1980년대 폭발적인 산업 발전과 더불어 효과를 거뒀다. 그러나 수년째 경기 침체기를 겪는 지금은 대기업뿐만 아니라 중소기업, 창업자 등 다양한 형태의 기업을 발전시켜야 한다. 그런데 '경쟁 우위 전략'은 대기업 편향적이다. 또 수량화가 가능한 경제적인 것만 분석하고, 수량화가 어려운 사회·정치적 요인들은 간과한다. 그래서 허점이 많고 리스크도 크다. 무엇보다 CEO에게 '학습'보다는 '계산'에 집중하라는 메시지를 전한다. 숫자에 기반을 둔 계획과 전략은 직원들의 창의성과 헌신을 짓누르고, 새로운 통찰 기회까지 빼앗는다."

하지만 요즘 같은 비상한 시기에는 '경쟁우위 전략'에서 요구하는 CEO의 강력한 리더십이 필요하지 않나?

"잭 웰치와 스티브 잡스, 마사요시 손(孫正義) 소프트뱅크 회장처럼 시대의 흐름을 알고 기업 내부 사정을 속속들이 다 이해하며 리더십을 펼치는 CEO는 좋다. 문제는 대다수 CEO가 자잘한 일상 업무에서 벗어나지 못하고 있으며 기업의 속사정도 모른다는 데 있다. 요즘 리더들은 기업의 수익을 창출해내는 현장 상황을 거의 학습하지 않고 있으며 전략을 완벽하게 짤 만큼의 '전지전능(全知全能)형 리더'들이 거의 없다. 요즘 리더들은 기업의 수익을 창출하는 현장 상황을 전혀 학습하고 있지 않다.

그렇다면 핵심 이론인 '우발적 전략'은 어떻게 실행할 수 있나?

"먼저 각 부서의 매니저들이 부서의 핵심 역량을 직접 맡아 처리하도록 해야 한다. 보통 '영업 담당 부장'은 통상 영업을 하지 않는데, 매니저들이 적극 동참해야 한다. 직급이 올라갈수록 기업 핵심 부서의 핵심 역량과 거리가 멀어지는데, 이럴수록 실무자들의 생각을 이해하지 못하게 되며 왜곡된 판단을 내리게 된다. 핵심 역량과의 연결 고리를 항상 유지해야 한다. 둘째 매일 현장에서 샘솟는 아이디어를 중간 관리자에게 수시로 보고해 전략화하는 시스템을 구축해야 한다. 메시지는 생산라인, 마케팅, 일반 경영선까지 모두 가야 한다."

그는 "현장 상황을 간과한 채 방대한 자료를 수집·분석해 전략을 만드는 전략기획실과 기획조정실 등 경영진이 현장에서 눈멀게 하는 부서는 없애야 한다"고 목소리를 높였다.

실제로 그런 과정을 거쳐 돋보이는 성과를 낸 경우가 더 있는가?

"지금은 수천 개의 지점과 자산 규모 8223억 달러로 성장한 캐나다왕립은행(RBC)의 CEO였던 존 클레혼(Cleghorn·1994~2001년)이 성공적인 사례이다. 그는 65억 달러였던 은행의 시가총액을 재임기간 6배나 불렸는데, 그는 매일 아침 각 지점을 한 차례씩 방문해 뒤틀린 건물 간판부터 실무자에게 이야기해 고치거나 현관의 먼지를 직접 터는 일로 업무를 시작했다. 지하철을 이용하고 법인 차량을 없애면서 실무진과 눈높이를 맞췄다. 또 엄격한 '시간 할당제'를 적용해 하루 시간의 25%는 현장 직원 및 고객과 보냈다. 현장 직원 및 고객(16%), 책상 업무(12%), 외부 출장(18%), 임원 미팅(7%) 등으로 시간을 쪼개 관리한 것이다. 실무자들과 매일 수시로 미팅했다. 그는 실무자들의 요구사항 가운데 평균 75~80%를 수용했다."

그의 주장은 '경영 혁신 전도사'인 제프리 페퍼와 로버트 버겔만 스탠퍼드대 교수의 "중간 관리자나 고위 간부가 새로운 전략을 짜라"는 주장과 일맥상통하다. 그러나 '현장 실무자'에 훨씬 더 강한 비중을 싣고 있다는 측면에서 훨씬 더 파격적이다. 그렇다면 CEO는 어떻게 해야 할까?

"CEO들은 기업의 가장 돋보이는 성과가 어떤 과정을 거쳐 탄생했는지 잘 관찰하며 숙고해야 합니다. 실수나 우연에 따른 성공도 '우발적 전략'으로 분리해 볼 수 있습니다. 일본 혼다(本田)는 1970년대 미국에 진출할 때 당초 판매하려고 했던 오토바이 기종의 재고가 없어 50cc급 오토바이를 판매해 성공을 거뒀는데, 지금 당시 상황에 대해 '실수로 성공했다'고 솔직하게 얘기합니다."

당신의 '우발적 전략' 이론이 갖는 장점이 또 있는가?

"CEO들이 매일 현장을 학습(learning)하기 때문에 훗날 폐기학습(un-learning)도 용이하다는 점이다. 즉 불필요한 관점의 사업 계획을 즉각 폐기해 조직에 팽배한 고정 관념과 현실 안주적인 사고방식을 떨쳐낼 수 있다. '우발적 전략'은 무리한 고속 성장이 아니라 점진적인 질적(質的) 성장을 목표로 한다. 국내총생산(GDP)은 적어도 경제와 기업이 미국보다 안정적인 캐나다 같은 상황을 말이다."

자료: 이신영 기자, "내일의 비전? 불황기엔 쓸모없다," 조선일보 Weekly BIZ(2012.10.6.)

토의문제

1. 우발적(사후형성, emergent) 전략은 의도한(intended) 전략과 어떻게 다른가?
2. 우발적 전략의 장점과 단점은 무엇인가?
3. 의도한 전략이 더 높은 성과를 달성할 수 있는 환경적 조건은 무엇인가?

참고문헌

로버트 S. 캐플란·데이비드 P. 노튼(웨슬리 퀘스트 옮김), 『Strategy Maps』, 21세기북스(2004).

Andrews, K.R., *The Concept of Corporate Strategy*, Irwin, Homewood, IL(1971).

Ansoff, H.I., *Corporate Strategy*, McGraw Hill(1965).

__________, "Critique of Henry Mintzberg's The design school: Reconsidering the basic premises of strategic management," *Strategic Management Journal*, Vol. 12(1991), pp. 449~461.

Chandler, A., *Strategy and Structure*, MIT Press, Cambridge, MA(1962).

Chari, M.D.R. and P. David, "Sustaining superior performance in an emerging economy: An empirical test in the Indian context," *Strategic Management Journal*, Vol. 33(2012), pp. 217~229.

Czepiel, J.A., *Competitive Marketing Strategy*, Prentice Hall, Englewood Cliffs, NJ(1992).

Drnevich, P.L. and D.C. Croson, "Information technology and business-level strategy: Toward an integrated theoretical perspective," *MIS Quaterly*, Vol. 37(2013), pp. 483~509.

Goold, M., "Design, learning and planning: A further observation on the design school debate," *Strategic Management Journal*, Vol. 13(1992), pp. 169~170.

Hamel, G. and C.K. Prahalad, "Strategic intent," *Harvard Business Review*(May-June 1989), pp. 63~76.

Hill, C.W. and G.R. Jones, *Strategic Management: An Integrative Approach*, Houghton Mufflin(1989).

Hughes, P. and R.E. Morgan, "Fitting strategic resources with product-market strategy: Performance implications," *Journal of Business Research*, 61(2008), pp. 323~331.

Hofer, C.W. and D.E. Schendel, *Strategy Formulation: Analytical Concepts*, West Publishing(1978).

Kerin, R.A., V. Mahajan, and P.R. Varadarajan, *Contemporary Perspectives on Strategic Market Planning*, Allyn and Bacon, Boston(1990).

Kotler, P., Marketing Management: Analysis, *Planning and Control*(Fourth Edition), Prentice Hall(1980).

Levitt, T., "Marketing myopia," *Harvard Business Review*(July-August 1960), pp. 45~56.

Mintzberg, H., "Crafting strategy," *Harvard Business Review*(July-August 1987), pp. 66~75.

__________, "The Design school: Reconsidering the basic premises of strategic management," *Strategic Management Journal*, Vol. 11(1990), pp. 171~195.

__________, "Strategy formulation: School of thought," in J. W. Frederickson(ed.), *Perspectives on Strategic Management*, Harper Business, New York(1990).

__________, "The fall and rise of strategic planning," *Harvard Business Review*(January-February 1994), pp. 107~114.

__________, "Opening up the definition of strategy," in Quinn, J.B., H. Mintzberg and R. M. James, *The Strategy Process: Concepts, Contexts, and Cases*, Prentice Hall, Englewood Cliffs, NJ(1988), pp. 13~20.

__________, D. Raisinghami, and A. Theories, "The structure of unstructured decision process," *Administrative Science Quarterly*, 21(1976), pp. 246~275.

Orr, R.J. and R.E. Levitt, "Local embeddedness of firms and strategies for dealing with uncertainty in global projects," in Global Projects: Institutional and Political Challenges, Cambridge University Press(2011).

Pascale, R.T., "Perspectives on strategy: The real story behind Honda's success," *California Management Review*(Spring 1984), pp. 47~72.

Pearce II, J.A. and F.David, "Corporate mission statements: The bottom line," *Academy of Management Executive*, Vol. 1(1987), pp. 109~115.

Quinn, J.B., "Strategic change: "Logical incrementalism," *Sloan Management Review*(Summer 1989), pp. 45~60.

Scott, W.R., *Organizations: Rational, Natural, and Open Systems*(Third Edition), Prentice Hall Inc.(1992).

Sheaffer, Z., D. Landau, and I. Drori, "Mission statement and performance: An evidence of coming of age," *Organizational Development Journal*, Vol. 26(2008), pp. 49~62.

Soda, G. and A. Zaheer, "A network perspective on organizational architecture: Performance effects of the interplay of formal and informal organization," *Strategic Management Journal*, Vol. 33(2012), pp. 751~771.

Thompson, A.A. and A.J. Strickland, *Strategic Management: Concepts and Cases*, Irwin, Homewood, IL(1993).

Venkatraman, N. and V.Ramamujam, "Measurement of business performance in strategy research: A comparison of approaches," *Academy of Management Review*, Vol. 11(1986), pp. 801~814.

STRATEGIC MANAGEMENT

제 3 장

외부분석

한 중년 남자가 미국 대형마트 타깃(Target) 미네소타점에 들어왔다. 타깃의 광고 전단지를 한 손에 든 그는 화가 난 표정으로 매니저를 만나게 해달라고 요구했다. 그는 "이제 고등학생인 내 딸에게 임부복과 유아용 침대를 사라고 할인쿠폰을 보내는 게 말이 되냐", "고등학생에게 빨리 임신하라고 부추기는 거냐"고 항의했다. 타깃 매니저는 이 중년 남자의 딸에게 임부복과 유아용품 광고전단지가 배송된 데에 대해 사과했다. 매니저는 며칠 뒤 재차 사과하기 위해 이 중년 남자에게 전화를 걸었다. 그러나 이 남자는 "딸의 출산 예정일이 8월이라고 한다"며 "정말 미안하다"고 말했다.

이는 찰스 두히그 뉴욕타임즈 기자의 책 『습관의 힘』에 나온 빅데이터(big date) 관련 사례이다. 타깃은 빅데이터를 통해 그 중년 남자의 딸에게 임부복이 필요할 것을 예측해 할인쿠폰을 보낸 것이다.

– 김경훈(한국트렌드연구소장), 매일경제(2013.2.18.)

그는 인생 전략을 세우고, 이를 추진하는 과정에서 우연히 찾아온 기회도 적절히 이용할 정도로 유연해야 한다고 말한다. 거창한 전략을 세웠다고 해서 자금을 쏟아부으며 무작정 밀고 나갈 것만은 아니라는 것이다.

미국 소형 모터사이클 시장에 진출한 일본 혼다가 좋은 사례다. 애당초 혼다는 할리데이비슨 같은 제품을 싼 가격에 내놓고 대형 모터사이클 시장을 잠식하려는 전략을 세웠다. 그러나 혼다 브랜드에 눈길을 주는 이를 찾을 수 없었다. 사업비가 바닥을 드러내는 참이어서 판매 직원이 자잘한 업무를 처리할 때 바람도 쐴 겸 소형 모터사이클을 이용할 수 있게 했다. 그런데 먼지꼬리를 길게 일으키며 신나게 언덕을 오르내리는 이 소형 모터사이클에 관심을 보이는 사람들이 늘었고, 급기야 유통체인 시어스가 카탈로그 판매에 나서면서 수요가 폭발한 것. 혼다가 대형 모터사이클 시장개척 전략을 고집하고 소형 모터사이클에서 우연히 찾아온 기회를 무시했다면 꿈도 꿀 수 없었던 성과다.

월마트의 성공에도 우연의 역할이 적지 않았다. 월마트의 성공 원인을 창업주 샘 월튼의 뛰어난 경영전략에서 찾는 이들이 많다. 월튼은 원래 유동인구가 많은 대도시 멤피스에 2호점을 내려고 했는데 부인이 멤피스로 이사 가지 않겠다고 버티는 바람에 1호 매장 인근 벤토빌이란 작은 마을에 2호점을 열었다. 결과적으로 물류 효율이 좋아지고, 타 업체와의 경쟁도 사전에 차단하는 효과가 났는데 이는 전혀 계획된 전략이 아니었다.

– 클레이튼 크리스텐슨 외, 『당신의 인생을 어떻게 평가할 것인가』, 알에치코리아(2012)

제3장 들어가면서

고객의 마음을 읽고 싶다면

신이 인간과 다른 점은 무엇인가? 전지전능하다는 것이다. 모르는 일이 없고 무엇이든 행할 수 있는 존재가 신일 것이다. 「왓 위민 원트(What women want?)」라는 영화를 보면, 주인공(멜 깁슨)은 우연한 사고로 여성들의 속마음을 들을 수 있는 능력을 얻게 된다. 여성들이 무엇을 원하는지(왓 위민 원트) 알 수 있는 능력이 생긴 것이다. 여성이 무얼 원하는지 알 수 있기 때문에 호감이 가는 여성에게 쉽게 다가갈 수 있다. 광고기획자인 주인공은 이 능력을 활용해 여성에게 어필하는 광고 안을 만들 수도 있다.

기업의 경영자도 고객이 진정으로 원하는 것이 무엇인지를 안다면 이를 만족시키는 제품이나 서비스를 쉽게 개발할 수 있을 것이다. 어떤 전략이 효과적인지를 안다면 여러 대안 중에서 최선의 전략을 선택할 수 있을 것이다. 앞의 사례에서 소개된 타깃(Target)의 홍보담당자도 빅 데이터 분석을 통해 고객이 지금 필요로 하는 상품이 무엇인지를 알기 때문에 고객 맞춤형 홍보(광고 전단지 발송)를 할 수 있는 것이다.

안타깝게도 현실의 경영자는 의사결정에 필요한 충분한 정보를 가지고 있는 경우가 드물다. 정보가 부족한 불확실한 환경에서 의사결정을 해야 한다. 의사결정의 불확실성을 낮추기 위한 노력이 환경분석으로 이어진다. 환경분석은 의사결정에 필요한 정보를 수집하는 과정이다. 고객의 마음을 읽고 싶다면 환경분석을 하면 된다.

3.1 외부분석의 내용 및 목적

외부분석은 〈그림 3−1〉에서 알 수 있듯이, 크게 환경분석, 산업분석, 경쟁기업분석의 세 부분으로 나누어진다.

1. 환경분석

환경변화는 기업에게 직접적으로 또는 간접적으로 영향을 준다. 환경분석의 목적은 다음과 같이 두 가지로 요약할 수 있다. 첫째, 기업을 둘러싸고 있는 거시적 환경에 대한 분석을 통해 기업의 목표 달성에 영향을 줄 수 있는 사건(events)이나 추세(trends)를 파악하거나 예측하는 것이다. 둘째, 사건과 추세가 기업에 미치는 영향을 평가함으로써 기회(opportunities)와 위협(threats)을 파악하는 데 그 목적이 있다. **기회란 기업이 적절하게 대응할 경우 기업의 목표(또는 성과) 달성에 긍정적인 영향을 줄 가능성이 있는 사건이나 추세를 의미한다.**

그림 3−1 외부분석

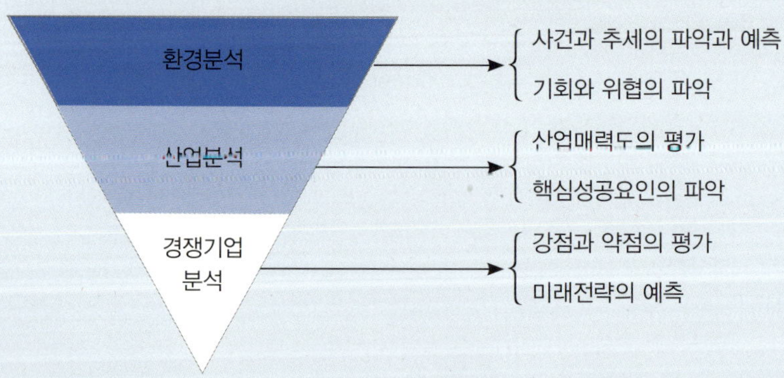

이와 달리, 위협은 기업이 적절하게 대응하지 못할 경우 기업의 목표(또는 성과) 달성에 부정적인 영향을 줄 가능성이 있는 사건이나 추세를 의미한다.

이상의 정의에서 유의할 것은 기회(위협)를 기업의 목표 달성에 긍정적(또는 부정적) 영향을 줄 가능성이 있는 추세나 사건으로 정의하지 않고, '기업이 적절하게 대응할(또는 대응하지 못할) 경우'라는 단서를 붙인 것이다. 전략경영이라는 학문의 목적은 동일한 환경 내에서 기업들의 성과가 다른 이유가 무엇인가를 설명하는 데 있다. 기업이 어떻게 대응하느냐(전략)에 상관없이 기업의 성과가 높아지거나 낮아진다면 전략이 존재할 여지가 없어진다. 이런 점에서 볼 때 전략경영의 기본 전제는 같은 환경에 속한 기업들도 어떻게 대응하느냐에 따라 개별 기업의 성과가 달라진다는 것이다. 따라서 기업의 전략적 대응 여부에 상관없이 긍정적이나 부정적인 영향을 주는 추세나 사건은 전략경영의 입장에서 볼 때 관심의 대상이 되지 않는다. 이러한 추세나 사건은 일종의 운(luck) 또는 불행이나 재난에 속한다고 하겠다.

사건이란 어떤 일이 발생하거나 새로운 사실이 나타나는 것을 의미한다. 새로운 사건이 발생할 경우 이는 기업이 당면하는 경영환경에 변화를 가져와 성과에 영향을 줄 수 있다. 대표적인 예로 2001년 9월 11일에 발생한 9·11 테러를 들 수 있다. 9·11 테러가 전 세계에 미친 영향은 너무나 광범위하여 한 마디로 요약할 수 없다. 이를 거시경제적 측면에만 한정하여 보면, 9·11 테러는 미국의 국경선 폐쇄, 국제 여객선 운항중지, CNN 효과로 인한 국내소비의 감소 등을 초래하여, 2001년도 미국경제가 마이너스 1.4%의 GDP 성장률을 기록하게 하였다. 또한 9·11 테러는 금융시장 참여자들로 하여금 리스크 회피성향을 자극하여, 금이나 장기 미국채 등과 안전상품을 선호하게 하고 리스크가 있는 상품에 대한 선호를 감소시켰다. 그런데 여기서 유의할 것은 동일한 사건이라고 하더라도 기업에 따라 기회적 요인이 되기도 하고 위협적 요인이 되기도 한다는 사실이다. 예컨대 9·11 테러는 많은 산업에 위협적 요인이 되었지만 보안과 검색 서비스를 제공하는 인력 및 장비사업에게는 오히려 기회적 요인이 되었다.

추세란 하나의 사건이 방향성과 연속성을 가지는 것을 의미한다. 하나의 사건이 발생하고, 이와 유사한 속성(방향성)을 가지는 사건이 연속적으로 발생할 때 이를 추세라고 한다. 연속되는 사건의 속성이 강해지고 빈도가 높아지고 지속되는 기간이 길수록 강한 추세(a strong trend), 또는 메가트렌드(mega-

전략포커스 | **중국 비야디 주가 폭등… 버핏 '10년의 기다림' 결실 보나**

'투자의 귀재'로 불리는 워런 버핏 벅셔해서웨이 회장의 장기 투자가 또 한 번 빛을 발하고 있다. 10년 전 시장의 냉소에도 아랑곳하지 않고 중국 전기자동차 업체 비야디(BYD)에 단행한 투자가 최근 들어 성과를 내고 있다. 왕촨푸(王傳福, 53) 회장이 2007년 6월 설립한 비야디는 배터리와 신에너지를 위주로 한 자동차 사업을 영위하고 있다.

버핏 회장은 2008년 글로벌 금융위기 때 2억 3000만 달러(약 2600억 원)를 들여 비야디 지분 9.09%를 매입했다. 당시 미국 월가에선 이름도 생소한 기업이라며 의아하다는 반응을 보였다. 미국의 한 자동차 전문매체는 일본 자동차 디자인이나 베낀 것 같은 회사에 돈을 쏟아부었다고 비판했다. 1995년 직원 20명의 배터리 제조사로 시작한 비야디는 2008년에야 플러그인 하이브리드 모델을 출시하며 친환경차 시장에 첫발을 내디뎠기 때문이다. 버핏 회장은 "비야디가 머지않아 세계 전기차 시장의 리더가 될 것"이라며 전혀 개의치 않았다.

버핏 회장이 비야디 주식을 매수할 때 주가는 8홍콩달러대에 불과했다. 현재 홍콩 증시에서 71홍콩달러대까지 주가가 오른 점을 감안하면 수익률은 800% 정도에 이를 것으로 추정된다. 시장에서는 '10년을 내다보는 계획을 생각하지 않았다면 단 하루도 투자하지 말라'는 버핏 회장의 투자 철학이 이번에도 맞아떨어졌다는 평가를 내놓는다. 비야디의 성공에 주목한 삼성전자는 작년 30억 위안을 투자해 지분 1.92%를 사들였다.

2000년께 비야디는 가성비를 앞세워 세계 최대 핸드폰 배터리 생산업체가 됐다. 비야디는 모토로라, 노키아, 소니에릭슨, 삼성 등과 협력하며 3대 충전지로 불리는 니켈전지, 리튬전지, 카드뮴전지 기술 생산 분야에서 글로벌 4대 기업 중 하나로 성장했다. 왕촨푸 회장은 "소니, 산요와는 달리 비야디는 배터리 리콜을 당한 적이 없다."고 강조했다.

왕촨푸는 비야디가 2020년 중국 최대 자동차 생산기업이 되고, 2025년에 글로벌 1위 업체가 되는 계획을 세웠다. 지난 6년 동안 비야디는 전기자동차 프로젝트를 위해 적어도 10억위안을 투자했으며, 2009년 금융위기 때에 오히려 1000여 명의 직원을 추가로 채용해 2만 명으로 늘렸다. 화공학 연구원이었던 왕촨푸는 비야디 자동차를 중국 자동차의 대표 국산브랜드로 만들었다.

중국 정부가 전기차 시장 키우기에 속도를 내면서 비야디의 성장세는 이어질 전망이다. 신궈빈 공업정보화부 부부장(차관)은 최근 "신에너지 차량 개발을 촉진하고 대기오염을 줄이기 위해 내연기관 자동차의 생산과 판매 중단 일정표를 마련 중"이라고 밝혔다.

출처: 한국경제신문(2017. 9. 21.), 강동균 기자

trend)라고 할 수 있다. 전 세계에 걸쳐 사회전반에 거대한 영향을 미치는 메가트렌드의 예로 들 수 있는 것이 앨빈 토플러(Alvin Toffler)의 물결(wave) 개념이다. 토플러에 따르면, 우리는 제1의 물결(농업혁명), 제2의 물결(산업혁명)을 지나고 현재 제3의 물결(정보혁명)에 살고 있는데, 앞으로 전혀 새로운 형태의 문화혁명인 제4의 물결이 다가올 것이라고 하였다. 제4의 물결이 밀어닥치면 모든 분야의 기술발달이 인간의 라이프 스타일, 가족관계, 사회제도 등 모든 분야를 완전히 바꿔 놓을 것이라고 하였다. 불확실성이 높아질수록 이러한 추세와 메가트렌드를 파악하려는 경영자의 욕구는 더욱 강해질 것이다. 이런 추세를 발견하고 기회로 활용하는 기업이 2002년에 설립된 트렌드워칭닷컴(trendwatching.com)이다. 이 회사는 새로운 추세를 발견하려는 경영자나 기업을 대상으로 유료정보를 제공하고 있다.

〈전략포커스〉에서 알 수 있듯이 거시적 환경변화에 어떻게 대응하느냐에 따라 환경변화는 기업에게 기회가 되거나 위협으로 작용한다. 기후변화에 따라 화석연료의 사용이 제한되고 신재생 에너지를 활용하는 추세가 강화될 것이라는 예측은 누구나 할 수 있다. 이러한 추세를 재빠르게 파악하고, 워렌 버핏은 2008년 글로벌 금융위기 상황을 활용하여 중국차 비야디 지분 9.09%를 매입하였다. 누구나 예측할 수 있는 추세지만 이를 기회로 인식하고 활용하기 위한 행동을 했다는 점에서 워렌 버핏은 다른 사람과 차별화된다.

표 3-1 잠재적 기회와 잠재적 위협의 예

잠재적 기회	잠재적 위협
• 새로운 고객집단의 등장	• 저원가 외국경쟁기업의 시장진입
• 새로운 기술의 등장	• 대체상품의 판매량 증가
• 산업의 지구화 추세	• 시장성장률의 둔화
• 고객욕구의 동질화 추세	• 환율의 불리한 변화
• 목표시장의 빠른 성장	• 외국정부의 무역규제조치
• 소득수준의 증가	• 비용부담이 예상되는 법률조치의 입법
• 고가제품의 선호 추세	• 공급업자와 구매업자의 협상력 증대
• 평균 이상의 시장 가시도	• 소비자의 욕구와 기호의 변화
• 해외시장의 무역장벽 완화	• 인구패턴의 불리한 변화
• 경쟁기업들의 현재 상황에 대한 만족	• 예상되는 경기침체

〈표 3-1〉은 기회와 위협이 될 수 있는 사건이나 추세의 예를 들고 있다.

전략수립가의 가장 핵심적인 임무는 환경분석을 통해 기업의 성과에 영향을 줄 수 있는 사건과 추세를 미리 예측하고 파악하는 것이다. 현재 발생하거나 진행 중인 사건과 추세뿐만 아니라 미래에 발생할 가능성이 있는 사건과 추세를 예측하고 파악하는 것도 중요하다. 이는 미래의 기회와 위협에 선제적으로 대응할 수 있다는 이점과 함께, 이들에 대한 대응책을 마련할 수 있는 시간적 여유를 가질 수 있다는 이점을 가지기 때문이다. 사건이나 추세가 기업의 목표(또는 성과)에 얼마나 영향을 주는가 하는 것은 ① 사건이나 추세가 이익이나 손실을 발생시킬 확률(the probability of loss), ② 이익이나 손실의 정도(the amount of loss), ③ 활용책이나 대응책을 마련할 수 있는 시간적 여유(시간압박의 정도: the amount of time pressure)에 의해서 결정된다.

전략수립가가 사건과 추세를 파악하기 위해 분석하는 기업의 외부환경, 특히 일반환경에는 경제적 환경, 정치적 환경, 법률적 환경, 사회문화적 환경, 기술적 환경 등이 포함된다.

경제적 환경에 대한 분석의 예로는 국민경제의 경제성장률, 물가상승률, 환율의 변동폭 등에 대한 자료수집과 장기적 추세에 대한 예측을 들 수 있다. 경제적 환경의 변화가 현재 시점에서 기업의 의사결정과 경영성과에 직접적인 영향을 주지 않을 수 있으나, 기업의 장기적인 성장성과 경쟁환경 및 산업구조에 미치는 영향은 매우 크다고 하겠다. 거시경제적 환경의 변화정도에 따라 산업 자체의 성장과 쇠퇴가 결정된다고 볼 수 있다.

한편, 사회문화적 환경이나 정치적 환경의 변화도 기업에게 영향을 준다. 사회의 민주화 열기가 고조되어 소비자 주권에 대한 의식이 강해지거나 환경오염에 대한 관심이 증대되어 이런 관심이 제품선택에 직접적인 영향을 줄 수도 있을 것이다. 법률적 측면에서도 소비자 스스로 제품이 환경에 미치는 영향을 평가하고 이에 따라 제품을 선택할 수도 있으나 소비자에게 그러한 선택을 기대할 수 없는 경우, 사회단체나 정부기관에서 대대적인 캠페인과 법률적 제재를 통해 기업이 일정 기준에 맞는 제품을 생산하도록 강제할 수도 있다.

2. 산업분석

환경분석에 비해 산업분석은 그 범위가 좁아져 기업의 의사결정에 직접적인 영향을 주는 산업을 대상으로 한다. 산업(industry)이란 일반적으로 동일한 고객집단을 대상으로 일정한 특성을 지닌 제품을 생산하고 있는 생산자의 집단이라고 정의된다. 산업분석의 목적은, 첫째, 산업의 매력도(industry attractiveness)를 평가하고, 둘째, 그 산업에서 성공하기 위해서 반드시 갖추어야 할 핵심성공요인(key success factors)을 파악하는 데 있다.

일반적으로 산업의 매력도는 그 산업의 장기적 수익성(long term profitability) 또는 성장가능성(growth potential)을 의미한다. 전략의 개념정의에서 보았듯이 전략의 두 가지 구성요소 중의 하나가 매력적인 사업영역을 결정하는 것이다. 이런 점에서 볼 때 매력적 사업영역이란 다음의 두 가지 조건이 갖추어진 경우라고 하겠다. ① 사업영역의 장기적 수익성(또는 성장가능성)이 높고, ② 기업의 강점을 최대로 발휘할 수 있는 사업영역이라고 하겠다. 먼저 산업의 매력도가 높다는 것은 산업의 이익잠재력이 크다는 것을 의미하는데, 이는 기업의 주요 목표인 이익의 극대화를 달성하는 데 유리하다는 것을 의미한다. 따라서 해당산업의 수익성과 시장 성장성이 높을수록 매력적인 산업으로 평가할 수 있다. 수익성과 성장가능성이 서로 상반되는 상황이라면 이들 중에서 어느 것을 우선하여 평가할 것인가 하는 것은 기업의 전략목표에 따라 달라질 것이다.

다음으로 기업의 강점을 최대로 발휘할 수 있는 산업이라는 것은 그 산업에서 성공하기 위해서 갖추어야 할 핵심성공요인이 바로 기업의 강점과 같거나 유사하다는 것을 의미한다. 이들 조건이 충족될 때 기업은 경쟁기업에 비해 경쟁우위를 누릴 수 있는 가능성이 높아진다고 하겠다. 산업의 매력도와 핵심성공요인에 대해서는 제4장 산업분석에서 보다 구체적으로 살펴볼 것이다.

3. 경쟁기업분석

산업분석이 산업의 전반적 특성에 대해 분석한다면, 경쟁기업분석은 산업분석에 비해 보다 미시적이다. 경쟁기업분석의 목적은 경쟁기업을 파악하고, 파악된 경쟁기업 중 특정기업에 대한 선택적 분석을 통해 경쟁기업의 강점(strengths)과 약점(weaknesses)을 평가함으로써 경쟁기업의 현재전략과 미래전략을 분석하고 예측하는 데 그 목적이 있다. 특정기업에 대한 선택적 분석이란 분석의 목적에 맞는 주요 경쟁기업을 선택하여 중점적으로 분석한다는 것을 의미한다.

경쟁기업분석을 위해서는 우선 경쟁기업을 파악하여야 한다. 산업 내에 수십 개의 경쟁기업이 있을 경우 이들을 모두 분석한다는 것은 불가능하며, 또한 그럴 필요도 없다. 자기 기업과 유사한 전략적 행동을 하는 기업을 집중적으로 분석하는 것이 시장성과를 높이는 보다 효과적인 방법일 것이다. 그러면 어떤 기업이 자사와 유사한 전략적 행동을 하는 기업이라고 판단할 수 있는가? 우선 동일하거나 유사한 고객집단을 대상시장으로 하거나, 전략목표에 있어서 유사하거나, 경쟁우위의 확보를 위해 어떤 측면을 중시하는가(예컨대 효율적 원료구매를 통해 저원가우위를 추구하는가, 상표의 이미지 제고를 통한 차별화를 추구하는가 등) 하는 점에서 유사성을 판단할 수가 있을 것이다. 경쟁기업분석에 대해서는 제5장 경쟁기업분석에서 살펴볼 것이다.

3.2 환경분석

1. 환경분석의 목적

일반적으로 환경이란 조직의 경계 외부에 존재하면서, 조직에 잠재적으로 또는 실질적으로 영향을 미치는 모든 요소들의 집합이라고 정의할 수 있다. 이들 환경요소는 좁게는 고객이나 경쟁기업의 행동으로부터, 넓게는 산업의 일반적 특성과 함께 정부의 규제와 시장개입을 위한 각종 정책들을 포함한다. 외부환경요소의 구체적인 예는 무수하게 열거할 수 있지만 경영자들이 실제로 관심을 가지는 것은 기업의 성과를 향상시키거나 기업 간의 성과차이를 설명하는 데 도움을 주는 환경요소들이다.

환경을 보는 시각에는 두 가지가 있다. 환경을 정보의 원천(a source of information)으로 보는 시각과 기업이 원하는 희소한 자원의 산지(a stock of resources)로 보는 시각이다. 환경의 정보적 측면을 강조하는 첫 번째 시각은 기업이 당면하는 불확실성의 정도에 일차적인 관심을 가진다. 이에 따르면 의사결정에 필요한 정보의 부족(정보의 불확실성)이 기업의 불확실성을 증가시킨다고 본다. 따라서 환경분석의 목적은 의사결정의 불확실성을 낮추기 위해 필요한 정보를 수집하는 데 있다.

환경의 자원적 측면을 강조하는 두 번째 시각은 기업 활동에 필수적인 자원을 조달하는 산지가 환경이라고 본다. 따라서 기업이 원하는 자원을 쉽게 조달할 수 있는 환경일수록 기업의 목표달성 가능성은 높아진다. 이에 따라 이 시각은 기업이 환경에 의존하는 정도(degree of dependence)에 중점을 둔다. 기업이 원하는 자원을 쉽게 조달할 수 있는 풍부한(munificent) 환경일수록 기업의 환경의존성은 낮아지며, 그 결과 기업의 불확실성은 낮아지고 성과는 높아질 것이다.

일반적으로 환경분석은 환경의 정보적 측면을 강조하는 첫 번째 시각과 깊은 연관이 있다. 환경분석을 전략수립가가 환경요소 또는 환경의 특성을 이해함으로써 불확실성을 감소시키는 과정이라고 정의하는 것은 이러한 시각을 따른 것이다. 환경요소와 환경의 특성은 기업의 현재와 미래의 기능수행과 성과달성에 영향을 준다. 이런 점에서 환경분석은 앞장에서 살펴본 바와 같이 다음과 같은 두 가지 목적을 가지고 있다.

첫째는 외부환경의 변화요소 및 잠재적 변화요소, 즉 사건과 추세를 파악하는 것이며, 둘째는 이를 통해 환경변화와 산업환경에 대한 이해를 높이고, 이들이 기업에 미치는 영향을 평가함으로써 기회와 위협을 파악하는 것이다. 기업은 환경분석을 통해 전략수립에 필요한 유용한 정보를 얻을 수 있다. 예컨대 환경분석을 통해 목표시장에 대한 이해를 높일 수 있는데, 구체적으로 앞으로 어떤 시장의 성장가능성이 높으며(기회), 어떤 시장이 새로 생성되고 있는가(기회), 경쟁기업이 개발하고 있는 신제품은 무엇인가(위협) 등에 관한 정보를 얻을 수 있다. 이러한 정보는 어떤 시장에 어떤 제품을 판매하여야 할 것인가에 대한 의사결정을 가능하게 해 준다. 이런 의사결정이 바로 전략의 수립과 실행에 있어서 핵심과제이므로 외부환경분석은 전략수립을 위한 출발점이라고 할 수 있다.

2. 환경분석을 위한 접근법

환경분석의 첫 번째 목적과 연관지어 볼 때, 환경분석은 현재의 환경에 대한 이해와 미래의 환경변화에 대한 예측에 중점을 둔다고 하겠다. 이는 다음의 두 가지 의문에 답을 하는 것이라고 요약할 수 있다. 첫째, 현재의 환경은 어떠한가? 둘째, 앞으로 예상되는 환경은 어떠한가? 이들 의문에 대한 논의를 보다 진전시키기 위해서는 우선 환경에 관한 분석방법과 함께 몇 가지 기본 개념에 대한 이해가 필요하다.

앞에서 언급하였듯이 환경이란 기업이 원활한 기능을 수행하고 성과를 달성하는 데 영향을 주는 외부의 모든 요소들이라고 하였다. 그런데 실제로는 환경이라는 개념의 포괄적 특성으로 인해 연구목적이나 분석수준에 따라 그 개념을 보다 구체화시켜 사용하고 있다. 환경을 분석하는 데 있어서 일반적으로 두 가지 방법이 고려된다. 하나는 분석대상이 되는 환경을 분류하는 것이며, 다른 하나는 분류된 환경의 속성을 파악하는 것이다. 이들 방법을 각각 구성요소적 접근법(content approach)과 속성별 접근법(attribute approach)이라고 한다.

구성요소적 접근법이란 거대하고 복잡한 환경을 하위 구성요소로 나누어서 파악하는 방법이다. 어떤 환경 또는 어떤 구성요소가 조직의 행동이나 성과에 더 큰 영향을 주는가를 규명하는 데 주로 사용되는 방법이다. 환경을 과업환경과 일반환경으로 분류하는 것이 대표적인 예라고 할 수 있다. 속성별 접근법은 환경을 그 속성이나 인식차원에 의해 파악하는 방법이다. 이 방법은 여러 가지 환경요소들을 종합적으로 파악하여, 그 특징을 몇 가지 차원으로 간결하게 나타내 준다는 장점이 있다.

3. 환경의 분류

환경을 어떻게 분류할 것인가 하는 점에 있어서, 일반적으로 환경을 과업환경(task environment), 산업 및 경쟁환경(industry and competitive environment), 일반환경(general environment)의 세 가지 구성요소로 나누고 있다.

1) 과업환경: 과업환경이란 기업의 목표설정과 목표달성에 잠재적 연관성이 있는(potentially relevant to goal setting and goal attainment) 환경을 의미한다. 과업환경은 기업이 일상적인 업무를 수행해 나가는 환경으로 개별기업마다 특유한 성격을 띠고 있다. 구체적으로 과업환경에는 고객집단, 부품공급업자, 경쟁기업, 그리고 업계와 직접적으로 관련이 있는 단체들(동업자조합 등)이 포함된다. 과업환경은 특정기업이 목표를 설정하고 이를 달성하기 위한 의사결정을 내릴 때 직접적으로 영향을 미치는 환경으로, 의사결정에 있어서 기업마다 상이한 환경요소가 반영되어 기업의 전략과 행동에 영향을 미치게 된다.

학자에 따라 과업환경의 구체적인 분류에 차이를 보이고 있는데, 실제 환경을 구성하는 모든 환경요소를 과업환경과 다음에서 볼 일반환경으로 명확하게 구분하기는 어렵다. 중요한 것은 기업의 의사결정, 그리고 전략의 수립 및 실행에 직접적으로 영향을 미치는 환경요소를 파악하는 것이다. 이런 점에서 본다면 기업이 처한 상황에 따라 과업환경에 포함시킬 수 있는 환경요소가 다소 달라질 것이다. 예컨대 어떤 학자는 과업환경을 고객, 공급업자, 경쟁기업, 규제집단으로 보고 있으나, 다른 학자는 고객, 공급업자, 경쟁기업, 사회·정치적 요소, 기술을 과업환경에 포함시키고 있으며, 포터(M.E. Porter)는 고객, 공급업자, 대체재, 잠재적 진입기업을 과업환경으로 분류하고 있다.

2) 산업 및 경쟁환경: 산업 및 경쟁환경은 기업과 그 기업의 경쟁기업을 포함하는 산업을 의미한다. 산업 및 경쟁환경은 대부분의 경쟁기업들이 공유하는 환경으로 과업환경보다 넓은 의미의 환경이다. 이 환경도 기업의 목표설정과 성과달성에 영향을 준다. 산업 및 경쟁환경은 경쟁기업들의 행동에 의해서 변화되며, 이에 따라 기업의 상대적 지위(예컨대 시장점유율)에 영향을 주게 된다.

3) 일반환경: 일반환경은 가장 폭넓은 의미의 환경개념으로 거시환경(macro environment) 또는 일차적 환경(primary environment)이라고도 한다. 이 환경은 인플레이션, 이자율, 공정거래법 등과 같이 사회의 모든 구성원, 특히 모든 산업에 영향을 준다. 과업환경과 비교해 볼 때 일반환경이 기업에 미치는 영향은 간접적이다. 그러나 그 영향의 정도는 산업에 따라 다르게 나타날 것이다.

이상의 세 가지 환경의 상호관계를 보면, 일반환경이 산업 및 경쟁환경에 영향을 주며, 산업 및 경쟁환경이 과업환경에 영향을 주게 된다. 일반적으로 외부환경분석이라고 할 때는 일반환경과 산업 및 경쟁환경에 대한 분석을 의미하며, 과업환경은 기업들 간의 전략적 행동의 결과로 간주된다. 따라서 기업이 선택한 전략적 행동이 과업환경에 가장 큰 영향을 미친다고 하겠다. 그러나 기업이 어떤 전략적 행동을 선택할 것인가 하는 문제는 보다 높은 수준의 환경분석, 즉 일반환경과 산업 및 경쟁환경의 분석결과에 의해서 영향을 받을 것이다. 일반환경분석에 대해서는 다음 절에서 보다 구체적으로 다룰 것이며, 과업환경과 산업 및 경쟁환경은 제4장의 산업분석과 제5장의 경쟁기업분석에서 다룰 것이다.

4. 인식적 환경

앞에서 살펴본 구성요소적 접근법은 복잡한 환경을 하위 구성요소로 나누어서 파악하는 데 그 목적이 있다면, 속성별 접근법은 환경의 속성을 파악하는 데 그 목적이 있다. 즉, 속성별 접근법은 환경이 어떠한 속성을 갖는가에 초점을 맞추어 환경을 분석하는 것이다. 기업환경을 하위의 구성요소로 세분(예컨대 과업환경과 일반환경으로 분류)한다고 하더라도, 각 구성요소에는 수많은 기회적 요인과 위협직 요인이 존재할 것이다. 이러한 요인들을 종합하여 구성환경의 속성을 파악하게 해주는 것이 속성별 접근법이다. 속성별 접근법은 수많은 요소로 구성되어 있는 환경을 몇 가지 차원으로 요약하여 일반화해준다는 데 그 유용성이 있다. 환경을 일반화함으로써 얻을 수 있는 이점은 두 가지이다. 첫째, 서로 다른 산업을 비교해 볼 수 있다. 구성요소 접근법은 서로 다른 산업을 비교할 수 있는 방법이 없으나 속성별 접근법은 상호 비교할 수 있다. 둘째, 시간의 흐름에 따라 산업의 환경 불확실성이 어떻게 변하고 있는지를 평가할 수 있다. 과거에 비해 현재, 또는 현재에 비해 미래는 어떻게 변할 것인지를 비교해 볼 수 있다.

환경의 속성을 파악하는 데 있어서, 특히 두 가지의 환경적 속성이 중요시되고 있다. 그것은 환경의 동태성(dynamism)과 환경의 복잡성(complexity)이다. 환경의 동태성은 환경을 구성하고 있는 요소들이 변하는 정도(degree of change)를 의미한다. 환경의 변화정도는 다음의 세 가지 요인에 의해서 결정된다. ① 그것은 얼마나 자주 변하는가(frequency of change), ② 얼마나 많이 변하는가(degree of difference), ③ 변화패턴에 있어서 얼마나 불규칙한가(degree of irregularity) 환경의 변화정도가 심할수록 동태적(dynamic)이라고 하고, 그 반대를 안정적(stable)이라고 하는데, 동태적 환경일수록 환경이 급속하게 변할 것이므로 기업이 당면하는 불확실성이 높아진다. 동태적 환경에서 관찰되는 대표적인 특징은 고객의 빈번한 기호변화, 경쟁기업의 빈번한 전략변화, 신제품의 계속적인 출현 등이다.

한편, 환경의 복잡성은 환경을 구성하는 요소들의 다양성(diversity)과 이들 구성요소들 간의 상호연관성(interrelation)의 정도를 의미한다. 구성요소들이 다양하고 상호연관성이 높을수록 환경이 복잡해(complex)지며, 그 반대는 단순해(simple)진다. 환경이 복잡해질수록 고려해야 할 환경요소가 많아질 뿐만 아니라 이들의 상호관계를 파악해야 하므로 환경변화의 원인을 알아내고 예측하기가 어려워진다(불확실성의 증가). 이상의 두 가지 속성을 이용하여 〈표 3-2〉와 같이 환경을 네 가지 유형으로 분류할 수 있다.

네 가지 유형 중에서 안정적·단순한 환경일 때 기업이 당면하는 불확실성이 가장 낮다. 동태적·단순한 환경은 환경이 불안정하여 변화의 가능성이 높기는 하나, 예측가능한 방향으로 변화하거나 변화에 있어서 변수들과의 연관성이 낮은(복잡하지 않음) 환경이다. 이런 점에서 볼 때 동태적·복잡한 환경일 때 기업이 당면하는 불확실성이 가장 높다. 이러한 환경은 다른 환경에 비해 보다 많은 정보수집활동과 고도화된 정보가공 및 분석작업을 요하게 된다.

표 3-2 환경의 속성

		환경의 복잡성	
		단순함	복잡함
환경의 동태성	안정적	낮은 불확실성 1. 적은 수의 유사한 환경요소 2. 환경요소들이 천천히 변함 (예: 철도산업)	다소 낮은 불확실성 1. 많은 수의 서로 다른 환경요소 2. 환경요소들이 천천히 변함 (예: 대학)
	동태적	다소 높은 불확실성 1. 적은 수의 유사한 환경요소 2. 환경요소들이 자주 변함 (예: 패션디자인)	높은 불확실성 1. 많은 수의 서로 다른 환경요소 2. 환경요소들이 자주 변함 (예: 스마트폰산업)

자료: R.B. Duncan, "Characteristics of perceived environments and perceived environmental uncertainty," *Administrative Science Quarterly*, Vol. 17(1972), p. 314를 수정.

복잡성과 동태성이 결합된 환경의 속성을 격변성(turbulance)이라는 개념으로 표현하고 있다. 환경의 격변성이란 동태성과 복잡성을 동시에 갖춘 환경으로 환경변화의 빈도가 높고(동태성), 예측가능성이 낮은(복잡성) 환경을 의미한다. 격변기 환경에 대처하는 기업의 효과적인 메커니즘으로 공유가치(shared value)와 목적의식(a sense of purpose)을 들고 있다. 기업이 자사의 사명이나 비전을 명확하게 제도화할 경우, 개별관리자나 조직구성원들이 격변기 환경에 직면하여 본부의 지시를 따르지 않더라도 일관된 의사결정을 신속하게 내릴 수 있으므로 과업수행에 있어서 성공의 가능성이 높아질 것이다.

환경의 속성을 표현하는 또 다른 개념으로 풍부성(munificence)과 희소성(scarcity)을 들 수 있다. 풍부성과 희소성은 서로 상반되는 개념이다. 풍부성은 환경이 산업에 참가하고 있는 기업을 지원하고, 이들 기업이 성장하고 번영할 수 있게 하며, 새로운 기업이 산업에 진입하는 데 도움을 주는 정도를 의미한다. 따라서 풍부한 환경은 기업이 여유자원을 축적하는 데 도움을 주며, 기업에게 기회를 제공해 줄 뿐만 아니라 혁신을 위한 자원을 제공해 준다. 환경의 풍부성은 기업의 수익성을 예측하는 데 아주 중요한 변수가 된다. 풍부한 환경은 전략에 관계없이 기업의 수익성에 긍정적인 영향을 주기 때문에 전략의 성공가능성이 높아진다.

앞에서 언급하였듯이 환경을 보는 시각은 두 가지가 있다. 환경의 정보적 측면을 강조하는 시각은 기업이 당면하는 불확실성의 정도에 일차적인 관심을 가진다. 이에 따르면 의사결정에 필요한 정보의 부족(정보의 불확실성)이 기업의 불확실성을 증가시킨다. 환경의 자원적 측면을 강조하는 시각은 필수적 자원을 얻기 위해 기업이 환경에 의존하는 정도에 중점을 둔다. 이에 따르면 환경이 풍부하지 않고 희소할수록 기업의 불확실성이 증대된다. 이런 환경에서는 자원에 대한 외부의존성을 낮추고 통제력을 증가시키는 경영자의 능력에 따라 기업의 성과가 좌우된다. 따라서 환경의 주요 특성을 이들 두 가지 시각과 연관시켜 보면, 동태성과 복잡성은 정보 불확실성의 원천이며, 풍부성과 희소성은 자원의존시각에서 보는 불확실성의 원천이다.

3.3 일반환경분석

일반환경 또는 거시환경이란 가장 넓은 의미의 환경으로, 기업의 성과달성과 의사결정에 영향을 주는 다양한 사회적 사건과 추세를 의미한다. 일반환경은 수많은 요인들로 이루어져 있는 복잡한 환경이라고 하겠는데, 이러한 복잡성을 해결하기 위해 일반적으로 일반환경을 사회적 환경, 정치적 및 법률적 환경, 기술적 환경, 경제적 환경의 네 부문으로 나누고 있다.

1. 사회적 환경

사회적 환경은 인구통계적 패턴의 변화, 다양한 라이프 스타일(life style), 현재의 가치관과 새로 형성되고 있는 가치관 등을 의미한다.

1) 인구통계적 패턴: 인구통계적 패턴이란 어떤 사회의 인구크기, 연령구조, 지역적 분포, 인종적 배합, 소득분포 등을 의미한다. 이들에 있어서의 변화는 사회 내부의 장기적 변화를 초래하는 핵심요인이 되고 있다. 예컨대 연령구조에 있어서 노년층이 증가함에 따라 이들을 대상으로 하는 새로운 산업(예컨대 silver industry)이 등장하거나 기존 산업의 규모도 변화할 것이다.

2) 라이프 스타일: 라이프 스타일이란 세상을 살아가는 삶의 방식이라고 할 수 있다. 라이프 스타일의 특징은 가족구성, 일, 교육, 소비패턴(상품 및 서비스), 레저활동 등의 측면에서 가시화되어 나타난다. 라이프 스타일의 변화는 소비패턴에 영향을 주므로 기업의 의사결정에 영향을 주게 된다. 예컨대 자동차 산업에서 여성운전자나 젊은 층의 구입비율이 증가하면 디자인과 색상 면의 변화를 초래할 것이며, 광고방식이나 세일즈 방식에 있어서도 변화를 가져올 것이다. 나아가서는 처음부터 이들을 겨냥한 새로운 개념의 자동차가 설계되어야 할 것이다.

3) 사회적 가치관: 사회적 가치관이란 개인이나 집단의 바람직한 것에 대한 묵시적 또는 명시적 개념화라고 할 수 있는데, 일반적으로 어떤 구체적인 행동양식이나 존재양식이 그 반대의 행동양식이나 존재양식보다 개인적으로 또는 사회적으로 바람직하다는 확신이나 신념을 의미한다. 가치관은 개인이나 집단의 행동규범으로 작용하므로 이들이 목적과 수단을 선택하는 데 영향을 미치게 된다. 최근에 증가하고 있는 환경에 대한 관심이나 여성의 사회적 참여 등과 같은 현상은 사회적 가치관의 변화에 기인하고 있다.

2. 정치적 및 법률적 환경

정치적 및 법률적 환경은 기업이 사회의 구성원으로서 존재하는 데 있어서 사회 내에서 수용가능한 법률적 행동규범을 규정한다. 역사적으로 볼 때 정치적 및 법률적 환경의 변화가 기업에 미치는 영향의 중요성은 점점 증대해 왔다. 미국을 비롯한 선진국뿐만 아니라 우리나라에 있어서도 지난 30년간 이러한 변화는 워낙 강력하여, 대기업과 중소기업을 불문하고 기업의 모든 부문에서 정치적 및 법률적 환경의 영향을 받지 않은 부문이 없을 정도이다. 정경유착이라는 단어는 그것이 비록 부정적 의미를 담고 있기는 하나, 기업이 이들 환경과 밀접한 연관을 맺고 있다는 사실과 함께, 이들 환경에 대응한 결과를 단적으로 나타내주는 표현이라고 하겠다.

1) 정치적 환경: 정치적 환경이란 각기 다른 이익단체들이 자신의 가치관과 이익을 확보하고 목표를 달성하기 위해서, 관심을 끌거나 자원의 배분에 있어서 유리한 입지를 확보하기 위해 경쟁하는 과정이라고 할 수 있다. 이 과정에서 이익단체들은 권력을 얻고 영향력을 행사하기 위해 노력하는데, 이를 통해 자신들의 의사를 관철시킬 수 있기 때문이다.

2) 법률적 환경: 법률적 환경은 기업경영에 직접 및 간접적으로 영향을 미치는 각종 법률과 규제조치를 포함하며, 여기에다 이러한 법률과 규제조치를 관리·수행·집행·판결하는 정부기관이나 법률기관을 포함하는 포괄적 의미이다. 정부기관은 규제를 위해 다양한 규제조치를 사용하는데 각종 요율산정, 표준제정, 정보의 공시의무 부과, 경제적 인센티브 제공 등이 이러한 규제조치에 해당된다.

3. 기술적 환경

기술은 좁게는 산업기술, 응용과학, 그리고 공학을 의미하며, 넓게는 특정의 사회적 집단이 그 구성원들에게 물질적 문명재(the material objects of civilization)를 제공하는 방법의 집합체인 지식을 의미한다. 기술적 환경의 변화는 주로 어떤 집단의 연구나 행동으로 인하여 새로운 지식(정적인 개념의 과학으로 정의됨)이 창출되거나, 이러한 지식을 이용하여 새로운 제품이나 공정, 또는 새로운 재료를 만들어 냄으로써 발생한다. 일반환경 중에서도 기술적 환경의 변화가 가장 가시적이고 지속적인 사회적 변화를 초래하는데, 기술적 변화는 우리를 둘러싸고 있는 사회의 모든 측면에 직접적인 영향을 준다. 예컨대 기술변화는 수송방식, 에너지의 사용형태, 커뮤니케이션, 오락, 건강, 음식, 농업 및 공업 등의 사회 각 부문에 그 영향을 미친다. 또한 기술변화는 현존하는 산업을 재생시키거나 소멸시키기도 하고, 전혀 새로운 산업을 등장시키기도 한다. 어떤 때는 아주 미세한 기술변화가 사회에 미치는 영향이 지대할 수도 있다. 더구나 기술변화는 연쇄반응을 일으켜 이차적 영향을 주기도 하며, 기존의 사회제도를 변화시키고 라이프 스타일과 사회구조를 변화시킨다.

4. 경제적 환경

경제적 환경은 기업이 활동하는 경쟁의 본질과 방향을 결정한다. 여기에는 천연자원을 비롯한 물질적 자원과 함께 상품과 서비스가 유상으로 교환되는 모든 시장이 포함된다. 이러한 경제적 환경은 구체적으로 산업산출물의 수준과 패턴, 소비, 소득, 저축과 투자, 자본과 노동의 가용성, 물가변동 등에 반영되어 있다. 그리고 국민총생산, 인플레이션율, 이자율, 실업률, 환율변동, 경제적 부와 그 집중도, 소비자 물가지수 등과 같은 경제지수들도 경제적 환경을 대변해 준다.

경제적 환경의 변화는 일상적으로 발생한다. 과거부터 수많은 경기변동과 경제적 불확실성이 경제적 환경에서 연속적으로 나타났다. 다른 환경과 비교해 볼 때 경제적 환경이 기업에 미치는 영향이 가장 직접적이다. 경제적 환경은 상품 수요의 크기와 성장률, 원료 및 중간재의 가격, 상품의 생산원가, 판매가격, 자본의 조달가능성 등에 영향을 준다. 그러나 그 영향의 정도는 산업에 따라 다르게 나타난다. 예컨대 내구소비재(시설재)의 경우 경기변동에 따른 수요의 변동 폭이 상대적으로 크다고 하겠으나, 일상생활용품(치약, 음료수 등)에 대한 수요는 경기변동에 따르는 영향을 크게 받지 않는다.

이상에서 네 부문의 일반환경에 대해 간단히 살펴보았다. 이들 일반환경을 분석하는 데 필요한 자료들의 특징을 보면, 먼저 인구통계자료와 경제환경에 관한 자료는 계량적 자료를 쉽게 구할 수가 있으나, 기술변화의 경우는 전체 수준(예컨대 전체 산업의 연구개발투자비 등)의 통계자료는 수집이 가능하나, 보다 세부적인 기술정보는 질적인 자료를 통해서만 수집이 가능하다. 그리고 사회적 환경에 대한 자료도 질적 자료가 대부분이라고 하겠다. 따라서 필요한 정보를 얻기 위해서는 적극적으로 자료를 수집하고 조사하는 노력이 뒷받침되어야 할 것이다.

한편 미래의 환경변화를 예측한다는 측면에서 본다면, 인구통계적 추세나 단기적 경제상황에 대한 예측은 어느 정도 계량적인 예측모델을 이용할 수 있으나, 그 외의 환경에 대한 예측은 조사자의 주관적 판단에 의존하는 기법을 사용할 수밖에 없다. 이런 점에서 볼 때 예측의 객관성과 신뢰성을 보장하기 어려운 경우가 많다.

3.4 환경의 불확실성

조직과 환경과의 관계를 설명하는 데 있어서 가장 핵심적인 개념 중의 하나가 환경의 불확실성(environment uncertainty)이다. 불확실성이란 일반적으로 의사결정자가 환경변화에 대한 충분한 정보를 가지고 있지 못한 상태를 의미한다. 그러므로 불확실성이 높을수록 의사결정이 실패할 가능성이 높아진다. 조직이론에서 가장 많이 인용되고 있는 불확실성의 정의를 든다면 다음의 세 가지이다.

① 미래사건의 발생 가능성에 대한 확률 부여능력의 부재(an inability to assign probabilities as to the likelihood of future events)

② 원인과 결과의 관계, 즉 인과관계에 관한 정보의 부족(a lack of information about cause effect relationships)

③ 의사결정의 결과가 무엇인지를 정확하게 예측할 수 있는 능력의 부재

(an inability to predict accurately what the outcomes of a decision might be)

어떤 학자는 이와 같이 불확실성을 폭넓게 정의하는 것이 불확실성의 개념을 파악하는 데 도움을 주지 못하므로, 불확실성을 환경의 구체적 구성요소(공급자, 경쟁기업, 정부, 유통업자, 소비자 등)와 연관시켜 파악하여야 한다고 주장하기도 한다. 이런 점에서 불확실성의 유형을 분류하는 것은 불확실성의 본질을 파악하는 데 도움을 준다. 즉, 불확실성의 유형을 파악함으로써 불확실성의 원천이 무엇인가를 이해하는 데 도움이 된다. 불확실성은 상태 불확실성(state uncertainty), 영향 불확실성(effect uncertainty), 대응 불확실성(response uncertainty)으로 나눌 수 있다.

1. 불확실성의 유형

1) 상태 불확실성: 상태 불확실성이란 환경의 상태(the state of environment)에 대한 불확실성으로, 환경의 구성요소들이 어떻게 변할 것인지를 이해하지 못하는 것을 의미한다. 예컨대 환경의 전반적 변화내용(사회문화적 추세, 인구통계적 변화, 신기술의 변화, 주요경쟁기업의 미래행동 등)이나 환경변화의 발생확률에 대해 확실히 알 수 없는 경우가 상태 불확실성의 예이다. 일반적으로 사용하고 있는 불확실성의 개념에 가까운 것이 상태 불확실성이다. 불확실성을 '미래사건의 발생 가능성에 대해 확률을 부여할 수 없는 능력의 부재'로 정의하는 것은 상태 불확실성과 유사한 개념적 정의라고 할 수 있다. 그런데 상태 불확실성은 환경의 객관적 상태(an objective state)를 표현하는 개념이기도 하지만, 한편으로는 불확실성에 대한 지각경험(a perceptual experience)을 표현하는 개념이기도 하다. 여기에 대해서는 다음 절에서 설명한다.

상태 불확실성은 조직이 속한 환경의 특성에 의해서 영향을 받는다. 즉, 복잡성과 동태성이 환경변화를 예측하기 어렵게 하므로, 복잡하고 동태적인 환경에 속한 경영자는 단순하고 안정적인 환경에 속한 경영자에 비해 보다 큰 상태 불확실성을 경험할 것이다.

2) 영향 불확실성: 영향 불확실성은 환경변화 또는 환경의 미래상태(a future state of environment)가 조직에 미치는 영향을 예측할 수 있는 능력이 부족한 것을 의미한다. 예컨대 특정 연령(30~35세)의 인구가 앞으로 10년 동안 감소할 것이라는 것을 확실하게 알고 있다(상태 불확실성이 낮음)고 하더라도, 이런 환경변화가 특정제품의 매출에 어떤 영향을 줄 것인지를 예측하기는 쉽지 않다. 이때 당면하는 불확실성이 영향 불확실성이다. 불확실성을 '의사결정의 미래결과를 이해하고 예측하는 능력의 부재'로 정의하는 것은 영향 불확실성의 개념과 유사하다. 영향 불확실성은 변수들 간의 인과관계를 이해하지 못할 때 발생한다. 상태 불확실성이 환경의 미래상태에 대한 불확실성이라면, 영향 불확실성은 주어진 상태(어떤 사건의 발생) 하에서 기업이 받는 영향이 무엇인가에 대한 불확실성이다.

3) 대응 불확실성: 대응 불확실성은 기업이 어떤 대안을 사용할 수 있으며, 각 대안의 유용성이 무엇인가를 예측하지 못하는 것이다. 따라서 대응 불확실성은 대안에 대한 지식의 부족, 그리고 선택된 대안의 결과를 예측할 수 있는 능력의 부재로 정의된다. 대응 불확실성은 어떤 사건이나 환경변화가 기업에게 기회나 위협이 되고 있어서 이에 대해 어떤 행동을 취해야 할 필요성을 느낄 때 경험하는 불확실성이다.

이상에서 살펴본 불확실성의 세 가지 유형은 전략경영과정과 밀접한 관련성을 가지고 있다. 전략경영과정이 ① 외부분석을 통해 사건과 추세를 파악하고, ② 이들이 성과에 어떤 미치는 영향을 분석하여 기회와 위협의 정도를 평가한 후, ③ 기회와 위협에 대처할 수 있는 전략을 수립하고 실행하는 과정이라고 요약한다면, 불확실성의 세 가지 유형은 각각 사건과 추세의 파악(상태 불확실성), 기회의 위협을 평가(영향 불확실성), 전략적 대안의 선택(대응 불확실성)이라는 단계별로 대응되는 개념이다. 이들의 관계는 다음 절에서 설명한다.

2. 불확실성의 유형과 전략경영과정

앞에서 살펴본 불확실성의 유형은 전략경영과정과 연관시켜 볼 수 있다. 불확실성의 세 가지 유형은 〈그림 3-2〉에서 보는 것과 같이 전략경영과정의 단계적 의사결정에 영향을 준다.

먼저, 전략수립을 위한 첫 번째 단계는 환경분석을 통해 외부환경에서 발생하는 사건과 추세를 파악하는 것이다. 그런데 상태 불확실성이 높은 상황에서는 기업에 영향을 줄 사건과 추세를 파악하기 어렵다. 사건과 추세를 파악한다는 것은 상태 불확실성이 낮아진다는 것을 의미한다. 따라서 전략을 수립하기 위해 해결해야 할 첫 번째 과제는 외부환경분석을 통해 상태 불확실성을 낮추는 것이다.

전략수립을 위한 두 번째 단계는 파악한 사건과 추세가 기업의 성과에 어떤 영향을 줄 것인가에 대해 분석하는 것이다. 환경분석을 통해 도출한 사건과 추세가 기업의 성과에 긍정적 영향을 주는 기회인지, 아니면 기업의 성과에 부정적 영향을 주는 위협인지를 평가하여야 한다. 그런데 영향 불확실성이 바로 사건과 추세가 기업에 어떤 영향을 주는가에 대한 정보가 부족한 상태를 의미하므로, 영향 불확실성을 낮출 수 있다면 두 번째 단계의 과제도 해결될 것이다.

그림 3-2 불확실성의 유형과 전략경영과정

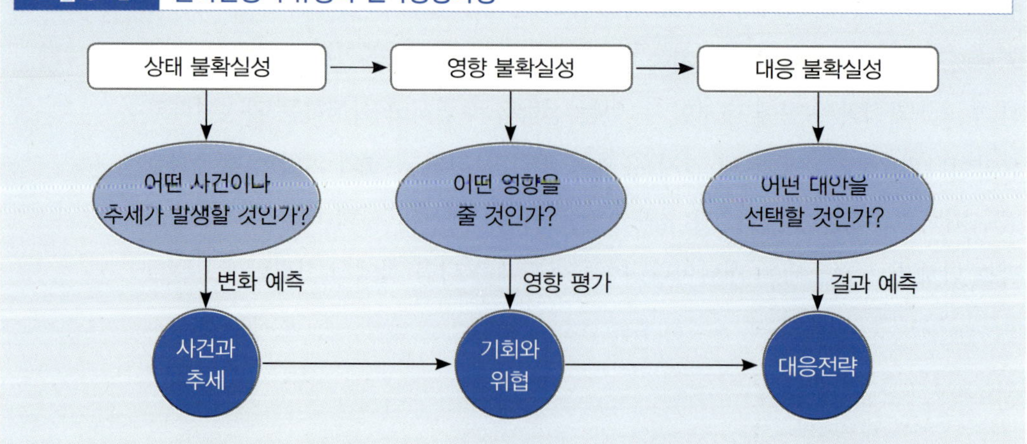

전략수립을 위한 세 번째 단계는 기회와 위협에 대응할 수 있는 전략을 선택하거나 수립하는 단계이다. 어떤 전략이 성과를 높이는 효과적인 전략인가 하는 것이 이 단계의 의사결정문제가 된다. 이를 위해서는, 기회가 되는 사건과 추세는 이를 적극적으로 활용하여 성과를 극대화하는 전략을 수립하여야 하며, 위협이 되는 사건과 추세는 이들의 영향을 완화시키거나 회피할 수 있는 전략을 수립하여야 할 것이다. 이러한 의사결정에 도움을 주는 것이 대응 불확실성을 낮추는 것이다. 대응 불확실성이 낮아질 경우 선택한 전략이 어떤 결과(성과)를 가져오는지를 예측할 수 있으므로 가장 효과적인 전략을 선택하거나 수립할 수 있을 것이기 때문이다.

3. 불확실성의 유형과 그 영향

세 가지 유형의 불확실성은 의사결정자가 부족한 정보의 유형에 있어서 차이가 난다. 상태불확실성은 환경의 본질에 대한 정보가 부족하며, 영향불확실성은 사건이나 환경변화가 기업에 어떤 영향을 줄 것인가에 관한 정보가 부족하다. 그리고 대응불확실성은 기업의 대안이 무엇이며, 바람직한 기업의 목표 달성을 위해 각 대안의 유용성(또는 가치)이 무엇인가에 대한 정보가 부족하다. 환경의 특성을 나타내는 동태성이나 복잡성과 같은 개념은 이들이 환경변화를 예측하는 데 어려움을 준다는 점에서 상태 불확실성과 연관이 있다. 환경이 아무리 빈번하게 변하더라도 이를 예측할 수 있다면 상태 불확실성은 존재하지 않는다. 한편, 상태 불확실성이 낮다는 것이 영향 불확실성과 대응 불확실성이 낮다는 것을 의미하지는 않는다. 왜냐하면 환경변화를 예측할 수 있다는 것이 그 영향을 이해할 수 있다는 것을 의미하지는 않기 때문이다. 반대로 환경변화를 예측할 수 없을 때 상태 불확실성은 높은 데 비해, 영향 불확실성이나 대응 불확실성은 낮을 수 있다. 이는 상태 불확실성이 높을 경우 환경변화를 구체화할 수 없으므로 그 영향이 무엇이며, 어떻게 대응해야 할 것인가에 대한 필요성을 느끼지 못하기 때문이다.

경영자가 상태 불확실성을 경험할 때, 기업의 전략수립과정이나 전략내용이 영향을 받게 된다. 먼저, 전략수립과정에 있어서는 상태 불확실성으로 인해 경영자는 보다 많은 시간과 자원을 환경의 분석과 예측에 투자할 것이다. 그리고 환경변화의 본질(성격)을 알 수 없으므로 그에 따른 기회나 위협을 파악하기가 어렵다. 이런 상황에서도 전략을 수립해야 할 것이므로 합리적인 의사결정보다는 그럭저럭 넘기기 식(muddling through)의 의사결정이 이루어질 가능성이 높다.

전략내용도 상태 불확실성에 의해 영향을 받는다. 환경변화가 확실하게 예측된다고 하더라도(상태 불확실성이 낮음), 환경변화로 인한 영향을 파악할 수 없을 경우(영향 불확실성이 높음), 어떤 사건이나 환경변화가 전략수립가에게 기회나 위협으로 지각되지 않으므로 이에 대해 아무런 대응을 하지 않을 수 있다. 따라서 환경변화가 기업에 미치는 영향에 대해 알 수 있을 때(영향 불확실성이 낮음), 환경변화에 대응하거나 이를 기회로 활용하기 위한 전략적 대응책을 모색하게 될 것이다. 대응 불확실성은 전략대안을 평가하고 선택하는 단계에 가장 큰 영향을 준다. 특히 의사결정의 신속성이 요구될 때 대응 불확실성이 증가하는데, 이때 경영자는 경쟁기업의 행동을 모방함으로써 이에 대처하거나, 사안이 극히 중대할 경우 좋은 대안이 나타날 때까지 의사결정을 뒤로 미루려고 할 것이다.

4. 객관적 불확실성과 지각적 불확실성

환경을 크게 객관적(objective) 환경과 주관적(subjective) 환경으로 분류할 수 있다. 객관적 환경은 환경을 기업이나 경영자의 특성과는 상관없는 객관적 사실로 보는 것이며, 주관적 환경은 개별기업이나 경영자가 어떻게 지각(perception)하는가에 따라 달라지는 지각적(주관적) 대상으로 보는 것이다. 불확실성에 관한 1960년대 초반의 관점은 불확실성의 원천이 외부환경에 있다고 보았다. 그리고 환경의 객관적 실체로서 불확실성을 파악하고 내부변화를 통한 환경적응을 강조하였다. 1960년대 후반부터 1970년대 초반의 관점은 불확실성의 원천이 내부환경과 외부환경에 있다고 보며, 불확실성에 무조건 대응해야 하는 것이 아니라 의사결정자가 다양한 선택을 할 수 있다고 본다. 1970년대 중반이후의 관점은 환경의 지각적 속성을 중시하여, 의사결정자의 지각이 불확실성과 조직특성 간의 관계를 중재한다고 본다. 따라서 환경(불확실성)을 평가하고 어떻게 반응하는가에 영향을 주는 변수로서 의사결정자의 지각, 심리적 상태, 인지과정을 중시한다.

객관적 환경과 지각적 환경의 차이는 환경의 불확실성을 측정하는 문제에서도 동일하게 나타난다. 어떤 학자들은 환경의 객관적 속성보다는 지각적 현상으로서의 불확실성을 측정하여야 한다고 주장하는 데 반해, 다른 학자들은 지각적 속성을 대상으로 할 경우 자칫 조직이론을 경영자에 관한 정신분석학적 연구로 축소시킬 우려가 있을 뿐만 아니라, 지각적 측정치의 타당성을 평가하기 위해서도 불확실성을 객관적으로 측정할 필요가 있다고 주장한다. 이에 대해 어떤 학자는 환경의 객관성과 지각성은 환경을 어떻게 측정할 것인가에 한정된 문제가 아니며, 이들 두 가지 환경이 실제로 존재하여 전략경영분야에 적절하게 적용될 수 있다고 한다. 객관적 환경(objective environment)은 기업의 사업영역을 결정하는 기업전략에 적합한 개념이며, 지각적 환경(perceived environment)은 경쟁우위를 확보하는 사업전략에 필요한 개념이라는 것이다. 이는 사업영역의 매력도를 평가하여 자원을 배분하거나 다각화의 의사결정을 내리는 기업전략은 환경의 객관적 지표(수익성, 성장가능성 등)를 중시해야 하기 때문이며, 사업전략에 있어서 지각적 환경의 중요성이 강조되는 것은 경영자가 환경을 실제로 어떻게 지각하느냐에 의해서 전략내용이 달라질 것이기 때문이다.

3.5 환경분석의 실행

지금까지 살펴본 내용은 주로 환경분석의 첫 번째 목적(주요 사건 및 추세의 파악)과 관련된 것이었다. 여기서는 환경분석의 두 번째 목적(기회와 위협의 파악)과 관련하여 파악된 환경변화(사건이나 추세)가 기업에 미치는 영향을 평가하는 측면에 중점을 둔다. 기회란 기업이 적절하게 대응하였을 경우 기업의 목표(또는 성과) 달성에 긍정적인 영향을 줄 가능성이 있는 사건이나 추세를 의미하며, 위협은 이와 달리 기업이 적절하게 대응하지 못하였을 경우 기업의 목표(또는 성과) 달성에 부정적인 영향을 줄 가능성이 있는 사건이나 추세를 의미한다.

환경을 정보의 원천으로 보는 시각에 따르면 환경분석을 통해 의사결정에 필요한 정보를 얻을 수 있다. 이런 점에서 환경의 특성에 따라 분석목적과 방법을 연관시켜 보면 다음의 〈표 3-3〉과 같이 요약해 볼 수 있다.

〈표 3-3〉에서 알 수 있듯이 단순하고 안정적인 환경일수록 과거의 환경

표 3-3 환경의 특성에 따른 분석목적과 방법

	단순-안정적	동태적	복잡성
분석목적	• 과거 환경에 대한 완전한 역사적 이해	• 과거에 의존하기보다 미래를 이해	• 복잡성의 감소
분석방법	• 조직성과에 영향을 미친 과거 요인들과 그 영향을 분석 • 과거추세와 영향요인들에 근거한 예측	• 변화에 대한 경영자의 민감성 • 시나리오 분석법 상황 분석법 민감도 분석법	• 복잡성의 구성요소들에 대한 전문가의 주의 • 모형구축 시뮬레이션
위 험	• 예측하지 못했던 변화의 발생	• 경영자의 근시안 • 유연하지 못한 조직구조	• 부적합한 조직구조와 통제 시스템

자료: G. Johnson and K. Scholes, *Exploring Corporate Strategy*(2nd edition), Prentice Hall International(UK) Ltd.(1988), p. 62.

요인에 대한 역사적 분석이 바람직하며, 동태적 환경일수록 과거의 정보가 미래를 예측하는 데 도움을 주지 않으므로 시나리오분석법과 같은 기법을 통해 미래를 예측하는 데 중점을 두어야 할 것이다. 그리고 복잡한 환경일수록 전문가에 의한 분석을 통해 복잡성을 감소시키는 데 중점을 두어야 하며, 정보를 가공하기 위해 모형구축이나 시뮬레이션과 같은 보다 고도화된 기법을 사용하고 이를 통해 미래를 예측하여야 할 것이다. 환경변화가 기업에게 어떤 영향을 줄 것인가를 분석할 때 고려해야 할 요인이 많으나, 여기서는 특히 다음의 세 가지 요인에 대해 살펴본다. 그것은 ① 환경변화의 전략적 중요성 평가, ② 환경변화의 상호연관성 파악, ③ 환경변화로 인한 영향의 범위와 정도에 대한 인식이다.

1. 환경변화의 전략적 중요성 평가

환경변화의 전략적 중요성(strategic importance)이란 환경변화가 기업의 성과달성에 미치는 긍정적 또는 부정적 영향의 정도를 의미한다. 환경변화의 전략적 중요성은 환경분석의 목적(기회와 위협의 파악)을 명확하게 인식하는 것과 관련이 있다. 환경분석이 변화 그 자체, 즉 어떤 사건이나 추세가 대두되고 있는가를 파악하는 것만으로는 의미가 없다. 환경변화 그 자체가 기회나 위협이 되지는 않는다. 어떤 변화가 기업의 목표나 성과의 달성 정도에 긍정적 또는 부정적 영향을 미칠 때, 그 변화는 기회나 위협이 된다. 따라서 어떤 변화가 소비자의 욕구나 경쟁기업의 행동에 어떤 변화를 초래할 것인가에 대한 이차적 분석이 뒷받침될 때 환경변화의 전략적 중요성을 평가할 수 있다.

환경변화의 전략적 중요성이 높은 경우라고 한다면 다음과 같은 세 가지 경우에 해당될 때이다. ① 환경변화가 고객이 제품이나 서비스를 선택하는 데 영향을 줄 때, ② 환경변화가 경쟁방식, 경쟁행동, 경쟁정도에 영향을 줄 때, ③ 기술변화와 같이 고객욕구를 충족시키는 보다 효과적인 제품을 보다 효율적으로 생산하게 할 때이다. 이들 세 가지 경우에 대한 예를 든다면, 첫째, 소비자들이 환경오염에 관심을 가져 일회용품의 사용을 억제하는 경우(환경변화가 고객이 구체적 충족물을 원하는 패턴에 변화를 줌), 둘째, 경쟁기업이 공정개선을

표 3-4 환경변화의 상호연관성

		높음 영향의 즉시성 낮음	
영향의 중대성	낮음	예의 주시	차기에 분석
	높음	심층 분석	감시·관찰

통해 원가를 절감하고 이를 이용해 저가정책을 수행하는 경우(과업환경변화가 경쟁기업의 행동에 영향을 줌), 셋째, 비행기라는 수송수단이 등장하여 육상교통수단에 비해 고객의 공간적 이동욕구를 보다 신속하게 충족시켜 줄 때(기술변화가 보다 효과적인 충족물의 생산을 가능하게 함으로서 산업 전체에 영향을 줌)라고 하겠다.

환경변화의 전략적 중요성이라는 측면에서 볼 때 전략적 고려의 대상이 되지 않는 환경변화는 과감하게 무시하는 것이 분석의 집중성을 높이고, 핵심적인 변화를 파악하는 데 도움이 된다. 특히, 내부조사인력이 뒷받침되지 않는 기업은 이런 점에 유의할 필요가 있다. 그러나 전략적 중요성에 중점을 둘 경우 간접적이지만 장기적으로 영향을 주는 환경변화를 간과할 우려가 있다.

이런 점에서 볼 때 〈표 3-4〉와 같은 분석틀을 이용하면 상당한 도움이 될 것이다. 〈표 3-4〉는 영향의 중대성과 즉시성이라는 두 가지 차원을 고려함으로써, 기업의 한정된 조사인력을 보다 효율적으로 활용하는 데 도움을 준다. 이에 따라 분석의 집중성을 높일 수 있으므로 결과적으로 중요한 환경변화를 파악하는 데 도움이 된다.

2. 환경변화의 상호연관성 파악

복잡한 환경일수록 구성요소들 간의 상호연관성이 높을 것이므로 이러한 환경에서는 환경변화를 분석할 때 종합적인 시각이 요구된다. 일반환경을 예로 들면 일반적으로 한 부문의 환경변화는 다른 부문의 환경변화와 밀접하게

그림 3-3 환경변화의 상호연관성

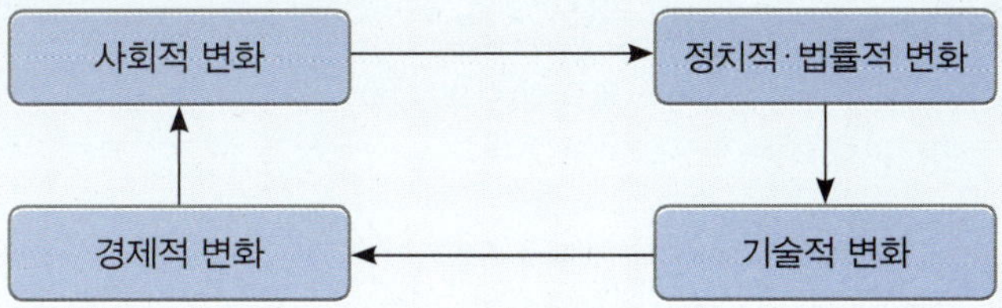

연관을 가지고 진행된다. 이는 한 부문의 환경변화가 다른 부문의 환경변화를 촉발시키기 때문이다. 예컨대 사회적 가치관의 변화로 자연환경에 대한 관심이 고조되면, 이는 정치적 및 법률적 환경의 변화를 초래(예컨대 공해 및 환경오염에 대한 규제 법률의 제정)하여, 제품의 디자인에 변화(제품설계 시 리사이클링을 고려)를 가져오거나, 공해방지장비나 자원절약적인 제품(그린 컴퓨터, 절전형 가전제품 등)을 생산하기 위한 기술적 발전을 촉진시키기도 한다. 이에 따라 이런 종류의 제품에 대한 시장수요가 증가할 가능성이 높아진다.

이상의 예에서 알 수 있는 환경부문의 상호연관성을 요약하면 〈그림 3-3〉과 같다. 그림에서 알 수 있듯이 환경변화는 상호연관성을 가지고 있으므로 종합적인 시각에서 파악하여야 할 것이다. 그런데 환경부문 간에 서로 영향을 주는 경로가 〈그림 3-3〉에서 표시된 방향으로만 나타나는 것은 아니다. 예컨대 경제적 환경(특정 국가의 전반적인 경기침체와 실업률의 증가)이 정치적 환경에 영향(노사 간 해고문제에 있어서 대립, 수입품에 대한 규제조치의 입법)을 줄 수 있으며, 이로 인해 사회적 가치관이 영향(노사 간의 대립으로 가족적 인화를 중시하는 전통적인 가치관의 위기, 보호무역주의 및 민족주의의 대두)을 받을 수 있다.

3. 환경변화로 인한 영향의 범위와 정도

환경변화로 인해 영향을 받는 대상이 누구인가 하는 영향의 범위와 영향을 받는 정도에 대한 분석시각을 가지는 것도 유용하다. 환경변화로 영향을 받는 범위는 크게 볼 때 산업 전체, 자기기업, 경쟁기업, 고객 등으로 나누어 볼 수

표 3-5 환경변화의 범위 및 정도

변화요인	영향의 범위	영향의 정도
가치관의 변화 라이프 스타일 변화	소비자의 욕구 및 수요의 변화 (generic needs) ↓	산업의 장기적 성장성 및 제품수명주기에 영향
기술적 환경변화	생산방식 및 제품유형의 변화 (wants) ↓	산업의 중기적 성장성 및 제품수명주기에 영향
경제적 및 법률적 환경변화	경쟁환경의 유리성과 불리성의 변화 (demands)	시장점유율(매출액 등), 수익성 등 기업의 중·단기적 성과달성에 영향

있다. 그리고 환경변화로 인한 영향의 정도는 기업의 성과에 직접적으로 영향을 미치는 경우와 간접적으로 영향을 미치는 경우로 나누어 볼 수 있다. 일반적으로 환경변화를 초래하는 변화요인이 무엇인가에 따라 영향의 범위와 그 정도가 달라지는데, 이를 요약해 보면 〈표 3-5〉와 같다.

표에서 알 수 있듯이 일반적으로 사회적 및 문화적 환경의 변화가 영향의 범위 면에서 가장 광범위한 영향을 미친다. 예컨대 소비자의 욕구나 기호가 변할 때 산업 전체적으로 상당한 변화가 초래되는데, 이러한 변화는 주로 일반환경 중에서도 사회문화적 환경에 속한 가치관이나 라이프 스타일이 바뀔 때 나타난다. 사회문화적 환경변화는 다른 환경변화에 비해 볼 때 비경제적 요인이기 때문에 분석가의 시각에서 멀어질 수 있으며, 시간적인 측면에서도 급격한 산업의 환경변화를 초래하지는 않는다. 그러나 영향의 정도라는 측면에서 본다면 산업의 장기적 성장성과 매력도를 결정하는 위력을 가지고 있다.

기업의 중·단기적 성과에 직접적인 영향을 주는 것은 경제적 및 법률적 환경의 변화이다. 경제적 환경이나 법률적 환경의 변화(예컨대 경기침체나 신규기업의 진입허용)는 경쟁환경의 유리성과 불리성을 변화시키므로 기업의 시장점유율과 수익성에 직접적으로 영향을 준다. 경제적 환경과 기술적 환경의 변화는 변화의 징후를 파악하기가 용이하며 그 결과를 예측하는 것도 비교적 용이하다. 그런데 고객의 입장에서 본다면 이들 환경의 변화는 중립적인 변화라고 하겠다.

제3장 토의자료

빅데이터가 차세대 천연자원이다

"클라우드, 모바일, 소셜 네트워크 서비스(SNS), 빅데이터 등 첨단기술이 기업경영환경에 세 가지 변화를 가져올 것이다."

세계 최대 컴퓨터 서비스업체 IBM의 버지니아 로메티 최고경영자(CEO, 56)는 지난 10일 미국외교협회(CFR)가 마련한 행사에서 강연을 통해 이같이 전망했다. 로메티 CEO는 "데이터가 차세대 천연자원이 될 것"이라며 "데이터가 기업의 의사결정에 혁명을 가져오고, SNS가 새로운 가치를 창출하며, 고객 전체가 아닌 고객 개개인을 위한 효율적인 서비스를 가능하게 할 것"이라고 강조했다.

1. 축적된 데이터 분석 작업이 경영진의 직감이나 경험 대신할 것
2. 소셜 플랫폼·네트워크가 기업의 새로운 생산라인으로
3. 전체 고객층 아닌 개인 위한 서비스 준비해야

1. 데이터 분석이 의사결정 바꾼다

로메티 CEO는 "지금까지 기업들이 의사결정을 내릴 때 주로 CEO나 경영진의 직감에 의존했지만 앞으로는 엄청나게 축적된 데이터의 분석 작업이 직감을 대신하게 될 것"이라고 내다봤다. 그동안 가장 과학적이라고 여겨졌던 분야에서조차 의사결정은 여전히 고정된 편견에 따라 이뤄져왔다. 기업 경영진은 자신의 주관적인 관점이나 경험을 통해 정보를 해석했다. 로메티는 "하지만 '정보의 쓰나미'가 닥쳐오면서 앞으로는 데이터를 보다 객관적으로 이용하는 기업들이 성공할 가능성이 높아질 것"이라고 예측했다. 예를 들어, 미국 테네시 주에 있는 멤피스의 경찰 당국은 최근 IBM의 범죄분석 소프트웨어(CRUSH)를 활용, 외부에 설치된 공중전화와 성폭행 간에 상관관계가 있다는 사실을 확인했다. 이후 모든 공중전화를 실내에 설치했고, 그 결과 범죄는 30%나 줄어들었다. 로메티 CEO

로메티 CEO가 예측한 경영환경 변화

데이터 분석 → 의사결정 혁명	• 기업경영 결정 과정에서 데이터분석이 경영진의 직감을 대신함 • 객관적 데이터분석 능력이 기업 성패 좌우
소셜 네트워크 → 가치창출	• 소셜 네트워크가 기업의 생산라인이 됨 • 기업의 직원 채용과 보상 방식 결정
고객층 분석 → 개인별 분석	• 기업이 가치를 전달하는 방식에 변화 • 수요 분석 방법이 개개인의 요구에 직접 접근하는 형태로 바뀜

는 "다양한 분야에서 비슷한 분석 작업이 활발하게 진행되고 있고 갈수록 정확한 분석자료가 나오면서 사고방식과 문화까지 바꿀 것"이라고 전망했다.

2. 소셜 네트워크가 가치를 창출

그는 "소셜 네트워크가 기업의 새로운 생산라인으로 자리잡을 것"이라며 "소셜 플랫폼의 1차적인 장점은 지식 근로자들을 서로 연결해주는 것"이라고 말했다. 이어 "가까운 미래에 근로자들의 가치는 무엇을 알고 있느냐가 아니라 무엇을 공유하고 있는지에 따라 달라질 것"이라고 강조했다. 소셜 플랫폼은 나아가 기업들의 직원 채용 방식과 연봉 등 보상을 결정하는 방법에도 영향을 미칠 것이라고 내다봤다. 근로자들은 자신이 창출하는 정보의 가치에 따라 상사나 동료, 심지어 고객들에 의해 평가받게 될 것이며, 이는 보상에도 영향을 미칠 것이라는 설명이다.

3. 고객층 분석에서 개인별 분석으로 변화

기술의 변화는 기업이 가치를 전달하는 방식에도 변화를 가져올 것으로 예상된다. 로메티 CEO는 "기업들은 지금까지 지역이나 연령, 수입 수준 등을 기준으로 고객층을 나눠 이들의 수요를 분석했지만 앞으로는 개개인의 요구에 직접 접근하는 형태로 바뀔 것"이라고 말했다. 그는 IBM의 슈퍼컴퓨터 '왓슨(Watson)'을 예로 들었다. 미국 NBC 방송의 퀴즈 프로그램 '제퍼디(Jeopardy)'에 출연, 퀴즈왕들과의 대결에서 승리한 왓슨은 수십만 개의 데이터를 내려받아 분석하고 언어를 해석할 수 있으며, 스스로 검토한 조사에 기초해 의사결정을 할 수 있다. 왓슨은 이 같은 기능을 바탕으로 콜센터와 연계돼 현재 병명 진단 등 의사들의 자문역할을 하고 있다. 로메티 CEO는 "왓슨이 빠르게 데이터를 분석할 수 있는 능력이 있기 때문에 이처럼 효율적으로 개인화된 서비스를 제공할 수 있다"고 설명했다.

자료: 한국경제(2013.3.13.)

토의문제

1. 빅데이터가 차세대 천연자원이 되는 이유는 무엇인가?
2. 빅데이터와 SNS는 세 가지 유형의 환경 불확실성에 어떤 영향을 주는가?
3. 빅데이터와 SNS는 기업의 의사결정에 어떤 영향을 주는가?

참고문헌

Aldrich, H.E. and S. Mindlin, "Uncertainty and Dependence: Two Perspectives on Environment," in L. Karpit(ed.), *Organization and Environment*, Sage Publications, Inc.(1978), pp. 149~170.

Bourgeois, II, L.J., "Strategy and environment: A conceptual integration," *Academy of Management Review*, Vol. 5(1980), pp. 25~39.

Courtney, H., J. Kirkland, and P. Viguerie, "Strategy under uncertainty," *Harvard Business Review*, November-December(1997), pp. 2~15.

Dill, W.R., "Environment as an influence on managerial autonomy," *Administrative Science Quarterly*, Vol. 2(March 1958), pp. 409~443.

Duncan, R.B., "Characteristics of organizational environments and perceived environmental uncertainty," *Administrative Science Quarterly*, Vol. 17(1972), pp. 313~327.

Gladstein D.L. and N.P. Reilly, "Group decision making under threat: The tycoon game," *Academy of Management Journal*, Vol. 28(1985), pp. 614~627.

Jauch, L.R. and K.L. Kraft, "Strategic management of uncertainty," *Academy of Management Review*, Vol. 11(1986), pp. 777~790.

Johnson, G. and K. Scholes, *Exploring Corporate Strategy*(2nd edition), Prentice Hall International(UK) Ltd.(1988).

Kerin, R.A., V. Mahajan, and P.R. Varadarajan, *Contemporary Perspectives on Strategic Market Planning*, Allyn and Bacon, Boston(1990).

Lawrence, P.R. and J.W. Lorsch, *Organization and Environment*, Harvard University Press, Boston(1967).

Lichtenthaler, U., "Absorptive capacity, environmental turbulence, and the complementarity of organizational learning process," *Academy of Management Journal*, Vol. 52(2009), pp. 822~846.

Levitt, T., "The globalization of markets," *Harvard Business Review*(May-June 1983), pp. 92~102.

Milliken, F.J., "Three types of perceived uncertainty about the environment: State, effect, and response uncertainty," *Academy of Management Review*, Vol. 12(1987), pp. 133~143.

Narayanan, V.K. and R. Nath, *Organization Theory: A Strategic Approach*, Irwin, Homewood, IL(1993).

Porter, M.E., *Competitive Strategy: Techniques for Analyzing Industries and Competitors*, Free Press, New York(1980).

Robert, M.J., D.A. Shepherd, and M.P. Sharfman, "Erratic strategic decisions: when and why managers are inconsistent in strategic decision making," *Strategic Management Journal*, Vol. 32(2011), pp. 683~704.

Rumelt, R.P., "How much does industry matter?," *Strategic Management Journal*, Vol. 12(1987), pp. 167~186.

Schilke, O., "On the contingent value of dynamic capabilities for competitive advantage: The nonlinear moderating effect of environmental dynamism," *Strategic Management Journal*, Vol. 35(2014), pp. 179~203.

Scott, W.R., *Organizations: Rational, Natural and Open Systems*(3rd Edition), Prentice Hall International, Inc., London(1992).

Shinkle, G.A. and A.P. Kriauciunas, "Why pure strategies may be wrong for transition economy firms," *Strategic Management Journal*, Vol. 34(2013), pp. 1244~1254.

Tan, J. and D. Tan, "Environment-strategy co-evolution and co-alignment: A staged model of Chinese SOEs under transition," *Strategic Management Journal*, Vol. 26(2005), pp. 141~157.

Thompson, A.A. and A.J. Strickland, *Strategic Management: Concepts and Cases*, Irwin, Homewood, IL(1993).

Wernerfelt, B. and C.A. Montgomery, "What is an attractive industry?," *Management Science*, Vol. 32(1986), pp. 1223~1229.

STRATEGIC MANAGEMENT

제 4 장

산업분석

마이클 포터(M.E. Porter) 하버드대 교수는 1979년 하버드 비즈니스 리뷰에 '경쟁요인들이 어떻게 전략을 만드는가(How Competitive Forces Shape Strategy)'라는 논문을 실었다. 기업이 경쟁사보다 '경쟁우위'에 서기 위해선 어떤 전략이 필요한지를 다룬 그의 이론은 경영 전략의 신기원을 열었다는 평가를 받았고, 지난 30여 년간 교과서로 받아들여졌다. 그런데 최근 포터 교수의 주장을 정면 반박하는 인물이 나타났다. 컬럼비아대 경영대학원 리타 맥그래스(McGrath) 교수다. 그녀는 지난해 출간한 '경쟁우위의 종말(*The End of Competitive Advantage*, 2013)'에서 책 제목부터 도발적으로 포터 교수의 주장을 정면 반박했다.

포터 교수 주장의 핵심은 다섯 가지 요인이 특정 산업의 경쟁 강도와 수익성을 결정한다는 것이다. 산업 내 기존 경쟁자의 위협, 잠재적 진입자의 위협, 대체재와 경쟁, 구매자의 교섭력, 공급자의 교섭력이 그것이다. 이런 위협에 대응하기 위해 기업은 원가를 낮춰 비용 우위 전략을 세우거나, 차별화를 하거나, 특정 서비스나 상품에 자원을 집중하는 집중화 전략을 세워야 한다고 포터 교수는 주장했다.

이에 맞서, 맥그래스 교수는 이렇게 주장한다.

오늘날 기업 경영 환경은 과거와 비교하면 훨씬 더 연결되어 있고, 상호 의존적이다. 과거엔 나의 경쟁 업체가 어디인지, 그들이 어떤 전략을 취할지 분명하게 예측하고 그에 대응할 수 있는 전략을 세울 수 있었던 반면, 지금은 나의 경쟁 상대가 어디인지를 파악하는 일부터가 모호해졌다. 과거엔 카메라 제조사의 경쟁 업체가 같은 제조사뿐이었지만, 지금은 스마트폰과 아이패드도 경쟁 상대가 될 수 있다. 맥그래스 교수의 표현대로라면 마치 '컴퓨터 바이러스'처럼 한 업종이 다른 업종에까지 영향력을 주게 된 것이다. 이 때문에 동일 업종 내 경쟁 상대를 누르고 경쟁 우위에 서기 위해 생산 원가를 낮추거나, 특정 상품에 집중적으로 투자하는 것이 반드시 바람직한 대응 방법이 될 수는 없다는 것이다.

"기업은 종종 자신들의 가장 큰 경쟁자가 같은 산업 영역에 있는 다른 회사들이라고 생각하지요. 하지만 산업 간 경계가 무너지고 '경쟁'의 의미가 바뀐 오늘날엔 그것이 가장 위험한 사고방식입니다."

– 오윤희 기자(조선 Weekly BIZ, 2014.4.19.)

제4장 들어가면서

포터(M. Porter) 모형은 추상적인 외부환경을 구체화시켰다.

포터(M. Porter)의 산업구조분석모형은 1980년도에 발간된 『경쟁전략(*Competitive Strategy*)』이라는 책에서 처음 소개되었다. 그 당시는 전략수립을 위한 절차적 과정에 중점을 둔 연구가 주를 이루었다. 기업이 속한 산업을 분석하고, 경쟁우위를 확보하기 위한 전략이 무엇인지에 대해 논의한 연구는 드물었다. 지금까지 40년이란 시간이 지나는 동안 다양한 환경 변화가 일어난 점을 감안하면, 맥그래스(McGrath) 교수처럼 모형의 유용성에 관해 의문을 제기할 만도 하다.

대표적인 환경 변화로 들 수 있는 것이 이종산업 간의 융복합 추세이다. 이로 인해, 기업이 속한 산업 영역을 정의하기가 쉽지 않다. 즉, 카메라 산업과 스마트폰 산업을 구분하기 어려워진 것이다. 산업 영역을 명확하게 정의하지 못하면, 포터 모형을 적용시켜, 산업의 구조적 특징을 분석할 수 없다. 예컨대, 산업의 범위를 어떻게 정하는가에 따라 경쟁기업의 수가 달라지기 때문이다.

그러면 포터 모형은 이제 수명이 다했는가? 결론부터 말하면, 포터 모형은 여전히 유용한 모형이다. 첫째, 성공전략을 수립하기 위해서는 외부환경과 내부환경에 관한 정보가 동시에 필요하다. 이런 점에서 볼 때 외부환경을 분석하는 데 있어서 포터 모형을 대체할 모형이 아직은 없다. 다만 포터 모형에만 의존하여 기업의 성과를 설명하려고만 하지 않으면 된다. 둘째, 포터 모형은 환경분석의 대상이 무엇인지를 구체화시켜 준다는 큰 장점이 있다. 환경이 조직의 경계 외부에 존재하는 모든 것이라고 한다면, 기업은 환경을 분석할 때 너무나 광범위한 요인들을 분석해야 한다. 포터 모형은 이러한 추상적이고, 모호한 외부환경 요인을 산업의 구조적 특징이라는 5가지 요인으로 구체화시킴으로써, 보다 객관적이고 정량적인 평가를 할 수 있게 해준다. 포터의 연구가 없었다면, 그 뒤에 이루어진 전략경영분야의 연구는 지금과는 상당히 다르게 진행되었을 것이다.

4.1 산업분석의 목적

기업의 수익성은 그 기업이 속한 산업의 매력도와 경쟁기업에 비해 경쟁우위를 누릴 수 있는 정도에 의해서 결정된다. 기업이 자신의 사업영역으로 매력적인 산업을 선택하는 것은 기업전략(corporate strategy)의 과제이며, 특정산업에서 경쟁우위를 확보하는 것은 사업전략(business strategy)의 과제이다. 산업환경을 분석하는 것은 다음에서 알 수 있듯이 이들 두 전략을 수립하는 데 있어서 필수적인 단계이다.

첫째, 기업전략에 있어서 새로운 산업에 대한 진입여부를 결정하거나, 기존 사업들 간에 자원을 배분하기 위해서는 수익성과 성장성의 관점에서 산업의 매력도를 평가하여야 할 것이다. 이는 제3장에서 살펴본 산업분석의 첫 번째 목적과 같다. 그런데 산업의 매력도를 평가하기 위해서는 산업의 매력도를 결정하는 요인이 무엇인가를 파악하여야 한다. 산업의 매력도는 궁극적으로 그 산업의 경쟁 상태에 의해서 결정된다. 따라서 이 장에서는 산업의 경쟁 상태를 결정짓는 산업구조(industry structure)에 대해서 중점적으로 살펴볼 것이다.

둘째, 사업전략을 수립하는 데 있어서도 산업환경, 특히 산업구조와 경쟁 상태에 대해 분석하는 것이 필수적이다. 어떤 산업에서 경쟁우위를 누리기 위해서는 먼저 그 산업에서 성공하기 위해 갖추어야 할 핵심성공요인을 파악하여야 한다. 산업분석을 통해 산업의 매력도를 결정짓는 요인이 무엇인가를 알 수 있으므로(첫 번째 목적) 경쟁환경을 자사에 유리하게 하고, 산업의 매력도를 높이기 위해 어떤 사업전략을 사용해야 하는가를 알 수 있다. 이는 사업전략의 핵심인 지속적 경쟁우위를 누리기 위해 그 산업에서 갖추어야 할 경쟁우위의 원천, 즉 핵심성공요인(key success factors)이 무엇인가를 파악할 수 있기 때문이다. 따라서 산업분석의 두 번째 목적은 산업에서 성공과 생존을 위해 필수적인 핵심성공요인을 파악하는 것이다. 핵심성공요인은 경쟁 상태의 결정요인과 고객의 욕구를 분석함으로써 파악할 수 있다. 여기에 대해서는 제7절에서 살펴볼 것이다.

4.2 산업의 매력도

1. 산업매력도의 개념

산업분석의 첫 번째 목적은 산업의 매력도를 평가하는 데 있다. 제1장에서 매력적인 사업영역의 조건을 ① 사업영역의 장기적 성장성(또는 수익성)이 높고, ② 기업의 강점을 최대로 발휘할 수 있는 사업영역이라고 정의하였다. 첫 번째 조건은 산업 전체의 거시적 잠재성을 의미하며, 두 번째 조건은 특정 기업의 미시적 관점에서 볼 때 실현가능성을 의미한다.

일반적으로 산업의 매력도는 첫 번째 조건, 즉 산업 전체의 장기적 수익성 또는 성장가능성으로 정의된다. 그런데 두 번째 조건에 따르면 단순히 장기적 수익성이 높은 산업을 매력적인 산업으로 볼 수 없다는 것을 의미한다. 아무리 수익성이 높은 산업이라고 하더라도 기업의 강점을 활용할 수 없다면 경쟁우위를 확보할 수 없을 것이므로 결과적으로 매력적이라고 할 수 없기 때문이다. 따라서 산업의 매력도를 평가할 때는 기업의 내부자원(강점)과 산업의 경쟁상황을 고려하여야 할 것이다. 이는 매력적 사업영역이라고 하여 그 산업에 참가하는 것만으로 경쟁우위를 누릴 수 있는 것은 아니기 때문이다. 경쟁우위는 상대적 개념이다. 같은 산업에 속하면서도 기업 간에 성과차이가 다른 것은 경쟁우위를 누리는 정도가 다르기 때문이다. 매력적인 사업영역은 이런 점에서 볼 때 기업이 경쟁우위를 누릴 수 있는 가능성을 증가시켜 주는 요인이라고 하겠다.

2. 산업매력도의 측정

현실적으로 당면하는 문제는 산업매력도를 어떻게 측정할 것인가 하는 것이다. 매력적인 산업이 되기 위한 두 가지 조건 중 두 번째의 미시적 실현가능성, 즉 기업의 강점을 최대로 발휘할 수 있는 산업이라는 것은 그 산업에서 성공하기 위해서 갖추어야 할 핵심성공요인이 바로 기업이 보유하고 있는 강점과 같거나 유사하다는 것을 의미한다.

산업매력도의 첫 번째 조건 즉, 시장 성장성과 장기적 수익성이 높다는 것은 어떻게 알 수 있는가? 우선 시장 성장성은 산업 전체의 매출액 규모가 절대적으로 증가하는 것으로 이해할 수 있다. 산업 전체의 매출액이 증가하는 것을 경쟁상황을 고려하여 평가하면 다음과 같은 네 가지 경우로 나누어 볼 수 있다. 이 중에서 산업의 매력도가 높다는 것은 네 가지 경우 중에서 첫 번째에 해당하는 경우이다. 네 번째 경우도 시장점유율을 높일 수 있는 가능성이 있기는 하지만 전체시장이 축소되고 있는 산업을 매력적이라고 할 수 없다. 산업매력도는 본질적으로 산업의 장기적 성장성을 중요시하기 때문이다.

① 산업 전체 매출액의 증가율이 신규진입기업 수의 증가율보다 높은 경우
② 산업 전체 매출액의 증가율이 신규진입기업 수의 증가율보다 낮은 경우
③ 산업 전체 매출액의 감소율이 철수기업 수의 감소율보다 높은 경우
④ 산업 전체 매출액의 감소율이 철수기업 수의 감소율보다 낮은 경우

일반적으로 산업의 매력도는 시장 성장성과 함께 장기적 수익성이 중요시되고 있다는 점에서 수익성에 대한 고려 없이 산업의 매력도를 평가할 수는 없다. 수익성은 투자(investments)에 대한 수익(return)의 정도(비율)를 의미하므로 매출액의 증가가 곧 수익성의 증가로 연결되지는 않는다. 수익성은 매출액과 판매마진(판매가격 - 판매원가)에 의해서 영향을 받는다. 수익성에 영향을 주는 두 가지 요소(매출액과 마진) 중 매출액은 시장점유율과 동일한 요인에 의해서 결정되므로, 두 번째 요인인 마진에 의해서 시장점유율과 다른 결과가 나타날 수 있다. 마진은 다음과 같은 경우에 증가한다. 첫째, 경쟁기업과 동일한 제

그림 4-1 수익성과 시장점유율의 관계

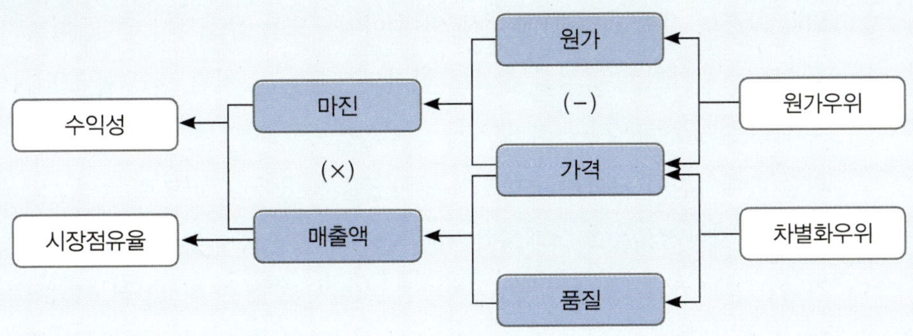

품을 생산하여 동일한 가격으로 판매할 때는 생산원가가 경쟁기업보다 낮을 때 증가한다. 둘째, 동일한 원가로 생산된 제품이라도 성능, 디자인 등의 품질이나 브랜드 등의 차이로 인해 보다 높은 가격으로 판매할 수 있을 때 마진이 증가한다. 따라서 마진은 저원가와 제품차별화에 의해서 결정된다고 볼 수 있다. 이러한 관계는 〈그림 4-1〉과 같이 간단히 요약할 수 있다.

〈그림 4-1〉에서 볼 때 수익성은 매출액(시장점유율)이 증가하지 않더라도 증가할 수 있다. 그것은 생산효율성을 제고하여 원가를 절감시키거나, 제품의 품질향상을 통해 더 높은 가격(품질향상을 위해 추가한 원가보다 높은 프리미엄 가격)을 부과할 수 있을 때이다. 그런데 이때에도 매출액이 증가한다면 기업의 수익성은 상승적으로 증가할 것이므로 시장점유율과 수익성이 서로 상충되는 관계가 아니다.

따라서 문제가 되는 것은 시장점유율과 수익성 간의 긍정적인 상관관계가 확보되지 않는 경우이다. 이는 매출액이 증가하여도 수익성이 높아지지 않거나 오히려 낮아지는 경우이다. 어떤 경우에 이런 상황에서 발생하는가? 수익성이 뒷받침되지 않는데도 기업이 매출액을 증가시키기 위해 노력하는 이유는 무엇인가?

먼저, 매출액이 증가하여도 수익성이 증가하지 않는 경우는 쉽게 설명할 수 있다. 기업이 시장점유율을 높이기 위해 가격을 낮춤으로써 마진이 낮아진 경우이다. 이때는 이전과 같은 이익규모를 달성하기 위해서 더 많은 매출액의 증가가 뒤따라야 한다. 가격 인하로 매출액이 증가되더라도 일정수준 이상이 되지 않으면 가격 인하 전에 비해 전체 이익규모는 감소하게 된다. 따라서 시장점유율의 증가가 수익성의 증가로 연결되지 않는 것처럼 보인다. 그러나 이 경우에도 실제로는 매출액의 증가가 수익성을 증가시키는 데 공헌한다. 단지 단위당 판매마진이 낮아져 공헌도가 낮아졌을 뿐이다. 그러므로 수익성의 극대화는 우선 시장점유율의 극대화가 이루어진 다음 단계에 위치한다고 할 수 있다. 실제로 문제가 되는 것은 시장점유율과 수익성 간의 상충현상이 이들의 관계에 대한 잘못된 시각으로 인해서 발생할 때이다. 예컨대 매출액 증대에 치중함으로써 수익성을 소홀히 하거나, 원가절감을 위한 보다 효율적인 방법을 모색하는 데 소홀히 하는 경우이다. 아니면 수익성에 치중함으로써 시장점유율을 확보하는 데 소홀히 하는 경우에 문제가 될 수 있다.

〈전략포커스〉에 소개된 커피전문점 사례를 통해, 산업매력도(industry attractiveness)의 변화를 살펴볼 수 있다. 2016년 커피전문점의 평균 매출액(영업이익)이 1억 3830만 원(1180만 원)에서 2017년 1억 3790만 원(1050만 원)으로 감소하였다. 이렇게 산업 매력도가 낮아진 것은 커피산업의 전체 매출액 증가율보다 신규기업의 증가율이 높았기 때문이다. 2018년 수치를 기준으로 계산해보면, 2018년 말 6만 6000개이던 커피전문점이 2019년 7월 말 7만 1000개로 약 5000개(13,547－8,695＝4,852), 증가율로는 7.5%가 신규로 증가하였다. 따라서 커피산업의 전체 매출액 증가율이 신규기업의 증가율인 7.5%보다 낮다면 커피산업의 매력도는 낮아지는 것이다.

국내 커피 산업은 앞으로도 계속 성장할 것으로 예상되지만 최근 매장 수가 빠르게 늘어나고 있고, 진입장벽이 낮은 것으로 볼 때 장기적으로 매력두는 낮아질 것으로 예상된다. 산업매력도를 산업 전체의 매출액과 신규 진입기업의 수로 평가하는 것은 너무 단순하다. 이 장에서는 산업의 매력도를 보다 체계적으로 분석할 수 있는 포터(M. Porter)의 산업구조분석모형(a five-force model)을 소개할 것이다.

전략포커스 | 카페 폐업률 14%, 치킨집보다 높대요

KB경영연구소에 따르면 2009년 3000개를 넘지 않았던 전국 커피전문점은 작년 말 6만 6000개, 올해 7월 기준 7만 1000개로 늘어났다. 지난해 8695곳이 폐업했지만 1만 3547곳이 창업했다. 이렇게 폐업보다 창업이 많은 상황이 10년째 이어지면서 전국적으로 커피집은 점점 더 늘어나고 있다. 커피 프랜차이즈 업체 매장은 1만 5000여 개, 브랜드별로는 이디야커피 가맹점 수(2399개·이하 2018년 기준)가 가장 많았다. 그다음으로는 스타벅스(1262개), 투썸플레이스(1001개), 요거프레소(705개), 커피에반하다(589개) 순이었다.

커피전문점 사장님이 되면 얼마나 벌까. 연구소가 통계청 서비스업조사 자료 등을 분석해보니, 2017년 기준 업체당 평균 매출액은 1억 3790만 원이었지만 영업이익은 평균 1050만 원에 불과했다. 직장인 평균 연봉(2018년 기준 3634만 원)에 한참 못 미친다. 업체당 영업이익은 2016년 1180만 원에서 2017년 1050만 원으로 11% 줄었다. 경쟁이 격화되고 인건비 등 제반 비용도 늘어났기 때문으로 분석된다.

2017년 기준 커피집 중 적자를 보는 곳은 10곳 중 1곳꼴(11%)이었다. 적자 난 곳을 빼고 정상적으로 영업하는 곳만 추려 영업이익률을 따져보면 평균 19.3%로 음식점 평균 영업이익률(17.5%)보다는 높았다. 특히 임차료 부담 없이 자기 소유 매장에서 장사하는 경우엔 영업이익률이 평균 26%로 높은 편이었다. 일단 살아남는 데 성공한 커피숍은 일반 식당보다 이익률이 높다는 얘기인데, 이 역시 잘되는 일부 대형 프랜차이즈가 평균치를 끌어올렸을 가능성이 있다.

커피전문점 폐업률(그해 폐업한 매장 수/전년도 총매장 수×100)은 2013년 11.0%에서 지난해 14.1%로 높아지는 추세다. 작년 치킨집 폐업률은 10%였다. 지난해 폐업한 커피집의 절반 이상(52.6%)이 영업기간 3년 미만인 신생 업체들이었다. 커피집 경영을 만만하게 보고 진입했다가 서둘러 철수하는 사람이 많았다는 의미다.

우리나라 커피 시장은 계속 성장할 것으로 보인다. 2016년 5조 9000억 원 수준에서 지난해 6조 8000억 원, 2023년에는 8조 6000억 원으로 그 규모가 늘어날 것이라는 게 연구소의 전망이다. 월평균 커피 관련 소비지출액이 4년 새 3배 급증할 정도로 커피 소비에 대한 소비자들의 인식이 긍정적이기 때문이다. 현대경제연구원에 따르면 우리 국민 1인당 연간 커피 소비량은 353잔으로 세계 평균 소비량(132잔)의 2.7배에 달한다. 김태환 연구위원은 "커피전문점은 소형 매장, 비(非)프랜차이즈 매장도 맛과 접근성으로 승부한다면 경쟁력을 가질 수 있지만, 최근 매장 수가 빠르게 늘어나고 진입 장벽이 낮다 보니 경쟁이 심화돼 창업 시 상권에 대한 면밀한 분석이 필요하다."고 말했다.

출처: 조선일보(2019. 11. 7.), 김은정 기자

4.3 산업구조와 수익성

전략경영분야에서 산업구조가 수익성에 미치는 영향을 분석하기 위해 전통적으로 경제학적 방법론, 특히 산업조직론의 주요 개념과 분석수단을 도입하여 사용해 왔다. 이때 산업분석의 기본 전제는 산업의 수익성(매력도)이 산업구조의 특징에 의해서 결정된다는 것이다. 산업조직론의 학문적 관심은 시장의 성과, 즉 경제제도의 성과에 있다. 이때 성과란 복합적인 개념인데, 대체로 기업 활동이 다음과 같은 네 가지 목표를 달성하는 정도를 의미한다(F.M. Scherer and D. Ross, 1990, p. 4).

① **효율성**(efficiency: 자원을 낭비하지 않음)과 **대응성**(responsiveness: 소비자가 원하는 품질의 제품을 충분하게 공급함)

② **진보성**(progress: 새롭고 보다 나은 제품이나 생산기술을 끊임없이 개발하여 실질소득의 지속적 증대에 기여하게 함)

③ **완전고용**(full employment: 기업활동이 완전고용을 달성하는 데 도움을 줌)

④ **공평성**(fairness: 경제활동의 혜택(소득)이 시장참가자들에게 균등하게 분배되는 것, 특히 기업이 생산요소를 조달하는 데 필요한 수준 이상의 보상(정상이윤)을 받지 않음)

이들 네 가지의 시장성과 중 경제학자들이 주로 관심을 가지는 것은 효율성이며, 산업조직론에서도 효율성을 시장성과를 평가하는 가장 중요한 지표로 사용하고 있다. 이들 성과들은 서로 상충되는 측면이 있다. 효율성과 공평성에 따르면 완전경쟁시장이 가장 바람직한 시장이다. 그러나 규모의 경제가 존재할 경우 생산효율성과 진보성의 측면에서 보면, 소수 기업이 존재하여 다수 제품을 생산하여 경쟁하는 시장이 바람직한 시장이 된다. 한편 효율성을 배분효율성과 생산효율성으로 나눌 수 있는데 완전경쟁시장에서는 배분효율성이 극대

그림 4-2 구조-행동-성과 패러다임

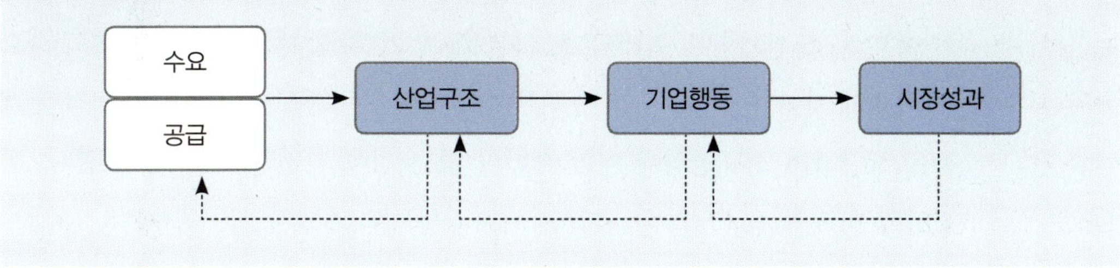

화된다. 그런데 완전경쟁 하에서 생산효율성이 달성되지 않는 경우가 있다. 거대한 규모의 경제가 존재할 경우 비용의 최소화(생산효율성의 목표)를 위해서는 하나의 단일 기업이 존재(자연독점)하는 것이 바람직하기 때문이다.

산업구조의 특징과 기업의 시장행동, 그리고 산업수익성 간의 상호관계는 산업조직론의 구조-행동-성과 패러다임(structure-conduct-performance paradigm; SCP paradigm)에 의해서 설명되고 있다. 〈그림 4-2〉는 산업조직론의 전통적 접근법인 구조-행동-성과 패러다임을 보여주고 있다. 그림에서 알 수 있듯이 구조-행동-성과 간의 관계를 요약하면, ① 산업구조는 산업 내 참가기업들의 시장행동에 영향을 주고, ② 기업들의 시장행동은 시장성과를 결정하며, ③ 산업구조와 시장성과는 공급과 수요측면의 기본조건에 의해서 영향을 받는다는 것이다.

산업조직론의 초기연구는 산업구조와 시장성과 간의 직접적인 연관성을 중시하여 중간단계인 기업행동의 중요성을 크게 취급하지 않았으나, 최근 연구는 기업행동에 많은 관심을 가지고 있다. 이러한 이론적 시각을 각각 구조주의와 행동주의라고 한다. 행동주의는 기업의 전략적 행동이 산업구조를 변화시킬 수 있다고 본다. 이들 연구는 기업이 적절한 전략적 행동(기업인수, 기술혁신 등)을 통해 신규기업의 진입을 저지하는 등 산업구조에 영향을 준다고 주장한다. 또한 과거의 시장성과가 기업의 전략적 행동에도 영향을 준다고 본다. 〈그림 4-2〉에서 나타난 점선은 이러한 최근의 시각을 반영한 것이다.

구조-행동-성과 패러다임을 이용하여 산업의 수익성이 산업구조의 특징에 의해서 결정된다는 것을 다음과 같이 설명할 수 있다. 산업구조의 가장 기본적 유형은 완전독점과 완전경쟁이다. 산업 내 한 기업만이 존재하고 신규기업이 진입할 수 없다면 완전독점이 된다. 이 경우 기업 간의 경쟁은 이루어지지 않으며, 독점기업은 최대의 초과이익을 얻기 위해 제품에 대한 고객의 수요를 이용할 것이다. 반면 산업 내 다수기업이 존재하고 모든 기업이 동질적인 제품을 생산하며 신규진입에 대한 제한이 없는 경우 완전경쟁이 이루어진다. 완전경쟁 하에서는 기업들의 치열한 가격경쟁으로 개별기업은 생산요소 조달비용을 만회할 수 있을 정도의 이익을 얻을 수 있을 뿐이다. 즉, 완전경쟁시장에서 기업이 얻는 이익은 생산에 투입한 요소비용을 만회할 수 있는 수준(정상이윤)에 그쳐, 장기적으로 제로상태(a zero profit)로 수렴한다. 이때 이익은 회계적 이익이 아니라 암묵적 비용(implicit cost: 기업소유자의 능력에 대한 보수, 투자된 자본에 대한 보수 등)이나 기회비용을 상쇄한 후의 경제적 이익(economic profit)을 의미한다. 그런데 대부분의 산업에 있어서 실제의 산업구조는 이들 양극단을 기준으로 어느 중간에 위치한다. 다음의 〈표 4-1〉은 대표적인 산업구조와 그 특징을 나타내고 있다.

이상의 기본 모형에서 알 수 있듯이 어떤 산업에서 이루어지는 경쟁행동의 유형과 그로 인해 기업이 얻는 수익성의 정도는 산업의 구조적 특징과 이들 간의 상호작용에 의해서 결정된다. 산업의 구조적 특징과 상호작용을 보다 구체적으로 이해하기 위해 포터의 산업구조분석모형을 살펴보기로 하자.

표 4-1 산업구조의 특징

구조적 특징	완전경쟁	과 점	복 점	독 점
기업의 수	다 수	약 간	2 개	1 개
진입 및 철수장벽	없 음	보통 또는 낮음	보통 또는 낮음	매우 높음
제품차별화	없 음	높 음	보통/높음	경우에 따라 다름

4.4 산업구조분석모형

포터(M.E. Porter)는 『경쟁전략(*Competitive Strategy*, 1980)』에서 산업의 경쟁상황과 경쟁행동을 분석하는 모형(일명 a five forces model)을 제시하였다. 포터가 제시한 모형에 따르면 산업의 매력도는 다음과 같은 다섯 가지 경쟁요인(competitive forces)에 의해서 결정된다(〈그림 4-3〉 참조). 즉, 기존기업 간의 경쟁정도, 신규기업의 진입위협, 대체품의 위협, 공급자의 협상력, 구매자의 협상력 등 다섯 가지 요인에 의해서 산업의 매력도가 결정되는데, 이들 요인의 총체적인 강도가 그 산업에서 기업이 평균적으로 요소비용을 상회하는 투자수익을 올릴 수 있는가의 여부를 결정한다.

이들 다섯 가지 경쟁요인이 산업의 매력도에 미치는 영향은 〈표 4-2〉에 나타나 있는 바와 같이 보다 세부적인 구조적 변수들에 의해서 결정된다.

그림 4-3 산업구조분석모형

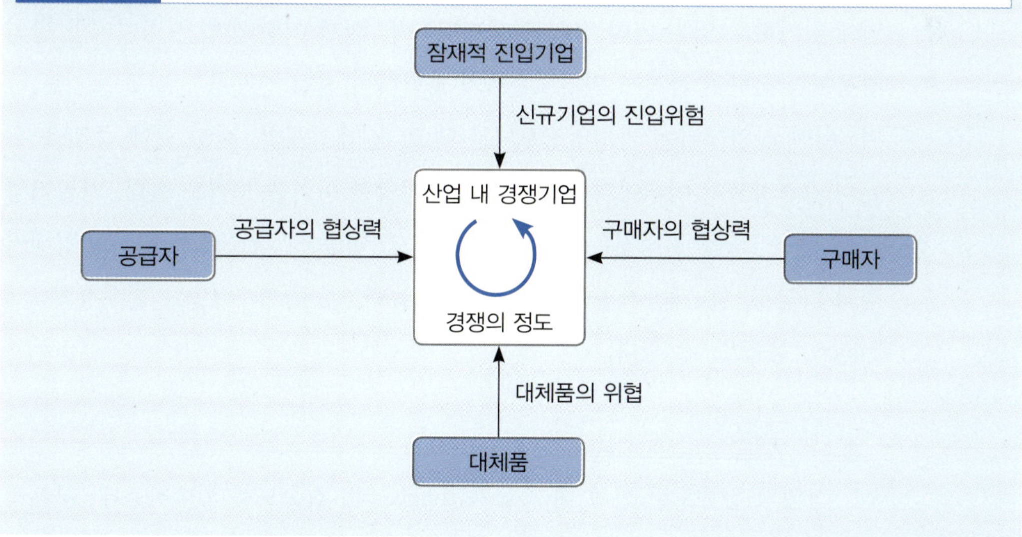

표 4-2 다섯 가지 경쟁요인의 구조적 변수

기존기업 간의 경쟁의 정도	신규기업의 진입위협	대체품의 위협	구매자의 협상력	공급자의 협상력
경쟁상황 • 집중도 • 경쟁기업의 다양성 • 제품차별화 • 과잉생산능력 • 원가구성 • 산업성장률 **철수장벽** • 특화된 자산 • 매몰비용 • 다른 사업과의 관련성 • 정부규제	**진입장벽** • 투자자본의 규모 • 규모의 경제 • 절대적 원가우위 • 제품차별화 • 유통채널 • 경험곡선 및 학습효과 **정부의 규제** • 보호조치 • 법률규제 • 관세	• 고객의 대체성향 • 가격 대비 성능비 • 전환비용	**가격민감성** • 매입원가의 비중 • 구매자의 수익성 • 경쟁상황 • 품질면의 중요성 **상대적 협상력** • 집중도와 규모 • 보유정보 • 후방통합능력 • 전환비용	• 구매자와 비교한 상대적 협상력

1. 기존기업 간의 경쟁정도

대부분의 산업에서 경쟁의 전반적 상태와 수익성을 결정하는 것은 현재 산업에 참가하고 있는 기업 간의 경쟁정도이다. 실제 어떤 산업은 참가기업 간의 경쟁이 극심하여 가격이 원가수준까지 하락하여 산업 전체가 손실을 보기도 하며, 어떤 산업에서는 가격경쟁보다는 광고, 신제품개발, 혁신 등에 중점을 두는 비가격경쟁이 이루어져 참가기업들이 상당한 이익을 보기도 한다. 기존기업 간의 경쟁정도를 결정짓는 주요 변수로는 ① 집중도(concentration), ② 경쟁기업의 다양성, ③ 제품차별화, ④ 과잉생산능력, ⑤ 원가구성, ⑥ 철수장벽(exit barriers) 등을 들 수 있다.

(1) 집중도

산업의 집중도란 산업 내 공급자(supplier)의 집중도를 의미하는데, 구체적으로 산업 내 경쟁기업의 수와 상대적 규모를 의미한다. 일반적으로 집중도가 높을수록 개별기업의 시장지배력은 강화되고 시장효율성이 낮아져 기업은 초과이익을 얻을 수 있다. 따라서 산업의 집중도와 수익성 간에는 긍정적 상관관계가 있다. 즉, 집중도가 높은 산업의 수익성은 집중도가 낮은 산업의 수익성보다 높다. 산업집중도는 흔히 선두기업의 시장점유율을 합한 집중률(concentration ratio)로 측정하고 있다. 예컨대 4대 기업 집중률(CR4)은 산업 내 시장점유율이 높은 4대 기업의 시장점유율이 전체시장에서 차지하는 비율을 의미한다. 단일기업이 지배하는 산업은 경쟁이 거의 이뤄지지 않으며, 지배기업은 가격결정에 있어서 상당한 재량권을 가지게 된다.

일반적으로 산업 내 경쟁기업의 수가 적을수록 가격조정이 쉽게 이루어지며, 한 기업이 이례적이거나 공격적인 가격정책을 펼칠 가능성이 낮아진다. 과점산업의 경우 거래기업 간의 담합이나 선두기업 모방(follow-the-leader)을 통해 가격경쟁이 약화되기도 한다. 두 개의 거대기업이 존재하는 산업(예컨대 알칼리 배터리의 듀라셀(Duracell)과 에버레디(Ever Ready), 음료산업의 코카콜라(Coca Cola)와 펩시(Pepsi))에서는 가격은 비슷한 수준에서 정해지고, 경쟁은 광고·선전·제품개선·신제품개발에 중점을 두고 이루어진다. 다수의 경쟁기업이 있는 산업에서도 기업 간의 담합을 통해 가격조정이 이루어지기도 한다.

산업조직론의 초기 연구에서는 집중도와 수익성의 긍정적 관계가 실증연구를 통해서 뒷받침되었으나, 최근에 와서 집중도와 수익성 간의 관계에 의문을 제기하는 연구결과들이 많이 제시되고 있다. 소수 대기업 간의 경쟁(집중도가 높은 산업)이 다수의 소규모기업 간의 경쟁(집중도가 낮은 산업)보다 치열하다는 것이 이들의 주장이다. 그렇다고 이것이 집중도가 수익성에 영향을 미치지 않는다는 것을 의미하지는 않는다. 단지 초기의 연구시각인 산업집중도와 수익성 간의 직선적 관계를 보다 신중하게 받아들이려는 추세라고 하겠다.

(2) 경쟁기업의 다양성

경쟁을 회피할 수 있는 가능성은 경쟁기업의 수뿐만 아니라 기업들이 장단기 목표, 비용구조, 전략 면에서 얼마나 유사한가에 의해서 결정된다. 경쟁기업들이 유사한 목표를 달성하기 위해, 동일한 비용구조로 생산활동을 하고, 유사한 전략을 사용할수록 경쟁은 치열해진다. 반면 경쟁기업들의 유사성이 낮을수록 상호 간에 공존할 수 있는 가능성이 증대되므로 경쟁은 덜 치열해진다고 하겠다.

(3) 제품차별화

제품차별화는 고객이 선택가능한 제품들을 완벽한 대체재로 보지 않을 때 존재한다. 제품차별화는 제품의 용도는 본질적으로 동일하나, 제품의 성능, 구조, 디자인 등의 차이에 의해서 발생한다. 제품차별화는 이러한 제품의 물리적 특성차이 외에도 특정브랜드와 연관된 신분의식 등과 같이 주관적 인식의 차이에 의해서도 발생한다. 이러한 특성차이로 인해 고객은 특정제품을 다른 제품들보다 선호하게 된다. 고객의 특정제품에 대한 선호가 일정 기간 지속될 때, 고객이 그 제품에 대해 상표충성도(brand loyalty)를 가진 것으로 본다. 상표충성도란 고객이 특정상표의 제품을 일정기간 지속적으로 구매하는 현상을 의미한다.

경쟁기업이 생산하는 제품들이 유사할수록 고객의 입장에서 보면 대체가능성이 높아지고, 기업들 간에 가격을 인하하려는 동기가 높아진다. 즉, 경쟁기업들의 제품이 동질적일수록 경쟁력의 원천은 저가격에 있다. 반면 제품차별화가 심한 산업(예컨대 향수, 의약품, 컨설팅산업)일수록 제품의 대체가능성이 낮아져, 제품가격이 어느 정도 상승하더라도 소비자들은 수요를 쉽게 전환하지 않는다.

(4) 과잉생산능력

기업이 공격적인 가격정책을 취하려는 경향은 생산능력과 실제 생산량 간의 차이에 의해서 결정된다. 과잉생산능력이 있을 경우 매출액을 증가시킴으로써 고정비를 분산시킬 수 있으므로 가격을 낮추려고 할 것이다. 과잉생산능력은 장기적 추세 상 또는 경기주기 상 시장수요가 감소하거나 과잉투자의 결과로 나타난다. 과잉생산능력은 수익성, 예컨대 ROI(투자수익률)와 ROS(매출액 순이익률)에 부정적인 영향을 주는데, 특히 자본집약적 산업에서 이러한 현상이 두드러지게 나타난다.

(5) 원가구성

일반적으로 경쟁기업들 간에 수익성 증가보다 시장점유율 증가를 위한 경쟁이 이루어질 때 기업 간의 경쟁이 보다 치열해 진다. 기업이 시장점유율을 높이기 위해 얼마나 노력할 것인가 하는 것은 기업들의 원가구성에 따라 달라진다. 규모의 경제나 경험곡선 효과가 원가에 미치는 영향이 클수록 상대기업의 시장점유율을 뺏음으로써 매출을 증가시키려는 동기가 강해진다. 또한 변동비에 대한 고정비의 비율이 높을수록 유휴 생산능력을 활용하기 위해 가격을 낮춤으로써 시장점유율을 높이려는 동기가 강해진다.

(6) 철수장벽

철수장벽이란 산업에 참가하고 있는 기업이 어떤 이유로 그 산업을 떠나고자 할 때 이를 제한하는 장애요인이나 비용을 의미한다. 최고경영자가 그 산업에 대한 강한 애착을 가지고 있거나, 생산설비나 자원이 내구적이고 특정한 용도로 고정된 경우, 또는 종업원을 쉽게 해고할 수 없는 경우 철수장벽이 높다고 하겠다. 철수장벽의 대표적인 예로 들 수 있는 것이 매몰비용(sunk cost)이다. 매몰비용은 어떤 투자를 일단 수행하였을 경우, 이를 회수하거나 재판매할 때 투자분에 대한 적정한 대가를 회수할 수 없을 때 발생한다. 구체적으로 재판매가격이 취득원가에서 감가상각액을 뺀 금액보다 작을 때 그 차이가 매몰비용이다.

철수장벽이 낮아야 손실이 발생하는 한계기업들이 산업을 자유롭게 떠날 수 있고, 이로 인해 남아 있는 기업들의 수익성이 높아진다. 그런데 철수장벽(매몰비용)이 높은 경우 산업의 전반적 이익수준이 낮다고 하더라도 투자에 대한 이익이 조금이라도 발생한다면 산업을 떠나지 않는다. 극단적으로 매몰비용이 아주 높아서 투자액을 전혀 회수할 수 없는 경우 변동비를 만회할 수 있으면 산업을 떠나지 않을 것이다. 앞에서 본 과잉생산능력이 산업을 압박하여 경쟁을 촉발시키는 정도는 기업이 그 산업을 얼마나 쉽게 떠날 수 있는가의 여부에 달려 있다.

2. 신규기업의 진입위협

신규기업의 진입가능성(위협)이 높을수록 기존기업이 초과이익을 누릴 가능성은 낮아진다. 잠재적 경쟁자의 진입가능성은 진입장벽에 의해 결정된다. 따라서 초과이익의 발생가능성을 설명하는 두 번째 요인은 진입장벽이다. 어떤 산업의 수익성이 정상이윤보다 높은 초과이익을 얻고 있다면 다른 기업들이 그 산업에 진입하고자 할 것이다. 신규기업의 진입이 제한되지 않는다면 초과이익이 발생하는 한, 신규기업의 진입이 계속될 것이므로 초과이익은 점점 줄어들어 정상이윤으로 낮아질 것이다. 그러나 신규기업의 진입을 제한하는 진입장벽이 존재할 경우 초과이익은 지속될 것이다. 대부분의 산업에서 신규기업은 기존기업과 동일한 조건으로 진입할 수가 없다. 기존기업이 신규기업에 대해 누리는 이점의 크기가 진입장벽을 결정짓는다. 따라서 진입장벽이 높을수록 그 산업의 장기적 수익성이 높아진다.

진입장벽이란 신규기업이 산업에 진입하는 것을 제한하는 각종 장애요인을 의미한다. 그러나 실제로는 진입장벽에 대한 학자들의 정의가 다양하여 이를 일반화하기가 어렵다. 단지 산업 내에 참가하고 있기 때문에 얻을 수 있는 이익이라는 측면에서 '참가함으로 인해 발생하는 렌트(a rent that is derived from incumbency)'라고 정의되기도 하고, 기존기업이 신규진입기업에 대해 누리는 상대적 비용우위라는 점을 강조하여, '기존기업은 부담하지 않으나 신규진입기업은 부담하는 생산활동에 수반되는 비용'이라고 정의되기도 한다.

이러한 진입장벽은 구조적 진입장벽과 전략적 진입장벽으로 나눌 수 있다. 구조적 진입장벽은 좁은 의미의 진입장벽이라고 할 수 있는데, 산업구조의 특성에 의해서 발생한다. 전략적 진입장벽이란 잠재적 경쟁기업의 진입을 억제하기 위해 기존기업들이 취하는 진입저지(entry deterence)를 의미한다. 베인은 중요한 구조적 진입장벽으로 제품차별화, 기존기업의 절대적 원가우위, 규모의 경제를 들고 있다. 진입장벽은 시장불완전으로 인한 초과이익이 발생하더라도 이것이 시장기능에 의해 단기간에 조정되지 않고 지속되는 현상을 설명할 수 있다. 진입장벽이 존재하지 않는다면 초과이익이 발생할 경우 새로운 경쟁기업을 산업 내로 유인하게 되어 초과이익은 곧 사라질 것이다. 따라서 산업 내 독점과 과점이 존재하거나 초과이익이 지속된다는 것은 진입에 대한 장애요인이 있기 때문이라고 하겠다.

한편 경합시장(contestable market)조건이 만족된다면, 실제 진입이 이루어지지 않더라도 신규기업의 진입가능성만으로 기존기업들은 가격을 경쟁시장 수준에서 결정하게 된다. 극단적으로 현재 산업에 참가하고 있는 기업의 수에 관계없이 가격과 이익은 완전경쟁상태와 같아지게 된다. 이런 점에서 경합이론은 참가기업들 간에 이루어지는 현재적 경쟁보다 기존기업과 잠재적 진입기업 간에 이루어지는 잠재적 경쟁에 이론적 초점을 맞추고 있다. 경합시장은 기본적으로 매몰비용이 없는 경우에 가능하다. 앞에서 설명하였듯이 매몰비용은 진입을 위해 그 산업에 특유한 자산을 취득하여야 하는데, 그 산업에서 철수할 때 그 비용을 만회할 수 없을 경우 발생한다. 매몰비용이 없다면 기존기업이 가격을 올려 완전경쟁시장 수준 이상으로 이익을 얻을 경우 신규기업이 진입하여 초과이익을 얻고, 가격이 낮아지면 산업에서 자유롭게 철수할 수 있다.

진입장벽이 산업의 수익성에 미치는 영향을 실증적으로 측정하기 위한 연구들이 많이 이루어졌다. 이에 따르면 진입장벽이 낮거나 보통인 산업에 비해 진입장벽이 높은 산업의 자본수익률이 평균적으로 5% 이상 높은 것으로 나타났다. 한편, 진입장벽이 신규기업의 진입을 억제하는 데 효과가 있는가 하는 것은 잠재진입기업이 어떤 자원을 보유하고 있는가에 달려 있다. 예컨대 사업을 처음 시작하는 기업의 진입을 제한하는 데 효과적인 장벽도 다른 산업에서 지위를 구축하고 있는 기업의 진입을 막는 데는 효과적이지 않을 수 있다. 이는 기존 산업에서 축적한 자원(재무자원, 경험, 브랜드)을 이용함으로써, 진입장벽을 우회하거나 상쇄할 수 있기 때문이다.

진입장벽의 주요 원천은 다음과 같다.

(1) 투자자본의 규모

어떤 산업에 진입하기 위해 필요한 투자액이 거대하여 대기업 외에는 진입하기 어려운 경우가 있다. 예컨대 석유화학산업이나 자동차산업에 진입하기 위해서는 상당한 투자자금이 필요하기 때문에 이들 산업의 호황이 예견된다고 하더라도 쉽게 진입할 수가 없다.

(2) 규모의 경제

어떤 산업, 특히 자본집약적이거나 연구집약적인 산업에서는 일정규모 이상의 생산활동이 이루어져야 최소의 효율성을 달성할 수 있다. 이로 인해 최소효율규모(minimum efficient scale)가 큰 산업에서는 소규모기업의 참가가능성이 제한된다. 최소효율규모란 규모의 경제가 전부 소진되는 생산규모 즉, 장기평균비용이 최소가 되는 생산규모 중에서 가장 작은 생산규모를 의미한다. 민간항공기의 제트엔진 산업은 규모의 경제가 점하는 중요성으로 인해 세계적으로 3대 기업(General Electric, Pratt and Whitney, Rolls Royce)만이 생존하고 있다. 더구나 새로운 엔진을 개발하는 데 소요되는 비용이 엄청나기 때문에 이들 3대 기업들도 최근에는 합작투자나 제휴를 통해 상호협력을 모색하는 추세이다. 소규모 기업이 이런 산업에 진출할 경우 단위당 생산비가 높아 경쟁력을 누릴 수 없다.

(3) 절대적 원가우위

규모의 경제와 상관없이 기존기업은 신규기업에 비해 원가우위를 누릴 수 있다. 이런 우위는 주로 선발기업의 이점(first mover advantages)과 관계가 있다. 선발기업이 됨으로써 저렴한 원료산지나 우수한 인력을 선점할 수 있으며, 학습효과를 통해 원가우위를 누릴 수 있다. 국제원유산업의 주요한 진입장벽은 기존 메이저들이 저원가 원료산지(특히 중동지역)를 소유하고 있다는 것이다.

(4) 제품차별화

제품이 차별화된 산업일 경우 기존기업은 상표인지도나 상표충성도로 인해 신규기업에 비해 우위를 누릴 수 있다. 고객의 상표충성도로 인해 기존기업의 제품을 신규기업의 제품보다 선호하게 된다. 또한 제품차별화는 기업이 고객을 잃지 않으면서 가격을 인상시킬 수 있는 여지를 준다. 신규진입기업이 이러한 특성차이를 모방하기 위해서는 추가적 비용을 부담해야 한다는 점에서 진입장벽이 된다.

차별화된 산업에 진입하는 신규기업은 기존기업과 비슷한 수준의 상표인지도와 고객충성도를 얻기 위해 기존기업이 투자한 규모 이상의 광고선전비에 대한 투자가 요구된다. 어떤 연구에 의하면 신규기업이 소비재 제품에 있어서 매출액의 2.12%에 해당하는 광고선전비용을 추가로 부담해야 하는 것으로 나타났다. 추가부담을 하지 않으려는 신규기업은 장기간에 걸쳐 시장점유율을 조금씩 증가시키거나, 가격을 낮춤으로써 경쟁우위를 보완하는 방법을 택해야 할 것이다.

(5) 유통채널

최종소비자가 기존제품을 선호함으로써 신규기업에 장벽이 되는 것과 같이, 유통업자들이 기존기업의 제품을 선호함으로써 신규기업에 장애요인이 될 수 있다. 제한된 전시공간, 신규제품에 따르는 위험, 제품추가에 따르는 재고비용의 증가 등으로 신규기업의 제품을 회피하는 경향이 있다. 이에 따라 신규기업은 주요 유통채널에 제품전시공간을 얻기 위해서 대금을 선불하는 등 불리한 거래조건을 감수하여야 할 것이다.

(6) 정부 및 법률적 장벽

특정산업에 진입하기 위해서 정부의 허가를 받아야 하거나 특정기술의 사용이 법률에 의해 제한되어 있는 경우 신규기업의 진입이 제한된다. 정부나 법률에 의해 진입이 제한되는 산업은 아무리 매력적이라고 하더라도 신규기업이 진입할 수 없다.

3. 대체품의 위협

산업의 수익성은 고객이 기꺼이 지불하려는 최대가격에 의해서 결정된다. 그런데 이 가격은 대체품의 존재에 의해서 영향을 받는다. 어떤 제품에 대한 대체품이 없다면 고객은 높은 가격을 지불하더라도 그 제품을 구입하려고 할 것이다. 따라서 수요는 가격에 대해 비탄력적이다. 그러나 대체품이 존재할 경우 고객이 지불하려는 가격에는 상한선이 정해진다. 어떤 수준 이상으로 가격이 상승할 경우 고객은 대체품으로 수요를 전환할 것이기 때문이다. 이때 수요는 가격에 대해 탄력적이 된다. 이런 점에서 본다면 대체품이 가격결정에 위협을 주는 정도는 고객의 대체성향과 가격대비 성능비율에 의해서 결정된다.

(1) 고객의 대체성향

어떤 제품이나 서비스에 대한 밀접한 대체품이 존재하는가의 여부, 그리고 고객이 상대가격의 변화에 따라 수요를 전환하려는 성향이 어떠한가에 의해 대체품의 위협정도가 결정된다. 상대가격의 변화에 따라 고객이 수요를 전환하려는 성향이 높을수록 대체품의 위협은 커진다고 하겠다. 그런데 대체품이 존재한다고 하더라고 고객이 상대가격의 변화에 덜 민감할 수 있다. 예컨대 도심지의 교통체증을 완화시키기 위해 자가용의 도심통행에 높은 통행세를 부과하고, 대중교통수단의 이용료를 낮춘다고 하더라도 자가용을 계속해서 이용할 경우 고객의 대체성향은 낮다고 하겠다. 반면 밀접한 대체품이 없는 경우에도 상대가격의 변화에 대응하여 다른 제품으로 수요를 전환할 수도 있다.

(2) 가격대비 성능비율

어떤 제품이 대체품과 대비하여 가격대비 성능비율이 높을 경우 소비자의 대체가능성은 낮을 것이다. 따라서 소비자가 가격변화에 따라 제품구입을 얼마나 전환할 것인가를 예측하기 위해서는 가격에 대비시켜 본 상대적 성능을 평가해 볼 필요가 있다. 두 제품이 동일한 고객욕구를 만족시키고 하나의 제품이 모든 기준에서 다른 제품보다 우수하다고 한다면 열등한 제품의 가격은 우수제품의 가격보다 높을 수가 없다. 그러나 실제 성능차이를 평가하기 어렵기 때문에 가격만을 가지고 대체가능성을 평가하는 데는 한계가 있다.

4. 구매자의 협상력

기업은 두 방향의 시장에 속하게 된다. 그것은 투입물시장과 산출물시장이다. 투입물시장에서는 생산요소의 공급자로부터 원재료, 부품, 금융, 노동서비스 등을 구입하고, 산출물시장에서는 고객(최종소비자, 유통업자, 제조업자)에게 자사가 생산한 제품이나 서비스를 판매한다. 이들 두 시장에 있어서 양 거래당사자의 상대적 수익성을 결정하는 것은 상대적인 힘에 의해서 결정된다. 이를 구매자의 관점에서 볼 때 구매자의 힘(buying power)을 증대시키는 요인은 구매자의 가격민감성(price sensitivity)과 상대적 협상력(relative bargaining power)이다.

(1) 구매자의 가격민감성(price sensitivity)

구매자의 가격민감성에 영향을 주는 요인으로는 다음의 몇 가지 요인을 들 수 있다.

첫째, 총비용에서 구매품목이 차지하는 중요성이다. 알루미늄 캔의 주요 구매자는 음식료품의 생산업자이다. 그런데 이들 기업에 있어서 알루미늄 캔이 재료비의 상당한 비중을 점하는 품목이므로 가격변화에 민감하게 반응할 것이다. 따라서 가격인상에 저항하거나 보다 유리한 가격조건을 얻기 위해 압력을 가하려 할 것이다.

둘째, 구매하는 제품이 동질적일수록 가격조건에 따라 공급자를 쉽게 전환할 수 있으므로 구매자의 협상력이 증대된다. 반면 구매제품이 차별화될수록 공급자를 전환하는 데 따르는 비용(switching cost)이 증가하므로 구매자의 협상력은 낮아진다.

셋째, 구매자가 생산하는 제품의 시장경쟁이 치열할수록 마진이 낮아지므로 공급자에게 부품공급가격을 낮추어 줄 것을 요구하게 된다. 자동차산업에 있어서 국제 간의 경쟁이 치열해짐에 따라 완성차생산업자는 부품공급자에 대해 납품가격을 낮추고 품질을 향상시키며 신속하게 인도해 줄 것을 요구하게 된다.

넷째, 구매제품이 최종제품이나 서비스의 품질과 판매에 미치는 영향이 클수록 구매자는 가격에 덜 민감하게 된다. 예컨대 컴퓨터에서 CPU는 성능을 좌우하는 매우 중요한 제품이다. Intel로부터 CPU를 구매하는 기업은 가격보다는 성능에 더 집중하게 된다.

(2) 상대적 협상력(relative bargaining power)

상거래에 있어서 협상력은 궁극적으로 상대방을 거래당사자로 거절할 수 있는 능력에 달려 있다. 따라서 거래당사자 간의 협상력은 각자가 이러한 거절 위협을 얼마나 신빙성 있게 또한 효과적으로 활용할 수 있느냐에 의해서 결정된다. 공급자에 대해 구매자가 누리는 협상력의 정도를 결정하는 주요 요소는 공급자와 비교한 구매자의 집중도와 구입규모, 구매자의 정보량, 수직적 통합의 가능성이다.

첫째, 집중도에 있어서 구매자의 수가 적을수록 공급자는 다른 구매자를 구하기가 어려워질 것이므로 구매자의 협상력이 높아진다. 또한 구매자의 구매량이 많을수록 구매자를 잃음으로 인한 공급자의 손실이 커질 것이므로 구매자의 협상력이 증대된다. 이런 점에서 소규모 구매자들이 협상력을 증대시키기 위해 주문량을 합함으로써 대형 공급자에게 대항하기도 한다.

둘째, 구매자가 공급자의 생산제품과 원가에 관한 정보를 많이 가지고 있을수록 거래조건이나 가격조건을 유리하게 협상할 수 있다. 예컨대 공급자의 생산원가나 이윤폭이 얼마나 되는지를 알면, 공급자가 양보할 수 있는 상한선을 알게 된다. 그런데 가격 정보만으로는 제품의 품질을 비교할 수 없으므로 제품의 품질과 특성에 대해서 알지 못한다면 가격에 대한 정보는 별 가치가 없다. 특히 제품이 구매되기 전에 제품이나 서비스의 특성을 알 수 없는 산업(예컨대 투자자문업, 경영컨설팅 등)일 경우 구매자의 협상력은 상대적으로 약해진다. 따라서 구매자가 협상력을 발휘하는 데 있어서 가장 중요한 요소는 공급자들의 제품을 품질과 가격 면에서 비교할 수 있는 능력이다.

셋째, 공급자로부터 가격, 품질, 납기 등에서 만족할만한 서비스를 받지 못할 경우 수직적 통합(후방통합)의 필요성이 증대된다. 구매자가 수직적 통합을 통해 공급사의 사업에 진입할 수 있는 능력이 있다면 공급자의 협상력은 낮아진다.

5. 공급자의 협상력

공급자와 구매자의 협상력은 상대적이다. 다음의 〈표 4-3〉과 같이 구매자의 협상력이 낮아지면 공급자의 협상력이 높아진다고 하겠다. 따라서 공급자의 협상력은 구매자의 협상력에 관한 논의를 그대로 적용시킬 수 있다.

표 4-3 공급자와 구매자의 협상력

공급자의 협상력	구매자의 협상력
• 주요 공급자의 수	• 주요 구매자의 수
• 대체품의 존재여부	• 대체품의 존재여부
• 공급자 제품의 차별성과 전환비용	• 구매자의 전환비용
• 공급자의 전방통합 위협	• 구매자의 후방통합 위협
• 산업(기존경쟁기업)의 후방통합 위협	• 산업의 전방통합 위협
• 완제품 품질에 대한 공급자의 기여도	• 구매자 제품의 품질에 대한 기여도
• 공급자가 차지하는 산업의 총원가	• 산업이 차지하는 구매자의 총원가
• 공급자 이익에 있어서 산업의 중요성	• 구매자의 수익성

자료: A. Hax and N.S. Majluf, *Strategic Management: An Integrative Perspective*, Prentice-Hall, Englewood Cliffs, NJ(1984), p. 43.

4.5 포터 모형의 활용

전략을 수립하는 데 있어서 포터의 산업구조분석모형은 어떤 도움을 주는가? 포터 모형을 흔히 포지셔닝 접근법(a positioning approach)이라고도 하는데, 구체적으로 기업의 포지셔닝 구축에 포터 모형을 어떻게 활용할 수 있는가?

산업 내 경쟁을 결정짓는 다섯 개 요인에 대한 이해를 바탕으로 기업은 새로운 전략을 개발할 수 있다. 포터 모형은 현재 산업의 평균적 수익성이 왜 지금과 같은 수준인지를 이해할 수 있게 해준다. 이러한 분석을 바탕으로 기업은 현재의 경쟁상태에 영향을 주는 요인들에 잘 대처할 수 있는 새로운 전략을 수립할 수 있다. 새로운 전략이란 지금보다 수익성이 높은 산업 내 지위를 구축하는 데 도움을 줄 수 있는 전략을 의미한다.

이에 대한 구체적 예로는 미국의 대형트럭 제조회사인 Paccar를 들 수 있다(M.E. Porter, 2008). 포터의 산업구조분석모형을 적용시켜 보면, 미국에서 대형트럭산업은 구조적으로 결코 매력적인 산업이 아니다. 먼저, 이 산업은 구매자의 협상력이 상당히 높은 산업이다. 주문규모가 큰 대형운송기업이 존재할 뿐 아니라 대량으로 구매하는 리스기업들이 있어 이들의 협상력은 아주 높다. 이들은 대량구매에 대한 대가로 가격할인을 요구한다. 또한 이 산업은 제품차별화의 수준이 높지 않다. 대부분의 트럭이 정해진 표준에 맞추어 제작되고, 유사한 옵션을 제공하고 있어 품질경쟁보다는 가격경쟁이 치열하다. 더구나 이 산업은 자본집약도가 높은 특징으로 인해 경기 침체기에는 경쟁기업 간의 경쟁이 더욱 치열해진다. 여기에 노조가 높은 공급자 협상력을 발휘하고 있다. 그리고 대형트럭을 대체할 차량은 드물지만 철도와 같은 대체재의 위협도 높은 편이다.

북미 트럭시장의 20%를 차지하고 있는 Paccar는 이런 상황에서 새로운 포지셔닝을 시도하였다. 이 기업은 개인 운송업자에 집중하기로 하였다. 개인 운송업자는 트럭을 소유하면서 화주와 직접 거래하거나 대형운송업자로부터 하청을 받는 운송업자이다. 이들 개인 운송업자는 다음과 같은 특징이 있다. 첫째, 개인이므로 구매자 협상력이 낮다. 둘째, 트럭에서 보내는 시간이 많기 때문에 트럭에 대한 감성적 유대감이 강하다. 셋째, 트럭에 대한 자부심을 가지고 있다. 넷째, 가격민감성이 낮은 편이다.

Paccar는 이러한 개인 운송업자의 특징을 염두에 두고, 고급스런 침대칸, 고급가죽시트, 소음차단 운전석, 유선형 외관스타일 등과 같은 다양한 특성의 옵션을 개발하였다. 이들 옵션은 워낙 다양한데, 구매자가 본인의 트럭에 개인적 취향을 반영할 수 있는 수천 가지의 다양한 옵션을 소프트웨어를 통해 선택할 수 있다. 이렇게 맞춤화된 트럭은 주문방식으로 제작되어 6~8주 만에 고객에게 배송된다. 한편, Paccar 트럭은 공기역학적 디자인으로 연료를 절약할 뿐

그림 4-4 Paccar의 포지셔닝 변화

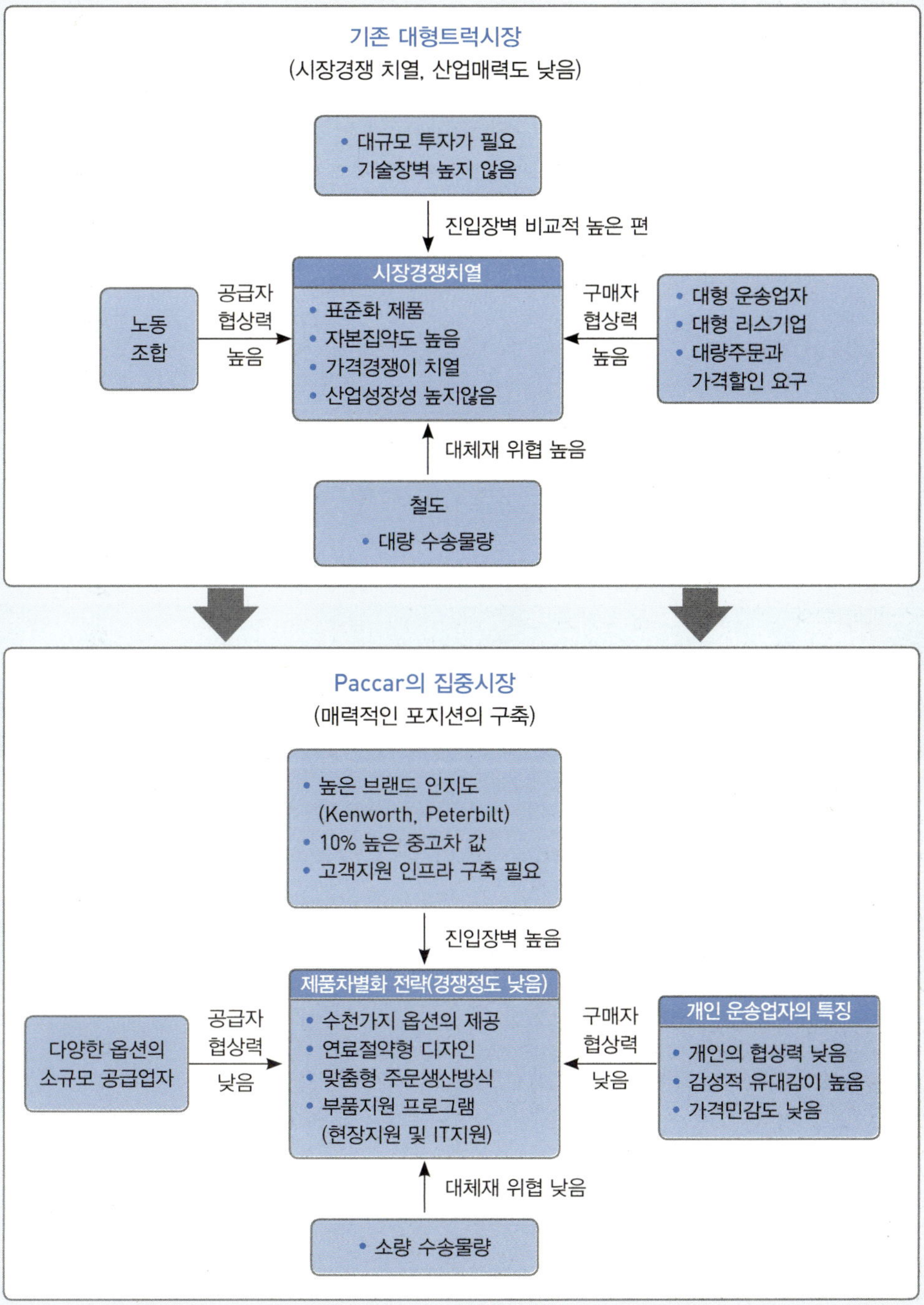

아니라 다른 트럭보다 중고판매가격이 높게 형성되어 있다. 여기에 Paccar의 부품에 대한 현장지원 프로그램과 IT 지원 시스템은 트럭 고장으로 인해 쉬는 시간을 단축시킨다. 이 모든 요인이 개인 운송업자가 중요시하는 것들이다. 그 결과 Paccar 트럭은 다른 트럭보다 10% 높은 가격에 판매되고 있으며, Paccar가 생산하는 트럭 중 Kenworth와 Peterbilt라는 브랜드는 신분의 상징으로 여겨진다.

Paccar의 사례를 통해, 주어진 산업구조 내에서 기업에 유리한 포지션을 어떻게 구축할 수 있는가 하는 것을 알 수 있다. Paccar는 경쟁이 심하지 않고 구매자 협상력이 낮으며 가격경쟁이 치열하지 않은 포지션을 찾은 후, 기업의 모든 가치활동을 여기에 적합하게 조정하였다. 이를 통해 Paccar는 68년 연속으로 흑자를 기록하고 있으며, 매년 자기자본수익율이 20%를 웃돌고 있다.

이상의 내용을 포터의 모형으로 요약하면, 〈그림 4-4〉와 같다.

4.6 포터 모형의 한계와 전략적 응용

1. 포터 모형의 한계

전략경영분야에 도입된 산업조직론의 이론적 모형과 분석수단은 기업이 전략을 수립하는 데 필요한 체계적 분석수단과 정보를 제공해 주었으며, 보다 이론적인 논의를 하는 데 도움을 주었다. 특히, 전략수립을 위해 필요한 외부환경 분석 중에서 산업환경에 대한 정보를 제공해 주는 데 상당한 기여를 하였다. 이는 산업조직론의 구조-행동-성과 패러다임이 경쟁의 본질을 파악하고 측정하는 데 필요한 체계적 모형을 제공해 줌으로써, 기업이 속한 산업의 구조적 특징이 산업의 수익성에 미치는 영향을 분석할 수 있게 해주기 때문이다. 그러나 산업조직론의 분석수단과 이론, 그리고 이를 통해 도출되는 결론이 바로 전략경영자가 당면하는 문제를 해결해 주는 답이 된다고는 할 수 없다. 이는 산업조직론과 전략경영이라는 학문의 본질이 다르기 때문이다.

첫째, 전략경영은 기본적으로 개별기업의 입장에서 기업의 성과(투자수익률)를 높이는 데 관심이 있으나, 산업조직론은 사회적 관점에서 본 시장성과를 높이는 데 관심이 있다. 이는 개별기업의 수익성을 완전경쟁수준으로 낮추는 공공정책을 수행하는 것과 연관이 있다. 이에 따라 산업조직론은 산업구조와 시장성과 간의 관계를 일반화하는 데 관심을 가지며, 특정 산업이나 특정 환경에 해당되는 예외적 상황은 무시한다. 그러나 전략경영은 개별기업의 독특한 환경에 관심을 가진다. 전략의 궁극적 목적은 일반화에서 벗어나는 예외적 상황을 창출하는 데 있다. 즉 무엇이 예외적이고 독특하게 만드는가를 보고, 이를 이용한 기업특유의 전략을 추구하는 데 관심을 가진다.

둘째, 산업조직론의 분석단위(unit of analysis)는 개별기업이 아니고 산업이다. 이론전개를 위해 산업 내에 속한 모든 기업은 규모를 제외하고는 동일하다고 간주하여 개별기업의 특성차이를 고려하지 않는다. 그리고 기업은 경제적 목적을 추구하는 하나의 합리적 의사결정단위로 본다. 이에 반해 전략경영의 분석단위는 개별기업이며, 같은 산업에 속한 기업이라도 제각기 다르다고 본다. 개별기업은 구성원이 다르며, 보유하고 있는 자원이 다르며, 사명과 목표가 다르다. 또한 경영자나 구성원이 가지고 있는 가치관이나 개인적 야망에 의해 비합리적인 의사결정이 내려질 수 있는 가능성을 인정하고 있다.

이상의 내용을 포터의 산업구조분석모형에 그대로 적용시킬 수는 없다. 포터 모형이 산업조직론에 이론적 근거를 두고 있으나, 기본적 분석시각이 기업측 시각이며 분석목적도 개별기업의 의사결정을 위한 산업의 매력도를 평가하는 데 있기 때문이다. 그럼에도 불구하고 포터 모형도 이 모형의 근거가 되는 구조-행동-성과 패러다임의 한계를 벗어날 수가 없다. 구조-행동-성과 패러다임의 한계는 산업구조가 외생적 요인에 의해서 결정되며, 시간의 흐름에 대해 고정적이라는 산업구조의 정태성을 가정하고 있다는 것이다.

먼저, 산업구조가 외생적 요인에 의해서 결정된다는 측면에 대해서 살펴보자. 포터 모형은 산업의 매력도(수익성을 결정함)를 결정짓는 경쟁의 본질과 경쟁을 결정짓는 산업구조를 분석하고 있다. 그런데 이 모형하의 산업구조는 진입장벽, 철수장벽 등 기업이 통제할 수 없는 외생적 요인에 의해서 결정된다. 그러나 산업구조가 외생적 요인에 의해서만 결정되는 것은 아니다. 산업 내에서 이루어지는 기업 간의 경쟁은 하나의 연속적 과정이라고 할 수 있으며, 산업구조도 기업의 전략적 결정이라는 의도적 노력과 함께 기업들 간의 경쟁적 상호작용의 결과에 의해서 계속해서 변화한다.

이런 점에서 볼 때 구조–행동–성과 접근법은 기본적으로 기업 간의 경쟁적 상호작용을 설명하지 못한다. 기업의 시장행동이 산업구조에 의해서 결정된다고 보기 때문이다. 기업의 시장행동이 산업구조에 의해서 결정된다는 것은 기업의 경쟁적 행동을 너무 단순하게 보는 것이다. 실제 산업 내의 경쟁상태는 산업구조와 함께, 개별기업의 경쟁적 행동에 의해서 결정된다. 경쟁기업의 전략적 행동에 대한 상대기업의 전략적 대응이라는 경쟁적 상호작용을 고려하지 않고서는 산업 내에서 이루어지는 기업 간의 경쟁을 올바르게 이해할 수 없다. 최근 이런 측면을 보완하는 이론적 연구로 게임이론을 이용한 접근법이 모색되고 있다.

다음으로 산업구조의 동태성이라는 측면에서 보면, 포터 모형은 산업구조와 경쟁의 동태적 본질을 파악하지 못한다는 한계를 가지고 있다. 현실적으로 경쟁의 본질은 그것이 동태적 과정이라는 것이다. 이는 경쟁의 본질은 균형이 영원히 달성되지 않으며 산업구조는 끊임없이 변화한다는 것을 의미한다. 경쟁과 산업구조 간의 동태적 상호작용에 대한 인식은 슘페터(J.A. Schumpeter)의 견해와 일치한다. 슘페터는 혁신을 산업구조를 변화시키는 핵심요소로 보고 있는데, 혁신을 '창조적 파괴의 끊임없는 돌풍(aperennial gale of creative destruction)'이라고 하였다. 이는 독점과 같이 유리한 산업구조는 다른 기업들로 하여금 새로운 경쟁방법을 통해, 독점기업의 시장지위를 공격하게 만드는 유인을 제공하므로 자기 파괴의 씨앗을 잉태하고 있다는 것을 의미한다.

이런 점에서 본다면 현재의 산업구조를 미래의 경쟁상태와 산업성과에 대한 믿을 만한 지표로 삼을 수 있는가? 이는 산업 내 구조변화의 속도에 달려 있다고 하겠다. 어떤 산업구조도 고정되어 있지는 않다. 그리고 개별기업의 입장에서 볼 때 사업전략을 통해 산업구조를 특정기업에 유리하게끔 변화시킬 수 있는 가능성이 있다고 하겠다. 따라서 새로운 진입기업이 지배기업의 시장지위를 급속히 잠식하거나, 혁신을 통해 공정기술을 변화시키고 새로운 대체품의 생산을 통해 산업구조를 급속히 변화시키는 산업의 경우, 경쟁상태와 산업매력도를 분석하는 수단으로 산업구조모형을 사용하는 것은 별 의미가 없게 된다.

2. 전략적 응용

포터 모형을 이용하여 산업구조를 분석함으로써 산업의 매력도(수익성)를 결정하는 요인이 무엇인가를 알 수 있다. 이러한 분석을 바탕으로 산업의 매력도를 높이기 위해 기업이 어떤 사업전략을 사용할 것인가를 알 수 있다. 〈표 4-4〉는 산업구조에 영향을 줌으로써 산업의 매력도를 높일 수 있는 가장 일반적 수단을 나타내고 있다. 예컨대 산업구조의 다섯 가지 구성요소 중에서 신규기업의 진입위협으로 인해 산업의 수익성이 낮다면 광고선전을 통해 고객의 상표충성도를 높임으로써 진입장벽을 높일 수 있을 것이다.

한편, 포터의 산업구조분석모형은 현재 특정산업의 매력도를 분석하는 데 유용한 모형일 뿐 아니라, 그 산업의 장기적 매력도를 예측하는 데도 이용할 수 있다. 어떤 산업에 진입할 것인가에 대한 의사결정을 내리기 위해서는 최소 5년에서 10년 이상의 수익성을 예측하여야 할 것이다. 그런데 5년이나 그 이상의 미래를 예측한다는 것은 쉬운 일이 아니다. 실제 6개월 이상을 예측하는 것

표 4-4 산업구조의 구성요소와 전략적 행동

산업구조의 구성요소	전략적 행동(영향의 수단)
• 기존기업 간의 경쟁정도	• 경쟁기업의 인수 및 합병, 제품차별화
• 신규기업의 진입위협	• 특허권설정이나 상표충성도에 의한 진입장벽의 구축
• 대체품의 위협	• 광고선전(고객의 기호변화)
• 구매자의 협상력	• 구매자를 인수 또는 수직적 통합
• 공급자의 협상력	• 공급자를 인수 또는 수직적 통합

도 쉬운 일이 아니다. 그렇다고 현재의 산업수익성을 단순 연장하여 미래를 예측할 수는 없다. 산업구조의 질적인 변화가 어떻게 이루어질 것인가에 대한 예측이 이루어져야 하기 때문이다.

미래의 산업수익성을 직접 예측할 수는 없으나 산업의 기본구조가 어떻게 변할 것인가 하는 것은 어느 정도 예측이 가능하다. 예컨대 제품이나 공정기술의 변화를 분석함으로써 진입비용이 어떤 방향으로 바뀔 것인지, 또는 대체품의 경쟁이 증가할 것인지 하는 것을 예측할 수 있다. 또한 공급자와 구매자의 구조적 변화요인을 분석함으로써 공급자와 구매자 간 협상력의 변화를 예측할 수 있을 것이며, 거시경제활동에 대한 분석과 전망을 통해 생산설비의 가동률 전망과 이것이 가격경쟁에 미치는 영향을 예측할 수도 있을 것이다. 이를 전 세계 타이어 산업을 대상으로 간단하게 적용시켜 보자.

2000~2010년에 걸쳐 세계 타이어 산업은 연평균 18%로 급속하게 성장하였다. 그러나 2011년 이후 전체 성장성은 둔화되고 있으나, 중국 자동차시장의 성장과 미국의 경제회복으로 승용차용 타이어의 수요는 연 10% 수준의 성장성을 보이고 있다. 2013년 말 현재 4대 메이저 기업(브릿지스톤, 미쉐린, 굿이어, 콘티넨탈)의 시장점유율은 40% 수준이다. 이 시점에서 앞으로 10년 후 타이어 산업의 수익성과 경쟁정도에 관한 전망을 한다면 어떻게 할 수 있겠는가? 다음의 〈표 4-5〉는 타이어 산업에서 일어날 주요한 구조적 변화를 예상하여 요약한 것이다.

표 4-5 타이어 산업의 구조적 변화요인

부정적 요인	긍정적 요인
• 세계 경제 성장률의 안정화 추세와 자동차 산업의 성숙기 진입 • 생산원가의 70%를 차지하는 고무가격의 지속적 상승(연평균 30%) • 시장점유율 증가를 목표로 하는 후발기업의 공격적 전략(한국타이어, 금호타이어 등) • 중국 타이어 기업의 성장 가능성 • 고객의 브랜드 충성도 낮음	• 원료(고무)공급업체의 가격 협상력이 낮음 • 1980년대 이후 인수합병으로 인한 집중도 증가로 가격 경쟁의 완화 • 중국, 인도 등 신흥시장의 성장으로 경쟁의 분산 • 승용차 부문의 수요 증가로 브랜드 충성도의 중요성이 높아질 가능성 • 혁신(안전성과 고속주행)을 통한 제품차별화의 가능성 증가

표에서 알 수 있듯이 산업구조의 변화요인과 이들이 경쟁과 산업수익성에 미치는 영향은 비교적 용이하게 분석할 수 있다. 그런데 이들 요인이 실제 수익성에 얼마만큼의 영향을 줄 것인가를 계량적으로 산출하는 것은 쉽지가 않다. 더구나 수익성에 영향을 주는 요인은 긍정적 및 부정적인 영향을 동시에 줄 것이므로 이들의 상호작용효과를 감안할 경우 순 효과를 정확하게 예측하는 것은 불가능하다고 하겠다.

4.7 핵심성공요인

핵심성공요인(key success factors: KSFs)이란 어떤 산업에서 성공하기 위해서 반드시 갖추어야 할 요인을 의미한다. 핵심성공요인은 어떤 산업에서 작동하는 일종의 게임의 규칙(a rule of game)이다. 게임의 규칙에 적응하지 못하는 기업은 성공할 수가 없다. 애플(Apple)은 아이폰이라는 스마트폰을 시장에 출시함으로써 휴대폰시장의 핵심성공요인을 바꾸었다. 모바일 통화 기능과 하드웨어 디자인이 중시되는 산업을 소프트웨어인 응용 앱이 핵심성공요인이 되는 산업으로 바꾼 것이다. 이에 적응하지 못한 노키아(NOKIA)나 블랙베리(Black Berry)의 경쟁우위는 추락할 수 밖에 없었다.

그런데 핵심성공요인이라는 개념이 간혹 잘못 사용되기도 한다. 예컨대 어떤 기업이 성공한 이유를 설명하기 위해 연구를 수행하고, 몇 가지 중요한 성공원인(또는 성공요인)을 사후적으로 밝혀낸 경우, 이들 성공원인을 핵심성공요인으로 표현하기도 한다. 하지만 핵심성공요인은 어떤 기업의 성공을 가능하게 한 요인들을 사후적으로 파악한 성공원인(또는 단순히 성공요인)이 아니라, 어떤 산업에서 성공하기 위해 필수적으로 갖추어야 하는 사전적 조건을 의미한다. 사전적 조건이기 때문에 효과적 전략수립을 위해 핵심성공요인을 올바르게 파악해야 하는 필요성이 있는 것이다. 기업이 보유한 강점이 경쟁우위의 원천이 되기 위해서는 산업의 핵심성공요인과 일치하여야 한다. 기업의 강점이 핵심성공요인과 일치하지 않을 경우 경쟁우위의 원천이 되지 못한다. 아무리 뛰어난 기술력을 갖춘 기업이 있다고 하더라도 그 산업의 핵심성공요인이 광고선전과 A/S 부문에 있다면, 뛰어난 기술력이 기업의 경쟁우위를 뒷받침해 주지는 못한다.

이러한 측면에서 볼 때 현실적으로 중요시되는 문제는 특정산업의 핵심성공요인을 어떻게 파악할 수 있는가? 이를 위해서는 첫 번째 단계에서 고객의 욕구를 분석함으로써 일반적 핵심성공요인(general KSFs)을 도출하고, 두 번째 단계에서 경쟁상황을 분석함으로써 차별적 핵심성공요인(distinctive KSFs)의 상대적 중요도를 파악하는 것이다. 이를 그림으로 요약하면, 〈그림 4−5〉와 같다.

그림 4−5 핵심성공요인의 도출

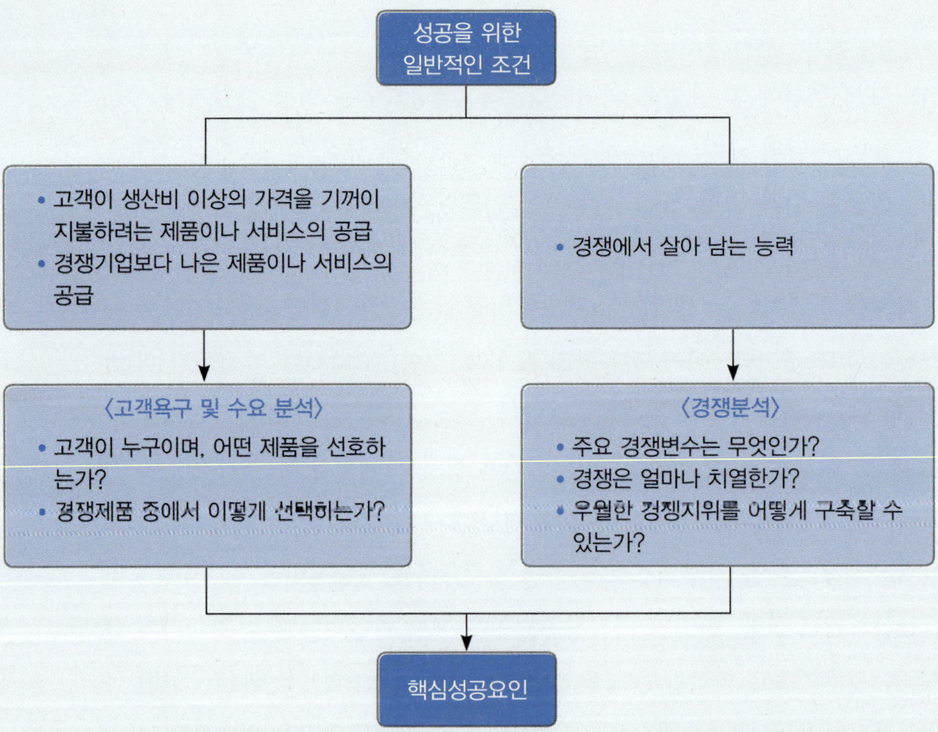

먼저, 핵심성공요인을 도출하는 첫 번째 단계는 보다 본질적 의문인 기업의 존재이유에 답을 함으로써 해결할 수 있다. 즉, 기업이 무엇을 위해 산업에 종사하고 있는가, 또는 어떤 제품을 생산하고 있는 이유가 무엇인가 하는 것에 대해 답을 함으로써 해결할 수 있다. 여기에 대한 궁극적인 답은 고객의 욕구를 충족시키기 위해 시장에 참가하고 있다는 것이다. 따라서 특정시장 또는 특정산업의 핵심성공요인은 바로 고객의 욕구가 무엇인가에 대한 분석을 통해서 자연스럽게 도출할 수 있을 것이다. 그런데 고객의 욕구는 추상적이므로 다음과 같은 질문을 통해 보다 구체화시킬 수 있다. 우리의 고객은 누구이며, 그들은 무엇을 원하는가? 고객은 어떤 기준에서 제품을 선택(수요)하는가? 하는 것이다.

다음으로, 두 번째 단계는 첫 번째 단계에서 도출한 핵심성공요인에 대해 상대적 중요도를 분석하고 평가함으로써 경쟁우위에 영향을 주는 차별적 핵심성공요인을 파악하는 것이다. 고객의 욕구를 파악하는 것만으로는 시장에서의 핵심성공요인을 완전하게 파악하였다고 할 수 없다. 문제는 파악한 욕구를 어떤 방법(제품)으로 얼마나 잘 충족시키느냐 하는 것이 보다 중요하기 때문이다. 이는 산업 내에 동일한 고객의 욕구를 충족시키기 위해 노력하는 다른 경쟁기업이 있을 것이므로, 그 산업에서의 성공은 당연히 경쟁기업보다 뛰어난 방법으로 고객의 욕구를 만족시키는 것에 의해 좌우될 것이기 때문이다. 이런 점에서 보면, 첫 번째 단계에서 파악한 일반적 핵심성공요인은 어떤 산업에 참여하기 위해서 필수적으로 충족시켜야 하는 필요조건에 지나지 않는다. 일반적 핵심성공요인을 충족시킨다고 하더라도 다른 기업과의 경쟁에서 우위를 누리지는 못한다. 경쟁우위를 누리기 위해서는 상대적으로 중요도가 높은 차별적 요인에서 경쟁기업보다 뛰어나야 하기 때문이다. 이를 위해서는 경쟁상황에 대한 분석을 통해 경쟁우위를 결정짓는 차별적 핵심성공요인이 무엇인지 파악하여야 한다.

이상의 내용을 패밀리 레스토랑 산업을 예로 들어 설명하면 다음과 같다. 첫째, 일반적 핵심성공요인을 도출하는 것은 소비자들의 욕구를 조사함으로써 파악할 수 있다. 패밀리 레스토랑의 일반적 핵심성공요인은 다음의 〈표 4-6〉과

표 4-6 패밀리 레스토랑의 핵심성공요인

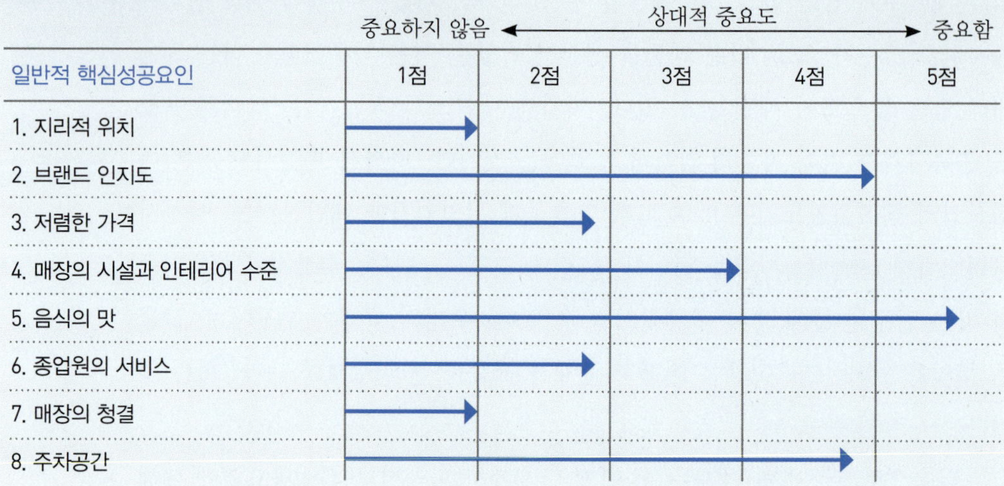

같이 추출할 수 있다.

두 번째 단계는 경쟁우위에 영향을 주는 일반적 핵심성공요인들 간의 상대적 중요도를 분석하여 차별적 핵심성공요인을 파악하는 것이다. 패밀리 레스토랑의 경쟁우위는 시장의 범위와 경쟁상황에 따라 변할 수 있다. 예컨대 고객의 소득 수준과 지리적 입지에 따라 브랜드 인지도가 가장 중요한 요인이 될 수도 있고, 때로는 저렴한 가격이 가장 중요한 요인이 될 수도 있다. 그리고 음식의 맛은 어느 지역에 위치하더라도 중요시되어야 할 요인이다. 일반적으로 시장 범위가 확대되고 경쟁이 글로벌화될수록 고객이 어느 지역이나 국가에 위치하는가에 상관없이 핵심성공요인의 상대적 중요도는 공통된 패턴으로 수렴할 것이다. 이는 차별적 핵심성공요인이 지역이나 국가에 상관없이 같아진다는 의미이다. 오늘날 대부분의 산업은 글로벌화되고 있어 전 세계적으로 차별적 핵심성공요인의 패턴은 공통적이라고 하겠다. 〈표 4-6〉에 나타난 것에 따르면, 음식의 맛, 브랜드 인지도, 주차공간이 차별적 핵심성공요인이다.

이상의 내용을 반도체 D 램 산업과 철강산업에 적용하여 핵심성공요인을 도출해 보면 다음과 같다.

1. 반도체 D 램 산업의 핵심성공요인

1) 고객수요: D 램은 컴퓨터, 휴대폰, 전자기기 등을 생산하는 산업이 주요 고객이며, 이들은 가격에 민감하게 반응한다. 그리고 공급의 안정성과 품질의 일관성을 선호한다.

2) 경쟁상황: 2014년 현재 삼성전자의 전 세계 시장점유율이 37%를 넘고 있으며, 마이크론 테크날로지(미국, 2012년 일본의 엘피다 인수)와 SK하이닉스(한국)가 각각 25% 전후로 비슷한 수준이며, 프로모스(대만), 난야(대만) 등이 나머지 시장을 차지하고 있는 전형적인 과점시장이다. D 램 산업은 오랜 기간 공급과잉 상태가 지속되어, 판매가격이 생산원가를 밑도는 기간이 계속됨에 따라 엘피다(일본), 키몬다(독일) 등 주요 경쟁기업들이 도산하였다. D 램 산업은 1개의 생산라인을 구축하는 데 2조 원대의 투자자금이 필요한 거대 장치산업으로 진입장벽이 높은 동시에 철수장벽도 높은 산업이다. 최근에는 반도체 기술의 핵심이 미세 선폭에서 적층으로 이동함에 따라 앞으로의 경쟁상황에 변화가 올수도 있다.

3) 핵심성공요인: ① 미세회로 설계기술에서 앞서 가는 것이다. 반도체 회로의 선폭을 축소시키는 설계기술이 생산원가를 좌우한다. 미세회로 설계는 고집적화가 가능하여 D 램의 성능을 증가시킬 뿐 아니라 웨이퍼 당 D 램의 생산개수를 증가시킨다. 이에 따라 40나노 D 램이 30나노 D 램으로 한 단계(10㎚) 미세해질 때마다 생산효율성은 50~60% 증가하게 된다. 따라서 반도체 회로의 설계기술에서 앞서는 것이 원가경쟁력을 높이는 핵심적 요인이 된다.

② 수율의 확대: 생산공정의 효율성을 증가시켜 수율을 높여야 한다. 수율은 웨이퍼 장당 생산되는 양품(제대로 된 제품) 개수를 기준으로 한다. 예컨대 웨이퍼 한 장에 400개의 64메가 D 램을 설계했는데 300개의 양품이 나왔다면 수율은 75%이다. 따라서 불량품 없이 많은 칩을 생산하는 공정기술이 D 램 산업의 원가경쟁력을 좌우한다.

③ 설비투자 자금: 반도체산업은 1개의 생산라인을 구축하는 데 2조 원대의 투자자금이 필요하다. 복수의 생산라인을 구축한다면 그야말로 거대한 자금이 필요하다. 또한 새로운 D 램에 맞추어 기존 생산라인을 대체하는 과정에도 수 천억 원의 투자자금이 필요하다. 이러한 자금을 마련할 수 없는 기업은 D 램 산업에서 경쟁우위를 누릴 수 없다.

이상의 세 가지 요인에서 ③번 항목은 일반적 핵심성공요인에 해당되며, ①번과 ②번 항목은 차별적 성공요인에 해당된다고 할 수 있다. 이 중에서 ①번 항목이 ②번 항목에 비해 중요도가 상대적으로 더 높다.

2. 철강산업의 핵심성공요인

1) 고객수요: 자동차산업, 조선산업, 가전산업, 건설산업 등이 주요한 고객이다. 이들은 가격에 민감하게 반응하며, 경기에 따라 수요량에 변화가 많다. 공급의 안정성과 품질의 일관성을 선호하며, 특수강에 있어서는 특별한 기술적 사양을 요구한다.

2) 경쟁상황: 전 세계적으로 공급이 수요를 초과하는 추세가 지속되고 있다. 2010년에 14%에 이르렀던 철강수요 증가율은 2013년 3% 수준에 그쳤고, 앞으로도 3% 수준에 머무를 것으로 전망된다. 철강산업은 높은 고정비를 부담하고 있어 진입장벽과 철수장벽이 높으며 규모의 경제가 경쟁우위의 주요 원천이다. 주로 가격경쟁이 이루어지고 있는데 값싼 수입품으로 인해 가격경쟁이 더 치열해지는 추세이다. 원가에서 가장 큰 부분을 차지하는 철광석, 석탄, 철스크랩 등의 조달가격과 수송비 부담이 가격경쟁력에 가장 큰 영향을 준다. 최근에는 고급 및 맞춤제품에 대한 수요가 증가함에 따라 가격보다도 고객의 요구에 맞춘 제품을 적시에 공급할 수 있는 생산 및 제품개발 능력이 중요한 경쟁요소로 대두되고 있다. 이에 따라 제품차별화나 공정 합리화 및 혁신활동 등에 관한 기업들의 노력이 강화되고 있다.

3) 핵심성공요인: ① 규모의 경제와 기술혁신을 통한 원가효율성의 증대, ② 물류비 절감을 위한 저원가 생산입지의 확보, ③ 수요변화에 따른 생산능력의 신속한 조정, ④ 저임금 노동력의 확보, ⑤ 원재료의 안정적 확보, ⑥ 특수강 부문에서는 품질을 통한 차별화, ⑦ 안정적인 매출처의 확보가 핵심성공요인이다. 이상의 일곱 가지 요인에서 ①번, ⑤번, ⑥번, ⑦번이 차별적 핵심성공요인이라고 할 수 있으며, 나머지는 일반적 핵심성공요인에 해당된다.

제4장 토의자료

전략에도 전략이 필요하다

석유산업은 전략가들에게 상대적으로 별로 놀랄 만한 것이 없는 산업이다. 물론 때로는 극적인 변화가 일어나기도 하지만 이조차도 상대적으로 예측 가능한 방식으로 일어난다. 예를 들어 전략가들은 지정학적인 힘이나 새로운 자원의 발견에 따라 국제적인 공급이 증가하거나 줄어들 것이라는 점을 안다. 또한 소득이나 GDP, 날씨 등에 의해 수요가 증가하거나 줄어들 것이라는 점을 안다. 이런 요소들은 회사나 경쟁사들이 조정할 수 없고 진입장벽이 워낙 높기 때문에 누구도 게임의 방식을 크게 바꿀 수 없다. 기업은 그저 안정적인 세상에서 고유한 능력과 자원을 모아 경쟁우위적 위치를 방어할 뿐이다.

반면 석유업계 전략가에게 인터넷 소프트웨어 산업은 악몽과 같다. 혁신이나 새로운 회사들이 어디선가 갑자기 매우 자주 나타난다. 기업이 매출이나 시장점유율을 달성하거나 잃는 속도는 어지러울 정도다. 마이크로소프트나 구글, 페이스북 같은 주요 업체가 통보도 없이 새로운 플랫폼이나 기준을 도입해 경쟁을 근본적으로 뒤흔들 수도 있다. 이런 환경에서는 경쟁 업체들보다 신호를 더 빨리 읽고 대응하거나, 변화에 빨리 적응하거나, 기술적 우위를 활용해 수요와 경쟁에 영향을 줘야 경쟁우위를 차지할 수 있다.

분명한 것은 석유산업에서 통하는 종류의 전략은 훨씬 덜 예측 가능하고 훨씬 덜 안정된 인터넷 소프트웨어 업계의 전투장에서 통할 가능성이 거의 없다는 점이다. 석유산업 전략가와 소프트웨어 산업 전략가는 서로 다른 시간의 척도를 지니고 다른 도구를 사용하며 자신들의 전략을 실행하는 사람들과의 관계도 다르다. 따라서 각각 필요로 하는 스킬도 아주 다르다. 이토록 다른 경쟁 환경에서 기업들이 전략을 계획하고 개발하고 실행하는 방식은 매우 달라야만 한다. 하지만 우리의 연구에 의하면 기업들은 매우 자주 그렇지 않다.

경영진이 상황에 맞는 방식으로 전략 세우는 일을 막는 요인은 무엇일까? 체계적인 전략의 부재다. 즉, 전략을 세우는 전략이 부족한 것이다. 우리는 기업 환경이 얼마나 예측 가능한지, 그리고 기업에 그것을 바꿀 힘이 얼마나 있는지에 따라 전략 플래닝을 네 가지 스타일로 나누는 간단한 프레임을 제시하고자 한다. 이 프레임을 사용하면 경영진은 속한 산업의 현황, 기업의 기능, 지리적 시장 등에 따라 전략 스타일을 맞출 수 있다.

전략을 세우는 방식은 개발 가능한 전략의 종류를 제한한다. 어떤 유형의 전략이 가능하고 각각 어떤 상황에 적합한지 이해한다면 더 많은 기업이 성공한 기업들의 방식대로 전략을 세울 수 있을 것이다. 고유한 능력과 자원을 활용해 기회를 더 잘 잡는 일 말이다.

올바른 전략 유형 찾기

통상 전략은 속한 산업을 평가하는 데서 출발한다. 전략 유형 선택도 여기서부터 시작해야 한다. 실제로 전략을 수립하기까지는 산업의 다양한 요소들이 개입하지만 다음 두 가지를 고려하면 선택을 좁혀갈 수 있다. 예측 가능성(수요, 성과, 경쟁의 역동성, 시장의 기대 등을 얼마나 먼 미래까지,

또 얼마나 자신 있게 예측할 수 있는가)과 유연성(스스로 혹은 경쟁사가 이런 요소들에 얼마나 영향을 줄 수 있는가)이다.

이 두 가지 변수를 대입하면 우리가 전통적(classical), 적응적(adaptive), 형성적(shaping), 예지적(visionary)이라고 명명한 네 가지 전략 유형이 도출된다. 각 유형은 서로 다른 기획과 연결되며 하나의 환경에 가장 잘 맞는다. 전략가들은 종종 예측 가능성과 유연성을 융합해서 전략을 '예측 가능하며 바꿀 수 없는 것'과 '예측 불가능하되 바꿀 수 있는 것'의 두 가지로만 나누는데 사실은 네 가지 유형을 생각해 볼 수 있다. 따라서 전략 유형을 환경에 잘 맞춘 기업이 그렇지 않은 기업보다 성과가 훨씬 좋다는 결과는 그다지 놀랍지 않다. 우리 분석에 의하면 적합한 전략 유형을 사용한 기업들의 총주주 수익이 그렇지 않은 기업에 비해 평균 4~8% 높았다.

이제 각 유형을 차례대로 살펴보자.

① 전통적: 예측할 수는 있지만 바꾸기는 힘든 환경의 산업에 속해 있다면 전통적인 전략 유형을 선택해야 성공 가능성이 높다. 이는 대부분 경영진과 MBA 졸업생들에게 친숙한 유형이다. Five Forces 모델, 블루오션, 성장성-점유율 매트릭스 분석 등이 이 유형에 속한다. 기업은 고유의 능력과 자원을 활용해서 얻을 수 있는 가장 높은 시장 지위를 목표로 삼고 먼 미래까지 예상할 수 있게 하는 양적 예측 방법을 사용해 잘 정돈된 일련의 계획을 세운다. 그리고 목표 지위를 달성하고 공고히 하기 위해 노력한다. 이런 계획은 한번 세우고 나면 수년간 제자리에 머문다. 전통적인 전략 방식은 전문적인 분석과 양적 스킬을 요하기 때문에 독립적으로 실행해도 충분하다. 진행 속도가 느리기 때문에 부서 간 정보를 주고받을 시간도 넉넉하다.

다른 성숙산업들과 마찬가지로 석유산업 전략가들이 전통적인 전략 유형을 효과적으로 사용한다. 예를 들면 엑슨모빌이나 셸 같은 메이저 석유회사에서는 고도로 숙련된 전략 기획부서의 애널리스트들이 수요와 관련된 경제적 요인 및 공급과 관련된 기술적 요인들을 상세히 전망한다. 이런 분석을 통해 향후 10년에 달하는 석유 발굴 계획과 5년 동안의 생산 능력 계획을 세울 수 있다. 새로운 석유 자원을 찾고 개발하는 데 걸리는 시간을 생각하면 생산시설을 짓고 최적으로 운영하기 위해서는 이 방법이 거의 유일하다. 이런 계획들은 수년 동안 재정상황을 예측할 수 있게 한다. 덕분에 시장지위와 성과를 유지 및 강화하는 데 필요한 효율성을 향상시키는 데 초점을 맞춰 연간 목표를 세울 수 있다. 걸프전쟁의 장기화, 주요 정유시설의 잇단 폐쇄 등 비정상적인 상황이 발생할 때만 이런 계획을 재검토한다.

② 적응적: 석유회사 전략가들은 오늘 가장 매력적인 포지션이나 가장 큰 보상을 가져다주는 특정 능력이 내일도 그만큼 가치를 가질 것으로 예상되는 환경에서 일하기 때문에 전통적인 전략 방식을 쓸 수 있다. 하지만 어떤 산업에서는 그렇지 않다. 글로벌 경쟁, 기술 혁신, 소셜 피드백, 경제적 불확실성 등이 결합해 급진적이고 끊임없이 불안정한 환경에서는 더욱 그렇지 않다. 이런 환경에서는 고심해서 만든 전통적 전략이 수개월, 심지어는 수주 안에 폐기될 수 있다.

이런 상황에 있는 기업들은 적응적 접근법을 써야 한다. 목표와 전술을 계속 다듬고 자원은 즉각 옮기고 획득하고 처분할 수 있어야 한다. 빨리 변하고 예측이 틀리기 쉬우며 장기 계획이 무용지물인 상황에서는 효율성을 최적화하는 것이 목표다. 즉 유연성을 높이는 것이 목표가 돼야 한다. 그 결과 계획의 주기가 1년 이내로 짧아지거나 심지어는 계속 계획을 짜야 할 수도 있다. 계획은 조심스럽고 구체적인 청사진이 아니라 현재 가진 데이터를 바탕으로 하는, 간략한 가정의 형태를 띤다. 계획을 테스트할 때는 변화의 신호를 잘 포착하고 정보 누락 및 지연을 최소화하기 위해 전략이 오퍼레이션과 긴밀히 연결되거나 오퍼레이션에 포함돼야 한다.

패션 소매업이 좋은 예다. 취향은 빨리 변한다. 브랜드는 하룻밤 사이에 인기를 얻거나 잃는다. 패션업체의 경영진이 아무리 많은 데이터나 계획을 갖고 있어도 훗날 무엇을 만들어야 할지를 알 수는 없다. 그러므로 그들에게는 계속해서 다양한 제품을 가능한 빨리 생산하고 내보내고 시험하며 새로 배운 것을 토대로 계속 생산하는 것이 가장 좋은 방법이다.

스페인의 자라(ZARA)가 바로 이러한 적응적 전략 방식을 사용한다. 자라는 공식적인 계획 프로세스에 그다지 의지하지 않는다. 대신 유연한 공급망에 초점을 둔다. 자라는 1400개의 외부 공급업체와 강하게 연결돼 있다. 그들은 자라의 디자이너 및 마케터들과 긴밀히 협력한다. 그 결과 자라는 업계 평균인 4~6주가 아닌 2~3주 만에 옷을 디자인하고 생산하고 매장으로 보낼 수 있다. 또한 다양한 디자인을 실험해보고 인기가 있을 것으로 예상되는 스타일에 작게 베팅해 볼 수 있다. 그 제품이 인기를 끌면 자라는 재빨리 생산을 늘린다. 인기가 없으면 가격을 인하해도 별로 잃을 것이 없다. (자라는 재고 중 평균 15%에 대해서만 가격을 인하하는데 경쟁업체들은 이 비율을 50%까지 올리기도 한다.) 그러므로 자라는 매달 어떤 디자인이 소비자의 상상력과 지갑을 사로잡을지를 예측하거나 내기할 필요가 없다. 대신 리테일 업체들로부터 수집된 정보에 신속히 응답하고 다양한 제품을 계속 실험하며 전개되는 양상에 유연하게 적응할 수 있다.

자라와 같은 전략 유형을 사용하려면 전략가, 디자이너, 제조담당, 유통담당 사이의 관계가 엑손모빌 같은 회사가 필요로 하는 것과 아주 달라야 한다. 그럼에도 불구하고 엑슨의 전략가와 자라의 디자이너는 아주 중요한 한 가지 면에서 동일하다. 그들은 경쟁 환경을 주어진 것으로 받아들이고 그 안에서 가장 좋은 곳을 개척하려 한다.

③ 형성적: 인터넷 소프트웨어 판매업체가 처한 것과 같은 환경은 그저 주어진 것으로 받아들이기만 해서는 안 된다. 예를 들어 진입장벽이 낮은 신생산업이나 초기의 고성장 산업에서는 혁신이 잦고 수요 예측이 어려우며 경쟁사들의 상대적인 포지션이 유동적이기 때문에 기업이 혁신을 통해 산업의 전개 양상을 극단적으로 바꿀 수 있다. 비슷비슷하게 나눠져 있고 강한 소수의 몇몇에 의해 지배되지 않거나 정체돼 있는 성숙 산업도 마찬가지이다.

이런 환경에서 최상의 마켓 포지션을 찾기 위해 전통적이거나 적응적인 전략을 사용하는 기업은 스스로를 과소평가하고 시장에서 벌어지는 이벤트에 압도돼서 운명을 개척할 기회를 놓칠 수 있다. 이럴 때는 다른 누군가가 하기 전에 예측 불가능한 환경을 스스로에게 유리하게 형성해 나가는 것을 목표로 하는 전략을 취하는 것이 좋다. 일이 어떻게 전개되든지 이익을 얻을 수 있게 말이다.

적응적 전략과 마찬가지로 형성적 전략은 플래닝 사이클이 짧거나 계속된다. 유연성이 중요하고 정교한 예측 메커니즘은 그다지 중요치 않으며 전략은 보통 실험 포트폴리오의 일환이다. 하지만 적응적 전략가와 달리 형성적 전략가는 경계를 뛰어넘는다. 매력적인 신시장, 기준, 기술 플랫폼, 사업관행 등의 정의를 스스로 만들어가면서 고객, 공급업체, 보완업체들의 생태계를 결합시키는 것이다. 마케팅, 로비, 파트너십 등이 도구로 쓰인다. 디지털 혁명 초기에 인터넷 소프트업체들이 형성적 전략을 통해 새로운 커뮤니티와 기준, 플랫폼을 만들어 새로운 시장과 사업의 토대를 형성한 바 있다.

④ 예지적: 때로 기업은 미래를 형성해나갈 수 있을 뿐 아니라 미래를 알고 그것을 실현시키기 위한 방법을 예언할 수도 있다. 이런 상황은 대담한 전략을 필요로 한다. 에디슨이 전기에서, 마틴 로스블랫이 XM 위성 라디오에서 그랬듯 사업가가 완전히 새로운 시장을 만들어내기 위해 필요로 하는 그런 대담한 전략 말이다. 라탄 타타가 매우 저렴한 나노자동차를 실험한 것도 마찬가지다. 이런 전략은 판돈이 큰 내기와 같으며 '당신이 세워라. 그러면 그들이 따라올 것이다' 전략이라고 할 수 있다.

형성적 전략과 마찬가지로 예지적 전략도 환경을 주어진 것이 아닌 스스로에게 유리하게 바꿀 수 있는 것으로 인식한다. 그럼에도 불구하고 예지적 전략은 적응적 방식보다도 전통적 전략과 공통점이 더 많다. 목표가 명확하기 때문에 전략가들은 많은 옵션을 남겨 둘 필요가 없다. 실행을 똑바로 못해서 비전을 망치지 않도록 자원을 결집하고 철저히 계획하고 올바르게 실행하는 데 필요한 시간과 노력을 들이는 것이 더 중요하다. 예지적 전략가들은 자신의 길을 묵묵히 걸어 갈 용기와 필요한 자원을 투입할 의지를 가져야 한다.

예를 들어 1994년, 인터넷 커머스의 부상으로 배송업계가 혜택을 입게 되리라는 것은 UPS에 자명한 일이었다. 온라인 소매업자들이 사이버 공간에서 판매한 물품을 고객이 있는 곳 문 앞까지 갖다 놓을 방법을 필요로 할 것이기 때문이다. 이런 미래는 페덱스에도 마찬가지로 분명한 사실이었지만 UPS에는 필요한 투자를 할 수단과 의지가 있었다. 그해 UPS는 IT, 세일즈, 마케팅, 파이낸스 분야에서 차출한 사람들로 상호 기능 위원회를 세웠고 훗날 회사가 '글로벌 e커머스의 조력자'라고 명명한 것을 향한 길을 만들어갔다. 이 위원회는 UPS가 비전을 실행하기 위해 필요로 하는 야심만만한 과제들을 확인했다. 여기에는 1년에 10억 달러를 투자해 핵심 택배 추적 기능을 웹사이트와 통합하고 글로벌 배송 능력을 넓히기 위해 인수합병하는 것이 포함돼 있었다. 2000년 수십억 달러를 들인 UPS의 노력이 성과로 나타났다. e커머스 시장의 60%를 차지한 것이다.

자료: M. Reeves 외, "Your strategy needs strategy," *Harvard Business Review*, September 2012(DBR NO.131(2013), pp.131~136에서 인용).

토의문제

1. 산업에 따라 전략이 달라져야 하는 이유는 무엇인가?
2. 상황에 맞는 전략은 어떻게 수립하는가?
3. 상황에 맞는 전략을 수립하는 데 있어서 포터의 산업구조분석모형은 어떤 도움을 주는가?
4. 형성적 전략유형에 해당되는 기업의 사례를 제시하라.

참고문헌

이준구, 『미시경제학』, 문우사(2013).

조동성(역), 『경쟁우위』, 교보문고(1991).

조동성·이광현, 『경쟁에서 이기는 길』, 교보문고(1992).

Bain, J.S., *Barriers to New Competition*, Harvard University Press, Cambridge, MA(1956).

________, Industrial Organization, New York, Wiley(1968).

Basker, E., "Does Wal-Mart sell inferior goods?," *Economic Inquiry*, 49(2011), pp. 973~981.

Baumol, W. and R. Willig, "Fixed cost, sunk cost, entry barriers and sustainability of monopoly," *Quarterly Journal of Economics*, Vol. 95(1981), pp. 405~431.

Biggadike, R., "The risky business of diversification," *Harvard Business Review*(May-June 1984), pp. 103~111.

Boyd, J.L. and R.K.F. Bresser, "Performance implications of delayed competitive responses: Evidence from the U.S. retail industry," *Strategic Management Journal*, Vol. 29(2008), pp. 1077~1096.

Buzzell R.D. and B.T. Gale, *The PIMS Principles*, Free Press, New York(1987).

Connor, K., "A historical comparison of resource based theory and five schools of thought within industrial organization economics: Do we have a new theory of the firm?," *Journal of Management*, 17(1991), pp. 121~154.

Czepiel, J.A., *Competitive Marketing Strategy*, Prentice Hall, Englewood Cliffs, NJ(1992).

Gilbert, R.J., "Mobility barriers and the value of incumbency," in R. Schmalensee and R. D. Willig(eds.), *Handbook of Industrial Organization*, Elsevier Science Publishers, B.V.(1989), pp. 475~535.

Grant, R.M., *Contemporary Strategy Analysis: Concepts, Techniques*, Applications, Blackwell Cambridge, MA(1991).

Hansen, G. and B. Wernerfelt, "Determinants of firm performance: The relative importance of economic and organizational factors," *Strategic Management Journal*, Vol. 10(1989), pp. 399~411.

Hax, A. and N.S. Majluf, *Strategic Management: An Integrative Perspective*, Prentice Hall, Englewood Cliffs, NJ(1984).

Kerin, R.A., V. Mahajan, and P.R. Varadarajan, *Contemporary Perspectives on Strategic Market Planning*, Allyn and Bacon, Boston(1990).

Lecocq, X. and B. Demil, "Strategizing industry structure: The case of open systems in a low-tech industry," *Strategic Management Journal*, Vol. 27(2006), pp. 891~898.

Makadok, R., "The interaction effect of rivalry restraint and competitive advantage on profit: Why the whole is less than the sum of the parts," *Management Science*, Vol. 56(2010), pp. 356~372.

__________ and D.G. Ross, "Taking industry structuring seriously: A strategic perspective on product differentiation," *Strategic Management Journal*, Vol. 34(2013), pp. 509~532.

McGee, J. and H. Thomas, "Strategic groups: theory, research and taxonomy," *Strategic Management Journal*, Vol. 7(1986), pp. 141~160.

Porter, M.E., *Competitive Strategy: Techniques for Analyzing Industries and Competitors*, Free Press, New York(1980).

__________, "The contributions of industrial organization to strategic management," *Academy of Management Review*, Vol. 6(1981), pp. 609~620.

__________, "The five competitive forces that shape strategy," *Harvard Business Review*, January(2008), pp. 78~93

Prescott, J.E., A.K. Kohli, and N. VenKatraman, "The market share profitability relationship: A empirical assessment of major assertions and contradictions," *Strategic Management Journal*, Vol. 7(1986), pp. 377~394.

Rumelt, R.P., "How much does industry matter?" *Strategic Management Journal*, Vol. 12(1987), pp. 167~186.

Rumelt, R.P., D.E. Schendel, and D.J. Teece, "Strategic Management and Economics," *Strategic Management Journal*, Vol. 12(1991), pp. 5~30.

Schumpeter, J.A., The Theory of Economic Development, Harvard University Press Cambridge, MA(1934).

Scherer, F.M., Industrial Market Structure and Economic Performance(2nd Edition), Rand McNally, Chicago(1980).

__________ and D. Ross, Industrial Market Structure and Economic Performance(3rd Edition), Houghton Mifflin Co.(1990), p. 4.

Teece, D., "Contributions and impediments of economic analysis to the study of strategic management"(1990), in J. W. Fredrickson(ed.), *Perspectives on Strategic Management*, Harper Business, New York, pp. 39~80.

Thompson, A.A. and A.J. Strickland, *Strategic Management: Concepts and Cases*, Irwin, Homewood, IL(1993).

Wernerfelt, B. and C.A. Montgomery, "What is an attractive industry?," *Management Science*, 32(1986), pp. 1223~1229.

05

STRATEGIC MANAGEMENT

제 5 장

경쟁기업 분석

코스트코(COSTCO)가 세계 1위의 창고형 할인점포로 승승장구하는 비결은 무엇일까? '경쟁자와 더불어 경쟁을 즐긴다'이다. 지난해 봄 미국 캘리포니아 주는 코스트코에 사업허가를 내줬지만 미국 내 1위 유통기업인 월마트의 진입은 불허했다. 이에 대해 코스트코는 '월마트도 똑같이 허가해달라'며 강력 호소했다. 젤리넥 CEO는 이에 대해 "최고의 매출을 올리는 매장은 오히려 월마트 근처에 있기 때문이다"고 말했다.

"경쟁이 없었더라면 우리가 지금처럼 성장하지 못했을 것입니다. 경쟁은 고객을 위한 최고의 가치를 만들어내는 지름길입니다. 예컨대 한국에선 신세계와 롯데가 쉽지 않은 경쟁자이죠. 그러나 그들이 있어 우리가 존재하기도 합니다."

– 크레이그 젤리넥(코스트코 CEO)

미·일 경쟁의 성격을 나타내는 다음과 같은 이야기가 있다. 일본기업인과 미국기업인이 같이 숲속을 거닐다가 호랑이를 만났다. 잡혀먹힐 상황이 되었다. 겁에 질린 미국인이 먼저 일본인에게 당신 저 호랑이보다 빨리 뛸 수 있느냐고 물었다. 그랬더니 일본인은 차분하게 다음과 같이 대답했다.

"나는 첫째, 저 호랑이보다 더 빨리 뛸 수가 없다. 둘째, 또한 더 빨리 뛸 필요도 없다. 나는 당신보다 조금만 더 빨리 뛰면 된다."

사실 일본보다 빨리 뛰지 못하는 미국은 커다란 쌍둥이 적자(무역적자 및 재정적자)라는 호랑이에게 잡아 먹히게 되었다는 것이다.

이 예에서 얻을 수 있는 교훈은 무엇인가. 첫째, 미국은 항상 일본보다 먼저 문제해결을 위해 나선다는 것이다. 둘째, 어떻게 하면 호랑이보다 빨리 뛰는가 등 근본적으로 문제를 해결하려고 한다는 것이다. 즉, 어떻게 하면 세상에 없던 레이저, 반도체를 만들고, 달에 사람을 보내는가 등 근본적인 문제를 해결하려고 한다는 것이다. 그러나 일본은 항상 경쟁차원에서 문제를 본다는 것이다. 즉, 어떻게 하면 미국보다 조금이라도 더 잘할 수 있는가 등을 생각한다는 것이다.

지금까지 미·일의 경제전쟁도 바로 이런 차원에서 살펴볼 수 있다. 미국이 세상에 없던 대형 컴퓨터를 만들어 놓으면 일본은 이를 백방으로 연구한 후 소형화하여 미국보다 조금 좋게 만들어 미국시장에서 미국기업에 타격을 주며 떼돈을 번다. 그리고 미국도 컴퓨터를 일본처럼 소형화하여 일본과 경쟁할 단계가 되면 일본은 이를 더 소형화해 미국기업에 앞선다. 말하자면 일본이 데스크톱 컴퓨터를 만들면 미국도 이를 만들어 일본과 경쟁하려고 한다. 그렇게 되면 일본은 이를 더 소형화하여 랩톱 컴퓨터를 만든다. 미국이 다시 이를 만들면 일본은 이를 더 소형화하여 노트북 컴퓨터로 만들어 미국시장을 휩쓴다.

– 송병락(서울대 교수)

제5장 들어가면서

경쟁의 본질은 상대성에 있다.

앞의 인용 글에서 일본 기업인이 "나는 당신보다 조금만 더 빨리 뛰면 된다."고 한 말은 경쟁의 본질을 정확하게 짚은 말이다. 경쟁의 본질은 상대성에 있다. 상대방보다 압도적으로 뛰어난 기량을 발휘하지 않더라도 경쟁에서 승리할 수 있다. 축구 경기를 예로 들면, 이를 쉽게 이해할 수 있다. 우리 팀이 팀워크가 살아나지 않아 평소와 같은 실력을 발휘하지 못하더라도 상대 팀이 우리보다 부진한 경기를 한다면, 그 덕분에 우리 팀이 승리할 수 있다. 모든 스포츠의 승자는 경쟁의 상대성에 의해서 결정된다.

기업 간의 경쟁도 마찬가지이다. 고객은 우리 기업의 제품과 경쟁기업의 제품을 비교하여 보다 마음에 드는 제품을 선택할 것이다. 고객을 시장에서 마주치는 호랑이로 비유한다면, 우리 기업의 제품이 경쟁기업의 제품보다 조금만 더 뛰어나면 되는 것이다. 모든 면에서 압도적인 가성비(품질 대비 가격 비율)를 가지지 않더라도 시장에서 성공할 수 있다는 말이다.

그렇다고 경쟁의 본질을 상대성의 관점에서만 파악할 수는 없다. 경쟁의 상대성은 존속적 혁신만 일어나는 기존 산업에 한정하여 적용할 수 있는 개념이다. 파괴적 혁신은 경쟁의 상대성을 초월한다. 파괴적 혁신을 통해 새로운 시장을 개척하는 경쟁자가 등장한다면 좀 더 나은 제품 개발에 집중하는 존속적 혁신 기업은 경쟁할 수가 없다. 마이크로소프트와 애플이 지금까지 없던 데스크 탑 PC를 만들어낸 것은 파괴적 혁신이다. 빌 게이츠(Bill Gates)와 스티브 잡스(Steve Jobs)가 존경을 받는 이유이다. 초기의 PC시장에서 일본 기업은 경쟁자로 존재하지 않았다.

5.1 경쟁기업 분석의 목적

경쟁기업 분석의 중요성은 산업구조에 의해서 결정된다. 대체로 동질적인 제품을 생산하는 다수의 기업으로 구성된 산업일 경우, 시장경쟁은 다수 기업의 행동과 전략에 의해서 결정될 것이다. 이런 산업에서는 한 두 기업의 행동을 분석하면 그 결과를 산업 전체의 평균적인 행동으로 연장해 볼 수가 있기 때문에 경쟁기업 분석의 중요성이 그렇게 크지 않다. 극단적으로 완전경쟁이 이루어질 경우 기업은 가격순응자(price taker)로서 행동할 것이므로 개별기업이 시장경쟁에 미치는 영향은 미미하다. 그러나 집중도가 높은 산업이나 제품의 차별화가 상당한 수준에 이르고 있는 산업일 경우, 경쟁환경은 몇 개의 소수 기업에 의해 결정적으로 좌우될 것이므로 이들 주요 경쟁기업을 분석하는 것은 중요한 의미를 띤다.

산업집중도가 높은 과점산업일 경우 상위 3대 기업, 또는 상위 5대 기업 간에 시장점유율 경쟁이 치열하게 이루어진다. 이에 따라 상대방의 전략변화, 예컨대 경쟁기업의 신형모델 도입이나 가격인하 등에 대해 민감하게 반응한다. 산업의 집중도가 낮다고 하더라도 제품과 서비스의 차별화 정도가 높을 경우 유사한 제품과 서비스를 제공하는 한, 두 경쟁기업이 다른 기업의 수익성에 미치는 영향력은 상당히 크다. 예컨대 청량음료산업의 경우 전 세계적으로 다양한 음료를 개발하여 판매하는 수많은 기업이 있다고 하더라도, 전체적으로 코카콜라와 펩시 간의 경쟁이 이들 산업의 핵심이 된다. 실제 전 세계 시장을 대상으로 점유율을 확보하기 위한 두 기업 간의 경쟁전략과 광고전략은 치열하다고 하겠다.

경쟁기업 분석의 중요성에 관한 이상의 내용을 고려해 볼 때, 경쟁기업을 분석하는 목적은 다음과 같이 두 가지로 나누어 볼 수 있다.

첫째, 경쟁기업의 미래전략을 예측하는 것이다. 여기에 대해서는 다음과 같은 의문을 중심으로 분석이 이루어질 것이다. ① 경쟁기업이 현재의 전략을 별다른 수정 없이 유지할 것인가? ② 아니면 앞으로 어떤 전략변화를 시도할 것인가?

둘째, 새로운 전략에 대한 경쟁기업의 반응을 예측하는 것이다. 여기에는 다음과 같은 측면들이 분석대상이 된다. ③ 경쟁기업이 우리 기업의 전략적 행동에 대해 어떻게 반응할 것인가? ④ 즉각적인 반격을 할 것인가? 아니면 우리 기업의 전략에 대해 그 결과를 예의 주시하는 데 그칠 것인가? ⑤ 반격을 시도할 경우 어느 정도의 강도로 반격을 할 것이며, 이를 뒷받침할 내부자원을 보유하고 있는가? ⑥ 이상의 결과를 종합해 볼 때 우리 기업이 취해야 할 전략적 행동은 무엇인가?

5.2 경쟁기업의 파악

경쟁기업을 분석하기 위해서는 우선 경쟁기업을 파악하여야 한다. 경쟁기업을 파악하는 방법은 두 가지로 생각해 볼 수 있다. 첫째는 고객의 원초적 욕구를 중심으로 경쟁기업을 파악하는 방법이다. 이는 고객이 제품을 선택할 때 어떤 욕구를 중시하는가 하는 점과 선택 가능한 제품들 중에서 어떤 기업의 제품을 자사 제품과 유사하다고 생각하는가 하는 점에서 경쟁기업을 파악하는 방법이다. 생산기술이나 시장규모 면에서 전혀 다른 기업이라고 하더라도 제품을 구매하는 고객이 그 기업 제품과 자사 제품을 유사한 대체품으로 보고 있다면 그 기업은 경쟁기업이다. 예컨대 세계적인 필기구 브랜드인 몽블랑(Montblanc)의 CEO는 '몽블랑의 경쟁기업이 누구인가' 라는 질문에 기본적으로 '사랑을 표현하는 모든 수단'이라고 답하였다. 일생의 동반자나 사업 파트너에게 고마움을 표하고, 그 사람을 사랑한다는 것을 표현하기 위해 주는 모든 럭셔리 브랜드는 사실상 경쟁자라는 설명이다. 그런데 경쟁기업을 이렇게 파악하는 것은 경쟁의 핵심을 파악하는 데는 도움을 주지만, 경쟁기업의 범위가 너무나 광범위하여, 경쟁기업을 분석하는 것은 사실상 불가능하다. 이 방법은 다음의 두 번째 방법을 보완하는 방법으로 사용할 수 있다.

경쟁기업을 파악하는 두 번째 방법은 전략의 유사성이라는 관점에서 경쟁기업을 파악하는 것이다. 일반적 의미의 경쟁기업이란 자기 기업과 유사한 전략을 추구하는 기업을 의미한다. 전략의 유사성이 극히 높은 경쟁기업을 직접 경쟁기업(direct competitors)이라고 한다. 직접 경쟁기업은 자기 기업과 유사한 방식으로 동일한 고객을 대상으로 하는 가장 좁은 의미의 경쟁기업을 의미한다. 직접 경쟁기업은 같은 기술을 사용하여 생산한 유사한 제품을 같은 유통채널을 통해 동일한 고객에게 판매하는 기업이다. 이들 직접 경쟁기업과의 경쟁에서 고객의 선택을 받지 못할 경우, 다른 경쟁기업과의 경쟁에서도 좋은 결과를 얻을 것으로 기대할 수 없다.

그러면 어떤 기업이 자기 기업과 유사한 전략을 추구하는 기업이라고 판단할 수 있는가? 우선 동일하거나 유사한 고객집단을 대상시장으로 하거나, 전략 목표에 있어서 유사하거나, 경쟁우위의 확보를 위해 어떤 측면(예컨대 효율적 생산공정을 통한 원가우위를 추구하는가, 상표의 이미지제고를 통한 차별화를 추구하는가 등)을 중시하는가 하는 점에서 유사성을 판단할 수가 있을 것이다. 그 외 가격정책, 대상시장, 브랜드 정책, 투자 회수기간, 시설투자의 적극성, 신제품의 개발정도 및 빈도 등의 면에서 전략적 유사성의 정도를 평가해 볼 수 있을 것이다.

한편, 경쟁기업을 파악하는 데 있어서 유의하여야 할 사항은 현재는 산업에 참가하고 있지 않으나, 앞으로 참가할 가능성이 있는 잠재적 경쟁기업을 분석대상에서 제외해서는 안 된다는 것이다. 특히, 기업의 장기적 성장방향과 다각화라는 관점에서 볼 때 다른 산업에 속한 기업의 행동도 주시해야 할 필요가 있다. 기존기업을 인수하거나 합병을 통해 현재 사업과 다른 산업으로 다각화하는 기업이 있기 마련이다. 그러나 분석대상을 지나치게 넓게 할 경우, 경쟁기업에 대한 깊이 있는 분석이 어려울 뿐만 아니라 분석에 투입된 자원이 낭비될 가능성이 있다. 이에 반해 지나치게 분석대상을 좁게 할 경우 주요 경쟁기업과 잠재적 경쟁기업이 분석에서 제외될 우려가 있다. 따라서 어느 정도의 전략적 유사성을 가진 기업을 분석대상으로 할 것인가 하는 것이 현실적인 과제로 등장한다. 이런 점에 도움을 주는 것이 전략집단(strategic group)이라는 개념이다.

5.3 전략집단

1. 전략집단의 개념

경쟁기업을 파악하고 분석하는 데 유용하게 사용할 수 있는 개념이 전략집단(strategic group)이다. 전략집단이란 같은 산업 내에서도 전략적 행동과 시장지위가 유사한 기업들의 집단을 의미한다. 따라서 같은 전략집단에 속한 기업들은 여러 가지 면에서 공통된 특징을 가지고 있다. 제품계열의 폭, 수직적 통합의 정도, 제품의 특성, 고객집단, 유통채널, 생산기술, 가격대비, 품질 등의 면에서 유사하거나 동일하다. 한 산업에 속한 모든 기업이 유사한 전략을 수행한다면 전략집단은 하나라고 하겠으며, 극단적으로 모든 기업이 독특하거나 서로 다른 전략을 채택하고 상당히 구별되는 시장지위를 구축하고 있다면, 이들이 모두 독립된 전략집단이 된다고 하겠다. 전략집단은 분석수준에 있어서 기업수준(firm-level)과 산업수준(industry-level)의 중간수준의 분석단위가 되므로 전략경영과 산업조직론의 전통적인 분석수준을 보완해 준다.

전략집단이라는 개념의 유용성은 경쟁기업을 파악하는 데 도움을 줄 뿐 아니라, 경쟁기업 분석의 목적인 경쟁기업의 전략적 행동을 예측하는 데도 도움을 준다는 데 있다. 같은 전략집단에 속한 기업들은 전략 면에서 유사할 뿐 아니라, 어떤 사건이나 환경변화로 인해 받는 영향의 정도도 비슷할 것이다. 이는 전략의 유사성으로 인해 어떤 기회나 위협에 대해 유사하게 반응할 것이기 때문이다. 따라서 한 기업의 전략적 행동을 분석할 경우 같은 전략집단에 속한 다른 기업들의 전략적 행동을 쉽게 예측할 수가 있다. 또한 전략집단의 성공과 실패를 서로 비교함으로써 각 전략의 강점과 약점을 보다 잘 이해할 수 있고, 어떤 산업에서 가장 성공적인 전략이 무엇인가를 알 수 있다.

같은 산업에 속한 모든 기업이 경쟁관계에 있다고 하겠으나 그중에서도 같은 전략집단에 속한 기업들이 보다 직접적인 경쟁관계에 있다고 하겠다. 이러한 주장에 대한 좋은 근거로 들 수 있는 것이 가우제(G.F. Gause)의 「경쟁적 배제의 원칙(a principle of competitive exclusion)」이다.

모스크바 대학의 가우제 교수는 1934년에 다음과 같은 흥미로운 실험결과를 발표하였다. 동일 속(屬: genus)에 속하는 두 마리의 원생동물을 적당한 분량의 먹이와 함께 한 개의 병 속에 넣어서 관찰한 결과에 따르면, 만약 두 마리의 동물이 서로 다른 종(種: species)이면 공존·공생이 가능하나 같은 종이면 불가능하다는 것이다. 이러한 실험결과를 통해 "두 개의 동일한 종(동물)이 똑같은 방법으로 생명을 보전하려고 할 때는 결코 공존할 수 없다(No two species can coexist that make their living in the identical way)."는 경쟁적 배제의 원칙을 도출하였다. 이는 제한된 환경 속에서 비슷한 방식으로 삶을 영위하려는 경쟁자가 가장 위험한 존재가 된다는 것을 의미한다.

전략집단이라는 개념은 헌트(M.S. Hunt, 1972)가 처음으로 사용하였다. 1960년대 미국의 가전산업을 연구하던 중에 그는 다음과 같은 의문점을 발견하였다. 그것은 가전산업의 집중도가 높음에도 불구하고 산업의 수익성이 낮다는 것이있다. 그는 이러한 결과를 그때까지 간과되고 있던 어떤 구조적 요인, 즉 기업들이 근본적으로 다른 전략을 추구함으로써 시장지배력을 행사할 수 없게 만들기 때문이라고 해석하였다. 실제로 헌트는 미국 가전산업에 속한 기업을 ① 전 품목을 취급하는 전국적 상표보유 생산업자들(full line national manufacturer's brand producers), ② 한정된 품목을 취급하는 전국적 상표보유 생산업자들(part line national manufacturer's brand producers), ③ 유통업자의 상표부착 생산업자들(private brand producers), ④ 전국적 유통망을 갖춘 소매업자들(national retailers)로 구분되는 4개의 전략집단으로 분류하였다. 이에 따라 그는 산업집중도가 그 산업의 수익성을 대변하는 적절한 지표라고 할 수 없으며, 전략집단을 고려하기 위해 산업구조라는 개념을 재정의하여야 한다고 결론 내렸다.

어느 산업에나 존재할 수 있는 전략집단에 대한 가장 전형적인 예를 든다면, 다음과 같이 서로 다른 세 가지 전략을 추구하는 전략집단을 들 수 있다. ① 다양한 라인의 표준화된 제품을 저원가로 생산하여 대규모의 판매망을 통해 유통시키는 전략을 추구하는 대기업들(전략집단 1), ② 고품질의 차별화된 브랜드 제품을 전문매장을 통해 판매하는 전략을 추구하는 기업들(전략집단 2), ③ 특정 고객집단이나 특정품목에 전문화함으로써 경쟁우위를 누리려는 중소기업들(전략집단 3)이다.

경쟁정도라는 측면에서 볼 때 각 전략집단 내의 경쟁이나 전략집단 간의 경쟁이 그 정도에 있어서 동일하지가 않다. 예컨대 어떤 전략집단에서는 기업 간의 경쟁이 치열한 데 비해, 어떤 전략집단은 그렇지 않을 수 있다. 위의 예에서 전략집단의 경우 대기업은 규모의 경제를 통해 저원가우위를 달성하려고 할 것이므로 시장점유율을 극대화하는 것이 필수적이다. 따라서 상대방의 시장점유율을 쟁탈하기 위해 치열하게 경쟁할 것이다. 반면, 전략집단 2의 경우 기업 간에 제품이 차별화되어 있어 브랜드 충성도가 높은 고객들을 독점적으로 확보하고 있을 것이므로 기업 간 경쟁은 덜 치열할 것이다. 그리고 전략집단 간에도 인접한 전략집단과의 경쟁이 보다 치열하다. 예컨대 전체시장을 대상으로 하는 전략집단 1과 전략집단 2 간의 경쟁이 대상시장의 범위에서 차이가 나는 전략집단 1과 전략집단 3 간의 경쟁보다 치열할 가능성이 높다.

2. 전략집단의 분류

전략집단이라는 개념을 이용하여 경쟁기업을 파악하고, 이들의 전략을 분석하기 위해서는 먼저 경쟁기업을 적절한 전략집단으로 분류하여야 할 것이다.

전략집단을 분류하는 데 있어서 가장 중요한 사항은 경쟁기업들의 다양한 전략을 구분할 수 있는 핵심변수를 파악하는 것이다. 전략집단의 정의에서 알 수 있듯이 전략집단을 분류하는 자연스런 방법은 개별기업의 전략적 특징을 고려하여 유사한 전략을 추구하는 기업들을 하나의 전략집단으로 분류하는 것이다. 이때 전략의 어떤 특징을 중시할 것인가 하는 것이 중요한 과제가 된다. 전략의 핵심적 특징을 파악하는 가장 좋은 방법은 해당산업을 일정 기간 지속적으로 관찰함으로써 기업들의 전략 변화과정을 역사적으로 이해하는 것이다.

전략집단의 존재에 대해서는 학자에 따라 이를 긍정하는 의견과 부정하는 의견이 양립되어 왔다. 즉, 전략집단의 존재에 대해 의문을 제기하는 학자들이 있는데, 이들은 전략집단의 존재에 대한 이론적 근거에 의문을 제기하고, 전략집단은 단순히 통계적 분류의 결과에 지나지 않는다는 주장을 한다. 이에 따라 전략집단을 분류할 때는 크게 다음의 세 가지 문제가 주요 이슈가 된다. 첫째는 전략집단의 존재, 과연 특정산업에 속한 기업들을 전략집단으로 분류할 수 있는가 하는 것이다. 둘째는 전략집단 간의 성과차이 즉, 전략집단이 다르면 성과도 다른가 하는 것이다. 마지막으로 전략집단 간의 이동 즉, 한 전략집단에서 다른 전략집단으로 이동이 가능한가 하는 것이다.

그러므로 전략집단을 분류하고 이를 유용하게 활용하기 위해서는 아래의 세 가지 문제를 해결하여야 할 것이다. 첫째, 집단 간의 전략차이를 설명해주는 의미 있는 변수를 도출해야 하며, 둘째, 이들 변수를 사용하여 전략집단을 분류하였을 경우 집단 간에 성과차이가 존재한다는 것을 보여줄 수 있어야 한다. 만약 어떤 변수를 사용하여 전략집단을 분류해 낸다고 하더라도, 이들 집단 간에 성과차이가 나지 않는다면, 전략집단 개념의 유용성이 사라진다. 전략집단 개념의 존재에 대한 의문이 제기되는 것도 이러한 이유 때문이다. 세 번째 문제는 전략집단의 안정성에 관한 것으로 기업이 집단 간에 빈번하게 이동한다면 집단을 분류함으로써 얻을 수 있는 유용성이 사라지게 된다. 이와 관련해서는 다음 절 이동장벽에서 설명할 것이다.

3. 전략집단의 분류기준

전략집단에 관한 연구 추이를 조망해 보면, 먼저, 헌트(M.S. Hunt, 1972)로부터 시작된 연구는 1980년대와 1990년대를 거치면서 급속하게 증가하였으나 1990년대 후반 이후 다소 정체되고 있는 상황이다. 초기 연구들은 대부분 산업조직론의 구조적 변수를 사용하여 전략집단을 분류하였다. 여기에는 산업의 경쟁정도에 영향을 미치는 산업집중도, 제품차별화의 수준, 수직적 통합의 정도, 기술적 특징 등이 주요 분류변수로 사용되었다. 포터 모형의 논리를 적용시켜 보면, 이들 구조적 변수들은 산업 내에 존재하는 전략집단 내의 경쟁정도에 영향을 미칠 것이므로 전략집단의 매력도를 결정짓는 요인이라고 할 수 있다.

한편, 1990년대 초반 이후에는 기업이 누리는 경쟁우위를 보유자원의 독특함으로 설명하는 자원준거시각(a resource-based view)이 등장함에 따라, 기업이 보유한 내부자원과 역량을 기준으로 전략집단을 분류하는 연구가 활발하게 이루어졌다. 자원준거시각을 적용할 경우 보유자원과 역량의 포지셔닝에 있어서 유사한 정도를 기준으로 전략집단을 분류한다. 예컨대 마케팅 역량, 기술적 역량, 경영자의 자질과 같은 변수들이 분류를 위해 사용되었다. 가장 최근에 활발하게 논의되고 있는 분류법이 산업 참가자의 인지지도(cognitive map)에 근거하여 전략집단을 분류하는 인지적 접근법이다. 이 접근법은 전략에 관한 경영자의 정신적 모델(mental models)이 유사한 정도를 기준으로 전략집단을 분류하는 방법이다. 예컨대 동일한 환경변화가 발행한 경우에도 대응하는 방식은 기업에 따라 다를 것이다. 이는 어떻게 행동하는 것이 바람직한가 하는 표준적 산업대처법(industry recipe)에서 기업마다 다르기 때문이다. 따라서 산업대처법에 대한 경영자의 믿음이 유사한 정도를 기준으로 각각 다른 전략집단을 분류할 수 있을 것이다. 인지적 접근법은 앞의 두 접근법이 객관적 지표를 사용하여 전략집단을 분류하는 데 비해, 경영자가 지각하는 주관적 지표를 사용한다는 차이점을 가지고 있다. 이상의 내용을 요약하면 〈표 5-1〉과 같다.

〈그림 5-1〉은 전략집단이라는 개념의 유용성을 설명하기 위해, 국내 자동차산업을 대상으로 전략집단을 분류한 것이다. 국내 승용차시장에 참여하

표 5-1 전략집단의 분류기준

	논 리	한 계	분류변수(예)
산업조직론적 접근법	산업집중도나 진입장벽 등과 같이 산업이나 시장의 구조적 변수를 사용하여 집단의 매력도를 분류	외부환경적 요인에 초점을 두고 있어서 경영자가 통제할 수 있는 변수가 고려되지 않음	• 산업집중도 • 제품차별화 정도 • 수직적 통합 정도 • 기술의 특성 • 사업의 범위
자원준거시각	기업이 보유한 내부자원과 능력의 독특한 포지셔닝에 있어서 유사한 정도를 분류	내부자원과 역량에 중점을 두기 때문에 환경적 요인(산업구조 요인)이 고려되지 않음	• 마케팅 능력 • 기술적 능력 • 연구개발 역량 • 경영자의 역량
인지적 접근법	산업 내에서 어떻게 행동하는 것이 좋은가 하는 정신적 모델(mental model)의 유사성을 분류	객관적 변수가 아닌 주관적 변수를 사용해 전략집단을 분류	• 경영자의 인지적 특성 • 집단의 정체성 • 집단의 제도와 규범 • 산업대처법(industry recipe)

고 있는 기업은 크게 국내생산기업(현대, 기아, GM, 르노삼성, 쌍용)과 해외수입기업으로 나눌 수 있다. 해외수입기업으로는 독일의 벤츠, 폴크스바겐, 아우디 등, 미국의 GM, 포드, 크라이슬러 등, 일본의 토요타, 혼다, 닛산 등, 영국의 재규어 등, 프랑스의 푸조 등을 들 수 있다. 이들 기업은 다양한 모델의 승용차를 판매하고 있다. 이 중에서 2,000cc 전후의 중형차(가솔린 엔진의 엔트리급)를 기준으로 가격과 배기량이라는 두 개의 기준으로 전략집단을 분류해 보면, 다음과 같이 4개의 전략집단으로 나누어 볼 수 있다.

첫째, 배기량이 2,000cc이면서 고가(6천만 원대)의 프리미엄 모델(벤츠 E200, BMW 528, 아우디 A6)을 판매하는 **전략집단(1)**, 둘째, 배기량이 2,000cc이면서 비교적 고가(4천만 원 중반)의 고급형 모델(볼보 S60, 푸조 508(디젤엔진), 폴크스바겐 파싸트cc, 인피니티 Q50)을 판매하는 **전략집단(2)**, 셋째, 배기량이 2,400cc~2,500cc이면서 가격이 중고가(3천~3천4백만 원)의 중급형 모델(토요타 캠리, 닛산 알티마, 혼다 어코드, GM 알페온(준대형), 현대 그랜저(준대형))을 판매하는 **전략집단(3)**, 넷째, 배기량이 2,000cc이면서 저가(2천만 원 초중반)의 보급형 모델(GM 말리부, 현대 소나타, 르노삼성 SM5, 기아 K5)을 판매하는 **전략집단(4)**로 분류할 수 있다.

그림 5-1 국내 중형승용차시장의 전략집단

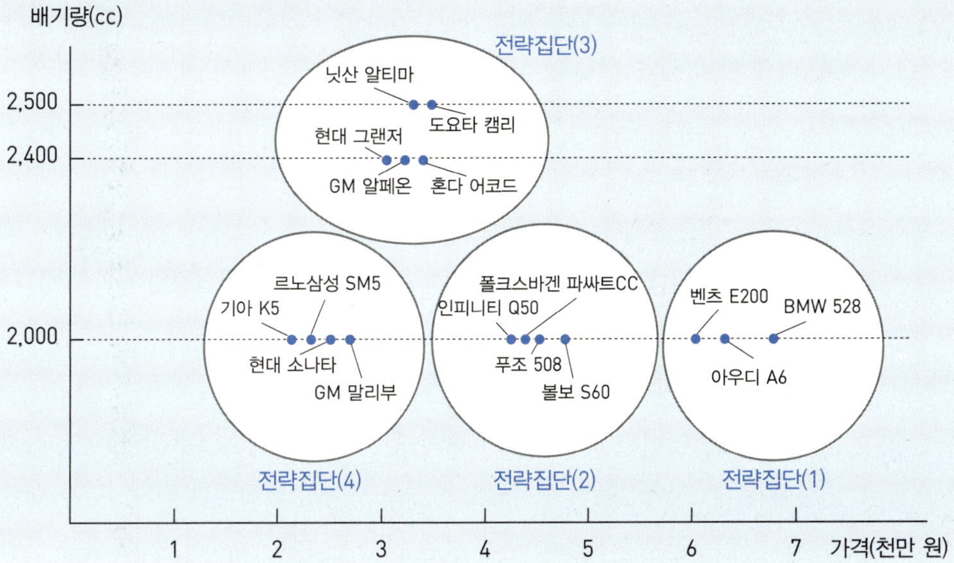

이러한 분류는 실제로 시장에서 판매되고 있는 다양한 모델을 지나치게 단순화하는 점이 있지만, 전체 승용차시장을 간결하게 파악하고 각 집단의 특성을 분석하는 데 유용한 분석방법이기도 하다.

한편, 전략집단을 가격과 엔진 크기라는 두 가지 변수로 나누었지만, 이는 2차원 공간에 나타나기 위한 편의적 방법이다. 가격에는 주행 성능, 연료 효율성, 안정성, 편의장치, 브랜드 이미지 등과 같은 복합적인 요소가 반영되어 있다. 동일한 엔진을 가진 모델이지만 가격에서 차이가 나는 것은 이러한 복합적인 요소가 작용한 결과라고 할 수 있다. 전략집단(4)에 속한 기업(GM, 현대-기아차 등)이 전략집단(1)에 속한 기업과 같은 엔진 크기의 자동차를 생산하더라도 고가정책을 실시할 수 없는 것은 이상의 복합적인 요소가 이동장벽으로 작용하기 때문이라고 하겠다. 이러한 시장지위의 차이를 극복하기 위한 방안으로 GM과 현대차는 중형차보다 한 단계 높은 준대형차 모델(GM 알페온, 현대 그랜저)을 통해 대응하고 있고, 도요타와 닛산(2,500cc), 그리고 혼다(2,400cc)는 엔진을 크게 함으로써 대응하고 있다.

4. 이동장벽

전략집단은 같은 산업 내에서 서로 다른 전략을 추구하는 집단이 존재하며, 이에 따라 같은 산업에 속한 기업 간에도 수익성에서 차이가 날 수 있다는 것을 설명해준다. 포터의 산업구조분석모형을 이용하여 산업의 매력도를 평가함으로써 산업의 수익성을 알 수 있다. 그런데 이때의 수익성은 산업 전체의 수익성, 즉, 어떤 산업에 속한 모든 기업에게 골고루 적용되는 수익성이다. 이에 비한다면 전략집단은 분석단위가 보다 미시적이므로 개별기업의 수익성 차이를 설명한다는 측면에서 볼 때 산업구조분석모형에 비해 보다 발전된 분석개념이 된다.

전략집단이라는 개념이 유용하기 위해서는 전략집단의 안정성이 전제가 되어야 한다. 전략집단의 구성원이 수시로 변하는 불안정한 전략집단을 대상으로 의미 있는 결론을 도출할 수가 없을 것이다. 이런 점에서 볼 때 같은 산업에 속한 기업이라고 하더라도 하나의 전략집단에서 다른 전략집단으로 이동하는 것을 제약하는 어떤 진입장벽이 존재하여야 할 것이다. 전략집단과 관련한 진입장벽을 이동장벽(mobility barriers)이라고 한다.

이동장벽이란 산업 내의 한 전략집단에서 다른 전략집단으로 진입(이동)하는 데 장애가 되는 요인을 의미한다. 이런 점에서 이동장벽은 진입장벽과 유사한 개념이라고 할 수 있으나 다음과 같은 점에서 차이가 난다. 첫째, 진입장벽이 산업 전체에 적용되는 개념이라면, 이동장벽은 산업보다 범위가 좁은 산업내의 전략집단에 진입하고자 할 때 적용되는 개념이다. 둘째, 이동장벽은 진입장벽을 좀 더 확대시킨 개념으로 평가되고 있다. 우선 진입장벽은 기본적으로 사업을 처음 시작하는 신규진입기업에 적용시킬 수 있는 개념이나, 이동장벽은 신규진입기업뿐 아니라 이미 어떤 산업에 참가하여 시장지위를 구축하고 있는 기업이 다른 산업에 진입할 때에도 적용시킬 수 있는 개념이다. 셋째, 사업범위에 있어서도 산업 전체가 아니라 일부분(세분시장)에만 진입하거나, 같은 산업 내에서도 한 부분에서 다른 부분으로 이동하는 경우를 모두 포함하여 설명하는 개념이다.

전략집단에 속한 기업은 그 집단에 속하지 않은 기업이 쉽게 모방할 수 없는 원가 상의 우위를 가지고 있다. 이러한 우위는 전략집단에 속한 기업이 보유하고 있는 독특한 무형자산이나 유형자산에 근거한다. 따라서 전략집단에 속하지 않는 기업이 이를 모방하기 위해서는 먼저 상당규모의 투자를 하고, 투자효과가 나타날 때까지 일정기간을 기다려야 하며, 투자결과의 불확실성을 감수하여야 할 것이다. 전략집단에 속하지 않는 기업이 직면하는 이러한 장벽이 바로 이동장벽이다. 따라서 이동장벽은 전략집단에 속한 기업들이 누리는 원가 상의 우위를 설명해 주며, 잠재적 진입기업이 이러한 장벽을 구축하기 위해서는 상당한 투자와 일정기간의 시간경과가 필요하며, 사전적으로 그러한 투자의 성공 가능성이 보장되지 않는다는 것을 보여주고 있다.

이동장벽은 그 원천에 따라 크게 시장 관련 전략, 산업의 공급측 특성, 기업의 특성으로 나눌 수 있다. 이들에 대한 보다 세부적 요인을 보면 〈표 5-2〉와 같다.

이러한 이동장벽으로 인해 같은 산업에서도 어떤 전략적 지위(전략집단)을 얻고자 하느냐에 따라 진입의 용이성이 달라진다. 따라서 이동장벽은 같은 산업에 속한 기업 간에도 수익성이 지속적으로 차이가 나는 것을 설명할 수 있다

표 5-2 이동장벽의 원천

시장 관련 전략	산업의 공급 특성	기업 특성
• 제품계열	• 규모의 경제	• 소유권
• 사용기술	-생산	• 조직구조
• 시장세분화	-마케팅	• 통제 시스템
• 유통채널	-관리	• 경영기술
• 상표명	• 제조공정	• 기업의 영역(boundaries)
• 지리적 영역	• 연구개발능력	-다각화
• 판매 시스템	• 마케팅과 유통 시스템	-수직적 통합
		• 기업규모
		• 영향집단과의 관계

자료: J. McGee and H. Thomas, "Strategic groups: Theory, research and taxonomy," *Strategic Management Journal*, Vol. 7(1986), p. 151.

는 장점이 있다. 전략집단 간에 존재하는 수익성의 차이가 지속되기 위해서는 어떤 전략집단의 수익성이 다른 전략집단에 비해 높음에도 불구하고 고수익 집단으로의 신규진입이 제한되고 있어야 할 것이다. 이동장벽이 신규진입으로부터 고수익 집단을 보호하므로 전략집단 간의 수익성 차이가 지속될 수 있다. 전략집단 간에 수익성이 차이가 난다는 것은 사후적으로 볼 때 같은 산업 내에도 매력도가 다른 시장부문이 있다는 것으로 해석할 수도 있다.

전략집단은 기업수준의 전략을 실증적으로 분석하는 데도 도움을 준다. 포터 모형을 이용한 실증분석은 분석단위가 산업 전체가 됨으로써 개별기업의 전략과 연관시키는 데 어려움이 있다. 이에 비해 전략집단은 보다 소규모화된 기업집단을 분석단위로 하고, 각 집단의 전략이 다르다는 것을 전제로 함으로써 기업수준의 전략과 연관시켜 볼 수 있다. 그리고 같은 전략집단에 속한 기업들은 유사한 전략을 추구하므로 규모가 큰 하나의 기업으로 생각해 볼 수 있다.

5.4 경쟁기업의 분석

지금까지 경쟁기업을 분석하기 위한 전 단계로 경쟁기업을 파악하는 것에 대해 살펴 보았다. 이제 파악된 경쟁기업을 대상으로 경쟁기업 분석의 두 번째 목적(경쟁기업의 미래전략과 전략적 반응의 예측)을 달성하기 위한 분석이 이루어져야 할 것이다. 이를 위해 일반적으로 제시되고 있는 분석항목을 보면 다음과 같다.

① 경쟁기업의 전략(경쟁기업이 현재 잘 경쟁하고 있는가?)

② 경쟁기업의 목표(수익성과 시장점유율에 있어서 경쟁기업의 현재와 미래의 목표는 무엇인가?)

③ 경쟁기업의 산업에 대한 인식(경쟁기업의 산업에 대한 전망과 기본적 전제

가 무엇인가? 산업의 매력도에 대한 평가정도는 어떠한가?)

④ 경쟁기업의 자원과 능력(경쟁기업의 강점과 약점은 무엇인가?)

1. 경쟁기업의 전략

경쟁기업 분석의 출발점은 경쟁기업의 현재 전략에 대한 분석이다. 별다른 변화요인이 없다면 경쟁기업은 지금의 전략을 계속 유지할 것으로 생각할 수 있다. 경쟁기업의 전략은 대체로 다음의 세 가지 측면에서 분석해 볼 수 있다. 즉, 기업이 의도하는 바가 무엇인가, 대외적으로 무엇을 할 것이라고 공표하고 있는가, 그리고 실제로는 어떻게 하고 있는가 하는 것이다.

처음의 두 가지 측면은 의도한 전략(intended strategy)과 연관이 있다. 이러한 전략을 파악하는 데는 기업의 연차보고서나 주주에 대한 최고경영자의 보고서 등이 주요한 자료원이 되며, 기타 내부자료가 유용한 정보원이 된다. 세 번째 측면은 실현된 전략(realized strategy)에 관한 것으로 여기에는 다음의 두 가지 질문에 대한 답을 통해 추측해 볼 수가 있다. 경쟁기업이 경쟁하고 있는 업종이 무엇인가, 어떻게 경쟁하고 있는가 하는 것이다. 두 가지 질문은 전략의 두 가지 구성요소인 사업영역과 경쟁우위에 관한 질문이다.

한편, 기업의 기능별 전략에 대한 분석을 통해 경쟁기업의 전략에 대한 이해를 높일 수 있다. 이를 위해서는 경쟁기업의 제품정책, 전반적 마케팅전략, 인적자원 관리정책, 그리고 생산·재무·기술 면에 있어서 경쟁기업의 구체적 전략이 무엇인가를 분석하여야 할 것이다.

이상과 같은 분석을 통해 경쟁기업의 현재 전략을 파악하였다면, 여기에서 더 나아가 경쟁기업의 전략변화를 사전에 파악하여야 할 것이다. 이를 위해서는 경쟁기업의 시장행동을 사전에 파악함으로써 변화의 방향을 감지할 수 있어야 한다. 변화의 방향을 감지하는 데 실마리를 제공해 주는 것 중의 하나가 경쟁기업의 자원배분에 관한 의사결정이다. 최근에 어떤 종류의 자본투자계획이 발표되었는가 또는 어떤 신제품이 발표되었는가 하는 것들이 그 예라고 할 수 있다. 이러한 정보는 경쟁기업이 의사결정을 내리는 데 있어서 우선순위가 무엇인가를 파악하는 데 도움을 주며, 기업의 전략변화에 대해 경쟁기업이 어떻게 반응할 것인가를 예측하는 데도 도움을 준다.

2. 경쟁기업의 목표

경쟁기업의 전략변화와 경쟁방식의 변화를 예측하기 위해서는 경쟁기업의 목표를 이해하는 것이 필수적이다. 특히, 기본적인 재무적 목표와 전략적 목표가 무엇인가를 파악하는 것이 중요하다. 단기적 투자수익률(return on investment; ROI)을 중시하는 기업은 장기적인 시장점유율을 목표로 하는 기업에 비해 상당히 다른 행동을 취할 것이다. 단기적 ROI를 중시하는 기업은 경쟁기업의 행동에 대해 공격적으로 대응할 가능성이 낮다. 공격적으로 대응하기 위해서는 재무적 자원이 상당히 뒷받침되어야 하기 때문이다. 따라서 경쟁을 회피하고 이익을 안전하게 보장받을 수 있는 시장으로 후퇴할 가능성이 있다.

유럽의 한손(Hanson)이라는 기업은 단기적 ROI를 추구하는 대표적 기업으로 들고 있다. 이 기업은 배터리 회사인 에버레디(Ever Ready)를 인수하고 나서 대부분의 유럽시장에서 해외자회사를 철수시켰다. 치열한 시장경쟁이 재무적 목표를 달성하는 데 바람직하지 않다고 생각하였기 때문이다. 이에 따라 에버레디가 점하고 있던 시장을 경쟁기업인 듀라셀(Duracel)에게 양보하였을 뿐만 아니라 상당수의 해외자회사도 듀라셀에게 매각해 버렸다. 이에 비해 장기적 시장점유율을 중시하는 미국의 P&G(Proctor and Gamble)의 경쟁기업에 대응방식은 이와는 상당히 다르다. 이 기업은 가격경쟁과 함께 광고와 판촉 면에서 장기적 전쟁을 서슴치 않는 기업으로 유명하다. P&G는 특히 신제품의 시장지위를 구축하기 위해 수년간의 손실도 감수할 용의가 있는 것으로 알려지고 있다.

경쟁기업의 목표와 관련시켜 볼 때 현재의 성과수준이 앞으로의 전략변화를 결정하는 주요 변수가 된다. 경쟁기업이 현재의 성과에 만족할수록 현재의 전략을 계속해서 유지할 것이며, 반대의 경우 전략을 변화시킬 가능성이 높아진다고 하겠다. 그리고 경쟁기업이 대기업의 자회사인 경우에는 모기업의 목표가 무엇이며, 모기업이 자회사 또는 계열회사를 통제하는 방식이 무엇인가를 이해하는 것도 중요하다. 자회사가 행사할 수 있는 자율권의 정도가 낮은 고도로 중앙집권화된 기업은 경쟁기업의 공격에 대해 자회사가 신속하게 대응할 수 있는 능력이 제한된다. 더구나 기업 전체의 의사결정과정이 느리게 진행되는 경우에는 효과적인 대응이 불가능할 것이다.

3. 경쟁기업의 산업에 대한 인식

경쟁기업이 앞으로 새로운 전략을 추구할 것인가, 또는 상대방의 전략적 행동에 대해 어떤 반응을 보일 것인가 하는 것은 산업에 대한 경쟁기업의 가정과 인식에 의해서 결정된다. 한 연구에 의하면 일반적으로 최고경영자들은 산업에서 성공하는 데 필요한 성공요인에 대해 몇 가지 뿌리 깊은 믿음을 가지고 있으며, 이 믿음은 시간이 지나더라도 쉽게 변하지 않는다고 한다. 그리고 같은 산업에 속하는 다른 기업들도 경쟁기업과 유사한 믿음을 가지기 쉬운 것으로 나타났는데, 산업 내의 이러한 전반적 믿음을 표준적 산업대처법(industry recipes)이라고 한다.

산업대처법의 전략적 중요성은 산업환경이 변하거나 공격적이고 혁신적인 외부기업이 침입했을 때, 이에 대응하는 개별기업과 산업 전체의 대응능력을 제약한다는 데 있다. 예컨대 2000년대 초반 모바일 휴대폰업계는 이미 수익성이 좋은 비즈니스 모델(연결성이 제한된 피쳐폰)을 가지고 있었고, 그래서 혁신적이며 파괴적인 새로운 모델(예컨대 스마트폰)을 고려하거나 개발할 수 있는 상황이 아니었다. 이때 앤디 루빈(Andy Rubin)은 모바일 OS를 개발해 모바일업계에 무료로 공급하겠다는 아이디어로 2003년 안드로이드(Android)를 창업하였다. 그는 통신사와 휴대폰 제조업체를 대상으로 아이디어를 팔기 위해 노력하였는데, 무료로 OS를 제공하겠다는 것이었지만 쉬운 일이 아니었다. 그는 특히 삼성전자에 그의 아이디어를 제안하기 위해 한국 본사를 방문하여 프리젠테이션을 하였다. 루빈이 프리젠테이션을 마치자 본부장은 다음과 같이 말했다고 한다.

> "당신 회사에는 8명이 일하고 있군요. 그런데 나는 당신만큼 야심차지도 않은 것에 2천 명을 투입하고 있습니다(You have eight people in your company, said this executive. And I have two thousand people working on something that's not as ambitious)."
>
> – 스티븐 리비(Steven Levy), *In the Plex*(2011), 5부 1장

협상은 결렬되었고, 앤디 루빈은 2005년 회사를 구글에 매각하였다. 현재 안드로이드 OS는 구글의 핵심전략이 되어 2013년 말 현재 아이폰 iOS의 시장 점유율(15.6%)을 훨씬 능가하는(78.4%) 최고의 모바일 OS가 되어 있다.

4. 경쟁기업의 자원과 능력

경쟁기업의 미래전략을 예측하기 위해서는 경쟁기업의 자원과 능력에 대한 평가가 이루어져야 한다. 경쟁기업을 자극할 수 있는 전략을 실행하기 전에 경쟁기업의 자원과 능력을 평가하는 것이 필수적이다. 이러한 분석 없이 전략을 실행하였을 경우, 경쟁기업의 반격으로 전략이 실패로 그칠 가능성이 높다. 경쟁기업이 자사의 시장지위를 어느 정도까지 위협할 수 있는가 하는 것은 경쟁기업이 보유하고 있는 자원과 능력에 의해서 좌우된다. 자기 기업의 전략변화에 대해 경쟁기업이 반격할 의사가 있다고 하더라도 자원과 능력이 뒷받침되지 않을 경우 그 반격은 위협적이라고 할 수 없다. 자원과 능력에 대한 세부적 분석내용은 제7장에서 구체적으로 살펴볼 것이다. 경쟁기업의 자원과 능력을 분석하기 위해서는 재무자원, 자본장비, 노동인력, 상표충성도, 관리기술과 같은 보유자원과 함께 R&D, 생산, 마케팅, 유통 등과 같은 주요 기능 면의 능력을 평가하여야 할 것이다.

〈전략포커스〉에 소개된 OTT 서비스란 오버 더 탑(Over The Top)의 앞 글자를 딴 약자로, 셋톱박스로 TV를 보는 것을 넘어선다는 의미의 동영상 스트리밍 서비스다. 그동안 전 세계 OTT시장은 넷플릭스가 지배하고 있었다. 넷플릭스는 190여 개국에 서비스를 하고 있고, 구독자는 이미 1억 5000만 명을 넘어섰다. 게다가 4만 개가 넘는 콘텐츠를 보유하고 있어서 가히 업계 최고라고 할

전략포커스 | 글로벌 기업들 가세로 경쟁 치열한 온라인 동영상 서비스

디즈니의 동영상 콘텐츠를 온라인으로 볼 수 있는 OTT(over the top) 서비스 '디즈니플러스'가 처음 출시된 지난 12일, 가입자 수가 1000만 명에 달했다. 미국 경제방송 CNBC는 "미국 지상파 방송인 CBS가 온라인으로 유료 회원 800만 명을 모집하는 데 5년이 걸렸는데 디즈니는 단 하루에 1000만 명을 모았다."고 보도했다. 가입자는 더 빠르게 늘어날 전망이다. 미국 월스트리트저널과 시장조사기업 해리스의 공동조사에 따르면 현재 넷플릭스 가입자의 30%가 새 스트리밍(실시간 재생 동영상) 서비스를 이용하기 위해 넷플릭스를 해지할 생각이 있다고 답했다. 또 응답자의 47%가 디즈니플러스에 가입할 생각이 있다고 밝혔다.

온라인 동영상 시장은 넷플릭스가 2007년 서비스를 처음 선보이며 형성됐다. 이후 10년이 지나도록 넷플릭스가 세계 시장을 지배하고 있다. 그런데 생긴 지 얼마 안 된 디즈니플러스가 넷플릭스를 뛰어넘을 수 있다는 전망이 나오는 이유는 뭘까.

디즈니플러스의 가장 큰 차별성은 아이부터 어른까지 다양한 세대를 아우르는 콘텐츠다. 디즈니는 1923년 설립 이후 수많은 애니메이션을 제작해왔다. 픽사, 마블, 루카스필름, 21세기폭스, 내셔널지오그래픽, ESPN의 작품도 모두 보유하고 있다. 애니메이션부터 영화, 드라마까지 다양하고 콘텐츠 질도 뛰어나다. 세계 역대 영화 흥행작 1~5위인 '어벤져스: 엔드게임', '아바타', '타이타닉', '스타워즈: 깨어난 포스', '어벤져스: 인피니티 워'를 비롯해 미국 역대 흥행 상위 영화 100편 중 47편을 디즈니와 21세기폭스가 보유하고 있다.

넷플릭스가 갖지 못한 '시간의 힘'도 작용하고 있다. 세계인들이 어릴 때부터 디즈니 애니메이션을 봐왔다. 어른이 돼서도 '알라딘', '라이온킹' 등을 보며 열광하고, '어벤져스' 등 마블의 작품도 즐겨 본다. 이런 성인들이 디즈니플러스에 대거 유입될 수 있다.

콘텐츠 양 자체도 많다. 디즈니가 디즈니플러스를 통해 선보이는 작품 수는 총 8000여 편. 직접 제작했거나, 자체적으로 방영할 수 있는 권리를 갖고 있다. 반면 넷플릭스가 직접 만든 오리지널 콘텐츠는 1000여 편에 불과하다. 대부분의 영화 및 드라마는 다른 제작사 또는 방송사로부터 사들인 것이다. 디즈니플러스 출범과 함께 디즈니는 넷플릭스를 상대로 이런 영향력을 과시하기도 했다. 디즈니는 그동안 넷플릭스에 다양한 애니메이션 등을 공급해왔다. 그런데 내년에 계약이 끝나면 디즈니가 보유한 콘텐츠를 모두 넷플릭스에서 빼기로 했다.

가격도 저렴하다. 디즈니는 한 달 이용료로 넷플릭스(7.99달러)보다 싼 6.99달러(약 8150원)를 내세웠다. 3년 약정을 맺으면 매달 4.72달러로 이용할 수 있다. 국내 서비스와도 비슷한 가격이다. KBS, MBC, SBS 지상파 3사의 작품을 즐길 수 있는 '웨이브'는 7900원이다. tvN, OCN 등의 작품을 볼 수 있는 CJ ENM의 '티빙'은 최신 영화이용권을 제외한 '티빙 무제한'을 5900~1만 1900원에 제공하고 있다.

디즈니뿐만 아니라 많은 글로벌 기업이 온라인 동영상 시장을 공략하고 있다. 많은 사람이 TV 또는 영화관 대신 노트북과 스마트폰으로 동영상 보는 걸 즐기고 있기 때문이다. 이로 인해 기업 간 경쟁이 더욱 치열하게 벌어질 전망이다. 디즈니플러스에 앞서 애플은 지난 1일 '애플TV플러스'를 100여 개국에서 선보였다. 아이폰 또는 아이패드로 동영상을 볼 수 있도록 한 것이다. 통신사 AT&T도 다양한 콘텐츠를 제공하는 'HBO 맥스'를 내년 5월 시작한다. '왕좌의 게임', '빅뱅이론' 등을 만든 HBO의 인기 작품을 독점 제공한다.

애플TV플러스, HBO맥스의 한국 진출은 아직 정해지지 않았다. 하지만 2016년 넷플릭스가 진출한 데 이어 디즈니플러스와 이들 서비스가 모두 들어오면 많은 변화가 있을 것으로 보인다. 대중이 다양한 작품을 접할 수 있다는 점은 좋지만, 국내 기업들이 밀릴지 모른다는 위기감도 커지고 있다.

출처: 한국경제신문(2019. 11. 25.), 김희경 기자

수 있다. 이 시장에 디즈니 플러스라는 새로운 경쟁기업이 등장하였다.

디즈니 플러스는 수많은 애니메이션과 영화를 제작한 디즈니의 역량과 자산을 물려받았다. 넷플릭스와 비교하여 차별화되는 디즈니만의 강점을 보면, 첫째, 다양한 연령대를 아우르는 가족친화적인 콘텐츠이다. 둘째, 시간의 힘이다. 어릴 때부터 디즈니 작품을 보면서 자란 성인 고객이 많다. 셋째, 콘텐츠의 양이 방대하다. 넷째, 저렴한 가격이다.

OTT 산업의 경쟁은 결국 고객의 시간을 차지하기 위한 제로섬 게임이다. 한 사람이 즐길 수 있는 여가 시간은 한정되어 있다. 이 때문에 OTT는 사실 고객의 시간을 빼앗고, 선점하기 위한 싸움이다. 디즈니 플러스, 넷플릭스, 애플 외에 국내기업들도 이 시장에 본격적으로 참여하고 있다. 결국은 흥미로운 콘텐츠를 많이 개발할수록 더 많은 사람의 '시간'을 차지할 것이다. 그런 측면에서 콘텐츠의 제왕인 디즈니 플러스의 등장은 OTT 산업의 발전에 강력한 촉진제가 될 것이다.

5. 경쟁기업의 행동 예측

경쟁기업 분석을 통해 최종적으로 답을 해야 할 것은 경쟁기업의 전략변화 여부와 우리 기업의 전략에 대한 경쟁기업의 반응이다. 첫 번째 문제는 경쟁기업이 어떤 전략변화를 시도할 것인가 하는 것이다. 이를 위해서는 전략변화를 촉발시킬 가능성이 있는 현재의 요인들을 주의 깊게 파악하여야 한다. 이

들 요인은 크게 외부적 요인과 내부적 요인으로 나눌 수 있다. 외부적 요인으로는 소비자의 기호변화, 신규기업의 진입, 혁신적 기술의 등장, 정부 규제조치의 변화, 국제화 추세의 가속 등을 들 수 있으며, 내부적 요인으로는 신제품 개발, 재무적 목표나 시장점유율 목표의 달성 실패, 기업내부의 갈등 고조 등을 그 예로 들 수 있다. 이들 요인의 발생원인이 어디에 있든, 앞에서 살펴본 네 가지 항목 즉, ① 경쟁기업의 현재 전략, ② 전략적 목표, ③ 산업에 대한 인식, ④ 자원과 능력을 분석함으로써 전략변화의 방향을 예측하는 근거자료로 사용할 수 있다.

두 번째 문제는 우리 기업의 예정된 전략변화에 대해 경쟁기업이 어떻게 반응할 것인가 하는 것이다. 우리의 전략변화가 경쟁기업의 근거시장을 공격하는 것이라고 한다면 경쟁기업의 반응이 어떠할 것인가를 평가할 수 있어야만 전략변화가 바람직한가의 여부를 판단할 수 있을 것이다. 이 문제에 대해서도 앞에서 살펴본 네 가지의 항목에 대한 분석을 통해, 경쟁기업이 방어적 행동을 취할 가능성과 그 내용, 그리고 공격적 행동을 취할 가능성과 그 심각성의 정도를 예측할 수 있을 것이다.

그런데, 경쟁기업도 우리 기업의 행동을 예측하려고 할 것이다. 이를 상대적 관점에서 적용시켜 보면, 상대방의 행동을 예측할 수 있는 기업은 경쟁에서 유리한 위치에 서게 될 것이다. 베트남의 전쟁 영웅으로 유명한 보 구첸 지압(武元甲) 장군은 미국과 프랑스와의 전쟁에서 승리한 비결을 묻는 질문에, "적이 원하는 시간에 싸우지 않았고, 적이 좋아하는 장소에서 싸우지 않았으며, 적이 생각하는 방법으로 싸우지 않았다."고 대답하였다. 기업 간의 경쟁에서도 우리 기업의 행동은 경쟁기업이 예측하지 못하게 하면서 경쟁기업의 행동을 예측할 수 있다면, 경쟁에서 유리한 위치에 서게 될 것이다.

5.5 동태적 자원축적성

경쟁기업을 분석하기 위해 이상에서 살펴본 것은 주로 현재 시점을 기준으로 한 정태적 분석방법에 따른 것이다. 이는 경쟁기업의 현재 목표와 전략, 그리고 경쟁기업이 보유하고 있는 정태적 자원(인적, 기술적, 재무적 자원 등)을 분석하는 데 중점을 두고 있다. 이러한 경쟁자 분석방법은 마치 달리는 자동차를 찍은 스냅사진과 같은 것으로, 이 사진으로는 자동차(경쟁기업)의 방향과 속도에 관한 동태적 정보를 제대로 얻을 수가 없다. 즉, 경쟁기업 분석에 있어서 보다 중요시되어야 할 항목은 경쟁기업이 앞으로 자원을 얼마나 빨리 축적할 수 있는가 하는 자원의 동태적 축적가능성(resourcefulness)이다. 앞으로 자기 기업의 이익률과 시장점유율을 잠식할 위협적인 경쟁기업을 분석하는 데 있어서 특히 중요시되는 것이 경쟁우위의 기반이 되는 창의성과 전략적 의지(strategic intent)와 같은 것이다(G. Hamel and C.K. Prahalad, 1989).

1970년대 일본기업 중에는 미국이나 유럽의 선두기업이 보유하고 있는 수준의 자원이나 생산량, 그리고 기술을 갖춘 기업은 거의 없었다. 코마츠(Komatsu)는 매출액에 있어서 캐터필러(Caterpiller)의 35%에 불과하였으며 일본 내에서만 알려져 있던 기업이었다. 혼다(Honda)는 아메리칸 모터스(American Motors) 보다 작은 규모였으며 자동차 수출은 엄두도 내지 못했던 실정이었다. 캐논(Canon)이 복사기산업에 진입하려는 시도는 매출액 40억 달러의 막강한 제록스(Xerox)에 비해 볼 때 초라할 정도로 영세하였다.

이 당시 미국이나 유럽기업이 경쟁기업의 분석범위를 확대하여 이들 일본기업을 분석대상에 포함하였다면 일본기업과의 자원보유격차는 현저하게 대비되었을 것이다. 그런데 1985년 코마츠는 이미 토목공사용 장비를 비롯하여 산업용 로봇 및 반도체 등 다양한 제품을 광범위하게 생산하는 기업으로 성장하여 연간 매출액이 28억 달러에 이르렀으며, 1987년 혼다는 크라이슬러와 맞먹는 수준의 자동차를 생산하여 전 세계시장으로 수출하고 있다. 캐논도 매출액에서 제록스의 시장점유율에 필적할만한 수준으로 성장하였다.

이상에서 얻을 수 있는 교훈은 포착된 경쟁기업들이 현재 보유하고 있는 자원이나 경쟁우위에 대한 분석만으로는 잠재적 경쟁기업들이 보유하고 있는 전략적 의지나 추진력, 창의성을 이해하는 데 도움이 되지 않는 것이다. 따라서 경쟁기업이 성장하여 어떤 위협이 될 것인가를 분석하는 데 있어서 현재 이들이 보유하고 있는 정태적 자원의 관점이 아니라, 창의력과 전략적 의지에 중점을 두어 자원이나 경쟁우위를 얼마나 빠른 속도로 구축할 수 있는가 하는 자원 축적성의 관점에서 파악하여야 할 것이다.

5.6 잠재적 경쟁기업

경쟁기업 분석의 목적에 따라서는 잠재적 경쟁기업을 파악하는 것도 중요하다. 잠재적 경쟁기업이란 현재는 산업에 참가하고 있지 않지만 앞으로 참가할 가능성이 있는 경쟁기업을 의미한다. 그런데 잠재적 경쟁기업을 파악하는 것이 쉽지가 않다. 가장 간단한 방법으로는 진입장벽을 쉽게 회피할 수 있거나 극복할 수 있는 기업을 경쟁기업으로 파악하는 것이다. 어떤 산업에 진입하기 위해서 특정한 제조기술이나 명성, 자체 유통망, 일정규모 이상의 자본투자가 필요하다고 할 때, 이런 조건을 쉽게 충족시킬 수 있는 기업이 있다면 그 기업은 잠재적인 경쟁기업이 된다고 하겠다.

현대자동차가 자동차 생산에 필요한 철강재를 안정적으로 확보하기 위해 철강산업에 진입할 것인지를 판단하기 위해서, 이에 필요한 대규모의 시설투자비와 관련기술을 확보할 가능성이 있는가의 여부를 평가함으로써 진입가능성을 판단하는 것이다. 현대자동차는 오랜 기간의 준비 끝에 제철산업에 진출하였다. 스마트폰 운영체제인 안드로이드를 개발한 구글(Google)이 스마트폰 산업에 진출할 것인지의 여부도 이와 유사하게 예상해 볼 수 있다. 안드로이드를 개발하여 무상으로 공개한 구글이 애플과 경쟁하기 위해서는 스마트폰 제조사업에 진출할 수도 있다는 예측이 가능할 것이다. 실제 구글은 2011년 스마트폰 제조업체인 모토롤라(Motorola)를 인수하였다. 그러나 성과가 부진하자 2014년 레노버(Lenovo)에 다시 매각하였다. 한편, 마이크로소프트도 2014년 핀란드의 노키아(Nokia)를 인수함으로써 스마트폰 산업에 진출하였다.

일반적으로 잠재적 경쟁기업은 〈그림 5-2〉와 같은 다섯 가지의 기업 성장방향과 관계가 있다.

1) 시장확대: 경쟁기업이 등장하는 가장 명확한 방향이 지역적으로 시장을 확대하거나, 인접한 지역이나 국가로 시장을 확대함으로써 새로운 경쟁기업으로 등장하는 것이다. 1992년 국내유통시장의 개방으로 그동안 국내시장에 진입하지 못하였던 외국의 대형유통업체들(Wal-Mart, Carrefou, Tesco 등)이 국내에 진출함으로써 경쟁이 치열하게 진행되었다. 이마트·롯데마트와의 경쟁에서 우위를 누리지 못한 월마트와 까르푸는 현재 철수하였다.

2) 제품확대: 제품라인을 확대함으로써 경쟁기업이 등장할 수 있다. 이 경

그림 5-2 기업의 성장방향

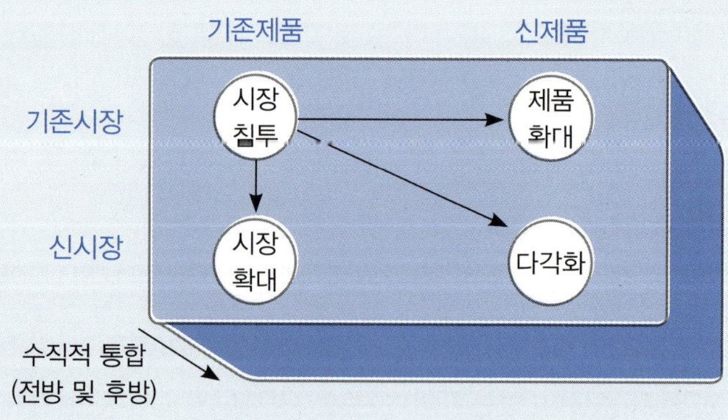

우 기존 산업의 생산노하우나 유통망을 그대로 활용할 수 있는 이점이 있다. 정장의류를 생산하는 기업이 운동복이나 내의시장에 진입하는 것이 그 예라고 할 수 있다.

3) 후방통합: 특정산업의 고객은 항상 잠재적 경쟁기업이 될 수 있다. 자동차완성업체가 부품공장을 인수하거나 자체부품공장을 신설함으로써 부품산업에 진입할 수 있을 것이다.

4) 전방통합: 부품을 공급해주는 공급업자도 잠재적 경쟁기업이 된다. 컴퓨터 부품을 공급하는 기업이 컴퓨터 완제품을 생산하는 기업으로 등장할 수 있을 것이다. 컴퓨터 부품을 전 세계적으로 판매하던 대만의 부품공급업자들이 1990년대 중반 이후 컴퓨터 완제품을 생산하는 방향으로 전략을 변경하고 있는 것이 그 예라고 할 수 있다.

5) 다각화: 이상의 네 가지 경우는 진입 예정산업과 직접적 또는 간접적으로 관련을 가지고 있는 기업들이 성장전략의 일환으로 경쟁기업이 되는 경우들이다. 그런데 현재의 산업과 전혀 관련이 없는 기업이 인수합병이나 신설을 통해 경쟁기업으로 등장할 수 있다. 특히, 인수나 합병의 경우 전략적 약점이 많은 중소기업을 대기업이 인수함으로써 그 약점을 보완하거나 새로운 기술과 자본을 투자함으로써 강력한 경쟁기업으로 성장할 수 있다.

제5장 토의자료

액체사회와 경쟁

'나이키의 경쟁자는 닌텐도다', '갤럭시S의 경쟁자는 코카콜라다'… 급변하는 21세기 경영 환경에서 경쟁에 대한 새로운 인식을 보여주는 대표적인 말들입니다. 실제 나이키는 실적 둔화의 원인을 찾아봤더니 닌텐도 등 게임기와 함께 시간을 보내는 젊은층이 늘어나면서 운동시간이 줄어들어 운동화 매출이 감소했다고 합니다. 또 소비자 조사 결과, 사람들은 휴식시간에 갤럭시S와 같은 스마트폰을 이용하거나 코카콜라 등 음료수를 마시는 것으로 나타났습니다. 이런 관점에서 보면 스마트폰과 음료수는 소비자의 '시간'을 놓고 경쟁을 벌인다고 볼 수 있습니다.

경쟁에 대한 통념이 무너지고 있습니다. 과거 농업사회나 산업사회에서는 경쟁자를 파악하기가 쉬웠고 경쟁 양상도 그다지 복잡하지 않았습니다 업종의 경계가 명확했던 고체사회였습니다. 하지만 21세기 초경쟁 환경에서는 사업 기반을 무너뜨릴 경쟁자가 어떤 분야에서 나올지 예측하기 어렵습니다. 이른바 액체사회가 됐다는 분석입니다.

액체사회에서는 경쟁자의 불행이 나의 행복을 보장해주지 못합니다. 과거 한국 섬유업체들은 경쟁사 공장에서 불이 나면 '만세'를 외쳤다고 합니다. 몇 달간 편안하게 장사할 수 있기 때문입니다. 하지만 지금은 경쟁사 공장의 화재가 더 이상 좋은 뉴스가 아닙니다. 중국산 저가제품이 밀려오면서 경쟁사의 불행이 오히려 중국 제품의 점유율 상승으로 이어질 수 있습니다. 한국 섬유업계는 경쟁사 및 협력 업체와 강력한 혁신 생태계를 구축해야 성장할 수 있습니다. 생태계 관점에서 경쟁을 새롭게 정의해야 하는 이유입니다.

액체사회에서는 경쟁자의 시장을 빼앗는 것을 목적으로 하는 점유율 상승 전략도 위험합니다. 시장점유율(market share)은 기존 시장의 구도를 가정하고 산정한 수치입니다. 하지만 경쟁의 장과 게임의 룰이 수시로 바뀌는 시대에는 경쟁자 시장을 아무리 많이 빼앗았다고 해도 생존이 보장되지 않습니다. 또 경쟁자의 고객 뺏기에 몰입하다 가격 인하 경쟁이 벌어져 업계 전체의 수익성이 악화될 수도 있습니다. 경쟁자의 점유율이 아닌, 소비자의 시간 점유율(time share)이나 일상 점유율(life share)이 중요하다는 논의가 나오는 것도 이런 배경에서입니다.

액체사회에서는 훨씬 복잡한 인과관계도 고려해야 합니다. 다른 기업의 시장진입을 막으려고 경쟁사의 카피 시도를 강력하게 차단할수록 경쟁자의 대체재 생산 욕구가 커집니다. 단기적으로 시장점유율을 방어할 수 있는 전략이 장기적으로 큰 부담을 줄 수 있습니다. 플랫폼을 확보하거나 네트워크 허브가 되기 위해 공짜로 기술을 공개하거나 암묵적으로 카피를 용인하는 기업이 늘고 있는 것도 이런 이유 때문입니다.

얼마 전 '안드로이드의 아버지'로 불리는 앤디 루빈(Andy Rubin)이 삼성전자에 인수 제안을 했다가 거절당한 사연이 공개돼 관심을 모았습니다. 눈앞의 경쟁자보다 더 빨리, 더 우수한 제품을 개발하면 승리할 수 있었던 전통적인 경쟁 환경에서 삼성은 탁월한 역량을 보였습니다. 하지만 삼성은 생태계나 플랫폼, 복잡한 인과관계를 고려해야 하는 새로운 경쟁 구도를 제대로 이해하는 데 실패했습니다. 애써 개발한 OS를 공개하겠다는 안드로이드 제안을 풋내기들의 허황된 꿈으로 여겼습니다.

반면, 새로운 경쟁 구도에 익숙한 구글은 안드로이드를 인수했을 뿐만 아니라 최근 모토로라 모빌리티까지 집어삼켜 모바일 분야의 하드웨어, 소프트웨어, 원천기술을 장악했습니다. 이제 삼성은 구글이 안드로이드를 유료화하지 않을까 노심초사해야 하는 처지입니다.

자료: 김남국(DBR 편집장), "액체사회와 경쟁," DBR(September 2011), p. 14.

토의문제

1. 액체사회란 어떤 사회를 말하는가?
2. 액체사회에서 경쟁자를 파악하는 원리는 무엇인가?
3. 액체사회에서는 경쟁자를 정의하는 관점이 어떻게 바뀌어야 하는가?

참고문헌

동아일보사, 『DBR(*Dong-A Business Review*)』(September 2011).

조동성·이광현, 『경쟁에서 이기는 길』, 교보문고(1992).

Caves, R.E. and P. Ghemawat, "Identifying mobility barriers," *Strategic Management Journal*, Vol. 3(1992), pp. 10~12.

DeSarbo, W.S. and R. Grewal, "Hybrid strategic groups," *Strategic Management Journal*, Vol. 29(2008), pp. 293~317.

DeSarbo, W.S., R. Grewal, and R. Wang, "Dynamic strategic groups: Deriving spatial evolutionary paths," *Strategic Management Journal*, Vol. 30(2009), pp. 1420~1439.

Gary, M.S. and R.E. Wood, "Mental models, decision rules, and performance heterogeneity," *Strategic Management Journal*, Vol. 32(2011), pp. 569~594.

Ghoshal, S. and D.E. Westney, "Organizing competitor analysis systems," *Strategic Management Journal*, Vol. 12(1991), pp. 17~31.

Hamel, G. and C.K. Prahalad, "Strategic intent," *Harvard Business Review*, May-June(1989), pp. 63~76.

Henderson, B., "The origin of strategy," *Harvard Business Review*, November-December(1989), pp. 139~143.

Hunt, M.S., *Competition in the Major Home Appliance Industry*, Ph. Dissertation, Harvard University(1972).

Kerin, R.A., V. Mahajan, and P.R. Varadarajan, *Contemporary Perspectives on Strategic Market Planning*, Allyn and Bacon, Boston(1990).

Kotler, P., L. Fahey, and S. Jatusripitak, *The New Competition*, Prentice Hall, New Jersey(1985).

Mas-Ruiz, F.J., F. Ruiz-Moreno, and A. Ladón de Guevara Martinez, "Asymmeric rivalry within and between strategic groups," *Strategic Management Journal*, 35(2014), pp. 419~439.

McGee, J. and H. Thomas, "Strategic groups: Theory, research and taxonomy," *Strategic Management Journal*, Vol. 7(1986), pp. 141~160.

Porter, M.E., *Competitive Strategy: Techniques for Analyzing Industries and Competitors*, Free Press, New York(1980).

___________, *Competitive Advantage: Creating and Sustaining Superior Performance*, Free Press, New York(1985).

Short, J.C., D.J. Ketchen Jr, T.B. Palmer, and G.T.M. Hult, "Firm, strategic group, and industry influences on performance," *Strategic Management Journal*, Vol. 28(2007), pp. 147~167.

Spender, J.C., *Industry Recipes: The Nature and Sources of Managerial Judgement*, Blackwell, Oxford(1989).

STRATEGIC MANAGEMENT

제 6 장

내부분석

천재급 인재? 천재급 인재란 구체적으로 어떤 인재인가? 어떤 자격이 천재급 인재의 제1조건이라고 생각하는가? 그것을 판단하려면 천재의 조건부터 따져야 할 것이나 따지고 말고 할 것도 없다. '천재=창의'의 함수가 머리에 떠오를 테니까. 그렇다. 최고의 인재, 천재급 인재란 일단 창의적 인재를 말한다. 거꾸로 말하면 창의성이 없는 사람은 결코 천재급 인재에 포함될 수가 없다.

왜 창의성이 인재의 첫째 조건이 될까? 왜 창의가 최고의 경쟁력이 될까? 그것은 두 가지 측면에서 이유를 찾을 수 있다. 하나는 세상이 정신없을 정도로 변화무쌍하다는 것이다. 다른 하나는 남보다 뛰어나지 않으면 그런 세상에서 살아남을 수 없기 때문이다. 변화무쌍한 세상에 적응하려면 스스로 변화무쌍해야 한다. 변화무쌍하려면 당연히 새로운 것을 빠르고 지속적으로 만들어 내야 한다. 또한 남보다 뛰어나려면 무엇인가 달라야 한다. 이상의 두 가지 조건, 즉 변화에의 적응과 차별화를 동시에 만족하게 할 수 있는 것, 그것이 바로 창의이기에 인재의 으뜸 조건이 되는 것이다.

– 조관일, 「임원의 조건」, 21세기 북스(2012)

"삼성 사장들은 매년 연말이면 S(super)급 인재를 스카우트하러 다니느라 국내에 없습니다. S급 인재를 얼마나 발굴했는지가 인사 고과 비중의 30%나 되기 때문입니다." 성상현 동국대 교수(경영학과)는 14일 서울 역삼동 르네상스 호텔에서 열린 제2회 런삼성포럼(Learn SAMSUNG Forum)에서 삼성의 인재경영에 대해 이같이 설명했다.

성 교수는 "삼성은 사람에 대해서는 정말 욕심이 많다"며 "S급과 A(ace)급, H(high potential)급 인재 확보와 함께 연수, 공모제를 통해 전문가를 양성하는 데 집중한 것이 오늘날 '인재의 삼성'을 만든 밑바탕"이라고 말했다. S급은 높은 잠재능력을 갖고 세계 최고 수준의 뛰어난 성과를 올리는 인재를 말하고, H급은 충분히 검증되진 않았지만 높은 잠재력을 지닌 인재를 뜻한다.

그리고 "선진 경쟁업체의 마케팅 인력이나 디자인 및 소프트웨어 전문 인력을 영입하고, 해외법인 현지 채용을 통해 인력의 질을 빠르게 높였다."며 "또 뽑은 인재들을 교육과 이동, 승진 등을 통해 조절하면서 경영자로 체계적으로 양성해 왔다"고 설명했다. 그는 "초일류 인재 확보는 일단 성공적이지만 이들의 다양성을 어떻게 관리하고 키워 갈지는 더 고민해야 할 것"이라고 말했다.

삼성은 인재 제일이 창업 이념에 포함돼 있다. 예전엔 인재를 '입도선매'하기도 했다. 인재라고 생각하면 대학 2학년 때부터 삼성 입사를 권하기도 했다는 게 성 교수의 얘기다. 이건희 회장은 기회가 날 때마다 계열사 사장들에게 "유능한 인재 1명이 나머지 1만 명을 먹여 살린다. 유능한 인재를 삼성으로 데려오라"고 독려한다.

– 유정현 기자(한국경제, 2013.5.14.)

제6장 들어가면서

한 명의 천재가 만 명을 먹여 살린다.

"한 명의 천재가 천 명, 만 명을 먹여 살린다." 2003년에 삼성그룹의 이건희 회장이 한 말이다. 2019년 6월 현재 삼성그룹 전체의 국내 직원 수는 19만 4000여 명에 이른다. 한 명의 천재가 만 명을 먹여 살린다고 한다면, 삼성그룹에는 최소 20명의 탁월한 천재(Super급 인재)가 근무하는 셈이다. 기업이 보유하는 인재를 S(super)급, A(ace)급, H(high potential)급으로 나눌 수 있다면, S급은 1만 명, A급은 5000명, H급은 1000명을 먹여 살리는 것으로 가정해 볼 수 있다. 이를 이용해 주요 기업별로 현재 S급, A급, H급 인재를 각각 몇 명씩 보유하고 있는지를 조사하고, 이를 전체 직원 수와 비교해 보는 것도 재미있는 연구가 될 것이다. 업종에 따라 비율상의 차이가 있겠지만, 과연 천재급 인재가 많은 기업이 전체 직원 수도 많을 것인가?

앞에서 인용한 글에 따르면, 천재급 인재는 창의적 인재이다. 창의성이 없으면 천재급 인재가 될 수 없다. 삼성그룹의 경우 이런 인재를 얼마나 발굴했는지가 사장의 인사고과에 30%의 비중으로 반영된다고 하니, 삼성그룹이 우수한 인재를 확보하는 데 얼마나 신경을 쓰는지 알 수 있다. 이병철 창업주가 기업의 장래를 위해 대비해야 할 가장 중요한 것이 '사람나무를 심는 것'이라는 가르침을 이건희 회장에게 강조했다고 한다.

기업은 다양한 자원을 보유하고 있다. 사람이라는 자원이 어떤 자원보다 중요하기는 하지만 공장설비 유통시설과 같은 유형자원이나 기술 특허권과 같은 무형자원도 기업의 경쟁우위를 뒷받침하는 중요한 자원이다. 최근에는 이러한 개별 자원보다 조직문화나 조직능력(organizational capability)과 같이 개별 자원을 결합하여 활용하는 집단적 능력이 경쟁우위 중요한 원천이 된다는 점을 강조하고 있다.

6.1 내부분석의 목적과 중요성

1. 내부분석의 목적

내부분석의 일차적 목적은 기업이 보유한 내부자원(resources)과 능력(capabilities)을 평가하여 경쟁우위의 원천이 되는 강점과 약점을 파악하는 데 있다. 보다 궁극적으로는 기회를 활용하기 위해 강점을 이용하거나, 또는 새로운 자원(핵심역량 등)의 개발과 축적을 통해 강점을 강화하고 약점을 보완함으로써 경쟁우위를 지속시키는 데 있다. 이때 강점이란 기업이 경쟁기업보다 잘하는 것, 또는 기업 활동을 뒷받침하는 뛰어난 특성을 의미한다. 그리고 약점은 기업이 부족하거나, 경쟁기업에 비해 잘하지 못하는 것, 또는 열위에 처하게 하는 조건을 의미한다. 따라서 기업의 경쟁우위는 그 기업의 강점과 약점에 의해서 결정된다.

이 장에서는 경쟁우위의 원천이 되는 내부분석의 중요성과 함께, 기업이 보유한 자원과 능력을 활용하는 과정, 즉, 가치활동(value activities)과 가치사슬(value chain)대해 살펴볼 것이다. 그리고 제9장에서 경쟁우위의 원천이 되는 내부자원이나 능력을 자원준거관점에서 보다 깊이 있게 살펴볼 것이다.

2. 내부분석의 중요성

기업의 내부자원과 능력을 파악하고 이를 평가하는 것이 전략수립에 있어서 얼마나 중요한가 하는 것은 다음의 두 가지 측면에서 살펴볼 수 있다.

첫째, 기업의 사명을 규정하는 데 있어서 내부자원의 역할이라는 측면을 생각해 볼 수 있다. 전략수립에 있어서 출발점은 기업의 정체성(identity)과 존재목적을 규정하는 것이다. 이는 다음의 의문에 답을 하는 기업의 사명으로 구체화된다. "우리는 어떤 사업에 종사하고 있는가" 그리고 보다 세부적인 사업 범위는 기업이 대상으로 하는 시장을 통해서 정의되는데, 예컨대 "우리의 고객은 누구인가", "우리는 고객의 어떤 욕구를 충족시키려고 하는가"라는 질문에 답을 함으로써 구체화된다.

그런데 대상고객이 빈번하게 바뀌고, 기술의 변화가 빈번하며, 동일한 고객욕구를 충족시키기 위해 다양한 기술을 사용하는 기업들이 치열하게 경쟁하는 불확실한 환경에서는 외부환경에 중점을 둘 경우, 기업의 장기전략을 수립하는 데 필요한 안정적 기반을 얻는 데 도움이 되지 않는다. 따라서 기업의 외부환경이 급변할 경우 기업이 보유하고 있는 내부자원이나 능력을 기준으로 기업사명을 규정하고, 나아가서 장기전략을 수립하는 것이 보다 일관되고 안정적인 방법이 될 것이다.

둘째, 수익성이라는 측면에서 내부분석의 중요성을 확인해 볼 수 있다. 기업의 수익성은 두 가지 원천으로부터 나온다. 그것은 기업이 속한 산업의 매력도와 산업 내에서 그 기업이 누리는 경쟁우위의 정도이다. 이를 좀 더 깊이 분석해 보면 산업의 매력도와 경쟁우위는 결국 기업이 보유하고 있는 자원에 그 근거를 두고 있다.

먼저 경쟁우위의 측면에서 본다면 경쟁기업에 비해 원가우위를 달성할 수 있는 것은 규모의 효율성이 높은 공장, 우월한 공정기술, 양질의 원료산지 등을 보유하는 것에 달려있다. 차별화우위는 브랜드명, 특허권, 광범위한 유통 및 서비스망과 같은 특정자원을 보유하거나 통제할 수 있는 것에 의해서 뒷받침된다. 따라서 경쟁우위를 통하여 기업이 얻는 높은 수익성은 기업의 보유자원에 대한 대가(일종의 렌트)로 볼 수 있다. 따라서 자원이 쇠퇴하거나 노후화할 경우, 또는 다른 기업에 의해 모방될 때 기업의 수익성도 하락한다.

한편, 매력적인 산업에서 얻을 수 있는 초과이익은 일반적으로 개별 기업보다는 산업 전체와 관련된 것으로 간주된다. 매력적인 산업에서 기업이 완전경쟁시장보다 높은 이익을 얻을 수 있는 것은 시장지배력의 결과이다. 그렇다면 시장지배력의 원천은 무엇인가 산업조직론에서는 진입장벽을 시장지배력의 가장 중요한 원천으로 보고 있다. 그런데 제4장에서 살펴보았듯이 진입장벽은 자본장비 면의 규모의 경제, 특허권, 브랜드 등과 같이 기존기업은 보유하고 있으나, 잠재적 진입기업이 취득하기 어렵거나 많은 비용을 투자하여야 취득할 수 있는 자원이 그 원천이 된다. 따라서 시장지배력과 그에 따른 수익성도 결국 내부자원에 의해서 결정된다는 것을 알 수 있다.

이상에서 우리는 내부자원의 중요성을 두 가지 측면에서 살펴보았는데, 기업이 누리는 경쟁우위와 수익성의 원천이 기업이 보유한 내부자원에 의해서 뒷받침된다는 것을 보았다. 이런 점에서 볼 때 기업의 내부자원을 분석하고 이를 통해 기업의 강점과 약점을 평가하는 내부분석의 중요성이 크다고 하겠다. 한편 기업의 내부자원에 대한 분석은 기업의 수익성이 내부자원에 의해서 결정된다는 점에서 뿐만 아니라, 전략에 관한 기존 연구가 주로 외부환경을 분석하는 데 치중하였던 것에 대하여 내부분석의 중요성을 인식한다는 점에서도 그 중요성이 강조된다. 이 문제에 대해서는 제9장에서 구체적으로 살펴볼 것이다.

6.2 내부분석의 과정

앞에서 내부분석의 목적을 첫째, 기업이 보유한 내부자원과 능력을 평가하여 기업의 강점과 약점을 파악하고, 둘째, 강점을 활용하거나 새로운 자원이나 능력의 개발과 축적을 통해 강점을 강화함으로써 경쟁우위를 지속시키는 데 있다고 하였다. 따라서 내부분석은 다음과 같은 두 단계로 나누어 살펴볼 수 있다.

첫 번째 단계는 기업이 보유한 내부자원, 예컨대 특허권, 브랜드명, 자본장비, 기계, 경영자와 종업원의 능력 등과 같은 개별자원의 존재와 그리고 이들 자원을 결합하여 활용하는 능력을 파악하고, 파악된 자원과 능력에 대한 양적 및 질적인 평가를 통해 강점과 약점을 파악하는 것이다. 두 번째 단계는 기업의 경쟁우위가 어떻게 창출되는가를 보기 위해서 이들 강점과 약점(자원과 능력)이 어떻게 기업의 경쟁우위로 연결되는가를 보는 것이다. 이러한 과정을 그림으로 나타내면 〈그림 6-1〉과 같다.

일반적으로 내부분석은 첫 번째 단계의 분석만을 의미한다. 그러나 내부분석의 궁극적 목적이 기업이 보유한 강점을 전략을 통해 활용하는 데 있다는 점과 기업이 누리는 경쟁우위의 원천이 내부자원에 있다는 점을 고려해 볼 때, 강점과 약점에 대한 파악만으로는 성공적인 전략을 수립할 수가 없다. 경쟁우위를 창출할 수 있는 내부자원이 무엇이며, 이를 어떻게 획득하고(외부 조달), 개발하고(자체 개발), 축적할 것인가 하는 측면에 대한 분석이 이루어져야 할 것이다. 여기에 관련된 문제가 핵심성공요인과 강점과의 관계를 파악하고 내부자원과 전략 간의 적합성을 달성하는 문제라고 하겠다.

내부자원과 전략 간의 적합성은 전략이 다음의 세 가지 경우에 도움이 될 때를 의미한다. 즉, 전략이 ① 기업이 보유한 강점을 최대한으로 활용하거나 이

그림 6-1 경쟁우위의 원천과 내부자원

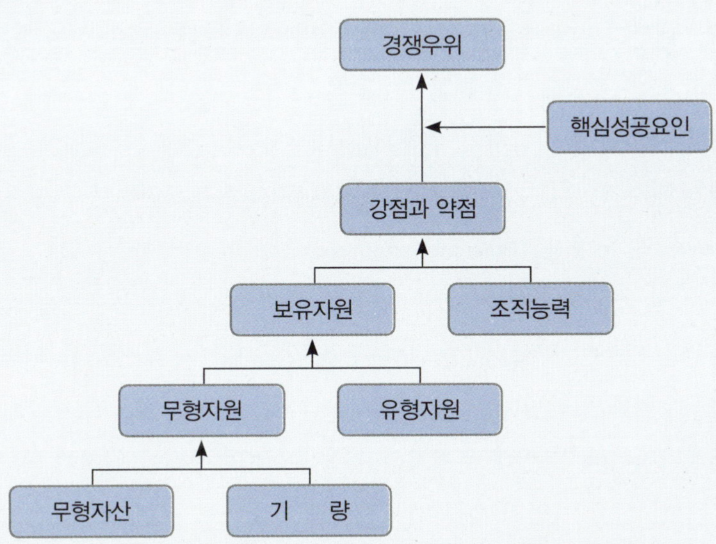

를 더욱 강화하는 데 도움을 주고, ② 부족한 자원을 개발하고 축적하는 데 도움을 주며, ③ 기업의 약점을 회피하는 데 도움을 주어야 한다는 것을 의미한다. 하나의 전략을 통해 이들 세 가지 사항을 동시에 충족시키기는 어렵지만 모든 전략이 직접 및 간접적으로 이들 세 가지 사항과 연관을 가지고 있다. 이런 점에서 전략가는 기업의 지속적 경쟁우위를 구축하는 데 원천이 되는 내부자원을 사전에 파악하여야 하는데, 이를 위해서 현재와 미래의 핵심성공요인을 파악하고 예측하여야 한다. 그리고 기존의 자원을 더 개발할 것인지, 아니면 새로운 자원을 개발할 것인지를 결정하여야 한다.

1. 내부자원의 분류

내부자원이란 기업이 효율성과 효과성을 증가시키기 위한 전략을 수립하고 실행하는 데 도움이 되는 것으로 기업이 보유하고 있는 모든 자산, 능력, 정보, 지식 등을 포함한다. 따라서 내부자원의 종류를 전부 나열하는 것은 불가능하다. 보다 유용한 방법은 내부자원을 유형별로 분류하는 것이라고 하겠다. 〈표 6-1〉과 같이 내부자원을 재무자원, 물적자원, 인적자원, 기술자원, 조직자원으로 분류하는 것이 대표적인 예라고 하겠다.

내부자원의 분류를 위해 어떤 방법을 사용할 것인가에 따라 내부자원을 상당히 다른 유형으로 분류할 수 있다. 기업이 누리는 경쟁우위의 원천이 무엇인가를 정확하게 파악하기 위해서는 내부자원의 종류와 개념에 대한 정확한 이해가 필수적이다. 기업이 보유한 자원을 크게 분류한다면 유형자원(tangible resource)과 무형자원(intangible resource)으로 나누어 볼 수 있다. 유형자원은 재무적 및 물질적 자산(기계, 장비, 공장 등)과 같은 가시적 자원을 의미하며, 무형자원은 기업의 명성, 기술, 노하우와 같은 비가시적 자원을 의미한다. 기업의 경쟁우위를 뒷받침하는 데 있어서 보다 중요한 자원으로 지적되고 있는 것이 무형자원이다. 그런데 무형자원이 경쟁우위의 주요한 원천이 되고 있음에도 불구하고, 실제 기업의 성공이나 전략과 관련하여 무형자원의 본질과 역할을 파악하고 분석하는 체계가 부족하다. 이는 한편으로 무형자원의 교환가치를 산정

표 6-1 내부자원의 분류

내부자원	내부자원의 예
재무자원	현금흐름, 신용도, 신규자본 조달능력
물적자원	공장, 설비, 재고자산, 지역적 입지, 원료산지의 접근성
인적자원	관리자 및 노동자 개개인의 경험, 판단, 훈련, 지능, 관계, 통찰력
기술자원	제품 및 공정기술, 일반관리기술, 노하우, 정보
조직자원	기업의 공식적 보고체계, 공식적 및 비공식적 계획·통제·조정 제도 기업 내 집단 간 비공식관계, 기업과 외부기업 간의 비공식적 관계

하는 데 어려움이 있기 때문이다. 특히 기업의 명성이나 상표명과 같은 것은 교환의 대상이 되지 않으므로, 이들의 가치를 환산하는 데 어려움이 있다. 회계학이나 경제학이 주로 유형자원을 관심의 대상으로 삼고 있는 것도 이런 측면과 연관이 있다고 하겠다. 일반적으로 기업의 시가총액(주식발행수×주식가격)에서 대차대조표 상의 자산총액을 뺀 것을 무형자원의 가치를 나타내는 것이라고 볼 수 있다. 그러나 이러한 계산법의 정확성은 논외로 하더라도 그 결과수치는 무형자원 전체에 대한 개략적 측정치에 지나지 않는다. 즉, 개별무형자원의 가치를 산정하는 데는 여전히 어려움이 있다.

기업이 보유한 무형자원(intangible resource)은 크게 무형자산(intangible assets)과 기량(skills)으로 구분할 수 있다. 무형자산이란 지적소유권, 특허권, 등록상표, 복사권, 등록된 디자인, 계약, 라이선스, 거래비밀, 데이터 베이스, 개인간의 네트워크 등과 같이 소유의 대상(having)이 되는 무형자원을 의미한다. 기업의 명성도 소유의 대상이 된다는 점에서 무형자산으로 분류할 수 있다.

한편, 기량은 종업원들의 노하우와 조직문화를 구성하는 집단적 성향을 의미한다. 무형자산이 소유의 대상이라면, 기량은 어떤 일을 할 수 있는 능력으로 행위(doing)적 측면과 관련이 있다. 이러한 기량은 무형자산에 비해 판매와 이전에 있어서 제약을 받는다. 따라서 기업이 다른 기업을 인수할 경우 그 기업이 소유하고 있는 특허권·지적 소유권과 같은 무형자산은 명확히 획득할 수 있으나, 노하우·문화와 같은 기량을 그대로 획득할 수 있을지는 확신할 수가 없다.

한편 이타미 히로유키(伊丹敬之) 교수는 기업의 자원이 전통적으로 사람, 상품, 자본으로 정의되는데, 여기에 정보라는 자원을 추가할 수 있다고 하였다. 고객의 신뢰, 상표이미지, 유통관리, 기업문화, 관리기술 등이 정보자원에 포함될 수 있는데, 이와 같이 정보에 기초를 둔 자원을 무형자산(invisible assets)이라고 하였다. 따라서 정보는 무형자산의 중심이라고 할 수 있으며, 정보의 양뿐만 아니라 정보를 수집하고 전달하는 정보채널도 기업의 중요한 무형자산이 된다고 하였다. 예컨대 기업문화는 조직이 상식적으로 가지고 있는 태도, 사고과정의 패턴, 기업이 가치를 두는 사람의 유형 등을 나타내는데, 이를 정보흐름의 시각에서 보면, 기업문화란 기업에 속한 각 개인에게 정보를 전달, 처리하는 공통되고 독특한 방법을 제공하는 것이라고 할 수 있다. 이러한 기업문화는 그 자체가 기업의 무형자산인 동시에 다른 무형자산의 축적을 촉진시키는 역할을 한다.

2. 조직능력

최근에 와서 경쟁우위의 원천으로 중요시되고 있는 개념이 능력, 또는 조직능력(organizational capability)이라는 개념이다. 이 개념은 기업이 보유한 개별자원과 이들 자원을 결합하여 활용하는 조직능력을 구분해 줌으로써 개별자원과 경쟁우위와의 관계를 설명하는 데 도움을 준다. 앞에서 기업이 보유한 자원을 유형자원과 무형자원으로 나누고 무형자원을 다시 무형자산과 기량으로 나누었는데, 일반적으로 자원이란 기업이 보유하고 있거나 통제가능한 생산요소의 저량(stock)을 의미한다. 이들 자원은 기업의 여타 자산이나 기술과 결합하거나, 경영정보시스템이나 인센티브 제도와 같은 결합 메커니즘을 통해 최종제품이나 서비스로 전환된다.

이에 비해 조직능력이란 원하는 목적을 달성하기 위해 조직과정을 통해 자원을 다른 자원과 결합하여 활용할 수 있는 기업의 능력이나 역량(corporate competence)을 의미한다. 예컨대 품질 좋고 저렴한 원료를 조달할 수 있는 능력은 ① 다양한 원료산지에 대한 광범위한 정보, ② 생산업자로서 그동안 구축해

온 명성, ③ 대규모 구매를 가능하게 하는 자금력과 신용도, ④ 이를 뒷받침하는 기업의 규모, ⑤ 협상력이 뛰어난 조달담당자 등과 같이 기업이 보유하고 있는 유형 및 무형의 자원들이 결합하여 나타나는 결과인 것이다.

개별자원들이 집단적으로 결합하여 창출되는 것이 조직능력이라는 점에서, 자원은 본질적으로 개별적(individual)이고 능력은 집단적(collective)이다. 이런 점에서 조직능력을 조직 구성원들이 공유하는 문제해결 방법(a collectively shared way of problem-solving)이라고 할 수 있다. 따라서 단순히 능력이라고 표현하기도 하지만 이러한 집단적 특성을 고려하여 조직능력 또는 기업능력이라고 표현한다. 개별자원이 저량(stock)의 개념이라면 조직능력은 유량(flow)의 개념으로 비유된다. 조직능력은 자원의 생산성을 증대시키는 일종의 중간재라고도 할 수 있는데 기업이 보유한 자원들 간의 복잡한 상호작용을 통해서 장기간에 걸쳐 개발된다.

이런 점에서 조직능력은 기업의 인적자본(경영자)을 매개로 정보를 개발하고 보유하고 교환하는 정보중심적 능력이다. 조직능력은 기능별 분야에서 개발되기도 하고(예컨대 마케팅부문에서의 상표 관리능력), 다양한 물적, 인적, 기술적 자원이 결합되어 전사적 차원에서 개발되기도 한다. 이에 따라 제품과 공정의 끊임없는 혁신, 제조상의 유연성, 시장추세에 대한 적응성, 유리한 원가구조, 짧은 제품개발주기, 신뢰성 높은 서비스조직 등과 같은 기업차원의 능력을 축적할 수 있다. 앞에서 언급하였듯이 최근에 와서 기업의 경쟁우위를 창출하는 원천으로 조직능력이 중요시되고 있는데, 여기에 대해서는 제9장에서 자세히 살펴볼 것이다.

기업이 보유한 무형자원과 능력과의 관계를 알기 쉽게 보여주는 〈표 6-2〉는 기업이 보유한 능력을 네 가지, 즉 기능적(functional) 능력, 지위적(positional) 능력, 문화적(cultural) 능력, 규제적(regulatory) 능력으로 나누고, 이들 능력을 뒷받침하는 무형자원이 무엇인가를 보여주고 있다. 이들 능력은 지속적 경쟁우위의 원천이 되는데, 이들 능력에 있어서 기업 간에 얼마나 차이가 나는가에 따라 경쟁우위의 정도가 달라질 것이다.

기능적 능력은 어떤 일을 할 수 있는 능력으로, 가장 일반적 의미의 능력

표 6-2 내부자원의 분류

<table>
<tr><th>능력
무형자원</th><th>기능적</th><th>문화적</th><th>지위적</th><th>규제적</th><th></th></tr>
<tr><td>기 량</td><td>• 종업원·공급업자·유통업자의 노하우 경험 등</td><td>• 품질 및 고객 우선적 사고
• 학습능력</td><td></td><td></td><td rowspan="2">사람에 의존적</td></tr>
<tr><td rowspan="2">무형자산</td><td></td><td></td><td>• 명성
• 네트워크</td><td></td></tr>
<tr><td></td><td></td><td>• 데이터 베이스</td><td>• 계약
• 지적소유권
• 특허권</td><td>사람과 독립적</td></tr>
</table>

자료: R. Hall, "A framework linking intangible resources and capabilities to sustainable competitive advantage," *Strategic Management Journal*, Vol. 14(1993), p. 611을 수정.

(ability: 어떤 과업이나 일을 수행하거나 달성할 수 있는 무형적인 기술)을 의미한다. 이러한 능력은 종업원이나 가치사슬 상의 공급업자 등이 보유한 지식, 기술, 경험에서 발생한다. 문화적 능력은 조직 전체와 연관이 있는 것으로 조직 내에서 개인이 가지고 있거나 집단이 공유하는 습관, 태도, 믿음, 가치관 등을 의미한다. 구체적으로는 고품질에 대한 인식, 도전에 대응하는 능력, 학습능력, 고객을 최우선으로 하는 사고 등으로 나타난다.

지위적 능력은 고객으로부터 얻은 명성이나 유리한 생산입지 등과 같이 과거의 행동이나 의사결정의 결과로부터 얻는 것이다. 지위적 능력은 경쟁우위의 원천이 될 뿐만 아니라 경쟁기업이 이에 맞서기 위해서는 상당한 시간이 소요되므로 방어적 지위를 구축하는 데 도움이 된다. 규제적 능력은 지적소유권, 특허권, 계약 등과 같은 법률적 권리를 소유함으로써 얻을 수 있다. 이들 권리는 소유자가 법률로 보호받을 수 있으므로 방어적 지위를 구축하는 데 도움이 된다.

앞에서 무형자원을 무형자산과 기량으로 분류하였는데, 이를 다시 사람에 의존하는 것과 그렇지 않은 것으로 분류할 수 있다. 크게 볼 때 기능적 능력과 문화적 능력은 기업이 보유하는 기술이나 역량에 의존한다고 하겠으며, 지위적 능력이나 규제적 능력은 기업이 보유하는 무형자산(브랜드명, 생산입지 등)에 근거를 두고 있다. 따라서 앞의 두 가지 능력은 '행위(doing)'와 연관이 있으며, 뒤의 두 가지 능력은 '소유(having)'와 연관이 있다.

3. 강점과 약점

기업이 보유한 자원과 능력을 표현하는 데 있어서 자원(resource), 자산(asset), 기량(skill), 역량(competence), 능력 또는 조직능력(organizational capability), 핵심역량(core competence), 차별적 역량(distinctive competence), 전략적 자산(strategic asset) 등과 같은 다양한 개념들이 사용되고 있다. 그런데 학자들 간에도 사용하는 개념에 있어서 차이가 나며, 이들 개념의 의미가 조금씩 다르게 사용되고 있다.

자원과 능력에 관한 주요 개념들의 의미 차이를 구분하는 데 있어서 가장 먼저 고려해야 할 사항은 탁월성 또는 뛰어남이라는 가치판단이 포함되어 있는가 하는 것이다. 가치판단이란 자원의 품질에 있어서 상대성 즉, 경쟁기업이 보유한 자원과 비교한 우월성의 상대적 정도를 의미한다. 예컨대 역량을 '경쟁기업보다 뛰어난 업무 수행능력'이라고 정의한다면, 이 정의에는 뛰어나다는 가치판단이 포함되어 있다. 따라서 역량을 '경쟁기업에 비해 우월한 능력, 또는 어떤 과업을 우월하게 또는 보다 효율적으로 수행할 수 있는 능력'으로 정의하는 것과 '어떤 일을 수행할 수 있는 능력'으로 정의하는 것은 다르다. 첫 번째 정의에는 우월성(또는 효율성)이라는 가치판단이 포함되어 있다. 이런 점에서 핵심역량과 차별적 역량은 경쟁기업보다 특별히 잘 할 수 있는 능력을 의미하며, 전략적 자산은 거래되거나 모방하기 어렵고 희소하며 특화된 기업의 자원과 능력을 의미하고 있어서 이들 개념에는 가치판단이 포함되어 있다. 예컨대 노사 간의 신뢰나 암묵적인 조직지식과 같은 전략적 자산은 조직의 역사에 뿌리를 두고 있는 것으로 경쟁기업이 모방하기 어렵다.

기업이 보유한 자원과 능력에 대해 '뛰어나다', '탁월하다', '보다 효율적이다' 등과 같은 표현을 사용하거나 핵심역량, 차별적 역량, 전략적 자산과 같은 개념을 사용하는 것은 경쟁우위의 본질이 상대적이기 때문이다. 즉, 경쟁기업보다 우월한 경쟁우위를 누리기 위해서는 경쟁기업이 보유한 자원이나 능력보다 뛰어나거나 보다 효율적인 자원이나 능력이 뒷받침되어야 하기 때문이다. 이러한 상대적 우월성을 표현하는 데 도움이 되는 것이 강점과 약점이라는 개념이다.

강점이란 기업이 경쟁기업보다 잘 하는 무엇, 또는 주요한 능력을 뒷받침하는 뛰어난 특성을 의미한다. 구체적으로 기업이 누리는 경쟁우위(예컨대 저렴한 가격, 질 좋은 제품, 높은 상품인지도, 우월한 기술, 뛰어난 고객서비스)의 원천이 되는 우수한 기술이나 능력, 유용한 조직 자원이나 경쟁능력을 의미한다. 약점은 기업이 부족하거나, 경쟁기업에 비해 잘 하지 못하는 것, 또는 열위에 처하게 하는 조건을 의미한다.

그러면 기업의 강점과 약점은 내부자원이나 능력과 어떤 관계에 있는가? 결론적으로 기업이 보유한 내부자원과 능력은 우월성의 상대적 정도에 따라 기업의 강점이나 약점이 된다. 예컨대 기업이 우수한 기술을 보유하고 있다면 그 기술은 기업의 강점이 된다. 또한 어떤 기업이 신규투자를 수행하기에 충분한 내부자금을 축적하고 있지 않다면 자금 면에서 약점을 가졌다고 하겠다. 그러나 금융시장에서 기업의 신용도가 높아 외부자금 조달에 문제가 없다면 신규투자를 수행하는 데 문제가 없을 것이다. 이때 기업의 높은 신용도는 그 기업이 가지는 강점이다. 따라서 기업의 강점과 약점, 나아가서 기업이 지속적 경쟁우위를 누릴 수 있는가의 여부는 기업이 보유한 자원의 상대적 우월성에 의해서 결정된다.

이상의 내용을 고려해 볼 때 기업의 강점과 약점은 경쟁기업과 비교한 상대적 관점에서 평가하여야 한다. 예컨대 장기간의 연구개발을 통해 새로운 기술을 개발한 경우 신기술 그 자체가 바로 기업의 강점이 되지는 않는다. 보유자원 면에서 본다면 신기술이라는 새로운 자원의 스톡이 증가하였다고 하겠다. 따라서 신기술이 경쟁우위를 뒷받침하는 강점이 되기 위해서는 그 기술을 통해 경쟁기업보다 효율적인 생산이 가능하거나, 고객욕구에 보다 잘 부합하는 새로운 제품을 생산할 수 있어야 할 것이다. 신기술이 경쟁기업의 기술보다 효율적이지는 않지만 그 기업이 보유하고 있던 기존기술보다 효율적이라면 신기술은 그 기업의 약점을 상대적으로 보완하였다고 하겠다.

4. 핵심성공요인과 강점 및 약점

강점과 약점에 대한 평가가 이루어졌다고 하여 〈그림 6－1〉에 대한 설명이 완전하게 된 것은 아니다. 강점과 약점은 이들이 시장경쟁에서 얼마나 중요한가에 따라 유리한 조건 또는 불리한 조건으로 작용하여, 경쟁우위를 강화하거나 약화시키는 원천이 된다. 이때 시장경쟁에서의 중요성이란 기업의 강점과 약점이 그 시장에서 성공하기 위해서 반드시 갖추어야 할 핵심성공요인과 얼마나 일치하느냐의 여부를 의미한다. 기업이 보유한 강점(약점)이 산업의 핵심성공요인, 특히 차별적 핵심성공요인과 일치할 때, 강점(약점)은 경쟁우위(경쟁열위)의 원천이 된다. 기업이 보유한 강점이 산업의 차별적 핵심성공요인과 일치하지 않는다면 그 산업에서 경쟁우위를 누릴 수 없다. 이런 점에서 본다면 기업의 강점이란 경쟁우위의 잠재적 원천이라고 할 수 있으며, 이것이 산업의 핵심성공요인과 일치할 때 잠재성이 발휘된다고 하겠다.

따라서 강점과 약점을 산업의 차별적 핵심성공요인과 연관시켜 평가할 때, 경쟁우위가 창출되는 과정을 나타낸 〈그림 6－1〉을 완전하게 설명할 수 있다. 전략경영의 핵심은 기업이 가장 잘하는 것(강점)을 중심으로 전략을 구축하는 데 있다.

기업의 강점은 경쟁우위의 원천이 되므로 성공적인 전략을 수립하는 근거가 된다. 따라서 기업이 효과적인 전략을 수립할 수 있는 경쟁자원이나 핵심능력이 부족한 경우, 이러한 자원과 능력을 신속하게 구축하기 위해 노력하여야 할 것이다. 또한 좋은 전략은 기업을 취약하게 하고, 성과달성을 저해하며, 매력적인 기회를 추구하는 데 제약이 되는 약점을 보완할 수 있어야 한다. 결론적으로 전략은 기업의 강점이나 약점과 적합성을 유지해야 하는데, 이를 위해 강점을 근거로 하는 전략을 추구하고 약점에 의존하는 전략을 회피하여야 할 것이다.

5. 강점과 약점의 평가

기업이 강점과 약점에 대한 평가를 내릴 때는 내부자원을 주의 깊게 평가하여야 할 것이다. 즉, 자사가 보유한 강점이 경쟁우위를 구축하는 데 얼마나 도움이 되는가 하는 측면에서 평가하여야 할 것이다. 강점과 약점에 대한 예를 들어 보면 〈표 6-3〉과 같다.

표 6-3 강점과 약점의 지표

경쟁적 강점의 지표	경쟁적 약점의 지표
• 주요 기능부문의 핵심역량 보유	• 주요 기능부문의 핵심역량 부족
• 높은 시장점유율	• 경쟁기업에 의한 시장기반의 잠식
• 선도적이며 탁월한 전략	• 불명확한 전략 방향
• 고객기반과 고객의 충성도 증대	• 시장점유율의 감소
• 유리한 전략집단에 속함	• 부정적인 제품 이미지
• 상당히 차별화된 제품	• 유통채널의 미비
• 평균 이상의 수익률	• 평균 이하의 수익증가율
• 낮은 생산원가	• 재무자원의 부족과 취약한 재무구조
• 규모의 경제를 통한 효율성 증대	• 고객의 이탈과 기업명성의 쇠퇴
• 기술과 제품의 혁신능력	• 쇠퇴하는 전략집단에 속함
• 수직적 통합(전방 및 후방)	• 기술과 제품개발에서 뒤쳐짐
• 독점적 기술의 보유	• 고원가 생산업자
• 풍부한 재무적 자원	• 위협에 대처하는 능력의 부족
• 창조적이고 기업가적인 경영층	• 낮은 품질수준
• 기회를 포착하는 능력	• 낡은 기계 및 공장설비

이상에서 살펴본 기업의 강점과 약점을 핵심성공요인과 연관시켜 평가할 때 기업이 누리는 경쟁우위의 정도를 평가할 수 있을 것이다. 이를 위해 다음의 〈표 6-4〉와 같은 방법으로 경쟁기업과 비교한 경쟁지위를 평가할 수 있다. 핵심성공요인은 그 중요성에 따라 적질한 가중치를 부여할 수 있을 것이다. 표에 의하면 품질과 성능 면에서 뛰어난 경쟁기업 A(단순합계로는 경쟁기업 B)가 가장 강력한 경쟁지위를 구축하고 있다고 할 수 있다.

표 6-4 강점과 약점의 평가

핵심성공요인	가중치	자사	경쟁기업 A	경쟁기업 B	경쟁기업 C	경쟁기업 D
품질과 제품성능	0.35	5/1.75	10/3.50	3/1.05	4/1.40	1/0.35
신제품개발능력	0.15	5/0.75	7/1.50	10/1.50	4/1.60	1/0.15
생산기술의 숙련도	0.10	2/0.20	10/1.00	4/0.40	1/0.10	5/0.50
광고선전비	0.10	5/0.50	10/1.00	7/0.70	1/0.05	3/0.30
유통 및 서비스망	0.10	8/0.80	7/0.70	10/1.00	6/0.60	1/0.10
신속한 공정변화	0.10	8/0.80	5/0.50	10/1.00	6/0.60	1/0.10
기업의 명성·이미지	0.05	9/0.45	4/0.20	10/0.50	1/0.05	5/0.25
상대적 원가지위	0.05	9/0.45	4/0.20	10/0.50	1/0.05	5/0.25
풍부한 자금력	0.05	10/0.05	1/0.05	7/0.35	8/0.40	3/0.15
단순합계	1.00	61	58	71	32	25
가중합계		6.20	8.20	7.00	2.90	2.10

6.3 가치활동과 가치사슬

기업이 누리는 경쟁우위는 어디에서 발생하는가, 즉 경쟁우위의 원천은 무엇인가? 결론적으로 경쟁우위는 기업의 내부자원과 능력이 그 원천이다. 그러나 이때 내부자원 그 자체가 경쟁우위가 되지는 않는다. 보다 엄밀하게 말한다면 자원의 보유 그 자체라기보다는 이러한 내부자원을 활용하는 과정에서 경쟁우위가 창출된다. 기업이 많은 현금을 보유하고 있다거나 창의적 아이디어를 가진 연구인력을 보유하고 있다고 해서 경쟁우위를 누린다고 할 수 없다. 기업의 경쟁우위는 기업이 보유하고 있는 내부자원을 활용하는 과정에서 발생한다. 우수한 연구 인력을 활용하여 제품을 표준화하고, 풍부한 자금을 이용하여 규모의 경제를 누리는 설비투자를 함으로써 원가우위가 발생하며, 차별적 광고선전과 제품디자인을 독특하게 함으로써 차별화우위가 발생한다.

이상에서 알 수 있듯이 기업이 내부자원을 활용하는 과정에서 경쟁우위가 발생한다. 따라서 경쟁우위의 원천을 이해하기 위해서는 기업이 수행하는 활동에 대해 살펴볼 필요가 있다.

1. 기업의 가치활동

기업을 정의하는 데 있어서 기업의 여러 특성을 고려하여 다양한 정의를 내릴 수 있다. 예컨대 기업을 이윤(이익)을 추구하는 존재로 정의하는 것은 기업의 이윤 극대화 목적을 강조한 정의라고 하겠다. 여기서는 기업을 변형자(transformer)라고 정의한다. 이때 변형자란 기업이 수행하는 본질적인 기능을 중요시하여 내린 정의이다. 〈그림 6-2〉에서 알 수 있듯이 기업은 외부 및 내부로부터 조달한 투입물을 내부 활동을 통해 산출물로 변형시키는 기능을 수행한다. 즉 외부로부터 조달한 원재료, 중간재, 부품을 바탕으로 기업이 내부적으로 보유하고 있는 장비, 기술, 인력, 조직, 정보를 투입함으로써 시장에서 판매 가능한 상품을 생산해 내는 것이다. 이러한 기능을 수행하는 일련의 내부 활동을 가치활동(value activity)이라고 할 수 있다.

가치활동은 고객의 입장에서 볼 때 자신의 욕구를 만족시켜 주는 충족물을 기업이 만들어 준다는 점에서 중요시되는 활동이다. 투입물 자체는 고객의 욕구를 충족시키는 데 직접적인 도움이 되지 않으므로 고객의 입장에서 볼 때 가

그림 6-2 기업의 가치창출활동

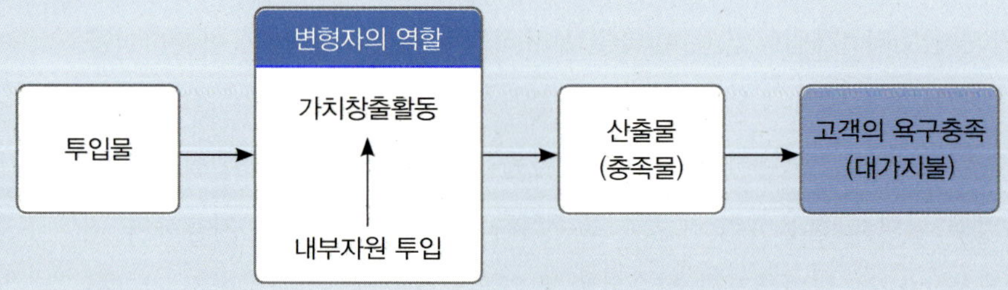

치가 없는 것이다. 그런데 기업이 일련의 내부 활동을 통해 고객의 욕구를 만족시키는 상품을 만들어내고, 여기에 대해 고객이 생산원가 이상의 대가를 기꺼이 지불하려고 한다면, 기업이 내부 활동을 통해 그만큼의 가치를 창출하였다고 볼 수 있다.

미시경제학에서는 투입물이 산출물로 변환되는 기업의 내부과정에 대해서는 관심을 가지지 않는다. 기업은 자원의 효율적 배분을 통해 생산비용의 최소화를 달성하고자 노력하는 존재(생산의 효율성)로 가정된다. 이때 자원의 효율적 배분에 영향을 주는 요인으로는 요소시장(투입물 시장)의 요소가격과 판매시장(산출물 시장)의 제품가격이다. 따라서 기업의 변형자적 기능이 어떻게 수행되는가 하는 것은 블랙박스 내의 문제로 남게 된다.

경영학이 관심을 가지는 것이 바로 이러한 블랙박스 내의 문제, 즉 변형자적 기능을 수행하기 위해 필요한 구체적 기업 활동이다. 원재료의 조달·수송·보관, 그리고 이의 가공·조립·이동, 인력의 충원·교육·현장투입·관리, 상품의 기획·제조·포장·광고, 유통채널의 선정·배분·운송, 광고선전·판매촉진·애프터서비스 등과 같이 물리적 생산활동 이전의 문제에서부터 고객이 상품을 소비하여 완전한 만족을 얻기까지 필요한 모든 활동에 대해 관심을 가지고, 이들이 실제로 어떻게 수행되고 있으며, 또 어떻게 수행하는 것이 기업의 목표달성에 유리한가 하는 점에 관심을 가지고 있다. 이러한 기업활동을 체계적으로 이해하는 데 도움을 주는 것이 가치사슬(value chain)이라는 개념이다.

여기서 가치라는 개념은 기업이 제공하는 제품이나 서비스의 대가로 고객이 기업에게 기꺼이 지불하려는 금액을 말한다. 이러한 가치는 총수입(판매가격×판매수량)으로 측정할 수 있다. 기업이 이익을 얻기 위해서는 제품생산에 소요되는 원가를 초과하는 가치를 창출하여야 한다. 따라서 기업의 원가우위를 분석하기 위해서는 원가 대신에 가치를 분석하여야 한다. 또한 기업이 차별화를 통해 가격 프리미엄을 누릴 수 있으므로 기업의 이러한 행동을 분석하기 위해서도 가치에 대한 분석이 필요하다.

2. 가치활동과 가치사슬

기업을 피상적으로 관찰해서는 경쟁우위의 원천을 파악할 수가 없다. 경쟁우위는 기업이 수행하는 조달, 생산, 마케팅, 운송 등의 활동과 이들 활동을 지원하는 여타의 활동을 통하여 발생하기 때문이다. 따라서 경쟁우위의 원천을 분석하기 위해서는 개별기업이 수행하는 모든 활동을 점검해 보고 이러한 활동들이 어떻게 상호작용하는가를 체계적으로 알아보아야 한다. 이러한 체계적인 분석을 위한 도구로 사용할 수 있는 것이 가치사슬(value chain)이라는 개념이다. 가치사슬은 기업의 활동을 전략적으로 연관성이 있는 몇 개의 활동들로 나누어 원가의 행태와 더불어 겉으로 나타나거나 내재된 차별화우위의 원천을 이해하기 위해 개발된 개념이다.

모든 기업은 연구개발, 제품설계, 생산, 판매, 운송 등을 포함하는 모든 활동의 집합체로 볼 수 있다. 이러한 활동은 〈그림 6-3〉과 같은 가치사슬로 나타낼 수 있다.

가치사슬은 총가치(total value)로 표시되는데, 가치사슬은 크게 가치활동

그림 6-3 가치사슬

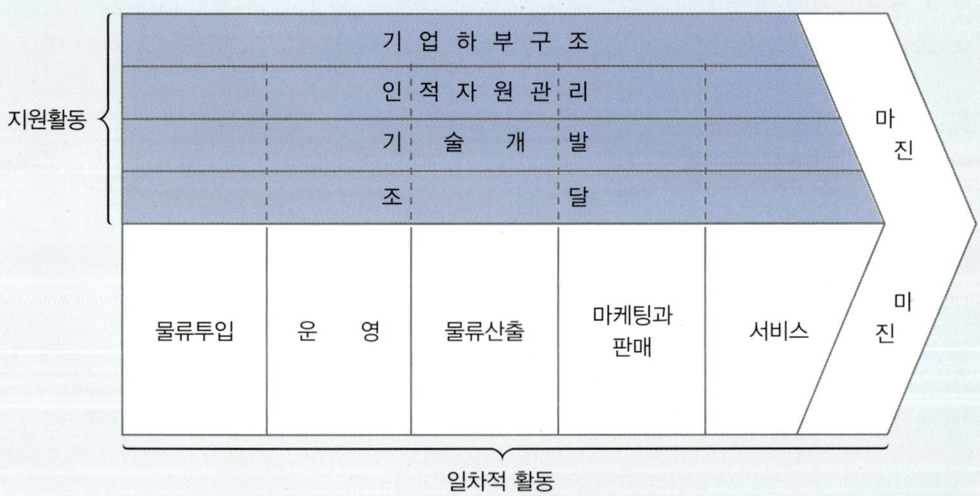

과 마진(margin)으로 구성되어 있다. 가치활동은 기업이 수행하는 활동 중에서 기술적 및 물리적으로 구별되는 활동으로, 구매자에게 가치 있는 제품을 생산하기 위해 필요한 기업의 구성요소이다. 마진은 총가치에서 가치활동을 수행하는 데 소요되는 총원가를 뺀 차액을 말한다. 공급업자나 유통경로의 가치사슬에도 마진이 포함되어 결과적으로 기업의 총비용에 합산되므로 원가발생의 전반적 요인을 이해하기 위해서는 공급업자와 유통업자의 가치사슬과 이윤에 대한 분석도 수행되어야 한다.

가치활동은 크게 일차적 활동(primary activities)과 지원활동(support activities)으로 구분된다. 일차적 활동이란 기업의 본질적 활동, 즉, 물리적 변환과정과 직접적으로 관련된 활동을 의미한다. 여기에는 투입과 관련한 물적 유통, 물리적 제조과정, 마케팅과 판매활동, 산출과 관련한 물적 유통, 서비스활동이 포함된다. 지원활동은 일차적 활동과 다른 지원활동이 지속적으로 수행될 수 있도록 보조해 주는 활동으로, 투입요소의 조달, 기술개발, 인적자원관리, 기업 전반에 걸친 하부구조를 포함한다. 그런데 〈그림 6-3〉에서 지원활동에 점선이 그려진 것은 이들 활동이 개별활동을 지원하기도 하지만 동시에 전체 가치사슬을 지원하기 때문이다. 다만 기업하부구조는 특정의 일차적 활동을 지원하지 않고 전체 가치사슬만을 지원한다.

(1) 일차적 활동

일차적 활동은 다음과 같이 다섯 가지의 활동으로 나누어지는데 각 활동은 기업의 전략과 기업이 속해 있는 산업의 특성에 따라 세분화된 하위활동으로 나누어진다. 예컨대 마케팅과 판매활동은 마케팅 관리, 광고, 판매원 관리, 판매원 활동, 문헌 작성, 판매 촉진 등으로 세분될 수 있다.

1) 물류투입(inbound logistics): 투입요소를 구입, 저장, 운반하는 것과 관련된 활동으로서 자재관리, 저장, 재고관리, 장비사용계획, 공급자에 대한 반품 등과 같은 활동이 포함된다.

2) 운영(operations): 투입요소를 최종제품으로 만드는 활동으로서 기계작

업, 포장, 조립, 설비유지, 검사, 인쇄, 설비가동과 같은 활동이 포함된다.

3) 물류산출(outbound logistics): 제품을 구매자에게 유통시키기 위한 수집 및 저장과 관련된 활동, 그리고 고객에게 제품을 직접 전달하기 위한 완성품보관, 자재관리, 운송장비관리, 주문처리, 유통계획과 같은 활동이 포함된다.

4) 마케팅과 판매(marketing and sales): 구매자가 제품을 구입하도록 하기 위한 활동으로 광고, 판매촉진, 판매원 및 판매량 할당, 경로선택, 경로관리, 가격책정과 같은 활동이 포함된다.

5) 서비스(service): 제품가치를 유지, 증대시키기 위한 활동으로 제품설치, 수리, 사용방법 교육, 부품공급, 제품조정과 같은 활동이 포함된다.

이상의 다섯 가지 활동은 산업의 특성에 따라 어떤 활동이 다른 활동에 비해 경쟁우위에 상대적으로 더 큰 영향을 주기도 한다. 예를 들어 유통업자의 경우, 물류투입이나 물류산출활동이 다른 활동보다 훨씬 중요한 반면, 식당이나 소매점의 경우는 보통 물류산출활동이 생략되고 운영활동만이 중요시되기도 한다. 또한 기업대출을 주로 취급하는 은행은 대출금의 이율산정(가격결정), 상환방법설정, 대출자의 선별 등과 같은 마케팅과 판매활동이 경쟁우위형성에 있어서 핵심적 역할을 하며, 고속복사기 제조업자는 서비스 활동이 경쟁우위를 창출하는 데 있어 핵심활동이 된다. 그러나 어느 기업이든 다섯 가지의 일차적 활동은 항상 존재하여 경쟁우위를 창출하는 데 나름대로 기여를 하게 된다.

(2) 지원활동

지원활동은 네 가지의 활동으로 나누어지는데 일차적 활동과 마찬가지로 산업의 특성에 따라 다시 여러 가지의 하위활동으로 나누어진다. 예를 들어 기술개발활동의 경우 부품설계, 외양설계, 현장검사, 공정설계, 기술선택 등의 활동으로 세분될 수 있다.

1) 조달(procurement): 조달이란 구입되는 투입요소 자체에만 국한되는 것이 아니라 구입되는 투입요소와 관련된 모든 기능을 포괄하는 활동을 말한다. 구입되는 투입요소란 원재료, 비품, 소모품, 기계류, 실험시설, 사무기기, 건물

등을 뜻하는데, 이들은 일차적 활동과 지원활동 전반에 걸쳐서 사용된다. 다른 활동과 마찬가지로 조달활동에서도 기술이 사용되는데, 여기에는 공급자 관리 절차, 품질검사기준, 구매정보시스템 구축 등이 포함된다.

2) 기술개발(technology development): 기술개발은 제품을 개발하고, 가치사슬상의 모든 활동이 수행되는 방법을 창조하고 개선시키는 활동을 의미한다. 모든 가치활동에는 노하우, 각종 절차, 공정기술 등과 같은 기술이 포함되어 있다. 대부분의 기업에서 사용되는 기술의 종류는 광범위한데, 문서작성기술은 물론 제품운반기술, 제품 자체에 포함된 기술 등을 그 예로 들 수 있다. 이러한 기술은 다양한 하위기술과 함께 많은 과학분야의 이론을 사용하고 있다. 예컨대 기계기술은 야금학, 전자공학, 기계공학의 이론이 도입되어 있다.

3) 인적자원관리(human resource management): 인적자원관리에는 채용, 훈련, 교육, 개발, 보상 등 인사관리의 제반활동이 포함된다. 인적자원관리는 개별적인 일차적 활동과 지원활동에 대한 지원을 하기도 하며, 전체 가치사슬(예컨대 노사협상)에 대해 지원하기도 한다.

4) 기업하부구조(firm infrastructure): 기업하부구조에는 일반관리, 전략적 기획, 재무관리, 회계, 법률문제관리, 대정부관리, 품질관리 등과 같이 기업의 전반적 운영에 있어서 필수적인 활동을 의미한다. 이러한 활동은 다른 지원활동과 달리 대체적으로 전체 가치사슬을 지원하는 것이 보통이다. 단일사업기업은 기업하부구조가 하나의 통합된 형태를 보이는 데 비해, 다각화기업은 사업단위의 하부구조와 기업수준의 하부구조로 분리되어 있다. 예컨대 다각화기업에 있어서 소요자금의 조달과 상환활동은 기업수준에서 이루어지지만, 품질관리활동은 개별사업단위에서 이루어진다. 그러나 일반적으로 사업단위와 기업수준에서 같은 성격의 기업하부구조가 동시에 수행되기도 한다.

6.4 환경변화와 강점 및 약점의 평가

내부분석의 중요성을 설명하면서 기업의 성과(수익성)가 내부자원에 의해서 결정된다고 하였다. 이때 내부자원이란 결국 기업이 보유한 강점과 약점의 정도를 의미한다. 그런데 환경이 변하게 되면 기업의 강점과 약점도 변하게 된다. 현재 특정산업에 속한 기업들이 강점과 약점의 정도에 근거하여 제각기 자신의 고유한 시장점유율을 확보하고 있다고 하자. 이를 특정시점에서 본 정태적 시장균형이라고 한다면, 새로운 환경변화는 현재의 균형을 이탈하게 만드는 요인이 된다. 새로 달성될 시장균형이 현재와 비교하여 얼마나 이탈하는지는 환경이 변화하는 정도에 달려있다.

클레이튼 크리스텐슨(Clayton Christensen) 교수는 『혁신기업의 딜레마(*The Innovator's Dilemma*(1997)』라는 책에서 혁신을 파괴적 혁신(discruptive innovation)과 존속적 혁신(sustaining innovation)으로 나누었다. 존속적 혁신은 기존 시장에서 주력제품의 성능을 점진적으로 향상시키는 데 필요한 혁신이며, 성능이 향상된 제품에 대해 높은 가격을 지불할 용의가 있는 주류 고객을 대상으로 한 혁신이다. 이에 비해 파괴적 혁신은 주류 고객이 기대하는 성능을 충족시키지는 못하지만 저렴한 비용 또는 편리한 접근방식으로 새로운 고객의 기대에 부응하면서 기술을 발전시켜 나가는 혁신을 의미한다. 파괴적 혁신은 기존시장(예컨대 휴대폰시장, 도서판매시장)에 신생기업(애플, 아마존)이 어떻게 진입해 선두기업을 앞지르게 되는지를 잘 설명해 준다. 혁신기업에게 주어지는 성공은 대부분 존속적 방식이 아닌 파괴적 혁신을 통해 실현되기 때문이다.

이러한 개념을 환경변화에 적용시킨다면 환경이 변하는 정도에 따라 존속적 환경변화와 파괴적 환경변화로 구분할 수 있다. 이들의 차이는 핵심성공요인에 얼마나 큰 변화를 주는가에 있다. 존속적 환경변화는 현재의 핵심성공요인에 커다란 변화를 가져오지 않는다. 특히 차별적 핵심성공요인에서 기존의 환경과 별다른 차이가 없다. 하지만 기존의 핵심성공요인을 충족시켜야 하는 정도에 있어서는 지금보다는 더욱 높아진 수준을 필요로 한다. 그런데 파괴적 환경변화는 차별적 핵심성공요인에 근본적인 변화를 가져온다. 예컨대 애플의 아이폰은 휴대폰 산업에서 하드웨어(디자인, 처리속도, 화질 등)와 관련이 있던 핵심성공요인을 응용앱과 OS 중심으로 완전히 전환시켰다.

이러한 환경변화에 관련하여 기업이 보유한 내부자원(강점과 약점)이 성과에 어떤 영향을 미치는가를 살펴보면 다음과 같다.

1. 존속적 환경변화

존속적 환경변화가 발생한 경우에는 기업이 현재 보유하고 있는 내부자원과 능력은 지금과 같은 강점과 약점으로 작용할 가능성이 높다. 존속적 환경변화는 현재의 핵심성공요인에 커다란 변화를 가져오지 않기 때문이다. 이 경우 새로운 시장균형은 현재의 균형에서 크게 이탈되지 않을 것이며, 그 결과로 기업 간에 나타나는 성과차이(수익성이나 시장점유율의 차이)는 다음과 같은 두 가지 조건에 의해 결정될 것이다. 첫째는 환경변화로 인한 기회와 위협의 잠재성이 얼마나 큰가 하는 것이며, 둘째는 이 변화로 인하여 개별기업이 받는 영향의 정도가 얼마나 다른가 하는 것이다.

1) 기회와 위협의 잠재성: 기회와 위협의 잠재성은 환경에서 발생하는 사건과 추세가 가지고 있는 긍정적 또는 부정적 영향력을 의미한다. 환경변화는 산업의 내부적 및 외부적 요인(사건과 추세)에 의해서 발생하는데, 외부적 변화요인으로는 산업의 거시적 외부환경, 예컨대 고객의 기호변화, 법적 규제조치의 변화, 투입물(임금, 원재료, 중간재 등)의 상대적 가격변화를 그 예로 들 수 있다. 그리고 산업의 내부적 변화요인은 새로운 제품이나 새로운 공정의 개발, 새로운 관리기법이나 마케팅기법의 개발 등을 그 예로 들 수가 있다. 이들 변화요인이 현재의 시장균형을 이탈시키기 위해서는 이들이 기회와 위협으로 작용하여야 한다(사건과 추세가 기회와 위협이 되기 위해서는 성과에 영향을 미칠 잠재성이 있어야 함). 그리고 이들 기회와 위협이 가지고 있는 영향력이 클수록 현재의 균

형으로부터 이탈하는 정도도 커질 것이다.

2) 개별기업의 영향 차이: 환경변화로 인해 기업 간에 성과가 차이나는 두 번째 조건은 환경변화로 인하여 각 기업이 받는 영향의 정도가 달라야 한다는 것이다. 환경변화로 인하여 개별 기업이 받는 영향의 정도는, 첫째, 기업이 보유하고 있는 자원의 규모나 특성(보유기술, 정보, 소비자와의 관계, 시장지위 등)이 경쟁기업과 비교하여 뛰어난 정도 즉, 강점과 약점의 정도에 따라 달라지며, 둘째, 기업이 환경변화에 어떻게 대응하였는가 하는 전략의 효과성에 따라 달라질 것이다. 예컨대 고객의 기호변화나 요소가격의 상승이라는 환경변화가 기업 간의 성과차이를 유발하기 위해서는 이 변화가 각 기업에 불균등한 영향을 주어야 한다. 어떤 기업은 고객집단이나 대상시장의 범위가 다르기 때문에 고객의 기호변화에 따른 영향을 덜 받거나, 아니면 제조기술이 달라 요소투입 비율이 다르기 때문에 요소가격 상승에 따른 영향을 경쟁기업에 비해 덜 받을 수 있다. 그리고 어떤 기업은 효과적인 전략을 신속하게 수립함으로써 환경변화에 잘 적응하거나, 환경변화를 기회로 활용할 수 있다면 기업이 받는 영향의 정도는 달라질 것이다.

2. 파괴적 환경변화

파괴적 환경변화는 기존의 환경과 상당히 다른 환경으로 변하는 것을 의미한다. 이 경우 산업의 핵심성공요인도 근본적으로 변하게 된다. 이에 따라 기업의 보유자원과 능력이 변화된 환경에서도 여전히 강점과 약점으로 작용할지는 알 수가 없다. 차별적 핵심성공요인이 변하기 때문에 기존에 강점이 되었던 보유자원과 능력이 새로운 환경에 적응하는 것을 방해함으로써 오히려 약점으로 작용할 가능성이 있다.

〈전략포커스〉에 소개된 오카도(Ocado)는 영국 온라인 슈퍼마켓 1위 업체이다. 유통산업은 지금까지 오프라인 유통공룡인 백화점, 마트, 편의점에 의해 지배되었다. 유통산업의 핵심성공요인 중 하나는 오프라인 매장 수이다. 매장 수에 의해 수익이 결정되는데, 매장 수가 많을수록 공급자에게 가격인하를 요

전략포커스 | 컨베이어벨트 없앤 오카도의 실험… 물류 효율 45% 높였다

세계 유통 기업들로부터 요즘 뜨겁게 '구애'를 받는 곳이 있다. 영국 온라인 슈퍼마켓 1위 기업 오카도(Ocado)다. 오카도가 주목받는 이유는 '상식을 파괴'한 혁신적인 기술 때문이다. '컨베이어벨트 없는' 물류센터가 그렇다. 유통업체의 표준화된 물류센터는 컨베이어벨트에 박스를 올려 돌아가는 구조다. 오카도도 처음 지은 두 곳의 물류센터에 컨베이어벨트를 설치했다. 문제는 '병목현상'이었다. 박스 하나만 늦게 처리해도 공장 전체 작업이 지연되는 일이 반복됐다. 컨베이어벨트 구조상 어쩔 수 없었다.

오카도는 지난해 앤도버에 지은 세 번째 물류센터에 컨베이어벨트를 없앴다. 대신 바둑판 모양으로 된 '스마트 플랫폼'을 깔았다. 바둑판 모양의 각 칸에는 고기, 우유, 세제 등 상품이 든 박스가 층층이 쌓여 있다. 깊이는 6.3m다. 주문이 들어오면 로봇이 곧바로 달려가 박스에서 상품을 빼낸다. 1100여 대의 로봇이 '바둑판' 위를 다니며 주문을 처리한다. 데이비드 샤프 오카도 기술부문장은 "컨테이너선에서 컨테이너를 차곡차곡 쌓고 옮기는 데서 착안했다."고 설명했다. 컨베이어벨트를 없앤 효과는 컸다. 새로 지은 앤도버 물류센터의 효율이 45% 상승했다. 오카도는 내년 가동 예정인, 앤도버 센터 두 배 규모(4만 8304㎡)의 네 번째 물류센터에 3500여 대의 로봇을 설치하기로 했다.

글로벌 유통업체들이 오카도에 주목하는 이유는 또 있다. 오프라인 매장 없이 온라인에서만 영업해 이익을 낸 드문 사례기 때문이다. 오카도는 창업 11년 만인 2011년부터 흑자를 냈다. 작년 매출 14억 3200만 파운드(약 2조 1000억 원), 영업이익(감가상각 차감 전 기준) 8400만 파운드(약 1220억 원)를 거뒀다. 온라인에선 영국 1위 유통업체 테스코를 앞섰다. 오카도를 창업한 팀 스테이너 최고경영자(CEO)는 "'온라인에서는 이익을 못 낸다', '영국 소비자는 온라인으로 식료품을 안 산다' 이 두 가지 고정관념을 오카도가 깼다."고 말했다. 알렉산드루 보이카 오카도 기술홍보부문장은 "생산성을 극도로 높이는 데 집중한 덕분에 흑자 달성이 가능했다."고 강조했다.

오카도는 스스로를 '기술 기업'이라고 부른다. 업(業)의 본질을 '유통'이 아니라 '기술'로 보는 것이다. 소프트웨어 엔지니어 1200여 명과 하드웨어 엔지니어 약 400명을 두고 있다. 오카도가 자랑하는 '3차원(3D) 물류 조망 시스템'도 자체 개발했다. 컴퓨터 시뮬레이션 게임처럼 물류센터 상황을 그래픽으로 재현했다. 물류 흐름을 복잡한 숫자와 표 대신, 한눈에 보여줘 누구나 쉽게 상황을 파악할 수 있게 했다.

소프트웨어 다음은 하드웨어였다. 박스에 봉지를 씌우는 로봇은 오카도가 2015년 세계 최초로 선보인 것이다. "사람이 하기 싫어하는 작업이라 로봇으로 대체했다."는 게 회사 측 설명이다. 상품을 담아 주문 박스에 넣는 '피킹 로봇'도 조만간 배치할 예정이다. "과일이나 채소 등도 처리가 가능하다."고 샤프 부문장은 설명했다.

오카도에는 20여 명의 엔지니어가 신기술만 전담하는 '10X'팀이 있다. 생산성을 10% 올리는 게 아니라 10배로 올리기 위한 '발상의 전환'을 하는 게 이 팀의 일이다. 자율배송 트럭 개발은 당장 투입해도 될 정도로 마무리 단계다. 휴머노이드 로봇 개발도 한창이다. 물류센터 내 수리가 필요할 때 사람과 함께 호흡을 맞추는 로봇 개발 역시 거의 끝냈다. 인공지능 스피커를 통해 사람과 대화하며 주문을 처리하는 알고리즘도 곧 내놓을 예정이다.

출처: 한국경제신문(2018. 7. 2.), 안재광 기자

구할 수 있는 협상력이 생기며, 고객에게 다양한 품질과 가격의 제품을 선보일 수 있다. 오카도는 이러한 유통산업에 파괴적 환경변화를 가져왔다.

오카도가 유통산업의 기존 상식(핵심성공요인)을 다음과 같이 새롭게 정의한 것이다. 첫째, 온라인 유통에 중점을 둠으로써 오프라인 매장에서 발생하는 매장 운영비, 재고비, 매장 관리비를 제거할 수 있었다.

둘째, 오카도는 유통업의 본업이 유통이 아니라 기술이라고 정의하였다. 스마트 플랫폼 개발, 로봇 자체 제작, 3차원 물류조망 시스템 개발 등 물류 효율성을 높이기 위한 하드웨어와 소프트웨어를 자체적으로 개발하였다. 이들 작업은 기술기업이 아니고는 불가능한 일이다.

셋째, '영국 소비자는 온라인으로 식료품을 안 산다'는 상식을 파괴하였다. 식료품은 배송 중 변질의 위험이 있어 오프라인 매장에서만 구입할 것이라는 상식을 파괴한 것이다. 오카도에게 이를 가능하게 하는 것이 스마트 플랫폼 시스템이다. 오카도는 물류센터에 컨베이어벨트를 없애고 로봇이 상품을 운반하는 '스마트 플랫폼' 시스템을 도입해 물류 효율을 비약적으로 높였다. 소비자가 온라인에서 주문하고 로봇이 배송차량에 제품을 담는 시간까지 걸리는 시간은 10분 이내인 것으로 알려졌다. 이는 경쟁기업의 1/3 수준이다.

파괴적 환경변화가 발생한 경우에는 기존의 시장균형과 상당히 다른 새로운 균형으로 나아갈 가능성이 높다. 그 결과로 나타나는 기업의 성과차이는 기본적으로는 존속적 환경변화에서 작용한 두 가지 조건, 즉, 기회와 위협의 잠재성과 이들이 개별 기업에 미치는 영향의 정도에 의해 결정될 것이다. 그러나 파괴적 환경변화는 이러한 변화를 발생시킨 주체가 누구인가 하는 것이 가장 중요한 결정조건이 된다.

존속적 환경변화에 있어서도 산업의 내부적 변화를 발생시키는 주체가 누구인가에 따라 기업 간의 성과차이에 미치는 영향의 정도가 달라진다. 즉, 환경변화가 다른 경쟁기업에 의해 발생한 경우보다는 기업 자체의 기술혁신에 의해 환경변화가 발생한 경우에 보다 긍정적인 영향을 받는다. 예컨대 삼성전자가 반도체 적층 기술을 가장 먼저 개발하고 상용화함으로써 반도체 산업에 변화를 가져온 경우, 이 변화는 삼성전자의 보유자원과 능력(강점과 약점)을 보다 강화시킬 것이므로 반도체 기업 간의 성과차이를 보다 확대시키는 계기가 될 수 있다.

그런데 파괴적 환경변화에서 변화의 주체가 누구인가 하는 것은 그 산업의 선두기업을 결정하는 결정적 조건이 된다. 존속적 환경변화에 있어서 변화의 주체가 된다는 것은 일정범위 내에서 성과차이를 결정하는 데 그칠 뿐이며, 후발기업이 선두기업을 단번에 추월할 수가 없다. 그러나 혁신적 환경변화에서는 변화를 발생시킨 주체는 신규기업임에도 불구하고 단기간에 선두기업이 될 수 있다. 예컨대 중국의 최대 자동차기업인 상해자동차공업(Shanghai Automotive Industry)이 아무리 노력한다고 해도 존속적 환경변화를 통해서는 성과차이를 줄일 수는 있어도 단기간에 일본의 도요타(Toyota)를 추월할 수는 없다. 그러나 애플은 2007년 아이폰(iPhone) 출시를 통해 파괴적 환경변화의 주체가 됨으로써 한때 전 세계 휴대폰 시장의 40%를 차지하고 있던 노키아를 파산에 이르게 하고, 불과 2~3년 만에 세계 1위(매출액 기준)의 스마트폰 기업이 되었다.

파괴적 환경변화가 기존의 핵심성공요인을 변화시킨다는 점에서 현재 선두적 시장지위를 구축하고 있는 기업이 파괴적 환경변화를 주도할 가능성은 낮다. 이에 따라 혁신성이 강한 선두기업이나 그 산업에 처음으로 참가하는 신생기업이 이러한 변화를 시도할 가능성이 높다. 대부분의 선두기업은 현재 누리고 있는 강점과 약점을 지속시키는 방법에 더욱 집중할 것이므로, 그 근거가 되는 자원이나 능력에 대한 근본적인 변화를 회피할 것이다. 이와 같이 현재의 성공을 뒷받침하는 자원과 능력에 집착하여 환경변화에 대응하지 못하는 현상을 핵심역량의 경직성(core rigidity)이라고 한다. 이러한 경직성은 제5장에서 제시한 삼성전자와 안드로이드의 예에서도 알 수 있지만 다음과 같은 코닥(Kodak)의 예에서도 잘 알 수 있다.

스트릭랜드(D. Strickland)는 코닥 부사장 시절 디지털 카메라를 최초로 개발했다. 그러나 코닥 이사회는 출시에 반대했다. 얼마나 팔릴지 모르는 제품에 돈을 투자하는 것은 위험 부담이 크다는 이유에서였다. 그는 애플(Apple)에 디지털 카메라 출시를 제안했고, 1994년에 출시된 최초의 디지털 카메라(Quick Take 100)에는 애플 로고가 붙었다. 애플의 디지털 카메라는 시장에서 성공을 거두지는 못하였다. 그러나 중요한 것은 "코닥은 위험을 회피했고, 애플은 위험을 감수하는 혁신을 선택했다"는 점이다. 그 결과 혁신을 주도하지 못한 코닥은 2012년 파산하였다.

이상의 내용을 요약하면 〈그림 6-4〉와 같다. 같은 산업에 속한 기업들이 환경이 변화할 때 성과(예컨대 수익성과 매출액)에서 얼마나 차이가 나는가 하는 것은 다음 세 가지 영향경로에 따라 달라질 것이다. 첫째, 내부 및 외부 환경변화의 정도(기회와 위협의 잠재성)가 얼마나 큰가 하는 것이다(영향경로 1). 둘째, 보유자원과 능력(강점과 약점)과 전략적 대응(전략의 효과성)에 있어서 얼마나 차이가 나는가 하는 것이다(영향경로 2). 셋째, 환경변화를 발생시킨 주체가 누구인가 하는 것이다(영향경로 3).

그림 6-4 환경변화가 성과차이에 미치는 영향경로

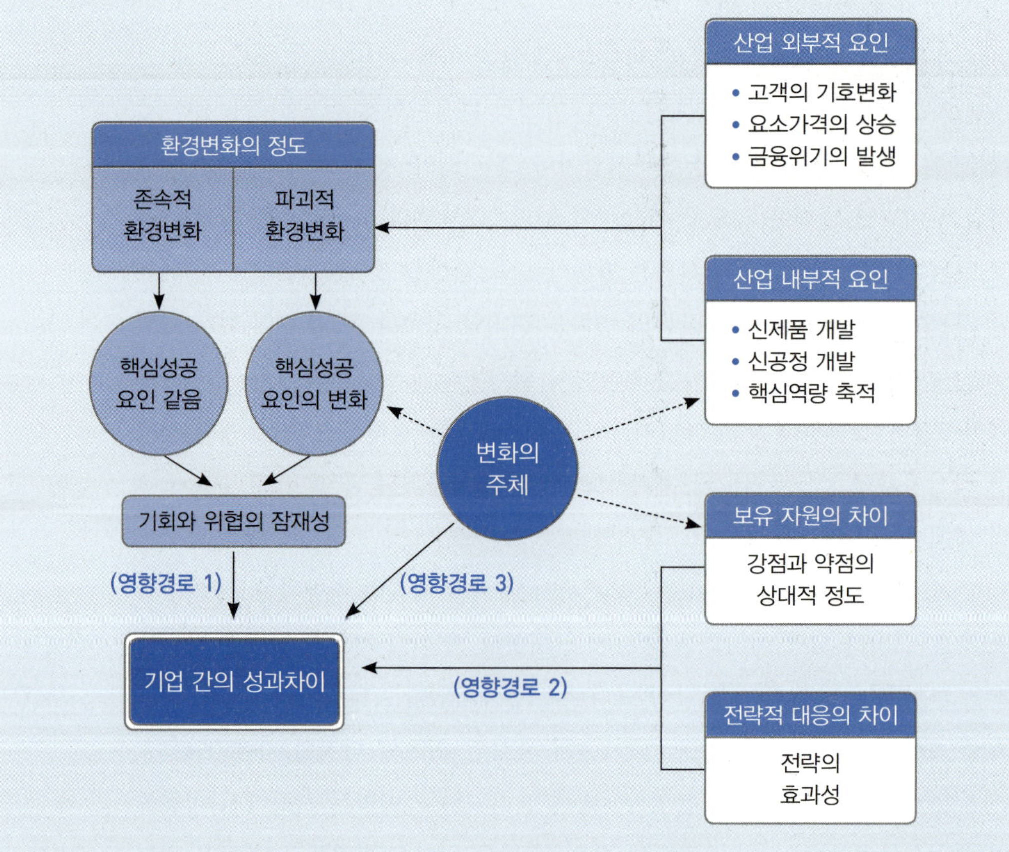

제6장 토의자료

손자병법과 가치사슬 간의 연결

손자의 군사전략과 포터의 가치사슬에 대한 이해를 바탕으로 이 두 전략모델을 어떻게 구체적으로 연결할 수 있는가를 살펴보고자 한다.

〈연결 1〉 비용 발생의 원천: 경영 vs 전쟁

기업의 가치사슬에서 이윤 극대화가 최종목적이라면 전쟁에서는 이득이 되는 승리가 최종목적이 될 것이다. 경영에서 이윤을 높이기 위해서는 제품의 원가를 절감하거나 차별화를 증진시켜 가격을 높이는 두 가지 방법이 있다. 그러나 전쟁은 가치창출이 아닌 가치 파괴활동이기 때문에 승리를 통해 보다 많은 이익을 얻기 위해서는 비용을 줄일 수밖에 없다.

포터는 가치사슬에서 경쟁우위의 원천을 파악하기 위해 기업의 활동을 5개의 주요활동과 4개의 지원활동으로 구분했다. 한편 손자는 "무릇 전쟁을 행함에 있어서 전차 1000대와 수송차량 1000대, 무장한 병사 10만을 동원하고 1000리의 먼 곳에 식량을 실어 나르게 되는 것이니 정부의 안팎에서 드는 비용과 외교사절의 접대를 위한 비용, 장비의 정비에 필요한 비용, 차량과 병력 유지에 드는 비용 등 매일 천금이 소모된다."라고 하면서 여러 활동을 언급했다. 이와 같이 손자가 언급한 전쟁비용이 발생하는 분야와 포터의 가치사슬의 9가지 가치활동이 어떠한 연계성이 있는지를 살펴보겠다.

물류투입: 투입요소의 구입, 저장, 운반과 관련된 활동으로서 전쟁에서는 전투를 벌이기 위해 필요한 무기, 장비, 식량 등 군수품과 병사의 보급을 가리킨다. 손자가 언급한 '전차 1000대, 수송차량 1000대, 무장한 병사 10만, 1000리의 먼 곳에 식량을 실어 나르는' 비용이 이에 해당된다. 손자시대에서는 운수장비와 시스템이 낙후해 장거리 운반을 하기에 막대한 비용이 들어가므로 손자는 군역을 두 번 일으키지 않고 식량은 세 번 나르지 않아야 한다고 했다. 즉, 전쟁은 단번에 끝내야 한다는 의미다.

운영: 투입요소를 최종제품으로 만드는 활동이다. 기업은 시장에서 경쟁자와 대결하고 소비자로부터 인정받기 위해서 좋은 제품을 효율적으로 만들어야 한다. 전쟁에서는 군대가 적군과 맞서 싸워 승리를 쟁취하기 위해서 군사력을 강화하고 무기와 장비의 사용법을 익히는 훈련과 교육 활동으로 연계할 수 있다.

물류산출: 제품을 소비자에게 유통하기 위해 보관과 배치에 관련된 활동으로서 전쟁에서는 적과 효율적으로 싸우기 위해 일정한 형(形)에 따라 군대를 배치하는 활동으로 볼 수 있다. 손자는 작전을 전개하기 전에 적보다 압도적으로 우월한 형을 만드는 것이 적에게 패하지 않는 중요한 전제 조건이라고 했다.

마케팅과 판매: 마케팅은 소비자의 제품구입을 촉진하는 활동으로서 전쟁에서 세(勢, 기세를 의미함)를 조성하는 것과 연결할 수 있다. 경영에서 보다 효율적으로 판매하기 위해 소비자의 심리적 상

태를 연구·분석해 그들의 구매 형태를 자극하는 것과 같이 전쟁에서는 '세'를 만들어 병사들이 모두 한 방향으로 힘을 모아 원하는 것을 성취할 수 있는 힘을 만들어 낸다. 한편, 경영에서의 판매활동은 판매원 및 판매량 할당, 가격설정 등의 활동으로서 전쟁에서는 전장에서 적절한 군대 할당 및 작전으로 적군과 직접 맞서 싸우는 활동으로 연관지을 수 있다.

애프터서비스: 기업에서는 제품가치를 유지, 증진시키기 위한 활동이고 전쟁에서는 전차, 무기 등을 수리하고 정비하는 활동으로 볼 수 있다. 손자는 전쟁에서 장비의 정비, 차량과 병력의 유지에 드는 비용이 정부 재력의 10분의 6을 써야 할 정도에 이른다고 했다.

인프라: 경영에서는 일반관리, 기획업무, 재무관리, 회계 등의 활동을 가리키는데 전쟁에서는 전쟁을 효율적으로 수행하기 위한 군대의 행정, 재정 및 군사제도 등과 연결할 수 있다. 외교사절의 접대 비용을 포함한 정부에서 소비되는 모든 비용이 이에 해당된다.

인적자원관리: 경영에서는 채용, 훈련, 교육, 보상 등 인사관리의 제반 활동이고 전쟁에서는 병사의 보상 및 관리체계로 볼 수 있다. 손자는 전쟁에서 자국 병사의 관리뿐 아니라 포로로 잡힌 적의 병사를 적극적으로 개도해 아군으로 만들어 충분히 활용해야 한다고 말하면서 인적자원관리를 특히 강조했다.

조달: 가치사슬의 전반적인 활동에 사용된 투입요소(예, 원재료, 실험실 시설, 사무기기, 건물 등)를 구매하는 기능과 관련된 경영활동을 가리킨다. 이와 관련해서 손자는 전쟁에서 무기장비와 식량의 조달에 관한 방법을 제시했는데 무기는 본국에서 마련한 것을 사용하고 식량은 적으로부터 탈취해 사용한다고 했다.

경영에서의 주요활동이 직접적으로 가치를 창출하는 활동이고, 지원활동은 이를 보조하는 활동이라면 전쟁에서의 주요활동은 전쟁수행과 직접적으로 연관성이 있는 활동이고, 지원활동은 이를 보조하는 활동이다. 가치사슬 9개 활동 중 기술개발을 제외하고 나머지 활동은 모두 손자병법에서 관련 내용을 찾을 수 있다.(그림1) 손자가 기술개발에 대해서는 특히 강조하지 않은 이유는 기술의 발전이 무기체계와 전쟁 전략에 있어서 당시에는 별로 발전할 가능성이 없었기 때문이다. 손자는 기술개발 대신 간첩의 역할을 강조했다. 손자는 13편에서 용간은 적의 의도, 능력, 상태를 파악하는 데 큰 역할을 할 뿐만 아니라 용간에 드는 비용 대비 효과가 매우 크기 때문에 용간의 보상에 인색해서는 안 된다고 했다.

〈연결 2〉 속승전략 vs 가치창출의 연계성

손자의 전쟁비용을 줄이는 속승전략을 가치사슬의 연계성과 연결할 수 있다. 손자는 시간을 전쟁에서 비용절감의 중요한 요소로 봤다. 전쟁이 장기화되면 전쟁에 드는 물자와 비용만 늘어나고 여러 가지 폐해가 생겨 국가에 이롭지 않다고 했다. 따라서 전쟁 기간을 줄여 가급적 빨리 끝내는 것이 좋다는 것이다. 시간을 줄이는 구체적인 방법은 경영에서의 가치사슬을 활용하면 더욱 쉽게 이해할 수 있다. 포터는 가치사슬의 각 활동은 서로 분리된 활동이 아니라 연결되고 의존되는 하나의 시스템이라고 했다. 따라서 기업 전반 활동의 시간 단축은 활동 간의 유기적인 연계 없이는 달성하기 힘들다. 일본 도요타자동차에서 도입한 JIT(Just-in-Time)가 좋은 예인데 이는 제조공정의 시간을 단축하기 위해서는 필요한 재료와 부품을 필요한

[그림 1] 손자병법과 포터 가치사슬의 연결

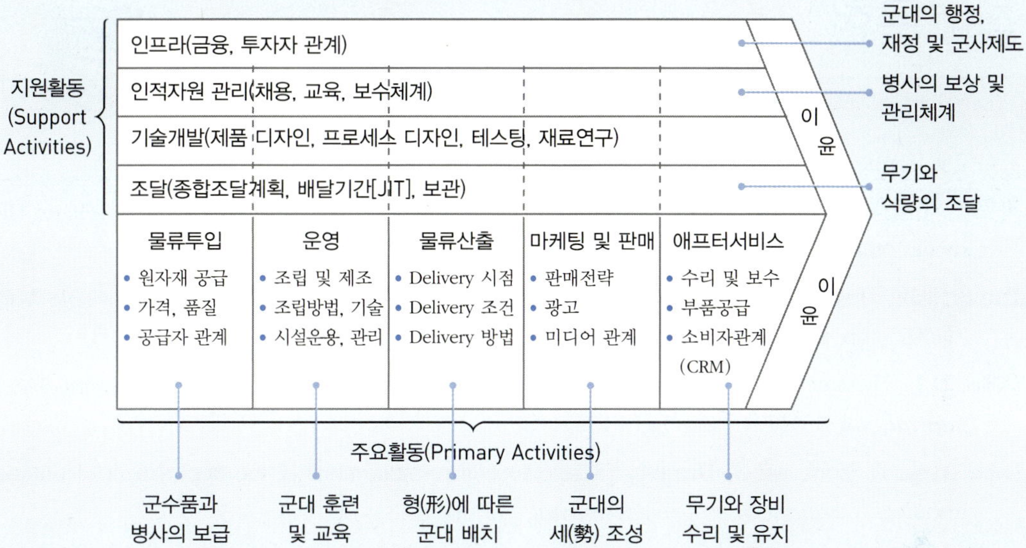

때에 필요한 양만큼 만들거나 운반하는 시스템이다. 이를 위해 각 관련 부문 간의 원활하고 체계적인 연계가 필요하다.

속승전략은 전쟁기간을 무조건 줄여야 비용을 절약할 수 있지만 경영에서는 꼭 그렇지는 않다. 예를 들면, 새로운 설비 또는 전자시스템 도입의 경우 초기에는 종업원들이 이에 익숙하지 않아 어려움이 있지만 시간이 지나면서 업무 효율성이 높아지면 원가절감에 긍정적으로 영향을 미치게 된다. 경영은 일회성이 아닌 장기적 거래활동으로서 기술개발과 경영혁신에 따라 초기에는 시간이 더 걸릴지라도 장기적으로는 가치활동의 원가를 줄이고 차별화를 높일 수 있다는 점에서 전쟁과 다르다.

자료: 문휘창 교수, "전쟁은 돈, 적은 비용으로 이겨라," DBR(September 2013), pp. 100~103.

토의문제

1. 손자의 군사전략과 포터의 가치사슬 간에 어떤 유사성이 있는가?
2. 손자의 속성전략(속전속결전략)이 경영전략에 시사하는 점은 무엇인가?
3. 손자의 군사전략을 경영전략에 적용할 수 없는 부분은 무엇인가?

참고문헌

동아일보, 『DBR(*Dong-A Business Review*)』(September 2013).

박두규 외 삼성경제연구소(옮김), 『무형자산, 경쟁력의 새로운 원천』, 삼성경제연구(1993)(Itami Hiroyuki, *Mobilizing Invisible Assets*, Harvard University Press(1987)).

Barney, J.B., "Firm resources and sustained competitive advantage," *Journal of Management*, Vol. 7(1991), pp. 99~120.

Collis, D.J., "Research note: How valuable are organizational capabilities?," *Strategic Management Journal*, Vol. 15(1994), pp. 143~152.

Costa, L.A., K. Cool, and I, Dierickx, "The competitive implications of the deployment of unique resources," *Strategic Management Journal*, Vol. 34(2013), pp. 445~463.

Ghemawat, P., "Sustainable advantage," *Harvard Business Review*(September-October 1986), pp. 53~58.

____________, *Commitment*, The Free Press, New York(1991).

Grant, R.M., "The resource based theory of competitive advantage: Implications for strategy formulation," *California Management Review*(Spring 1991), pp. 114~135.

Hall, R., "The strategic analysis of intangible resources," *Strategic Management Journal*, Vol. 3(1992), pp. 135~144.

_______, "A framework linking intangible resources and capabilities to sustainable competitive advantage," *Strategic Management Journal*, Vol. 14(1993), pp. 607~618.

Hofer, C.W. and D. Schendel, *Strategy Formulation: An Analytical Concepts*, West Publishing, St. Paul, MN(1978).

Kerin, R.A., V. Mahajan and P.R. Varadarajan, *Contemporary Perspectives on Strategic Market Planning*, Allyn and Bacon, Boston(1990).

Mahoney, J. and J.R. Pandian, "The resource based view within the conversation of strategic management," *Strategic Management Journal*, Vol. 3(1992), pp. 363~380.

Nelson, R.R. and S.G. Winter, *An Evolutionary Theory of Economic Change*, Harvard Business Press, Cambridge, MA(1988).

Newbert, S.L., "Value, rareness, competitive advantage, and performance: A conceptual-level empirical investigation of the resource-based view of the firm," *Strategic Management Journal*, Vol. 29(2008), pp. 745~768.

Ployhart, R.E., C.H. Van Iddekinge, and W. Mackenzie, "Acquring and developing human capital in service contexts: the interconnectedness of human capital resources," *Academy of Management Journal*, Vol. 54(2011), pp. 353~368.

Prahalad, C.K. and G. Hamel, "The core competence of the corporation," *Harvard Business Review*(May-June 1990), pp. 79~91.

Porter, M.E., *Competitive Advantage: Creating and Sustaining Superior Performance*, Free Press, New York(1985).

Shaw, J.D., T.Y. Park, and E. Kim, "A resource-based perspective on human capital losses," *Strategic Management Journal*, Vol. 34(2013), pp. 572~589.

Thompson, A.A. and A.J. Strickland, *Strategic Management: Concepts and Cases*, Irwin, Homewood, IL(1993).

Vasconcellos, J.A. and D.C. Hambrick, "Key success factors: Test of a general framework in the mature industrial product sector," *Strategic Management Review*, Vol. 10(1989), pp. 367~382.

Wernerfelt, B., "A resource based view of the firm," *Strategic Management Journal*, Vol. 5(1984), pp. 171~180.

____________, "From critical resources to *Corporate Strategy*," Journal of General Management, Vol 14(1989), pp. 4~12.

____________, "Small forces and large firms: Foundations of the RBV," *Strategic Management Journal*, Vol. 34(2013), pp. 635~643.

07

STRATEGIC MANAGEMENT

제 7 장

원가우위와 차별화우위

일본 4위 자동차 회사 스즈키(Suzuki)의 스즈키 오사무(鈴木修·84) 회장이 한 부품 업체를 방문했을 때 일이다. 응접실에서 바깥 정원을 바라보니 대형 분수에서 시원하게 물이 뿜어져 나오고 있었다. 그는 부품 업체 사장에게 '거참 근사한 분수네요'라고 칭찬한 다음 천천히 얘기를 꺼냈다.

"그런데 말이죠. 스즈키의 부품을 만드는 동안에는 분수 가동을 멈추고 그만큼 부품 단가를 내려 주지 않으시겠습니까?"

스즈키 회장이 다음에 이 업체를 방문했을 때 분수가 멈춘 것은 물론, 응접실 전등까지 대부분 꺼져 있었다고 한다. 그는 국내외 공장을 매년 한 번씩은 꼭 방문해 구석구석 돌아본다. 1989년부터 이어져온 습관인데, 낭비가 없는지 체크하는, 일종의 '공장 감사(監査)'이다. 어느 공장이든 1년에 한 번은 이 감사를 받아야 한다. 자동차 관련뿐 아니라, 건물의 캔음료 자판기까지 관리한다. 휴일에 콘센트가 꽂혀 있으면 불호령이 떨어진다.

그가 이렇게까지 원가 절감을 강조하는 것은, 스즈키가 경차(輕車)를 주로 생산하기 때문이다. 스즈키는 전 세계에서 연간 300만 대를 생산하는데, 이 중 90%가 경차다. 경차나 대형차나 조립 비용은 큰 차이가 나지 않지만, 소비자 가격은 경차가 훨씬 낮다. 마진 남기기도 그만큼 어렵다. 현대차그룹도 자체 공장에서는 채산성을 맞추지 못해 외주 업체에서 경차를 만든다. 원가에 대한 집착 때문인지 스즈키가 작년 말 내놓은 '알토 에코'라는 신모델은 이전보다 연비를 15% 높이고도, 값(기본사양)은 원화로 환산해 940만 원에서 880만 원으로 오히려 내렸다.

스즈키 회장의 원가 절감 수완인 '마른 수건도 쥐어짠다'는 도요타마저 감탄하게 만들었다. 원가 절감의 달인으로 꼽혔던 이나고이치(伊奈功一) 전 도요타 전무는 지난달 한 일본 언론과 가진 인터뷰에서 "스즈키 회장이 차를 싸게 만드는 기술은 정말 대단하다. 우리가 보고 배워야 한다"며 혀를 내둘렀다.

– 최원석 기자(조선일보 Weekly BIZ, 2014.3.8.)

제7장 들어가면서

작아서 더 강한 기업 스즈키

앞의 인용 글에서 일본 4위의 자동차 회사 스즈키(Suzuki) 회장이 한 말은 다소 충격적이다. "스즈키 부품을 만드는 동안에는 분수 가동을 멈추고 그만큼 부품 단가를 내려 주지 않으시겠습니까?" 보통 사람이라면 도저히 생각할 수 없는 혀를 내두르는 말이다. 분수 가동을 멈춘다고 과연 얼마만큼의 단가를 낮출 수 있을 것인가? 경차는 이익을 남기기 어렵기 때문에 생산원가를 절감하는 것이 핵심이다.

오사무 회장이 한 말은 "부품 한 개당 1엔 50전(원화로 약 15원)을 아끼면 이익은 두 배가 된다."는 사고방식을 잘 반영하고 있다. 즉, 스즈키는 매출액 3조 엔, 연 생산 300만 대, 이익 900엔, 한 대당 이익 3만 엔을 달성하는 회사다. 자동차 한 대당 부품 수가 2만 개이므로 부품 한 개당 원가는 1엔 50전이다. 따라서 부품 하나당 1엔 50전을 절감하면 이익은 2배가 된다는 계산법이다.

스즈키 오사무 회장의 사례를 통해 알 수 있는 것은, 첫째, 원가절감을 위한 노력은 최고경영자부터 철저하게 실행하여 전 직원에게 습관화되어야 하며, 둘째, 기업이 현재 수행하고 있는 가치활동에서 원가를 더 절감할 수 있는 여지가 없는지를 살펴보아야 한다는 것이다. 스즈키가 생산원가를 절감하기 위해 추구하는 방안은 '작게(小), 적게(少), 가볍게(輕), 짧게(短), 아름답게(美)'라는 슬로건으로 요약할 수 있다.

기업이 누리는 경쟁우위는 크게 차별화에 근거를 두거나 낮은 원가에 근거를 둔다. 회장의 말과 행동으로 볼 때 스즈키의 원가우위 창출역량은 경쟁기업이 따라올 수 없는 수준에 이르렀다. 도요타의 전무가 "스즈키 회장이 차를 싸게 만드는 기술은 정말 대단하다."고 한 데서도 알 수 있다. 경차를 생산하는 다른 자동차회사도 스즈키만큼 철저하게 원가절감을 위한 노력을 하지 않는다면 스즈키와는 도저히 경쟁하기 어려울 것이다.

7.1 경쟁우위의 개념과 종류

지금까지 전략수립을 위해 필요한 외부분석과 내부분석에 대해서 살펴보았다. 이제는 이러한 분석결과를 바탕으로 경쟁우위(competitive advantages)를 창출할 수 있는 전략을 수립하여야 할 것이다. 그러면 기업이 누리는 경쟁우위란 무엇을 의미하는가? 그리고 경쟁우위에는 어떠한 것들이 있는가? 이러한 경쟁우위의 원천은 무엇인가? 이상의 세 가지 의문에 대해 차례대로 살펴보자.

1. 경쟁우위의 개념

상거래란 시장에 참가하는 당사자들의 자유로운 의사에 의한 교환과정이라고 할 수 있다. 상거래가 이루어지는 동기는 교환을 통해 가치가 증가하거나, 보다 나아진다(better off)는 데 있다. 이때 가치증가는 물리적인 면(경제적 부의 증가)과 정신적인 면(심리적 및 사회적 효용의 증가)을 포함한다. 교환을 통해 양 당사자가 더 나아진다는 점에서 교환은 가치창조의 과정이다. 따라서 교환이 이루어지기 위해서는 교환당사자들이 자신이 얻는 효용을 인지할 수 있어야 한다. 그리고 교환을 통해 창출되는 가치증가분이 어떻게 배분되는가 하는 것이 교환에 참가한 당사자들의 중요한 관심사항이 된다.

이상의 내용을 기업의 입장에서 본다면 기업이 경쟁우위를 누린다는 것은 시장에서 고객이 자기 기업의 제품을 교환의 대상으로 선택할 가능성이 높다는 것을 말한다. 상거래의 동기가 가치증가에 있다는 점을 고려해 볼 때, 이는 동일한 대가를 받으면서도 경쟁기업보다 나은 가치를 고객에게 제공한다는 것을 의미한다. 그리고 이러한 교환이 일회적인 것으로 그치거나, 불리한(원가 이하) 교환이 되어서는 곤란하다. 자기 기업의 제품과 교환하기를 원하는 고객의 수가 많아질수록(매출 증대), 또한 교환에서 창출되는 이익의 많은 부분(판매마진)

을 기업이 차지할수록 기업의 성과(수익성)는 높아질 것이다.

따라서 고객이 어떤 기업의 제품이나 서비스를 경쟁기업의 제품이나 서비스에 비해 더 가치가 있다고 평가하고, 원가 이상의 가격으로 그 제품이나 서비스를 구매하려 할 때 그 기업은 경쟁우위를 누린다고 할 수 있다. 기업이 누리는 경쟁우위의 정도가 클수록 경쟁우위를 누리는 기간이 길수록 기업은 높은 수익성을 얻을 수 있을 것이다.

2. 경쟁우위의 종류

기업이 누릴 수 있는 경쟁우위에는 두 가지 유형의 경쟁우위가 있다. 그것은 원가우위(cost advantage)와 차별화우위(differentiation advantage)이다. 이들은 각각 경쟁기업과 비교한 상대적 원가(relative cost)와 고객이 지각하는 독특성(uniqueness)에 근거를 두고 있다. 예컨대 원가우위는 규모의 경제나 효율적 조립공정으로 인해 경쟁기업에 비해 생산원가가 낮을 때 발생하며, 차별화우위는 독특한 디자인이나 유명한 상표명으로 인해 고객이 경쟁기업의 제품과 다르다고 인식할 때 발생한다.

두 가지의 기본적 경쟁우위는 세 가지의 본원적 전략(generic strategies), 즉 원가우위전략, 차별화전략, 집중전략과 관련이 있다. 이들 전략은 경쟁우위의 유형과 경쟁우위를 얻고자 하는 경쟁범위에 의해서 구별된다. 〈그림 7-1〉에서 알 수 있듯이 원가우위전략과 차별화전략은 산업의 전체 영역에서 경쟁우위를 추구하는 반면, 집중전략은 세분된 영역에서 원가우위나 차별화우위를 추구한다. 따라서 집중전략은 다시 원가집중전략(a cost focus strategy)과 차별화집중전략(a differentiation focus strategy)으로 나눌 수 있다.

원가우위전략은 세 가지 전략 중에서 가장 명확한 전략이다. 원가우위를 추구하는 기업은 산업 내에서 가장 낮은 원가를 실현하는 기업이 되기 위해 노력한다. 이러한 기업은 광범위한 영역에 걸쳐 다수의 세분산업에 참가하고 있는 경우가 많은데, 광범위한 사업영역에서 활동하는 것이 원가우위 창출에 도움이 되기도 한다. 원가우위를 추구하는 기업은 원가우위의 모든 원천을 찾아야 하는데, 일반적으로 표준화된 제품이나 단순한 제품을 생산함으로써 원가우위를 얻으려고 할 것이다. 원가우위를 뒷받침하는 원천은 다양하며 산업구조와도 깊은 연관을 가지고 있다. 경험곡선효과, 규모의 경제, 유리한 입지 등이 원가우위의 주요한 원천이 되는데 여기에 대해서는 제2절에서 구체적으로 살펴볼 것이다. 원가우위기업은 경쟁기업과 비슷하거나 낮은 가격에서도 높은 수익을 얻을 수 있다. 따라서 기업이 원가우위를 달성하여 지속적으로 유지할 수 있다면 산업평균 이상의 성과를 얻을 수 있을 것이다.

두 번째의 본원적 전략은 차별화전략이다. 차별화전략을 추구하는 기업은 고객이 인식할 수 있는 광범위한 차원에서 차별화를 추구하게 된다. 기업은 고객이 중요하다고 여기는 속성을 포착하고, 여기에 맞추어 스스로 독특하게 차별화함으로써 가격 프리미엄이라는 보상을 받게 된다. 차별화방법은 산업마다 독특하며 다양한데 제품, 마케팅, 운송 시스템, 그 밖의 광범위한 영역에서 차별화가 이루어질 수 있다. 예컨대 어떤 기업은 제품의 내구성과 서비스, 부품의 신속한 배달 등을 기초로 차별화할 수 있다. 기업이 지속적인 차별화우위를 어떻게 창출하는가에 대해서는 제5절에서 살펴볼 것이다.

기업이 차별화로 인해 발생하는 추가적 비용을 상회하는 가격 프리미엄을 얻을 수 있다면 평균 이상의 성과를 달성할 수 있을 것이다. 따라서 차별화 전략을 추구하는 기업은 차별화 비용보다 높은 가격 프리미엄을 어떻게 창출할

그림 7-1 경쟁우위와 본원적 전략

		경쟁우위	
		원가우위	차별화우위
경쟁 범위	전체 시장	원가우위전략	차별화전략
	세분 시장	← 집중전략 원가집중전략	→ 차별화집중전략

것인가 하는 방법을 항상 탐색해야 한다. 차별화우위를 추구하는 기업이라도 원가를 무시할 수는 없다. 명백한 원가열위가 가격 프리미엄을 상쇄할 수 있기 때문이다. 그러므로 차별화기업은 차별화우위에 영향을 주지 않는 모든 부문에서 원가를 절감함으로써 경쟁기업과 비슷한 원가수준을 유지하여야 할 것이다.

집중전략은 산업 내의 세분시장(segment; 예컨대 특정 고객집단, 특정 제품라인, 특정 지역시장)을 목표시장으로 정하고, 여기에 적합한 전략을 수행함으로써 경쟁기업을 배제시키는 것을 목적으로 한다. 이 전략의 기본 전제는 전체시장을 대상으로 하는 기업에 비해 좁은 시장을 대상으로 하는 기업이 보다 효과적이며 효율적으로 시장에 접근할 수 있다는 것이다. 전체시장을 대상으로 하는 기업은 세분시장의 차별적 특성을 중요시하지 않는 경우가 대부분이어서 집중전략의 여지가 생기게 된다. 즉 시장범위를 좁힘으로써 특정고객의 욕구에 잘 대응하거나, 보다 낮은 비용으로 제품이나 서비스를 공급할 수 있다.

집중전략도 두 가지의 경쟁우위에 의해서 뒷받침되는데, 원가우위에 바탕을 둔 집중전략과 차별화우위에 바탕을 둔 집중전략으로 나눌 수 있다. 원가집중전략은 세분산업의 원가요인에 중점을 두는 한편, 차별화집중전략은 고객의 독특한 욕구에 중점을 둔다.

이상의 세 가지 본원적 전략은 경쟁우위를 획득하고 유지하기 위한 상이한 접근방식이다. 기업은 이들 본원적 전략 중에서 하나를 선택해야 하며, 그렇지 않을 경우 어중간한 상태(stuck in the middle)에 머물게 된다. 현실적으로 원가우위와 차별화우위를 동시에 누리는 것은 쉽지가 않다. 이는 일반적으로 차별화에 추가적인 비용이 수반되기 때문이다. 그렇다고 원가절감과 차별화가 항상 상충되는 관계는 아니다. 차별화전략에 손상을 주지 않고도 원가를 절감할 수 있는 방법들이 있을 수 있으며, 효율적이고 효과적인 방법을 사용하거나 새로운 기술을 채택함으로써 원가절감과 동시에 차별화를 심화시킬 수 있을 것이다.

본원적 전략은 각 전략에 수반되는 상이한 위험을 안고 있다. 이를 요약해 보면 〈표 7-1〉과 같다. 이러한 위험이 발생했을 때 기업이 적절하게 대처하지 못할 경우 경쟁우위의 지속성을 유지하기가 어렵다. 따라서 기업이 경쟁우위의

표 7-1 본원적 전략의 위험

저원가전략의 위험	차별화전략의 위험	집중전략의 위험
• 원가우위가 지속되지 못할 때 -경쟁기업의 모방 -기술의 변화 -원가우위의 근거가 사라질 때 • 차별화 제품과의 근접성이 사라질 때 • 원가집중기업이 더 낮은 원가를 누릴 때	• 차별화가 지속되지 못할 때 -경쟁기업의 모방 -차별화의 근거가 고객에게 중요시되지 않을 때 • 원가 상의 근접성이 사라질 때 • 차별화집중기업이 더 뛰어난 차별화를 달성할 때	• 집중전략이 모방될 때 • 목표시장의 매력도가 구조적으로 낮아질 때 -구조적 감소 -수요의 감소 • 전체시장을 목표로 하는 경쟁기업이 세분시장을 장악할 때 -세분시장 간의 차이가 없어질 때 -다양한 제품라인의 이점이 증가할 때 • 세분시장을 더욱 세분화하는 집중기업이 등장할 때

자료: M.E. Porter, *Competitive Advantage: Creating and Sustaining Superior Performance*, Free Press, New York(1985), p. 21.

지속성을 유지하기 위해서는 경쟁기업이 그 원천을 모방하지 못하게 하는 장벽을 구축하여야 한다. 그러나 이 장벽이 언제까지나 무너지지 않을 수는 없으므로 기업은 경쟁적 지위를 개선하기 위한 투자를 함으로써 경쟁기업에게 장벽이 끊임없이 높아지거나 변하고 있음을 보여 주어야 한다.

3. 새로운 전략 유형

1990년대 이후 세 가지 유형의 본원적 전략 외에 새로운 전략의 유형이 필요하다는 주장이 많이 제기되었다. 세 가지 유형의 전략으로 현실을 설명하기에는 너무 제한적이기 때문이다. 이에 따라 이를 보완하기 위한 새로운 전략 유형들이 제시되었다. 대표적으로 다음과 같은 두 가지 유형의 전략을 소개할 수 있다.

첫째, 포터의 차별화전략을 세분화하여 시장차별화전략(market differentiation)과 혁신차별화전략(innovation differentiation)으로 나누는 것이다. 혁신차별화전략이란 지금까지 없던 새로운 제품을 개발함으로써 제품의 품질, 성능, 디자인을 향상시키는 전략이다. 그리고 시장차별화전략은 새로운 제품을 개발하는 혁신차별화와 달리 마케팅 활동을 통해 차별화하는 전략이다. 여기에는 광고와 판매촉진을 통해 기업이나 제품의 이미지를 높이는 방법, 판매활동에 대한 계획수립과 실행을 통해 매출을 증가시키는 방법, 애프터서비스를 통해 고객을 만족시키는 방법 등이 포함된다. 시장차별화전략과 혁신차별화전략은 포괄적으로 사용되던 차별화전략을 보다 세분화함으로써 전략유형을 분류하는데 도움을 준다.

둘째, 혼합전략(hybrid strategy)을 들 수 있다. 1991년 하버드 비즈니스 리뷰에 게재된 포터의 논문 "전략이란 무엇인가(What is strategy)"에 따르면, 기업이 경쟁우위를 누리기 위해서는 원가우위나 차별화우위 중에서 한 가지를 선택하여야 되며, 두 가지 전략을 동시에 수행할 수는 없다. 두 전략은 상쇄관계(trade-off)에 있기 때문에 원가우위의 이점을 누리면서 동시에 차별화우위를 누릴 수 없다는 주장이다. 전략의 지향점이 중복되면 의사결정과정이 복잡하고, 이를 달성하기 위해 수행하는 가치활동이 상충적이 되어 결과적으로 원하는 성과를 효과적으로 달성할 수 없기 때문이다. 그러나 이러한 주장에 상반되는 전략유형이 하이브리드(hybrid) 전략이다. 이 전략은 고객들에게 차별화된 제품을 저가격에 제공하는 것을 목표로 한다. 즉 제품의 품질, 성능, 서비스면에서 고객을 만족시킴과 동시에 기대하는 가격조건도 충족시키는 전략이다. 실제로 이러한 전략을 성공적으로 실행하는 것은 쉬운 일은 아니다.

〈전략 포커스〉에 소개된 기업은 워크맨(Workman)이라는 일본기업이다. 워크맨은 일본 작업복 시장에서 30%의 시장점유율을 차지하고 있는 강자기업이다. 그런데 수년간 매출이 정체되어 성장성은 제자리에 머물고 있다. 2015년 야외 노동자용으로 만든 PB브랜드 이지스(AEGIS)가 갑자기 바이크, 낚시 애호가들에게 가성비가 뛰어난 아웃도어로 입소문이 퍼지면서 품귀현상이 나타났다. 이를 계기로 워크맨은 그동안 기업고객을 대상으로 하던 기능성 작업복 시장에 더하여, 일반 대중을 대상으로 하는 고기능성 저가격 아웃도어시장에 본격적으로 진입하였다.

워크맨의 이러한 전략변화를 〈그림 7-1〉을 통해 설명해 보면, 그동안 기

전략포커스 | **日에서 유니클로를 울리는 '옷가게'가 있다**

니혼게이자이신문 계열의 닛케이 트렌드는 '2019년 히트상품 베스트 30'을 발표했는데, 1위에는 '워크맨'이 올랐습니다. 왕년의 카세트 테이프 플레이어 워크맨(Walkman)이 아니고 작업복 전문회사 워크맨(Workman)입니다. 의류시장이 침체기를 겪는 중에 작업복 회사가 최고의 히트상품이 된 것인데요. 이는 지난해 시도한 변신이 먹혔기 때문입니다.

'작업복'이라는 틈새시장에서 최강자인 워크맨은 지난해 9월 새로운 시도를 했습니다. 기존 시장에서 성장의 한계를 느꼈기 때문입니다. 그렇게 선보인 것은 '워크맨 플러스' 매장. 기업 고객이 아닌 대중을 상대로 아웃도어 상품을 선보였습니다. 여기엔 기능성 작업복, 안전장화 등을 만들면서 쌓은 노하우가 들어갔습니다.

이렇게 해서 나온 제품이 입으면 시원한 티셔츠, 방수점퍼 등입니다. 공기차단 바지가 2900엔(3만 1200원)에 나오는 등 가격도 저렴하자 "기능이 좋은데 싸다."는 얘기가 야외활동을 즐기는 사람들로부터 급속히 퍼지기 시작했습니다. 아직 유니클로만큼 대중적이지 않아 '남들과 똑같은 옷'이라는 부담도 상대적으로 적었습니다.

워크맨의 아웃도어 제품 수요가 늘면서 기존 워크맨 매장도 이 제품을 판매하고, 워크맨 플러스 매장이 늘어났습니다. 원래 있던 제품도 덩달아 잘 팔렸습니다. 또 여성 고객이 급증하면서 '워크맨 여자'라는 말이 생겼습니다. 미끄러지지 않는다고 유명해진 한 신발은 임신부 등에 인기를 끌며 올해만 지난해보다 13배 증가한 32만 켤레를 팔았고, 통풍 기능이 있는 반팔티셔츠도 판매량이 지난해보다 5배 늘었습니다. 최근에는 겨울용으로 전열선이 들어간 패딩 조끼를 내놨습니다.

인기가 급증하며 새 매장도 속속 생겨 지난달 기준 워크맨 전체 매장 수는 855개로, 유니클로(820개)를 제쳤습니다. 물론 3300㎡(1000평) 넘는 크기의 매장이 많은 유니클로에 비해, 330㎡(100평) 안팎의 워크맨의 매출은 매장 규모만큼이나 적습니다. 다만 유니클로가 일본 내 매출 성장률이 1% 정도인 데 비해, 워크맨은 가파른 상승세를 보입니다. 심지어 일본언론에는 유니클로 고객이 이동한다는 표현도 보입니다.

지난 3월 기준 2018회계연도에서 워크맨은 매출액 669억 엔으로 한 해 전보다 19.4% 커졌습니다. 올해 8월에는 매출이 59.5% 느는 등 성장 속도는 빨라지고 있습니다. 쓰치야 데츠오 워크맨 상무는 지난 6월 니혼게이자이신문에 "업계에선 평당 한 달에 20만 엔을 팔면 성공이라고 하는데, 우리 회사에선 70만 엔 매출을 올린다."고 자신감을 보였습니다.

닛케이 트렌드는 워크맨을 '히트상품 1위'로 뽑은 이유로 "고기능 저가격 캐주얼 의류라는 새로운 시장을 개척한 전, 작업복 브랜드를 여성이 입는 지금까지 없던 현상을 만든 영향력, 매출·전포 수 성장세 등을 종합했다."고 설명합니다. 작업복 노하우를 일반의류에 접목시킨 아이디어만큼이나 워크맨의 성공 배경에 눈길 가는 점이 또 있습니다. 경제매체 비즈니스인사이더 재팬은 워크맨 제품의 원가율을 지목하며 호평했습니다. 이에 따르면 워크맨의 원가율은 65%로 유니클로(35%)보다 많이 높습니다. 같은 값이면 품질이 더 좋다는 해석이 가능합니다. 업체는 세일을 하지 않는 대신 가격을 낮춘다고 설명합니다.

출처: 머니투데이(2019. 11. 28.), 김주동 기자

능성 작업복을 필요로 하는 기업을 대상으로 경쟁하였으나(차별화 집중우위전략), 이제는 고기능 저가격을 통해 일반대중을 대상으로 경쟁(차별화 우위전략)하게 된 것이다. 워크맨의 경쟁우위는 그동안 이 시장에서 높은 우위를 누리고 있던 유니클로의 경쟁우위와 비교하여도 뛰어난 것으로 평가된다.

그런데 워크맨은 유니클로나 다른 의류기업과 비교해볼 때, 기능성에서도 뛰어나지만(차별화우위) 가격 면에서도 경쟁력이 있는 것으로 평가된다(원가우위). 이런 점에서 워크맨은 차별화우위와 원가우위를 동시에 추구하는 전략, 즉, 하이브리드(hybrid) 전략, 또는 베스트-코스트(best-cost) 전략을 실행하고 있다. 이에 대해서는 이 장의 마지막 부분인 가치혁신 차별화전략(블루오션 전략)에서 다룰 것이다.

7.2 원가우위

1. 원가우위의 중요성

미시경제학의 관점에서 본다면 기업 간의 경쟁에서 가장 중요한 요소는 가격이다. 시장균형은 최종적으로 가격에 의해서 결정된다. 물론 여기에는 상품의 동질성이 가정되어 있기 때문에 가격경쟁력을 확보하는 것만이 기업이 생존하는 길이기도 하다. 그러나 이러한 점이 기업이 경쟁우위를 얻기 위한 방안으로 원가우위가 강조되어 온 이유와 무관하지는 않다. 가격경쟁력의 원천이 궁극적으로 원가우위 또는 원가 효율성에 있기 때문이다.

어떤 산업에 있어서는 원가우위만이 경쟁우위의 유일한 원천이 된다. 1차 산품이나 차별화가 어려운 제품과 서비스 산업이 여기에 해당된다. 또한 산업이 성숙기에 접어들어 시장경쟁이 격화될수록 원가우위가 기업의 생존과 성장에 있어서 필수적인 요인이 된다. 차별화가 주요 경쟁원천인 산업에서도 경쟁기업보다 원가가 너무 높아서는 곤란하므로 원가우위의 중요성이 강조된다. 차별화의 추가비용이 차별화로 얻을 수 있는 가격 프리미엄보다 높다면 차별화를 통해 좋은 성과를 얻을 수 없을 것이다.

원가우위의 중요성으로 인해 대부분의 기업이 전략수립 시에 원가선도(cost leadership)나 원가절감을 주요 목표로 설정하고 있다. 그럼에도 불구하고 원가행태를 잘 이해하고 있는 경영자는 드물다. 같은 기업의 경영자 간에도 자기 기업의 상대적 원가지위(cost position: 산업 내에서 자기 기업이 얼마나 낮은 또는 높은 수준의 원가를 유지하고 있는가의 정도)와 이를 뒷받침하는 원천에 대해 의견일치가 이루어지지 않는 경우가 많다. 원가계산을 할 때에도 제조원가에 치중하는 경향이 있으며 마케팅이나 서비스, 기타 기업 하부구조가 상대적 원가지위에 미치는 영향을 간과하기 쉽다. 가치활동별 원가도 원가 간의 상호 관련성을 고려하지 않은 채 개별적으로 계산되는 경우가 많다. 그리고 자기 기업의 상대적 원가지위를 평가하기 위해 필연적으로 선행되어야 할 경쟁기업의 원가지위 분석에 어려움이 많기 때문에, 비교적 구하기 쉬운 노무비나 원재료비 정도를 비교하는 데 그치는 경향이 있다.

이러한 문제들은 대부분의 기업에서 원가분석을 위한 체계적 분석틀을 가지고 있지 않은 데서 비롯된다. 이에 따라 대부분의 원가분석이 좁은 범위에서, 그리고 단기적 관점에서 이루어지고 있다. 다음에 살펴볼 경험곡선과 같은 일반적 분석수단도 잘못 사용되는 경우가 많다. 경험곡선은 산업의 성장기단계에서는 매우 유용한 분석틀이지만 원가분석에 필수적인 많은 원가요인들이 빠져 있으며 이들 간의 상호관계에 대해서도 불분명한 점이 있다.

2. 원가우위의 동인

기업이 가치사슬 상의 모든 가치활동을 수행하면서 총원가를 경쟁기업보다 낮게 할 수 있다면 그 기업은 원가우위를 갖게 된다. 그리고 원가우위의 원천을 경쟁기업이 모방하기 어려울 때 그 기업의 원가우위는 지속성을 갖는다.

기업이 경쟁기업보다 낮은 가격에 판매하면서도 상대적으로 저렴한 가격의 매력성을 잃지 않을 정도의 충분한 가치를 고객에게 제공할 수만 있다면 원가우위는 높은 성과를 달성하게 해 준다.

기업이 원가우위를 얻을 수 있는 방법으로는 다음의 두 가지를 들 수 있다. 첫째, 원가우위의 원천이 되는 원가동인(cost drivers)을 활용한다. 이는 전체 원가에서 비중이 높은 가치활동의 원가동인을 활용함으로써 원가우위를 얻을 수 있다. 둘째, 가치사슬을 재구성한다. 제품을 설계·생산·유통·마케팅하는 보다 효율적인 방법을 채택함으로써 원가우위를 획득할 수 있다.

이상의 원가우위를 얻는 두 가지 방법은 서로 배타적인 것이 아니며, 지속적 원가우위는 한 가지 가치활동이 아닌 여러 가지 가치활동에 의해 뒷받침된다. 실제 원가우위전략을 성공적으로 구사하고 있는 대부분의 기업들은 가치사슬 내의 여러 가치활동으로부터 원가우위를 얻어내고 있다. 따라서 원가우위전략을 성공적으로 추구하기 위해서는 기업이 수행하는 모든 활동에서 원가를 절감할 수 있는 가능성을 점검하고, 이를 적극 활용할 수 있도록 노력해야 한다. 원가우위전략을 구사하는 기업은 최고경영층에 의해 형성된 원가지향적 문화가 널리 퍼져 있는 경우가 많다. 한편, 가치활동을 보다 효율적으로 수행할 수 있게끔 가치사슬을 재구성하는 것도 원가우위를 창출하는 데 큰 역할을 한다. 어떤 가치

표 7-2 원가우위의 동인

원가동인	내용
저원가 생산요소	주요 원료나 부품의 조달원가에 있어서 우위
입지적 유리성	운송비 등 물류비용의 절감
제품디자인	불필요한 기능 줄이고 핵심기능만 포함시켜 고객이 원하는 성능을 발휘하는 제품 설계
공정기술	효율적인 공정기술을 개발함으로써 제조 상의 원가절감(원료절감과 생산성 증가 등으로)
규모의 경제성	대량생산에 따르는 평균비용의 감소
원가지향적 문화	최고경영자의 관심
경험곡선 효과	경험축적(누적산출물의 증대)에 의한 단위원가의 감소
가치사슬의 변화	관행이 되고 있는 사업수행방식의 변화

활동을 단축시키거나 불필요한 가치활동을 제거함으로써 전체 원가를 절감할 수 있다. 원가우위의 원천이 되는 주요한 원가동인을 요약하면 〈표 7－2〉와 같다.

원가우위 기업은 산업 내에서 가장 효율적인 생산업자이다. 따라서 산업 경쟁이 치열해지더라도 최후까지 생존할 수 있는 기업이 된다. 일반적으로 산업이 성장기를 지나 성숙기로 접어들수록 기업 간의 경쟁이 치열해지며, 경쟁기업의 고객을 뺏기 위해 저가격정책에 의존하게 된다. 이때 효율적인 원가우위 기업일수록 경쟁에서 살아남기가 용이하다.

원가우위를 추구하는 데는 다음과 같은 위험이 따르게 된다. 첫째, 과거의 투자나 학습을 무력화시키는 새로운 기술이 등장할 가능성이 있다. 둘째, 신규 진입기업이나 후발기업이 경쟁우위의 원천을 모방하거나 최신 설비에 투자함으로써 낮은 원가우위를 달성할 수 있다. 셋째, 원가에 너무 치중한 나머지 제품이나 마케팅 상의 주요한 변화를 파악하는 능력이 부족해진다. 넷째, 원가가 상승하여 경쟁기업의 차별화를 상쇄시키기에 충분할 정도의 가격 차이를 유지하지 못할 경우 차별화우위를 추구하는 기업에게 시장을 잠식당하게 된다.

7.3 경험곡선

1. 경험곡선의 개념과 작성

원가우위의 가장 중요한 원천으로 들 수 있는 것이 경험곡선(experience curve)이다. 경험곡선은 전략경영분야에서 가장 널리 알려져 있는 개념이며, 또한 가장 영향을 크게 미친 개념이기도 하다. 학습 또는 경험축적으로 인한 비용의 감소현상은 1920년대부터 관찰되었다. 1920년대 말 미국의 항공기산업에서 생산대수가 증가함에 따라 비용(직접노무비)이 일정하게 감소하는 현상이 발견되었는데 이를 학습곡선(learning curve)이라고 이름하였다. 1960년대에 와서 BCG(Boston Consulting Group)가 누적산출물(cumulative output)이 두 배로 증가함에 따라 총부가가치원가(total value added costs)가 일정하게 감소하는 현상으로 일반화시켜 경험곡선이라 이름하였다.

BCG는 다음과 같은 네 가지 측면을 부각시켜 발전시킴으로써 경험곡선이 1970년대 전략경영분야에 있어서 주요한 논의의 대상이 되었다.

① 산출물증대에 따르는 원가의 감소추세가 직접노무비에만 한정되는 것(학습곡선)이 아니라 모든 부가가치 실질원가에 적용된다. 따라서 BCG는 학습곡선을 확대하여 경험곡선이라고 이름하였다.

② 경험곡선을 입증하는 다양한 산업의 실증적 자료를 제시하였다.

③ 경험에 의한 원가하락추세는 생산의 초기단계에만 한정되는 것이 아니라 그 이후에도 계속된다.

④ 따라서 경험곡선의 경쟁적 시사점은 다음과 같다. 어떤 산업에서 한 기업이 지배적 시장점유율을 점하게 되거나, 아니면 시장 전체의 성장률이 둔화되기 전에는 어떤 제품에서도 경쟁기업과 안정적인 균형관계를 유지할 수가 없다. 이는 시장점유율을 확대함으로써 단위비용을 감소시키기 위한 경쟁이 지속될 것이기 때문이다. 균형이 달성된 안정적 상황에서 기업의 수익성은 산출물의 생산규모(scale)가 아니라 누적생산경험(experience)에 의해서 결정된다.

경험곡선은 일반적으로 누적산출량(cumulative volume)이 두 배로 증가함에 따라 부가가치 단위원가(unit cost of value added)가 일정비율로 감소하는 현상으로 정의된다. 여기서 부가가치 단위원가는 한 단위 제품생산에 따르는 총생산원가에서 외부에서 구입한 부품이나 원재료의 생산원가를 뺀 것이다. 만약, 부품이나 원재료 공급업자의 원가도 감소한다면 이들의 생산원가도 부가가치 단위원가로 대체하여야 한다. 이를 수식으로 표현하면 다음의 식과 같다.

$$C_n = C_1 n^{-a}$$

단, C_1: 최초로 생산된 제품의 단위원가 C_n: n번째로 생산된 제품의 단위원가
n: 누적산출량(cumulative volume) a: 산출물(output)에 대한 원가탄력성

그림 7-2 경험곡선

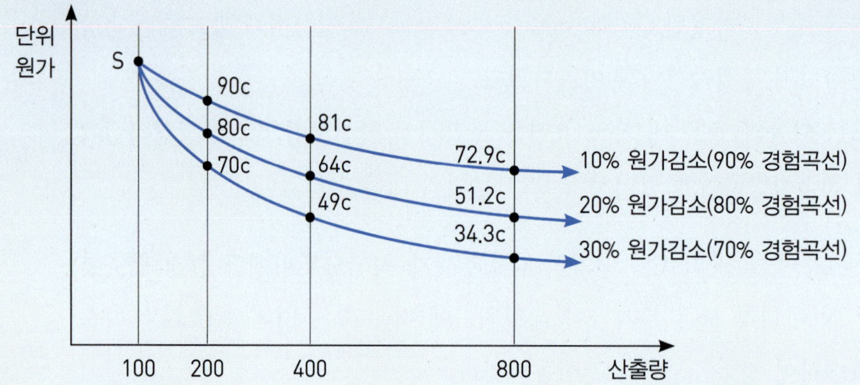

경험곡선은 〈그림 7-2〉에서 알 수 있듯이 점진적으로 우하향하는 곡선이 되는데, 이를 로그스케일로 변환시키면 직선이 된다. 경험곡선효과의 크기는 누적산출물의 합이 두 배로 증가됨에 따라 원가가 감소하는 비율로 측정된다. 따라서 80% 경험곡선은 누적산출물이 두 배가 됨에 따라 단위원가가 그 전 단위원가의 80% 수준(20% 원가감소)이 됨을 의미한다.

경험곡선을 실제로 작성하는 것은 별로 어렵지 않다. 작성하는 데 필요한 자료는 단위당 생산원가(엄밀하게는 단위생산원가에서 외부에서 조달된 부품이나 원료비를 뺀 것)와 산출물량에 대한 자료이다. 이때 단위원가 자료는 물가상승률을 반영하여 조정한 실질원가로 표시되어야 하며, 표시단위는 화폐액으로 표시되지 않고 지수(예컨대 물가지수)로 표시되어도 상관이 없다. 원가자료를 구하기 어려울 경우, 원가 대신에 제품가격을 이용하여 작성할 수도 있다. 그런데 가격자료를 이용할 경우 이윤율이 일정하다는 것이 전제되어야 한다. 시간이 지남에 따라 이윤율이 변힐 경우 가격정보를 이용하는 데 문제가 있기 때문이다. 경험곡선은 제품별로 작성하지만 개별기업이나 산업별로 작성할 수도 있다.

경험곡선을 작성하는 데 있어서 가장 중요한 문제는 단위원가와 산출물량에 관한 자료가 제품의 품질과 특성 면에서 일관성이 유지되는 표준화 제품에 관한 것이어야 한다는 것이다. 그러나 현실적으로 일정 기간 동안 동일한 제품이 지속적으로 생산되는 경우가 드물다. 이에 따라 단위원가를 산출할 때 품질 상승분이나 제품기능과 디자인의 변화분을 적절하게 조정하여 산출하여야 한다. 한편, 산업 전체적으로 경험곡선을 작성할 경우 제품 특성의 변화가 개별기업보다 심하기 때문에 원가자료보다는 가격자료를 주로 사용하는데, 품질의 변화와 기타의 조정상황을 고려한 도매물가지수를 이용하기도 한다.

2. 경험곡선의 발생원인

경험곡선이 발생하는 원인에 대해서는 일반적으로 ① 학습효과, ② 전문화, ③ 공정혁신, ④ 생산요소의 투입비율변화, ⑤ 제품의 재설계, ⑥ 규모의 경제와 같은 요인으로 설명하고 있다.

(1) 학습효과(learning by doing)

어떤 일을 반복해서 수행할 경우, 그 일에 숙달되고 기술이 향상되는 학습효과가 나타난다. 학습효과는 작업의 효율성을 증가시키는데 산출물의 증가속도가 빠를수록 학습효과도 빨라진다. 이러한 학습효과는 제조활동에 종사하는 사람뿐만 아니라 마케팅, 판매, 관리 부분에 종사하는 경영자나 종업원들에게도 적용된다.

(2) 전문화(specialization)

분업을 통한 전문화는 작업의 효율성을 증대시킨다. 전체 생산공정 또는 여러 생산공정을 한 사람이 담당하여 완제품을 생산하는 것보다 생산공정을 적절한 규모로 나누어 각 단계별로 전문화함으로써 효율성을 높일 수 있다. 여기에 대해서는 규모의 경제를 설명하면서 다시 언급한다.

(3) 공정혁신(process innovation)

제품생산의 초기에는 제품개념이 완전히 정립되지 않아 생산기술이 정착되지 않는다. 그러나 시간이 지날수록 시장수요를 잘 이해하게 되고, 이를 통해 생산기술이 안정되고 나면 생산공정의 혁신과 개선을 위해 노력하게 된다. 공정의 혁신과 개선을 통한 원가절감효과는 특히 자본집약적 산업일수록 그 효과가 크다. 반도체산업의 경우 연구개발비의 상당 부분을 공정개선에 투자함으로써 수율증대를 통한 70~80%의 경험곡선효과를 얻을 수 있다.

(4) 생산요소의 투입비율변화

경험이 축적되고 생산기술이 안정됨에 따라 보다 저렴한 생산요소의 투입이 가능해진다. 예컨대 미숙련노동자(저임금)가 숙련노동자(고임금)를 대체하고, 자동화가 인력을 대체하게 된다.

(5) 제품의 재설계(product redesign)

제품에 대한 경험이 축적됨에 따라 제품성능에 대한 소비자의 요구수준을 파악하게 된다. 이에 따라 동일한 성능을 유지하면서도 재료를 절약하거나 효율성을 높이기 위한 방향으로 제품설계를 변경하게 된다. 예컨대 불필요한 부품 수를 줄이거나 저렴한 재료(플라스틱, 인조섬유, 고무 등)나 생산요소를 사용하는 방향으로 제품설계를 변화시킬 수 있다. 그리고 제품의 표준화를 통해 부품 수를 줄이거나 반복작업을 가능하게 하여 학습효과를 증대시킬 수도 있다.

(6) 규모의 경제(economy of scale)

경험곡선이 발생하는 가장 중요한 근거로 들 수 있는 것이 규모의 경제이다. 규모의 경제는 기업의 생산규모가 커짐에 따라 단위당 생산비가 감소하는 현상을 말한다. 규모의 경제는 규모에 대한 수확체증(increasing return to scale), 즉 생산공정에 투입되는 생산요소의 양이 일정비율 증가할 때 총산출물이 일정비율 이상으로 증가하는 현상과는 개념적으로 구별된다. 그러나 수확체증이 존재하면 결과적으로 규모의 경제가 발생하기 때문에 일반적으로 같은 개념으로 사용되고 있다.

규모의 경제는 실질적 규모의 경제(real economy of scale)와 화폐적 규모의 경제(pecuniary economy of scale)로 나눌 수 있는데 효율성의 관점에서 중요시되는 것이 실질적 규모의 경제이다. 화폐적 규모의 경제는 대량구매에 따르는 가격할인을 대표적인 예로 들 수 있는데 경제 전체의 효율성을 증대시키지는

표 7-3 규모의 경제와 산업집중도

	최소효율공장규모 (미국총산출물의 %)	최소효율규모의 1/2 수준일 때 원가상승(%)	4대 기업 집중률(%)
밀 가 루	0.7	3.0	18.0
제 빵	0.3	7.5	12.0
인 쇄	4.4	9.0	23.0
황 산	3.7	1.0	32.0
인조 섬유	11.1	7.0	41.0
자동차타이어	3.8	5.0	56.0
벽 돌	0.3	25.0	16.0
세 제	2.4	n.a	48.0
터빈발전기	23.0	4~28.0	55.0
디젤 엔진	21~30.0	8.0	42.0
컴 퓨 터	15.0	6.0	65.0
자 동 차	11.0	20.0	85.0
항 공 기	10.0	n.a	89.0

자료: F.M. Scherer, *Industrial Market Structure and Economic Performance*(2nd Edition), Rand McNally, Chicago(1980).

않는다.

규모의 경제가 큰 산업일수록 산업의 집중도가 높아진다. 일반적으로 규모의 경제를 누리는 정도는 산업규모에 비례한 최소효율규모(minimum efficiency scale)로 나타낼 수 있다. 대부분의 규모의 경제가 달성되는 생산규모 중에서 가장 작은 생산규모를 최소효율규모라고 한다. 〈표 7-3〉에서 알 수 있듯이 미국에 있어서 최소효율공장규모(규모의 경제)가 큰 산업일수록 4대 기업 집중률이 높게 나타나고 있다.

최소효율규모는 주로 제조활동에서 발생하는 규모의 경제와 관련이 있다. 그런데 규모의 경제가 제조활동에서 가장 뚜렷하게 발생하지만, 규모의 경제는 제조활동뿐만 아니라 구매활동, 연구개발활동, 유통 및 광고활동 등과 같은 거의 모든 기업활동에서도 발생한다. 산업에 따라서는 제조활동 이외에서 발생하는 규모의 경제가 산업집중도를 증가시키는 요인이 되고 있다. 예컨대 미국의 담배, 세제, 기저귀산업의 산업집중도가 높은 것은 주로 광고와 판촉활동에서 발생하는 규모의 경제에 기인하는 바가 크며, IT 제품, 의약품, 통신장비산업 등의 산업집중도가 높은 것은 연구개발활동의 규모의 경제가 크기 때문이다.

규모의 경제를 발생시키는 대표적 요인으로는 ① 투입물과 산출물의 기술적 관계, ② 규모의 불가분성(undivisionability) ③ 전문화의 이익을 들 수 있다.

1) 투입물과 산출물의 기술적 관계: 어떤 활동을 하는 데 있어서 투입물을 늘리지 않더라도 산출물이 증가하는 경우가 있다. 예컨대 수돗물을 공급할 때 단면적이 10㎝인 수도관 10개를 통해 공급하는 것보다 단면적이 100㎝인 수도관 1개를 통해 공급하는 것이 보다 효율적이다. 이는 수도관의 제조비용 면에서 볼 때 재료비(투입물)는 수도관의 표면적에 의해서 결정되나, 사용효율(산출물)은 체적에 의해서 결정되기 때문이다. 따라서 단면적 100㎝인 수도관 1개의 제조비용이 단면적 10㎝인 수도관 10개의 제조비용보다 저렴하면서도 사용효율은 높아진다고 하겠다(수도관의 반경이 클수록 물과 수도관 간의 마찰이 작아져 효율성이 높아진다는 물리학적 설명이 가능하기도 하다).

2) 규모의 불가분성: 어떤 투입물은 일정 단위 이상으로만 사용할 수 있기 때문에 소규모로 나누어서 사용하는 것이 불가능한 경우가 있다. 자본설비나 기계장비의 경우 특정규모 이하(예컨대 연간 3만 개의 생산규모)의 소규모로 설치할 수 없는 것이 보통이다. 연구개발부서에 있어서도 효과적인 연구개발이 이루어지기 위해서는 일정수준 이상의 과학 및 공학 기술진을 보유하여야 하며, 개발과 실험을 위한 최소한의 장비가 필요하다. 이때 생산규모가 증가할수록 이들 고정비용을 분산시킬 수 있으므로 단위당 생산비가 감소하게 된다. 이런 점에서 규모가 큰 기업은 이익을 보게 된다. 예컨대 자동차산업의 경우 새로운 모델을 개발하는 데 있어서 설계에서부터 최종생산라인에 이르기까지 약 12.5억 달러의 비용이 소요되는 것으로 알려져 있다. 따라서 소규모 자동차기업은 다른 기업과의 합작을 통하지 않고서는 독자모델을 개발하는 것이 어렵다. 항공기산업에서는 이보다 더한 규모가 요구된다.

3) 전문화의 이익: 전문화에 의한 규모의 경제는 전통적으로 조립생산방식

을 통해 대량생산의 이점을 얻는 것과 연관이 있다. 생산공정을 독립되고 연속적인 단계로 분리하고 단계별로 전문인력이 전문화함으로써 숙련도를 높일 수 있으며, 기계화와 자동화의 가능성을 높일 수 있다. 또한 완제품의 생산규모가 증가할수록 부품의 소요규모도 증가하므로 부품생산을 품목별로 분업화할 경우 이를 통해서도 전문화의 이익을 얻을수 있다. 전문화의 이익은 업무와 지식이 고도로 전문화된 정보 및 기술 중심 산업에서도 그 효과가 뚜렷이 나타난다. 특히 투자금융업, 경영컨설팅, 소프트웨어 개발분야에 있어서는 대규모의 국제적 영업을 하는 기업이 소규모기업이 할 수 없는 전문적인 서비스를 제공할 수가 있다.

한편, 규모가 증가됨에 따라 나타나는 복잡성과 조정비용의 증가는 규모의 비경제(diseconomy of scale)를 가져온다. 예컨대 금속 캔(can)공장은 생산라인 수가 15개를 넘으면 공장관리의 복잡성이 갑자기 증가한다고 한다. 규모의 증가는 종업원의 동기부여를 저하시키거나 임금이나 요소비용을 상승시킬 수 있다. 예컨대 규모가 큰 공장에서는 노조가 결성될 가능성이 커지며, 종업원의 기대수준을 높여 노사 간 협상을 어렵게 만들 수 있다. 또한 원료공급이 제한되어 있는 상황에서 원료의 구입량을 증가시킨다면 원료가격을 상승시켜 규모의 비경제를 야기할 수 있다. 규모의 비경제는 환경변화에 빨리 적응해야 하는 유행에 민감한 산업이나, 개인의 창의성에 의존해야 하는 전문 서비스업에서 많이 나타난다.

3. 경험곡선의 전략적 시사점

앞절에서 경험곡선효과를 발생시키는 몇 가지 원인들에 대해 살펴 보았다. 그런데 이들 원인에서 알 수 있듯이 경험곡선효과는 자동적으로 발생하는 것이 아니다. 다시 말해 생산량의 증가에 따른 원가의 감소현상이 자동적으로 달성되는 것이 아니라는 것이다. 경험곡선이 발생하기 위해서는 이를 뒷받침하는 의도적인 노력이 이루어져야 한다. 반복활동을 통해서 얻는 학습효과는 어느 정도 자동적으로 발생하는 것이라고 하겠으나, 다른 원인들에 의한 효과가 나타나기 위해서는 기업의 의도적 노력, 즉 디자인을 새롭게 하거나 생산공정을 개선하는 등의 노력이 뒷받침되어야 한다. 따라서 경험곡선효과를 얻는 데 있어서 가장 중요한 것은 전체 생산과정에서 어떤 활동을 보다 효율적으로 수행할 수 있는 방법을 찾아내는 것이다.

경험곡선이 기업의 전략에 시사하는 바가 크다. 여기에 대해서는 ① 경험곡선과 전략목표, ② 경험곡선의 의의라는 두 가지 측면에서 살펴본다.

(1) 경험곡선과 전략목표

기업이 생산하는 제품의 단위원가가 누적생산량에 비례하여 감소한다면, 경쟁기업과 비교한 자사의 상대적 원가수준은 경쟁기업과 비교한 자사의 누적

그림 7-3 경험곡선효과와 수익성

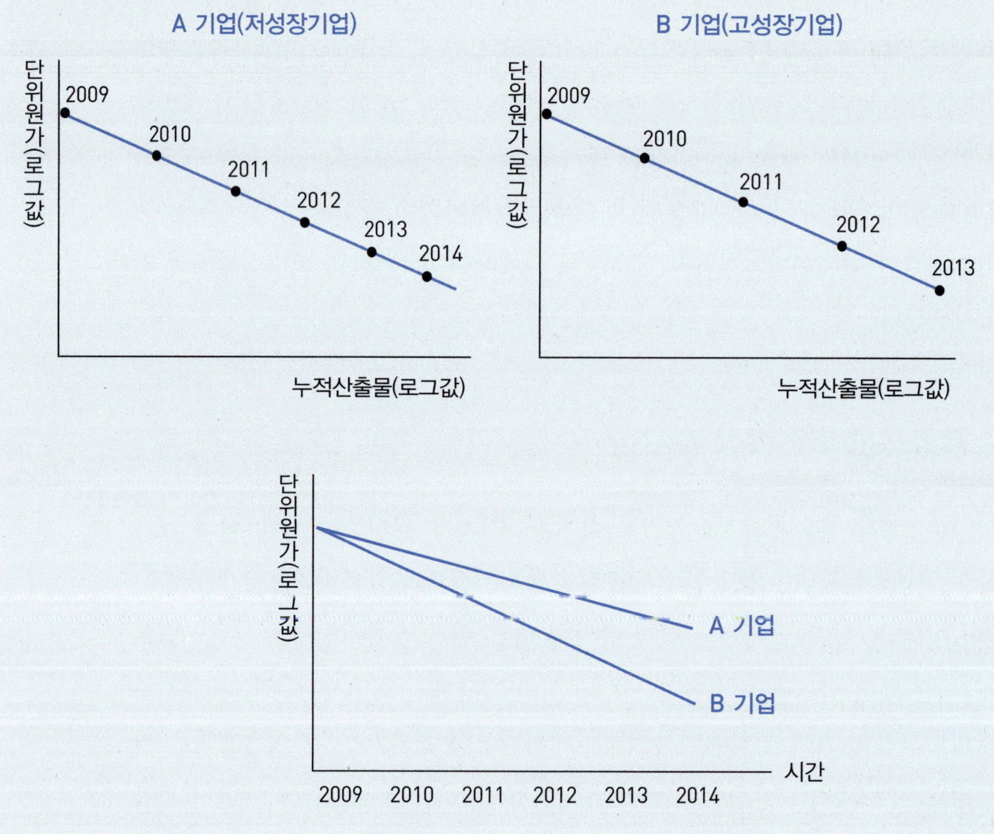

생산량에 의해 결정될 것이다. 따라서 경쟁기업보다 더 빠른 속도로 생산량을 늘린다면 경험효과를 얻는 정도도 클 것이므로 경쟁기업과의 원가차이를 확대시킬 수 있을 것이다. 〈그림 7-3〉에서 알 수 있듯이 현재 두 기업(A 기업과 B 기업)이 동일한 시장점유율을 확보하고 있고 동일한 경험곡선효과를 얻을 수 있는 가능성이 있다고 하더라도, 생산량의 증가속도가 빠른 B 기업이 시간이 지남에 따라 원가우위를 누릴 가능성이 커진다. 따라서 두 기업의 제품이 동일한 가격으로 판매되고 있다면(동질적인 제품일 경우 다른 방법이 없음), B 기업의 수익성은 증가되고 A 기업은 상대적으로 악화될 것이다.

이상의 내용을 보다 구체화한다면 〈그림 7-4〉와 같다.

두 기업이 동시에 산업에 진입하여 일정한 시장점유율을 확보하고 있을 경우 각 기업의 제품생산량은 그 기업의 시장점유율에 비례하여 결정될 것이다. 그런데 두 기업이 같은 산업에 속해 있어서 생산원가가 비슷한 경험곡선을 따라 감소할 것이므로 상대적 원가도 시장점유율에 비례할 것이다. 따라서 두 기업의 제품가격이 같다면 기업의 수익성도 시장점유율에 비례하여 결정될 것이다.

기업의 수익성이 시장점유율에 의해서 결정된다면 시장점유율이 기업의 중요한 전략목표가 될 것이다. 즉, 경험곡선의 관점에서 중요시되는 기업의 전략목표는 시장점유율 확대이다. 그렇다면 기업이 시장점유율을 높일 수 있는 방안은 무엇인가? 가장 중요한 것이 저가격정책이다. 이때 기업이 현재의 단위

그림 7-4 시장점유율과 수익성

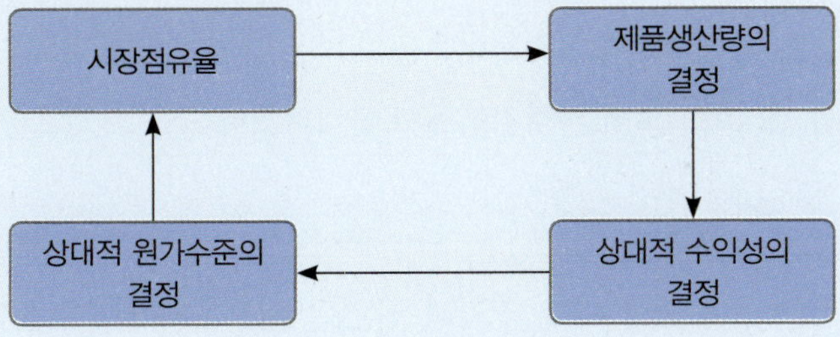

그림 7-5 경험곡선효과와 가격결정

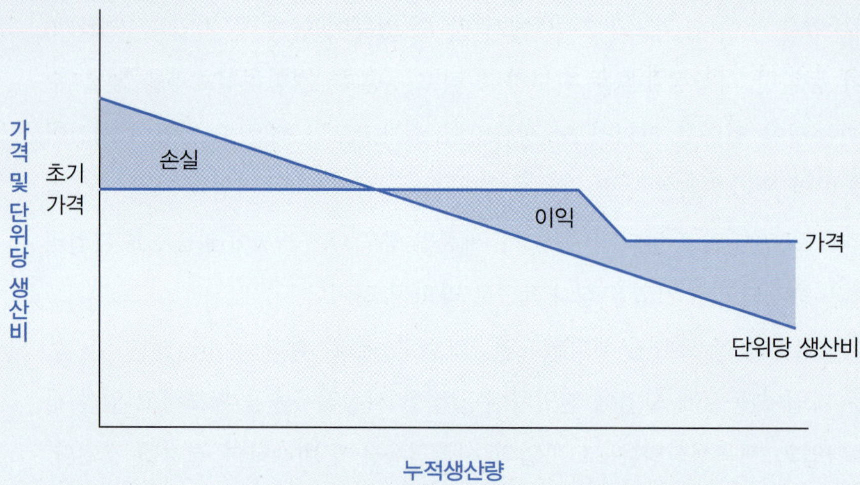

원가를 기초로 하여 제품가격을 결정하는 것보다 앞으로 기대되는 단위원가를 기초로 하여 가격을 결정함으로써 보다 공격적인 가격정책을 수행할 수 있다. 이러한 가격결정방법을 경험곡선에 의한 가격결정방법이라고 한다. 이 방법은 〈그림 7-5〉에서 알 수 있듯이 매출액을 증가시키기 위해 가격을 생산원가 이하로 낮추어 결정하는 방법이다. 이는 낮은 가격으로 매출액을 증가시킴으로써 경쟁기업보다 경험곡선효과를 빨리 누리고, 경험곡선효과로 인해 생산원가가 하락하면 만족할 만한 이익이 보장될 것이라는 예상 하에 가격을 결정하는 것이다. 혼다가 영국의 모터사이클 산업에 진입할 때 시장점유율 목표를 달성하기 위한 저가격정책을 통해 시장진입에 성공하였다고 한다. 이에 반해 영국 기업들은 생산원가에다 적정이윤을 더하는 원가기준방식(cost plus method)으로 가격을 결정함으로써 가격경쟁에서 불리하였다.

(2) 경험곡선의 의의

1970년대 중반 이후 전략과 관련된 대부분의 학술논문과 각종 문헌에서 경험곡선에 광범위하게 사용하였다. 이 개념의 강점은 선두기업의 지속적인 시장지배현상을 설명할 수 있고, 치열한 경쟁에도 불구하고 기업 간의 이질성(원가 차이 등)이 해소되지 않는 것을 설명할 수 있다는 데 있다. 또한 단위원가의 주요결정요인이 생산규모가 아니라 누적생산경험이라는 결론은 사업운영의 목표를 이익의 즉각적 실현에 두지 않아도 된다는 것을 말해 준다는 데 가치가 있다. 이는 많은 경영자들이 현재의 이익을 희생하면서도 시장지배력과 성장을 추구하는 성향을 뒷받침해 주는 좋은 근거가 된다.

경험곡선이 전략경영분야에 미친 영향은 이론의 내용이나 그 정확성에 그치지 않는다. 경험곡선은 전략경영과 산업조직론 간의 학문 간격을 넓히는 데도 기여하였다. 전통적으로 산업조직론의 이론에 의존하여 기업을 환경 속에 묻혀 있는 존재로 파악한 학문분야에서 경험곡선은 기업의 경쟁행동에 분석의 초점을 맞추었다. 더욱 중요한 것은 경험곡선의 논리가 처음으로 기업의 관점에서 경쟁우위가 무엇이며, 그것을 어떻게 획득하고, 어디에서 찾아야 하는가에 대한 간단하면서도 엄밀한 설명을 할 수 있었다는 것이다. 그리고 경험에 근거한 경쟁의 논리가 경제학에서 빌려온 것이 아니라 전략경영분야에서 개발되어 경제학에 수출되었다는 것이다.

(3) 시장점유율과 수익성의 부정적 관계

시장점유율과 수익성 간의 인과관계를 부정적으로 보는 시각도 있다. 이들은 시장점유율과 수익성 간의 관계는 단순한 상관관계에 지나지 않는다고 주장하며, 시장점유율이 수익성을 증대시키는 원인이 된다는 점에 의문을 제기한다. 인과관계가 아니라 상관관계의 시각에서 보면 높은 시장점유율이 높은 수익성을 가져다 줄 수도 있지만, 그 반대로 수익성이 높은 기업이 시장점유율을 높이기 위해 노력(예컨대 소규모 기업의 인수, 저가정책 등)할 수도 있다. 그리고 높은 수익성과 높은 시장점유율이 다른 제3의 원인변수, 예컨대 효율성의 증대, 혁신의 성공, 성공적인 차별화 등에 의해서 초래되는 결과일 수도 있을 것이다. 이에 따라 시장점유율과 수익성 간의 관계를 시장점유율이 수익성을 창출하는 관계가 아니라 경쟁과정에서 나타나는 동시적 산물로 결론 내리기도 한다.

높은 시장점유율이 평균 이상의 수익성을 보장해 주는 원가우위를 뒷받침한다는 사실이 시장점유율을 증가시키기 위한 투자를 확대하여야 한다는 것을 의미하지는 않는다. 만약, 모든 기업이 광고나 판촉활동의 증대, 설비증설 등을 통해 시장점유율을 늘리기 위해 노력한다면 증가된 시장점유율로부터 얻을 수 있는 초과이익의 가능성은 낮아질 것이다. 시장점유율을 증가시키기 위해 치열한 가격경쟁이 유발될 경우 오히려 모든 기업의 수익성이 악화될 수도 있다. 이런 점에서 볼 때 시장점유율을 높이기 위해 가격을 낮추고 이를 통해 경험곡선 효과를 극대로 누리는 전략은 개별기업의 입장에서 보면 성공할 수 있으나, 산업 내의 다수 기업이 동시에 사용하고자 할 경우 문제가 된다. 이러한 현상을 흔히 집합의 오류 또는 구성의 오류(the fallacy of composition)라고 한다.

7.4 전략적 원가분석

이상에서 원가우위의 원천이 되는 경험곡선에 대해 살펴보았다. 그런데 기업의 원가우위는 〈표 7-2〉에서 보았듯이 경험곡선 외에도 여러 가지 원가동인에 의해서 뒷받침된다. 따라서 경쟁기업과 비교하여 원가 상의 차이가 발생한다면 이러한 차이가 어디에서 발생하는지를 파악하여야 할 것이다. 이를 위해서는 먼저 경쟁기업과 원가구조를 비교하여야 하는데, 이를 위해 사용할 수 있는 분석수단 중의 하나가 활동원가사슬(activity cost chain)이다.

1. 원가구조의 차이

기업이 시장에서 차지하는 경쟁지위를 나타내 주는 데 유용한 지표로 들 수 있는 것이 경쟁기업과 비교한 상대적 원가구조이다. 제품차별화의 가능성이 낮아서 가격경쟁이 치열한 산업일수록 원가 상의 우위를 누리는 기업이 강력한 경쟁력을 보유한다고 볼 수 있다. 제품의 차별화가 상당한 수준에 이르고 있고, 가격 이외의 방식으로 경쟁하는 산업에 있어서도 경쟁기업과 비슷한 수준으로 원가를 유지하는 것이 필요한데, 그렇지 못할 경우 장기적으로 경쟁우위를 유지하기가 어려울 것이다. 이런 점에서 경쟁기업과 원가구조를 비교·분석하는 작업이 필수적이다. 비슷한 제품을 생산하는 기업 간에도 동일한 원가구조를 보이는 경우가 드물기 때문이다.

국내 제과산업은 롯데제과, 오리온, 해태제과, 크라운제과 등 4대 기업이 지배하고 있는 전형적인 과점시장이다. 〈표 7-4〉에서 알 수 있듯이, 2013년 말 기준으로 4개 기업의 전체 매출액은 전년대비 2.0% 성장하는 데 그쳤다. 반면 전체 영업이익은 16.2%로 크게 감소하였다. 국내 제과산업의 이러한 성과는 성숙기에 진입한 국내 제과시장의 한계 때문이기도 하지만, 경기침체, 대형마트 휴무, 가격인상 등으로 인한 소비부진과 치열한 경쟁에 따른 판촉비, 인건비 등의 판매관리비가 급증하여 수익성이 악화되었기 때문이다. 개별기업의 매출액을 살펴보면, 롯데제과(5.6%) 크라운제과(2.5%) 해태제과(0.02%) 등 3개사는 증가한 반면, 오리온은 3.5% 감소하였다. 이들 기업의 영업이익을 보면, 크라운제과만 유일하게 7.5% 증가한 반면, 다른 기업은 크게 감소하였다.

〈표 7-4〉를 통해 알 수 있는 사실은 비슷한 환경에서도 개별기업의 영업이익이 서로 다르다는 것이다. 이러한 차이가 발생하는 이유는 첫째, 각 기업이

표 7-4 국내 제과산업의 원가지표 (2013년 말 기준, 단위: 억 원)

	매출액 (전년대비 증감)	영업이익 (전년대비 증감)	매출원가율 (전년대비 증감)	판매관리비율 (전년대비 증감)	광고선전비 (전년대비 증감)
롯데제과	16,101(+5.6%)	1,096(−16.3%)	+0.3%	1.5%	6.2%
오리온	7,922(−3.5%)	475(−23.4%)	−1.3%	2.8%	7.7%
해태제과	7,199(+0.02%)	337(−24.6%)	−0.3%	1.8%	8.2%
크라운제과	4,288(+2.5%)	349(+7.5%)	−1.9%	1.3%	27.3%
전체매출액	35,509(+2.0%)	2,256(−16.2%)			

실행하는 장기 투자사업과 전략내용이 다르기 때문이며, 둘째, 판촉비, 매출할인, 인건비 등의 일반관리비와 밀가루, 설탕 등 주요 원자재의 구매원가에서 차이가 나기 때문이다. 이 절의 주제가 원가구조이므로 두 번째 요인에 집중해보자. 4개 기업 중에서 가장 성과가 높은 크라운제과의 관점에서 보면, 먼저 매출원가율(총매출액에서 매출원가가 차지하는 비율)은 비율이 낮을수록 수익성이 높아지는데, 크라운제과는 표에서 알 수 있듯이 전년대비 −1.9%가 낮아져, 4개 기업 중에서 매출원가가 가장 크게 개선되었다. 한편, 판매관리비율(총매출액에서 판매관리비가 차지하는 비율)에서도 크라운제과가 전년대비 1.3% 증가하는 데 그쳐, 4개 기업 중에서 판매관리비의 상승률이 가장 낮은 것으로 나타났다. 결국 크라운제과는 다른 기업에 비해 원가구조의 개선 비율이 높아 동일한 환경 속에서도 상대적으로 높은 성과를 얻은 것으로 해석할 수 있다.

크라운제과의 이상과 같은 성과가 단기적인 요인에 의해서 발생하였을 가능성도 있다. 즉 경쟁우위의 미래원천이 되는 연구개발 투자를 줄이거나, 광고선전비를 줄임으로써 브랜드 충성도가 낮아지는 결과로 얻은 성과일 수 있다. 그런데 2013년에 이들 기업의 전년대비 광고선전비 증가율을 보면, 롯데제과는 6.2%, 오리온은 7.7%로 증가되었으나 크라운제과는 27.3%나 증가하였다. 이상의 자료만으로 해석하면, 광고선전비의 대폭적 증가가 크라운제과의 매출 증가와 영업이익 증가로 연결되었다고 볼 수 있다. 따라서 보다 깊이 있는 구조적 원인에 대한 이해를 높이기 위해서는 장기적인 관점에서 원가분석이 이루어져야 할 것이다.

이상과 같은 원가구조는 기업이 누리는 저원가우위와 재무적 성과를 결정하는 데 상당한 영향을 준다. 같은 산업에 속하는 기업이라고 하더라고 생산품목과 매출비중이 다를 것이며, 또한 인력구성, 보유시설 및 장비, 유통채널에서 차이가 날 경우 원가구조가 달라진다. 이는 기업이 모는 면에서 농일할 수는 없기 때문이다. 이와 같이 원가차이를 발생시키는 요인들을 보다 구체적으로 나열해 보면 다음과 같다.

① 원료, 중간재, 에너지, 기타 조달되는 부품의 품질에 있어서 차이가 나는 경우

② 원료채취 및 운반비용과 소비지까지의 수송비용에서 차이가 나는 경우

③ 원천기술이 다르거나 공장과 장비의 사용년수가 다른 경우(공장의 설립과 주요 장비의 구입시기가 다르거나 설비의 기술적 효율성이 다른 경우, 그리고 고정비 부담의 정도가 다른 경우를 그 예로 들 수 있다. 대체적으로 오래된 설비는 효율성이 낮다고 하겠으나, 오래된 설비라고 하더라도 상대적으로 낮은 가격으로 취득할 수 있다면 최신 설비에 비해 고정비 부담이 낮아 원가 면에서 경쟁력을 누릴 수도 있다.)

④ 내부운영비용이 다른 경우(공장의 크기가 달라 경험곡선효과나 규모의 경제를 누리는 정도가 다르거나, 임금수준·노동생산성·관리 상의 간접비용·세금 등에서 차이가 날 수 있을 것이다.)

⑤ 유통채널 상의 비용에 차이가 날 경우(생산자로부터 최종소비자에게 제품을 공급하기까지 유통업자, 도매상, 소매상 등의 원가와 이윤폭에서 차이가 날 수 있다.)

⑥ 인플레이션이나 환율변화로 받는 영향의 정도가 기업마다 다른 경우(이는 각 기업마다 국제사업의 상대적 비중이 다를 경우에 해당된다.)

⑦ 마케팅 비용, 판매 및 판촉 비용, 광고 비용에서 차이가 나는 경우

2. 활동원가사슬

시장경쟁이 제품차별화를 중심으로 이루어질 때 기업 간의 원가차이가 크게 문제되지 않을 수 있다. 그러나 일반적으로 원가 상에서 우위를 누리는 기업은 경쟁기업에 비해 유리한 경쟁지위를 확보할 수 있다. 원가차이가 발생할 수 있는 원천이 많다는 것을 고려해 볼 때 자사의 원가구조를 경쟁기업과 비교해 볼 필요가 있다. 이런 점에서 유용한 방법이 전략적 원가분석(strategic cost analysis)이다. 전략적 원가분석은 경쟁기업과 비교한 자사의 원가구조를 분석하는 데 중점을 둔다. 전략적 원가분석의 주요한 분석수단은 활동원가사슬(activity cost chain)이다. 활동원가사슬은 원재료로부터 시작하여 최종소비자가 지불하는 가격에 이르기까지 가치증가와 원가의 구성이 어떻게 이루어지고 있는가를 보여준다. 활동원가사슬은 기업내부의 원가구조뿐만 아니라 산업 전체의 가치활동을 총괄하는 원가구조를 다루고 있다.

그림 7-6 활동원가사슬

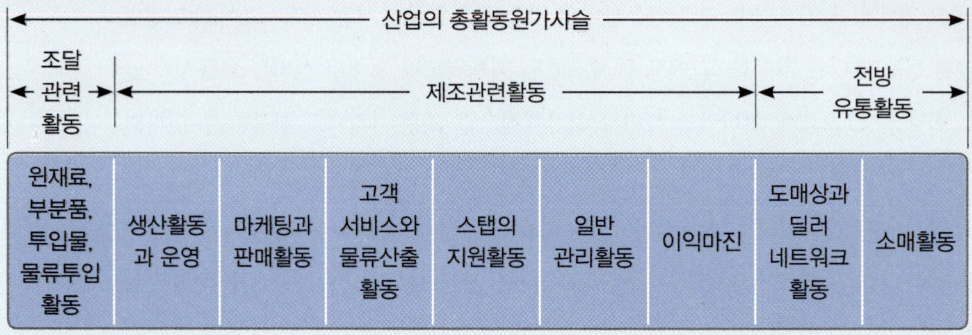

〈그림 7-6〉에서 알 수 있듯이 활동원가사슬에는 기업내부에서 이루어지는 제조관련활동뿐만 아니라, 기업외부에서 이루어지는 조달관련활동과 유통관련활동이 포함된다. 이는 기업이 최종소비자에게 낮은 가격으로 제품을 공급하는 데 있어서 기업내부의 제조관련원가뿐만 아니라, 원재료조달 등의 후방활동원가, 그리고 재고 및 유통 비용과 같은 전방활동원가가 차지하는 중요성도 크기 때문이다.

활동원가사슬을 이용하여 원가구조를 분석하기 위해서는 기업내부 및 외부활동에 대한 광범위한 원가자료가 필요하다. 이를 위해서는 가치활동별로 주요항목에 대한 원가를 분류하고 계산하여야 하며, 전방유통단계와 후방조달단계의 원가도 추정하여야 할 것이다. 그리고 이를 경쟁기업과 비교하기 위해서는 경쟁기업에 대한 원가자료도 필요하다. 이런 점에서 볼 때 활동원가사슬은 쉽게 적용시키기 어려운 분석기법이다.

경쟁기업의 원가를 분석하는 첫 단계는 경쟁기업의 가치사슬을 파악하고, 이들이 각 활동을 어떻게 수행하는지를 알아보는 것이다. 그런데 경쟁기업에 대한 직접적인 정보를 가지고 있지 않기 때문에 경쟁기업의 원가를 파악하는 것이 몹시 어려울 때가 많다. 경쟁기업의 활동원가를 계산하기 위해 대개는 대외적으로 공포된 2차 자료를 이용하거나 구매업자나 공급업자와의 면담을 통해 얻은 정보들이 활용된다. 이러한 정보를 이용하면 경쟁기업이 운영하고 있는 판매원의 수, 급료, 비용 등을 추정할 수 있다. 이런 방식은 간접적이지만 비교적 정확하게 경쟁기업의 가치활동원가를 추정해 낼 수 있다. 이러한 분석이 완성되었을 경우 원가측면에 있어서 자사의 경쟁적 지위를 평가하고 이에 대한 해결책을 모색하는 데 있어서 상당히 유용한 정보를 제공해 준다.

활동원가사슬의 유용성은 자사의 원가구조를 경쟁기업과 비교하여 분석한다는 데 있다. 이를 통해 경쟁기업과 상대적 원가가 차이가 날 수 있는 가치사슬 상의 부문을 보면 ① 기업내부의 제조활동부문, ② 부품조달과 관련한 후방활동부문, ③ 유통과 관련한 전방활동부문이다. 이들 각 부문에서 경쟁기업보다 원가상 불리한 상태에 있을 경우, 이를 극복하기 위한 대안들이 모색되어야 할 것이다. 그런데 기업의 외부활동(전방조달 및 후방유통)에서 원가가 높게 발생할 경우, 원가경쟁력을 회복하기 위한 작업은 기업의 내부범위를 넘어서는 조치를 필요로 한다.

① 원가 상의 불리성이 기업 내부요인에서 발생하고 있다면, 다음과 같은 전략적 대안을 통해 원가 불리성을 개선할 수 있을 것이다.

- 긴축예산 조치를 취한다.
- 생산방식과 작업절차를 개선함으로써 노동생산성을 증대시키고 고원가 장비의 가동률을 증가시킨다.
- 원가발생활동을 아예 생략할 수 있는 가능성을 검토한다.
- 고원가 발생활동을 저렴하게 수행할 수 있는 지역으로 재배치한다.
- 외부공급업자에게 하청을 줌으로써 원가를 낮출 수 있는 활동이 있는가를 검토한다.
- 원가를 절약할 수 있는 기술적 개선(자동화, 로보틱스, 유연생산시스템, 컴퓨터 통제 시스템)을 위해 투자한다.
- 제품디자인을 간소화하고 제조하기 쉽게 개조한다.
- 공장과 장비에 대한 신규투자를 통해 문제가 되는 원가항목에서의 혁신을 기한다.
- 전방활동과 후방활동의 원가절감을 통해 내부원가의 불리성을 상쇄한다.

② 기업의 원가 불리성이 외부공급업자와의 후방조달활동에서 발생하고 있다면, 이를 시정하기 위해 다음과 같은 전략적 행동을 취할 수 있을 것이다.

- 유리한 조건으로 물품을 조달받기 위해 공급업자와 가격협상을 한다.
- 공급업자가 물품의 생산원가를 낮출 수 있도록 도와준다.
- 조달물품에 대한 통제권을 확보하기 위해 후방통합을 한다.
- 낮은 가격의 대체물품을 사용한다.
- 내향 수송비용(inbound shipping costs)을 절감하기 위해 노력한다.
- 원가사슬 상의 다른 부문(제조활동과 전방활동)에서 원가를 절감함으로써 원가 불리성을 상쇄할 수 있는 가능성을 모색한다.

③ 원가 상의 불리성이 원가사슬 상의 전방활동(유통관련)부문에 원인이 있다면, 이를 시정하기 위한 전략적 대안으로는 다음과 같은 것을 생각해 볼 수 있다.

- 유통업자와 기타 채널관련업자들이 원가와 이윤을 낮추게끔 압력을 가한다.
- 전방통합을 포함하여 경제적인 유통전략을 강구한다.
- 원가사슬 상의 다른 부문(제조활동과 후방활동)의 원가를 감소시킴으로써 불리성을 상쇄한다.

7.5 차별화우위

1. 차별화의 원천

원가우위를 추구하는 기업이 등가제품(parity product: 경쟁기업과 동등한 제품으로 시장에서 인식되는 제품)을 경쟁기업의 제품보다 효율적으로 제공해 주는 데 비해, 차별화우위를 추구하는 기업은 고객의 욕구를 충족시키는 데 있어서 보다 효과적인 제품을 제공해 준다. 욕구충족에 있어서 효과적이라는 것은 고객의 욕구에 잘 부합하는 제품을 제공해 준다는 것을 의미한다. 이는 고객의 욕구를 충족시키기 위한 충족물로 표준화된 제품이 아니라 다양한 제품을 제공함으로써 가능하다. 따라서 완전한 차별화는 고객의 수만큼 제품을 만드는 것이다. 한 고객의 욕구가 상황에 따라 달라진다면 그 수는 무한대로 늘어날 것이다. 그러나 차별화에는 비용이 수반되므로 차별화비용이 차별화로 인한 수입의 증가분보다 높아서는 곤란하다.

어떤 기업이 제공하는 특유의 제품이나 서비스를 고객이 가치 있다고 생각한다면, 그 기업은 경쟁기업들로부터 자기 기업을 차별화하였다고 할 수 있다. 제4장의 산업분석에서 살펴보았듯이 차별화는 산업구조를 결정하는 중요한 요인이 된다. 그러나 차별화의 중요성에도 불구하고 차별화의 원천에 대해서 잘 이해하지 못하는 경우가 많으며, 차별화의 잠재적 원천을 너무 좁게 보기도 한다. 이는 차별화가 가치사슬의 어디에서나 가능하다고 생각하지 않고, 제품이나 마케팅부문에서만 나타난다고 생각하기 때문이다.

성공적인 차별화는 제품이나 마케팅 부문만이 아니라 기업의 전반적 가치활동에서 나타날 수 있다. 원료나 중간재와 같은 투입물을 조달하는 활동도 최종제품의 성과에 영향을 미치므로 차별화의 원천이 된다. 예컨대 가방을 만드는 스위스의 프라이탁(Freitag)은 버려지는 방수천을 재료로 사용함으로써 세상에 하나 밖에 없는 희소한 제품을 만들고, 이를 통해 차별화에 성공하였다. 명품 브랜드인 에르메스(Hermes)는 가방제조에 필요한 품질 좋은 악어가죽을 조달하기 위해 직접 악어를 사육한다. 에르메스는 악어의 뱃가죽에 상처가 나는 것을 보호하기 위해 악어농장에 두꺼운 타일과 대리석을 깔고, 상처를 막기 위해 손톱과 이빨도 손질한다. 이렇게 얻어진 악어가죽은 최소 10년 이상 가죽을 다룬 장인만이 핸드백을 만들게 함으로써 그 품질을 유지하고 있다. 미쉐린(Michelin)은 타이어에 사용되는 고무를 고르는 데 세심한 주의를 기울임으로써 차별화를 이룩하고자 노력해 왔다.

총원가에서 아주 작은 비중을 차지하는 가치활동이라도 차별화우위에 지대한 영향을 미칠 수 있다. 예컨대 제품검사는 원가에서 겨우 1% 정도의 비중을 차지하고 있지만 결함이 있는 약품이 한 박스라도 출하된다면, 제약회사의 이미지에 심각한 타격을 줄 것이다. 따라서 차별화에 중요한 활동이라면 어떤 활동도 분석에서 제외되어서는 안 된다. 그리고 차별화에 거의 영향을 미치지 않는 가치활동은 포괄적으로 분석하되, 차별화에 큰 영향을 주는 가치활동은 보다 세분화하여 정밀한 분석을 할 필요가 있다. 이처럼 성공적인 차별화기업들은 일차적 활동과 지원활동 전체를 통해 차별화우위를 창출해 낸다.

제품과 서비스의 차별화에 있어서도 차별화의 가능성은 인간의 상상력에 따라 무한하다. 차별화의 원천은 크게 제품이나 서비스의 가시적 특성과 비가시적 특성으로 구별할 수 있다. 가시적 특성에는 크기, 모양, 색상, 무게, 디자인, 재질 등이 포함되며, 제품이나 서비스의 성능도 주요한 가시적 특성이다. 또한 신뢰성, 일관성, 기호, 속도, 내구성, 안전성 뿐만 아니라 제품 자체의 특성과 함께 제품을 보완하는 서비스, 부속장치, 인도조건과 시기, 신용공여, 확장가능성 등도 중요한 차별화요인이다. 이들 특성들은 고객이 제품으로부터 얻은 효용수준을 결정하는 데 크게 작용을 하며, 이로 인해 기업은 더 많은 이익을 얻을 수 있다.

한편, 가시적 차별화요인에 집중하여 비가시적 측면을 간과하여서는 안 될 것이다. 고객이 제품을 통해 느끼는 가치는 제품이나 서비스의 측정 가능한 효용, 즉 객관적 효용과 반드시 일치하지는 않는다. 이는 소비자의 제품선택이 객관적인 성능기준에 의해서 선택되는 것만이 아니기 때문이다. 지위, 독점, 개성, 안전에 대한 욕망과 같은 사회적, 감성적, 심리적, 미학적 요인들이 고객의 제품선택에 영향을 주는 요인들이다. 제품과 서비스의 성능차이를 객관적으로 평가하기 어려울수록 이러한 비가시적 특성들이 구매의사결정에 큰 영향을 주게 된다.

2. 차별화우위의 창출

앞에서 살펴보았듯이 차별화의 원천은 다양하다. 그런데 기업이 차별화 우위를 누리기 위해서는 이러한 차별화 원천을 이용해 다른 기업보다 더 낫게 보이도록 하는 데 그쳐서는 안 된다. 애플의 CEO였던 스티브 잡스는 직원들이 경쟁사인 IBM보다 얼마나 더 좋은 제품을 개발했는지를 열심히 설명할 때 이렇게 말했다. "경쟁기업보다 더 잘 만드는 것으로 충분하지 않습니다. 다르게 만들도록 하세요(Better is not enough. Try to be different)." 많은 경우 경쟁기업보다 조금 더 많이(more) 주고, 좀 더 좋아진(better) 제품을 차별화라 생각한다. 그런데 좀 더 나은 품질과 기능만으로는 충분하지 않다. 단순히 개선된 것으로 그치는 것이 아니라 진정한 차별성을 보여야 한다. 차별화가 단지 다른 기업과 상이한 제품을 만들어 내는 것을 의미하지는 않기 때문이다. 핵심은 차별화가 고객에게 더 많은 가치를 제공해 줄 수 있어야 한다는 것이다. 예컨대 기업이 어떤 부분에서 독창성을 추구함으로써 다른 기업과 차별화하는 데 성공할 수는 있지만, 이를 고객이 가치 있다고 생각하지 않는다면 차별화우위를 누리지 못한다.

차별화우위를 추구하는 기업들은 차별화에 소요되는 비용문제나, 일단 차별화에 성공한 이후 그 효과를 지속시키는 문제에 대해서 충분한 관심을 기울여야 할 것이다. 이런 점에서 볼 때 차별화의 내용이 가식적(cosmetic)이어서는 안 되며, 실질적(substantive)이어야 한다. 그러기 위해서는 경쟁기업의 표준화된 제품에 비해 고객에게 더 많은 가치를 제공해 줄 수 있어야 하며, 차별성이 쉽게 모방되지 않고 지속될 수 있어야 한다.

차별화가 경쟁우위로 연결되기 위해서는 제품이나 서비스가 보다 나은 가치를 제공해 줄 수 있어야 하는데, 이는 고객의 입장에서 볼 때 다음의 두 가지 측면을 의미한다. 첫째, 고객이 원하는 성능(performance)을 낮은 원가로 제공해 주거나, 둘째, 뛰어난 혜택(superior benefit)을 제공해 줄 수 있어야 한다. 그리고 보다 바람직한 것은 두 가지를 모두 제공해 주는 것이다.

첫 번째 측면은 고객이 제품을 사용하는 과정에서 발생하는 총원가를 절감시켜 주는 방법이다. 고객이 자사제품을 어떻게 사용하고 있으며, 자사의 마케팅, 제품인도, 부품공급, 기타 활동들이 고객의 비용에 어떤 영향을 미치는지를 세심히 살펴본다면, 고객의 원가를 줄일 수 있는 여러 가지 방법이 존재함을 알 수 있다. 고객의 원가를 절감시켜 주는 대표적 방법으로 들 수 있는 것이 제품특성을 이용하는 것이다. 〈표 7-5〉에는 제품특성이 고객의 직접원가를 절감시키는 방법들이 요약되어 있다. 제품특성을 이용하는 방법 외에도 부수적 가치활동을 통해서 고객의 원가를 줄일 수 있다. 예를 들어 제품배달을 신뢰성 있게 해 줌으로써 고객의 재고비용을 줄일 수 있으며, 부품공급을 원활히 함으로

표 7-5 고객의 직접원가를 낮추는 제품특성

차별화 요인	예
• 동일한 효용을 주면서도 사용량을 절감	• 규격화된 철판
• 가공시간의 단축	• 신속한 부착이 가능한 잠금기구
• 노무비의 절감	• 자동식 전화기
• 원료투입량이나 보조장비의 절감	• 절전형 냉장고
• 유지비용의 절감 및 유지의 용이성 증대	• 신뢰성 높은 복사기
• 가동중지 또는 유휴시간의 단축	• 신속한 적재가 가능한 화물선
• 조정 및 감시 비용의 절감	• 균일한 품질의 페인트
• 실패에 따른 비용이나 위험의 감소	• 유전의 분출구멍 마개
• 설치비용의 절감	• 한 겹으로 덮은 지붕조립재
• 검사의 필요성 감소	• 반도체
• 셋업(set-up) 시간의 단축	• 프로그램화할 수 있는 공작기계
• 빠른 공정시간	• 주문형 알루미늄 합금
• 타 제품에 미치는 손실발생위험의 감소	• 여과장비
• 중고가치의 증가	• 내구성 높은 자동차
• 다양한 보조장치와 호환가능성	• 퍼스널 컴퓨터

자료: M.E. Porter, *Competitive Advantage: Creating and Sustaining Superior Performance*, Free Press, New York(1985), p. 136.

써 제품의 수리시간을 줄일 수 있다. 또한 효율적인 주문처리절차는 고객의 회계비용과 조달비용을 절감시켜 준다.

첫 번째 측면이 원가효율성에 의한 차별화라고 한다면, 고객에게 뛰어난 혜택을 제공해주는 두 번째 측면은 효과성에 의한 차별화라고 할 수 있다. 차별화제품이 고객에게 뛰어난 혜택을 제공해 주기 위해서는 다음의 세 가지 경우에 해당하여야 한다. ① 제품성능(product performance)에 있어서 상당한 개선이 이루어지거나, ② 이전까지 불가능하였던 새로운 기능(product function)을 제공해 주거나, ③ 고객의 욕구를 완벽하게 충족시킬 수 있도록 적합성이 높아지는 경우이다.

1) 성능의 개선: 제품성능을 개선함으로써 고객에게 뛰어난 혜택을 줄 수 있다. 고객의 욕구를 충족시키는 기존 제품이 있더라도 효율적이며 효과적으로 충족시킬 수 있는 제품을 만들어 낼 때 차별화가 가능하다.

2) 새로운 기능 제공: 가장 강력한 차별화제품은 새로운 기능을 제공해 주는 것이다. 새로운 기능이란 지금까지 충족시키지 못했던 고객욕구를 충족시킬 수 있는 능력을 의미한다. 예컨대 폴라로이드(Polaroid)가 개발한 즉석카메라는 찍은 사진을 즉시 보고 싶어 하는 고객의 욕구를 만족시켜 준다. 일반적으로 새로운 기능을 제공해 줄 수 있는 능력(신기능 능력)을 보유하기 위해서는 획기적인 신기술이 개발되어야 하지만, 기존 기술을 새롭게 구성함으로써 신기능 능력이 창출되기도 한다. 새로운 기능 능력은 경쟁기업이 모방할 때까지 지속되는데 특허권으로 보호받을 경우 보호기간까지 지속될 수 있다. 새로운 기능 능력이 법률적 보호를 받지 못할 경우, 선두기업은 기능 면에서 보다 뛰어난 차세대 제품을 경쟁기업보다 먼저 도입함으로써 모방기업과의 격차를 계속 유지할 수 있을 것이다.

3) 제품의 적합성: 고객의 욕구에 맞도록 제품의 적합성을 높이는 것은 앞의 두 경우와는 달리 시장지향적인 차별화방식이다. 고객의 욕구를 면밀하게 분석하여, 이에 맞는 적합한 제품을 생산함으로써 고객욕구를 보다 완벽하게

충족시킬 수 있다. 제품의 적합성을 높임으로써 차별화에 성공한 대표적인 기업으로 일본의 코마츠(Komatsu)를 들 수 있다. 코마츠는 2012년 현재 중국시장에서 외국기업 중에서 시장점유율이 1위를 차지하고 있다. 이러한 성공비결은 다음과 같은 세 가지로 요약할 수 있다(조선일보 Weekly BIZ, 2013.1.12.을 수정).

첫째, 일본에 비해 가동시간이 2~3배 정도 많은 중국시장의 특성에 맞춘 차별화된 제품을 선보였다. 코마츠의 제품은 하이브리드 유압방식을 채택하여 포클레인이 회전할 때 발생하는 에너지를 저장하여 재사용함으로써 경쟁제품에 비해 연비가 25% 정도 뛰어나다. 구입가격은 경쟁제품보다 20~30% 정도 비싸지만 중국의 긴 가동시간을 고려하면 가동할수록 고객에게 이익을 준다.

둘째, 코마츠가 제공하는 차별화된 고객 서비스이다. 코마츠는 '단연 일등 서비스'와 '세밀한 고객관리'를 실행하고 있는데, 여기에 핵심이 되는 것이 콤트랙스(KOMTRAX)라는 정보시스템이다. 콤트랙스는 기계 내부에 GPS 센서를 장착해 전 세계에 있는 기계를 도쿄 본사에서 감시 및 제어하는 시스템이다. 센서가 부품 마모 정도, 연료 유무, 엔진 가동상태 등 기계와 관련된 정보를 자동으로 보내주기 때문에 부품교환, 수리, 도난 등에 대해서 더 빠르게 대응할 수 있다. 이는 고객에게 불필요한 고장을 줄여줄 뿐 아니라, 판매점은 최적의 시기에 부품 교환을 제안할 수 있어 재고관리비용도 줄일 수 있다. 그리고 판매점마다 종업원 교육강좌를 6개월에 걸쳐 건설기계의 구조, 성능 등에 관한 철저한 교육을 한다. 이를 통해 품질과 서비스에 있어서 절대적인 우위를 확보하는데 중점을 두고 있다.

셋째, 인력의 현지화를 통해 판매와 마케팅의 현지화를 실행하고 있다. 코마츠는 중국 본사의 총경리를 포함하여 16개의 중국 지사장이 모두 현지인이며, 중국 전역에 판매점을 갖춰놓고 있는데 판매점장은 대부분 10~20년 동안 근속하고 있다. 이들은 관시를 통해 현지 고객에 접근할 뿐 아니라 고객 수요에 적합한 마케팅을 실행한다.

이상의 세 가지 요인들이 개별적으로는 경쟁우위의 큰 원천이 되지 않지만, 이들이 결합될 때 경쟁기업보다 고객의 욕구를 보다 잘 만족시킨다고 하겠다.

3. 성공적 차별화와 기업성과

(1) 성공적인 차별화

성공적인 차별화를 위해서는 고객의 욕구에 대한 분석이 필수적이다. 이는 기업이 아무리 독특한 차별화를 이루었다고 하더라도 고객이 이를 가치있다고 생각하지 않는다면 소용이 없기 때문이다. 또한 고객이 가치있다고 생각하는 특성을 파악한다고 하더라도 기업이 이를 제공할 수 있는 능력이 뒷받침되지 않는다면 아무 소용이 없다. 따라서 성공적인 차별화는 차별화의 공급능력을 차별화에 대한 고객의 수요에 일치시키는 데 있다. 이를 위해 고객의 욕구를 분석함으로써 차별화의 가능성과 차별화에 대한 고객의 프리미엄 지불의사를 평가하고, 차별화변수와 관련하여 바람직한 포지셔닝이 무엇인지를 파악할 수 있다.

고객의 욕구에 대한 분석은 고객이 특정 제품이나 서비스를 왜 구매하는가를 이해하는 것으로부터 시작한다. 이때 가치사슬을 이용한 다음과 같은 분석 방법이 도움이 된다.

- 기업과 고객의 가치사슬을 작성한다.
- 각 활동에 있어서 독특성의 원천을 파악한다.
- 기업에 있어서 가장 유망한 차별화변수를 선정한다.
- 기업의 가치사슬과 고객의 가치사슬 간의 연결부문을 발견한다.

1) 가치사슬의 작성: 가치활동들의 중요성을 고려하여 각 활동을 적절하게 분리하고, 차별화를 창출할 수 있는 능력을 바탕으로 기업과 고객의 가치사슬을 작성한다. 만약 기업이 다른 유형의 여러 고객에게 판매한다면, 주요 고객의 유형별로 각각 다른 가치사슬을 작성한다.

2) 각 활동에 있어서 독특성의 원천을 파악: 가치사슬의 각 활동을 분석함으로써 제품차별화의 가능성을 평가하고, 경쟁제품과 비교하여 독특성을 누릴 수 있는 차별화변수와 행동을 파악한다. 〈그림 7-7〉은 가치사슬상의 차별화의 원천을 예시한 것이다.

그림 7-7 가치사슬 상의 대표적인 차별화의 원천

	물류투입활동	운영활동	물류산출활동	마케팅과 판매활동	서비스활동
기업 하부구조	판매에 대한 최고경영층의 지원 • 기업의 이미지를 높이기 위한 설비 • 우수한 경영정보시스템				
인적 자원관리	• 잘 훈련된 사원	• 안정적인 노동력 정책 • '근로생활의 질' 프로그램 • 우수한 과학자와 공학기사에게 매력적인 프로그램		• 우수한 판매원에 대한 포상, 상여금 제도 • 우수한 자질의 판매원, 서비스 사원 모집	• 서비스 기술의 훈련
기술개발	• 원료조작과 물류가 가능한 우수한 기술 • 독점적인 품질보장 설비	• 독특한 제품 성능 • 빠른 신모델 소개 • 독특한 생산공장이나 기계 • 자동화된 검사절차	• 차별적 운송 스케줄 • 소프트 웨어 • 특수목적의 운송 장비	• 기술적 자원 • 우수한 매체 조사 • 최적모델의 가장 빠른 견적	• 발전된 서비스 기술
획득활동	• 신뢰도 높은 배달 체계	• 고품질의 원재료 • 고품질의 부품	• 최적입지의 창고 • 손해를 최소화시키는 운송시스템	• 최적 매체선택 • 제품 포지셔닝과 이미지	• 고품질의 대체품
	• 손해나 퇴보를 최소화시키는 투입요소의 처리 • 생산공정에 적기 공급	• 설계와의 일치성 • 매력적인 제품 외양 • 설계 변경에 대한 민감성 • 낮은 불량률 • 짧은 제작 시간	• 신속·적시 배달 • 정확하고 민감한 주문처리 • 손해를 최소화시키는 처리	• 높은 광고수준과 품질 • 넓은 판매망과 높은 판매원의 자질 • 경로기관 또는 구매자와의 개인적 유대 • 훌륭한 기술관련 문헌과 기타 판매 보조물 • 훌륭한 판촉활동 • 구매자나 경로에 대한 신용공여	• 빠른 설치 • 높은 서비스의 품질 • 충분한 대체품 재고 • 넓은 서비스 범위 • 구매자 훈련

이윤 / 이윤

자료: 조동성(역),『경쟁우위』, 교보문고(1991), p. 143.

3) 가장 유망한 차별화변수의 선정: 기업 내에서 발견할 수 있는 다양한 독특성 중에서 차별화전략의 근거를 선정하여야 할 것이다. 이때 기업측면에서 세 가지의 주요 고려사항이 있다.

첫째, 어떤 독특성에 근거할 때 차별화의 가능성이 가장 크며, 또한 경쟁기업보다 낮은 비용으로 차별화할 수 있는가를 평가한다. 차별화가 궁극적으로 경쟁우위를 창출할 수 있어야 하므로 차별화는 내부자원이나 능력 면의 강점에 근거를 두어야 할 것이다.

둘째, 차별화의 원천으로 어떤 활동에 높은 우선순위를 부여할 것인가를 결정하기 위해서는 주요 가치활동 간의 연계성(linkage)을 파악하여야 한다. 예컨대 제품의 신뢰성은 투입되는 부품들의 감시, 생산직 근로자의 숙련도와 동기유발, 품질관리의 엄격성, 제품의 철저한 검사 등과 같은 몇 가지 가치활동들이 연계된 결과이다. 만약 어느 수준까지의 제품신뢰성이 요구된다면 그 수준의 신뢰성을 달성하기 위한 최저원가수준을 결정하고, 필요한 활동들을 조정하여야 할 것이다.

셋째, 여러 독특성 중에서 어떤 유형의 독특성이 지속가능성이 있는가를 고려하여야 한다. 차별화가 기업 특유의 기술이나 자원에 근거하거나, 여러 자원들 간의 복잡한 조정이 요구되는 기술에 근거할수록 경쟁기업이 이러한 차별화의 원천을 모방하기 어렵다.

4) 기업가치사슬과 고객가치사슬 간의 연결부문 발견: 차별화의 목적은 궁극적으로 가격프리미엄을 얻는 데 있다. 이를 위해서 차별화는 고객에게 가치를 창조해 주어야 한다. 고객을 위한 가치창조는 앞에서 살펴보았듯이 다음 두 가지 경우에 가능하다. 그것은 고객이 부담하는 비용을 낮추거나, 고객에 의한 제품차별화를 돕는 것이다. 예컨대 보다 신속한 배달서비스를 제공함으로써 소매업자의 재고부담을 줄이고 이를 통해 비용을 낮추도록 하거나, 특정지역의 독점딜러를 지정함으로써 소매점의 차별성을 높이는 것이 그 예라고 하겠다.

따라서 고객을 위한 가치창조를 위해서는 자사가 제공해 주는 차별화가 고객의 원가절감과 차별화에 도움을 줄 수 있는 연결부문을 발견하여야 한다. 차별화가 고객을 위해 창조하는 가치는 고객이 지불하려는 제품프리미엄의 최대치가 된다. 만약 자동차부품을 공급하는 기업이 JIT(just-in-time) 배달시스템을 도입(차별화)하기 위해 한 달에 100만 원의 추가적 비용이 발생하고, 이로 인해 자동차 생산기업(고객)이 재고감소로 인한 창고비용과 관리비용이 600만 원 정도 감소한다면, 부품공급업자는 차별화비용(월 100만 원)을 초과하는 가격프리미엄을 쉽게 얻을 수 있을 것이다.

(2) 이종적 동종화와 차별화

문영미 교수는 『디퍼런트(*Different*, 2011)』라는 책을 통해 진정한 차별화를 어떻게 이루어낼 수 있는가 하는 의문에 대한 답을 제공해주고 있다. 이에 따르면, 지금까지 많은 기업들이 차별화를 이루려고 노력하였지만 그 결과는 오히려 다른 기업과 차별성이 크게 구별되지 않는 이종적 동종화(heterogeneous homogeneity)에 이르게 되었다고 한다. 차별화를 위해 경쟁할 수록 더 닮아간다는 차별화 노력의 역설은 자신의 약점에 더 관심을 쏟는 인간의 본성과 관련이 있다. 자신의 강점에 초점을 맞추어 제한된 자원을 집중하는 것이 효율적임에도 사람들은 본성적으로 남과 비교하며 약점을 보완하려고 노력하게 된다. 이에 따라, 차별화는 무언가를 포기하는 것을 의미하는 데도 치열한 경쟁 상황에서 그러한 포기가 매우 쉽지 않다. 수많은 고객 인터뷰 자료와 시장 조사 자료를 통해 당신의 제품이 이 부분에서 부족하다고 계속 언급되고 있다면, 이러한 자료를 과감하게 무시하고 나만의 길을 선택하여 가기가 쉽지 않다. 이로 인해, 기업은 부족한 부가적 기능을 끊임없는 추가하는 제품확장(product augmentation)을 추구하게 되고, 그 결과로 다른 것 같지만 결국 같아지는 이종적 동종화에 이르게 된다는 것이다.

이 책에서는 이종적 동종화를 벗어나 성공적으로 차별화를 달성한 사례들을 제시하고 있다. 기존과는 다른 방식으로 차별화를 이룬 사례를 각각 역 브랜드(reverse positioned brand), 일탈 브랜드(breakaway brand), 적대 브랜드(hostile brand)로 분류하고 있다.

1) 역 브랜드: 독특한 아이디어를 통해 소비자의 기대와는 전혀 다른 방향으로 나아가기로 결단을 내린 아이디어 브랜드를 말한다. 이를 위해 역 브랜드는 핵심에서 벗어난 부수적인 가치를 과감히게 제거하고 시장이 기대하기 않았던 요소를 추가함으로써 새로운 가치를 창조하는 차별화 방법이다. 역 브랜드는 이름 그대로 시장의 흐름과 반대로 가는 브랜드다. 대표적인 사례로는 구글, 젯 블루, 이케아, 인앤아웃버거 등이 꼽힌다. 구글은 야후나 다른 포털들이 첫 화면에 날씨, 뉴스, 증권 등 다양한 정보들을 모아서 서비스하고 있을 때, 단지

검색창 하나만 있는 서비스로 차별화를 꾀하였다. 또한 이케아는 소비자가 직접 운반하고 조립하게 함으로써 독특한 만족과 경험을 제공하고 있다. 이케아의 판매방식은 소비자가 직접 조립해야 하는 불편함이 있는 반면, 가구를 보다 저렴한 가격으로 구매할 수 있다는 혜택을 제공한다.

2) 일탈 브랜드: 신제품을 출시하면서 기존 제품과는 완전히 다른 카테고리 개념으로 포지셔닝 함으로써 소비자의 태도를 바꾸는 브랜드이다. 그런데 이름이 '일탈(breakaway)' 브랜드이기는 하지만 실제로는 기존 카테고리의 경계를 완전히 벗어나지는 않는다. 기존 카테고리의 원형은 유지하되 다른 카테고리와의 결합을 통해 소비자의 인지나 심리를 변화시키는 차별화 방법이다. 예컨대 기저귀를 팬티의 카테고리에 넣어버린 킴벌리의 팬티형 기저귀, 서커스를 예술이라는 카테고리 속에 넣어 버린 태양의 서커스, 그리고 부족한 기능을 오히려 장점으로 승화시켜 버린 소니의 아이보 장난감 애완견 로봇 등이 이런 일탈 브랜드의 대표 사례로 언급되고 있다.

3) 적대 브랜드: 소비자에 적대적 감정을 유발할 정도로 도전적인 브랜드를 의미한다. 이 방법은 제품판매를 위해 소비자를 유혹하거나 제품에 대한 확신을 주기보다는 그 반대로 행동한다. 이를 위해 감추어야 단점을 숨기는 것이 아니라 오히려 드러내어 호의적 감정뿐 아니라 적대적 감정을 유발시킴으로써 브랜드를 부각시키고 무시하지 못하게 하는 차별화 방법이다. 미니쿠퍼, 홀리스터, 베이딩 에이프와 같은 브랜드가 대표적인 적대 브랜드로 거론되고 있다. 미니쿠퍼는 단점이 될 수 있는 작은 사이즈를 노골적으로 강조한 커뮤니케이션으로, 베이딩 에이프는 모든 제품들을 한정 판매함으로써, 홀리스터는 어른들이 들어가면 불편한 마음이 들도록 의도적으로 매장을 설계함으로써 고객들에게 차별화한다.

책에서는 이상과 같은 차별화를 달성하기 위한 혁신의 방법으로 다음 세 가지를 제안하고 있다. 먼저, '확장'이 아닌 '제거'를 제안한다. 부수적인 가치들을 제거하고, 핵심가치들을 창조적인 방식으로 조합하는 것이다. 둘째, '통합'이 아닌 '분열'을 제안한다. 소비자 계층을 세분함으로써 시장에서 고유한 자리를 차지하는 것이다. 그리고 마지막으로 '변환(transformation)'을 통한 혁신을 제안하고 있다. 제품 자체가 아니라 제품에 대한 소비자 인식을 변환시키는 것이다. 결국 차별화를 위해서는 기술적인 차원이 아닌 개념적인 차원에서의 혁신이 필요한 것이다.

(3) 차별화와 기업성과

성공적인 차별화전략은 수익성과 긍정적인 상관관계를 가지고 있다. 차별화전략은 성공하였을 경우 평균 이상의 수익성을 얻을 수 있다는 매력이 있다. 차별화로 인한 수익성의 증가는 다음의 두 가지 요인에 기인한다. 첫째, 고객의 욕구를 잘 충족시킴으로 인한 매출의 증가, 둘째, 차별화의 원천이 되는 제품의 독특함에 대해 고객이 기꺼이 지불하려는 프리미엄이다. 한편, 차별화에 따르는 비용도 고려하여야 할 것이다. 예컨대 뛰어난 기술지원서비스를 제공해 주기 위해서는 많은 엔지니어들이 필요하며, 경쟁기업에 비해 내구성이 뛰어난 제품을 만들려면 고가의 원자재나 고품질의 원자재를 사용하여야 할 것이다. 그러므로 차별화에 따르는 비용이 차별화로 인한 수입의 증가분(프리미엄)보다 높아서는 안 될 것이다.

일반적으로 차별화전략의 수익성은 원가우위전략에 비해 높다. 이는 차별화가 산업구조분석모형의 다섯 가지 요인으로부터 기업을 방어해 주기 때문이다. 차별화로 인해 형성된 상표충성도는 경쟁기업으로부터 보호해 주며, 고객의 가격민감성이 낮아져 마진이 높아진다. 이에 대한 반대 의견도 있다. 차별화제품의 수익성이 높을 경우 그 산업으로 신규기업의 진입이 증가하여 경쟁이 격화될 것이므로 수익성이 낮아질 것이다. 따라서 전략유형에 관계없이 장기적으로 수익성이 균등해질 것이라는 것이다. 또한 상표충성도와 제품의 독특성은 진입장벽으로 작용하고, 차별화된 제품은 이와 유사한 대체품이 존재하지 않으므로 고객의 전환비용이 증가하여 고객의 협상력이 낮아진다.

이에 반해, 원가우위전략은 일반적으로 규모의 경제를 얻기 위해 대규모의 자본집약적 생산방식을 채택할 것이다. 대규모의 설비투자가 이루어지고 나면 손익분기점에 도달하기 위해 공격적이고 때로는 파괴적인 가격정책을 수행할 것이며, 그 결과 산업의 전반적인 수익성이 낮아질 것이다. 수익성이 낮아지더라도 대규모의 설비투자가 철수장벽으로 작용하여, 산업에서 쉽게 철수할 수가 없기 때문에 경쟁은 더욱 치열해져 수익성이 악화될 가능성이 있다.

7.6 가치혁신 차별화(블루오션 전략)

1. 가치혁신 차별화의 정의

앞장에서 살펴보았듯이 기업이 누리는 경쟁우위는 원가우위와 차별화우위로 구분할 수 있다. 즉, 낮은 비용으로 적당한 가치를 고객에게 제공하거나 높은 비용으로 뛰어난 가치를 고객에게 제공하는 것이다. 그동안 전략경영분야의 지배적 사고는 두 가지 경쟁우위는 서로 간에 상쇄(trade-off)되는 관계로, 하나의 우위를 추구하면 필연적으로 다른 우위를 포기할 수 밖에 없다는 것이었다. 최근 들어 저원가우위와 차별화우위를 동시에 추구할 수 있다는 주장과 이를 뒷받침하는 사례들이 제시되고 있다. 이러한 논의의 중심에 있는 것이 블루오션(blue ocean) 전략, 또는 가치혁신(value innovation) 차별화라고 할 수 있다. 가치혁신 전략은 앞에서 살펴본 문영미 교수가 차별화 전략으로 제시한 역 브랜드와 일탈 브랜드의 성공 논리도 내포하고 있다.

블루오션 전략은 김위찬 교수와 르네 마보안 교수가 개발한 전략개념으로 현재 존재하지 않는 산업이나 아직 우리가 모르고 있는 시장을 개척하거나 새롭게 창조함으로 지속적으로 높은 성과를 누리는 전략이다. 지금까지 우리가 논의해 온 전략개념은 현재 존재하는 산업 내에서 경쟁기업과의 경쟁에서 우위를 누리기 위한 전략이다. 레드오션(red ocean)으로 표현되는 현재의 산업은 산업 간의 경계선이 명확하게 그어져 있으며, 정해진 게임의 규칙이 정해져 있다.

즉, 기업들은 정해진 시장수요에 보다 높은 시장점유율을 차지하기 위해 치열하게 경쟁한다. 시장참가자가 증가할수록 수익성과 성장성의 기대치는 낮아진다. 애써 개발한 신제품은 차별성을 잃은 흔한 일상품이 되고 목을 죄는 경쟁으로 시장은 유혈의 붉은 바다(red ocean)로 변하게 된다.

이에 비해, 미개척 시장 공간인 블루오션은 기존 산업의 경계선 밖에서 완전히 새롭게 창조되거나, 또는 많은 경우 기존 산업을 확장함으로써 창조되기도 한다. 블루오션에서는 게임의 규칙이 아직 정해져 있지 않으므로 경쟁이 존재하지 않는다. 따라서 블루오션을 창조하는 기업은 수익성과 성장성의 면에서 새로운 기회를 잡을 수 있다.

그렇다면 기업은 어떻게 블루오션을 창출할 것인가? 먼저 블루오션 창조기업은 가치혁신(value innovation)이라는 전략적 논리를 추구한다. 가치혁신이란 경쟁기업을 이기는 데 집중하는 대신 구매자와 기업을 위한 가치도약을 이룸으로써 새로운 비경쟁시장을 창조하여 경쟁 자체를 벗어나게 하는 것을 의미한다. 가치혁신은 가치와 혁신에 동등한 중요성을 둔다. 혁신(innovation)이 없는 가치는 부분적이고 소규모의 가치창출에 그치는 경향이 있다. 이는 가치를 향상시키기는 하지만 시장에서 독보적 존재로 자리매김하기에는 충분하지 않다. 또한 가치(value)가 없는 혁신은 기술 위주의 혁신이거나, 아니면 시장 개척이나 미래 지향성이 강해 실구매자가 그 제품을 받아들일 수 있는 가격 수준을 넘어서는 경우가 많다. 블루오션 창조기업은 가치와 혁신을 동시에 달성함으로써 블루오션을 창출하고 경쟁의 굴레에서 벗어난다.

이상과 같은 정의에서 알 수 있듯이, 가치혁신은 원가우위와 차별화우위를 동시에 달성하고자 한다. 기존의 전략적 사고는 원가우위와 차별화우위 중에서 하나를 선택하는 것이다. 가치혁신은 기업의 비용구조와 고객에게 제공하는 가치, 두 가지 모두에 긍정적 영향을 주는 방법으로 달성된다. 먼저, 비용절감은 산업계가 경쟁하는 요소를 제거하거나(eliminate) 줄임으로써(reduce) 달성되고, 고객 가치는 산업계가 아직 제공하지 못하는 요소를 증대시키고(raise) 새롭게 창조함으로써(create) 높아진다. 이를 가치혁신을 위한 네 가지 행동 프레임워크(ERRC)라고 한다.

2. 가치혁신 차별화의 방법

가치혁신 차별화는 어떻게 원가우위와 차별화우위를 동시에 달성할 수 있는 것일까? ERRC 프레임워크는 원가우위와 차별화우위의 상쇄관계를 깨고 새로운 가치혁신을 창조하는 데 도움을 준다.

〈그림 7－8〉에서 알 수 있듯이, 새로운 가치혁신을 이루기 위해서는 다음과 같은 네 가지의 중요한 질문을 하여야 한다.

1) 제거(Eliminate): 현재 산업계에서 당연한 것으로 받아들이는 경쟁요소들 가운데 제거할 요소는 무엇인가? 이 질문은 오랫동안 해당 산업 내에서 경쟁을 결정짓는 요소라고 당연시하는 것들에 대해 재검토하게 한다. 경쟁요소들 중에서는 더 이상 가치가 없거나 심지어 가치를 훼손시키고 있음에도 불구하고

그림 7－8 ERRC 프레임워크

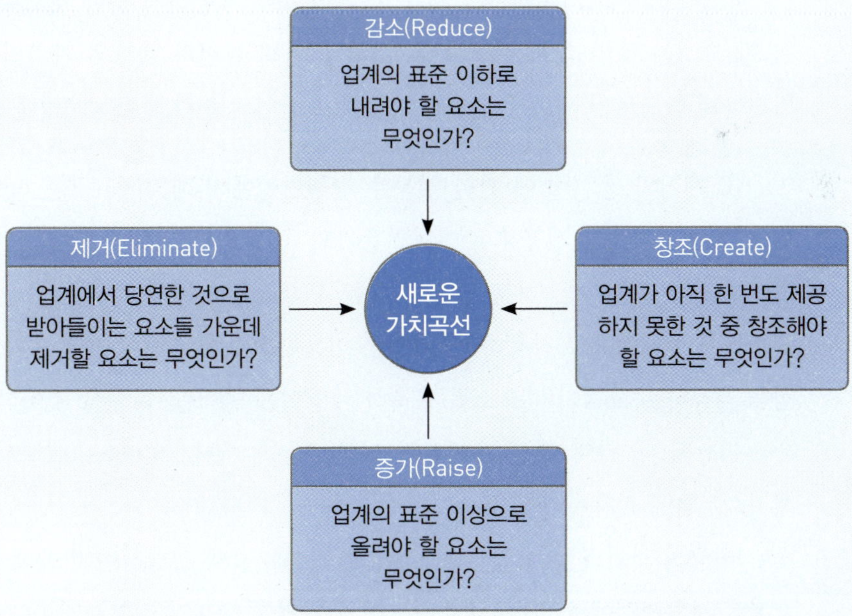

자료: 김위찬·르네 마보안(강혜구 옮김), 『블루오션 전략』, 교보문고(2005), p. 39.

당연한 것으로 받아들여지는 것들이 있다. 이는 고객이 가치가 있다고 판단하는 경쟁요소에 근본적인 변화가 있지만, 이에 적절하게 대응하지 못하거나 경쟁기업에 대한 벤치마킹에 치중한 결과 그 변화를 깨닫지 못하기 때문이다.

2) 감소(Reduce): 현재 산업계의 표준 이하로 내려야 할 요소는 무엇인가? 이 질문은 경쟁기업보다 잘 하겠다는 경쟁에 몰입되어 제품이나 서비스가 너무 과하게 기획된 것은 아닌지를 평가하게 한다. 기업이 고객에서 과잉 서비스를 할 경우 수익으로 연결되지 못하고 비용구조만 상승하게 된다. 가치혁신을 위해서는 이러한 요소를 감소시켜야 한다.

3) 증가(Raise): 현재 산업계의 표준 이상으로 올려야 할 요소는 무엇인가? 이 질문을 통해, 산업계가 고객들에게 적절한 가치를 제공하지 못하고, 현재 수준의 것을 받아들이도록 강요하는 요소를 찾아냄으로써 가치를 증가시키는 것이다.

4) 창조(Create): 현재 산업계가 아직 한 번도 제공하지 못한 것으로 창조해야 할 요소는 무엇인가? 이 질문은 고객을 위해 완전히 새로운 가치의 원천을 발견하게 함으로써 새로운 수요를 창출하고 산업의 전략적 가격책정을 돕는다.

① 제거와 ② 감소에 관한 질문은 경쟁기업에 비해 비용구조를 낮추는 방법에 대한 통찰력을 제공해 주며, ③ 증가와 ④ 창조는 고객의 가치를 향상시키고 새로운 수요를 창출하는 방법에 대한 통찰력을 제공해 준다. 이들 네 가지 요소들이 총체적으로 작용하면, 기업은 비용구조를 낮추면서도 전혀 새로운 경험을 제공하는 고객가치 요소를 구축하는 방법을 발견할 수 있을 것이다.

이상의 네 가지 액션 프레임워크를 '태양의 서커스(Cirque du Soleil)'라는 서커스기업에 적용시켜 보자.

'태양의 서커스'는 산업분석모형에서 볼 때, 잠재 성장성이 한계에 달한 전형적인 사양산업에서 급속한 성장을 이룬 기업의 대표적 성공사례이다. 도시생활레저, 스포츠 이벤트, 홈 엔터테인먼트와 같은 다양한 대체 엔터테인먼트들로 인해 서커스 업계는 날이 갈수록 어두운 그림자가 드리워졌다. 어린 아이들

표 7-6 〈태양의 서커스〉의 ERRC

제 거(E)	감 소(R)	증 가(R)	창 조(C)
스타 곡예사	재미와 유머	독특한 공연장	테 마
동물묘기 쇼	스릴과 위험		세련된 관람환경
구내매점			다양한 공연작품
복합 쇼 무대			예술적 음악과 무용

은 유랑극단이 공연하는 서커스 구경보다 비디오 게임기를 갖고 싶어 하였으며, 동물보호주의자들은 서커스단의 동물 곡예를 비난하는 목소리를 높여갔다. 이런 요인들로 인해 서커스 업계는 관람객이 줄어들고 매출액과 수익이 감소하는 어려움을 겪었다. 이런 상황에서 태양의 서커스는 가치와 비용이 상쇄관계를 깨고, 새로운 시장 공간인 블루오션을 창출하는 완전히 색다른 서커스 개념을 만들어 내었다. 이를 ERRC 프레임워크로 요약하면 〈표 7-6〉과 같다.

1) 제거(Eliminate): 다른 서커스단이 동물묘기, 스타 곡예사 고용, 쓰리 링 형태의 3중 복합무대를 운용하고, 구내매점 판매에 주력하는 데 비해, 태양의 서커스는 이런 요소들을 없앴다. 전통 서커스 업계가 오랫동안 당연시했던 이들 요소는 그 존재가치에 대해 의심받았던 적이 한 번도 없었다. 그렇지만 동물 쇼에 관한 여론의 반감은 날로 증가했다. 더욱이 동물묘기 쇼는 동물구입비용뿐 아니라 조련, 의료, 축사, 보험, 운송을 포함해 가장 경비가 많이 드는 요소 중 하나였다. 그리고 스타급 곡예사를 앞세워 인기몰이를 하려고 했으나 관중들에게 서커스 스타는 영화배우와 비교할 때 그 영향력이 미미했다. 결국 관객들에게 별 영향을 미치지 못하는 고비용 구조 요소이다. 태양의 서커스는 쓰리 링 무대도 없앴다. 3중 복합무대는 관객들이 시선을 한 곳에서 다른 곳으로 재빨리 이동시켜야 하기 때문에 심적 불안감을 줄 뿐 아니라 무대 출연자 수가 많이 필요해 비용구조에 나쁜 영향을 미쳤다. 그리고 구내매점 운영이 수입창출에 좋은 방법이기는 하지만 가격이 비싸 관람객의 구매의욕을 떨어뜨리고 기분을 상하게 하였다.

2) 감소(Reduce): 전통서커스의 지속적인 매력 포인트는 텐트로 된 공연장, 광대, 전통 곡예(바퀴 하나 달린 자전거 타기나 스릴 있는 묘기) 등 3가지로 요약된다. 태양의 서커스는 광대는 계속 유지했지만, 이들의 유머에 있어서 과거 익살극보다는 매력적이고 세련된 스타일로 전환했다. 곡예와 묘기는 계속 유지시켰으나 그 비중을 줄였다.

3) 증가(Raise): 태양의 서커스는 대형 텐트 공연장을 아주 멋있게 만들었다. 다른 서커스단들은 임대 공연장을 선호하여 텐트를 포기했다. 태양의 서커스는 이 독특한 공연장이 서커스의 마법적 상징이라는 것을 인식하고, 서커스의 전통적 상징인 텐트를 화려한 외관으로 치장하고 안락하게 설계하여 전성기 때의 웅장함을 보여주었다.

4) 창조(Create): 태양의 서커스는 서커스에 연극적 요소를 도입해, 스토리라인과 지적 풍부함, 예술적인 음악과 무용, 복합적 공연 작품이 한데 어우러진 새로운 개념의 작품을 개발함으로써 전통적인 서커스와는 다른 무대를 만들어 냈다. 곡예와 묘기도 예술적 감각과 지적 호기심을 만족시킬 수 있는 공연작품으로 더욱 세련되게 만들었다. 서커스산업에서 완전히 새로운 창조에 해당하는 이러한 무대는 라이브 엔터테인먼트산업인 연극에서 따온 것이다.

태양의 서커스는 브로드웨이 쇼에서도 아이디어를 빌려왔다. 예컨대 모든 요소를 포함한 한 가지 쇼에 치중하기보다는 다양한 작품을 공연하였다. 또한 브로드웨이 뮤지컬 쇼처럼 매번 작품에 주제가와 작품에 어울리는 다양한 음악을 준비했는데, 이는 기존 방식과 달리 시각적 볼거리와 조명, 무대 타이밍 등 쇼 흐름을 이끌어 나갔다. 이들 공연의 무용은 추상적이며 영적이었는데, 이는 연극과 발레에서 빌려온 아이디어가 들어 있기 때문이다. 태양의 서커스는 공연작품에 이러한 새로운 요소들을 도입하여 더욱 세련된 쇼로 만들었다. 그리고 공연 컨셉을 다양하게 개발하여 사람들이 자주 관람하도록 유도하여 서커스의 수요를 크게 증가시켰다.

결론적으로 태양의 서커스는 서커스와 연극에서 가장 좋은 점만 추출하고 나머지 것들은 아예 없애버리거나 과감하게 줄였다. 또한 가장 비용이 많이 드는 요소를 제거함으로써 차별화와 비용우위를 동시에 달성하였다. 서커스 입장권 가격을 연극관람료에 맞추어 책정하였는데, 이는 서커스 평균가보다 몇 배 높았지만 연극관람가격에 익숙한 성인고객을 유인할 수 있었다. 이를 통해, 태양의 서커스는 전례 없는 효용성을 제공하여 블루오션을 창조함으로써, 전통 서커스와 연극 그 어느 것과도 차별화되는 라이브 엔터테인먼트의 새로운 시장을 창조하였다.

이상에서 설명한 내용을 전략 캔버스(strategy canvas)를 통해 요약하면 〈그림 7-9〉와 같다. 전략 캔버스는 매력적인 블루오션 전략을 구축하기 위한 상황분석용 진단도구이다. 전략 캔버스의 용도는 두 가지이다. 첫째, 이미 알려진 시장 공간에서 시장참가자들의 현 상황을 한눈에 알 수 있게 해준다. 전략 캔버스는 경쟁기업들이 지금 어디에 투자하고 있으며, 제품과 서비스, 유통 등에서 경쟁하는 요소가 무엇인지를 이해할 수 있게 한다. 둘째, 고객들이 기존 시장의

그림 7-9 〈태양의 서커스〉의 전략 캔버스

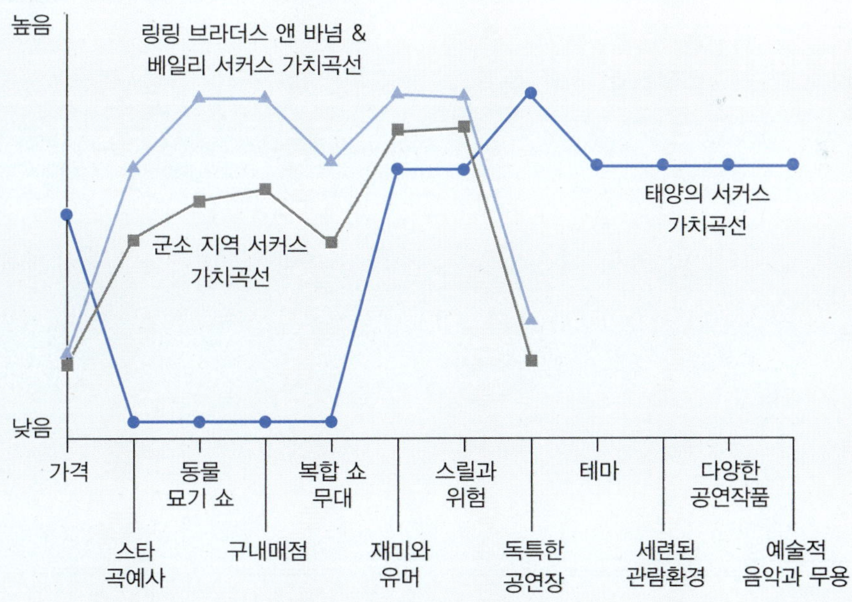

자료: 김위찬·르네 마보안(강혜구 옮김), 『블루오션 전략』, 교보문고(2005), p. 54.

경쟁제품으로부터 얻는 것이 무엇인지를 보여준다.

그림에서 알 수 있듯이 전략 캔버스의 수평축에는 산업계가 경쟁하고 투자하는 요소들이 표시되어 있고, 수직축은 고객들이 이들 경쟁요소들에 대해 평가하는 상대적 수준을 나타낸다. 서커스 산업의 경우 전통적인 관점에서 본 주요한 경쟁요소로는 가격, 스타 곡예사, 동물묘기 쇼, 구내매점, 복합 쇼 무대, 재미와 유머, 스릴과 위험이라고 할 수 있다. 여기에 태양의 서커스는 독특한 공연장, 테마, 세련된 관람환경, 다양한 공연작품, 예술적 음악과 무용을 새롭고 비서커스적인 경쟁요소를 갖추고 있다. 이들 경쟁요소를 연결하는 가치곡선은 기존 개념의 서커스단과 태양의 서커스 간에 얼마나 큰 차이가 있는가를 보여주고 있다.

제7장 토의자료 1

생존부등식(生存不等式)

여러 기업의 흥망성쇠를 들여다 보면 그 원인이 각양각색이다. 그러나 확고히 살아 남은 기업의 경우를 보면 거기에는 반드시 두 가지의 공통적인 요인이 있다. 그 두 가지는 바로 고객이 기꺼이 살 수 있는 상품을 만든다는 것과, 그 상품의 원가를 판매가격보다 싸게 할 능력이 있다는 것이다.

이러한 관계를 이름하여 서울대의 윤석철 교수는 기업의 '생존부등식'이라 하고, 수학적 기호를 써서 '상품의 가치(V)>상품의 가격(P)>상품의 원가(C)'로 표시했다. 매우 복잡한 기업의 경영세계를 아주 간단히 요약하고 설명을 단순화한 것으로 참으로 놀랍고 참신한 표현이다.

경제가 세계화할수록 나라 간의 경제적 의미의 국경은 낮아질 것이다. 상품의 이동 비용을 고려한 상품의 가격, 즉 생존부등식의 중간항(P)은 세계 어디를 가나 같아지고 있다고 보아야 한다. 그리고 이 가격은 정보의 발달, 운송수단 발달, 유통채널의 발달 등으로 말미암아 '가격파괴' 같은 현상이 생겨 점점 하향 평준화되어 가고 있다. 자기 마음대로 가격을 조작하기는 매우 어렵게 되고 있는 것이다. 제조업에 대한 유통업의 영향력이 점점 더 커지고 있는 것도 같은 맥락이라 하겠다. 새로운 세계화 환경 하에서의 가격의 속성을 분명히 알아두는 것이 기업인으로서 생존을 위한 사고의 출발점이 되리라 생각한다.

다음으로 생존부등식의 좌단, V>P를 보자. 상품을 통해 소비자가 느끼는 가치(V)가 시장가격(P)보다 커야 한다. 기업가는 무수히 많은 상품을 고안해내지만, 그중 V>P의 조건을 만족시키는 상품은 그다지 흔치 않다. 마치 연어가 수없이 많은 알을 낳아도 살아 남아 돌아오는 놈이 몇 마리 되지 않듯, 고안된 많은 제품 중 이 부등식을 충족시키고 상품이 되어 팔리는 제품은 그다지 많지 않은 것이다. 고안품 중 소위 히트한 것만이 상품으로서 세상의 빛을 보게 되는 만큼, 무엇보다 기업인의 창조력이 뛰어나야 한다. 창조력이 활발하자면 생물계의 경우에서처럼 기업에 있어서도 환경의 변화를 식별하는 감지체계와 이 변화에 대응하는 대응체계가 발달돼야 하며, 또한 이들 두 체계간에 협동이 잘 이루어져야 하는 것이다. 변덕스런 세계적 환경 하에서 소비자가 필요로 하는 것과 그들이 느끼는 가치를 세계화된 감지체계와 세계화된 반응체계로 V>P를 만족하는 길을 끊임없이 찾아야 한다. 제품계획·마케팅·경영전략 등 모두가 세계적인 안목에서 이루어져야 할 것이다.

마지막으로 생존부등식의 우단, P>C를 보자. 시장가격(P)보다 싼 값(C)으로 생산할 수 있어야 기업에 이윤이 생기고 장기적으로 생존할 수 있다는 개념 자체는 지극히 상식적인 것이다. 그러나 이 조건을 충족시키는 것은 매우 어렵다. 철저한 생산의 합리성이 있어야만 이를 충족시킬 수 있기 때문이다. 생산수단이나 생산방법에 의해 생산성을 높이기도 하고 인간의 정신력에 의해서 생산성을 높이기도 했다. 하지만 생산수단, 생산방법 및 인간의 정신력 모두가 세계적으로 뛰어나야 경쟁에서 뒤처지지 않는(P>C를 만족하는) 생산성을 이룰 수 있게 된다. 철저히 경영합리화가 이루어지지 않으면 생존하기가 점차 어렵게 되어 가고 있는 셈이다.

모든 것이 세계화되면 좋은 세상이 될 것 같은 느낌이 들지 모르지만, 기업인의 입장에서는 세계화의 실상을 알면 알수록 자칫하면 낙오자가 되어 생존하기가 어려워지는 괴로운 세상이 되어 가는 면도 있다는 것을 알게 될 것이다. 기업 경영자는 항상 생존부등식의 중간항(P)과 좌단(V>P) 및 우단(P>C)을 세계적인 안목으로 살피고 세계적인 수준 이상으로 연구하고 노력해야 한다.

자료: 『주간매경』(1995.4.19.)

토의문제

1. 생존부등식을 설명하시오.
2. 생존부등식의 세 항에 영향을 주는 각 요인에 대해 설명하시오.
3. 생존부등식을 경쟁우위의 종류와 연관시켜 설명하시오.

제7장 토의자료 2

저가(低價) 전략은 위대한 기업의 성공 원칙이 될 수 없다

기업의 가장 고전적이고 일반적인 전략 중 하나는 저가(低價) 전략일 것이다. 월마트는 '언제나 저가(Always low prices)' 전략으로 경쟁기업 K마트의 아성을 무너뜨렸고, 저가 항공사들은 공룡 항공사들을 멸종시켰다. 저가 전략은 과연 성공의 바이블일까? 글로벌 컨설팅기업 딜로이트(Deloitte)의 마이클 레이너(M. Raynor·47) 리서치 부문 대표와 뭄타즈 아메드(M. Ahmed·61) 최고전략책임자는 "그렇지 않다"고 힘주어 말한다.

"저가 전략은 적어도 위대한 기업의 성공 원칙은 아닙니다. 기업이 제공하는 가치를 스스로 저평가하고 가격을 낮추면 낮출수록 훗날 고통을 맞이할 확률이 커집니다. 경기가 회복되고 소비자들이 많은 돈을 쓸 여력이 생겼을 때 제품이 차별화된 위치를 상실하기 때문이죠. 가격보다 중요한 것은 비(非)가격적인 요소예요. 내구성, 품질, 편리성, 기능 같은 비가격 가치야말로 기업이 경이적으로 성장할 수 있게 하는 열쇠입니다."

두 사람은 이러한 내용을 담은 책 '세 가지 법칙: 앞서가는 기업들의 사고방식'을 썼고 요약본이 지난해 3월 하버드 비즈니스 리뷰 커버스토리로 다뤄졌다.

이들은 미국의 유통·운송 등 9개 산업 2만 5000개 기업의 1966년부터 2010년까지의 데이터를 분석했다. 두 사람은 이들 기업을 총자산이익률(ROA·당기순이익을 자산총액으로 나눈 것)을 기준으로 세 그룹으로 나눴다. 우연이라고 할 수 없을 정도로 자주 상위 10%에 랭크된 금메달 기업(Miracle Worker), 상위 20~40%에 지속적으로 랭크된 은메달 기업(Long Runner), 평범한 실적을 내는 평균 기업(Average Joes)이 그것이다. 전체 기업 중 경이적 기업과 장수 기업에 포함된 기업은 각각 174개와 170개였다. 이어 두 사람은 9개 산업마다 금메달 기업과 은메달 기업, 평균 기업 하나씩 3개 기업을 골라(총 27개 기업) 집중적으로 비교 분석했다.

두 사람은 분석의 결과로 금메달 기업을 만드는 법칙을 세 가지로 요약했다. ① 싸기 전에 좋아야 한다 ② 원가 절감보다 매출 증대 ③ '더 이상 다른 법칙은 없다'가 그것이다. Weekly BIZ가 뉴욕 딜로이트 본사에서 레이너 씨와 아메드 씨를 만나 세 가지 법칙에 대해 자세히 들어봤다.

① 싸기 전에 좋아야 한다 (Better before cheaper)

금메달 기업이 남달랐던 것은, 첫째 저가 전략보다는 제품의 비(非)가격적 가치와 경쟁력을 높이는 전략을 우선시했다는 것이다. 반면에 은메달 기업은 때때로 저가 전략을 폈다. 1980년대 초 미국 화물 운송 산업은 정부 규제가 풀리면서 기업들의 경쟁이 본격화됐다. 평균 기업인 팸(PAM)은 매출의 70% 이상을 자동차 산업에 '올인'했다. 하지만 자동차 판매량이 줄어들면 자동으로 수익이 줄어들 수밖에 없었다. 은메달 기업인 위너는 미 대륙 전역으로 서비스를 확장하고 가격을 크게 낮추었지만, 고객이 원하는 기한 내에 배달을 100% 보장하진 못했다.

팸과 위너를 물리친 금메달 기업은 연평균

14.6%의 자산순이익률을 기록한 하틀랜드라는 회사였다. 이 기업은 미국 중서부 지방의 소수 고객에만 집중했고, 그 지역 고객에겐 상황이 어떻든 간에 무조건 약속된 기한과 원하는 장소에 운송하는 차별화 정책을 실시했다. 그 결과 경쟁자들에 비해 가격도 10% 올릴 수 있었다.

1960년대부터 20년간 경이적인 기업으로 군림해온 미국 가전기업 메이태그(Maytag)는 LG 등 아시아 경쟁기업들이 미국 시장에 진출하자 저가의 중급 브랜드를 중심으로 제품을 다각화했다. 그러나 경영난을 극복하지 못하고 2006년 월풀에 인수됐다. 과거 높은 기술력과 품질이라는 비가격적 경쟁력을 무기로 삼았던 메이태그의 차별화된 위치가 상실됐기 때문이다.

비가격적 경쟁력을 만들기 위해 레이너 씨가 강조하는 실천 원칙은 '파괴적 혁신'이다. 그러나 파괴적 혁신은 저가제품 출시로 신시장을 공략하는 것을 뜻하기 때문에 저가 정책에 반대하는 그들의 주장과 모순되는 것 같았다. 이에 대해 레이너 씨는 "많은 사람이 파괴적 혁신이 싼 제품을 출시하는 것이라고 생각하지만, 그 오해부터 버려야 한다"고 했다.

"하버드 비즈니스 리뷰의 기자도 제 주장이 모순 같다고 하더군요(웃음). 하지만 파괴적 혁신 이론은 기술의 변화와 고객층 공략에 대한 이론입니다. 세분화된 고객층을 공략하는 것이 파괴적 혁신이라는 것입니다. 고객이 중시하는 가치를 전달하는 데 주저하지 않는 것입니다."

② 원가 절감보다 매출 극대화 (Revenue before cost)

이 두 번째 원칙은 금메달 기업이 어떻게 수익성을 확보하느냐와 관련된 것이다. 아메드 씨는 "금메달 기업은 탁월한 수익성을 매출 극대화 전략을 통해 달성한 공통점이 있었다"면서 "원가 절감이 탁월한 수익성의 원천이 된 경우는 매우 드물었다"고 말했다. 이때 매출 극대화는 차별화된 제품을 경쟁사보다 고가에 팔거나, 비용이 들더라도 브랜드 구축에 집중해 판매량을 늘림으로써 달성할 수 있다.

두 사람의 분석에 따르면 9개 산업에서 금메달 기업으로 선정된 9개 기업 중에서 6개 기업은 주로 높은 가격을 통해 매출 극대화를 이뤘고, 2개 기업은 주로 판매량을 늘려 매출 극대화를 이뤘다.

제과업계의 금메달 리스트이며 '츄잉껌'으로 유명한 리글리는 매출의 15% 정도를 광고에 쏟아부으며 브랜드 이미지를 공고화했다. 그러나 은메달리스트인 투씨 롤은 매출의 2% 정도만을 광고에 지출했고, 얼마 되지 않는 마케팅 예산의 나머지는 할인권이나 판촉 행사에 모두 쏟아부었다.

"흔히 원가 절감과 가격 경쟁을 통해 매출과 이익률을 높일 수 있다고 생각하지만, 대체로 그건 평균 기업의 특징이었습니다. 그것은 오히려 집중적인 자본 투입을 요하며, 장기적으로 기업의 성장을 가로막는 위험 요소였습니다."

③ 다른 법칙은 없다

마지막 성공 원칙은 없다. 첫째와 둘째 원칙이 전부라는 것이다. 금메달 기업들은 환경이 변해도 흔들리지 않고 두 원칙을 고수하되 환경에 맞게 창의적으로 적용했다. 의류회사 아베크롬비앤피치가 대표적이다. 이 회사는 끊임없이 자신의 새 이미지를 창조하고, 새로운 제품 라인을 도입했다. 1997년부터 제품을 판매한 아베크롬비앤피치의 목표 고객은 7~14세였다. 2000년 계열사인 홀리스터는 14~18세를 겨냥했고, 2004년 론칭한 루엘 NO.925는 22~34세에만 집중했다. '현재의 유행보다 한발 앞서는'이란 가치를 내건 이 회사는 캘리포니아 해변과 서핑을 테마로 삼은 체험형 매장을 만들고, 제품을 외주하지 않고 자체 생산해 브랜드 이미지를 높였다. 2008년 글로벌 금융위기 때 경쟁기업들이 할인 공세에 나섰을 때도 가격을 할인하지 않고 버텼다.

아메드 씨는 "아베크롬비앤피치는 경쟁자와 다를 바 없는 원가 구조를 유지했지만, 고객층마다 다른 매력을 확실히 어필하는 브랜드 전략으로 경쟁자보다 30~40% 높은 가격으로 제품을 팔았다"고 말했다.

그러나 이 세 가지 원칙은 신흥 시장의 성공 방정식과는 거리가 멀다는 지적도 있다. 이를테면 '역혁신(reverse innovation)' 개념을 창안한 비제이 고빈다라잔 교수는 "인도 같은 개발도상국에서는 선진국 제품 품질의 50%, 가격은 5% 수준으로 팔아야 고객을 만족시킨다"고 말하기도 했다. 이에 대한 레이너 씨의 생각은 이랬다.

"우리 연구가 다른 시장에 적용될 수 없을 수도 있습니다. 그러나 신흥 시장에서 품질을 미국 시장에 보다 낮추되 싸게 파는 것은 사실 비가격 경쟁력의 맥락에서도 해석할 수 있습니다. 즉 해당 제품과 비슷한 제품이 인도시장에 없었다면, 그 시장에 전혀 새로운 가치를 창출하는 것이므로 그건 단순히 낮은 가격 이상의 비가격적 가치를 갖고 있습니다."

자료: 이신영 기자, "저가전략은 위대한 기업의 성공원칙이 될 수 없다."(조선일보 Weekly BIZ, 2014.1.18.)

토의문제

1. 저가 전략이 성공 원칙이 될 수 없는 이유는 무엇인가?
2. 저원가우위와 저가 전략의 차이는 무엇인가?
3. 금메달 기업을 만드는 세 가지 법칙에 대한 반대 주장(또는 반대근거)을 제시하라.

참고문헌

강혜구(옮김), 『블루오션 전략』, 교보문고(2005)(W.C. Kim and R. Mauborgne, *Blue Ocean Strategy*, Harvard Business School Press, Boston(2005)).

문영미(박세연 역), 『디퍼런트』, 살림BIZ(2011).

조동성(역), 『경쟁우위』, 교보문고(1991)(M.E. Porter, *Competitive Advantage: Creating and Sustaining Superior Performance*, Free Press, New York(1985)).

Barney, J.B., "Firm resources and sustained competitive advantage," *Journal of Management*, 17(1991), pp. 99~120.

Buzzell, R.D. and B.T. Gale, *The PIMS Principles*, Free Press, New York(1987).

Ghemawat, P., "Sustainable advantage," *Harvard Business Review*(September-October 1986), pp. 53~58.

Hall, R., "A framework linking intangible resources and capabilities to sustainable competitive advantage," *Strategic Management Journal*, Vol. 14(1993), pp. 607~618.

Herbert, T. and H. Deresky, "Generic strategies: An empirical investigation of typology validity and strategy content," *Strategic Management Journal*, Vol. 8(1987), pp. 135~147.

Istvan, R.L., "A new productivity paradigm for competitive advantage," *Strategic Management Journal*, Vol. 13(1992), pp. 525~538.

Kim, W.C. and R. Mauborgne, "*Blue ocean strategy*," *Harvard Business Review*, Vol. 82(2004), pp. 76~84.

______________________, "Blue ocean leadership," *Harvard Business Review*, Vol. 92(2014), pp. 60~72.

Kerin, R.A., V. Mahajan, and P.R. Varadarajan, *Contemporary Perspectives on Strategic Market Planning*, Allyn and Bacon, Boston(1990).

Levitt, T., "The globalization of markets," *Harvard Business Review*(May-June 1983), pp. 92~102.

Makadok, R. and D.G. Ross, "Taking industry structuring seriously: A strategic perspective on product differentiation," *Strategic Management Journal*, Vol. 34(2013), pp. 509~532.

Miller, D., "Relating Porter's business strategies to environment and structure: Analysis and performance implications," *Academy of Management Journal*, Vol. 31(1988), pp. 280~308.

________, "Generic strategies: Classification, combination and context," *Advances in Strategic Management*, Vol. 8(1992), pp. 391~408.

Porter, M.E., *Competitive Strategy: Techniques for Analyzing Industries and Competitors*, Free Press, New York(1980).

_________, *Competitive Advantage: Creating and Sustaining Superior Performance*, Free Press, New York(1985).

_________, "Towards a dynamic theory of strategy," *Strategic Management Journal*, Vol. 12(1991), pp. 95~117.

Rumelt, R.P., D.E. Schendel, and D.J. Teece, "Strategic Management and Economics," *Strategic Management Journal*, Vol. 12, Special Issue(Winter 1991), pp. 5~29.

Ryall, M.D., "The new dynamics of competition," *Harvard Business Review*, Vol. 91(2013), pp. 80~87.

Scherer F.M., *Industrial Market Structure and Economic Performance*(2nd Edition), Rand McNally, Chicago(1980).

Thompson, A.A. and A.J. Strickland, *Strategic Management: Concepts and Cases*, Irwin, Homewood, IL(1993).

Wauthy X., "Market coverage and the nature of product differentiation: a note," E*conomics Bulletin*, Vol. 30(2010), pp. 1129~1136.

Wernerfelt, B., "A resource based view of the firm," *Strategic Management Journal*, 5(1984), pp. 171~180.

08

STRATEGIC MANAGEMENT

제 8 장

경쟁우위의 원천과 적합성

"강한 기술력을 갖고 있으면 성공한다." 많은 기술 기반 기업들이 갖고 있는 통념 가운데 하나입니다. 하지만 우수한 기술력을 보유하고도 쇠락한 기업 사례는 수없이 많습니다. 노키아, 코닥, 모토로라 등은 기술력의 대명사였고 엄청난 특허도 갖고 있었지만 시장 변화에 적응하지 못했습니다. 기술력의 하나로 승부해 온 일본 기업들도 마찬가지입니다. 『기술력의 일본이 사업에 실패하는 이유』라는 책이 나올 정도입니다.

기술력만으로 성공하기 힘든 이유가 있습니다. 무엇보다 훌륭한 기술이라도 시장에서 어떻게 활용될지 예측하기가 무척 힘듭니다. 에디슨은 축음기를 개발하고 나서 시장에서의 활용도가 다음과 같은 순서가 될 것으로 예측했습니다. ① 속기사 역할을 대신할 받아쓰기 도구, ② 맹인에게 책을 읽어주는 기계, ③ 스피치 교육을 해주는 기계, ④ 음악 재생기, ⑤ 통화 내용 녹음기. 이런 예측을 바탕으로 에디슨은 1순위로 꼽은 용도부터 상용화를 시작했지만 실패를 거듭했고 축음기 기술은 무려 20년 동안 상업적 가치가 없다는 평가를 받았습니다. 그러다 다른 발명가가 에디슨이 불과 4순위로 예측했던 용도의 제품을 개발하고서야 축음기 기술이 빛을 봤습니다. 시장과 고객에 대한 통찰이 기술력과 반드시 결합해야 하는 이유입니다.

또 탁월한 기술력은 안정적 환경에서 경쟁우위의 원천이지만 급변하는 환경에서는 전략적 유연성을 떨어뜨릴 수 있습니다. 최근 몰락한 기술기반 기업들의 대부분은 과거 자신들이 최고 수준으로 일궈놓았던 기술을 맹신하다가 환경 변화에 적절하게 대응하지 못했습니다. 실제 경영학자들의 실증 연구 결과, 기술력이 뛰어난 기업일수록 이미 보유한 역량을 활용하는 활동에는 능했지만 새로운 역량이나 자원을 찾는 탐색(exploration) 활동에 애로를 겪는 것으로 나타났습니다.

탁월한 기술을 갖고 있더라도 소비자들의 사고와 행동 변화를 많이 요구하면 실패할 수 있습니다. 기술자들은 새롭고 혁신적인 것을 좋아하지만 소비자, 규제당국, 기존 기술로 사업하는 생태계 등은 신기술에 저항합니다. 소비자들은 익숙한 사고나 행동 패턴의 변화를 싫어하고 기존 기술 생태계는 생존의 위협을 가할 잠재적 경쟁자의 약점을 집중 공략합니다. 이런 저항을 넘지 못하면 아무리 혁신적 기술이라도 좌절을 경험할 수 있습니다.

— 김남국(DBR 편집장, DBR August 2013, p. 12.)

제8장 들어가면서

천재적 발명가 에디슨이 실패한 이유

에디슨(T. Edison)은 인류 역사상 가장 뛰어난 발명가이다. 에디슨은 1000여 종이 넘는 발명품을 개발하였다. 그렇게 뛰어난 천재도 가끔 실수를 한다. 에디슨이 개발한 축음기는 세상에 없던 새로운 것으로, 경쟁자가 존재하지 않는 블루오션을 창조할 수 있는 혁신적 제품이다. 에디슨은 이 발명품이 소용될 만한 10가지 용도를 글로 발표했다. 그런데 앞에서 인용한 글에서 알 수 있듯이 그 순위에서 개인 취향을 위한 용도(음악 재생기)는 순위가 낮다. 에디슨은 이 축음기를 사무용 기기(사무용 구술 기계 등)로 활용하기 위해 많은 노력을 기울였으나 별다른 성과를 올리지 못했다. 나중에는 자신의 발명품이 상업적 가치가 없다고까지 조수에게 말했다고 한다.

아무리 혁신적 제품이라도 이를 구매하려는 고객이 없다면 성공할 수가 없다. 새로운 아이디어를 활용한 제품이나 서비스를 시장에서 성공시키는 과정을 상업화(commercialization)라고 한다. 전략적 적합성은 전략의 성공원리를 요약한 말이다. 상업화에 성공하는 전략은 내부 강점과 약점을 외부 기회와 위협 간에 적합성을 달성하게 해준다. 즉, 강점과 약점 그리고 기회와 위협 간의 적합성을 달성하게 하는 수단이 바로 전략이다.

에디슨은 세상에 없는 뛰어난 강점을 가진 축음기를 개발하였으나, 이를 가장 성공적으로 활용할 수 있는 상업적 기회가 음악 재생기에 있다는 사실을 인식하지 못하였다. 사무용 기기의 상업적 기회가 훨씬 크다고 생각하고, 여기에 강점을 대응시키려고 노력하였으나 결국 전략적 적합성을 달성하지 못하였다. 20년이 지난 후에야 에디슨도 축음기의 주된 용도가 음악을 녹음하고 재생하는 일이라는 데 마지못해 동의했다고 한다. 기업이 아무리 뛰어난 제품이나 서비스를 개발한다고 하더라도, 이에 적합한 기회적 요인이 뒷받침되지 않는다면 에디슨과 같은 실패는 반복될 것이다.

이 장에서는 지금까지 살펴본 내용을 바탕으로 기업의 성공을 뒷받침하는 경쟁우위의 원천과 전략적 적합성에 대하여 살펴볼 것이다.

8.1 경쟁우위와 인과관계 사슬

1. 경쟁우위와 가치활동

지금까지 이 책에서 설명한 내용을 간략하게 요약하면 다음과 같다.

전략은 기업이 성공하기 위한 수단이다. 기업의 성공이란 궁극적으로 사명을 실천하는 것이며, 구체적으로는 기업의 장·단기적 목표를 달성하는 것이다. 이때 중요시되는 목표로 들 수 있는 것이 수익성과 성장성이다. 이러한 기업의 성공은 다음의 두 가지 변수에 의해서 결정된다. 그것은 기업이 속하는 산업의 매력도와 산업 내에서의 상대적 지위(relative position)이다. 따라서 기업의 수익성은 산업효과(industry effect)와 지위효과(position effect)로 나눌 수 있다. 산업의 매력도는 포터의 산업구조분석모형을 통해 평가할 수 있다. 그런데 산업의 매력도로 인한 산업효과는 그 산업에 속한 모든 기업이 누린다. 따라서 같은 산업에 속한 기업 간의 수익성 차이는 그 기업이 구축한 상대적 지위에 따라 달라진다. 즉, 산업구조가 고정되었다고 한다면 기업의 성공을 설명하는 변수는 우월한 상대적 지위이다. 그런데 경쟁기업보다 우월한 지위는 원인이 아니라 결과이다. 우월한 지위는 기업이 보유하고 있는 지속적 경쟁우위에 의해서 뒷받침된다.

지속적 경쟁우위는 원가우위와 차별화우위로 나눌 수 있다. 성과가 높은 기업은 이들 중 하나의 우위, 또는 두 가지 우위를 동시에 보유하고 있다. 이를 다르게 표현한다면 수익성이 높은 기업은 경쟁기업보다 높은 가격(차별화를 통해 가격 프리미엄을 얻음)을 받을 수 있거나, 경쟁기업과 동일한 가격을 받더라도 낮은 원가로 인해 보다 많은 이익을 얻을 수 있기 때문이다. 그런데 기업이 누리는 경쟁우위의 범위는 제한되어 있다. 제품라인, 고객집단, 지역적 범위, 수직적 통합의 정도, 관련사업의 정도에 따라 기업이 누리는 경쟁우위의 범위가 결정된다. 즉, 경쟁우위는 특정범위(특정 고객집단이나 특정 지역시장)에서만 누릴 수 있다. 따라서 기업이 산업 내에서 지위를 구축할 수 있는 방법은 여러 가지가 있는데, 이는 어떤 경쟁우위(원가우위나 차별화우위)를 추구할 것이며, 경쟁우위의 범위를 어떻게 구축할 것인가에 따라 다양한 사업지위의 구축이 가능한 것이다. 예컨대 좁은 지역시장을 대상으로 원가우위를 누리는 집중전략(a cost focus strategy)은 이러한 맥락에서 이해할 수 있다.

이상의 내용을 요약한다면, 경쟁기업보다 상대적으로 우월한 지위는 특정 범위 내(산업 전체 또는 특정 세분시장)에서 경쟁우위(원가우위나 차별화우위)를 보유함으로써 얻어진다는 것이다. 그런데 여기서 하나의 의문을 제기해 볼 수 있는데, 기업은 경쟁우위를 어떻게 획득할 수 있는가. 즉, 경쟁우위의 원천이 무엇인가 하는 것이다. 그것은 기업의 가치활동이다. 기업은 분리되면서도 상호 연관된 가치활동(예컨대 부품조달, 제품조립, 판매 및 서비스 등)의 집합체라고 할 수 있다. 이러한 활동을 포터는 가치사슬로 연결시키고 있다. 기업의 전략은 가치사슬 상의 다양한 활동을 어떻게 구성할 것이며, 어떻게 상호연결시킬 것인가에 관한 방법이라고 할 수 있다.

기업이 누리는 경쟁우위는 필요한 가치활동을 경쟁기업보다 저원가로 구성하거나(원가우위), 아니면 독특한 방법(고객의 가치를 창조하여 프리미엄 가격을 가능하게 하는 방법)으로 수행하는 능력(차별화우위)에서 나온다. 가치활동을 어떻게 조합하고 구성할 것인가 하는 것은 경쟁우위의 범위에 따라 달라진다. 이런 점에서 볼 때 경쟁우위의 가장 기본단위는 분리된 기업의 가치활동이다. 그러면서도 하나의 가치활동은 전체적으로 상호연관된 시스템의 한 부분으로 서로 영향을 미친다. 예컨대 애프터서비스 비용은 제품이 어떻게 설계되고 제조되고 검사되어 설치되는가에 의해서 영향을 받는다. 이러한 상호관계는 기업

외부의 공급업자, 유통업자, 고객의 가치활동과도 연결되는데, 이러한 관계는 제7장의 활동원가사슬에서 살펴본 바와 같다.

기업이 가치활동을 수행하기 위해서는 기업내부 및 기업외부의 무형자원과 유형자원이 필요하다. 이러한 자원들은 기업이 가치활동을 수행하는 비용(원가지위)이나 효과성(차별화정도)에 영향을 주게 된다. 이러한 점에서 가치사슬은 기업의 원가지위를 이해하는 주요한 분석수단이 되며, 가치가 창출되는 원천, 즉, 차별화의 원천을 체계적으로 이해하는 데 도움을 준다. 고객의 가치는 고객의 구입비용을 감소시키거나 제품성능을 증가시킬 때 창출된다.

이상에서 기업의 경쟁우위는 기업이 가치활동을 수행하는 능력에서 나온다고 하였다. 그러면 이러한 능력은 어디에서 나오는가? 어떤 기업이 가치활동을 수행할 때 다른 기업보다 낮은 원가로 수행하거나, 또는 고객의 가치를 창조하는 방법을 수행하는 원천이 무엇인가에 대해서는 아직 설명되지 않았다.

그것은 경쟁기업들 간에 원가 상의 차이를 가져오는 구조적 결정변수, 또는 동인(drivers)으로 설명할 수 있다. 이들 결정변수에는 여러 가지가 있겠으나 가치활동에 있어서 경쟁우위를 결정짓는 가장 중요한 변수로는 다음과 같은 것을 들 수가 있다. 활동의 규모(scale), 경험곡선효과, 누적학습(cumulative learning), 활동과 활동 간의 연계성(linkage), 다른 사업단위와 활동을 공유할 수 있는 능력, 생산능력의 가동률, 지리적 입지, 투자(또는 의사결정)의 시기적절성(timing), 수직적 통합의 정도, 정부의 규제와 같은 제도적 요인, 그리고 이들 변수 외에 가치활동을 어떻게 구성할 것인가에 관한 정책적 결정 등이다. 이들 결정변수들이 기업 간의 상대적 원가와 차별화를 결정짓는다. 이들 결정변수들의 개별적인 중요성과 작용여부는 개별 활동, 개별 기업, 산업에 따라 달라질 것이다.

구조적 결정변수를 고려함으로써 이제 경쟁우위의 구축과 지속성을 설명할 수 있다. 즉, 경쟁우위의 지속성은 기업이 보유하는 가치사슬 상의 경쟁우위의 수와 구조적 결정변수의 수에 의해서 결정된다. 예컨대 학습에 근거를 둔 경쟁우위의 지속성은 그 학습을 기업의 전유물로 만드는 능력에 의해서 결정되며, 생산입지의 유리성에 의한 경쟁우위는 그 입지를 선점함으로써 지속된다.

이러한 구조적 결정변수는 경쟁우위의 잠재적 원천이 되며, 또한 경쟁우위가 작동하게 만든다. 예컨대 브랜드 명성은 경영자가 인식하는 전형적인 경쟁우위인데, 브랜드 명성은 어떤 경우에는 원가우위의 원천(상대적으로 광고선전비의 필요성이 적기 때문)이 될 수 있으며, 어떤 경우에는 차별화의 원천(브랜드 충성도로 인해 가격차별화가 가능하기 때문)이 된다.

그런데 기업이 현재 누리고 있는 브랜드 명성은 원인이 아니라 결과이다. 즉, 어떤 기업이 경쟁우위로 브랜드 명성을 어떻게 구축하였으며, 그것이 왜 경쟁우위가 될 수 있는가 하는 것을 알기 위해서는 또 다른 원인, 즉, 구조적 결정변수를 알아야 한다. 예컨대 시기적으로 어떤 기업이 일찍 광고를 시작하였기 때문(광고투자의 시기적절성)에 경쟁기업과 차별화하는 명성을 얻을 수 있었다는 결정변수에 의한 설명이 필요한 것이다. 시기적으로 앞선 광고와 누적광고를 통해 얻은 명성은 경쟁기업보다 현재의 광고비 지출을 덜하게 만들거나(저원가우위), 아니면 비슷하게 지출하더라도 고가격 정책을 수행(차별화우위)할 수 있게 할 것이다. 따라서 내재된 구조적 결정변수를 고려할 때 경쟁우위의 진정한 원천을 알 수 있게 된다.

2. 인과관계의 동태성

이상으로 기업 간의 성과차이를 설명하기 위해 기업의 상대적 지위를 제시하였고, 상대적 지위의 원천이 되는 경쟁우위와 가치활동 간의 관계에 대해 살펴보았다. 그리고 경쟁우위의 최종 설명변수로 몇 가지 구조적 결정변수를 제시하였다.

그런데 여기서 인과관계의 사슬을 거슬러 올라간다면 다음과 같은 또 다른 의문을 제기해 볼 수 있다. 어떤 기업이 경쟁기업보다 시기적으로 일찍 광고를 시작한 것이 경쟁우위를 누릴 수 있게 한 원인이라고 하였는데, 그렇다면 그 기업은 어떤 이유로 경쟁기업보다 일찍 광고를 시작하게 되었는가? 여기에 답을 하기 위해서는 또 다른 설명변수가 필요하다. 이러한 문제를 해결하기 위해 포터(M.E. Porter, 1991)는 초기조건(initial conditions)과 경영자의 과거 의사결정이라는 변수를 제시하고 있다.

초기조건이란 기업이 과거로부터 물려받은 유형 및 무형의 자원을 의미한다. 이러한 자원도 앞선 단계의 초기조건이나 경영자의 의사결정의 결과로부터 물려받은 것이다. 따라서 어떤 기업이 경쟁기업보다 일찍 광고를 시작할 수 있었던 것은 앞선 단계의 초기조건(자금이 풍부하여 광고선전을 할 여유가 있었음)에 의한 것이거나, 경영자의 과거 의사결정(광고를 통해 기업의 제품을 널리 알리려는 경영자의 방침)에 의한 것일수 있다. 그런데 인과관계의 사슬은 여기서 끝나지 않는다. 즉, 광고선전을 할 수 있게 만든 풍부한 자금(초기조건)은 어떻게 축적이 가능하였는가 하는 질문을 다시 제기할 수가 있다. 그리고 이에 대한 답도 과거로부터 물려받은 초기조건이나 그 전 단계의 경영자가 내린 의사결정으로 설명할 수 있다.

이상에서 살펴본 내용을 그림으로 요약하면 〈그림 8-1〉과 같다.

그림에서 알 수 있듯이 어떤 단계에서의 원인(예컨대 광고의 시기적절성)은

그림 8-1 기업의 성공원인과 인과관계사슬

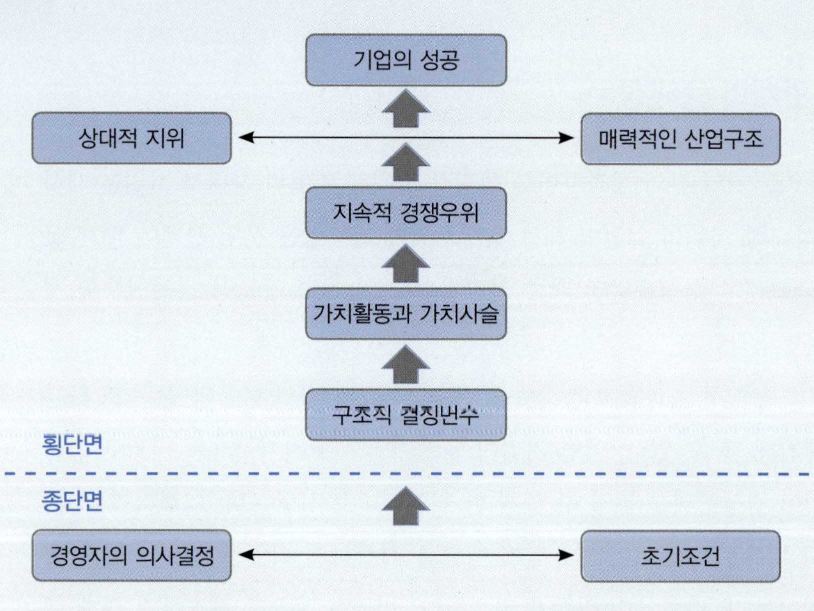

자료: M.E. Porter, "Towards a dynamic theory of strategy," *Strategic Management Journal*, Vol. 12(1991), p. 100.

앞선 단계에서 보면 그것은 결과에 지나지 않는다는 것이다. 따라서 기업의 성공원인을 설명하고자 할 때, 이러한 인과관계의 사슬을 고려하여야 할 것이다. 이런 점에서 기업의 성공원인을 파악하는 데 다음과 같은 두 가지 분석법을 생각해 볼 수 있다. 하나는 현재 시점의 성공원인을 설명하는 횡단분석(cross sectional analysis)을 하는 것이며, 다른 하나는 인과관계의 사슬을 거슬러 올라가면서 성공원인을 설명하는 종단분석(longitudinal analysis)을 하는 것이다. 그런데 종단분석도 무한정 거슬러 올라갈 수는 없으므로 어디쯤에서 인과관계의 사슬을 끊어야 하는 분석기간(time span)의 문제를 가지고 있다.

8.2 전략적 적합성(strategic fit)

앞절에서 경쟁우위의 원천이 무엇인가(구조적 결정변수, 초기조건, 전 단계의 의사결정)에 대해서 살펴보았는데 아직 설명에 있어서 미흡한 점이 있다. 그것은 이러한 원천이 존재하면 경쟁우위가 저절로 발생하는 것으로 볼 것인가, 아니면 이러한 원천이 경쟁우위를 발생시키는 과정에 대한 설명이 필요한가 하는 것이다. 이는 경쟁우위의 원천을 파악하는 것과 기업이 실제로 경쟁우위를 어떻게 구축하는가를 설명하는 것은 별개의 문제이기 때문이다.

규모의 경제나 경험곡선효과는 저절로 발생하는 것이 아니라 이러한 효과를 얻기 위한 의도적 노력이 뒷받침되어야 한다. 수직적 통합도 유리한 점과 함께 불리한 점이 동시에 수반된다. 또한, 누적적 학습도 목표가 없는 학습은 소용이 없다. 즉, 구조적 결정변수는 이를 긍정적으로 작용하게 유도하는 무엇이 있을 때 경쟁우위의 원천이 된다. 따라서 경쟁우위의 원천이 되는 결정변수의 나열만으로는 기업의 경쟁우위가 어떻게 구축되는가를 알 수 없다. 예컨대 원가우위전략을 추구하는 기업이 규모의 경제를 통해 원가우위를 달성하였다고 하더라도, 소비자의 기호가 변하여 저가제품보다 고급화된 차별화 제품을 선호한다면 원가우위가 더 이상의 성공을 보장해 주지는 않는다. 따라서 기업의 성공을 완전하게 설명하기 위해서는 시장환경에 맞는 경쟁우위가 어떻게 구축되는가 하는 것을 설명할 수 있어야 할 것이다.

이들 결정변수들이 부정적으로 작용하기보다 긍정적으로 작용하게 만드는 과정에 대한 설명이 필요한 것이다.

1. 적합성의 개념

경영전략에 관한 지금까지의 연구를 통해 요약되고 있는 어떤 원칙이 있는가? 즉, 기업이 성공적인 전략(매력적 사업영역의 확보와 지속적 경쟁우위의 보유)을 수립하고 실행하기 위해서는 어떻게 하여야 하는가? 결론부터 말한다면 기업의 외부환경과 내부환경 간의 적합성을 도모하는 것이라고 하겠다. 전략분야에 있어서 기업의 성공을 설명하는 가장 일반적인 설명논리가 외부환경 – 내부환경 – 전략 간의 적합성이다. 이 설명의 논리는 지극히 단순하다. 즉, 외부환경이란 기업의 존속과 성장에 영향을 주는 요인이지만 기업이 통제하는 데는 한계가 있다. 그러므로 기업은 스스로 통제할 수 있는 내부환경, 특히 내부자원을 외부환경에 적합시켜야만 성공할 수 있는데, 그 수단이 전략이라는 것이다. 최근의 전략경영분야에서는 환경, 그 자체도 기업의 내부강점에 근거한 전략을 통해 어느 정도 변화시킬 수 있다는 것이 일반적인 시각이지만, 결과적으로 외부환경 – 내부환경 – 전략 간의 적합성이 달성될 때 기업의 전략은 성공할 수 있다.

따라서 성공하기 위한 전략의 필수조건은 내부환경과 외부환경 간의 적합성을 달성하는 것이다. 이는 전략이 성공하기 위해서는 전략을 수립하고 실행하는 과정에서 기업의 목표와 내부가치, 조직구조와 조직시스템, 외부환경과 내부자원과의 적합성을 유지하여야 함을 의미한다. 이를 위해 기업은 외부분석을 통해 기회와 위협을 파악하고 내부분석을 통해 강점과 약점을 파악한 후, 기회를 최대로 활용하기 위해 강점을 이용하고, 위협에 적절히 대응하며 약점을 회피하거나 상쇄시키는 전략을 개발하고 이를 성공적으로 실행하여야 하는 것이다.

이러한 문제에 대해 보다 깊이 있게 논의하기 위해서는 먼저 적합성의 개념에 대해 이해하여야 한다. 그렇다면 외부환경과 내부환경 간의 적합성을 달성하는 데 있어서 적합성의 영역(domain of fit) 또는 적합성의 내용이 무엇이며, 이 과정에서 전략의 역할은 무엇인가?

먼저 적합성의 영역이란 적합성이 달성되어야 하는 구성요소가 무엇인가 하는 것이다. 여기에는 학자들의 관심에 따라 크게 세 가지로 나눌 수 있다. 전략의 수립과정에 중점을 두는 학자들은 외부환경(산업의 구조적 특징 등)과 전략 간의 적합성을 강조하고 있으며, 다음으로 전략의 실행에 중점을 두는 학자들은 내부환경(조직구조, 기업문화 등)과 전략 간의 적합성을 강조하고 있다. 마지막으로 〈그림 8−2〉와 같이 전략의 수립과 실행을 함께 고려하여 외부환경 – 내부환경 – 전략 간의 적합성이 달성되어야 한다는 통합적 시각이 있다. 이 책에서 사용되는 적합성은 제1장에서 이미 언급하였듯이 외부환경 – 내부환경 – 전략 간의 적합성을 의미하고 있다. 최근의 연구에서도 통합적 시각이 중시되고 있다.

한편, 적합성의 영역과 별도로 고려해야 할 문제가 적합성을 달성하는 데 있어서 전략의 역할이 무엇인가 하는 것이다. 이는 전략을 적합성을 달성하는

그림 8−2 전략적 적합성

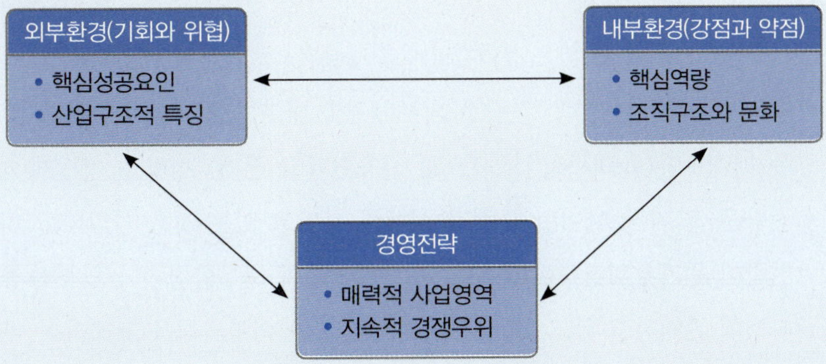

수단으로 볼 것인가, 아니면 적합성이 달성되어야 할 대상으로 볼 것인가 하는 것이다.

이 문제에 대한 첫 번째 시각은 적합성에 도달하는 과정에 중점을 두고 있다. 이에 따르면 전략은 내부환경(자원과 역량)과 외부환경(기회와 위협) 간의 적합성이 달성되도록 하는 기술(art)이나 패턴(pattern), 즉, 적합성의 달성수단이 된다. 제2장에서 살펴본 바와 같이 민츠버그가 전략을 외부환경과 내부자원 간에 가장 유리한 적합성이 달성되게끔 하는 의사결정의 유형이나 흐름이라고 정의한 것은 전략의 이러한 기능을 중시한 것이다. 또한 전략을 환경과 조직을 지속적으로 조화시키는 과정(the process of matching environment and organization on an ongoing basis)으로 정의하는 것도 바로 이와 같은 맥락이다.

두 번째 시각은 전략의 내용(strategy content)에 중점을 두고 있는데, 전략을 다른 요소들과 마찬가지로 적합성이 달성되어야 할 하나의 요소(strategy as one of the system elements to be "fitted" with other elements)로 간주한다. 따라서 이 시각은 외부환경과 내부환경 간의 적합성을 달성하기 위한 전략의 대안을 제시하는 데 중점을 둔다. 챈들러(A. Chandler, 1962)가 시장기회에 효과적으로 대응하기 위한 네 가지의 기본 전략(규모의 증대, 지역적 확장, 수직적 통합, 다각화)을 제시한 것이나, 포터(M.E. Porter, 1980)가 세 가지의 본원적 전략(원가우위전략, 차별화전략, 집중전략)을 제시한 것이 이의 대표적인 예라고 하겠다. 이 시각의 관심은 적합성의 내용(content of fit), 즉, 바람직한 상태에 도달하기 위해 서로 결합하여야 할 구성요소에 있으며, 전략도 이러한 구성요소 중의 하나로 본다.

이 책의 제1장에서 정의한 전략의 개념(전략은 독창적 아이디어를 이용하여 경쟁에서 승리할 수 있는 유리한 상황을 동태적으로 창출하는 것)은 첫 번째 시각과 맥락을 같이 한다. 즉, 전략은 외부환경과 내부환경 간의 적합성을 달성하게 하는 매개수단(mediating force)으로 작용한다고 본다. 전략을 이렇게 해석한다면 전략은 그 자체로 어떤 구체적 실체를 가지고 있는 것은 아니라고 하겠다. 즉, 전략이 원가우위전략이나 차별화전략과 같이 내부환경이나 외부환경과 별도로 사전에 존재하고 있고, 경영자가 내부환경과 외부환경을 고려하여 이미 존재하는 전략 중에서 하나의 전략을 선택하는 것이 아니다. 포터가 제시한 세 가지의

그림 8-3 전략적 적합성

본원적 전략이나 이와 유사한 전략의 분류유형들을 전략의 실체라고 할 수 없다. 이러한 전략은 설명의 편의를 위한 것이며, 엄밀하게 본다면 전략이 의도하는 목표나 추구하는 방향을 의미할 뿐이다.

이런 맥락에서 볼 때, 전략은 사전에 독립적으로 존재하지 않는다. 외부환경과 내부환경이 주어질 때 이들을 연결하는 전략이 사후에 나타날 뿐이다. 그리고 내부환경과 외부환경 간의 적합성이 달성되는 순간 전략은 그 실체를 드러내는 것이 아니라 화학반응 과정의 촉매제와 같이 오히려 사라진다. 이는 손자가 "내가 적을 어떻게 정복하였는지 그 전술은 누구나 쉽게 이해할 수 있지만 위대한 승리를 가능하게 한 이면의 전략은 아무도 파악할 수 없다."라고 한 것과 맥락을 같이 한다.

전략의 역할을 이상과 같이 해석한다면 적합성을 나타내는 〈그림 8-2〉는 〈그림 8-3〉과 같이 수정되어야 할 것이다. 〈그림 8-2〉는 두 번째 시각 즉, 전략을 적합성이 달성되어야 할 하나의 구성요소로 간주하는 시각을 나타낸 것이다.

2. 적합성과 전략의 본질

전략은 개별기업의 특수한 상황에 맞는(적합한) 유일한 행동 계획이며, 이러한 행동계획의 이면에 내재된 것은 독창적 아이디어나 꾀이다. 전략의 실체를 사전에 파악할 수 없는 것은 전략의 본질이 바로 독창성이기 때문이다. 독창적 아이디어나 꾀는 동일한 상황이 재현되지 않으면 효과적으로 작용하지 않는다.

어떤 상황에서 효과적이었던 아이디어나 꾀가 그대로 들어맞기 위해서는 그 전과 똑같은 상황이 재현될 수 있어야 한다. 기업이 당면하는 외부환경과 내부환경은 시시각각 변하여, 현실적으로 동일한 상황이 반복될 수가 없다. 그리고 비록 동일한 상황이 똑같이 반복되었다고 하더라도, 독창적이었던 아이디어나 꾀가 다시 효력을 발휘하기 위해서는 한 가지 중요한 조건이 추가적으로 만족되어야 한다. 그것은 과거에 지금과 같은 동일한 상황에서 똑같은 아이디어가 사용된 적이 있다는 것을 경쟁기업이나 시장참가자들이 몰라야 한다는 것이다.

차별화의 원천에서 보았듯이 기존 제품이 가지지 않는 새로운 기능을 제공해줌으로써 차별화할 수 있으며, 이를 통해 기업은 가격 프리미엄(초과수익)을 누릴 수 있다. 그런데 이러한 내용(또는 일반화된 이론적 관계)을 경영자가 안다고 하더라도 이것이 기업의 성과를 높이는 데 실질적인 도움이 되지 않는다. 문제는 고객이 가치 있다고 생각하는 새로운 기능을 어떻게 하면 제공해 줄 수 있는가 하는 것이다. 여기에 대해서는 그기업이 당면한 외부환경과 내부환경을 모르면 답을 할 수가 없다. 예컨대 가방제조회사인 프라이탁(Freitag)이 버려지는 방수천을 활용하는 아이디어를 통해서 독특한 차별화를 달성하였다고 해서, 이를 환경이 다른 의류산업에 그대로 적용시킬 수는 없다. 또한, 경쟁기업이 방수천 활용이라는 아이디어를 모방하더라도 성공이 보장되지는 않는다. 더 이상 독창적인 아이디어가 되지 않기 때문이다.

성공전략의 독창성은 시공간적 제약을 받는다. 기업이 당면하는 그때그때의 특수한 상황을 일반화할 수 없듯이, 특수한 상황에 맞는 전략을 사전에 일반화할 수는 없는 것이다. 다양한 성공사례에서 공통점을 발견하고 이를 일반화시키는 것이 이론의 목적이 아니냐고 반문할 수 있으나, 이러한 일반화가 독창적 아이디어(성공전략의 핵심)를 제공해 주지는 않는다는 것이다. 이론적 일반화는 독창적 아이디어가 갖추어야 할 핵심성공요인이 무엇인가를 말해 줄 뿐이다. 그것은 어떤 상황에 속한 기업에 있어서 독창적 아이디어가 구체적으로 무엇인가 하는 것을 사전에 말해 주지는 않는다.

성공전략의 핵심이 구체적 상황에 맞는 독창성에 있다고 한다면 성공전략은 논리적 분석을 통해서 도출되기가 어렵다. 그보다는 경영자의 능력 즉, 뛰어난 직관, 경험을 통해 숙달된 육감, 혜안, 타고난 창의성(creativity)에 원천을 두고 있다. 그리고 이러한 능력은 논리적 사고나 단기간의 학습을 통해 길러지지 않을 것이다. 이런 점에서 탁월한 전략가는 타고 나야 한다. 그렇다면 성공전략은 우연의 산물인가? 어떻게 보면 그렇다고 볼 수 있다.

하지만 창의적 경영자를 보유한 기업은 그렇지 않은 기업에 비해 전략의 독창성이 높아질 가능성이 크므로 성공전략을 창출할 수 있는 확률이 높아진다고 하겠다. 그리고 기능별 전략, 특히 효율성이 중시되는 선택적 의사결정문제는 논리적 사고와 분석을 통해 뛰어난 성과를 올릴 수 있을 것이다. 이는 의사결정에 필요한 정보를 많이 보유하면 할수록 선택가능한 대안과 각 대안의 결과를 정확하게 예상할 수 있으므로 높은 성과를 가져오는 대안을 선택할 수 있기 때문이다. 창의성은 정보나 자료의 분석에 의해서 높아질 가능성은 있으나, 논리적 사고나 분석이라는 공식에 정보를 투입한다고 해서 자연히 도출되는 것은 아니다. 논리적 사고에 의존할 경우 창의력을 발휘하는 데 오히려 방해가 될 수 있다. 이러한 차이를 제2장에서 논의한 선택적 의사결정문제와 창의적 발상문제로 구분해 볼 수 있다. 선택적 의사결정문제는 행동대안이 사전에 완전히 명시가 되어 있고, 이 중에서 최선의 대안을 선택해야 하는 문제이며, 창의적 발상문제는 현재 이용가능한 어떤 대안보다 나은 행동대안을 새롭게 제시해 주는 수단을 탐색하여 구축하는 문제이다.

전략경영과정을 연구하는 목적은 독창적 전략이나 아이디어를 개발하는 데 있는 것이 아니라 독창적 전략이 합리성을 갖추도록 하는 데 있다. 이는 전략이 독창적이기만 해서는 원하는 목적을 달성할 수 없기 때문이다. 독창적 전략이 효과적으로 작용하기 위한 조건이 상황적합성이다. 전략이 외부환경이나 내부환경에 적합해야 한다는 것은 바로 독창적 전략의 상황적합성을 의미한다. 기업이 당면하는 특수한 상황에 맞는 독창적 행동계획이나 아이디어가 전략의 핵심이라면, 이러한 독창적 아이디어를 이용하여 외부환경과 내부환경 간의 적합성을 달성하게 해 주는 것이 전략이 수행하는 역할이다.

8.3 SWOT 분석

전략적 적합성의 구체적 내용은 SWOT 분석(strengths-weaknesses-opportunities-threats analysis)을 통해 쉽게 설명할 수 있다. SWOT 분석이란 기업의 강점과 약점, 기회와 위협을 하나의 틀로 요약하는 분석수단이다. SWOT 분석은 전략경영분야에서 아주 유용한 수단이다. 전략수립을 위해 기업이 보유하고 있는 모든 정보를 종합적으로 집약시켜 주는 표이기 때문이다. 전략이 외부환경과 내부환경 간의 적합성을 달성하는 수단이라고 하였는데, 이는 곧 강점과 약점(내부자원) 그리고 기회와 위협(외부환경) 간의 적합성을 의미한다. 따라서 SWOT 분석의 목적은 첫째, 내부분석에서 도출되는 강점과 약점, 외부환경 분석에서 도출되는 기회와 위협을 하나의 틀 속에 결합함으로써 기업의 전체 상황을 평가하고, 둘째, 이러한 정보를 바탕으로 효과적인 전략을 수립하는 데 있다.

〈표 8-1〉은 SWOT 분석을 통해 기업의 강점과 약점을 기업이 당면하고 있는 외부 기회와 위협에 어떻게 일치시킬 수 있으며, 그 결과로 나타나는 전략이 무엇인가를 보여주고 있다. 표에서 알 수 있듯이, **SWOT 분석의 최종 목적은 기회와 위협에 대응하기 위해 강점과 약점을 활용하고 보완하는 전략대안을 도출하는 데 있다.** 따라서 외부환경과 내부환경에 대한 분석을 통해 기회와 위

표 8-1 SWOT 분석

	강 점(S)	약 점(W)
기 회 (O)	강점-기회(SO) 전략 기회를 활용하기 위해 강점을 사용하는 전략을 창출	약점-기회(WO) 전략 약점을 극복함으로써 기회를 활용하는 전략을 창출
위 협 (T)	강점-위협(ST) 전략 위협을 회피하기 위해 강점을 사용하는 전략을 창출	약점-위협(WT) 전략 위협을 회피하고 약점을 최소화하는 전략을 창출

자료: H. Weihrich, "The TOWS matrix : A tool for situational analysis," *Long Range Planning*(April 1982), p. 60.

협, 그리고 강점과 약점을 파악하고 열거하는 것만으로는 SWOT 분석의 목적이 달성되지 않는다. 반드시 기업이 처한 현재 상황에서 어떻게 대응을 할 것인가 하는 전략적 대안이 도출되어야 하는 것이다.

〈표 8-1〉에는 선택 가능한 네 가지의 전략대안이 제시되고 있는데, 이들 전략대안은 결국 외부환경에서 발생하는 기회를 활용하기 위해 기업의 내부강점을 이용하고, 약점을 보완하며 위협을 중화시키는 전략들이라고 하겠다. 이러한 네 가지 전략대안에 대한 이해를 높이기 위해, 현대자동차를 대상으로 하여 SWOT 분석을 해 보면 다음의 〈표 8-2〉와 같다.

표 8-2 현대자동차의 SWOT 분석을 통한 전략도출

내부환경 / 외부환경	강 점(S)	약 점(W)
	• 높은 내수시장 점유율(70%) • 다양한 차종의 개발능력 • 뛰어난 디자인 능력 • 수소연료전지차의 선두적 개발 역량 • 가격경쟁력 높음 • 오너십 경영	• 고급차 이미지가 약함 • 연비효율성이 낮음 • 승용 디젤 모델이 부족 • 하이브리드 차량의 후발자 • 노사 간의 대립문화
기 회(O)	강점-기회(SO) 전략	약점-기회(WO) 전략
• 전 세계 시장의 경기 회복 • 중국시장과 인도시장의 높은 성장성 • 브라질·러시아·멕시코·아프리카 시장의 개척 가능성 • 시장점유율이 낮은 고급차 영역의 진입과 확대 가능성	〈글로벌 전략의 강화〉 • 현지생산-유통-AS 기반의 지속적 확대 • 디자인 차별성과 가격 대비 우수한 품질로 세계시장 점유율의 지속적 확대 • 가격경쟁력 강화로 신규 신흥시장의 개발과 적극적 침투	〈브랜드 고급화의 실현〉 • 럭셔리 자동차 브랜드의 공격적 인수 • 브랜드 고급화를 위한 판매라인의 고도화 • 감성 마케팅의 강화 • 연비 효율성의 개선
위 협(T)	강점-위협(ST) 전략	약점-위협(WT) 전략
• 고급 수입차의 국내시장 점유율의 지속적 증가 • 승용 디젤과 하이브리드 차량의 수요 증가 • 원화의 지속적 강세 • 경쟁기업 폴크스바겐의 성장 • 중국 자동차 기업의 잠재성 • 전기차 시장의 성장잠재력 • 배출가스 기준의 강화	〈지역별 현지화 전략과 차세대 기술의 선발자 지위 구축〉 • 국내 대비 해외생산비중의 추가적 확대(2013년 62% → 70%) • 우수한 승용 디젤 엔진의 개발 • 국내 고객의 충성도 유지 • 수소연료전지차의 상용화 강화와 선두 유지	〈고성능·고효율 엔진의 개발과 제휴 및 협력문화의 정착〉 • 기아차와 플랫폼 공유로 원가 경쟁력 강화 • 디젤 엔진의 전략적 제휴 • 노사 간 화합 모색

〈표 8-2〉의 내용을 이해하기 위해서는 약간의 보충설명이 필요하다. 현대자동차가 전 세계 시장에서 차지하는 지위를 보면, 2013년 말 판매량 기준으로 현대-기아차가 756만 대를 판매하여 전 세계 5위에 해당된다. 현대자동차는 1999년에 기아차를 인수하여 규모가 증가하였으며, 2000년에 세계 10위에 진입한 이후 계속적인 성장을 통해 현재의 위치에 이르게 되었다. 타임(Time)지는 2005년 4월에, 현대자동차를 1999년 이후 전 세계에서 가장 빠르게 성장한 자동차업체로 소개하였다. 이러한 성장을 이루는 데에는 1997년 터키에 최초로 해외생산공장을 설립한 이후, 1998년 인도공장, 2002년 중국공장 등과 같이 적극적인 해외진출전략을 실행한 것과 함께, 2000년에 시작된 품질경영이 큰 역할을 하였다고 하겠다. 현재 현대자동차는 전 세계 7곳(미국, 중국(4개 공장), 인도, 터키, 체코, 러시아, 브라질)에 현지생산공장을 운영하고 있다. 그런데 매출액 기준으로 현대차의 순위를 보면, 2013년 말 세계 9위에 그치고 있어 앞으로 판매라인의 고급화가 주요한 전략적 과제가 된다.

이러한 현대자동차가 앞으로 더욱 성장하기 위해서는 이를 뒷받침하는 효과적인 전략을 수립하고 실행하여야 할 것이다. 〈표 8-2〉는 현대자동차의 기회와 위협, 강점과 약점을 고려하여, 네 개의 전략적 대안을 제시하고 있다. 그것은 첫째, 글로벌 전략의 강화(SO 전략), 둘째, 지역별 현지화 전략과 차세대 기술의 선발자 지위 구축(ST 전략), 셋째, 브랜드 고급화의 실현(WO 전략), 넷째, 고성능·고효율 엔진의 개발과 제휴 및 협력 문화의 정착(WT 전략)이다.

〈전략포커스〉에 소개된 LG전자의 SWOT분석은 스마트폰 사업에 초점을 맞추어, 가장 핵심적인 한두 개의 항목에 대해 집중적으로 분석하고 있다. 이를 통해서도 큰 틀에서 보는 LG전자의 전략적 방향을 짐작할 수 있다. 요약하면, 5G 디바이스 교체와 화웨이 탈미국화로 인해 발생하는 외부기회를 적극 활용하기 위해, 기본에 충실한 제조기술과 디자인 역량을 활용함으로써 프리미엄 모델보다 고성능의 합리적 가격 모델을 중심으로 글로벌 시장점유율을 확대하는 전략을 실행할 것으로 예상된다.

전략포커스 | **이미지 쇄신이 관건, LG전자 SWOT 분석**

Strength(강점), 기본에 충실한 제조사: LG전자의 최근 라인업은 과거처럼 '혁신'에 집중하지 않고 '기본'에 충실한 형태로 꾸려져왔다. 과거의 LG전자 스마트폰과는 달리 지금의 제품들은 경쟁사들에 비해서 안정성에 뒤지지 않는, 기본기에 충실한 제품들이라는 평가를 받고 있다. 이를 기반으로 지금은 과거와 같은 프리미엄 정책도 내려놓은 분위기다. 고성능의 듀얼스크린 제품(LG전자 V50)을 합리적인 가격에 공급하고 있으며, 라인업도 선택과 집중을 통해 개별 제품에 대한 주목도가 높아졌다. 최근에는 베트남의 스마트폰 공장 설치와 인력 배치가 마무리돼 조만간 가동에 들어갈 것으로 파악되고 있어, 스마트폰 생산 원가의 절감도 이뤄질 전망이다.

Weakness(약점), LG전자 스마트폰의 브랜드 이미지: LG전자 스마트폰의 이미지는 '특별한 무언가가 없는' 제품으로 인식되고 있다. 모두가 폴더블 스마트폰을 이야기할 때 LG전자는 '듀얼스크린'을 내세웠고, TWS 이어폰이 시장을 휩쓸 때 과거의 성공작인 톤플러스를 놓지 못했다. 제품의 만듦새는 훌륭하지만 LG전자 스마트 디바이스들은 '세련됐다'든가 '트렌드를 선도한다'는 이미지를 주지는 못했던 것이다. 싸이언 브랜드의 블랙라벨 시리즈로 시장을 선도했던 과거와는 상황이 다른 것이다. 따라서 타 브랜드에 비해 마니아층도 얇은 편이다. 중장년층에게 절대적인 브랜드 가치의 '갤럭시', 세련됨의 상징인 '애플'과는 다른 위치에 서 있으며, 그것이 기본기를 갖춘 LG전자가 넘어야 할 가장 큰 벽이다.

Opportunity(기회), 화웨이의 대안이 요구되는 시장: LG전자에게 스마트폰의 개념이 바뀌기 시작한 지금은 다시 오지 않을 기회라고 할 수 있다. 폴더블 디스플레이를 위시한 스마트폰 폼팩터 전쟁이 벌어지고 있으며, 5G 이동통신의 연이은 주요 시장 상용화로 디바이스 교체가 이전보다도 빠르게 나타나게 될 전망이다. 다시금 모든 제조사들이 새로운 출발선에 서게 된 이 시점은, 지금까지의 시장에서 고전을 면치 못했던 LG전자에게 새로운 전환점이 될 가능성이 높다. 현재 LG전자는 신흥시장 인도와 도쿄올림픽을 앞두고 5G 상용화를 준비 중인 일본 시장 공략에 박차를 가하고 있다.

여기에 더해서, 미중 무역분쟁으로 인해 공석이 된 화웨이의 자리를 LG전자가 꿰찰 가능성도 점쳐지고 있다. 미국의 제재로 현재 화웨이는 '탈 미국(샤오A)'을 선언하고 부품과 OS의 자국화를 추진하고 있다. 이를 통해 중국 내에서의 영향력은 분쟁 이전과 그다지 다르지 않은 정도를 유지하고 있지만, 전문가들은 미국 소프트웨어와 부품을 배제한 채로 글로벌 시장 공략에 성공하는 것은 불가능할 것으로 내다보고 있다. 화웨이는 2020년 스마트폰 목표 출하량을 3억 대로 상정하고 있지만, 이는 현재의 상황에서라면 달성되기 힘들어 보이며 그 부족분은 삼성전자와 애플이라는 2강을 제외한 제3자의 이익으로 돌아가게 될 것으로 전망된다.

Threats(위협), 경쟁자들의 글로벌 시장 집중: 미중 무역분쟁은 LG전자의 입장에서는 기회이기도 하지만, 또한 위기이기도 하다. 미국이 화웨이를 지목해서 타격을 가하면서, 이들은 글로벌 시장에 힘을 줄이는 대신 내수 시장에 집중하는 전략을 취하고 있다. 카운터리서치리포트에 따르면 지난 2019년 3분기 중국 스마트폰 시장에서 화웨이는 점유율 40%를 기록하며 사상 최대치를 경신했다. 화웨이의 내수 시장 집중으로, 중국 내의 화웨이 외 다른 제조사들은 중국 시장에서의 점유율이 빠른 속도로 하락하고 있는 것이다.

샤오미는 2018년 1분기 이후 스마트폰 매출이 처음으로 감소하는 상황을 맞았다. 화웨이가 사상 최대의 점유율을 기록한 때에 샤오미의 스마트폰 출고량은 작년 동기 대비 38%가 급락했다. 비보도 17%, 오포도 20%가 감소했다. 자연스레 이는 화웨이 외의 다른 중국 제조사들의 반강제적 글로벌 시장 집중 현상을 불러일으키고 있다. 일본, 인도, 동남아 등의 지역으로 이들이 역량을 집중하면서, 이것이 글로벌 스마트폰 시장에서의 파이를 늘려야만 하는 LG전자에게는 큰 위협으로 다가오는 중이다.

SWOT ANALYSIS(전략 도출), 기본기에 자신만의 특장점을 잘 더해야: LG전자 스마트폰 사업의 발목을 잡고 있던 브랜드 신뢰도는 현재 회복된 것으로 봐도 좋을 것이다. 하지만 여전히 LG전자의 제품은 '유효한 선택지'지, '유일한 선택지'는 되지 못하고 있다. 기본기는 충실하지만 이를 넘어서는 요소를 이들은 아직 갖추지 못하고 있는 것이다. 그것이 '성능'이건 '세련됨'이건 혹은 '가격'이건 말이다. 현재의 시장 상황은 LG전자에게 유리하게 조성되고 있다. 미중 무역분쟁은 삼성전자, 애플이 아닌 제3의 제조사 후보를 압축시켰으며, 그 선두에는 LG전자가 위치해 있다. 2020년 LG전자는 3500만 대 이상의 스마트폰을 공급할 계획을 세우고 있다. 그리고 그 계획을 실현시키기 위해 상당한 자존심을 내려놓은 것으로 전해진다. 프리미엄 라인업에 대한 집착을 버리고 ODM 확대 등을 통해 중저가 스마트폰을 보급함으로써 수익성 개선을 도모할 것으로 전해진다. 기본기를 갖춘 LG전자는 이제, 예전처럼 무리한 혁신보다 자신들에게 가장 유효한 '특장점'을 내세우고자 하고 있다.

출처: 앱스토리(2020. 1. 3.), 최덕수 기자

8.4 적합성과 전략유형

SWOT 분석과 이를 현대차동차와 LG전자에 적용시킨 예를 통해 외부환경과 내부환경 간의 적합성이 무엇인가를 살펴보았다. 여기서 실무적인 관점에서 의문을 제기해 본다면, 외부환경과 내부환경 간의 적합성을 달성하는 데 있어서 일관된 원칙을 도출할 수는 없는가. 즉, 환경유형에 따라 높은 성과를 얻을 수 있는 전략유형을 일반화시킬 수는 없는가 하는 것이다. 전략이 기업의 특수한 상황에 적합한 독창적 행동계획이라면 사전에 성공을 보장해 주는 전략유형을 일반화시킬 수는 없다. 그러나 어떤 상황(환경유형)에서 어떤 유형의 전략이 성공하였는가를 사후적으로 파악하는 것은 앞으로의 전략을 수립하는 데 도움을 줄 수 있을 것이다. 이러한 논의는 앞절에서 설명한 적합성의 두 번째 시각 즉, 적합성의 내용에 중점을 두는 시각과 같은 맥락이다.

이런 맥락에서 이해할 수 있는 것이 환경의 불확실성, 기업의 조직구조, 전략유형 간의 적합성을 규명하는 연구들이다. 이들 연구는 불확실성에 영향을 주는 환경특성(동태성과 복잡성)에 따라 어떤 유형의 전략(원가우위전략, 차별화전략, 집중전략)이 효과적이며, 어떤 조직구조(수평적 조직구조, 수직적 조직구조)가 적합성이 높은가에 관심을 가지고 있다. 전략유형, 외부환경, 조직구조 간의 관계를 적합성의 관점에서 간단히 살펴보면 다음과 같다.

첫째, 전략과 환경과의 관계를 보면, 포터가 제시한 차별화전략은 크게 제품혁신에 근거를 두는 혁신적 차별화(innovative differentiation)와 집중적인 마케팅과 이미지 관리에 근거를 두는 마케팅 차별화(marketing differentiation)로 나눌 수 있다. 혁신적 차별화는 품질, 효율성, 디자인, 스타일 등에서 선도적 지위에 있는 기업이 가장 최신의 매력적인 제품을 창출하기 위해 노력하는 전략이며, 마케팅 차별화는 마케팅을 통해 제품의 독특한 이미지를 창조하기 위해 노력하는 전략이다.

혁신적 차별화를 위해서는 계속적으로 새로운 기술이 요구되며, 신제품에 대해 고객이나 경쟁기업이 어떻게 반응할 것인지를 예측하기 어렵고, 혁신에 수반되는 갖가지 새로운 문제에 당면하게 될 것이다. 이러한 요인들은 모두 환경의 예측불가능성을 증대시킬 것이다. 그리고 혁신이 경쟁기업의 모방과 반격을 유도한다면 효과적인 차별화를 유지하기 위한 또 다른 혁신을 필요로 할 것이므로 더욱 동태적이고 예측 불가능한 환경을 초래할 것이다. 이렇게 본다면 혁신적 차별화전략은 환경의 불확실성과 긍정적인 상관관계를 가지게 될 것이다. 한편 원가우위전략은 원가에 대한 통제, 또는 효율성의 증대를 위해 노력할 것이다.

이 전략은 제품의 이미지나 혁신적 기능보다는 가격에 중점을 두는 고객을 대상으로 한다. 따라서 표준화된 저가제품을 원하는 고객의 입장에서 볼 때, 제품의 빈번한 혁신은 불필요하며 효율성을 높이는 데도 도움이 되지 않는다. 또한 기업들은 효율성을 높이기 위해 규모의 경제를 누리기 위한 대규모의 시설투자를 할 것이므로 경쟁기업도 시설의 노후화를 초래하는 급격한 시장변화를 원하지 않을 것이다. 이에 따라 시장이 안정적이며, 이러한 안정성과 가격중심적 경쟁으로 인해 미래의 예측가능성이 높아질 것이다. 따라서 원가우위전략은 혁신적 차별화전략에 비해 환경의 불확실성과 부정적인 상관관계를 가지고 있을 것이다.

둘째, 전략과 조직구조와의 관계를 보면, 먼저 혁신적 차별화전략에 있어서는 신제품을 개발하고 시장에 성공적으로 출시하기 위해, 각 활동별로 전문화되고 고도로 훈련된 과학자나 엔지니어 등과 같은 전문관리자(technocrats)가 필요하다. 그리고 신제품개발을 위해서 이들 전문관리자와 기능별 관리자들 간의 긴밀한 협력이 필요하다. 즉, 신제품을 설계하기 위해 고객의 특성과 기호에 대한 마케팅 부서의 정보, 기업의 재무적 상황에 대한 정보, 생산시설과 공정에 관한 기술적 정보 등이 필요하므로 기능별 전문가들 간에 긴밀한 상호의존성을 유지하여야 한다. 이에 따라 조직구조에 있어서 태스크 포스나 위원회와 같은 연결조직이나 기타의 수평적 조정기구를 필요로 한다. 또한 전문적이고 기술적인 문제에 대해서는 그 방면의 전문가가 의사결정을 내리는 것이 바람직하므로 권한의 하부 위양이 이루어져야 할 것이다.

원가우위전략은 제품라인이 바뀌지 않고 비교적 안정적이며, 제품혁신보다는 생산효율성을 높이기 위한 공정혁신에 주력할 것이다. 그리고 비용이 많이 소요되는 생산공정의 변화는 드물게 이루어질 것이다. 이런 점에서 원가우위전략은 원가와 가격을 최소한으로 낮추기 위한 공식적인 이익 및 예산통제에 중점을 둘 것이다. 변하지 않는 제품과 고정된 절차로 인해 과업이 최소단위로 분업화되고 일상화되고 표준화됨으로써 비숙련노동자에게도 적합하게 될 것이다. 따라서 과학자나 엔지니어와 같은 전문가의 필요성이 높지 않다. 또한 과업의 반복성으로 인해 상호의존성보다는 위계구조에 의한 일반적인 상하관계가 형성되어, 권한의 하부 위양보다는 위계구조에 의한 수직적 통제방식에 의해 과업 간의 조정이 이루어지게 될 것이다.

이상의 내용을 요약한다면 혁신차별화전략은 불확실성이 높은 환경에 적합하며, 혁신차별화전략을 수립하고 실행하기 위해서는 분권화된 수평적 조직구조가 뒷받침되어야 한다는 것이다. 그리고 원가우위전략은 이와 상반되는 적합성이 요구된다고 하겠다.

8.5 적합성에 대한 비판

지금까지 외부환경-내부환경-전략 간의 적합성이 달성될 때 기업의 성과가 높아진다는 점에 대해서 살펴보았다. 그런데 적합성이라는 전략경영의 주요 전제에 대한 비판이 제기되기도 한다. 하멜과 프라할라드(G. Hamel and C.K. Prahalad, 1989)는 서구기업이 전략적 적합성에 중점을 둠으로써 일본기업과의 경쟁에서 패배하였다고 한다. 서구기업은 보유자원과 외부기회와의 적합성에 중점을 두고 있는 데 반해, 전략적 의지를 중시하는 일본기업은 보유자원과 목표 사이에 극단적인 부조화를 발생시킨다는 것이다. 이에 따라 서구기업은 기업의 자원규모에 맞도록 목표를 조정하는 데 중점을 두는 반면, 일본기업은 얼핏 보아 달성할 수 없다고 생각되는 목표(부적합성)를 설정하고 이를 달성하기 위해 내부자원을 최대로 활용하는 데 중점을 둔다는 것이다. 그래서 최고경영자는 새로운 핵심역량을 체계적으로 구축함으로써 조직이 부적합성의 갭을 메우도록 추진한다고 한다. 기업이 핵심역량을 구축하고 이를 적극 활용하여야 한다는 이러한 주장을 레버리지 모형(leverage model)이라고도 한다.

이상과 같은 맥락에서 미국기업의 일반적 전략수립과정에 대한 비판이 제기되기도 한다. 특히, 합리적 분석모형에 따른 미국기업의 전략수립과정은 기존시장의 고객수요를 만족시키는 데는 적합하나 새로운 시장을 창출하는 데는 뒤떨어진다는 것이다. 따라서 합리적 분석모형의 목적 → 방법 → 수단(ends → way → means) 논리를 역순으로 바꾸어 수단 → 방법 → 목적(means → way → ends) 논리로 대체하는 접근법을 강조한다. 합리적 모형의 전략계획과정은 목표(ends)를 설정하고 이를 달성하기 위한 전략(ways)을 개발한 후, 전략을 실행하기 위해 필요한 내부자원(means)을 활용하는 순서를 거친다. 이러한 순서는 다음의 두 가지 논리에 의해서 뒷받침된다.

첫째, 목표를 달성하기 위해서 어떻게 할 것인가(방법)를 결정하기 전에 그 목표를 알아야 된다는 것이다(목표 → 방법). 둘째, 전략이 다르면 전략을 실행하기 위해 필요로 하는 자원믹스가 다를 것이므로 전략을 선택하기도 전에 자원을 미리 개발해 놓을 경우, 어떤 자원은 부족하고 어떤 자원은 남아도는 결과가 나타날 수 있다. 따라서 효율성을 극대화하기 위해서는 전략을 실행하는 데 필요한 자원(수단)을 조달하기 전에 전략을 선택하는 단계가 앞서야 한다는 것이다(방법 → 수단).

이상과 같은 논리는 환경과 경쟁의 본질에 대해 다음과 같이 가정하고 있다. 첫째, 경쟁환경이 예측가능하며 기업이 나아갈 진로를 지도상의 도로와 같이 명백하게 나타낼 수 있다. 그리고 합리적 목표는 의도적 행동을 통해 달성가능하며, 이들 목표로 나아가는 것이 측정가능하고 통제가능하다. 둘째, 기업 자체의 안정성을 가정하고 있다. 기업의 가치관이나 욕구가 계획기간 동안 변하지 않으며, 한번 설정된 목표는 이후에도 바람직할 것이라고 가정한다. 따라서 이러한 가정이 충족될 경우 경영자들은 의사결정시점에 있어서 정태적 최적화에만 관심을 가지면 된다.

이상과 같은 접근법에 문제가 발생할 수 있는 것은 ① 목표의 설정, ② 이러한 목표를 달성하기 위한 방법, ③ 이들 방법을 실행하는 수단, ④ 이들 목적 방법 수단의 순서를 연결하는 논리에 문제가 있을 때이다. 예컨대 목표의 설정에 있어서 목표가 너무 단기적이거나 계량화되어 있을 경우 보다 중요한 목표, 예컨대 전략적 의지와 같이 정량적인 목표가 배제될 수 있다.

현실적으로도 이상의 두 가지 가정이 쉽게 충족된다고 볼 수는 없다. 이에 따라 수단-방법-목적의 논리는 기업이 보유한 자원과 능력이 목적을 달성하기 위해 사용가능한 수단이고, 이러한 수단을 활용하는 방법이 전략이라고 한다면, 기업은 자원과 능력을 개발하기 위한 투자를 먼저 하여야 한다. 이는 유능한 경영자나 우월한 생산기술과 같은 주요 자원은 기업이 필요로 할 때 항상 조달할 수 있거나 구입할 수 있는 것이 아니기 때문에, 먼저 기업전반에 걸쳐 자원을 개발하고 축적하는 데 주력해야 한다. 예컨대 기업은 종업원과 경영자들을 다양한 업무에 맞게 훈련시키고, 경쟁환경이나 특정경쟁기업의 행동에 대해 교육시키고, 문제를 파악하고 해결하는 능력을 가르치며, 새로운 기술과 기법을 습득하고 실험함으로써 자신의 능력과 한계를 파악하게 한다는 것이다. 자원과 능력을 개발하고 축적한 후에 시장기회가 대두되면, 이들 자원과 능력을 시장기회와 결합시켜 활용하여야 한다는 것이다. 따라서 계획(전략)을 수립하고 이를 실행하기 위한 자원과 능력을 찾는 순서를 거꾸로 하여, 자원과 능력을 구축하고 이들을 적극적으로 활용하기 위한 계획(전략)을 개발하여야 한다는 것이다.

제8장 토의자료

상황적합성이론

그동안 경쟁현상을 가장 자주 다뤄온 학문 분야는 경제학과 경영학의 전략경영이다. 우리에게 잘 알려진 경쟁전략의 대가 포터(M.E. Porter) 교수도 경제학으로 박사 학위를 받은 후 하버드 경영대학원에서 전략경영을 강의하고 있다. 경제학과 전략경영분야에서는 같은 시장에서 같은 사업을 하는 기업들이 기본적으로 경쟁관계에 있다고 전제하고 경쟁자들의 수가 증가할수록 그 시장에서 경쟁의 강도가 높아져 자신의 이익에 부정적 영향을 미친다고 봤다. 따라서 가급적 경쟁자의 힘을 약화시키거나 경쟁사 숫자를 줄이려고 노력한다. 기업들은 잠재적 경쟁자인 동종 기업의 시장 진입이나 성장을 경계하고 퇴출이나 약화를 반긴다. 그리고 경쟁에서 유리한 입장에 서서 상대에게 이기기 위해 다양한 경쟁우위 원천들을 기업 내외부로부터 찾는 데 몰두한다. 또 경쟁을 통해 시장은 상대적으로 우월한 상품이나 서비스를 제공하는 기업들을 살아남게 하고 열등한 상품이나 서비스를 제공하는 기업들을 퇴출시켜서 장기적으로 사회가 발전한다고 믿는다.

언뜻 볼 때는 경쟁현상에 대한 이런 기존 시각들이 경쟁의 핵심적 성격들을 모두 꿰뚫고 있는 듯하나 조직이론적 관점에서 이런 경쟁론들은 단순하고 표면적이어서 경쟁이라는 흥미로운 현상의 기저에 깔려 있는 심층적 본질과 다이내믹스를 제대로 보여주지 못한다. 조직이론은 같은 산업에서 사업을 하는 동종의 기업들이 반드시 경쟁자는 아니며, 또 경쟁자의 증가가 반드시 자신에게 불리한 것도 아니고 어떤 경우에는 오히려 득이 될 수도 있다고 주장한다. 그리고 객관적으로 우월한 상품이나 서비스를 제공한다고 해서 경쟁에서 반드시 유리한 것은 아니라고 본다. 그렇다면 모든 사회과학 가운데 가장 깊이 있고 폭넓은 분야라고 평가받는 거시조직이론에서 보는 경쟁의 본질은 무엇일까?

상황적합성이론과 조직이론적 경쟁론의 출발

거시조직이론에서 처음으로 조직 간 경쟁에 초점을 맞춘 이론은 1950년대 중반에서 1970년대까지 조직이론의 발전을 주도한 상황적합성이론(contingency theory)이다. 우드워드(J. Woodward), 챈들러(A. Chandler), 퍼로(C. Perrow), 톰슨(J. Thompson), 로렌스(P. Lawrence), 로시(J. Lorsch), 차일드(J. Child) 등 기라성 같은 조직이론의 거장들이 20여 년에 걸쳐 조직의 경쟁우위 원천에 대한 이론을 발전시켰다.

상황적합성이론에서 강조하는 경쟁우위의 가장 중요한 원천은 조직 성과에 영향을 미치는 조직 내외부의 다양한 상황 요소들 사이의 얼라인먼트(alignment), 즉, 적합성(fit)이었다. 상황적합성 이론가들은 기업들이 경쟁우위 창출의 원천이 될 수 있는 전략이나 기술, 구조, 제도 등을 똑같이 사용해도 시장경쟁에서 전혀 다른 성과를 낸다는 사실에 주목했다. 그 이유는 어떤 기업들은 이 상황 요소들이 일관성 있게 같은 방향으로 작용해서 시너지를 창출하는 반면 다른 기업들에서는 이 요소들 사이에 일관성이 없고 서로 충돌하기 때문이다. 즉 상황적합성이론은 어떤 전략이나 기술, 구조, 제도도 그 자체로는 경쟁우위의 원천이 되지 않으며 반드시 그 기업이 처한 환경이나 다른 상황 요소들과 서로 일관성 있게 같은 방향으로 작용하는가의 여부인 적합성(fit)을 봐야만 판단할 수 있다고 주장한다.

상황적합성이론에서 특히 관심을 가진 요소는 환경과 전략, 조직구조 사이의 적합성이다. 즉, 어떤 전략이 바람직한가는 그 전략의 내부 논리만으로는 판단할 수 없고 주어진 환경의 요구에 적합해야 하며, 또 조직구조는 전략과 얼라인먼트 돼야 한다는 것이다. 조직이론의 거장이자 경영사 분야의 개척자인 거장 챈들러(A. Chandler)는 환경과 전략, 조직구조 사이의 적합성을 '구조는 전략을 따른다(Structure follows strategy)'라는 유명한 명제로 표현했다. 이는 특정 조직구조가 베스트 프랙티스로서 항상 우월한 성과를 창출하는 것이 아니라 그 기업이 선택한 전략과 얼라인먼트 돼야 하고, 또 그 전략은 주어진 환경에 적합해야 한다는 뜻이다. 챈들러의 이 선언은 전략경영이라는 학문 분야가 탄생하는 계기가 되기도 했다.

따라서 상황적합성이론 관점에서 볼 때 경쟁에서 이기는 방법은 환경-전략-구조 사이의 적합성 수준을 경쟁자들보다 더 높이는 것이다. 그러면 시장 경쟁은 적합성 수준이 낮은 기업들을 퇴출시키고 적합성 수준이 높은 기업을 생존시키는 일종의 진화론적 자연선택을 한다는 설명이다. 따라서 상황적합성 이론 주창자들은 기업이 얼라인먼트를 맞춰야 할 핵심 상황요소들을 분류하고, 또 이 상황들마다 적합한 전략과 조직구조의 유형들을 체계화해 이들 사이의 적합성 여부를 평가하려는 연구들을 수행했다. 포터(M.E. Porter)의 '5 Forces Model'은 당시 하버드 경영대학원의 동료들인 상황적합성 이론가 로렌스(P. Lawrence)나 챈들러(A. Chandler)의 상황적합성 모형에 영향을 받아 자신의 산업조직경제학의 독과점시장이론과 시장통제이론 등에서 제시된 경쟁환경의 요소들을 상황적합성이론 스타일로 도식화한 것이다.

상황적합성이론은 조직이론 패러다임들 중 경쟁에 대해 본격적으로 연구한 최초의 이론이다. 하지만 그 내용을 자세히 살펴보면 경쟁자들이 직접 경쟁적으로 상호작용하는 과정이나 구조에 대한 설명은 거의 없고 각 기업들이 환경과 전략, 조직구조 사이의 적합성을 최대한 높이기 위해 노력하면 시장이라는 환경이 상대적 적합성 수준을 기준으로 이들을 생존시키거나 사멸시킨다고 주장한다는 점에서 한계가 있다. 즉, 상황적합성이론은 경쟁에 대한 이론이기는 하나 구체적인 경쟁자는 등장하지 않고 환경이라는 존재를 통해 간접적으로 경쟁하는 조직들의 모습을 그리고 있다. 이런 상황적합성이론의 미성숙한 진화론적 관점을 훨씬 더 높은 수준으로 발전시켜 본격적인 진화론적 경쟁이론을 완성시킨 조직이론 패러다임이 바로 조직생태학(Organizational Ecology)이다.

자료: 신동엽 교수, "경쟁? 일희일비하지 말고 큰 틀을 통찰하라," DBR(September 2011), pp. 48~50.

토의문제

1. 상황적합성이란 무엇을 의미하는가?
2. 상황적합성이론의 장점과 단점을 설명하라.
3. 상황적합성과 전략적 적합성의 차이를 설명하라.

참고문헌

Aaker, D.A., *Strategic Market Management*(2nd Edition), John Wiley & Sons, New York(1988).

Ackoff, R.L., *Scientific Method: Optimizing Applied Research Decisions*, John Wiley & Sons, New York(1962).

Chandler, A., *Strategy and Structure*, MIT Press, Cambridge, MA(1962).

Galbraith, J.R. and D.A. Nathanson, "The role of organizational structure and process in strategy implementation" in D. Schendel and C.W. Hofer(eds.), *Strategic Management: A New View of Business Policy and Planning*, Little Brown, Boston(1979).

Hamel, G. and C.K. Prahalad, "Strategic intent," *Harvard Business Review*(May-June 1989), pp. 63~76.

__________________________, "Strategy as stretch and leverage," *Harvard Business Review*(March-April 1993), pp. 75~84.

Hayes, R.H., "Strategic Planning Forward in Reverse?," *Harvard Business Review*(November-December 1985), pp. 111~119.

Hunger, J.D. and T.L. Wheelen, *Strategic Management*(Fourth Edition), Addison Wesley Publishing Company(1993).

Hax, A.C. and N.S. Majluf, The Strategy Concept and Process: A Pragmatic Approach, Prentice Hall International(1991).

Labich, K., "Why companies fail", *Fortune*(November 14, 1994), pp. 22~32.

Miller, D., "Relating Porter's business strategies to environment and structure: Analysis and performance implications," *Academy of Management Journal*, Vol. 31(1988), pp. 280~308.

________, "Generic strategies: Classification, combination and context," *Advances in Strategic Management*, Vol. 8(1992), pp. 391~408.

________, "The structural and environmental correlates of business strategy," *Strategic Management Journal*, Vol. 8(1987), pp. 55~76.

Peteraf, M.A. and R. Reed, "Managerial discretion and internal alignment under regulatory constraints and change," *Strategic Management Journal*, Vol. 28(2007), pp. 1089~1112.

Porter, M.E., *Competitive Strategy: Techniques for Analyzing Industries and Competitors*, Free Press, New York(1980).

__________, *Competitive Advantage: Creating and Sustaining Superior Performance*, Free Press, New York(1985).

__________, "Towards a dynamic theory of strategy," *Strategic Management Journal*, Vol. 12(1991), pp. 95~117.

Porter, M.E. and N. Siggelkow, "Contextuality within activity systmes and sustainability of competitive advantage," *Academy of Management Perspectives*, Vol. 22, pp. 34~56.

Tan, J.J. and R.J. Litschert, "Environment strategy relationship and its performance implications: An empirical study of the chinese electronics industry," *Strategic Management Journal*, Vol. 15(1994), pp. 1~20.

Venkatraman N. and J.C. Camillus, "Exploring the concept of "Fit" in strategic management," *Academy of Management Review*, Vol. 9(1984), pp. 513~525.

Venkatraman, N. and J.E. Prescott, "Environment strategy coalignment: An empirical test of its performance implications," *Strategic Management Review*, Vol. 11(1990), pp. 1~23.

Weihrich, H., "The TOWS matrix: A tool for situational analysis," *Long Range Planning*(April 1982).

Zolt, C. and R. Amit, "The fit between product market strategy and business model: Implications for firm performance," *Strategic Management Journal*, Vol. 29(2008), pp. 1~26.

09

STRATEGIC MANAGEMENT

제 9 장

자원준거관점과 내부자원

어디서 경기할지를 결정했다면, 어떻게 승리할지 고민해야 한다. 바로 다른 기업엔 없고 우리 회사에만 있는 강점, 즉 핵심 역량을 찾아내 강화하는 것이다.

"핵심 역량을 발견하는 건 내일이 될 수도 있고, 3~4년 뒤가 될 수 있어요. 그게 뭔지 깨닫기 어려워요. 일단 먼저 승리를 뒷받침하는 요소를 찾아야죠. 그걸 찾고 그 요소를 강화할 때 '아! 이건 핵심 역량이 될 수 있겠다'라고 받아들이는 겁니다."

그는 미국 보험회사 '프로그레시브 인슈런스'를 예로 들었다. 이 회사는 자신의 고객 데이터베이스를 다른 관점에서 봤다. 보통 보험회사는 고객의 나이, 차종, 사고 이력으로 보험료 등을 정한다. 그런데 이 회사는 '운전 습관'이란 새로운 기준을 도입했다. 이를테면 장거리 운전을 많이 하는 운전자에겐 보험료를 높게 매기고, 출퇴근이나 쇼핑 정도의 단거리 운전을 많이 하는 사람은 보험료를 적게 매기는 방식이다. 이 회사는 이 기준을 도입하기 위해 15년을 준비했다. 마틴 교수는 "운전 습관이 운전자의 위험을 잘 예측할 수 있다는 자기 회사만의 핵심 역량을 발견한 것"이라고 말했다.

그럼 P&G의 핵심 역량은 무엇일까. 소비자를 정확히 이해하는 역량이 그 첫 번째다. P&G 특유의 밀착형 소비자 조사가 이를 가능하게 한다.

2005년 P&G가 인수한 면도기 회사 질레트가 인도시장에 진출할 때의 일화가 있다. P&G는 자신의 방식 그대로 질레트 직원들을 인도에 2주간 보내기로 했다. 인도의 가정을 방문해 소비자가 어떻게 면도를 하는지 파악하고, 이발소를 찾아가 면도하는 장면을 보고, 소비자와 함께 쇼핑도 하게 했다.

질레트 직원들은 처음에 "왜 굳이 인도에 가야 하나? 미국에도 인도 사람이 많지 않으냐, 그들을 모으면 되지 않으냐"고 했지만, 결국 인도에 갔다. 그들은 인도 남자들이 대부분 찬물 한 컵만 가지고 면도한다는 사실을 알아냈다. 기존 선진국의 이중, 삼중 면도날은 뜨거운 물에 씻지 않으면 털이 날을 막히게 해 면도가 어려웠다. 그래서 인도에서는 면도날이 한 개뿐인 싱글 블레이드 면도날 '질레트 가드'를 출시해 판매에 성공했다.

외부 전문가의 기술과 의견을 적극적으로 수용하는 개방형 혁신도 P&G의 핵심 역량 중 하나다. 예컨대 향수 장인들로 팀을 꾸려 향수를 개발하고, 피부과 전문의를 초대해 피부 관리 제품을 만든다. 혁신적인 새 브랜드의 50% 이상은 최소 1개 이상의 외부 제휴업체와 협업한 결과였다.

– 로저 마틴(캐나다 토론토대 경영대학원 교수)

제9장 들어가면서

크게 될 기업은 보유자원이 다르다.

"될성부른 나무는 떡잎부터 알아본다."는 속담이 있다. 크게 자랄 나무는 막 싹을 틔우는 떡잎부터 다르다는 말이다. 이를 사람에 적용시켜, "장래에 크게 될 사람은 어릴 때부터 다르다."는 뜻으로 사용한다. 이런 논리를 기업에 적용시켜서, "장래에 크게 될 기업은 벌써 보유하고 있는 자원이 다르다."고 주장하는 이론이 자원준거관점(a resource-base view)이다.

지금까지 우리가 논의하고 있는 경쟁은 완제품 시장(product market)에서 이루어지는 경쟁이다. 소비자가 라면을 사러 대형마트에 가는 경우를 상상해보자. 대형마트에 가면 판매대에 다양한 종류(면, 맛, 가격, 브랜드 등)의 라면이 전시되어 소비자가 선택해 주기만을 기다리고 있는 상황이 바로 완제품 시장의 경쟁이다.

자원준거관점은 기업이 만들어 내는 제품을 보기 전에 그 기업이 어떤 자원들을 보유하고 있는지를 알면, 그 기업이 크게 될 나무인지 아닌지를 안다고 주장한다. 예컨대, 어떤 회사가 실제로 제조한 라면을 끓여서 맛보기도 전에, 그 회사의 구성원들이 뛰어난 역량을 가진 사람들이라면, 그 회사는 라면 시장에서 성공한다고 보는 것이다. 이러한 시각을 완제품 시장의 경쟁을 설명하는 이론과 대비시키면, 생산요소 시장(factor market)의 경쟁이라 할 수 있다.

완제품 시장에서의 전략은 시장에 출시될 최종 제품이 차별화우위(품질, 디자인 등)나 원가우위(낮은 가격이나 높은 마진)를 가지도록 하는 데 목적이 있다. 반면, 생산요소 시장에서의 전략은 뛰어난 역량을 가진 인재나 핵심역량을 경쟁기업보다 먼저 확보하고 개발하는 데 목적이 있다. 삼성그룹이 우수한 인재를 채용하기 위한 노력을 자원준거이론의 관점에서 보면 더 쉽게 이해할 수 있다. 그렇다면 어떤 인재와 자원을 확보하고 개발해야 하는가? 이 질문에 대한 답으로 자원준거이론은 네 가지의 기준을 제시하고 있다.

이 장에서는 자원준거관점을 중심으로 경쟁우위의 원천이 되는 내부자원의 종류에 대해서 살펴볼 것이다. 이를 위해 외부환경 분석에 중점을 두는 포터의 산업구조모형과 자원준거관점의 차이점을 간단히 비교해 보고, 자원준거관점이 중시하는 내부자원에 대해 구체적으로 살펴보기로 한다.

9.1 경쟁우위확보의 중요성

완전경쟁시장에서 기업이 누릴 수 있는 초과이익의 크기는 제한되어 있다. 그러나 현실적으로 기업은 완전경쟁시장에서 얻을 수 있는 이익수준, 즉 정상이윤을 넘어서는 초과이익을 얻을 수 있다. 이는 첫째로 기업이 사업영역으로 매력적인 산업을 확보할 수 있거나, 둘째로 경쟁기업보다 뛰어난 경쟁우위를 확보함으로써 가능하다. 그런데 초과이익을 획득할 수 있는 이상의 두 가지 대안 중에서 경쟁우위를 확보함으로써 초과이익을 획득하는 대안의 중요성이 최근에 와서 더욱 높아지고 있다. 이는 개방화와 글로벌화에 따르는 경쟁의 심화 현상과 산업의 동태적 성장과정에 수반되는 자연적인 현상으로 설명할 수 있다.

첫째, 전 세계적으로 진행되고 있는 개방화와 글로벌화라는 관점에서 볼 때, 각국의 무역 규제조치와 보호장벽이 완화됨에 따라 외국기업도 국내에서 동일한 조건하에서 국내기업과 경쟁할 수 있게 되었다. 이에 따라 각종 보호장벽과 규제조치로 외국의 경쟁기업을 배제시킴으로써 매력적 사업영역을 독점하는 것이 불가능해졌다. 더욱이 기업의 글로벌화가 고도화되고, 글로벌기업의 활동영역이 확산됨에 따라 이익 기회가 예상되는 사업영역은 국경을 초월하여 전 세계 기업의 각축장이 되고 있다. 그 결과, 과거 어느 때보다 매력적 사업영역을 독점적으로 확보하는 것이 점점 어려워지고 있다. 일시적으로 그러한 지위를 구축할 수는 있으나 중·장기적으로는 다른 기업들이 이를 허용하지 않을 것이다. 이에 따라 매력적 사업영역을 독점적으로 확보함으로써 초과이익이나 성장잠재력을 높일 수 있는 가능성은 점점 낮아지고 있다.

둘째, 산업의 동태적 측면에서 보더라도 지속적 경쟁우위를 확보해야 하는 중요성은 높아지고 있다. 산업의 초기에는 다른 경쟁기업이 진입하지 않기 때문에 독점적 이익을 누릴 수 있다고 하더라도, 시간이 지남에 따라 그 산업의 잠재적 이익규모와 매력도를 다른 기업도 알게 될 것이다. 이에 따라 그 산업에 진입하기 위한 경쟁기업의 노력은 증대될 것이므로 그 산업은 곧 치열한 경쟁에 당면하게 될 것이다. 이는 이미 제1장의 서두에서 어떤 산업이든 경쟁기업이 존재하지 않는 산업은 존재하지 않는다고 말한 바와 같다. 이상과 같은 측면에서 볼 때 경쟁기업에 비해 우월한 경쟁우위를 어떻게 확보하고 지속시킬 것인가 하는 문제가 경영전략에 있어서 주요한 과제로 대두되었다고 하겠다.

이상에서 살펴본 개방화와 글로벌화, 그리고 산업의 동태적 성장이라는 두 가지 요인을 고려해 볼 때, 전략의 핵심은 지속적 경쟁우위를 누리는 것이라고 할 수 있다. 그렇다고 매력적인 산업을 확보하는 의사결정문제(기업전략)가 중요하지 않다는 것을 의미하지는 않는다. 그 대신 매력도(수익성과 성장성)가 높은 산업을 독점적으로 확보함으로써 얻을 수 있는 초과이익의 지속기간이 갈수록 짧아지고 있는 추세를 강조하는 의미이다. 그렇다면 기업이 지속적 경쟁우위를 누리게 하는 요인은 무엇인가? 이는 외부환경(기회)에 적절하게 대응하였기 때문인가, 아니면 내부자원(강점)을 잘 활용하였기 때문인가? 여기에 대해서는 다음 절에서 보다 구체적으로 살펴볼 것이다.

9.2 초과이익의 지속성

기업이 뛰어난 성과를 지속시킬 수 있는 이유는 무엇인가? 이는 외부환경(기회)에 적절하게 대응하였기 때문인가, 아니면 내부자원(강점)을 잘 활용하였기 때문인가? 제8장에서 살펴본 전략적 적합성에 따르면, 성공적인 전략은 외부환경과 내부자원이라는 두 가지 측면을 다 고려하는 것이다. 즉, 기업은 외부기회에 대응하여 내부강점을 활용하고, 외부위협을 중화하거나 내부약점을 회피함으로써(외부환경과 내부자원 간의 적합성) 지속적 경쟁우위를 달성할 수 있으며, 이는 기업의 목표달성으로 연결된다. 전략경영이 발전하던 초기에는 양 측면(외부환경과 내부자원)의 적합성이 중요시되었다. 그러나 시간이 지남에 따라 학자들의 관심과 이론적 배경에 따라 한 측면에 중점을 두는 분화현상이 나타났다.

기업이 누리는 초과이익을 설명하는 연구는 크게 세 부분으로 나누어 진행되어 왔다. 첫째, 기업의 외부환경을 중심으로 기회와 위협에 중점을 두어 연구(외부환경과 전략 간의 적합성)하거나 둘째, 기업의 내부자원 즉, 강점과 약점에 중점을 두어 연구(내부자원과 전략 간의 적합성)하거나 셋째, 외부환경과 내부자원을 동시에 고려하여 연구(외부환경 - 내부자원 - 전략 간의 적합성)하는 것이다.

전략경영분야의 기존 연구는 첫 번째 연구 즉, 기업의 외부환경에 중점을 두는 연구가 대부분이었다. 기업의 외부환경에 중점을 두는 연구는 주로 산업조직론의 주요 개념과 이론을 이용하여 기업이 높은 성과를 달성하는 데 영향을 주는 외부환경요인, 특히 산업의 구조적 특징을 분석하는 데 중점을 두고 있다. 제4장에서 살펴본 포터의 산업구조분석모형도 자유로운 시장경쟁을 제한하는 외부경쟁요인(competitive forces)을 제시하고, 이를 통해 기업이 초과이익을 얻을 수 있는 가능성(산업의 매력도)에 대해서 설명하고 있다. 또한, 포터의 『경쟁우위(*Competitive Advantage*, 1985)』라는 연구에서는 경쟁전략분석을 확대하여, 산업환경에 적합한 포지셔닝을 통해 시장지위를 구축함으로써 지속적 경쟁우위를 달성하는 방법에 대해서 설명하고 있다. 이와 같이 외부환경에 중점을 두는 연구는 기업의 내부특성이 경쟁지위에 미치는 영향에 대해 큰 관심을 두고 있지 않다.

이에 비해 볼 때, 기업의 내부자원에 관한 연구는 상대적으로 덜 이루어졌다. 그동안 이루어진 내부자원에 관한 대부분의 연구도 전략의 실행문제에 중점을 두었다. 이에 따라 관심의 대상이 되었던 내부자원들은 주로 조직구조, 통제 및 유인 제도, 최고경영층의 리더십과 스타일 등과 같이 전략실행과 관련된 변수들이다. 그 결과 성과달성에 영향을 주는 이들 특성들이 기업이 활용 가능한 내부자산으로 간주되기보다는 전략선택을 제한하는 제약변수로 간주되거나, 아니면 수립된 전략을 실행하는 단계에서 고려해야 할 변수로 취급되었다.

이러한 맥락에서 기업의 내부자원에 중점을 둠으로써 기업의 성과를 설명하려는 시각이 등장하게 되었다. 이를 자원준거관점 또는 자원기반관점(a resource-based view)이라고 한다. 이 관점은 기업이 얻는 초과이익을 독점적 시장지위에 따르는 시장지배력의 결과로 보는 것이 아니라 독특한 자원의 결합에 대한 렌트(rent)로 인식함으로써, 기업이 보유하고 있는 특화되고 모방하기 어려운 자원의 중요성을 강조하고 있다. 이러한 자원을 창출하는 것이 최고경영자가 수행해야 할 기업가적 행동으로 보고 있다. 그러므로 경영전략의 중점은 내부자원의 존재와 질을 적절하게 파악하고, 이를 통해 제품시장의 지위를 구축하며, 이들 자원을 가장 효과적으로 활용, 유지, 확장하는 조치를 취하는 데 두어야 한다고 본다.

9.3 산업구조모형과 자원준거관점

앞에서 살펴보았듯이 기업의 뛰어난 성공을 설명하는 이론적 관점에는 다음의 두 가지가 있다. 첫 번째는 산업조직론의 개념과 이론에 의존하는 것이다. 전통적인 산업조직론은 진입장벽으로 대표되는 구조적 장벽을 강조하고, 기업이 속한 산업의 특성에 의한 산업효과(industry effect)가 지속적 초과이익을 설명한다고 한다. 여기에 관한 실증연구의 결과도 산업 내 경쟁요인을 제약하는 구조적 변수들이 존재하기 때문에 특정산업이 더욱 매력적이 되어 기업이 지속적 경쟁우위를 누린다는 것을 뒷받침하고 있다.

기업의 뛰어난 성과를 설명하는 두 번째 관점은 개별기업의 특이성(idiosyncrasy)에 중점을 두는 자원준거관점이다. 자원준거관점의 이론적 핵심은 기업을 유형자원과 무형자원의 독특한 집합체(unique bundle)로 파악하는 것이다. 기업은 장기간에 걸쳐 자원과 능력의 독특한 결합(unique combinations of resource and capabilities)을 구축하고 있는데, 이들 자원과 능력의 차별적 역량에 근거하여 경쟁우위를 얻을 수 있다는 것이다. 특히 자원준거관점은 기존 연구들이 상대적으로 등한시하였던 조직능력, 핵심역량, 기업문화, 경영자의 능력 등과 같은 무형자산을 중요하게 다루고 있다. 이러한 자산은 대부분 무형적이며 암묵적(intangible and tacit)이므로 경쟁기업이 모방하기가 어렵다. 따라서 기업의 경쟁우위가 다른 기업이 쉽게 구입하거나, 훔치거나, 모방하거나, 대체할 수 없는 전유적 자산(appropriatary assets)에 의해서 뒷받침될 때 경쟁우위는 지속된다. 내부자원의 속성과 경쟁우위의 지속성에 대해서는 다음 장에서 보다 구체적으로 살펴볼 것이다.

이런 점에서 볼 때 산업조직론에 근거를 둔 외부환경모형이 제품시장의 구조적 특징을 통해 전략을 파악하는 데 비해, 자원준거관점은 기업의 내부자원에 초점을 맞추고 있다. 특히 이들 자원이 요소시장에서 획득되거나, 아니면 자

표 9-1 산업구조모형과 자원준거관점의 비교

	산업구조모형	자원준거관점
자원의 이질성	• 보유자원의 동질성	• 보유자원의 이질성
자원의 이동성	• 기업 간에 이동 가능함 (요소시장에서 즉시 구입 가능함)	• 기업 간 이동이 어려움 (요소시장에서 구입하기 어려움)
분석 중점	• 기업의 외부환경, 특히 산업구조 (산업의 매력도)	• 기업의 내부환경 (보유자원 및 능력)
초과이익의 근거	• 시장지배력 (제품시장의 불완전성)	• 독특한 자원에 대한 렌트 (요소시장의 불완전성)

체 개발되어 축적되는 과정을 밝힘으로써 지속적 경쟁우위의 원천을 설명한다는 데 자원준거관점의 독창성이 있다. 산업구조모형과 자원준거관점의 차이를 좀 더 구체적으로 비교해 보면 〈표 9-1〉과 같다.

산업조직론에 이론적 근거를 둔 포터 모형은 다음의 두 가지 측면을 가정하고 있다. 첫째, 같은 산업에 속한 기업들은 그들이 보유하고 있으며 통제 가능한 자원과 전략에 있어서 기본적으로 동일하다. 전략이 같다는 것은 엄밀하게 볼 때, 다음의 세 가지 조건이 충족될 때 가능하다. ① 기업들이 합리적인 의사결정을 한다는 것이며, ② 기업들의 목표가 동일하다는 것이며, ③ 기업들이 동일한 정보를 보유하고 있다는 것이다. 이 경우 유사한 환경에 속한 기업들은 동일한 전략적 선택을 할 것이다. 둘째, 산업이나 기업집단(전략집단) 간에 보유자원의 이질성(heterogeneity)이 존재할 경우, 이들 자원은 기업 간에 이동가능(mobile)하기 때문에 자원의 이질성은 곧 사라질 것이다. 즉, 기업은 필요한 자원을 전략적 요소시장에서 구매하거나 불필요한 자원을 매각할 수 있으므로 자원의 이질성은 일시적 현상이라고 가정한다.

이상의 두 가정은 외부환경이 기업성과에 미치는 영향을 명확하게 이해하는 데 도움을 주는 것임에 틀림이 없다. 예컨대 우수한 경영능력이나 자원을 시장에서 구입가능하다고 가정함으로써 기업의 내부조건을 동일하게 만든 후, 참가기업들의 초기조건(산업구조, 전략적 지위, 행동반경 등)의 차이로 인하여 발생하는 성과차이를 연역적으로 도출할 수 있다. 따라서 산업구조모형은 제품시장

(산업)마다 다른 외부경쟁요인과 진입장벽을 분석함으로써 산업에 참가하는 기업의 수익성을 평가하는 데 유용한 분석수단이 된다. 또한 산업의 핵심성공요인을 도출하는 데 있어서도 필수적으로 사용하여야 할 분석수단이다.

경쟁우위에 관한 자원준거관점은 기업의 내부특성과 기업성과 간의 연관성을 중시하기 때문에 이들 가정들과는 양립할 수 없다. 다시 말해 자원준거관점은 경쟁우위의 원천이 되는 자원에 있어서 기업 간의 동질성과 이동성을 인정하지 않는다. 자원준거관점은 첫 번째로 기업이 통제 가능한 전략적 자원에 있어서 동일산업에 속하는 기업 간에도 이질적이라는 것을 전제로 하며, 두 번째로 이들 자원은 기업 간에 완전하게 이동할 수 없다고 본다. 따라서 자원의 이질성은 장기간 지속될 수 있다고 보며, 이것이 경쟁우위의 지속성을 뒷받침한다고 본다. 자원준거관점은 경쟁우위의 지속성에 있어서 이상의 두 가지 가정, 즉 자원의 이질성과 자원이동의 불완전성이 어떤 의미를 갖는가 하는 점에 초점을 맞추어 이론을 발전시켜왔다. 이에 따라 기업 간의 성과차이를 설명하는 데 있어서도 두 접근법이 서로 다르다. 산업구조모형에 따르면 시장지배력(진입장벽의 구축 등)을 가진 기업이 산출물을 의도적으로 제한함으로써 제품시장(product market)의 불완전을 초래하고, 이를 통해 초과이익(독점이익)을 얻게 된다. 그러나 자원준거관점에서 볼 때 기업이 얻는 초과이익은 공급이 제한된 우월한 자원에 대한 렌트를 의미한다. 즉 요소시장(factor market)의 불완전으로 인한 공급의 부족, 또는 자원의 본질적 희소성에 의해서 초과이익이 발생한다고 본다.

전략의 목적이 내부환경과 외부환경 간의 적합성을 모색하는 데 있다고 한다면, 기존 연구에서 등한시하였던 내부환경에 대한 연구가 뒷받침되어야 전략이 기업성과에 미치는 영향을 완전하게 이해할 수 있을 것이다. 이런 점에서 자원준거관점의 의의를 찾아 볼 수 있기도 하다.

9.4 내부자원의 종류

자원준거관점은 기업이 보유한 내부자원에 중점을 두고 유형자원과 무형자원의 독특한 집합체로 기업을 파악한다. 축적된 자원의 집합체로 기업을 설명한다는 것은 기업의 과거역사, 과거전략, 과거조직이 상호 결합하여 현재 보유하고 있는 자원의 독특한 집합체를 창출하였다는 것을 의미한다. 이는 기업이 과거에 다른 의사결정을 내렸더라면 자산축적의 경로가 달라졌을 것이고, 이에 따라 기업의 현재 모습도 달라져 있을 것이기 때문이다. 이런 점에서 본다면, 기업의 미래 전략도 역사에 의해서 결정될 것이다. 미래 전략은 현재 기업이 보유한 자원 수준에 의해서 영향을 받을 것이므로 미래 경로도 현재의 자원 수준에 의해서 결정될 것이기 때문이다.

이렇게 볼 때 모든 기업은 개별적으로 독특한 존재라고 할 수 있다. 왜냐하면 모든 기업은 그 기업이 지나온 역사를 통해 각각 다른 자원을 축적하였을 것이기 때문이다. 보다 중요한 사실은 이 과정에서 암묵적인 학습(tacit learning)과 동태적 일상성(dynamic routines)이라는 무형적 조직자산을 획득하였다는 것

그림 9-1 기업의 보유자원

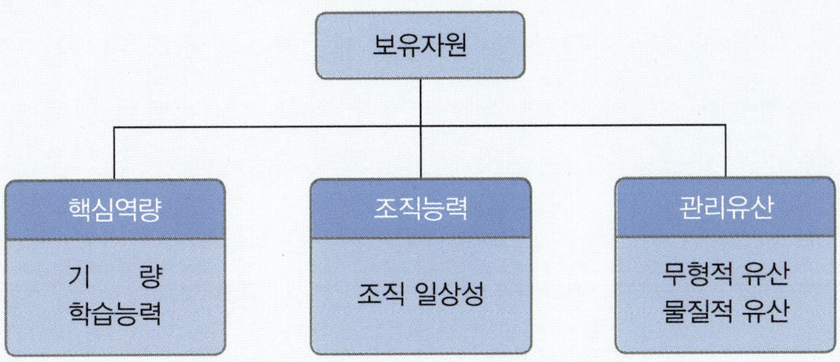

이다. 이런 조직자산을 다른 기업이 모방하기 위해서는 동일한 기간 동안의 비가역적 투자(irreversible investments)를 하고, 선두기업이 경험한 학습과정을 거쳐야 할 것이다. 그러므로 이러한 조직자산은 다른 기업이 쉽게 모방하기가 어렵다. 따라서 자원준거관점을 이해하기 위해서는 자원준거관점에서 보는 내부자원의 개념과 종류에 대해 이해하는 것이 필수적이다. 자원준거관점에서 중요시되는 자원으로는 핵심역량, 조직능력, 관리적 유산을 들 수 있다(〈그림 9-1〉 참조).

1. 핵심역량

핵심역량(core competence)은 경쟁기업에 비해 특별히 뛰어난 자원이나 능력을 의미한다. 차별화된 기술적 능력, 뛰어난 학습능력, 보완적 자산 등을 그 예로 들 수 있다. 프라할라드와 하멜(C.K. Prahalad and G. Hamel, 1990)은 물질적 자산의 중요성보다는 무형적인 자산의 중요성을 강조하여, 핵심능력을 조직의 집단학습(collective learning)으로, 특히 다양한 생산기량(production skills)을 어떻게 조정하고, 복수의 기술흐름(streams of technologies)을 어떻게 통합할 것인가에 관한 학습이라고 정의하였다. 이들은 집단학습이 뛰어난 기업은 학습을 통해 조직 전체의 기술과 생산기법을 통합하여 개별사업단위가 변화하는 기회에 신속하게 적응할 수 있는 능력을 창출한다고 보았다. 따라서 핵심역량은 기업의 자산투자에 대한 요약표라고 할 수 있으며, 종합적으로 기업의 전략적 지위를 결정하는 주요 결정요소라고 하였다.

그런데 모든 기업이 핵심역량을 개발하기를 원하지만 이러한 능력은 차별성(탁월성)이 뒷받침될 때 가치가 있다. 이는 경쟁적으로 독특하고 우월한 핵심역량만이 경제적 가치창출의 원천이 되기 때문에, 기업이 보유한 자원은 경쟁기업이 보유한 자원과 상대적으로 비교·평가되어야 한다는 것을 의미한다. 핵심역량에 대해서는 제5절에서 구체적으로 살펴볼 것이다.

2. 조직능력

조직능력(organizational capability)이란 조직이 습득한 동태적 일상성(dynamic routine)으로서의 무형자산을 의미한다. 구체적으로는 기업의 효율성과 효과성을 지속적으로 개선하고 증진시킬 수 있는 경영능력을 의미한다고 하겠다. 일반적으로 성공보다는 실패를 거듭하는 기업에서 발견되는 특징의 하나로 들 수 있는 것이 조직의 타성(inertia)이다. 타성은 환경변화에 원활하게 적응하지 못하는, 그래서 결과적으로 비생산적인 행동방식이나 일상성을 조직 내에 고착시킨다.

이에 비해 성공기업의 특징은 지속적으로 기업을 개선시키는 방향으로 외부변화를 혁신하고 수용하는 집단적 능력을 보유하고 있다는 것이다. 이러한 능력을 보유하기 위해서 기업은 혁신을 촉진하고, 집단적 학습을 조장하며, 조직 간에 정보와 기술을 이전시키는 동태적 일상성을 창조하여야 한다. 이러한 세 가지 활동이 원활하게 이루어질 때, 새로운 접근법이 시도되는 환경이 조성되며, 유익한 발전이 내부적으로 보전되며, 의사결정권이 적절한 지식을 가진 사람에게 귀속될 수 있다. 조직능력에 대해서는 제6절에서 보다 구체적으로 살펴볼 것이다.

3. 관리유산

위의 두 가지 자산과는 달리 관리유산(administrative heritage)은 전략선택에 있어서 조직의 제약조건으로 주로 작용한다. 관리유산은 무형적 문화유산과 물질적 유산으로 나눌 수 있다.

무형적 문화유산은 설립자 또는 지배적 관리자의 카리스마적인 리더십 스타일과 비전, 조직의 전반적 문화, 역사적인 상징적 행동 등을 의미한다. 이러한 무형적 요소들이 누적됨으로써 전략적 의사결정이 이루어지는 과정에 직접적으로 영향을 주거나, 개별기업의 문화를 다른 기업의 문화와 차별화시키기도 한다. 그리고 조직구조, 시스템, 절차, 과정 등도 무형적 문화유산에 속하는 데, 이들은 기업이 환경변화에 적응하는 과정에서도 좀처럼 변하지 않는다. 이에 따라 전략을 변화시키려는 기업의 의도적 노력에도 불구하고 문화유산은 전략변화의 속도와 방향을 제약하는 타성으로 작용한다. 따라서 조직구조와 같은 문화유산은 전략에 의해 결정되기도 하지만 그와 동시에 전략선택의 제약조건이 되기도 한다.

한편 물질적 유산에는 공장의 입지, 사무시설, 통신시스템, 기계장비 등이 포함되는데, 이들 요소 또한 의사결정에 영향을 준다. 예컨대 신규투자에 대한 의사결정은 이로 인해 영향을 받는 당사자들의 기득권과 조직 내 권력관계(문화유산)에 의해서 영향을 받을 뿐 아니라, 현존하는 물질적 자산(유산)에 의해서도 영향을 받는다. 또한 MIS(경영정보시스템)를 새로 구축하려고 할 경우 기존의 전산시스템과 하드웨어의 종류, 본사와 자회사 간의 통신 네트워크와 운영체제 등에 의해서 제약을 받을 것이다.

물질적 자산은 일반적으로 내구적 속성을 지니므로 대부분의 투자는 본질적으로 점진적 의사결정의 결과로 나타난다. 예컨대 공장이 지어지면 생산입지가 고정되므로 후속설비의 입지결정에 영향을 주게 된다. 비록 처음의 공장입지가 잘못 선정되었다고 하더라도, 이를 단기간 내에 새롭게 재구축하는 것이 불가능하므로 다음의 의사결정에 영향을 준다는 점에서는 마찬가지이다. 이렇게 본다면 기업은 조직시스템의 전체 구성을 일시에 변화시킬 수 없으며, 장기간의 점진적 조정을 통해 전체를 재구축할 수 있을 뿐이다.

이상의 내용을 고려해 볼 때 관리유산은 전략에 대한 기업특유의 제약조건으로 작용하는 누적자산의 일부라고 하겠다. 따라서 기업의 제품시장과 요소시장이라는 외부환경요인만을 고려해서는 기업의 행동을 정확하게 설명할 수가 없다는 것이 자원준거관점의 기본 관점이다. 그리고 누적자산의 영향으로 인해 기업의 자산구성을 외부환경요인에 맞추어 한순간에 최적화할 수 없다는 것이다.

9.5 핵심역량과 경쟁우위

1. 핵심역량의 중요성과 개념

1990년대 이후 기업이 누리는 경쟁력의 원천으로 특히 강조되고 있는 것이 핵심역량이다. 탁월한 핵심역량의 개발과 축적이 기업성공의 필수적 요건으로 지적되고 있다. 프라할라드와 하멜에 의하면 1970년과 1980년대에 걸쳐 미국기업이 일본기업에 비해 시장에서의 성공이 상대적으로 적은 것은 핵심역량을 개발하여 축적하지 못하였기 때문이라고 한다. 더구나 미국기업이 일본기업에 비해 전반적인 기술능력, 인적 자원, 자본축적 면에서 상당한 우위에 있음에도 불구하고, 핵심역량을 개발하기 위한 의지와 조직구조가 뒷받침되지 않음으로써 장기적으로 시장에서의 경쟁적 지위를 구축하는 데 실패한 것으로 설명되고 있어 핵심역량의 중요성이 더욱 강조되고 있다.

핵심역량의 예로는 소니(Sony)의 소형화능력과 월트 디즈니(Walt Disney)의 애니메이션(animation) 제작능력을 들 수가 있다. 하나의 칩 위에 라디오를 설치하는 이론적 지식만으로는 명함보다 크지 않은 초소형라디오를 생산할 수 있는 기량을 제공해 주지는 않는다. 이를 위해서는 소형화, 마이크로프로세서 설계, 재료과학, 초박형 정밀 케이스 짜기 등의 노하우를 조화시켜야 한다. 또한 월트 디즈니가 전 세계인이 감동하는 애니메이션을 만들 수 있는 것은 뛰어난 애니메트로닉스(애니메이션과 일렉트로닉스(electronics)의 합성어로 기계적 뼈대나 전자 회로를 가지고 제작한 실물과 흡사한 캐릭터를 원격 조정을 통해 움직이게 하는 기술), 탁월한 스토리 개발과 스토리 텔링 기술, 독특하면서도 친숙한 캐릭터의 창조 능력, 테마파크의 효율적 운영 경험이 결합된 것이라고 할 수 있다.

이상의 예를 통해, 앞절에서 핵심역량을 다양한 생산기량을 어떻게 조정하고, 복수의 기술흐름을 어떻게 통합할 것인가에 관한 학습이라고 정의한 의미가 무엇인가를 알 수 있다. 이러한 핵심역량은 사용할수록 감소하는 것이 아니라 여러 곳에 응용하여 사용할수록, 또한 기업 전체가 공유할수록 오히려 향상된다. 핵심역량은 현재의 사업단위들을 연결시켜 주는 역할을 하게 되며, 새로운 사업을 개발하는 데 있어서 원동력이 된다. 기업이 보유하고 있는 핵심역량의 유형에 의해 다각화의 방향과 새로운 시장으로의 진입여부가 결정된다. 따라서 경쟁기업의 핵심역량을 보면 잠재적인 시장진입의 방향을 예측해 볼 수 있을 것이다. 어떤 기업이 디스플레이 부분에서 탁월한 핵심역량이 있다면, 그 기업은 앞으로 전자계산기, 소형 텔레비전, 랩탑 컴퓨터의 모니터 등의 산업에 진입할 수 있는 잠재능력이 있다고 하겠다. 따라서 일본의 카시오(Casio)가 휴대용 텔레비전 산업에 진입하는 것을 사전에 예측할 수 있다.

핵심역량을 더 잘 이해하기 위해서는 핵심제품이라는 개념에 대한 이해가 필요하다. 핵심제품(core product)이란 기업의 탁월한 핵심역량을 물리적으로 체화하고 있는 것(physical embodiment)이다. 시장에서 소비자를 대상으로 판매되는 제품이 최종제품(end product)이라고 한다면, 핵심제품은 최종제품의 가치증대에 실질적으로 기여하는 부품이나 중간재를 의미한다. 혼다의 자동차엔진이 이러한 핵심제품의 좋은 예라고 하겠다.

특정분야의 핵심역량에서 세계적 지위를 유지하기 위해서는 핵심제품의 전 세계적 시장점유율을 높이기 위해 노력하여야 한다. 이에 따라 최종제품의 시장점유율과 핵심제품의 시장점유율이 차이가 날 수 있다. 캐논은 데스크탑용 레이저 프린터의 엔진(핵심제품)에 있어서 전 세계 시장의 84%를 점하고 있으나, 캐논의 레이저 프린터(최종제품)의 세계시장점유율은 그야말로 미미한 정도이다. 미쯔비씨는 에어콘의 컴프레셔(핵심제품)에 있어서 전 세계 시장의 40% 정도를 점하고 있으나, 에어컨과 냉장고산업(최종제품)에 있어서의 시장점유율은 아주 적다. 이와 반대로 최종제품의 시장점유율이 핵심제품의 시장점유율보다 높은 경우도 있다. 중간재나 부품을 원재료나 임금이 저렴한 외국기업에서 조달하여 최종제품을 조립 생산하는 기업이 여기에 해당된다.

다각화기업을 〈그림 9-2〉와 같이 나무에 비유할 수가 있다. 나무의 둥지와 큰 가지는 그 기업의 핵심제품에 비유할 수 있으며, 작은 가지들은 전략적 사업단위에, 잎과 꽃 그리고 열매는 최종제품에 비유할 수 있다. 그리고 이들에게 자양분을 공급해 주고 나무를 지탱하여 안정성을 유지해 주는 뿌리는 탁월한 핵심역량에 해당된다고 하겠다. 이렇게 본다면 기업을 분석할 때 최종제품에 중점을 두어 분석할 경우, 잎이나 가지를 보고 나무 전체를 평가하는 것과 마찬가지로 경쟁기업의 진정한 경쟁력을 간과할 수 있다.

따라서 자사의 경쟁력을 평가할 때 최종제품에 중점을 두어, 최종제품의 가격 대비 성능을 경쟁기업과 비교하여 평가한다면 핵심역량의 배양이라는 측면에 위배되는 결과를 초래할 수도 있다. 예컨대 기업이 비용측면을 중시한 나머지, 핵심부품을 자체적으로 생산하기 위해 필요한 내부투자를 등한시하고 외부공급업자들에게 의존할 경우(OEM 방식) 기업의 핵심역량이 쇠퇴할 가능성이 높다. 외부에서 부품을 조달할 경우 경쟁시장에 신속하게 진입할 수 있으며, 단

그림 9-2 핵심역량: 경쟁력의 근원

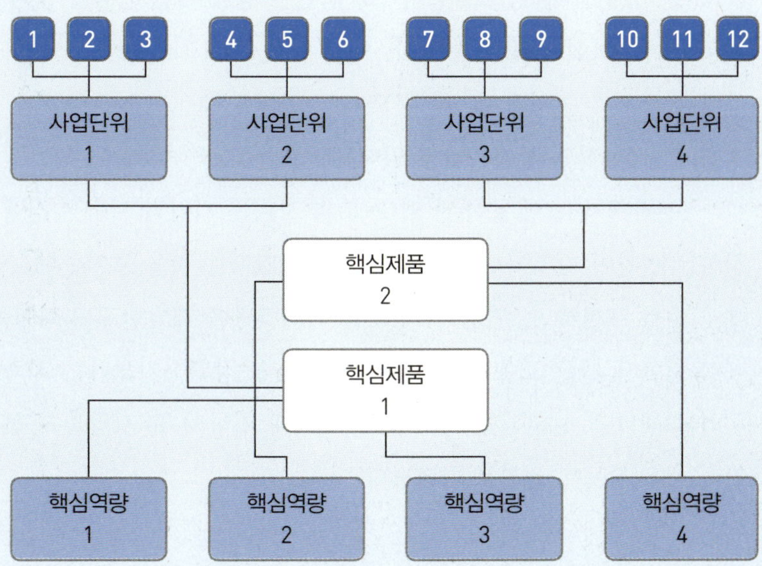

자료: C.K. Prahalad and G. Hamel, "The core competence of the corporation," *Harvard Business Review*(May-June 1990), p. 81.

기적으로 비용 면에서 유리한 입장에 설 수도 있다. 그러나 다음 세대의 경쟁력 있는 제품을 개발하는 데 필요한 기술(핵심역량)은 핵심부품을 외부에서 조달하거나 OEM 방식을 통해서 빌려올 수 있는 성질의 것이 아니다. 최종제품에 있어서 세계적 선도기업이 되는 데 필요한 사람에 체화된 기술(people embodied skills)을 축적할 수가 없으며, 새로운 핵심역량을 개발하는 기회를 상실하게 될 위험이 있다. 이러한 교훈은 많은 미국기업의 예에서 얻을 수 있다.

1980년에 GE, GTE, 모토롤라 등 미국과 유럽기업들은 컬러 텔레비전 산업이 성숙기에 접어든 것으로 판단하고 이들 산업에서 철수하였다. 비디오와 관련한 핵심역량을 개선시키고 응용할 수 있는 기회가 소진되었다는 관점에서 본다면 컬러 텔레비전 산업이 성숙기였다고 할 수 있었다. 그러나 실제로는 이들 기업이 컬러 텔레비전 산업에서 철수함으로써 비디오 관련 핵심역량에 의존하는 미래의 이익 기회에 등을 돌리는 결과가 되었다. 그 후 전개되는 LCD TV, LED TV, OLED TV 등으로 급속하게 발전해 온 유망산업에서 참여할 수 없었다. 이와 대조적으로 소니는 비디오테이프 부문(베타맥스 방식)에서 마쯔시타(VHS 방식)에 참패하였으나, 비디오 관련 역량에 대한 전념을 줄이지 않고 VCR 부문에 계속하여 중점을 두었다. 이에 따라 비디오테이프 녹화에 관한 핵심역량이 손상되지 않았으며, 현재 UHD(초고화질 ultra high definition) 분야에서도 경쟁하며 TV 산업에 참여하고 있다.

〈전략포커스〉에 소개된 델(Dell)의 사례는 기업의 지속적 경쟁우위를 뒷받침하는 원천이 기업이 보유한 핵심역량에 있다는 것을 보여준다. 자원준거관점에서 이를 표현하면, 기업 간 경쟁은 핵심역량을 개발하고 강화하는 경쟁이다. 이런 점에서 델은 보유하고 있는 핵심역량을 강화하기보다는 지속적으로 약화시키는 전략을 선택하였다. 이는 1980년대 미국의 TV기업들이 선택한 전략과 같이 매우 잘못된 결과로 나타났다.

이와 대비되는 기업이 나이키(Nike)다. 아웃소싱의 대가인 나이키는 마케팅에서 차별화된 핵심역량을 가지고 있다. 마케팅 역량은 단순히 광고와 판매에만 초점을 두는 개념이 아니다. 나이키의 차별적인 마케팅 핵심역량은 첫째, 강력한 브랜드 인지도, 둘째, 글로벌 고객의 니즈를 파악하고 이에 맞는 제

전략포커스 | 핵심에 집중하고 나머지는 아웃소싱하라

나이키(Nike)는 자체 소유 공장이 없다. 제품의 디자인과 마케팅만 직접 담당하고 나머지는 모두 외부 업체에 맡기는 방식으로 유명하다. 나이키는 자신이 잘하는 분야인 디자인과 마케팅에 자원을 집중시키고, 제조 등 나머지 분야는 과감히 아웃소싱하는 전략을 택했다. 반면, 세계에서 가장 성공한 PC제조 업체 중 한 곳인 델컴퓨터도 대만의 아수스(Asus)에 모든 걸 아웃소싱함으로써 평범한 소비재 기업으로 전락했다.

델은 1990년대 초반, 고객이 원하는 사양을 골라 자기 입맛에 맞는 컴퓨터를 주문 후 48시간 내에 조립해서 배달해주는 파괴적인 사업 모델로 본격적인 성장 가도에 들어섰다. 처음엔 초보자용 컴퓨터를 만드는 회사로 출발했지만, 곧이어 고급 시장으로 진출해 고성능 하이엔드(high-end) 컴퓨터 제품을 만들기 시작했다. 이런 델의 성장은 아수스 덕분이었다. 아수스는 로엔드(low-end) 시장에서 델이 직접 만들 때보다 더 저렴한 가격에 신뢰할 수 있는 간단한 회로를 델에게 공급하기 시작했다. 그러자 아수스는 델의 마더보드도 공급하게 해달라고 요청했다. 마더보드 제조는 델이 아닌 아수스의 역량에 속하며, 델이 만드는 것보다 20% 더 싸게 만들 수 있다는 것이 이유였다. 델은 비용을 줄이고, 대차대조표에서 마더보드 제조에 필요한 모든 자산을 지워, 사업 자본의 '효율성'을 측정하는 RONA(Return on Net Assets: 순자산수익률)라는 지표가 높아진다는 사실에 현혹돼 요청을 받아들였다.

이는 양사 모두에 행복한 선택인 것처럼 보였고, 곧이어 아수스는 또 다른 제안을 해왔다. "우리는 델을 위해 성능 좋은 마더보드를 조립해왔다. 이제 델을 위해 컴퓨터 전체를 제조할 수 있게 해주면 어떤가? 우리는 남아 있는 모든 제조업 자산을 델의 대차대조표에서 털어내게 해주겠다. 게다가 20% 더 저렴하게 컴퓨터를 만들어 공급할 수 있다." 델은 이 제안 역시 상생에 이르는 것으로 생각했고, 요청을 받아들이자 델과 아수스 모두 RONA가 높아졌다. 이러한 요청은 델이 공급망 관리와 컴퓨터 디자인마저 아웃소싱할 때까지 계속됐다.

결국 델은 '델(Dell)'이란 브랜드를 제외하고는 PC사업에 속하는 모든 걸 아웃소싱했고, RONA는 상당히 높아졌다. 그러나 곧이어 비극이 시작됐다. 2005년에 아수스는 자체 컴퓨터 브랜드를 만들겠다고 발표했다. 아수스는 델로부터 배웠던 모든 것을 빼앗아 자신을 위해 응용했다. 이제 델은 컴퓨터를 만들지도 않고, 출하하지도 않는다. 컴퓨터 AS를 제공하지도 않는다. 그저 대만 기업들이 만든 컴퓨터에 델이라는 이름을 붙일 수 있게 허용해줄 뿐이다. 다행인 것은 델이 고수익 서버사업에 성공적으로 진출해 이 사업이 번성하고 있다는 것이다. 그러나 델은 소비자 부문에서 당초 생각했던 것보다 훨씬 더 중요한 것을 아웃소싱해 버렸다.

결론적으로 내부화 vs 아웃소싱의 선택 기준은 경쟁우위에 어떤 영향을 미칠지 신중히 따져보는 것이다. 핵심역량, 핵심사업은 절대 아웃소싱하면 안 된다. 남에게 내 심장을 내주는 일이기 때문이다.

출처: 머니투데이(2017. 6. 12.), 이재형 경영전략코칭전문가

품을 만드는 디자인 역량, 셋째, 세계 톱 스포츠 스타들과의 파트너십 구축, 넷째, 차별적인 로고와 효과적인 광고슬로건의 개발, 다섯째, 아시아권 기업과의 효율적인 공급망 관리라는 다양한 역량이 결합되어 발휘되는 것이다. 나이키는 이러한 역량을 외부에서 조달하지 않았으며, 지속적으로 강화해온 기업이다. 이에 비한다면, 델은 브랜드 외에는 차별화된 자체 역량이 없다. 핵심성공요인이라고 할 수 있는 디자인과 공급망 관리까지 아웃소싱한 델은 시간이 지날수록 경쟁우위를 상실할 수밖에 없다.

2. 전략적 사업단위와 핵심역량

프라할라드와 하멜은 핵심역량을 개발하고 구축하는 데 있어서 전략적 사업단위(strategic business unit)라는 조직구조에 대해 의문을 제기하고 있다. 이는 전략적 사업단위를 중시하는 기존의 관리체제하에서는 핵심역량을 원활하게 관리할 수가 없기 때문이다. 전략적 사업단위란 독립된 전략을 수립하고 실행할 수 있는 사업단위를 의미한다. 일반적으로 전략적 사업단위는 서로 밀접하게 관련된 복수의 제품으로 구성되며, 다른 사업단위와 비용을 공유하지 않는 독립된 이익단위(profit center)가 된다.

일반적으로 다각화기업은 복수의 전략적 사업단위로 구성된 집합체로 간주되고 있다. 그러나 핵심역량을 중시하는 관점에서 본다면 다각화기업은 핵심역량의 집합체로 보아야 한다. 이는 핵심역량을 개발하고 발전시키기 위해서 기업 전체의 자원을 동원하여 이를 적절하게 결합하고 통합하여야 하기 때문이다. 이러한 두 가지 관점의 차이를 요약한 것이 〈표 9-2〉이다.

전략적 사업단위의 독립성을 중시하는 체제하에서는 각 사업단위가 자원의 보유와 활용에 있어서 독립된 조직단위가 된다. 이에 따라 최고경영자가 복수의 사업단위 간의 자원을 통합하여 핵심역량을 구축하기 위한 비전이나 관리수단을 가지지 못하는 경우가 많다. 따라서 핵심역량을 구축하는 데 필요한 기술적 자원이 부족하지 않음에도 핵심역량을 개발하지 못하는 경우가 많다. 이는 기업을 전략적 사업단위로 구성된 집합체로 볼 경우 핵심역량을 개발하기

표 9-2	기업의 두 개념: 전략적 사업단위와 핵심역량의 관점	
	전략적 사업단위	핵심역량의 관점
경쟁의 근거	현재 제품의 경쟁력	경쟁역량을 구축하기 위한 기업 간의 경쟁
기업의 구조	제품시장 면에서 관련성을 가진 사업들의 포트폴리오	핵심역량, 핵심제품, 사업들의 포트폴리오
사업단위의 지위	자율성은 손상받을 수 없다; 전략적 사업단위는 현금 외의 모든 자원을 소유한다.	전략적 사업단위는 핵심역량의 잠재적 저장소이다.
자원배분	분리된 사업단위가 분석단위이다; 자본은 사업별로 배분된다.	사업과 핵심역량이 분석단위이다; 최고경영층은 자본과 재능을 배분한다.
최고경영층의 긍정적 역할	사업들 간 자본배분의 상충관계를 통해 기업의 수익을 최적화한다.	미래를 보장하기 위해 전략적 구조를 명시하고 핵심역량을 구축한다.

자료: C.K. Prahalad and G. Hamel, "The core competence of the corporation," *Harvard Business Review*(May-June 1990), p. 86.

위해 필요한 주요 자원을 사업단위의 영역을 넘어서 결합하고 합(pooling)하는 데 제약을 받기 때문이다. 일반적으로 미국기업이 보유하고 있는 자원이 일본기업이 보유하고 있는 자원과 비교하여 규모와 질적인 면에서 뒤지지 않는다. 그러면서도 일본기업들이 핵심역량을 개발하고 축적하는 데 더 뛰어난 것은 바로 이러한 전략적 사업단위의 한계를 넘어서는 최고경영자의 통합능력 때문이라고 하겠다.

이런 점에서 프라할라드와 하멜은 전략적 사업단위를 중시하는 데 따르는 문제점을 세 가지로 제시하고 있다.

1) 과소투자의 문제: 기업이 복수의 전략적 사업단위로 구성되어 있다고 생각할 경우 각 사업단위는 그들이 생산하여 판매하는 최종제품에만 신경을 쓰게 될 것이다. 따라서 어느 전략적 사업단위도 각 사업단위에 공통적으로 필요한 핵심제품(중간재)이 시장에서 생존적 지위를 유지하는 데에 대한 전적인 책임을 지지 않게 된다. 또한 하나의 전략적 사업단위에서 세계적 수준의 핵심역량을 구축하기 위해 필요한 투자액을 부담할 수가 없을 것이므로, 최고경영층의 보다 종합적이고 거시적인 시각이 뒷받침되지 않고서는 하나의 사업단위 책임자가 이에 필요한 만큼의 투자를 할 수가 없을 것이다.

2) 자원활용의 제한: 전략적 사업단위가 발전함에 따라 그 자체의 독특한 핵심역량을 개발한다. 이때 일반적으로 이 역량을 보유한 인력은 특정사업단위에 소속되는 것으로 생각한다. 따라서 다른 사업단위에서 그런 인력에 대한 차출요구가 있을 경우 이를 거절하기 쉽다. 사업단위 간 실적에 대한 경쟁이 치열할수록 이러한 경향이 강하게 나타날 것이며, 심지어는 사업단위의 관리자는 그런 능력이 있는 인력을 숨기려는 경향을 보이게 된다. 이에 따라 그 인력이 다른 사업단위에 배치되어 활용될 수 있는 기회가 제약을 받게 된다. 앞에서 언급하였듯이 핵심역량은 널리 사용된다고 감소되는 것이 아니기 때문에 기업 전체적으로 유통되어 활용되는 것이 보다 유익하다. 그런데 전략적 사업단위별로 독립적으로 운영될 경우 이들 자원이 특정부분에 고정될 우려가 있다.

3) 제한된 혁신: 기업의 각 부분에서 핵심역량의 활용가능성을 인식하지 못할 경우 개별 사업단위는 가까이 있는 혁신의 기회에만 집착하게 된다. 이에 따라 혁신의 수준도 제품라인이나 지역을 넓힌다는 측면에 있어서 한계적인 수준에 그치게 된다. 기업을 탁월한 핵심역량의 집합체로 생각할 때 혁신의 영역이 확대된다. 컴퓨터, 휴대용 TV, 스마트폰 등의 상품은 전략적 사업단위의 영역이 결합될 때 등장할 수 있는 제품들이다. 캐논이 복사기시장에서 세계적인 선도기업이 되고자 준비하고 있을 때, 경쟁기업들에게 캐논은 카메라 산업에 종사하는 기업으로 인식되고 있었다. 기업을 핵심역량의 관점에서 생각할 때 혁신의 영역을 넓혀 갈 수 있다. 이런 점에서 본다면 기업을 나무에 비유하여 기업조직이 핵심제품을 중심으로 구성되어 있고, 이 핵심제품은 핵심역량을 구체화하고 있는 것으로 비유하고 있는 〈그림 9-2〉는 유용한 시각을 제공해 준다고 하겠다.

9.6 조직능력과 경쟁우위

1. 연구동향

전략경영분야에서 이루어진 지난 50여 년간의 연구를 요약한다면, 기업이 경쟁우위를 달성하는 규범적 방법을 제시하는 데 중점을 두어 왔다고 할 수 있다. 이에 따라 분석수준도 처음에는 현실적으로 관찰되는 기업 간의 수익성 차이를 설명하기 위해 노력하였으나, 차츰 같은 산업에 속한 기업 간에 발생하는 이익의 지속적 차이를 설명하는 기업 내부의 이질성을 설명하는 데 중점을 두게 되었다. 최근에는 기업 간의 이질성을 창출하는 동태적 일상성(dynamic routines), 또는 동태적 능력(dynamic capabilities)을 분석하는 데 중점을 두고 있다. 이러한 분석수준의 변화는 접근방법의 변화를 가져왔는데, 처음에는 경쟁우위를 확보하게 하는 포터의 포지셔닝 접근법(positioning approach)에서 출발하여, 자원준거관점(resource-based view)의 등장과 함께 경쟁우위의 지속성을 설명하는 조건을 파악하는 데 중점을 두었다. 그리고 최근에는 자원준거관점에서 조직능력(corporate capability)의 중요성을 강조하는 측면으로 나아가게 되었다.

포터의 포지셔닝 접근법에 따르면 차별화를 통해 누리는 기업의 경쟁우위는 제품이나 서비스의 독특성이 그 원천이 된다. 그런데 자원준거관점의 관점에서 본다면 제품이나 서비스의 독특한 특성을 경쟁기업이 모방한다면 이러한 경쟁우위는 일시적이다. 따라서 자원준거관점은 제품의 독특성을 즉각적으로 또는 비용 부담 없이 모방할 수 없게 하는 내부자원의 속성이나 조건을 파악하는 데 중점을 두고 있으며, 현재 기업이 구축한 시장지위와 자원스톡에 중점을 두기보다는 보다 동태적인 시각을 가지고 있다. 그리고 경쟁우위는 제품의 유용한 특징들을 경쟁기업보다 먼저, 그리고 지속적으로 창출하는 능력에 근거한 것으로 본다. 이러한 능력은 기업의 암묵적인 집단적 지식(a tacit collective knowledge)에 내재되어 있어서 인과관계가 모호하고(causally ambiguous), 경로 의존적(path dependent)이므로 쉽게 모방되지 않는다. 여기서 경로 의존적이라는 것은 기업이 어떤 경로(과정)을 거쳐 성장해 왔는가 하는 기업의 역사가 앞으로의 성장경로에 영향을 준다는 것이다. 이는 과거에 다른 의사결정을 내렸다면 지금과는 다른 기업이 되어 있을 것이고, 결과적으로 현재 어떤 의사결정을 내릴 것인가에 영향을 줄 것이기 때문이다. 이런 점에서 자원준거관점은 효과적인 제품혁신을 창출하는 조직능력에 대해 관심을 가지게 되었다.

2. 조직능력의 개념

조직능력의 본질과 원천은 무엇인가? 조직능력이란 상호보완적으로 작용하는 자원들이 결합된 결과이다. 조직능력은 일상성(routines)과 암묵적 지식(tacit knowledge), 그리고 조직기억(organizational memory)이 밀접하게 관련된 결합체라고 할 수 있다. 따라서 하나의 조직능력이 발휘되기 위해서는 몇 가지의 자원들이 결합되고 상호보완적으로 작용하여야 한다. 그런데 조직능력은 학자들에 따라 저마다 다르게 정의되고 있어서 통일된 정의가 내려져 있지 않다. 그동안의 정의를 분류해 보면 대체로 다음의 세 가지 유형으로 나눌 수 있다.

첫째, 조직능력을 기본적인 기능별 활동, 예컨대 공장의 배치, 유통체제, 마케팅 등을 경쟁기업보다 효율적으로 수행하는 능력으로 정의할 수 있다. 이러한 정의는 기업이 보유하고 있는 일반적 의미의 능력과 유사한 개념이라고 하겠다.

둘째, 기업 활동의 동태적 개선(dynamic improvement)을 가능하게 하는 능력으로 정의할 수 있다. 조직능력을 '지속적으로 학습하고 적응하고 변화하고 혁신하는 능력을 관리하는 동태적 일상성'이라고 정의하는 것이 그 예이다. 이 경우 조직능력은 현 시점의 기능별 활동을 효율적으로 수행하는 것뿐만 아니라, 환경이 변하더라도 이에 대응하여 여전히 효율적인 기능별 활동을 수행하게 해준다. 즉, 조직능력은 공정과 제품의 지속적 혁신, 제조상의 유연성, 시장 추세에 대한 적응성, 짧은 제품개발주기 등을 가능하게 해 준다.

셋째, 동태적 개선이라는 측면을 포함할 뿐 아니라, 새로운 자원과 능력을 개발하는 능력으로 정의할 수 있다. 조직능력을 '기업의 자원을 활용하고 새로운 자원을 개발하는 능력'으로 정의하는 것이 그 예이다. 이와 관련된 개념으로 동태적 능력(dynamic capability)을 들 수 있다. 여기에 대해서는 제10장에서 설명할 것이다.

조직능력에 관한 기존의 정의를 세 가지 유형으로 구분하였다. 그러나 이들 정의는 모두 조직능력이 비슷한 자원을 보유한 경쟁기업보다 효과적으로 기업 활동을 수행하게 하는 능력에 관한 것이라는 공통점을 갖고 있어서 이들을 명확하게 구분하는 것이 쉽지가 않다. 뿐만 아니라 조직능력의 무한한 다양성으로 인해 조직능력을 완전하게 분류하는 것도 어려운 일이다. 이런 점에서 볼 때 이들 정의들에 포함된 본질적 속성을 이해하는 것이 조직능력의 개념을 이해하는 데 보다 도움이 될 것이다. 이들 정의에 내재된 본질적 속성을 보면 다음과 같다.

첫째, 조직능력은 조직일상성(organizational routines)에 내재되어 있어서 조직의 전체 시스템에서 산출된다는 것이다. 따라서 이러한 일상성은 본질적으로 개인에 속하지 않으며, 개인에 의해서 구체적으로 설명되지 않는다. 이는 개인을 초월한 능력으로 개인의 기억 속에 축소되어 저장되지 않기(not reducible to individual memory) 때문이다. 둘째, 조직능력은 기업이라는 블랙박스 내에서 물리적 투입물을 산출물로 변환하는 것과 연관성을 가지고 있다는 것이다. 조직능력은 이 과정에서 생산효율성을 결정하는 기술요인을 보완하는 기능을 수행하게 된다. 따라서 뛰어난 기술과 마찬가지로 보다 나은 조직능력일수록 기업으로 하여금 제품이나 서비스를 생산하고 고객에게 배달하는 데 필요한 활동을 보다 효율적이고 효과적으로 선택하고 실행하게 한다.

3. 조직의 일상성

현재까지 조직능력의 본질에 관한 가장 의미 있는 연구결과 중의 하나가 넬슨과 윈터(R.R. Nelson and S.G. Winter, 1988)의 조직일상성이라는 개념이다.

조직일상성이란 개인들의 조화된 행동들의 연속으로 구성된 규칙적이고 예측 가능한 행동유형(regular and predictable patterns of activity which are made up of a sequence of coordinated actions by individuals)을 의미한다. 이를 다르게 표현하면 조직이 어떤 상황이나 문제에 직면할 때 이를 해결하기 위해 자동적으로 반복되는 집단적 행동유형이라고 할 수 있다. 이때 집단적이라는 것은 앞에서 언급한 바와 같이 조직일상성은 개인을 초월한 능력으로 개인의 행동이나 능력이 결합되어 창출된다는 것을 의미한다. 이러한 일상성은 유사한 경험과 문제해결유형이 반복되는 학습과정을 통해서 개발되고 유지된다. 조직의 행동은 이러한 일상성은 거대한 네트워크로 볼 수 있다.

예컨대 제조단계에서 원재료와 부품들이 일정한 생산공정을 거쳐 최종완성단계까지 이동하는 것은 일련의 일상성에 의해 통제되기 때문이다. 판매·주문·유통·고객서비스활동들도 표준화되고 상호보완적인 일상성에 의해 조직되어 있다. 최고경영자의 활동도 사업단위의 성과를 감시하는 일상성, 예산을 수립하는 일상성, 인사고과를 위한 일상성 등과 같은 몇 가지 일상성으로 구성되어 있다고 볼 수 있다. 기업의 전략도 하나의 일상성으로 볼 수 있는데, 전략을 사건이나 환경변화에 대한 기업의 반응을 사전에 규정짓는 지침들의 집합이라고 할 수 있기 때문이다.

개인의 기량(skills)이 오랜 기간의 연습을 통해 습득되듯이 조직일상성도 경험을 통해서 개발되고 지속된다. 이런 점에서 조직일상성은 조직기억이나 경험을 기록하는 장치(a mechanism to encode organizational memory or experience)라고 할 수 있다. 조직기억이란 조직의 과거 역사로부터 축적한 정보를 의미하며, 이는 현재의 의사결정과 전략적 행동에 영향을 준다. 조직기억은 기업의 표준적 운영절차(standard operating procedures)나 기업문화에 의식적으로 또는 암묵적으로 기록되는데, 조직기억이 저장된 표준적 운영절차 또는 의사결정규칙(decision rules)을 일상성이라고 할 수 있다. 표준적 운영절차 또는 의사결정규칙은 기업이 장기간에 걸친 의도적인 문제해결 노력, 기업가적 발견, 외부사건 등에 의해서 수정되고 저장된다.

기존기업이 신규기업에 대해 가지는 우위도 오랜 기간 동안 숙달시켜 온

조직일상성에 있다고 할 수 있다. 어떤 상황에 대응하는 일상성이 개발되고 나면 이와 유사한 상황이 대두될 경우 신규기업보다 신속하고 효과적으로 대응할 수 있기 때문이다. 경험곡선도 경험과 성과 간의 관계에 있어서 조직일상성의 이점을 표현한 것이라고 할 수 있다. 그러나 기술적 변화가 극심한 산업에서는 기존기업보다 신규기업이 우위를 누릴 수 있다. 이는 기존기업은 낡은 일상성에 상당한 투자를 하여 이에 얽매이는 데 반해, 신규기업은 새로운 일상성을 보다 빠르게 학습할 수 있는 가능성이 있기 때문이다.

이상과 같이 일상성이 가지고 있는 반복적 숙달과 관성적 특징은, 첫째, 경쟁기업의 뛰어난 활동을 다른 기업이 단기간에 모방하는 것이 쉽지 않으며, 둘째, 기업이 새로운 상황을 맞이하여 이에 효율적으로 대응하는 것이 왜 어려운가 하는 것을 설명해준다.

(1) 자원과 조직일상성과의 관계

조직일상성의 중요한 시사점은 기업의 뛰어난 역량이 기업이 통제 가능한 개별자원들을 단순히 한데 모아 놓은 결과로 얻어지는 것이 아니라는 것이다. 기업이 보유한 자원의 유형, 규모, 품질수준이 조직일상성의 유형과 효율적인 작동에 영향을 주기 때문에 결과적으로 본다면 자원이 기업의 뛰어난 역량(무엇을 할 수 있으며, 얼마나 잘 할 수 있는가 하는 것)에 영향을 미친다고 할 수 있다. 그러나 자원이 기업의 뛰어난 역량을 전적으로 결정하는 것은 아니다.

자원과 조직능력의 상호관계에 있어서 핵심적인 요소는 조직일상성을 만들어내는 데 필요한 자원들을 협력하게 하고 조정하는(cooperation and coordination) 경영자의 능력이다. 즉, 일상성을 개발하기 위해서는 자원들이 서로 결합하고 협력하여야 하는데, 이러한 협력과 조정이 달성되는 정도가 경영자의 능력에 달려 있다. 그리고 구성원들이 협력하고 헌신하게끔 동기유발하고 사회화시키는 경영자의 능력은 조직 스타일, 기업문화, 리더십, 통제 시스템, 보상제도, 커뮤니케이션 과정 등과 같은 요인들에 의해서 좌우된다. 이런 점에서 협력과 헌신을 촉진시키는 데 있어서 공유가치나 조직문화의 중요성이 강조된다.

(2) 효율성과 유연성의 상충관계

기량(skills)이 개인에게 속한 것이라면 일상성은 조직차원의 기량이다. 숙달된 개인의 기량이 의식적인 조정 없이 반자동적으로 실행되는 것과 같이, 조직일상성도 한번 개발되어 조직 내에 자리 잡을 경우, 경영자의 의도적 노력이 뒷받침되지 않더라고 어떤 상황에 대응하거나 목표달성을 위해 자동적으로 작동된다. 또한 개인의 기량이 사용하지 않으면 퇴화하듯이 조직일상성도 작동에 적합한 상황이 극히 간헐적으로 발생할 경우 이에 대응하는 일상성을 계속하여 유지하기가 어렵다.

이런 점에서 효율성과 유연성 간의 상관관계가 발생한다. 즉 일상성의 수가 많지 않은 경우 최고경영자의 적극적인 개입이 없더라도 일상성이 거의 완벽하게 작동할 수 있다는 장점(효율성)이 있으나, 새로운 일상성이 요구되는 환경이 등장하였을 때, 이에 대응하는 일상성이 조직 내에 없다면 기업이 적응하는 데 어려움(유연성 결여)이 있다. 그렇다고 모든 상황에 맞는 일상성을 개발하여 둘 수는 없다. 그에 따르는 비용과 함께 계속적으로 사용되지 않는 일상성은 그 자체로 퇴화하기 때문이다.

제9장 토의자료

폴크스바겐의 핵심역량 '레고 블록형 자동차 설계'

1. 기술 노하우와 기업문화의 집합체이므로 따라하기가 쉽지 않음
2. 차를 4가지 분야로 나누고 하위 30개 부품군 만들어 콘셉트에 따라 다양하게 조합하면 수천 개 다른 차량 제작 가능함
3. 무게가 크게 줄면서 연비는 물론 성능도 크게 개선됨

일본의 자동차 평론가 도쿠다이지 아리쓰네(74)는 1976년 일본에 처음 수입된 폴크스바겐의 해치백 골프를 몰아본 소회를 이렇게 적고 있다.

'마치 별세계에서 온 차를 몰고 있는 것 같았다. 당시 일본은 전륜(前輪)구동 소형차는 누구와 붙어도 자신이 있다는 자만심이 가득할 때였다. 하지만 골프는 일본 차와 차원이 달랐다. 충격이었다.'

40년 전부터 일본을 놀라게 할 만큼 기술을 뽐냈던 폴크스바겐. 그러나 1990년대 들어 고비용 구조를 극복하지 못해 크게 고전했다. 그러나 글로벌 판매 1위 도요타가 요즘 가장 두려워하는 상대는 여전히 폴크스바겐이다. 10~20년 앞을 내다보고 기술과 제품 전략을 세워 실행해 나가는 능력은 도요타에 맞설 만하고, 브랜드 마케팅 전략은 도요타보다 한두 수 위라는 게 일본 내 평가다.

10~20년을 내다본 기술 전략

폴크스바겐은 자동차의 최고 전문가들이 10~20년 앞을 내다보고 올바른 기술 전략을 짜고 그 전략을 일관되게 밀어붙일 때 나오는 힘이 얼마나 대단하지 잘 보여준다. 최근 글로벌 자동차업계 최대 화두인 '레고 블록형 설계'를 선도하고 있는 것이 좋은 예다.

레고 블록형 설계란 다양한 자동차의 설계를 규격화하고 공용화하는 것이다. 폴크스바겐은 자동차를 차체, 파워트레인(엔진·변속기 등), 내·외장, 전자 장치의 4가지 분야로 나누고, 그 하위 개념으로 30개 부품군(tool kit)을 만들었다. 즉 30개 부품군이 레고 블록 쌓듯 조립하여 새로운 차를 만들 수 있도록 한 것이다. 일단 레고 블록만 만들어 놓으면, 그 다음부터는 온갖 형태를 쉽게 만들어 낼 수 있는 것과 비슷한 원리다.

일본의 레고 블록형 설계 컨설턴트인 히노 사토시(日野三十四) 씨는 "레고 블록형 설계는 한글과 비슷하다"고 말했다. 그는 "한글은 자음·모음 24개를 붙여 수천 발음을 만들어내지 않느냐"면서 "자동차 부품군 수십 개를 정해진 콘셉트에 따라 다양하게 조합해 특성이 다른 새로운 차량을 수천 개 만들어 낸다고 보면 된다"고 설명했다.

물론 기존에도 설계의 공용화 시도는 있었다. '플랫폼(Platform, 차의 기본 뼈대와 엔진·변속기 등) 공용화'가 그것이다. 그런데 이것은 차의 기본 뼈대는 공용화한다고 해도 각종 부품이니 세부 설계는 차량마다 달리 적용해야 했다. 이런 변경은 모두 시간과 비용을 동반한다. 그러나 레고 블록형 설계를 적용하면 자동차의 각종 부품을 조립하는 방식 자체가 하나로 바뀌기 때문에 새 차를 개발할 때마다 바꿔야 할 부분이 아주 적어진다.

폴크스바겐 자동차 설계의 진화

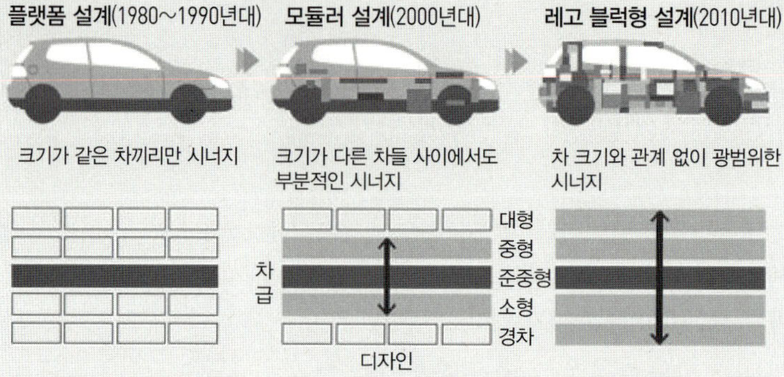

폴크스바겐은 작년 가을 출시된 골프, 아우디 A3 스포츠백을 시작으로 2015년까지 전 차종을 레고 블록형 설계 방식으로 개발할 예정. 현대차는 모듈러 설계까지는 업계 톱클래스였으나 아직 레고 블록형 설계 단계로 이행하지 못하고 있음.

작년 가을에 처음 등장한 준중형 해치백 골프 7세대 모델이 바로 레고 블록형 설계를 통해 탄생했다. 예전보다 개발비·부품비가 줄었고, 특히 자동차 무게가 구형보다 100kg이나 줄었다. 무게가 줄어들면 연비는 물론 성능까지 차량의 모든 상품성이 좋아진다. 1kg 줄이는 것도 어려운데 100kg을 줄였다는 것은 레고 블록형 설계라는 기술 혁신 없이는 불가능한 것이었다.

이 같은 설계 방식은 쉽게 모방할 수 있는 게 결코 아니다. 폴크스바겐이 10여 년 전부터 차근차근 추진해 온 기술 노하우와 기업 문화의 집약체이기 때문이다. 예를 들어 폴크스바겐의 엔진은 차량 크기에 상관없이 기본 구조가 거의 같다. 때문에 레고 블록처럼 각각의 조합을 짜 맞추는 것이 가능해진다. 만약 어떤 회사가 보유한 엔진, 변속기, 레이아웃(부품배치)이 전부 제각각이라면 이 회사는 폴크스바겐의 전략을 따라 하고 싶어도 할 수가 없어지는 것이다.

이 같은 전략이 얼마나 위협적인지는 일본 업체가 이 전략을 빠르게 따라가고 있다는 점에서도 증명된다. 도요타는 2011년에 '뉴 글로벌 아키텍처(NGA)' 전략을 발표했는데, 주요 내용은 폴크스바겐과 비슷한 방식으로 엔진·차체 부분 등을 일체화해 개발하고, 이 부분들을 조합해 차를 만들겠다는 것이다. 도요타는 지난 7일 발표한 조직 개편에서 NGA 부문을 별도의 개발 부문으로 독립시켜 위상을 높였다. 그만큼 향후 기술 개발에서 중요하다는 뜻이다. 닛산도 앞으로 폴크스바겐 설계 방식과 유사한 CMF(Common Module Family)라는 방식으로 신차를 만들겠다고 발표했다.

자료: 최윤석 기자(조선일보 Weekly BIZ, 2013.3.23.)

토의문제

1. 폴크스바겐의 레고 블록형 자동차 설계가 경쟁우위의 원천이 되는 이유는 무엇인가?
2. 폴크스바겐의 핵심역량을 다른 기업이 모방하기 어려운 이유는 무엇인가?
3. 다른 자동차 기업이 폴크스바겐과 경쟁할 수 있는 경쟁우위 원천은 무엇인가?

참고문헌

이철(역), 『글로벌 기업의 핵심역량』, 사계절(1993).

임창희, 『조직행동』, 학현사(1995).

Amit, R. and P.J. Schoemaker, "Strategic assets and organizational rent," *Strategic Management Review*, Vol. 14(1993), pp. 33~46.

Arikan, A.M. and A.M. McGahan, "The development of capabilities in new firms," *Strategic Management Journal*, Vol. 31(2010), pp. 1~18.

Barney, J.B., "Strategic factor markets: Expectations, luck and business strategy," *Management Science*, Vol. 2(1986), pp. 1231~1241.

__________, "Firm resources and sustained competitive advantage," *Journal of Management*, Vol. 17(1991), pp. 99~120.

__________, "Integrating organizational behavior and strategy formulation research: A resource based analysis," in P. Shrivastava, A. Huff and J. Dutton(eds.), *Advances in Strategic Management*, Vol. 8, JAI Press, Greenwich, CT(1992), pp. 39~62.

Castanias, R. and C. Helfat, "Managerial resources and rents," *Journal of Management*, 17(1991), pp. 155~171.

Collis, D.J., "A resource based analysis of global competition: The case of the bearings industry," *Strategic Management Journal*, Vol. 12(1991), pp. 49~68.

__________, "Research note: How valuable are organizational capabilities?", *Strategic Management Journal*, Vol. 15(1994), pp. 143~152.

__________ and C.A. Montgomery, "Competing on resources," *Harvard Business Review*(Jul-Aug), Vol. 86(2008), pp. 140~150.

Grant, R.M., "The resource based theory of competitive advantage: Implications for strategy formulation," *California Management Review*(Spring 1991), pp. 114~135.

Connor, K., "A historical comparison of resource based theory and five schools of thought within industrial organization economics: Do we have a new theory of the firm?" *Journal of Management*, Vol. 7(1991), pp. 121~154.

Dierickx, I. and K. Cool, "Asset stock accumulation and sustainability of competitive advantage," *Management Science*, Vol. 35(1989), pp. 1504~1511.

Hall, R., "The strategic analysis of intangible resources," *Strategic Management Journal*, Vol. 3(1992), pp. 135~144.

________, "A framework linking intangible resources and capabilities to sustainable competitive advantage," *Strategic Management Journal*, Vol. 14(1993), pp. 607~618.

Hansen, G. and B. Wernerfelt, "Determinants of firm performance: The relative importance of economic and organizational factors," *Strategic Management Journal*, Vol. 10(1989), pp. 399~411.

Henderson, R.M. and I. Cockburn, "Measuring competence: Exploring firm effects in pharmaceutical research," *Strategic Management Journal*, Winter Special Issue(1994), p. 63~84.

Lee, G.K., "Relevance of organizational capabilities and its dynamics: What to learn from entrants' product portfolios about the determinants of entry timing," *Strategic Management Journal*, Vol. 29(2008), pp. 1257~1280.

Lippman, S.A. and R.P. Rumelt, "Uncertain imitability: An analysis of interfirm differences in efficency under competition," *The Bell Journal of Economics*, Vol. 13(1982), pp. 418~438.

Mahoney, J. and J.R. Pandian, "The resource based view within the conversation of strategic management," *Strategic Management Journal*, Vol. 3(1992), pp. 363~380.

Nelson, R.R. and S.G. Winter, *An Evolutionary Theory of Economic Change*, Harvard Business Press, Cambridge, MA(1988).

Porter, M.E., *Competitive Strategy: Techniques for Analyzing Industries and Competitors*, Free Press, New York(1980).

___________, "The contributions of industrial organization to strategic management", *Academy of Management Review*, Vol. 6(1981), pp. 609~620.

___________, *Competitive Advantage: Creating and Sustaining Superior Performance*, Free Press, New York(1985).

___________, "Towards a dynamic theory of strategy," *Strategic Management Journal*, Vol. 12(1991), pp. 95~117.

Prahalad, C.K. and G. Hamel, "The core competence of the corporation," *Harvard Business Review*(May-June 1990), pp. 79~91.

Schreyögg, G. and M. Kliesch-Eberl, "How dynamic can organizational capabilities be? Towards a dual-process model of capability dynamization," *Strategic Management Journal*, Vol. 28(2007), pp. 913~933.

Sirmon, D.G., S. Gove, and M.A. Hitt, "Resource management in dyadic competitive rivalry: The effects of resource bundling and deployment," *Academy of Management Journal*, Vol. 51(2008), pp. 919~935.

Teece, D.J., G. Pisano, and A. Shuen, "Dynamic capabilities and strategic management," Working Paper, *Harvard Business Review*(1994).

Walsh, J.P. and G.R. Ungson, "Organizational memory," *Academy of Management Review*, Vol. 16(1991), pp. 57~91.

Wernerfelt, B., "A resource based view of the firm," *Strategic Management Journal*, Vol. 5(1984), pp. 171~180.

____________, "From critical resources to Corporate Strategy," *Journal of General Management*, Vol. 14(1989), pp. 4~12.

10

STRATEGIC MANAGEMENT

제10장

자원준거관점

인도 출신 경영학자로 55세의 비교적 젊은 나이에 타계한 수만트라 고샬(Sumantra Goshal) 교수의 유작은 '나쁜 경영 이론이 좋은 경영 관행을 파괴한다(Bad Management Theories Are Destroying Good Management Practices)'는 제목의 논문입니다.

그는 이 논문에서 다음과 같은 인상적인 주장을 폅니다. "태양이 지구 주위를 돈다는 이론을 많은 사람이 믿고 있다고 해서 실제로 태양이 지구를 돌지는 않는다. 따라서 언젠가는 잘못된 이론이 수정될 것이다. 하지만 경영 이론은 다르다. 나쁜 경영 이론이 확산되면 경영자는 이론을 토대로 실천한다." (*Academy of Management Learning & Education*, 2005, Vol. 4 No. 1, p. 77.)

그가 지목한 나쁜 이론은 인간의 제한적 합리성을 전제로 해서 만들어진 서양의 경영이론 대부분을 포함합니다. 거래비용이론(transaction cost theory), 대리인이론(agency theory), 게임이론(game theory) 등 학계에 메가톤급 파급력을 끼친 이론들이 모두 여기에 속합니다. 이 이론들은 인간을 '이익을 추구하는 경제인'으로 바라봅니다. 특히 인간은 이익 추구를 위해 기회주의적 행동을 한다는 점을 들어 이로 인한 비용을 최소화하는 데 초점을 맞추고 있습니다. 문제는 이 이론을 토대로 경영자가 의사결정을 하면 오히려 기회주의적 성향이 더 강화될 수 있다는 점입니다. 아무리 규제를 강하게 해도 이기심과 경쟁심을 자극하는 체제에서는 더 교묘한 방법으로 이기심을 충족하려는 사람만 양산됩니다. 나쁜 이론이 현실을 왜곡시키고, 이런 현실이 더 나쁜 이론을 양산하는 부정적 강화 현상이 나타납니다.

– 김남국(DBR 편집장, DBR July 2012, p. 12.)

프라이탁이 소비자를 잡아끌 수 있는 가장 큰 매력은 무엇이라고 생각하나요?

"일단 스스로 직접 가방을 고른다는 점입니다. 똑같은 제품이 하나도 없으니 고객이 매장을 돌아다니며 마음에 드는 색과 디자인을 찾아다녀야 하는데, 이 점이 사람들을 끌어당기는 것 같아요. 둘째는 기능입니다. 비싸고, 소재가 훼손되기 쉬워 함부로 다루기 어려운 명품 가방보다 훨씬 편하게 들 수 있으니까요. 예컨대 '레퍼런스(2010년 출시한 프라이탁의 고급 제품군)'는 명품 가방만큼 '시크'하지만 마구 사용해도 괜찮습니다.

셋째는 스토리입니다. 사람들은 우리 제품의 '업사이클링(upcycling, 재활용품을 가치를 높인 제품으로 재탄생시키는 것)'이란 개념을 좋아합니다. 고객들은 우리가 가방을 어떻게 만드는지 잘 알고 있고, 이것이 사회적으로나 환경적으로 '옳다'고 생각해 줍니다. 드물지만 프라이탁 가방 특유의 지독한 냄새를 좋아하는 사람도 있어요(웃음). 마지막으로 우리 가방의 빈티지한 매력을 좋아합니다. 요즘 일부 패션 업체는 새 재료를 가공해서 마치 오래 쓴 것처럼 보이게끔 합니다. 그건 가짜 빈티지예요. 반면 우리 제품은 실제로 오래 써서 닳아있는 것을 활용해 가방을 만들고, 고객들의 손때가 묻고 때가 타면서 더 낡아갑니다. 이게 진짜 빈티지라고 생각해요."

마르쿠스씨는 프라이탁 가방 매장에 가보면 두세 달 동안 팔리지 않는 디자인의 가방이 몇 개씩 있다고 전했다. 프라이탁은 이렇게 안 팔리는 가방들을 본사로 모은 뒤 다른 국가의 다른 매장으로 다시 내보낸다. "예컨대 정말 이상하고 못생긴(ugly)제품이 있다고 합시다. 그런데 전 세계 어딘가에는 그 제품을 좋아하는 고객들이 반드시 있더군요. 그 덕에 몇 년씩 팔리지 않는 제품은 본 적이 없어요."

–마르쿠스 프라이탁(프라이탁 CEO)

제10장 들어가면서

자원준거이론은 나쁜 이론인가?

"나쁜 경영이론이 좋은 경영관행을 파괴한다."는 수만트라 고샬(Sumantra Goshal) 교수의 주장이 의미하는 바는 크다. 천동설을 믿는 사람이 아무리 많다고 하여도, 실제로 태양이 지구를 중심으로 돌지는 않는다. 그러나 나쁜 경영이론이나 잘못된 경영이론을 믿고 따라하는 경영자가 많아지면, 결과적으로 나쁜 이론이나 잘못된 이론이 정설로 자리 잡는다. 결과적으로 나쁜 이론에 근거한 경영관행은 유행할 것이고 이와 상반되는 좋은 경영관행은 파괴될 것이다.

그렇다면 자원준거이론은 좋은 이론인가 나쁜 이론인가?

제2장에서 살펴본 설계학파의 전략수립모형은 합리적 의사결정모형이다. 이 모형을 뒷받침하는 논리는 목적(사명과 목표) → 방법(전략) → 수단(자원과 역량)으로 연결된다. 여기서 중요시되는 과정은 목표 설정과 전략 수립이다. 수단(자원과 역량)에 대한 관심은 상대적으로 낮다. 필요한 자원과 역량은 시장에서 조달하면 된다고 본다.

제4장에서 소개한 포터(M. Porter)의 5요인 모형은 산업의 매력도를 평가하고 경쟁포지션을 설정하는 데 매우 유용한 모형이다. 그러나 포터 모형도 산업의 구조적 특징이라는 외부환경에 중점을 두는 모형으로 기업의 내부환경(자원과 역량)에 대해서는 다루지 않는다.

자원준거이론은 그동안 소외받았던 내부자원에 초점을 맞추었다는 데 의의가 있다. 유능한 경영자나 혁신적 생산기술은 기업이 필요로 할 때 시장에서 구입할 수 있거나 제때에 개발할 수 있는 것이 아니다. 자원준거이론은 기업이 보유하는 우월한 자원과 역량이 경쟁우위의 원천이 된다는 점을 밝히고, 나아가 우월한 자원과 역량을 개발하고 축적하고 활용하는 데 뛰어난 기업이 지속적 경쟁우위를 누린다는 전략적 시사점을 준다. 결론적으로 자원준거이론은 아직은 유용하면서도 좋은 이론이다.

10.1 자원준거관점의 전제

앞장에서 우리는 자원준거관점의 개략적 내용과 함께, 핵심이 되는 기업의 내부자원에 대해서 살펴보았다. 이 장에서는 이러한 내부자원과 경쟁우위 간의 관계, 즉, 기업이 보유하고 있는 내부자원이 경쟁우위를 창출하고 이를 지속시키는 이유가 무엇인지에 대해서 설명할 것이다. 자원준거시각에서 의미하는 경쟁우위(competitive advantage)는 일반적 의미의 경쟁우위(기업이 목표를 달성하는 데 있어서 경쟁기업보다 초과하여 달성할 수 있게 하는 능력)와는 조금 다르게 정의된다. 자원준거시각에서는 어떤 기업이 현재 및 잠재적인 경쟁기업이 사용하고 있지 않는 가치창출전략을 수행하고 있을 때 그 기업이 경쟁우위를 보유하고 있으며, 이 가치창출전략의 이점을 다른 기업이 모방할 수 없을 때 지속적 경쟁우위를 보유한다고 정의하고 있다.

이러한 정의는 다음과 같은 두 가지 장점이 있다. 첫째, 산업 내에서 이미 활동 중인 기업들과 비교한 경쟁지위에만 중점을 두지 않고, 현재의 경쟁기업뿐만 아니라 앞으로 산업에 진출하고자 하는 잠재적 경쟁기업도 포함하고 있다는 장점이 있다. 둘째, 지속적 경쟁우위의 개념은 기업이 경쟁우위를 누리는 지속기간과 상관이 없다는 장점이 있다. 일반적으로 지속적 경쟁우위는 장기간 동안 지속하는 경쟁우위라는 의미로 해석된다. 그런데 기업이 경쟁우위를 얼마나 지속시킬 수 있는가 하는 것이 중요한 문제이기는 하나, 더욱 중요한 것은 경쟁우위의 지속성은 경쟁기업의 모방 가능성에 의해 결정된다는 사실이다. 즉, 경쟁우위는 그 우위를 모방하려고 경쟁기업이 노력한 후에도 그 우위를 계속하여 보유하고 있을 때 경쟁우위가 지속적이라고 할 수 있다. 이상의 정의는 이러한 사실을 반영한 것이다.

자원준거관점은 기업이 보유하고 있는 내부자원에 중점을 두어 기업 간의 성과차이를 설명하고자 한다. 기업은 핵심역량이나 우수한 조직능력과 같이 경쟁기업이 보유하지 않은 자원을 보유함으로써 경쟁우위를 누릴 수 있다. 이러한 설명은 기업 간에 존재하는 자원의 이질성(heterogeneity)을 전제로 함으로써 기업이 누리는 초과이익을 내부자원의 독특성에 기인한 것으로 본다. 한편, 자원의 이질성이 존재하더라도 이들 자원이 기업 간에 이동 가능하여 경쟁우위의 기반이 되는 자원을 경쟁기업이 쉽게 획득할 수 있다면 경쟁우위는 지속될 수 없다. 이런 점에서 기업이 지속적 경쟁우위를 누리기 위해서는 자원의 기업 간 비이동성(immobility)이 또한 전제되어야 한다. 따라서 경쟁우위의 지속성을 설명하기 위해서는 자원준거관점의 두 가지 전제, 즉 자원의 이질성과 비이동성을 보다 잘 이해할 필요가 있다.

1. 자원의 이질성

자원준거관점의 첫 번째 전제는 기업이 보유하고 있는 자원의 조합과 능력이 기업 간에 다르다는 자원의 이질성이다. 그러면 자원의 이질성이란 무엇을 의미하는가? 단순히 자원보유의 유형이 다르다는 것인가? 자원의 이질성이란 본질적으로 개별 기업이 보유한 자원이 효율성에 있어서 차이가 난다는 것을 의미한다. 개별 기업이 보유한 자원은 효율성의 수준에서 본질적으로 다르다고 볼 수 있다. 어떤 기업의 자원이 다른 기업이 보유한 자원에 비해 효율성이 뛰어날 수 있기 때문이다. 효율성이 뛰어난 자원을 우월한 자원(superior resources)이라고 한다면, 경쟁기업보다 우월한 자원을 보유한 기업은 고객의 욕구를 충족시키는 데 있어서 보다 효율적이며, 보다 나은 방법으로 충족시킬 수 있을 것이다. 따라서 우월한 자원을 보유한 기업은 그렇지 않은 기업에 비해 유리한 입장에 서게 된다.

2. 자원의 비이동성

경쟁우위의 지속성은 성공기업의 전략을 모방하는 데 필요한 자원이나 능력을 경쟁기업이 얼마나 빨리 획득할 수 있는가에 달려 있다. 자원이나 능력을 획득하는 일차적 수단은 그것을 시장에서 구입하는 것이다. 그런데 이때 중요한 요인이 자원과 능력의 기업 간 이동성이다. 원재료나 부품, 기계, 단순인력 등과 같은 자원은 기업 간에 이동가능하여 시장을 통해서 구입하기가 용이하다. 그런데 어떤 자원은 쉽게 이동되지 않는다. 예컨대 우수한 경영자, 성실성과 애사심이 높은 종업원, 브랜드명과 같은 자원은 기업특유의 자원이므로 기업 간에 이동하는 데 어려움이 있다.

자원의 기업 간 이동성을 제한하는 요인은 무엇인가? 자원의 비이동성은 본질적으로 자원의 이질성에 의해서 초래된다. 이질적이지 않은 자원(예컨대 화폐, 단순노동 등)의 이동성이 제한되는 경우는 드물다. 자원이 독특하고 기업특유적 속성을 지닐수록 기업 간의 이동성은 제한된다. 그러면 독특한 자원일수록 이동성이 제한되는 이유는 무엇인가? 이는 거래비용(transaction cost)으로 설명할 수 있다.

대부분의 시장은 탐색비용, 계약체결비용, 계약이행비용과 같은 거래비용이 발생하는데 독특한 자원일수록 거래비용이 증가한다. 자원이 독특하고 차별화될수록(예컨대 우수한 자질의 경영자) 가격과 품질에 대한 정보를 시장에서 획득하기가 어려우므로 이러한 자원은 시장을 통해 구입하는 것이 용이하지 않다. 또한 어떤 자원이 독특할 뿐 아니라 한 기업에 특유한 속성을 가지는 경우 자원의 이동성은 더욱 제한된다. 예컨대 브랜드명, 기술적 노하우, 명성과 같은 자원은 다른 기업에 이전될 때 그 가치를 가지지 못하는 경우가 많다. 또한 기업의 능력이 하나의 팀으로 작동하는 자원일 경우에도 거래비용은 더욱 증가한다. 그 능력을 얻기 위해서 팀 전체가 이전되어야 할 것이므로 자원의 이동성은 제한된다. 예컨대 어떤 경영자의 관리능력이 기존 사원과의 유대관계와 팀워크에 의존할 경우 그 경영자가 다른 회사로 옮겨 가더라도 옮긴 회사에서 단기간에 그 능력을 발휘할 수는 없을 것이다. 따라서 기업의 능력이 자원들의 복잡한 팀워크에 내재되어 있는 경우 경쟁기업에 의해 모방될 가능성이 낮다. 한편, 특허권이 설정된 기술인 경우 일정기간 그 기술의 이전이 법률적으로 금지되므로 이동성은 제한된다.

10.2 자원의 이질성과 렌트 발생

자원의 불완전한 이동성은 요소시장의 불완전성에 기인한다. 자원준거관점에서 볼 때 기업이 얻는 초과이익은 공급이 제한된 우월한 자원에 대한 렌트(rent)를 의미한다. 전략에 관한 기존의 이론들(산업구조분석모형 등)이 제품시장(product market)의 판매자(seller) 관점에서 기업행동을 설명하고 있는 데 반해, 자원준거관점은 요소시장(factor market)의 구매자(buyer) 관점에서 요소시장의 불완전성과 초과이익(렌트)의 발생 원인을 설명하고 있다.

렌트의 개념을 파악하기 위해, 렌트의 종류를 살펴보면 다음의 네 가지가 있다.

첫째, 리카아도 렌트(Ricardo's rent)이다. 렌트는 일반적으로 지대, 즉 토지의 사용에 대한 대가라고 할 수 있다. 리카아도는 곡물가격이 경작지 중에서 가장 척박한 토지의 생산비에 의해 결정된다는 사실에 주목하였다. 비옥한 토지는 척박한 토지에 비해, 동일한 수확량을 생산하는 데 소요되는 비용이 적거나 동일한 비용으로 생산하는 곡물의 수확량이 많을 것이다. 그런데 시장에서 결정되는 곡물가격은 척박한 토지의 생산비에 따라 결정되므로, 결과적으로 비옥한 토지를 소유한 지주는 곡물가격에서 비옥한 토지의 생산비를 뺀 만큼 추가적 이득을 얻게 되는데 이것이 지주의 지대(렌트)라고 설명하였다. 이러한 논리를 연장하여, 비옥한 토지와 같이 우월한 자원의 공급이 고정되어 있거나, 공급이 제한됨으로써 얻는 초과이익, 즉 자원의 희소성(scarcity)으로 인해 발생하는 초과이익을 리카아도 렌트라고 한다.

둘째, 독점적 렌트(monopoly rent)이다. 이 렌트는 기업전략이나 정부정책으로 인해 자원이나 생산물의 공급이 인위적으로 제한됨으로써 얻게 되는 초과이익을 의미한다. 예컨대 공급제한, 담합(카르텔 형성), 법률규제(담배의 제조, 고속도로 휴게소의 설립 등), 정부의 보호조치(특정 농산물의 수입제한) 등으로 인해 독점적 지위를 얻음으로써 얻게 되는 초과이익이다.

셋째, 기업가 또는 슘페터 렌트(entrepreneurial or Schumpeterian rent)이다. 기업가란 신상품, 신기술 등 혁신을 능동적으로 수행하는 주체다. 기업가는 상상력과 창조성을 바탕으로 불확실한 세상에서 새로운 이윤 기회를 포착하는 기민한 기업가정신을 발휘한다. 새로운 상품과 새로운 생산 방법 등을 창출하는 혁신도 이러한 기업가정신의 산물이다. 이런 관점에서 슘페터 렌트는 불확실한 환경 하에서 위험을 감수하고, 기업가적 통찰력을 발휘한 것에 대한 대가를 의미한다.

넷째, 파레토 렌트(Pareto rent)이다. 흔히 준지대(quasi rent)로 표현되는 이 렌트는 자원이 최선의 용도로 사용될 때 얻을 수 있는 대가와 차선의 용도로 사용될 때 얻을 수 있는 대가 간의 차이(또는 기회비용의 차이)를 의미한다. 변호사 자격을 가진 사람이 변호사라는 전문직 업무를 수행할 때 받는 보수와 육체노동을 함으로써 받는 보수는 차이가 날 것이다. 두 보수 간의 차이를 파레토 렌트라고 할 수 있다.

이상에서 살펴본 네 가지 종류의 렌트 중에서 4장에서 살펴본 포터의 산업구조분석모형에서 관심을 가지는 렌트는 독점적 렌트이다. 이에 비해 자원준거 관점에서 관심을 가지는 렌트는 나머지 세 가지 종류의 렌트, 즉 리카아도 렌트, 슘페터 렌트, 파레토 렌트이다. 특히 중요시되는 것은 파레토 렌트이다.

파레토 렌트는 기업특유의 자원(firm-specific resources)을 보유함으로써 얻을 수 있는 렌트이다. 기업특유의 자원은 다른 기업이 보유한 자원에 비해 상대적으로 우월한 생산요소(superior productive factors)를 의미한다. 이러한 생산요소는 대부분 공급이 제한되어 있을 것이므로 기업은 일차적으로 리카아도 렌트를 얻을 수 있다. 그런데 우월한 생산요소를 어떻게 활용할 것인가 하는 관점에서 보면, 어떤 생산요소가 최대의 효과를 나타내기 위해서는 이를 뒷받침하는 보완적인 생산요소가 필요하다. 두 기업이 거의 유사한 수준의 품질 좋은 가방을 만들 수 있다고 하더라도 한 기업이 명품 브랜드를 보유하고 있다면 그 기업은 시장에서 보다 높은 가치를 인정받을 것이다. 따라서 기업이 보유하고 있는 우월한 생산요소도 이를 보완해주는 다른 우월한 생산요소와 결합될 때 상승효과가 발휘되어 보다 높은 가치를 창출할 수 있을 것이다. 이때 보완적 생산요소의 결합으로 증가된 가치가 파레토 렌트이다.

자원의 이질성은 공급이 제한된 우월한 생산요소가 존재한다는 것을 의미한다. 공급이 제한된다는 것은 유형자원(예컨대 반도체칩, 선박, 기계설비 등)의 경우 어떤 이유(공급능력의 한계, 생산기간의 문제)로 인해 생산의 물리적 증대가 어렵다는 것을 의미하며, 무형자원(예컨대 유능한 경영자, 특수한 기술 등)의 경우는 자원을 다른 기업이 개발하거나 모방할 수 없다는 것을 의미한다. 특히 무형자원의 경우 대부분의 생산요소는 단기간에 공급을 증가시킬 수 없는 반고정적인 성격을 띠고 있다. 그런데, 인적 자원을 제외한 대부분의 무형자원은 추가적 생산에 따르는 한계비용이 거의 발생하지 않으므로 사실상 공급을 무한정 늘릴 수 있다. 여기서 공급이 제한된다는 것은 무형자원을 보유한 기업이 공급하지 않으려고 할 때, 이를 보유하고 있지 않는 기업의 입장에서 본 것이다. 따라서 단기적으로 볼 때 이들 자원은 수요를 전부 충족시킬 수 없는 희소자원이라고 하겠다. 이런 자원을 확보하지 못한 기업은 이보다 열등한 자원이나 유사 대체재를 생산활동에 투입할 것이다. 따라서 우월한 자원을 사용하는 기업(저원가기업)은 그렇지 않은 기업(고원가기업)에 비해 평균비용이 낮다. 이는 〈그림 10-1〉을 통해 설명해 볼 수 있다.

우월한 자원의 공급을 단기간에 증가시킬 수 없다면 이들 자원을 투입하여 생산된 제품의 시장가격이 아무리 높다고 하더라도 공급곡선은 비탄력적이다. 제품에 대한 수요가 증가하여 제품의 시장가격이 높아지면 다른 비효율적인 기업이 산업에 참가할 수 있게 된다. 이들 기업은 가격이 한계비용을 초과하는 한 그 산업에 진입하여 생산활동을 계속할 것이다. 산업 내의 공급과 수요가 균형을 이루어 고비용기업(희소자원을 보유하지 못한 비효율적 기업)이 손익분기(P=AC)에 이르더라도 저비용기업(희소자원을 보유한 효율적 기업)은 초과이익(P>AC)을 누리게 된다. 이때의 초과이익(supranormal profits)은 희소한 자원에 대한 렌트로 리카아도 렌트에 해당한다.

이상에서 설명한 내용은 시장지배력에 의한 독점이윤을 설명하는 모형과 일치한다. 그런데 그 차이는 산출물의 의도적 제한(시장지배력)에 의해서 독점

그림 10-1 자원의 이질성과 리카아도 렌트

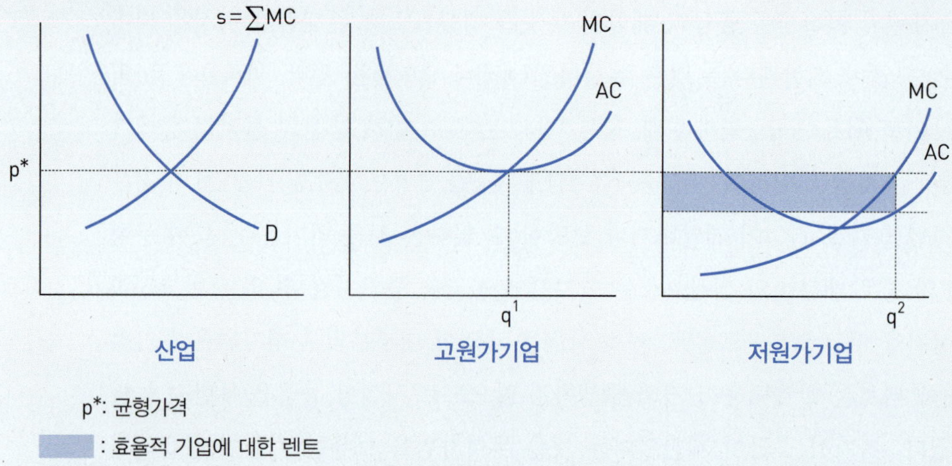

자료: M.A. Petraf, "The cornerstones of competitive advantage: A resource based view," *Strategic Management Journal*, Vol. 14(1993), p. 181.

이윤이 발생하는 것이 아니라 자원공급의 본질적 희소성에 의해서 발생한다는데 그 차이가 있다.

이상의 논의로 알 수 있는 중요한 결론은 효율적 기업이 누리는 초과이익은 산업조직론의 일반적인 시각인 생산량에 대한 인위적 제한이나 시장지배력의 결과가 아니라, 기업 간의 효율성 차이로 인해 효율성이 높은 기업이 얻을 수 있다는 것이다. 그리고 이러한 초과이익은 공급이 제한된 우월한 자원(superior resources)에 대한 렌트이다. 따라서 효율적 기업은 그들이 보유한 자원의 공급이 자유롭게 증가되지 않거나, 다른 기업에 의해 모방되지 않을 때 경쟁우위를 지속시킬 수 있다.

한편 우월한 자원의 공급이 제한되지 않을 경우, 〈그림 10-2〉에서 알 수 있듯이 동일한 효율성을 가진 기업이 산업 내로 진입하여 생산을 증가시킬 것이므로 공급곡선이 우측으로 이동할 것이다. 이로 인해 시장의 균형가격은 하락하고, 한계기업(열등한 자원을 사용하는 비효율적 기업)은 산업을 떠나게 될 것이다. 남아 있는 기업은 가격이 한계비용과 평균비용이 일치하는 점에서 생산

그림 10-2 우월한 자원의 증가와 새로운 시장균형

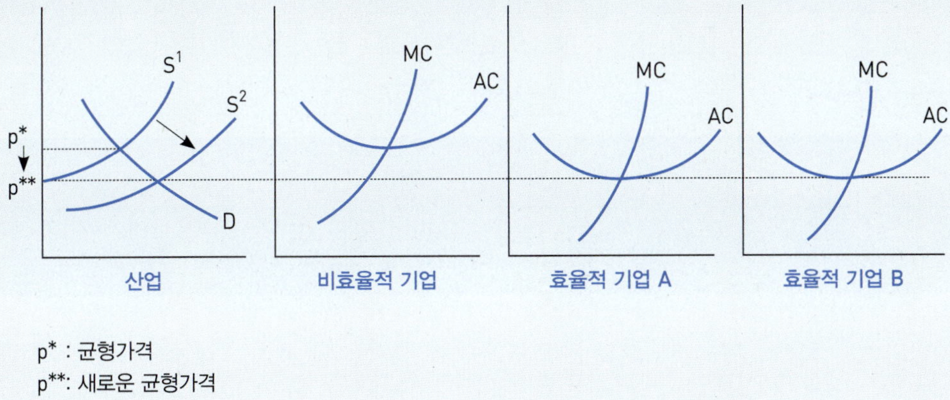

자료: M.A. Petraf, "The cornerstones of competitive advantage: A resource based view," *Strategic Management Journal*, Vol. 14(1993), p. 181.

활동을 계속할 것이다. 그 결과 렌트는 없어지고 정상이윤만이 효율적인 기업들에게 돌아간다. 이때 산업에 참가하고 있는 모든 기업은 자원 보유 면에서 동질적이라고 하겠다.[1)]

지금까지 경쟁우위의 원천인 자원의 이질성과 렌트의 발생에 대해 살펴보았다. 렌트의 원천이 어디에 있든 간에 자원의 이질성이라는 조건이 유지될 때 기업의 경쟁우위도 지속된다. 자원의 이질성이 단기적 현상이라면 렌트도 단기적으로 소멸된다. 전략의 목적이 본질적으로 장기적 렌트를 얻는 데 있으므로 이를 위해서 이질성을 장기적으로 지속시켜야 할 것이다. 그렇다면 이질성을 지속시킬 수 있는 요인은 무엇인가? 이런 점에서 중요시되는 것이 불완전한 모방성(incomplete imitability)과 불완전한 대체성(incomplete substitutability)이다.

---

1) 동질적 제품이 다수의 판매자와 구매자 간에 거래가 되며, 진입장벽과 철수장벽이 존재하지 않고 정보의 흐름이 자유로운 완전경쟁시장의 균형은 모든 기업이 정상이윤을 얻는 데서 결정된다. 이런 시장에서는 효율성이 완전경쟁시장의 성과를 측정하는 지표로 사용된다. 효율적 시장(efficient market)이란 가격이 시장에서 이용가능한 모든 정보를 반영하고 있는 시장을 의미한다. 이런 시장에서는 가격이 새로운 정보에 대해 즉각적으로 반응할 것이므로 거래를 통해 다른 거래자보다 높은 이익을 얻을 수 없다. 사후적으로 이익에 있어서 차이가 발생하였다면 이는 특정거래에 수반되는 개별위험을 반영하고 있기 때문이거나, 운과 같은 우연적 요소에 의해 발생하였을 것이다. 따라서 효율적 시장에서는 어떤 기업도 경쟁우위를 누릴 수 없다.

이들 요인은 추가적 경쟁기업의 산업 내 진입을 제한함으로써 〈그림 10-2〉와 같은 상황이 발생하지 않게 한다. 이들에 대해서는 다음 절에서 살펴본다.

10.3 내부자원의 특성과 경쟁우위의 지속성

앞에서 자원준거관점의 두 가지 전제조건인 자원의 이질성과 비이동성에 대해 살펴 보았다. 그런데 자원의 이질성과 비이동성이 충족된다고 하더라도 기업이 보유한 모든 자원이 지속적 경쟁우위의 원천이 될 수 있는 것은 아니다. 기업이 누리는 경쟁우위는 제품생산에 필요한 자원의 복잡성과 독특성으로 인해 다른 기업이 모방할 수 없을 때 지속될 수 있기 때문이다. 그러므로 기업의 자원이 지속적 경쟁우위의 원천이 되기 위해서는 다음의 〈그림 10-3〉과 같은 네 가지 특성, 즉 가치성(value), 희소성(rareness), 불완전한 모방성(incomplete imitability), 불완전한 대체성(incomplete subsititutability)을 갖추어야 한다.

그림 10-3 경쟁우위의 지속성

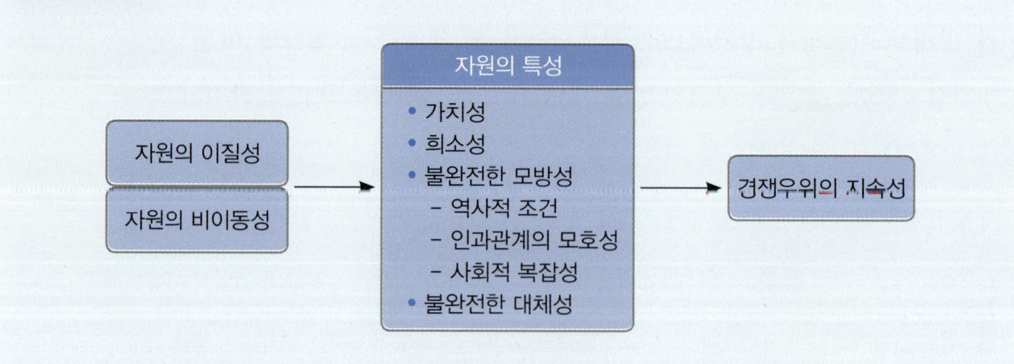

자료: J.B. Barney, "Firm resources and sustained competitive advantage," *Journal of Management*, Vol. 17(1991), p. 112를 수정.

1. 자원의 가치성

보유한 자원이 가치가 있을 때(valuable) 지속적 경쟁우위의 원천이 될 수 있다. 자원이 가치가 있다는 것은 기업의 효율성과 효과성을 증대시키기 위한 전략을 수립하고 실행하는 데 도움을 줄 수 있다는 것을 의미한다. 전략이 기회를 활용하고 위협을 중화시킬 수 있을 때 기업의 성과를 증가시킬 수 있으므로, 결국 자원의 가치성이란 기업이 외부환경에서 발생하는 기회를 활용하고 위협을 중화시키는 데 도움을 주는 자원이라는 것을 의미한다.

2. 자원의 희소성

어떤 기업이 보유한 자원을 다수의 경쟁기업과 잠재적 경쟁기업도 보유하고 있다면 이 자원은 경쟁우위의 원천이 될 수 없다. 즉, 어떤 자원의 가치성이 높다고 하더라도 희소성이 없을 경우 그 자원은 경쟁우위의 원천이 되기는 어렵다. 이런 점에서 볼 때 다른 기업이 그 자원을 보유하고 있지 않을수록 자원의 희소성이 증대될 것이며, 경쟁우위의 강력한 원천이 될 것이다.

그러나 가치 있고 희소한 자원의 중요성이 크다고 하여, 많은 기업이 보유하고 있는 공통자원(희소성이 없음)의 중요성이 크지 않다는 것을 의미하지는 않는다. 많은 기업이 공통적으로 보유하고 있으면서도 가치성이 높은 자원은 특정산업에서 생존하는 데 필수적인 요소가 된다. 특정산업에 종사하는 데 필요한 기본적인 생산기술이나 기계장비 등이 여기에 해당한다. 기업의 모든 경쟁조건이 동일한 경우 어떤 기업도 다른 기업에 대해 경쟁우위를 누릴 수는 없으나 다른 기업이 보유한 공통자원을 보유하여야만 시장에서 생존할 수 있다. 4장에서 설명한 일반적 핵심성공요인과 차별적 핵심성공요인으로 설명을 한다면, 가치성이 높은 자원은 일반적 핵심성공요인이며, 가치성과 희소성을 갖춘 자원은 차별적 핵심성공요인에 해당한다.

3. 불완전한 모방성

가치가 있으면서 희소한 자원도 장기적으로 다른 기업들이 이들 자원을 획득할 수 없을 때, 즉 완전하게 모방할 수 없을 때 지속적 경쟁우위의 원천이 된다. 성공기업이 보유한 경쟁우위를 획득하기 위해서는 경쟁우위의 원천이 무엇인가를 분석하여 그 원천을 파악한 후에, 그러한 경쟁우위를 성공적으로 복제할 수 있어야 한다. 이를 위해서는 성공전략의 근거가 되는 자원을 획득하여야 하는데 다음의 두 가지 대안이 선택 가능하다.

첫째, 외부요소시장으로부터 필요한 자원을 구입하거나, 둘째, 내부투자를 통해 필요한 자원을 창출하여야 한다. 이런 점에서 본다면 경쟁우위의 지속성은 경쟁기업과의 모방시차에 달려 있다. 즉, 성공기업이 누리는 경쟁우위의 지속성은 모방기업이 경쟁우위를 구축하는 데 필요한 자원을 얼마나 빨리 획득하느냐에 달려 있다고 하겠다. 자원을 획득하는 데 소요되는 시간은 자원 자체의 특성(예컨대 역사성이나 복잡성의 정도)에 따라서 달라진다.

첫 번째 대안에 있어서 자원을 외부시장을 통해 조달할 수 있는지의 여부는 자원의 기업 간 이동가능성에 달려 있다. 그런데 자원준거관점은 자원이 기업 간에 완전하게 이동할 수 없다는 것(immobility)을 기본 전제로 하고 있다. 따라서 외부요소시장에서 필요한 자원을 구입하는 것은 쉽지가 않다. 다음으로 경쟁기업이 보유하고 있는 자원을 시장을 통해서 획득할 수 없는 경우, 기업 내부적으로 이를 모방하여 창출하여야 한다. 그런데 이들 자원을 내부적으로 모방하려고 할 때, 여러 가지 이유로 인해 완전하게 모방하는 데 한계가 있다. 모방의 불완전성에 영향을 주는 요인으로 다음의 세 가지가 특히 중요시된다. ① 특정자원을 획득하기 위해서는 독특한 역사적 조건(기업의 역사적 성장과정과 최고경영자의 독특한 자질 등)을 갖추어야 할 때, ② 기업이 보유하고 있는 자원과 기업의 지속적 경쟁우위 간의 연관성에 대한 인과관계가 모호할 때, ③ 경쟁우위가 복잡한 사회적 현상일 때이다.

(1) 역사적 조건

자원준거관점의 중요한 주장 중의 하나는 기업의 자산 보유현황과 그에 따른 기업의 경쟁우위는 그 기업의 독특한 역사와 분리해서 이해할 수 없다는 것이다. 이는 이미 앞장에서 설명하였듯이 기업을 경로의존성과 유형자원과 무형자원의 독특한 집합체로 파악한다는 것이다. 기업이 설립되어 성장하고 쇠퇴하고 반전하는 과정을 거듭함에 따라 고유한 역사적 경로를 거친 기업만이 획득할 수 있는 독특한 자원이나 능력을 획득하게 된다. 예컨대 설립자의 독특한 가치관과 신념, 개별 경영자들의 성격, 기업이 당면하고 극복하였던 역사적 기회와 위협 등은 기업이 고유한 전략을 선택하고 실행하는 데 영향을 주었을 것이다.

이와 같이 역사적 과정을 거쳐 창출된 자원이나 경쟁우위를 완전하게 모방하기 위해서는 동일한 역사적 과정을 재창조하여야 할 것이다. 그러나 역사를 재창조할 수 있는 능력은 당연히 제한된다. 아니면 그런 자원을 얻기 위해서 일정기간 동안 상당한 비용을 지불하여야 할 것이다. 즉, 필요한 자원을 내부적으로 창출하는 데는 일정한 시간적 투자(비가역적 투자)가 요구된다. 예컨대 팀워크에 의한 기술이나 조직일상성을 창출하기 위해서는 일정기간의 내부 실습을 통해 기술이나 일상성을 개발하고 숙달하여야 한다. 그리고 새로운 기계를 구입함으로써 공정기술을 획득한 경우에도 기계를 운영하는 데 필요한 기술을 숙달하기 위해서는 상당한 시간이 소요되기도 한다. 과거 미국 GM의 한 공장(NUMMY 공장, 제13장 인용문 p. 448 참조)에서 전통적인 조립라인을 일본 토요다의 팀워크 생산방식으로 교체하였는데, 2년이 지난 후에도 새로운 생산방식이 완전하게 운영되지 못하였고, 생산성과 품질이 목표 수준에 못 미친 것으로 나타난 유명한 사례가 있다.

(2) 인과관계의 모호성

성공기업의 전략을 모방하기 위해서는 먼저 성공기업이 누리는 경쟁우위의 원천이 무엇인가를 분석·파악하여야 한다. 그런데 여기에는 다음의 두 가지 요인 때문에 그 원천을 파악하기가 쉽지 않다.

첫째, 대부분의 경우 성공기업의 전략적 특징이 무엇인가, 즉 성공기업의 높은 성과와 그 성과를 가져온 전략의 특징이 무엇인가를 파악하기가 쉽지 않다. 특히, 기업의 내부 분위기 또는 조직문화와 같은 무형자산은 눈에 보이지 않기 때문에 외부인이 이를 파악하기가 쉽지 않다. 그리고 어떤 자원의 존재는 기업 내부적으로 당연한 것으로 받아들여지고 있고, 업무를 수행하는 당연한 절차로서 기업의 일부가 되어 있는 경우, 기업의 내부경영자도 이들 자원의 전략적 의미를 완전하게 이해할 수가 없다. 이러한 맥락에서 이해할 수 있는 것이 다음과 같은 문장이다.

> "기업은 인과적 모호성으로 인해 말할 수 있는 것보다 더 많은 것을 알고 있다 (A firm may know more than it can tell due to causal ambiguity)."
>
> – J.T. Mahoney and J.R. Pandian(1992), p. 365.

둘째, 전략의 특징이 파악된다고 하더라도 그 전략이 기반을 두고 있는 내부자원들의 상호관계를 파악하는 것은 쉽지가 않다. 리프만과 러멜트(1982)는 이런 문제를 인과적 모호성(causal ambiguity)으로 인한 불확실한 모방성(uncertain imitability)이라고 이름하였다. 이로 인해 어떤 기업이 경쟁우위를 누리는 원천이 무엇인가를 설명하기는 어렵다. 경쟁우위의 원천이 무엇인가를 정확하게 파악할 수 없다면 이를 모방할 수가 없다. 이는 경쟁기업의 어떤 자원을 모방해야 하는지를 알 수 없기 때문이다.

이상의 내용을 Apple이 스마트폰 산업에서 높은 성과를 누리는 경우를 예로 들어 설명해 보자. Apple은 미국에서뿐 아니라 전 세계적으로 초우량기업의 대명사로 간주되고 있다. 그렇다면 전략에서 Apple의 성공은 스티브 잡스의 리더십이 뛰어났기 때문인가, 제품혁신에서 앞서 갔기 때문인가, 아니면 앱 스토어 구축과 고객 서비스에 치중한 결과인가? 그리고 이러한 전략을 뒷받침한 핵심자원은 무엇인가? Apple의 소프트웨어 설계능력인가, 광범위하고 잘 정비된 판매 및 고객지원 네트워크 때문인가, 아니면 우수한 종업원들이 공동의 목표를 위해 헌신한 것 때문인가? 이상의 의문에 대해 확실하게 답을 한다는 것은 불가능하다.

이상에서 제시한 모든 요인들이 공동의 결합을 통해 성공을 가능하게 하였다고도 할 수 있다. 그럴 경우 Apple을 모방하려는 기업은 어떤 것을 모방하여야 할 것인가? 어느 요인도 확실한 성공요인이 아닌 경우 이를 모방하는 것은 불가능하다. Apple의 모든 것을 똑같이 모방하는 것이 가장 확실한 방법이나 이는 불가능한 일이다. 이를 위해서는 Apple의 모든 것을 보유하여야 하기 때문이다.

(3) 경쟁우위의 사회적 복잡성

성공기업의 경쟁우위를 분석하는 데 있어서 불확실성을 증가시키는 요인은 경쟁우위의 복잡성과 그 우위를 뒷받침하는 자원과 능력의 복잡성(사회적 복잡성)이다. 기업의 자원은 복잡한 사회현상일 수 있다. 이 경우 기업 스스로 이를 체계적으로 관리하고 영향을 주는 것이 불가능하다. 기업의 많은 자원이 사회적 복잡성을 띠는데, 기업의 문화나 전통, 기업이 고객이나 공급업자로부터 받는 평판, 기업내부 관리자들의 개인적 유대관계 같은 것을 그 예로 들 수 있다. 기업의 경쟁우위가 이와 같이 복잡한 사회현상에 기초를 두고 있을 때 경쟁기업이 이를 모방할 수 있는 가능성은 당연히 낮아진다.

〈전략포커스〉에 소개된 파이프오르간 제작기업인 클라이스는 자원준거이론을 적용시키기에 좋은 사례이다. 클라이스를 모방하고 싶은 경쟁기업이 있다고 하더라도 클라이스의 경쟁우위를 뒷받침하는 원천을 모방하기는 사실상 힘든 것으로 보인다.

첫째, 가치 있고 희소한 자원: 클라이스는 숙련된 마이스터와 오랜된 경력자를 보유하고 있다. 이들은 가치 있으면서도 희소한 자원이다. 이들 경력자들은 외부에서 쉽게 스카웃할 수 없으며, 자체적으로 육성하려면 최소 20년 정도의 시간이 소요된다.

둘째, 부품의 복잡성과 무형적 노하우: 클라이스와 같은 수준의 소리를 내는 파이프오르간을 제작하기 위해서는 사용되는 부품의 품질도 클라이스와 같은 수준이어야 한다. 그런데 전체 구성요소의 70%를 차지하는 목재에 관한 노하우는 쉽게 체득하기 힘들다. 다양한 목재에 관한 노하우는 작업공정을 관찰한다고 하더라도 벤치마킹할 수 없을 정도로 복잡하다.

전략포커스 | 쾰른대성당의 파이프오르간

라인강변에 있는 독일 쾰른은 유서 깊은 도시다. 로마 시대의 식민도시에서 유래된 곳이다. 물류 중심지여서 10~15세기에는 독일 최대 도시로 번창하기도 했다. 이곳의 명소는 쾰른대성당이다. 첨탑 높이가 무려 157m에 이른다. 미사 시간엔 웅장한 파이프오르간 소리에 놀라게 된다. 운 좋게 헨델의 메시아를 듣는다면 황홀한 경험을 할 수도 있다.

이곳엔 모두 세 대의 파이프오르간이 자리 잡고 있다. 중앙제단을 바라보고 왼쪽엔 7000개, 오른쪽에 2000개, 뒤쪽에 1000개의 파이프가 설치된 오르간이 있다. 파이프가 모두 1만 개에 이른다. 파이프오르간은 오케스트라 악기다. 중후한 튜바소리, 경쾌한 트럼펫소리, 부드러운 호른소리 등 못 내는 소리가 없다. 하지만 이 악기에서 파이프보다 더 중요한 게 목재다. 전체 구성 요소의 70%를 차지한다. 굴참나무, 단풍나무 등 30여 종의 나무가 바람통 페달 밸브 등 적재적소에 자리 잡고 있다.

이를 제작한 기업은 이곳에서 차로 30분가량 떨어진 본에 있는 클라이스다. 종업원 65명의 작은 기업이다. 고색창연한 벽돌 건물에 있는 이 회사에 들어서면 나무 냄새가 코를 찌른다. 클라이스는 누가 찾아와도 공장을 안내해준다. 경쟁사가 찾아와도 마찬가지다. 그런데도 쉽게 벤치마킹할 수 없다. 이유가 뭘까. 첫째, 목재에 관한 노하우다. 목재는 수종에 따라 수개월 혹은 수년간 그늘에서 말린다. 갈라지거나 휘어지는 것을 막기 위해서다. 어디서 어떤 목재를 구해 얼마 동안 건조하는지 쉽게 익힐 수 없다.

둘째, 창의성이다. 이 회사는 1882년 창업한 뒤 한 번도 같은 제품을 생산한 적이 없다. 매번 색다른 디자인과 음색을 가진 악기를 제작해왔다. 이 회사 경영자는 "우리는 단순한 제품을 만드는 게 아니라 작품을 제작한다."고 설명한다. '혼이 담긴 예술작품'이라는 의미다.

셋째, 숙련된 직원들이다. 직원은 대개 20~30년 경력자다. 이들이 나무를 켜고 대패질하고 파이프를 제조한다. 마이스터(장인)도 5명 있다. 이들은 자신의 직업을 천직으로 여긴다. 단순히 '돈 버는 직업'이 아니라 '신으로부터 받은 소명'으로 생각한다. 명품은 이들의 손끝에서 탄생한다.

출처: 한국경제신문(2019. 11. 21.), 김낙훈 기자

셋째, 숭고한 조직문화: 클라이스의 직원들은 자신들이 하는 일을 신으로부터 받은 소명으로 생각한다. 이러한 조직문화는 직원들이 작업에 임하는 태도에 영향을 미친다. 신으로부터 받은 소명을 완수하기 위해 장인정신으로 제작하는 파이프오르간은 제품의 완성도가 높을 수밖에 없다. 경쟁기업이 이런 문화를 단기간에 모방하기는 쉽지 않을 것이다.

넷째, 창의적인 신제품 개발능력이다. 클라이스는 같은 제품을 반복해서 만들지 않는다. 매번 색다른 디자인과 음색을 가진 악기를 제작하기 위해서는 창의적인 아이디어가 뒷받침되어야 한다. 창의적인 신제품 개발능력은 클라이

스의 역사와 함께 오랫동안 축적된 핵심역량이다. 단순한 제품을 만드는 게 아니라 작품을 제작하는 것이기 때문에, 클라이스의 파이프오르간은 '혼이 담긴 예술작품'이다. 이와 같이 극도로 차별화된 작품을 경쟁기업이 모방하기는 쉽지 않다. 모방에 성공하더라도 그것은 동등한 경쟁제품이 아니라 아류로 취급될 것이다.

결론적으로 클라이스를 완벽하게 모방하는 방법은 클라이스를 인수하는 길밖에 없다.

4. 불완전한 대체성

기업의 자원이 지속적 경쟁우위의 원천이 되기 위한 마지막 조건은 대체자원이 존재하지 않아야 한다는 것이다. 즉, 희소하지 않거나 모방이 어렵지 않은 가치 있는 대체자원이 존재하지 않아야 한다. 서로 다른 두 가지의 가치 있는 기업자원이 존재하고, 각 자원을 동일한 전략을 실행하는 데 사용할 수 있다면, 이들 두 자원은 전략적으로 동등한 자원이라고 할 수 있다. 따라서 전략적으로 동등하게 사용될 수 있는 대체자원이 존재하지 않을 때, 그 자원은 지속적 경쟁우위를 창출하는 데 도움이 된다. 이는 전략을 수립하고 실행하는 데 사용되는 그 자원이 가치 있고 희소하며 완전한 모방이 불가능하기 때문이다.

이상으로 경쟁우위의 지속성에 영향을 주는 자원의 특성들에 대해 살펴보았다. 이를 간단히 요약하면 〈표 10-1〉과 같다.

자원의 가치성은 기업의 기회를 활용하고 위협을 중화시킬 수 있느냐의 여부에 달려 있다. 기회를 활용할 수 있고 위협을 중화시킬 수 없는 자원은 경쟁우위를 창출하지 못한다. 기업이 보유한 자원이 가치가 있다는 것만으로는 경쟁우위를 창출한다고 할 수 없다. 다른 경쟁기업들도 동일한 자원을 보유하고 있다면, 보유자원을 활용함으로써 경쟁기업과 동등한 경쟁우위, 즉 경쟁의 동등성(competitive parity)을 확보할 수 있을 뿐이다. 그러나 희소한 자원은 최소한 일시적인 경쟁우위를 창출할 수 있다.

가치 있고 희소한 자원에 의해서 창출된 일시적 경쟁우위가 지속될 수 있

표 10-1 경쟁우위의 지속성과 자원의 특성

자원의 특성				경쟁지위
가치성	희소성	모방의 어려움	대체재의 부재	
×				경쟁열위
○	×			경쟁의 동등성
○	○	×		일시적 경쟁우위
○	○	○	×	경쟁의 동등성
○	○	○	○	지속적 경쟁우위

자료: J.B. Barney, "Integrating organizational behavior and strategy formulation research: A resource based analysis," in P. Shrivastava, A. Huff and J. Dutton(eds.), *Advances in Strategic Management*, Vol. 8, JAI Press, Greenwich, CT(1992), p. 43.

는가 하는 것은 그 자원의 모방가능성(imitability)에 달려 있다. 특정자원을 보유하지 않은 기업이 비용상의 상당한 불리성을 부담하지 않고 그 자원을 획득할 수 있다면, 그 자원을 획득함으로써 이미 보유하고 있는 기업과 동등한 경쟁지위를 누릴 수 있을 것이다. 반면 그 자원을 획득할 수 없거나, 자원을 보유한 기업에 비해 상당한 비용을 부담하여야 자원을 획득할 수 있다면 자원보유기업은 지속적 경쟁우위를 누릴 수 있다. 그러나 가치 있고 희소하며, 모방할 수 없는 자원을 보유한 기업도 그 자원을 대체할 수 있는 대체재가 존재할 경우 경쟁의 동등성을 확보할 수 있을 뿐이다.

5. 선발기업의 이점

후발기업에 의해서 성공기업의 전략이 모방된다고 하더라도 선발기업(first mover)의 성공이 후발기업에게 그대로 이전되는 것은 아니다. 선발기업이 경쟁우위를 지속시킬 수있는 능력은 경쟁우위 자체의 누적성과 지속성에 의해서 더욱 강화되기도 한다. 성공이 성공을 낳는 이러한 예는 다음과 같은 요인에 의해서 가능하다. 그것은 ① 초기의 경쟁우위로 획득한 자금, ② 경험, ③ 투입물의 유리한 조달조건 등이다. 초기의 경쟁우위를 바탕으로 획득한 자금은 투자상에 있어서 우위를 가져다준다. 이를 통해 외부자금을 조달할 때 발생하는 비용을 낮출 수 있고, 경쟁기업을 인수할 수도 있다. 또한 다른 경쟁우위를 얻기 위한 투자자금으로 사용할 수도 있다. 선발기업이 가지는 또 다른 이점은 경험이다. 초기생산을 통해 습득한 경험으로 원가절감을 누릴 수 있다. 이러한 원가절감효과는 경험곡선에서 보았듯이 누적적으로 가능하다. 마지막으로 선발기업은 필요한 투입물을 구입하는 데 있어서 유리한 조건으로 구입할 수 있다. 특히, 인적 자원의 조달에 있어서 우수한 인력이 선발기업을 선호하는 것은 상당히 중요한 의미를 띤다. 부품을 조달하는 데 있어서도 부품공급업체로부터 유리한 조건으로 거래할 수 있다.

10.4 동태적 능력과 자원준거시각

자원준거시각은 본질적으로 정태적이다. 이상에서 살펴본 자원의 특성과 경쟁우위의 지속성은 환경이 변하지 않는 경우에 적용할 수 있는 설명이다. 환경이 급격하게 변할 경우 그동안 가치 있고 희소하던 자원이 어느 날 가치가 떨어지고 희소하지 않은 자원으로 바뀔 수 있다. 이렇게 되면 경쟁우위를 뒷받침하던 근거가 사라지게 된다. 이런 점에서 자원준거시각은 변화하는 환경 속에서 기업이 지속적인 경쟁우위를 누리는 것을 설명하는 데 미흡하다. 경쟁환경이 변하여 경쟁우위를 뒷받침하는 자원과 조직능력의 유형이 바뀔 경우 여기에 어떻게 대응할 것인가? 이러한 의문에 답할 수 있는 개념이 동태적 능력(dynamic capability)이다. 동태적 능력이란 기업의 보유하고 있는 자원과 조직능력을 창출하고 확장하고 수정할 수 있는 능력을 의미한다. 자원준거시각에 따르면 가치 있고 희소하고 모방하기 어려우며 대체할 수 없는 자원과 조직능력을 보유한 기업은 지속적인 경쟁우위를 누린다. 그런데 경쟁환경이 변할 경우 경쟁우위를 뒷받침하는 자원과 조직능력의 유형도 변하게 된다. 어떤 자원이 가치 있고 희소하다는 것은 환경과 적합성을 이룰 때이다. 경쟁환경이 변하면 가치 있던 자원도 한 순간에 그 가치를 잃을 수 있다. 이런 관점에서 동태적 능력은 환경이 변할 때 이에 적합한 자원과 조직능력을 창출, 확장, 수정함으로써 기업이 누리는 경쟁우위를 지속되게 한다. '동태적(dynamic)'이라는 수식어는 환경변화에 적합하게 대응한다는 의미를 가지고 있다. 따라서 동태적 능력은 자원준거시각을 보완하고 확장시켰다고 하겠다. 정태적 관점의 자원준거시각을 동태적 상황에서도 적용할 수 있는 논리로 발전시켰다.

그렇다면 동태적 능력은 어떤 과정을 통해 자원과 능력을 창출하고 발전시키는가? 여기서는 통합(integration), 학습(learning), 재구성(reconfiguration)이라는 세 가지 과정을 통해 설명할 것이다.

① 통합(integration)이란 기업의 내부 및 외부 자원과 역량을 조정하고 결합하는 것이다. 동태적 능력은 기존의 자원과 역량을 새로운 방법으로 결합함으로써 기업이 보유한 현재의 자원기반을 바꿀 수 있다. 이는 통합을 통해 새로운 자원과 역량이 창출되기 때문이다. 통합을 촉진시키는 데는 다음과 같은 다양한 활동들이 도움을 준다. 첫째, 신제품이나 신공정을 개발하기 위해 다양한 기량, 경험, 전문성을 가진 여러 기능부서의 구성원으로 한 팀을 구성한다(다양한 지식과 경험의 결합). 둘째, 시장과 고객에 관한 정보를 지속적으로 수집하고 이를 신규시장개척 가능성과 연결시킨다(시장정보와 미래 시장의 결합). 셋째, 관련 및 비관련 산업의 기술을 우리 기업의 제품개발에 응용할 수 있는 가능성을 검토한다(다른 산업의 기술과 우리 기술의 결합). 넷째, 과거의 역사적 자료와 경험을 현재의 당면 문제에 적용시킨다(과거 지식과 현재 문제의 결합). 다섯째, 외부 공급자나 고객과의 긴밀한 연계를 통해 이들의 경험이나 지식을 디자인이나 생산공정에 접목시킨다(외부지식과 내부지식의 결합).

② 학습(learning)은 반복과 실험을 통해 기업 활동을 보다 효과적이고 효

율적으로 변화시키는 과정이다. 새로운 지식과 자원은 학습을 통해 창출된다. 이러한 학습은 내부적으로는 교육 및 훈련, 지식 데이터 베이스 구축, 지식공유 프로그램 등을 통해 촉진되며, 외부적으로는 외부지식이나 능력을 흡수하거나 전략적 제휴를 통해 획득함으로써 촉진된다. 이러한 내부적 및 외부적 학습이 촉진될수록 새로운 자원과 능력이 창출될 가능성이 높아질 것이다.

③ 재구성(reconfiguration)은 내부 및 외부 자원을 재조립하고 변환시키는 것이다. 앞에서 살펴본 통합과 학습은 동태적 능력을 활용하여 자원과 능력을 창출함으로써 기업의 자원기반을 개선하는 과정이다. 이 과정에서 동태적 능력이 개선되기도 한다. 그런데 경영환경이 급속하게 변하여 기존의 자원기반으로는 경쟁우위를 누릴 수 없는 경우 자원기반에 관한 근본적인 변화가 필요하다. 이 경우 재구성은 지금과는 다른 자원기반을 구축하게 해준다. 그 결과, 재구성은 새로운 자원과 역량을 창출할 뿐 아니라 동태적 능력에도 근본적인 변화를 가져온다. 동태적 능력이 기업의 자원과 역량을 창출하는 생산공정이라면, 재구성은 이러한 생산공정도 구조적으로 변화시킨다는 점에서 통합이나 학습 보다 변화의 정도가 크다.

동태적 능력은 통합, 학습, 재구성이라는 과정을 통해, 기업이 환경변화에 대응하여 경쟁우위를 지속시킬 수 있도록 기존의 자원과 역량을 폐기하거나 수정하거나 새롭게 창출하게 한다. 이러한 동태적 능력이 원활하게 발휘되기 위해서는 첫째, 무엇보다도 환경변화를 재빠르게 감지하는 능력(sense-making capacity)이 필요하다. 환경변화로 인해 발생하는 기회와 위협을 감지하지 못한다면 새로운 자원과 능력에 관한 필요성도 느끼지 못할 것이다. 한때 세계 휴대폰 시장점유율이 40%에 이르렀던 Nokia는 스마트폰 시장의 변화(앱스토어, 안드로이드 OS, 아이폰의 위협)를 감지하지 못함으로써 시장점유율이 4% 이하로 떨어져, 결국 2013년 휴대전화사업을 MS에 매각하였다. 둘째, 환경변화를 감지하더라도, 자원기반을 변화시킬 수 있는 통합·학습·재구성 과정을 적절한 시기에 실행하지 못한다면 의미가 없다. 따라서 적절한 시기에 신속하게 발휘되는 의사결정능력(timely decision-making capacity)이 필요하다. 셋째, 현재의 자원기반을 변화시키려는 의사결정을 성공적으로 실행시킬 수 있는 능력(change implementation capacity)이 필요하다. 조직의 프로세스를 조정하고 장애와 타성을 극복하고 목표로 하는 변화를 이끌어낼 수 있는 의지와 실행력이 필요하다.

10.5 자원준거관점의 의의

지금까지 전략경영분야에서 관심이 증대되고 있는 자원준거관점을 간단히 살펴보았다. 자원준거관점은 기업이 보유하고 있는 내부자원에 중점을 두어 기업 간 성과차이를 설명하고자 한다. 특히 자원의 불완전한 모방성을 경쟁우위를 지속시키는 핵심요인으로 보고 있는 데, 자원의 불완전한 모방성은 요소시장의 불완전성에 기인한다. 이에 따라 전략에 관한 기존의 논의가 제품시장에서 판매자입장의 기업행동을 설명하고 있는 데 반해, 자원준거관점은 요소시장에서의 구매자관점에서 요소시장의 불완전성과 초과이익(렌트)의 발생을 설명하고 있다. 따라서 자원준거관점이 기업차원의 전략을 설명하는 이론임에도 이론을 전개하는 데 있어서 요소시장에 대한 경제적 분석법이 중요시되고 있다. 자원준거관점은 대리인이론(agency theory), 재산권론(property rights), 거래비용경제학(transaction cost economics), 진화론적 경제학(evolutionary economics)에 이어 조직경제학의 다섯 번째 분야로 간주되기도 한다(J.T. Mahoney, and J.R. Pandian, 1992, p. 363).

포터(M.E. Porter)가 『경쟁전략(*Competitive Strategy*, 1980)』에서 제시한 산업구조모형은 그 장점에도 불구하고 전략경영의 시각에서 볼 때, 특히 다음과 같은 두 가지 측면에서 미흡한 점이 있다.

첫째, 기업이 누리는 초과이익을 기업 외부적 요인으로 설명한다는 점이다. 즉, 포터 모형은 산업매력도에 영향을 주는 산업의 구조적 특징(다섯 가지 경쟁요인)을 이용해 기업이 누리는 초과이익을 설명하고 있다. 이런 점에서 산업조직론의 틀에서 벗어나지 못하고 있으며, 기업의 내부적 특징을 고려하지 않고 있다는 한계를 벗어나지 못한다. 비록 기업이 전략을 통해 산업구조를 유리하게 변화시킬 수 있는 가능성을 인정하고 있다 하더라도, 기업의 전략변화 → 산업구조의 변화 → 산업매력도의 변화 → 초과이익이라는 관계는 기업의 외부적 요인을 중시하는 설명법과 크게 다르지 않다.

둘째, 산업구조모형은 같은 산업에 속한 기업 간에도 성과가 다를 수 있다는 사실에 대해서 설명하지 못한다. 산업구조모형은 산업의 매력도를 평가함으로써 그 산업에 속한 기업의 수익성을 설명하고 예측하는 데 도움을 준다. 그러나 이러한 설명은 그 산업의 일반적 특성을 설명할 뿐이다. 다르게 말하면 산업구조모형은 산업의 대표기업(a repre sentative firm)이 얻을 수 있는 수익성을 설명할 수 있을 뿐이다. 이는 특정산업에 속한 기업이면 모두 누릴 수 있는 것, 즉 산업효과(industry effect)이므로 같은 산업에 속한 기업 간에 성과차이가 나는 이유에 대해서는 설명하지 못한다.

이상과 같은 산업구조모형의 한계는 포터의 『경쟁우위(*Competitive Advantage*, 1985)』에 의해서 어느 정도 보완되고 있다. 가치사슬(value chain)과 가치활동(value activities)으로 대표되는 경쟁우위모형은 기업이 누리는 경쟁우위에 중점을 둠으로써 기업의 성과를 기업내부적 요인으로 설명하려고 노력하였다. 즉, 기업이 누리는 경쟁우위(원가우위와 차별화우위)의 원천을 기업의 가치활동으로 설명하려는 시각의 전환이 이루어지고 있다. 예컨대 가치활동을 경쟁기업보다 저원가(또는 독특한 방법)로 수행함으로써 원가우위(또는 차별화우위)를 누릴 수 있다고 설명한다. 이러한 설명법은 또한 산업구조모형이 개별기업의 수익성을 설명하지 못하였던 것을 보완할 수 있다. 개별기업이 가치활동을 얼마나 효율적으로 또는 효과적으로 수행하느냐에 따라 경쟁우위를 누리는 정도가 달라질 것이므로, 결과적으로 같은 산업에 속한 기업이라고 하더라도 성과가 다를 수 있다는 것을 설명할 수 있다.

경쟁우위모형이 산업구조모형이 가지고 있던 두 가지 한계점을 어느 정도 보완하였음에도 불구하고 근본적인 설명을 제시하지는 못하였다. 다시 말해 경쟁우위모형은 그 제목에도 불구하고 경쟁우위가 창출되는 과정과 지속되는 과정에 대해서 설명하지 못한다. 어떤 기업이 가치활동을 저원가로 수행하거나 차별적으로 수행할 수 있는 원인과 과정에 대해서는 설명하지 못하는 것이다. 이러한 한계를 의식한 때문인지 제8장에서 살펴본 포터의 논문(M.E. Porter, 1991)에서는 인과관계의 사슬을 논의하면서 초기조건(initial conditions)과 과거 의사결정이라는 결정변수를 제시하고 있다. 그러나 이것으로도 완전한 설명이 되지 않는다. 경쟁우위의 원천이 되는 요인들을 제시하는 것과 이들 요인이 어떤 과정을 통해 경쟁우위를 창출하고 이것이 기업의 초과이익으로 연결되는가를 설명하는 것은 다르기 때문이다.

이러한 한계에도 불구하고 산업구조모형과 경쟁우위모형의 가치성은 지금도 감소하지 않는다. 성공전략을 수립하기 위해 외부환경과 내부환경에 관한 정보가 동시에 필요하므로 외부환경을 분석하는 모형이 필요하기 때문이다. 문제가 되는 것은 외부환경만으로 기업의 성과를 설명하려고 할 때이다. 포터 모형이 가지는 한계는 모든 이론이 안고 있는 한계이다. 특히, 사회현상을 설명하는 이론은 어떤 이론도 완전한 것은 없으며, 지배적 이론이라고 하더라도 다른 이론과 비교해 볼 때 특정현상을 설명하지 못하는 측면이 있기 마련이다. 그리고 한때 지배적이었던 이론이 현상이 구조적으로 바뀌어 현실에 맞지 않는 이론이 되었다고 하더라도 그 이론이 잘못된 것으로 보기보다는 현실과의 적실성을 상실한 것으로 보아야 할 것이다. 포터의 연구가 없었더라면 그 뒤에 이루어진 대부분의 연구(자원준거관점도 포함)가 지금과는 상당히 다르게 전개되고 있을 것이다.

이런 점에서 볼 때 자원준거관점은 경쟁우위의 원천이 무엇인가를 설명해 주며, 경쟁우위가 창출되고 지속되는 과정을 설명해 준다. 기업이 보유하는 독특한 내부자원이 경쟁우위의 원천이 되는 이유를 설명하고, 경쟁우위가 지속되는 이유를 설명할 수 있으며, 자원의 특성과 렌트 발생을 연결시킴으로써 개별 기업이 누리는 초과이익의 근거를 설명할 수 있다.

자원준거관점은 이와 같이 기존 모형이 가지고 있던 한계(외부환경 중심적이며 개별기업의 성과차이를 설명하지 못함)를 보완해 준다는 측면에 그치지 않는 또 다른 중요성을 가지고 있다. 즉, 자원준거관점의 또 다른 중요성은 경쟁우위를 발생시키는 과정을 이해하게 함으로써, 원하는 경쟁우위나 경쟁우위의 원천이 되는 자원을 개발하고 축적하고 활용하기 위해 이 과정을 어떻게 관리할 것인가에 대한 시사점을 제공해준다는 것이다. 그러나 경쟁우위를 창출하는 구체적 요인 즉, 경쟁우위의 원천이 무엇인가에 대해 연구하는 것과 경쟁우위를 창출하고 전개하는 관리적 과정을 연구하는 것은 명백히 구별되는 문제이다. 자원준거시각 또한 이 점에서 한계가 있다. 자원준거시각은 새로운 경쟁우위를 창출하고 축적하는 관리적 과정(administrative process)에 대해서는 언급하고 있지 않다. 기업이 새로운 경쟁우위를 개발하는 메커니즘은 현재 보유하고 있는 제품, 시장, 기술에 새로운 것을 추가하려는 시도를 통해서 이루어진다. 이러한 시도는 새로운 자원을 획득하고 이를 기존 자원과 결합하는 것을 필요로 한다. 이러한 시도는 사전에 계획된 전략적 의도에 의해서 조정되기도 하지만 사전에 치밀하게 계획되지 않거나 우연한 활동을 통해서 이루어지기도 한다. 이러한 시도를 가능하게 하는 것이 동태적 능력 접근법(dynamic capabilities approach)이다. 따라서 동태적 능력에 관한 연구가 진행될수록 우리는 기업이 변화하는 환경 속에서 가치 있고 희소하고 모방이 어렵고 대체하기 힘든 자원과 능력을 어떻게 개발하고 축적함으로서 경쟁우위를 지속시킬 수 있는지를 보다 완전하게 이해할 수 있을 것이다.

제10장 토의자료

모두가 사랑한 '백' 모두가 달랐다

트럭의 폐방수천으로 만들었지만 평균 50만 원

가방에 코를 대보니 화학약품 냄새가 풀풀 난다. 알고 보니 가방천은 트럭 위에 씌우는 방수(防水)천을 떼어내 만들었고, 어깨끈은 폐차에서 뜯어낸 안전벨트로 만들었으며, 접합부에는 자전거 바퀴의 고무 튜브를 떼어내 붙였다. 쉽게 말해 쓰레기를 뜯어 모아 만든 가방이다. 오물과 먼지를 씻어내기 위해 세제를 많이 쓰기 때문에 가방에서 냄새도 꽤 난다. 그런데 가격은 50만 원 전후. 쓰레기를 모아 둔 것치고는 터무니없이 비싸다. 스위스산(産) 가방 브랜드 '프라이탁(Freitag)' 이야기다.

쓰레기를 가지고 이런 배짱을 부리는데도 홍대·이태원 등 젊은이들이 모이는 길거리를 돌아다니다 보면 적어도 한두 명은 꼭 이 가방을 들고 다닌다. 가장 싼 것도 15만 원은 하고, 비싼 것은 60만 원을 넘는 이 가방이 매년 전 세계에서 20만 개가량 팔린다. 왜 사람들은 쓰레기 가방을 수십만 원이나 주고 사고, 할리 데이비드슨 동호회 같은 열성 팬이 한국에만 3000명에 이르는 걸까. 그 비결을 알기 위해 스위스 취리히로 날아갔다.

취리히는 사흘 중 하루는 비가 내린다. 한 번에 내리는 비의 양은 많지 않아도 추적추적 내리는 보슬비를 맞다 보면 소지품이 금세 젖어버리기 일쑤다. 디자이너였던 프라이탁 형제는 그림이 비에 젖지 않도록 방수 가방이 필요했다. 그런 고민이 바로 프라이탁의 출발이었다.

1993년 처음 회사를 세웠을 때 어떤 근거로 성공할 것이라고 생각했나요?

"제품을 만들고 처음 친구들에게 보여줬을 땐

'이게 뭐냐' 거나 '왜 가방이 이렇게 더럽냐' 같은 반응이었지만, 트럭의 폐방수천을 재활용했다고 하니 다들 '멋지다'고 말하더군요. 친구들이 멋지다고 말하고, 가방의 재료를 궁금해하고, '왜 이렇게 더럽냐'는 질문을 했을 때, 이런 부분들이 고객의 관심을 끌 수 있을 것이라는 생각이 들었어요. 관심이 없으면 질문도 하지 않을 테니까요. 친구들의 마지막 질문은 '그래, 내 것도 하나 만들어 줄 수 있어?'였습니다. 그때 성공할 수 있을 거란 생각이 들었습니다."

똑같은 제품 없어 … 희소성·차별화로 대박

그는 사람들이 재활용품을 명품으로 받아들이게 된 첫째 이유로 희소성을 꼽았다. 프라이탁 가방의 주재료인 트럭 방수천은 절대로 새것을 쓰지 않는다. 실제로 트럭에서 5년 정도 사용된 것을 쓴다. 그러니 같은 소재, 같은 디자인의 방수천이라도 저마다 헌 정도, 묻은 때가 달라진다. 이미 사용한 천을 수거해 그중 일부분을 떼어내 만든 프라이탁은 태생 자체가 세상에서 유일함을 의미한다. 프라이탁은 1993년 설립 이후 20년 동안 300만 개 이상 가방을 만들었는데, 그 가운데 똑같은 것은 단 하나도 없다. 이 회사는 직원 4명이 전 세계를 돌아다니며 트럭 운송업체를 찾아가 가방 제작에 사용할 수 있는 방수천을 구한다. 그 양은 매년 400t 정도다. 폐방수천으로 만든 가방이 이렇게 대박을 터뜨릴 줄은 창업자 형제도 전혀 몰랐다고 했다.

"솔직히 최초에 '재활용품'을 쓰게 된 것은 우연이었습니다. 처음 가방을 만들 당시 우리 집은 고속도로 옆에 붙어 있었어요. 원래는 방수 가방을 만들려고 했는데, 방수가 되면서도 튼튼한 옷감이 무엇일까 고민하다가 고속도로를 달리는 트럭을 보면서 '저걸로 하면 되겠다' 는 생각이 들었습니다. 원단 공급업자들에게 문의할 수도 있었지만, 디자이너로서 새로운 재료를 찾아보고 싶은 욕심이 더 컸어요. 운송회사에 찾아가 트럭의 폐방수천을 받아 갈 수 있겠느냐고 물어봤고, 그걸로 최초의 가방을 만들었습니다.

가방은 우리가 생각했던 기능성에 딱 들어맞았습니다. 단단하고 방수가 되면서 질기니까요. 우리는 처음부터 '재활용품만 쓰겠어. 이걸로 마케팅을 할 거야' 같은 생각을 했던 것이 아니었습니다. 기능성을 찾아보던 중 우연히 눈에 띈 재료가 재활용품이었던 것입니다."

폐방수천 가방이 이렇게 잘 팔린다면 이런 생각이 들 법도 하다. 폐방수천 중에 마음에 드는 게 없다면 만들면 되지 않을까? 트럭 방수천을 만드는 원단 업체에 원하는 원단을 주문생산한 뒤 이를 염색하거나 프린트해서 더 예쁜 조합을 만들 수도 있다. 심지어 이 방법이 비용도 더 적게 든다. 그런데 왜 안 그랬을까?

이 질문에 대해 마르쿠스 씨는 "그렇게 만든다면 스토리가 사라지기 때문"이라고 말했다.

"우리는 첫 시제품부터 실제로 사용됐던 트럭 방수천을 이용해서 가방을 만들었습니다. 다른 회사라면 시제품을 개선한다는 등의 명목으로 새 천을 이용하겠지만, 우리는 그러지 않았죠. 우리가 만든 제품의 본질(originality)을 지켜야 한다고 생각했습니다. 그래서 아예 새 천을 납품받거나 다른 재료를 사용하지 않았던 것입니다.

여기에서 우리 제품의 스토리가 태어납니다. 트럭 방수천이 최근 5년간 어디에서 어떤 일을 했는지가 고객들에게 '역사'로 전달됩니다. 그리고 고객이 가방을 사용하면서 제품에 새로운 이야기를 덧붙여가는 것입니다. 재활용이란 제품의 '두 번째 인생'입니다. 다른 회사라면, 새 제품을 만든 다음 '마케팅 팀' 같은 데서 제품을 설명하는 최적의 이야깃거리를 만들어냈겠지만, 우리는 억지로 만든 스토리는 의미가 없다고 생각했습니다. 진짜 스토리가 있어야 한다고 생각했고, 지금도 생산 라인 모든 부분에서 그런 룰이 지켜지고 있어요. 그게 다른 회사와 우리의 큰 차이점입니다."

마르쿠스 씨의 동생 대니얼 씨 역시 크리에이티브 디렉터이며, CEO는 외부에서 영입된 전문 경영인이 맡고 있다.

자료: 윤형준 기자 "명품이 된 폐품가방 '프라이탁' 열어보니"(조선일보 Weekly BIZ, 2014.3.22.)

토의문제

1. Freitag의 제품은 기존의 명품 브랜드와 어떤 면에서 다른가?
2. Freitag의 성공을 자원준거시각으로 설명하라.
3. Freitag의 성공을 모방하려는 기업은 어떻게 하여야 하는가?

참고문헌

Barney, J.B., "Strategic factor markets: Expectations, luck and business strategy," *Management Science*, Vol. 2(1986), pp. 1231~1241.

__________, "Asset stocks and sustained competitive advantage: A comment," *Management Science*, Vol. 5(1989) pp. 1511~1513.

__________, "Firm resources and sustained competitive advantage," *Journal of Management*, Vol. 17(1991), pp. 99~120.

__________, "Integrating organizational behavior and strategy formulation research: A resource based analysis," in P. Shrivastava, A. Huff and J. Dutton(eds.), *Advances in Strategic Management*, Vol. 8, JAI Press, Greenwich, CT(1992), pp. 39~62.

__________ and D.N. Clark, *Resource-Based Theory: Creating and Sustaining Competitive Advantage*, Oxford University Press: Oxford, UK(2007).

__________ and W. Ouchi(eds.), *Organizational Economics: Toward a New Paradigm for Studying and Understanding Organizations*, Jossey Bass, San Francisco, CA(1986).

Castanias, R. and C. Helfat, "Managerial resources and rents," *Journal of Management*, 17(1991), pp. 155~171.

Collis, D.J., "A resource based analysis of global competition: The case of the bearings industry," *Strategic Management Journal*, Vol. 12(1991), pp. 49~68.

Connor, K., "A historical comparison of resource based theory and five schools of thought within industrial organization economics: Do we have a new theory of the firm?," *Journal of Management*, Vol. 7(1991), pp. 121~154.

Costa, L.A., K. Cool, and I. Dierickx, "The competitive implications of the deployment of unique resources," *Strategic Management Journal*, Vol. 34(2013), pp. 445~463.

Dierickx, I. and K. Cool, "Asset stock accumulation and sustainability of competitive advantage," *Management Science*, Vol.35(1989), pp. 1504~1511.

Grahovac, J. and D.J. Miller, "Competitive advantage and performance: The impact of value creation and costliness of imitation," *Strategic Management Journal*, Vol. 30(2009), pp. 1192~1212.

Hansen, G. and B. Wernerfelt, "Determinants of firm performance: The relative importance of economic and organizational factors," *Strategic Management Journal*, Vol. 10(1989), pp. 399~411.

Lippman, S.A. and R.P. Rumelt, "Uncertain imitability: An analysis of interfirm differences in efficiency under competition," *The Bell Journal of Economics*, Vol. 13(1982), pp. 418~438.

Mahoney, J.T. and J.R. Pandian, "The resource based view within the conversation of strategic management," *Strategic Management Journal*, Vol. 3(1992), pp. 363~380.

McGrath, R.G., I.C. MacMillan, and S. Venkataraman, "Competence development: A strategy process paradigm," *Strategic Management Review*, Vol. 16(1995), pp. 251~275.

Nelson, R., "Why do firms differ and how does it matter," *Strategic Management Journal*, Vol. 12(1991), pp. 61~74.

Newbert, S.L., "Empirical research on the resource-based view of the firm: An assessment and suggestions for future research," *Strategic Management Journal*, Vol. 28(2007), pp. 121~146.

__________, "Value, rareness, competitive advantage, and performance: A conceptual-level empirical investigation of the resource-based view of the firm," *Strategic Management Journal*, Vol. 29(2008), pp. 745~768.

Petraf, M.A., "The cornerstones of competitive advantage: A resource based view," *Strategic Management Journal*, Vol. 14(1993), pp. 179~191.

Porter, M.E., "The contributions of industrial organization to strategic management," *Academy of Management Review*, Vol. 6(1981), pp. 609~620.

__________, *Competitive Advantage: Creating and Sustaining Superior Performance*, Free Press, New York, 1985.

__________, "Towards a dynamic theory of strategy," *Strategic Management Journal*, Vol.12(1991), pp. 95~117.

Prahalad, C.K. and G. Hamel, "The core competence of the corporation," *Harvard Business Review*(May-June 1990), pp. 79~91.

Reed, R. and R.J. DeFillippi, "Caual ambiguity, barriers to imitation, and sustainable competitive advantage," *Academy of Management Review*, Vol. 15(1990), pp. 88~102.

Simon, H., "From substantive rationality to procedural rationality," in S.J Latis(ed.), *Method and Appraisal in Economics*, Cambridge University Press, Cambridge, UK(1976).

Wernerfelt, B., "A resource based view of the firm," *Strategic Management Journal*, Vol. 5(1984), pp. 171~180.

__________, "From critical resources to corporate strategy," *Journal of General Management*, Vol. 4(1989), pp. 4~12.

11

제11장

다각화전략

CEO들에게 물었다. 기업을 이끌어 가는 데 있어 가장 큰 고민이 무엇입니까? 그들이 꼽은 세 가지, 우선 차세대 성장동력을 어떻게 찾을까, 다음이 기업의 핵심인재를 어떻게 찾고 키울까. 마지막은 지금의 제품과 서비스 품질을 어떻게 향상시킬까. 어느 것 하나 녹록한 것이 없다. 뛰어나고 경험 많은 기업 수장들도 잠 못 이루게 만드는 고민들이다. 경쟁사들이 머리를 싸매고 끙끙대고 있을 때, 대중들에게 속내를 풀어놔 해답을 찾은 기업들이 있다. 대중들과 백지장도 맞들어 승승장구하는 기업들, 어떻게 한 것일까?

세계 최대 네트워크 장비업체 시스코, 2013년 매출만 해도 479억 달러. 이런 세계 1위 기업도 신성장 동력을 찾는 일은 쉽지 않았다. 그래서 시작한 것이 '아이-프라이즈(I-Prize)'라는 아이디어 경진대회. 앞으로 어떤 사업을 하면 좋을지 일반 대중에게 묻고, 그중 가장 좋은 아이디어를 선정한다. 처음 대회를 시작한 2007년에는 104개국의 2500명이 참가했다. 톡톡 튀는 아이디어 중에 스마트 그리드 관련 사업 아이디어가 25만 달러의 상금을 거머쥐며 우승을 차지했다.

2007년 쏠쏠한 재미를 본 시스코는 2010년 1월 제2회 대회를 열었다. 156개국 3000여 명의 참가자가 824개의 아이디어를 쏟아냈다. 장장 6개월의 경쟁이 끝나고 선정된 우승자는 5명의 멕시코 대학생으로 이뤄진 팀. 가상현실과 실제 현실과의 연결성을 높이는 이들의 사업 아이디어는 시스코의 차세대 신사업으로 선정됐다.

전 세계인을 대상으로 아이디어 경진대회를 연다는 건 말처럼 쉽지 않다. 시스코는 인터넷에 홈페이지를 개설하고 수천 명이 자신의 의견을 자유롭게 말할 수 있는 공간을 마련했다. 실명을 밝히면 누구나 아이디어를 올릴 수 있다. 게다가 다른 아이디어에 코멘트를 달 수 있게 하고, 투표도 한다.

– 조미나·사유라(IGM 세계경영연구원)

일본 후지필름 역시 본업 소멸 위기를 기회로 바꾼 모범 사례다. 이 회사의 본업인 필름 시장은 2000년 정점을 찍은 뒤 디지털카메라 시장이 급속히 확산되면서 계속 추락했다. 와중에 2012년 미국의 코닥은 도산했다.

후지필름은 2000년 초부터 본업 소멸 위기의 심각성을 느끼고 대응책 마련에 나섰다. 필름 제조로 축적한 기술을 다른 사업에 응용하기 시작한 것이다. 정밀 기술을 활용해 디지털카메라용 렌즈를 개발, 현재 세계시장 점유율이 50%다. 또 필름의 주원료인 콜라겐이나, 사진 색이 바래지 않도록 하는 항산화 기술을 활용한 화장품, 유기 합성 기술을 활용한 의약품 시장에도 진출했다. 그 결과 매출은 지난해 2조 4400억 엔으로 필름 시장이 절정에 달했던 2000년 1조 4400억 엔과 비교하면 오히려 70% 늘었다.

– 최원석 기자(조선일보, 2014.5.24.)

제11장 들어가면서

과거의 정체성에 안주한 코닥의 몰락

필름산업에 있어서 2001년은 역사적인 해이다. 2001년은 필름산업의 전 세계 매출액이 정점을 찍은 해이다. 그 후 필름산업의 시장 규모는 급속하게 감소하여, 10년 뒤인 2010년에는 10분의 1로 줄어들었다. 2001년에 코닥(Kodak)과 후지필름(Fuji Film)의 매출액은 약 140억 달러 수준으로 거의 비슷하였다. 그러나 이로부터 11년이 지난 2012년에 코닥은 파산보호신청을 하는 반면, 후지필름은 매출액이 200억 달러를 넘는 수준으로 성장한다. 두 기업이 파산과 성장이라는 정반대의 길을 걷게 된 이유는 무엇인가? 후지필름은 다각화를 통해 새로운 성장동력을 마련한 데 비해, 코닥은 몇 번의 기회가 있었지만 그러지 못했기 때문이다.

130년 전통의 코닥이 파산한 사례를 보면, 앞 페이지에 인용된 CEO들의 고민에 대해 충분히 공감할 수 있다. 기업을 이끌어 가는 데 있어서 가장 큰 고민 중 하나가 차세대 성장동력을 찾는 것이라는 CEO들의 대답을 쉽게 이해할 수 있다. 후지필름은 본업인 필름과 카메라 사업을 축소하는 대신 화장품, 평판디스플레이, 헬스케어 등 새로운 사업으로 다각화하면서 미래 성장동력을 마련한 것이다. 여기에 대한 보다 구체적인 내용은 4절에서 설명하고 있다.

이에 비해, 코닥은 '필름의 대명사'라는 과거의 정체성에 안주한 결과 몰락의 길을 걸었다. 디지털 카메라를 세계 최초로 개발하고도, '기존 필름 매출이 줄어들까봐' 이를 상업화하는 데 미적거렸다. 이는 디지털 카메라라는 매력적인 시장을 니콘, 소니, 캐논 등 일본기업에게 내주는 결과를 초래하였다. 뉴욕대학교의 로버트 샐러먼 교수는 "코닥은 필름 산업이 쇠퇴하는 동안 디지털 시장으로 도약할 기회를 여러 차례 놓쳤다. 코닥은 디지털 환경이 미칠 충격을 과소평가하는 실수를 저질렀다."고 평가하였다.

11.1 기업의 다각화

대부분의 기업은 특정 지역이나 한정된 시장영역을 대상으로 하는 소규모의 단일사업으로부터 출발한다. 초기에는 생산품목의 수가 적고 자본이 부족하며 경쟁지위도 불안한 상태이다. 이때 기업의 전략목표는 매출액과 시장점유율을 높이고 충성도 높은 고객을 확보하는 데 있다. 이를 위해 기업은 이익을 재투자하고 외부자본을 조달하여 시설투자를 늘리거나 생산기술과 생산공정을 개선함으로써 시장상황이 허용하는 최대한의 성장을 달성하기 위해 노력할 것이다. 또한, 가격과 품질, 광고와 서비스 등을 고객의 욕구에 맞추기 위해 노력하며, 제품라인을 확대함으로써 고객의 다양한 수요를 충족시키려고 할 것이다.

어느 수준의 시장점유율을 달성하여 시장지위를 확보하고 나면, 지역적으로 시장범위를 확대(지역적 다각화)함으로써 성장기회를 추구할 것이다. 지역적 다각화의 일반적 순서는 특정 지역에서 전국적으로 확대하고, 더 나아가 전 세계 시장으로 넓혀 갈 것이다. 물론 모든 기업이 전 세계 시장을 목표로 하지는 않는다. 산업에 따라 글로벌화의 이익잠재력이 다를 것이며, 지역적 다각화에 수반되는 치열한 경쟁과 내부자원의 부족을 고려해 볼 때, 시장확대에 따르는 이익이 비용보다 적을 경우 지역적 다각화는 어느 수준에서 그칠 것이다. 이럴 때 기업은 성장을 위해 지역적 다각화보다 수직적 통합을 추구하려는 동기가 나타나게 된다. 원료 및 중간재의 확보를 위한 후방통합이나, 마케팅과 유통 등 소비자와 관련한 활동을 내부화하는 전방통합을 통해 기업성장과 이익증대를 달성하려고 할 것이다. 기업은 수직적 통합을 통해 수익성을 증대시키고 경쟁적 지위를 강화시키려고 노력할 것이다.

수직적 통합이 완성되거나 기존 산업에서의 성장이 한계에 달하게 될 때, 또는 기존 사업에서 자금을 축적하고 마케팅과 경영관리 능력에 여유가 생길

때 기업은 또 다른 성장기회를 추구하게 된다. 이러한 성장은 관련사업이나 비관련사업으로의 다각화로 연결된다. 실제 미국이나 선진국의 대기업들이 성장해 온 역사적 과정을 보면 위에서 살펴본 것과 같은 방식으로 성장을 추구해 왔다. 이 부분에 관한 대표적 연구로는 챈들러의 『전략과 구조(*Strategy and Structure*, 1962)』를 들 수 있다. 이에 따르면 미국 대기업의 발전과정에서 다음과 같은 단계별 발전유형이 공통적으로 발견되었다.

- 초기에는 특정 지역시장을 대상으로 하는 단일제품 사업으로 기업을 시작한다.
- 수송과 통신수단의 발달에 힘입어 시장을 점점 확대해 가는데, 나중에는 미국시장 전체를 대상으로 사업을 확대한다(지역적 다각화).
- 그 후 수직적 통합을 통해 성장을 계속하는데, 특히 전국적 마케팅을 전개하려는 기업은 마케팅과 유통 시스템에서 전방통합을 추진한다.
- 마케팅과 유통 시스템 상에서 축적된 잉여능력을 이용하여 다각화를 추구한다.

11.2 단일사업의 이점과 위험

기업이 현재의 사업, 또는 현재의 제품시장에서 계속 성장을 추구하려고 한다면 다각화를 수행할 필요는 없다. 단일사업에 집중하는 기업 중에서도 다각화에 의존하지 않고 수십 년간 지속적인 성장을 달성한 기업들이 많다. 대표적인 미국기업으로는 맥도날드(McDonald's), 코카콜라(Coca Cola), 월마트(Wal mart), 인텔(Intel), 마이크론 테크놀로지(Micron Technology), 화이저(Pfizer), 안호이저 부시(Anheuser Busch), 페드럴 익스프레스(Federal Express), 타이멕스

(Timex) 등의 기업들이 모두 단일사업에서 지속적 성장을 달성하였고, 뛰어난 명성을 구축하였다.

단일사업에 집중함으로써 기업은 조직 및 관리 측면의 이점을 얻을 수 있다. 먼저 단일사업에 집중함으로써 "우리가 누구이며, 무엇을 하는가(What we are and what we do?)"하는 점을 명확하게 인식할 수가 있다. 이에 따라 조직의 전체 역량을 하나의 사업에 집중시킬 수가 있으므로 경영자의 관심이나 조직의 자원을 여러 사업에 분산시키지 않아도 된다. 최고경영자의 역량을 해당산업의 환경변화에 대응하는 전략을 구상하고, 소비자의 욕구변화에 대응하는 전략을 수립하는 데 집중시킬 수 있으며, 그로 인해 환경변화와 소비자의 욕구변화에 신속하고 효과적으로 대응할 수 있다.

또한 기업자원을 현재 사업에 집중적으로 투입함으로써 핵심적 경쟁능력과 기술을 축적하는 데 도움이 된다. 단일사업에 조직원의 관심이 집중됨에 따라 생산기술을 향상시키고, 원가 효율성을 증가시키며, 새로운 제품개발을 통해 고객욕구를 보다 효과적으로 만족시킬 수 있는 가능성이 높아진다. 따라서 단일사업에서 성공을 거둘수록 누적되는 경험과 탁월한 능력을 지속적 경쟁우위와 산업에서의 선도적 지위를 구축하고 강화하는 데 투입할 수가 있을 것이다.

단일사업에 전문화하는 데 따르는 위험도 고려해 보아야 한다. 단일사업에 집중하는 데 따르는 위험은 흔히 계란을 한 바구니에 담는 것(putting all a firm's eggs in one industry basket)으로 비유된다. 현재의 사업이 침체하거나 쇠퇴한다면 기업은 성장의 한계에 도달하게 된다. 그리고 소비자의 기호가 변하거나 기술혁신으로 새로운 기술이 등장할 경우, 또한 대체품이 개발되어 현재 시장을 위협할 경우 산업의 존재 자체가 위협받을 수 있다. 이러한 예는 컴퓨터에 의한 문서작성이 가능해짐에 따라 타자기산업이 받은 영향이나, CD가 LP 레코드를 대체하는 예에서 잘 알 수 있다. 이런 이유들이 대부분의 기업들로 하여금 다각화를 추구하게 한다.

11.3 다각화의 동기

다각화의 성공과 실패를 결정하는 요인이 무엇인가를 이해하기 위해서는 먼저 기업이 다각화를 추구하는 동기가 무엇인가를 이해하여야 한다. 기업의 궁극적 목표를 이익의 극대화라고 한다면, 다각화의 궁극적 동기도 이익의 극대화에 있다. 따라서 전략이 기업의 목표 달성수단이라면 성공적인 다각화전략은 결국, 매력적인 사업으로 진입하여 경쟁우위를 누리는 것이라고 할 수 있다. 그렇다면 다각화를 추구하는 데 있어서 이익극대화 외의 다른 동기는 없는가? 기업이 다각화를 추구하는 다른 동기로는 다음의 세 가지를 들 수 있다. 그것은 ① 위험의 분산, ② 성장의 극대화, ③ 시장지배력의 강화이다.

1. 위험의 분산

다각화를 통해 기업의 위험을 분산시킬 수 있다는 것이 다각화의 주요한 동기가 된다. 특히 다각화의 유형 면에서 보면 관련 다각화보다는 비관련 다각화, 즉 복합기업(conglomerate)형의 다각화가 위험분산효과가 크다. 비관련 다각화의 위험분산효과가 더 크다는 것은 다음과 같은 논리에 따른 것이다. 비관련 다각화는 기존 사업과 관련성이 낮은 사업에 투자하는 것이라고 하겠는데, 관련성이 낮은 사업들의 이익흐름(상관관계 낮음)을 합침으로써 전체 이익의 변동가능성(위험)을 줄일 수 있다는 것이다. 이는 기업의 전체 이익을 안정적으로 유지함으로써 이익의 급격한 등락으로 인한 신용악화와 도산위험 등을 줄일 수 있다는 것을 의미한다. 투자가나 주주의 입장(보통 위험회피적임)에서 볼 때도 위험이 감소하는 것은 긍정적인 측면이 있다. 평균수익률이 높아지지는 않더라도 이익의 변동가능성이 줄어들면 투자매력도가 높아진다고 할 수 있으므로 이것이 주가에 반영되어 주가가 높아질 것이기 때문이다.

그러나 개별투자가들이 분산된 포트폴리오를 구성함으로써 위험을 분산시킬 수 있다는 사실을 고려해 볼 때, 이상의 논리가 기업이 위험의 분산목적으로 다각화를 추진하는 이론적 근거로 인정되지는 않는다. 그리고 자본자산결정모형(CAPM)에 의하면 단순히 업종을 다각화하는 것으로는 중요한 체계적 위험을 감소시킬 수 없다. 위험분산 목적의 다각화가 인정되는 경우는 개별투자가가 분산투자하는 데 제약을 받는 경우이다. 예컨대 개인이 주식매매를 할 때 불리한 조건을 감수해야 하거나 추가적 거래비용을 부담해야 하는 경우, 또는 개인의 해외증권취득에 대한 법률적 제한이 있는 경우에 기업에 의한 다각화의 유용성이 어느 정도 인정된다고 하겠다.

한편 투자가나 주주의 입장이 아니라 경영자나 종업원의 입장에서 보면, 위험분산 목적으로 행해지는 다각화의 이점이 인정된다. 기업의 이익이 계절적 요인에 의해 좌우되고 이에 따라 기업의 고용규모가 변동할 경우, 종업원은 단일사업의 이익변동정도에 따라 취업과 실업이 반복될 것이다. 이에 비해 이익의 안정성이 유지되는 다각화기업에 취업한 종업원은 상대적으로 안정된 일자리를 확보할 수 있을 것이다. 또한 경영자 입장에서도 이익을 안정적으로 유지할 필요가 있다. 이익수준이 일시적으로 낮아진 경우에도 자금조달이나 자신의 지위유지에 나쁜 영향을 줄 가능성이 있기 때문이다. 따라서 경영자들이 다각화를 통해 위험을 회피하려는 동기가 크게 작용할 수 있다.

2. 성장의 극대화

기업이 성장을 극대화하기 위한 수단으로 다각화를 추진할 수 있다. 기업성장을 경영자의 입장에서 본다면 승진기회가 늘어나는 것으로 볼 수 있다. 그리고 기업의 시장지위가 규모(매출액)에 의해서 결정되거나, 경영자의 인사고과가 수익성보다는 매출액의 증대에 의해서 평가받는 경우 경영자가 성장을 극대화하기 위해 다각화를 추진하려는 동기는 증대된다. 특히, 쇠퇴기산업에 속한 기업은 기업의 전반적 쇠퇴를 회피하기 위해 다른 사업으로 다각화하려는 동기가 강하게 작용한다.

다각화를 경영자의 성장목적으로 설명하려는 노력은 매리스(M. Marris)의 관리자본주의이론(theory of managerial capitalism)으로 구체화되기도 하였다. 이에 따르면 경영자가 성장극대화를 추구할 경우 이익극대화를 추구할 때보다 높은 비율로 투자를 하게 된다. 이는 경영자가 순이익을 발생시켜 주주에게 배당금으로 지급하기보다 기업의 규모를 증대시키기 위해 새로운 사업에 투자하기 때문이다. 그 결과 기업의 가치비율(주식의 시장가치와 장부가치 간의 비율)이 낮아져, 외부기업에 의한 인수위험에 처할 때까지 순이익을 희생하여 성장을 증대시키는 방향으로 의사결정을 하게 된다는 것이다. 매리스 모형은 경영자가 기업인수 제의로 인해 경영통제권이 위협받고 있는 사업에서 쉽게 철수하는 경향이 높다는 점, 그리고 대부분의 합병, 특히 다각화를 통한 이익증대 목적으로 합병이 이루어진 경우에도 합병기업의 수익성이 증대되지 않는다는 사실 등에서 실증적으로 뒷받침된다고 한다.

3. 시장지배력의 강화

시장지배력을 강화하기 위한 동기로 다각화를 추진하는 경우, 다각화기업은 다음과 같은 행동을 통해 시장지배력을 행사할 수 있는 가능성이 있다.

1) 약탈적 가격인하: 다각화기업은 일반적으로 그 규모의 거대성과 함께 사업단위들의 상호보조나 협력을 통해 단일 업종의 전문기업을 통제하거나 시장에서 축출할 수 있는 가능성이 있다. 이때 사용되는 강력한 경쟁무기는 약탈적 가격결정(predatory pricing)이다. 이는 가격을 경쟁기업의 원가 이하로 낮추고 경쟁기업이 시장에서 탈퇴할 때까지 지속시키는 것이다.

2) 상호구매: 다각화기업, 특히 복합기업은 고객과 상호구매계약을 체결함으로써 경쟁기업을 위협할 수 있다. 한 사업단위가 생산하는 제품을 구입하는 고객에게 다른 사업단위가 생산하는 제품을 구입할 때 특혜를 준다거나, 물품을 조달할 때 고객이 생산하는 제품을 우선 구입해 주는 것 등이 이에 해당된다.

3) 상호견제: 두 개의 거대 복합기업이 서로 경쟁관계에 있는 경우, 자사의 주력사업에서 경쟁기업이 위협적인 행동을 하지 못하도록, 상대기업의 주력사업에 진출하여 견제하기 위한 다각화를 추진할 수 있다. 여러 사업부문에서 이와 같은 관계를 구축함으로써 경쟁관계의 전체 구도를 안정시킬 수 있다. 이러한 경쟁구도는 상호 간의 경쟁을 억제하므로 시장 전체의 효율성을 저해한다.

11.4 다각화의 전개

단일 업종에서 다른 산업으로 다각화하려는 기업은 다음과 같은 두 가지 문제를 고려하여야 할 것이다. 첫째, 신규로 진입하려는 산업은 현재의 산업보다 매력적인 투자기회를 제공해 주는가, 둘째, 이미 그 산업에서 지위를 구축하고 있는 기업들과 경쟁하여 경쟁상의 우위를 누릴 수 있는가 하는 것이다.

이상의 두 가지 문제는 전략의 두 가지 구성요소, 즉 산업의 매력도와 지속적 경쟁우위에 관한 문제라고 할 수 있다. 따라서 다각화를 추진하려는 기업이 당면하는 의사결정문제도 결국 기업의 전략적 의사결정이라는 틀 속에서 이해할 수 있다. 그런데 다각화에 관한 의사결정은 지금까지 우리가 중점적으로 살펴본 전략적 의사결정, 즉, 사업전략(business strategy)과 다른 차이점이 있다. 그것은 경쟁우위의 원천에 있다. 단일사업으로 구성된 기업과는 달리 복수의 사업단위로 구성된 다각화기업의 경쟁우위는 사업단위들의 상호관계에 발생하는 시너지(synergy)에 의해서 강화될 수 있다는 것이다. 이런 점에서 볼 때 다각화전략은 경쟁우위를 창출하고 강화하기 위해 시너지효과가 극대화되도록 추진하는 것이 가장 중요한 고려사항이라고 하겠다.

1. 기업의 성장방향과 다각화

기업이 현재의 사업부문에 전념하려고 한다면 다각화를 수행할 필요가 없다. 그러나 현재 사업의 성장잠재력이 한계에 달한 경우에는 경쟁기업의 시장점유율을 빼앗기 위해 더욱 공격적인 전략을 추구하거나, 아니면 다른 사업부문으로 다각화하는 길을 택할 수밖에 없다. 다각화를 포함하여 기업이 성장을 추구하려고 할 때 선택 가능한 성장방향을 보면 다음의 〈그림 11－1〉과 같다.

그림에서 알 수 있듯이 기업이 성장을 추구할 수 있는 대안은 ① 시장침투(market penetration), ② 제품개발(product development), ③ 시장개발(market development), ④ 수직적 통합(vertical integration), ⑤ 다각화(diversification)의 다섯 가지로 분류할 수 있다. 후지필름은 경쟁기업인 코닥을 제치고 최대매출을 기록한 2000년에 디지털카메라의 보급으로 앞으로 필름이 필요 없게 되는 위기 상황에 처하였다. 후지필름은 〈그림 11－1〉을 활용한 '4분면 분석'을 실시하였다.

그림 11－1 기업의 성장방향

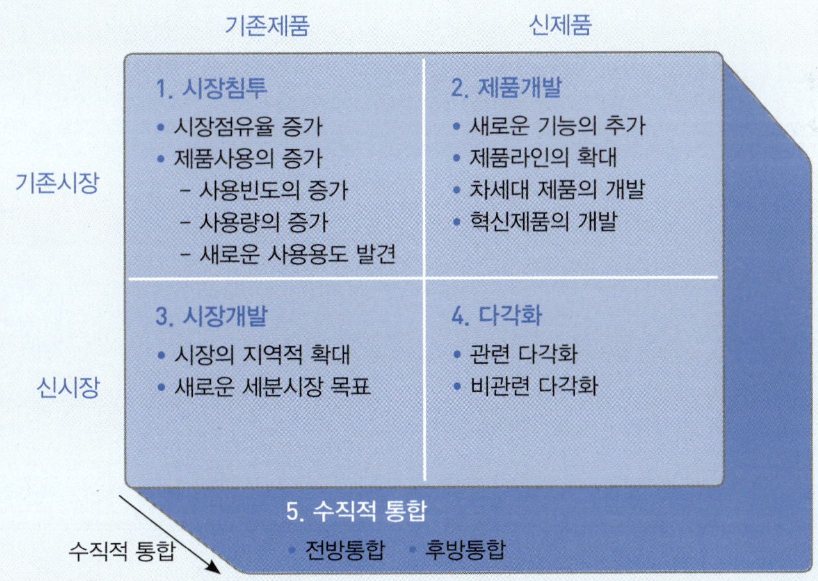

> "사진필름 시장을 대신할 성장 시장을 찾기 위해 우선 사내에 어떤 기술이 있는지를 전부 꺼내 놓고 분석해 보았습니다. X축은 시장을 기존시장과 신규시장으로 나누고, Y축은 기술을 기존기술과 신규기술로 나누면 4분면이 나옵니다. 그 4개 영역에 어떤 기술을 적용해 어떤 제품을 낼 수 있을지를 철저히 연구했습니다."
>
> –고모리 시게타카(古森重隆, 후지필름 CEO)

후지필름은 4분면 분석을 통해 다음 4가지 질문을 스스로 던졌다. ① 기존 기술 가운데 기존시장에서 우리가 적용하지 않은 것은 없는가, ② 새로운 기술로 기존시장에 적용할 것은 없는가, ③ 기존기술로 새로운 시장에서 적용할 것은 없는가, ④ 새로운 기술로 새로운 시장에 적용할 것은 없는가. 이런 질문을 통해 후지필름은 충분히 활용되지 않은 숨겨진 자산을 찾아내는 한편, 어떻게 시장에 대응할 것이며 부족한 것은 무엇인지를 명확히 알 수 있었다. 그리고 〈그림 11-2〉와 같이 최종적으로 각 4분면에서 주력할 제품군을 선정했다.

그림 11-2 후지필름의 성장 방향

	기존제품	신제품
기존시장	**1. 기존기술 중 기존시장에서 적용 안 한 것은 없는가?** 콤팩트 디지털카메라, 복사기, 복합기 X선 디지털 화상진단 시스템 광학렌즈, 사진필름, 렌크겐필름	**2. 신기술로 기존시장에 적용할 것은 없는가** 레이저 내시경 의료용 화상정보 시스템 다기능복사기, 고급 디지털카메라 컴퓨터용 초고정밀 백업 테이프
신시장	**3. 기존기술로 신시장에 적용할 것은 없는가?** 전도성 필름, 열차단 필름 태양전지용 기판, LCD용 필름 휴대전화용 플라스틱 렌즈	**4. 신기술로 신시장에 적용할 것은 없는가?** 초음파 진단장치, 의약품 반도체용 재료, 화장품, 의료용 재료
	기존기술	신기술

자료: 조선일보 Weekly BIZ(2014.6.28.~29.), C4면을 수정함.

부족한 기술은 그 흐름에 가장 적합한 기술력을 가진 회사를 인수·합병(M&A)하는 방식을 택했다. M&A를 해서 부족한 기술을 메우되, 후지필름이 갖고 있는 노하우와 시너지를 낼 수 있는지도 면밀히 검토했다. 그 결과 후지필름은 필름 제조로 축적한 기술을 화장품과 의약품 등 다른 사업에 응용하며 새 시장을 개척해 '본업 소멸' 위기를 극복했고, 2013년 매출이 2000년에 비해 오히려 70%가 늘었다.

2. 다각화와 사업의 관련성

일반적으로 다각화는 기존의 사업부문, 즉 기존의 제품이나 시장이 아닌 새로운 제품과 새로운 시장으로 진출하는 것을 의미한다. 이러한 다각화는 기존의 사업과 어느 정도의 관련성(relatedness)을 가지느냐에 따라 관련 다각화(related diversification)와 비관련 다각화(unrelated diversification)로 구분된다.

표 11-1 시장과 기술 면의 관련성

	시장 관련성의 정도		기술 관련성의 정도
높은 관련성	1. 해당시장의 주요 특징이 현재시장과 연관이 있거나 중복되는가, 예컨대 두 시장이 모두 소비자시장인가?	높은 관련성	1. 필요기술이 제품에 체화되지 않고 현재 사용되고 있는가, 예컨대 부품제조상의 공정기술에 포함되어 있는가?
	2. 해당시장에 고객으로 참여하고 있는가(후방통합의 가능성)?		2. 기술의 주요 특징이 보유하고 있는 기술적 능력이나 지식과 연관이 있거나 중복되는가?
	3. 해당시장에 대한 진입을 예상하고 체계적으로 감시해 왔는가?		3. 제품이나 공정에 체화되어 있지는 않지만 기업내부, 예컨대 연구개발부서에 존재하는가?
	4. 해당시장에 직접 참가하지는 않지만 시장지식이 기업내부에 존재하는가, 예컨대 해당시장에 대한 과거경험이 있는 스탭진이 있는가?		4. 앞으로 활용할 것을 예상하여 기술관련 부서에서 기술을 체계적으로 감시해 왔는가?
낮은 관련성	5. 외부 컨설턴트로부터 적절하고 믿을 만한 조언을 받을 수 있는가?	낮은 관련성	5. 외부 컨설턴트로부터 적절하고 믿을 만한 조언을 받을 수 있는가?

자료: R.A. Kerin, V. Mahajan and P.R. Varadarajan, *Contemporary Perspectives on Strategic Market Planning*, Allyn and Bacon, Boston(1990), p. 259에서 재인용.

이때 관련 다각화는 수평적 전략(horizontal strategy)이라고도 하며, 비관련 다각화는 복합기업화(conglomeration)라고도 한다.

실제 다각화를 수행하고자 할 때 당면하는 가장 기본적인 문제는, 첫째, 어떤 유형의 다각화를 추진할 것이며, 둘째, 어느 정도까지 추진할 것인가 하는 것이다. 먼저 다각화의 유형에 있어서는 현재의 사업과 밀접하게 관련된 사업으로 다각화하거나 전혀 관련이 없는 사업으로 다각화할 수 있다. 기존 사업과의 관련성여부는 〈표 11-1〉에서 알 수 있듯이 시장이나 기술 면에서 평가할 수 있다. 그런데 중요한 문제는 이러한 관련성이 어떤 전략적 의미를 가지고 있는가 하는 것이다. 일반적으로 관련 다각화의 장점은 사업단위 간의 상호 연관성, 또는 관련성이 높음으로 인해 비관련 다각화를 통해 얻을 수 없는 이익을 얻을 수 있다는 것이다. 이에 대해서는 다음 절의 범위의 경제(economy of scope)와 시너지효과(synergy effect)를 이용하여 설명해 볼 수가 있다.

다음으로, 다각화의 정도에 있어서 기업이 선택 가능한 전략적 대안은 다양하다. 상당한 수준의 다각화(현재 매출액 및 이익수준의 50% 이상을 신규사업에서 달성하는 목표)를 수행하거나 적은 규모(현재 매출액 및 이익의 10% 수준)로 다각화를 수행할 수도 있을 것이다. 사업의 종류에 있어서도 한두 가지의 대규모 신규사업에 진출하거나, 아니면 소규모의 사업을 다각적으로 추진할 수 있을 것이다. 일단 다각화를 수행하고 난 후에는 이들 사업을 어떻게 관리할 것이며, 수익성이 보장되지 않는 사업을 어떻게 할 것인가 하는 것이 새로운 의사결정 과제로 대두될 것이다. 다각화기업의 관리문제에 대해서는 다음 장에서 구체적으로 살펴볼 것이다.

기존 사업과의 관련성 여부는 다양한 기준에서 평가할 수 있는데, 흔히 사용되고 있는 기준으로 들 수 있는 것이 〈표 11-1〉과 같이 시장이나 기술면의 관련성이다. 예컨대 컴퓨터와 통신 관련제품은 설계와 생산기술에 있어서 전자기술(electronic technology)을 공통적으로 사용하므로 기술면의 관련성이 높다고 하겠으며, 야채류와 통조림은 동일한 소매망을 통해서 동일한 고객에게 판매되므로 시장 면에서 관련성이 있다고 하겠다.

3. 다각화와 자원의 관련성

한편, 하멜과 프라할라드(G. Hamel and C.K. Prahalad)에 따르면 다각화기업에 있어서 특히 중요시되는 자원은 핵심역량이다. 이들은 혼다자동차가 자동차, 오토바이, 잔디깎기, 발전기 사업에서 성공할 수 있었던 것은 엔진과 동력전달부문의 핵심역량을 보유하고 있었기 때문이며, 캐논이 복사기, 레이저 프린터, 카메라, 영상주사기 등과 같이 외견상 서로 달라 보이는 시장에 진입할 수 있었고, 더구나 이들 시장을 석권할 수 있었던 것은 광학, 영상기술, 미세회로 제어부문의 핵심역량을 보유하고 있었기 때문이라고 한다. 외견상 관련성이 없는 사업단위로 구성된 기업도 내면적으로 보면 핵심역량을 공유함으로써 성장을 달성할 수 있다. 이때 핵심역량은 사업단위들을 묶어주는 구심점 역할을 하며, 새로운 사업개발을 위한 엔진이 된다. 이러한 핵심역량은 제9장에서 살펴본 바와 같이 사용한다고 소멸되지 않으며, 시간이 지날수록 소진되는 물적자산과는 달리 핵심역량은 이를 활용하고 사업단위들이 공유할수록 향상된다. 이에 따라 하멜과 프라할라드는 다각화 유형과 시장진입 유형을 결정하는 것은 시장의 매력도가 아니라 핵심역량이라고 하였다.

핵심역량과 자원준거시각의 영향으로 사업단위 간 관련성을 판단하는 데 있어서 자원 관련성(resource relatedness)의 중요성이 더욱 강조되고 있다. 자원 관련성이란 사업단위 간에 가치활동을 수행하는 데 필요한 자원이나 역량에 있어서 공통성이 얼마나 높은가 하는 것이다. 사업단위들이 수행하는 가치활동이 유사하고 공통된 생산요소를 사용할 수록 비용을 절감할 수 있는 가능성은 높아질 것이다. 비용절감 효과가 큰 대표적인 자원이 지식자원(knowledge resource)이다. 지식자원은 공공재적 성격을 띠고 있어 사업단위 간에 이전하기가 쉽다. 사업단위 간에 공통된 지식을 사용할 경우 관련성이 높아진다고 하겠다. 지식은 크게 암묵지와 명시지로 구분할 수 있다. 명시지는 제품, 생산공정, 특허권 등에 내재되어 있어 표현하거나 소통하기 쉬운 반면, 암묵지는 표현하거나 소통하기가 어렵다. 따라서 암묵지는 명시지에 비해 시너지 효과를 창출할 가능성이 상대적으로 낮다. 다각화에 관한 의사결정에 있어서 지식자원의 관련성을 평가하기 위해 대체로 다음과 같은 세 가지 지식자원에 관심을 가진다.

첫째는 제품지식(product knowledge)이다. 제품지식은 제품이나 제조공정과 관련된 지식으로, 구체적으로는 제품개발과 설계, 부품개발, 모듈화, 제품 아키텍처, 유연제조기술 등과 관련한 지식을 예로 들 수 있다. 사업단위 간에 제품지식을 공유할 경우 제품개발, 장비설치, 제조비용 등에 소요되는 비용과 시간을 절감할 수 있을 것이다.

둘째는 고객지식(customer knowledge)이다. 고객지식은 고객의 욕구, 선호, 구매행위에 관한 지식을 의미한다. 즉, 고객이 특정한 제품을 왜 구매하는지, 제품이 어떤 속성을 가치 있게 여기는지, 제품을 사용함으로써 얻고자 하는 혜택이 무엇인지에 관한 지식을 의미한다. 만약 다른 사업단위의 고객이 유사한 고객 특성을 가진다면, 고객지식을 공유함으로써 마케팅 비용, 광고비용, 판매원 관리비용 등을 절감할 수 있을 것이다.

셋째는 경영지식(managerial knowledge)이다. 경영지식은 사업단위를 관리하는 지식이다. 경영지식은 경영자가 당면하는 의사결정문제에 최적의 해결방안을 찾아내는 데 도움을 준다. 한 사업단위를 운영하면서 축적된 경영자의 통찰력과 경험, 그리고 시행착오를 통해 정립된 최상의 관행(best practices) 등이 다른 사업단위가 당면하는 유사한 문제를 해결하는 데 도움을 줄 수 있을 것이다. 예컨대 어떤 사업단위이든지 위험관리(risk management)에 관한 지식이 필요하다. 개별 사업단위가 사업을 운영하는 데 있어서 당면할 수 있는 다양한 위험, 즉 신용위험, 환위험, 정치적 위험 등에 대해 다른 사업단위가 경험하고 축적한 지식이나 역량이 있다면 이를 이전받음으로써 효과적인 위험관리방안을 마련할 수 있을 것이다. 한편, 복수의 사업단위로 구성된 기업은 전체 위험을 감소시켜야 필요성이 높다. 개별 사업단위의 경기순환 싸이클을 고려한 균형된 사업포트폴리오를 구축함으로써 외부환경의 변화로 인해 초래될 급등락을 방어할 수 있을 것이다. 이러한 포트폴리오 구축을 위해서는 전사적 차원의 조정기능이 필요하다. 개별 사업단위가 위험관리에 관한 지식이 없을 경우 기업 전체의 위험을 증가시키는 투자를 실행할 수도 있다. 이를 방지하기 위해서는 전사적으로 공통된 위험을 관리하는 원칙과 방법을 정해 놓을 필요가 있다.

4. 범위의 경제

다각화를 통해 얻을 수 있는 중요한 이익이 범위의 경제이다. 범위의 경제란 두 제품을 생산하는데 독립된 기업이 한 제품씩 따로 생산할 때보다, 두 제품을 한 기업이 동시에 생산(joint production: 복합생산)할 때 총생산비용이 감소되는 효과를 의미한다. 예컨대 어떤 중간재가 서로 다른 두 제품의 생산에 사용할 수 있고, 이 중간재는 어떤 최소단위 이상(예컨대 1회에 10만 단위 이상)으로만 구입할 수 있다면, 두 가지 제품을 동시에 생산하는 기업은 중간재 비용을 보다 많은 산출물(제품)에 분산시킬 수 있으므로 두 제품의 단위당 생산비용을 감소시킬 수 있을 것이다.

범위의 경제를 수식으로 간단히 표현하면 다음의 식과 같다.

$$C_A(X_1,\ 0)+C_B(0,\ X_2)>C_Y(X_1,\ X_2)$$

$C_A(X_1,\ 0)$: A 기업이 제품 X_1을 한 단위 생산하는 데 소요되는 비용

$C_B(0,\ X_2)$: B 기업이 제품 X_2를 한 단위 생산하는 데 소요되는 비용

$C_Y(X_1,\ X_2)$: Y 기업이 제품 X_1과 X_2를 한 단위씩 동시에 생산하는 데 소요되는 비용

범위의 경제는 규모의 경제와 구분된다. 규모의 경제가 한 제품의 생산량 증가로 인해 발생하는 장기평균비용의 감소현상이라고 한다면, 범위의 경제는 복수의 제품을 동시에 생산함으로써 투입물의 단위비용이 감소하는 현상이라는 점에 그 차이가 있다.

범위의 경제는 다음과 같은 두 가지 자원이 그 원천이 된다. ① 두 제품의 동시 생산, 즉 복합생산에 공통적으로 사용할 수 있는 유형자산(유형자산의 공유에 의한 범위의 경제), ② 다른 제품의 생산을 위해 낮은 비용으로 이전할 수 있는 공공재적 성격의 무형자산(무형자산의 사업단위 간 이전에 의한 범위의 경제)이다.

(1) 유형자산의 공유(sharing)에 의한 범위의 경제

유형자산의 공유에 의한 범위의 경제는 어떤 가치활동이 중복되는 것을 방지함으로써 발생한다. 예컨대 특별한 경우를 제외하고는 유통망이나 서비스망을 제품별로 전문화시켜 구축할 필요가 없다. 다수 제품의 유통과 서비스를 뒷받침하는 단일유통망과 서비스망을 구축함으로써 별도로 구축할 때 소요되는 투자비용을 줄일 수 있으며, 또한 고정비용을 다수 제품에 분산시킴으로써 단위비용을 낮출 수 있다. 일반적으로 냉동식품에 있어서 냉동보관과 냉동유통에 소요되는 비용이 총비용의 1/3수준이 된다. 따라서 여러 제품의 냉동식품을 동시에 유통시킴으로써 그 비용을 감소시킬 수 있다. 그런데 동일한 유통망과 서비스망을 공유하기 위해서는 제품이나 사업단위 간의 관련성이 높아야 한다. 따라서 관련 다각화가 비관련 다각화에 비해 범위의 경제를 누릴 수 있는 가능성이 높다.

일반적으로 기업의 연구개발부문도 단일부서로 존재하면서 많은 제품사업부를 지원하고 있는데, 연구개발시설에서 발생하는 범위의 경제가 원가우위의 원천이 되며, 또한 다각화의 유인으로 작용한다. 예컨대 삼성전자, LG전자 등과 같이 다양한 가전제품을 생산하는 기업은 연구개발 비용을 다양한 가전제품에 분산시킬 수 있다.

(2) 무형자산의 이전(transfer)에 의한 범위의 경제

무형자산을 여러 사업부문에 이전시켜 활용함으로써 범위의 경제를 누릴 수 있다. 기업의 명성, 제품의 브랜드명, 기업특유의 기술 등과 같은 무형자산은 다른 사업부문에 쉽게 이전시켜 사용할 수 있다. 이들 무형자산은 공공재의 특성을 가지고 있어서 추가적 사용에 따르는 한계비용이 거의 제로에 가깝다. 특히 마케팅 능력이나 일반관리능력과 같은 무형자산은 사업다각화에 따르는 범위의 경제를 누리는 데 있어서 중요한 원천이 된다.

미국의 GE(General Electric)와 같이 고도로 다각화된 기업의 성공은 수십개의 전략적 사업단위를 통제하고 통합하고 계획하는 기업관리 시스템이 존재하였기 때문에 가능하였다. 이들 사업단위가 표면적으로 자원과 시장, 그리고 기술면에서 공통성이 없는 것 같이 보이나, 실제로는 일반관리능력과 관리시스템에 의존하고 있다는 공통점을 가지고 있다. 기업의 다각화가 고도화될수록 이와 같이 관리능력과 기업시스템을 통합할 수 있느냐의 여부가 고도로 다각화된 복합기업의 성공을 좌우하는 핵심요인으로 지적되고 있다.

(3) 범위의 경제와 규모의 경제

이상에서 설명한 범위의 경제는 관련 다각화를 추진하는 주요한 근거가 된다. 그런데 범위의 경제는 규모의 경제와 상호보완적인 상승효과를 가져오기도 한다. 저원가우위를 강화하고자 하는 기업은 이들 간에 작용하는 상승효과를 효과적으로 활용하는 것이 필요하다. 범위의 경제와 규모의 경제 간에 작용하는 상승효과는 〈표 11－2〉를 통해 설명할 수 있다.

표에서 알 수 있듯이 Y재를 생산하지 않고(Y=0), X재만 100만 단위를 생산할 때 총생산비는 15(억 원)인데, 생산량을 그 4배인 400만 단위로 증가시킨 경우에 총생산비는 30(억 원)으로 2배 증가하는 데 그친다. 이는 규모의 경제로 인해 발생하는 효과이다. X재를 생산하지 않고(X=0), Y재만 생산하는 경우에도 생산량의 증가에 따르는 규모의 경제가 동일하게 발생한다. 그렇다면 범위의 경제는 어떻게 설명할 수 있는가? 어떤 기업이 X재와 Y재를 동시에 생산하기로 하고, X재를 400만 단위와 Y재를 400만 단위를 동시에 생산한다면 대각선 상에 나타난 34(억 원)이 총생산비가 된다. 대각선 상에 나타나 있는 수치는

표 11－2 X재와 Y재의 총생산비 (단위: 만)

Y재의 생산량 \ X재의 생산량	0	100	200	300	400
0	10	15	20	25	30
100	15	19	23	27	31
200	20	23	27	20	32
300	25	27	29	31	33
400	30	31	32	33	34

자료: 슐로머 메이틀(이용숙 옮김), 『CEO 경제학』, 거름(2001), p. 222.

생산규모에 따라 범위의 경제가 반영된 총생산비를 나타낸다. 총생산비 34억 원은 X재와 Y재를 각각 다른 기업에서 생산할 때 소요되는 생산비를 합친 30억 원+30억 원=60억 원에 비해 상당히 절감된 수준이라는 것을 알 수 있다.

이상의 예에서 알 수 있듯이 기업은 생산규모를 증가시킴으로써 생산비를 낮출 수 있을 뿐 아니라 복합생산에 따른 범위의 경제를 동시에 누림으로써 생산비를 더욱 낮출 수 있다. 기업전략은 이러한 가능성을 극대화시킬 수 있는 관련산업을 발견하고 다각화를 추진함으로써 성과를 높일 수 있어야 한다.

5. 범위의 경제와 시너지효과

이상에서 본 바와 같이 범위의 경제란 복합 생산활동을 통해 생산비용이 감소하는 현상을 의미한다. 이러한 생산비용의 감소는 투입물의 관점에서 파악되는데, 기본적으로 생산활동의 효율성으로 인해 발생한다. 일반적으로 시너지효과(synergy effect)는 범위의 경제와 동일한 개념으로 사용되는데, 시너지효과를 범위의 경제보다 넓은 개념으로 이해할 필요가 있다. 시너지효과는 투입물의 상승작용에 의해 산출물의 상승적 증대를 가져오는 효과를 의미한다. 흔히 2+2=4가 아니라 2+2=5가 되는 현상으로 설명되고 있다.

범위의 경제가 효율성의 관점에서 투입물(유형자산 및 무형자산)의 비용이 감소하는 점을 중시한다면, 시너지효과는 효과성의 관점에서 산출물의 수준, 즉 결과가 증폭되는 점을 중시한다. 이는 범위의 경제가 기본적으로 어떤 활동이나 투자가 중복되는 것을 회피함으로써 얻는 이익(투입물의 절감)을 중시하는 데 비해, 시너지효과는 범위의 경제에 수반되는 이익을 포함하면서 개별 투입물이나 활동들이 상승작용하여 증폭되어 나타나는 이익도 포함한다는 것을 의미한다.

따라서 시너지효과는 다음의 세 가지 부분으로 나누어 볼 수 있다. ① 단일 투자비용(또는 투입물비용)이 개별투자비용(또는 투입물비용)을 합한 것보다 작다. ② 복합생산비용이 개별생산비용을 합한 것보다 작다. ③ 전체 매출액이 개별 매출액을 단순히 합한 것보다 많다. 처음의 두 가지는 범위의 경제와 같으며 세 번째 부분이 증폭되는 이익을 나타낸다. 이는 다음과 같은 예를 통해 쉽게 이해할 수 있다. 어떤 사람이 부동산 중개소와 약국을 동시에 운영하는 것을 생각해 보자. 부동산 중개소와 약국을 따로따로 운영하기 위해 필요한 최소한도의 점포면적이 각각 10평(부동산 중개소)과 15평(약국)이라고 한다면 두 사업을 동시에 할 경우 20평이면 충분할 수 있다(① 건물임대료 또는 고정비 투자의 절감).

적절한 조명을 위해 5평당 1개의 형광등이 필요하다면 부동산 중개소와 약국을 동시에 함으로써 전기료를 절약할 수 있으며, 고객이 끊임없이 밀리지 않는다면 고객을 대하는 기술을 양 사업에 적용(무형자산의 이동)시킬 수 있다(② 투입물(전기료와 인력)절감으로 인한 생산비용의 감소). 한편 부동산 중개소에 집을 계약하러 온 사람이 같은 약국에 진열된 드링크를 보고 이를 구입할 수 있으며, 약국에 약을 사러 온 사람이 부동산 정보를 보고 계약을 체결할 수도 있다(③ 전체 매출액의 증가).

〈전략포커스〉에 소개된 대명화학 권오일 회장은 기업을 매매하는 사람이다. 기업의 시장가치가 본질가치보다 낮다고 평가되면 그 기업을 구매(M&A)한다. 기업전략의 과제가 매력적인 신규 사업을 발굴하고 쇠퇴하는 기존 사업에서 탈퇴하는 의사결정이라면, 회계사 출신인 권오일 회장은 이 분야에 뛰어난 역량을 보유하고 있다. 일반적으로 M&A의 성공 가능성은 40% 수준을 넘지 않는다. 주요한 실패 이유로 들 수 있는 것은, 첫째, 인수 비용이 너무 높을 때, 둘째, 사업 간 관련성이 낮아 예상했던 범위의 경제나 시너지 효과를 얻지 못할 때이다.

권 회장은 '이삭줍기의 대가'라는 표현에서 알 수 있듯이, 첫 번째 요인으로 인해 실패할 가능성은 낮다. 인수 대상기업으로 삼는 기업은 주로 파산위기에 처해 인수가격이 낮거나, 잠재성이 기업 가치에 아직 반영되지 않은 신생기업을 노리기 때문이다. 두 번째 요인에서 보면, 현재 주력기업인 코웰패션(연매출 4,000억 원)은 대명화학, 필코전자, 모다이노칩과는 관련성이 낮은 사업이다. 그러나 코웰패션을 성공적으로 인수한 이후로는 모든 사업이 패션과 관련된 사업으로 묶어진다. 특히, 코웰패션은 단순 제조가 아니라 기획, 제조, 판매에 관한 노하우를 가진 회사이므로 이를 관련 사업에 활용할 수 있는 가능성은 높다.

일반적으로 인수합병을 통해 다각화하는 기업은 내부에서 성장 동력을 찾는 기업에 비해, 업종이 다양하고, 조직문화나 정체성 면에서 이질성이 증가한다. 따라서 다양성과 이질성으로 인해 발생하는 관리의 복잡성을 극복하고 범위의 경제나 시너지 효과를 창출하는 것이 다각화기업의 성과를 결정하게 된다.

전략포커스 | '얼굴 없는 패션 재벌' 권오일 대명화학 회장의 야심

얼마 전 한 패션 대기업 임원회의에서 '권오일'이라는 이름이 등장했다. 그는 대명화학 회장이다. 권 회장은 하지만 미디어에 모습을 드러내지 않고 있다. 직원들조차 얼굴을 잘 모른다는 얘기가 있을 정도다. 회계사 출신인 권 회장은 초기에 홈쇼핑 회사에 투자해 사업자금을 마련한 것으로 알려져 있다. 2000년대 창업투자회사 케이아이이지(현 대명화학)를 인수하면서 본격적으로 사업을 키우기 시작했다. 2006년 필코전자, 2009년 모다이노칩(당시 이노칩테크놀로지), 2010년 모다(당시 모다아울렛) 등을 차례로 사들였다. 필코전자가 2015년 코웰패션을 흡수합병하는 방식으로 코웰패션을 상장했다. 대명화학이 거느리고 있는 10여 개 주요 계열사 연간 매출 합계는 1조 원이 넘는다.

권 회장이 패션업계에 등장한 것은 2015년. 코웰패션을 인수했다. 이후 코웰은 아디다스, 리복, 푸마 등 글로벌 브랜드로부터 속옷 라이선스 사업권을 따냈다. 홈쇼핑에 등장하는 수많은 스포츠 속옷 브랜드 판매자가 코웰이다. 커가는 스포츠 이너웨어 시장에 들어가 성장했다. 이후 아테스토니, 엘르 등의 잡화와 리복, 푸마 등의 의류로 라이선스 사업을 확대했다. 서충우 SK증권 연구원은 "코웰패션은 단순 제조가 아니라 기획부터 제조, 판매까지 노하우가 있기 때문에 특화된 경쟁력이 있는 회사"라고 분석했다. 패션업계가 그에게 관심을 갖기 시작한 것은 요즘 젊은이들이 좋아하는 '핫한' 브랜드를 줄줄이 인수했기 때문이다. 체리 프린트를 크게 넣은 캐주얼 의류 브랜드 키르시, 데님 전문 브랜드 피스워커, 86로드 등이다. PWD라는 계열사를 통해 10여 개 스트리트 패션 브랜드에 투자하자 업계는 긴장했다.

유통업체마다 '모셔가기' 경쟁을 할 정도로 1020 사이에서 가장 인기 있는 브랜드들이기 때문이다. 이들은 또 무신사에서 매출을 가장 많이 내는 브랜드이기도 하다. "무신사가 키우고 권 회장이 가져간다."는 말이 나올 정도다. 권 회장의 투자는 현재 진행형이다. 대명화학으로부터 투자를 받은 한 브랜드 관계자는 "권 회장이 '앞으로 기업공개(IPO)도 하고 회사가 성장하려면 자본이 필요할 테니 같이 잘해보자'며 투자를 제안해왔다."며 "신생 브랜드가 거절할 수 없는 제안이었다."고 말했다.

권 회장의 이런 움직임은 투자자로서 그의 성격을 보여준다고 지인들은 말한다. 성장 가능성 높은 규모가 작은 회사, 또는 망해가는 회사를 싸게 사들인 뒤 사업을 재편해 큰 수익을 내는 스타일이라는 것이다. 올해 초 석정혜 디자이너의 분크 핸드백에 지분투자를 한 것도 '요즘 잘나가는 브랜드'에 일찌감치 투자한다는 그의 원칙에 따른 것이다. 한 패션업계 관계자는 "지금은 아울렛 등 유통업과 남성 패션 브랜드 사업을 주로 하고 있지만 앞으로는 화장품, 여성복, 식음료 등으로 확대할 계획을 세우고 있는 것 같다."고 말했다. 이를 한 지인은 "이삭줍기의 대가"라고 표현했다. 기업회생절차(법정관리)를 밟고 있는 회사의 경영권을 싸게 사들여 몸집을 불렸다는 얘기다.

출처: 한국경제신문(2019. 10. 17.), 민지혜 기자

6. 비관련 다각화

사업단위들의 관련성이 높을수록 범위의 경제와 시너지효과를 누릴 가능성이 높다면 비관련 다각화를 추구할 근거는 어디에 있는가? 관련 다각화가 범위의 경제와 시너지효과를 누릴 가능성이 있다면 비관련 다각화보다 우월한 성장대안이 아닌가? 그런데 한국의 재벌기업에 대해, 문어발식으로 확장해 왔다는 비판이 있어 왔듯이 한국기업의 다각화는 비관련 다각화의 성격이 강하였다.

이런 점에서 관련 다각화와 비관련 다각화의 동기를 비교해 볼 필요가 있다. 관련 다각화는 주로 기업의 전략적 동기에 의해서 발생하는 데 비해, 비관련 다각화는 재무적 동기에 의해서 발생한다. 즉 관련 다각화는 경쟁우위를 강화하고 시장지위를 향상시키는 측면에 중점이 주어지는 데 비해, 비관련 다각화는 이익의 안정적 확보와 자금활용의 극대화라는 측면이 중요시된다. 이익의 안정적 확보문제에 대해서는 다각화의 동기(위험의 분산)를 설명하면서 이미 언급하였다. 자금활용의 극대화는 기존 사업과의 관련성을 고려하지 않고 재무자원을 수익성이 가장 높은 사업에 투자하는 것을 말한다. 극단적으로 기업의 부동산 투자 등에서 알 수 있듯이 재테크적 차원에서 기업을 인수하고 매각하는 것을 그 예로 들 수 있다. 관련 다각화와 비관련 다각화를 몇 가지 점에서 비교해 보면 〈표 11-3〉과 같다.

표 11-3 관련 다각화와 비관련 다각화의 비교

항 목	관련 다각화	비관련 다각화
제품-시장	마케팅과 유통, 생산기술 면에서 유사한 시장으로 다각화	기존사업의 성공요인과 관련이 없는 시장으로 다각화
이전가능한 자원	운영기술, 기능별기술, 유통시스템 생산설비, 연구활동	일반관리기술, 재무적 자원
잠재이익	범위의 경제 및 시너지효과 운영효율성(규모의 경제)의 증대 규모증가에 따른 경쟁지위 상승 매출과 이익의 안정성	현금관리의 효율성 증대 자원배분의 효율성 증대 자본조달비용의 감소 매출과 이익의 안정성
잠재이익의 달성 가능성	새로운 사업을 기존 조직에 통합시키는 데 어려움이 있으므로 상대적으로 어려움	사업 간의 조정과 통합문제가 발생하지 않으므로 상대적으로 쉬움.

자료: M.S. Salter and W.A. Weinhold, *Diversification through Acquisition: Strategies for Creating Economic Value*, The Free Press, New York(1979), p. 145.

11.5 다각화의 평가기준

다각화가 기업의 목표(이익의 극대화, 기업의 가치증대 등)를 달성하는 데 도움이 되는지를 평가하기 위해 적용시킬 수 있는 기준으로 포터(M.E. Porter, 1987)는 다음과 같은 세 가지의 테스트를 제시하였다.

1) 매력도 테스트(attractiveness test): 다각화할 산업의 산업구조가 매력적이거나 매력적으로 만들 수 있는 가능성이 있어야 한다. 이때 매력적이라는 것은 산업의 장기적 수익성을 의미한다.

2) 진입비용 테스트(entry cost test): 새로운 산업에 진입하는 데 소요되는 진입비용이 그 산업에서 얻게 될 미래의 총이익보다 적어야 한다.

3) 강화 테스트(improvement test 또는 better off test): 기업 전체와의 연관을 통해 새로운 사업의 경쟁우위가 강화될 수 있거나, 아니면 기업 전체가 새로운 사업과의 연관을 통해 경쟁우위를 강화시킬 수 있어야 한다.

첫 번째의 매력도 테스트는 제5장에서 살펴본 포터의 산업구조분석모형을 적용시켜 평가해 볼 수 있다. 즉, 산업매력도를 평가하는 산업구조분석모형을 다각화대상이 될 산업의 수익성을 예측하는 데 적용시킬 수 있다.

두 번째의 진입비용 테스트는 특정산업의 매력도는 그 산업에 진입하고 있는 기업과 진입예정인 기업에게 다르게 작용한다는 것을 말해 준다. 특정산업의 매력도(수익성)가 높다는 것은 진입예정기업에 대한 진입장벽이 높다는 것을 의미한다. 따라서 그 산업에 진입하려는 기업이 이들 장벽을 극복하고 지위를 구축하는 데 소요되는 비용이 그 산업에 속함으로써 얻는 이익을 초과할 수 있다. 이는 신규진입기업은 성공보장이 없는 대규모의 투자를 해야 하며, 어느 정도의 시장지위를 구축할 때까지 장기간 낮은 이익도 감수해야 하기 때문이다. 따라서 진입비용이 미래이익보다 클 경우 다각화의 이점은 사라진다.

기존기업을 인수함으로써 다각화할 경우 진입장벽을 회피할 수는 있으나, 증권시장이 효율적이라면 대상기업의 시장가격(인수가격)은 그 기업의 미래이익을 정확하게 반영하고 있을 것이므로 진입비용(인수가격)과 미래이익이 같아진다고 하겠다.

세 번째의 강화 테스트는 다음과 같은 것을 의미한다. 서로 다른 제품을 생산하는 두 기업을 하나의 기업으로 합쳐 단일한 소유 및 통제권에 둘 때, 기업 전체의 경쟁우위를 향상시킬 수 있는가 하는 것이다. 앞에서 언급하였듯이 다각화기업과 단일기업의 전략적 의사결정에 있어서 차이가 나는 것은 경쟁우위의 원천에 있다. 그리고 다각화기업의 경쟁우위는 사업단위 간 상호관계(관련성)에서 창출되거나 강화되므로 다각화전략은 시너지효과를 극대화하도록 추진하여야 한다고 하였다. 포터의 세 번째 테스트는 바로 다각화를 통해 시너지효과를 높일 수 있는가 하는 것을 평가하는 것이라고 하겠다. 이런 점에서 볼 때 비관련 다각화는 세 번째 테스트를 적용시킬 수가 없다. 비관련 다각화도 관련 다각화와 마찬가지로 첫 번째와 두 번째 테스트를 적용시킬 수는 있으나, 비관련 다각화는 다른 사업과의 관련성을 확보할 수 없으므로 세 번째 테스트를 적용시킬 수는 없다.

관련 다각화를 통해 시너지효과를 얻을 수 있는 원천은 무엇인가? 여기에 대해서는 범위의 경제와 내부정보 상의 이점을 이용하여 설명해 볼 수 있다. 먼저, 다각화사업 간의 관련성을 통해 시너지효과가 창출되고, 이것이 기업의 경쟁우위를 강화시킬 수 있다는 것은 이미 범위의 경제를 설명하면서 살펴보았다. 그런데 여기서 다음과 같은 점을 생각해 볼 수 있다. 그것은 다수제품의 생산에 있어서 공통자원을 공유하고 이를 이전함으로써 얻을 수 있는 비용감소 효과가 범위의 경제라면, 이러한 비용감소 효과는 다각화를 통해서만 얻을 수 있는가, 아니면 기업이 보유하는 공통자원을 외부기업에 판매함으로써 범위의 경제를 누릴 수는 없는가 하는 것이다.

어떤 기업이 특허기술이나 유명 브랜드를 보유하고 있고 이들을 다수제품의 생산에 사용할 수 있다면, 기업이 이를 이용하여 이익을 얻을 수 있는 방법에는 두 가지가 있다.

첫째는 다각화를 통해 새로운 사업에 진출하는 것이고, 둘째는 특허기술이나 브랜드를 다른 기업에 라이선싱(시장거래)하는 것이다. 또한 음식료 산업에서는 프랜차이징을 통해 브랜드, 제품 생산기술, 관리시스템을 라이선싱하고 있다. 이런 점에서 본다면 범위의 경제가 다각화의 충분조건이 된다고 할 수는 없다. 따라서 다각화가 경쟁우위를 창출하기 위해서는(다각화의 세 번째 테스트) 공통자원에 있어서 범위의 경제가 존재해야 할 뿐 아니라, 이들 공통자원을 시장을 통해 외부기업에 판매하는 것을 억제하는 어떤 요인이 존재하여야 한다.

일반적으로 무형자산을 시장을 통해 판매하는 데는 상당한 거래비용(transaction cost)이 발생한다. 따라서 시장거래를 내부화(internalization)하게 되는데 이것이 다각화의 주요 동기가 된다. 예컨대 유명상표의 사용권을 라이선싱하려는 기업은 상표 사용자가 품질이 낮은 제품을 생산하여 브랜드 전체의 명성에 나쁜 영향을 줄 수 있는 위험을 안게 된다. 이런 위험을 줄이기 위해 발생가능한 모든 위반상황에 대해 갖가지 규제조항을 두어 위반 시의 배상금에 대해 규정하려고 하려고 하더라도, 미래의 모든 상황을 예측하는 것도 어렵지만, 이들을 계약서에 모두 포함시키는 것도 불가능하다. 이러한 요인들이 시장거래에 따르는 거래비용이라고 할 수 있다. 이를 회피하는 방법은 기업이 보유하고 있는 기술이나 브랜드를 시장거래를 통해 판매하지 않고 내부화하는 것이다. 따라서 기업의 보유자원을 다른 사업부문에 활용(내부화)할 때 다각화가 진행된다.

시너지효과의 주요 원천이 범위의 경제라고 할 수 있겠으나, 이외 다른 원천을 생각해볼 수도 있다. 여기에는 다각화기업이 누리는 정보상의 이점을 들 수 있다. 다각화에 필요한 인력이나 자원을 시장에서 구입할 때에 비해, 기업이 보유하고 있는 인력과 자원을 신규사업에 이전시킴으로써 얻을 수 있는 중요한 이점은 이들 인력과 자원이 가진 능력과 특성에 대해 보다 많은 정보를 가지고 있다는 것이다. 이런 정보상의 이점은 개인뿐 아니라 팀을 구성하는 집단에 있어서도 마찬가지이다. 그러나 사업을 처음 시작하는 신규진입기업은 개별 종업원의 능력에 대한 정보가 많지 않으며, 또한 이들의 팀워크가 어떨지에 대해서도 거의 알 수가 없다. 따라서 다른 사업에 이미 종사하고 있는 기업이 다각화할 경우 신규진입기업에 비해 우위를 누릴 수 있으므로 새로운 사업기회를 활용하는 데 있어서 성공할 가능성이 높다. 기존의 연구에서도 신규진입기업이 혁신적 제품이나 기술을 개발하는 데는 뛰어나지만 이를 상업화하여 성공시키는 데 있어서는 기존기업에 비해 성공적이지 못한 것으로 나타났다. 정보상의 이점보다 정보에 대한 기업 내부적 접근이 시장을 통한 접근보다 용이하다는 점이, 단일사업에 종사하는 전문화기업보다 다각화기업의 성공 가능성이 높다는 것에 대한 또 다른 근거가 되기도 한다.

11.6 다각화의 성과

앞 절에서의 논의를 바탕으로 다각화가 기업성과에 미치는 영향을 요약한다면 크게 두 가지로 나누어 볼 수 있다. 첫째, 자원의 공유로 인해 발생하는 범위의 경제라는 측면에서 보면, 비관련사업으로 다각화하는 것보다 관련산업으로 다각화하는 것이 보다 수익성이 높을 것으로 예상할 수 있다. 둘째, 다각화기업은 내부거래로 인한 정보상의 이점으로 자원배분과 경영자의 감시 및 통제에 있어서 시장기구보다 효과적이라고 하겠다. 따라서 장기적으로 다각화기업이 전문화기업에 비해 수익성과 성장성이 높을 것으로 예상할 수 있다.

다각화가 기업성과에 미치는 두 가지 영향 중에서 첫 번째 영향은 기존 연구들이 명확하면서도 일관된 결론을 제시해 주고 있다. 즉, 기존사업과 밀접하게 관련된 사업으로 다각화한 경우가 비관련 사업으로 다각화한 경우보다 수익성이 높은 것으로 나타났다. 이에 비해, 광범위하게 비관련 다각화를 추진한 기업은 수익성이 상당히 낮은 것으로 나타났다. 최근 30년간(1970~2000년)에 이루어진 55개의 연구를 종합적으로 분석한 연구(Palich 등(2000)의 연구)에서도 관련 다각화는 비관련 다각화에 비해 성과가 높은 것으로 나타났다. 그리고 〈그림 11-3〉의 (1)에서 알 수 있듯이 다각화를 추진하지 않는 단업사업(전문기업)에 비해서도 관련 다각화의 성과가 높은 것으로 나타났다.

그림 11-3 관련 다각화와 기업성과

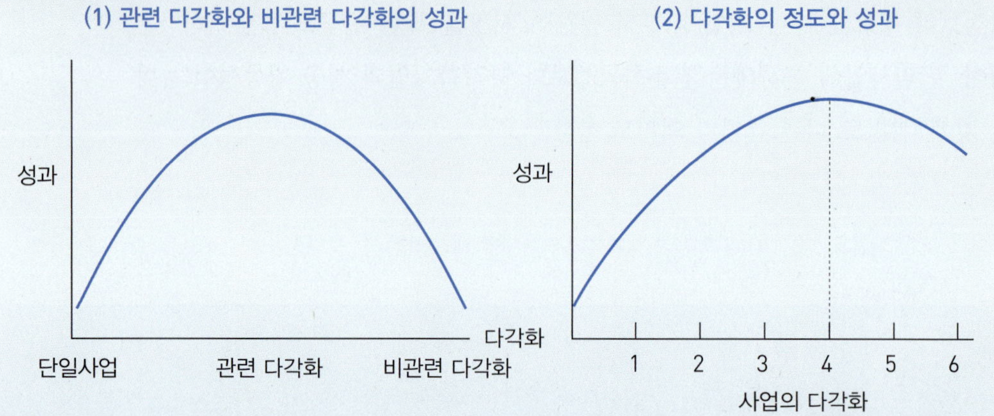

한편, 정보상의 이점으로 다각화기업이 전문화기업에 비해 수익성이 높을 것이라는 두 번째 측면과 관련된 연구 결과를 종합하면, 다각화 정도와 성과 간의 관계가 〈그림 11-3〉의 (2)와 같은 역U자형으로 나타났다. 역U자형은 어느 정도까지는 다각화기업의 성과가 증가하다가 그보다 다각화의 정도가 높아지면 성과가 오히려 감소하는 모양을 말한다.

다각화의 주요 동기가 새로운 성장 영역을 발견한다는 것과 함께, 유형자원의 공유와 무형자산의 사업 간 이전을 통해 범위의 경제와 시너지효과를 누리는 데 있다고 한다면, 다각화의 정도가 높아질수록 성과가 높지 않게 나타나는 연구결과는 무엇을 의미하는가? 여기에 대해서는 다음의 두 가지 경우를 생각해 볼 수 있다. 첫째, 다각화를 효과적으로 실행하지 못함으로써 결과적으로 다각화의 경제적 이득보다 관리상의 비용이 더 많이 발생하는 경우이다. 관련다각화는 기업관리 면에서 특별히 복잡한 관리문제를 제기하게 되는데, 이러한 관리문제를 원활하게 해결하지 못할 경우 다각화로 인한 비용이 이익을 상쇄하게 된다. 둘째, 새로운 사업이 기존사업과 관련성이 있다고 보았으나, 실제로는 사업들 간의 관련성이 시너지효과를 발휘하지 못하는 허구적 적합성(illusory fit)에 그치는 경우이다. 이는 사업단위 간의 관련성을 사전에 예측하고 평가하는 것이 쉽지 않기 때문이다.

우선 첫 번째의 관리문제는 다각화전략을 실행하는 것과 함께 다각화기업을 관리하는 문제와 연관이 있다. 다각화기업이 사업단위 간 관련성을 통해 범위의 경제를 누리는 것이라면 사업단위 간 관련성을 활용할 수 있도록 관리하여야 할 것이다. 그런데 이 점에 있어서 다각화기업을 관리하는 것이 쉽지 않다. 다각화의 성공여부는 자원과 기술의 공유로 인해 발생한 이익이 다각화기업을 관리하는 데 따르는 비용을 초과하도록 하는 데 있다. 다각화기업의 관리문제에 대해서는 다음 장에서 다룰 것이다.

두 번째로 관련 다각화의 개념과 관련성의 유형에 대해서 본다면, 범위의 경제를 가져오는 관련성의 유형은 이미 앞에서 살펴본 바와 같이 다음의 두 가지로 생각해 볼 수 있다. 첫째는 유통채널이나 연구개발부서와 같이 사업단위 간에 공유하는 유형자산의 공동이용과, 둘째는 사업단위 간에 기술, 명성과 같은 무형자산의 이전가능성이다. 그런데 실제로는 범위의 경제가 발생할 수 있는 가능성을 사전에 파악하는 것이 쉽지가 않다.

범위의 경제가 발생할 수 있는 가능성을 평가하기 위해서 사용할 수 있는 기준이 〈표 11－2〉에서 살펴본 시장과 기술면의 관련성을 들 수 있다. 그런데 시장과 기술면의 관련성은 주로 제품개발, 제조비용, 마케팅 활동과 같은 운영수준(operational level)의 관련성을 의미하고 있다. 최근에 와서 다각화기업의 성과에 중요한 영향을 주는 것으로 강조되고 있는 것이 전략수준(strategic level)의 관련성이다. 전략수준의 관련성은 앞에서 든 GE의 예에서 알 수 있듯이 한 사업의 관리기술과 시스템을 다른 사업에 이전시켜 활용할 수 있는가 하는 것이다.

운영수준의 관련성은 주로 범위의 경제와 연관이 있으므로 이를 사전에 예측하고 측정하기가 용이한 반면, 전략수준의 관련성은 이를 평가하기가 어렵다. 다각화기업의 관리에 필요한 중요 기능은 전략수립, 사업단위 간 자원배분, 성과에 대한 통제이다. 따라서 다각화가 경쟁우위를 쇠퇴시키지 않고 경쟁우위를 증가시키기 위해서는 사업단위들 간의 전략수준의 관련성을 파악하고, 기존사업의 전략, 시스템, 스타일을 신규사업에 성공적으로 적용하여야 할 것이다. 이러한 문제는 다음 장에서 지배적 논리(dominant logic)와 관련하여 살펴볼 것이다.

제11장 토의자료

'삼성웨이' 핵심은 경쟁적 협력

비관련 다각화를 추구하는 복합형 기업집단(conglomerate)은 선진국에서 1980년대까지는 많이 찾아볼 수 있는 기업 형태였다. 하지만 1980년대 이후 복합형 기업집단은 자원배분과 경영관리의 비효율성으로 인해 특정 사업에만 전념하는 전업형 기업과의 경쟁에서 밀렸다. 이에 따라 자본시장이 잘 발달된 선진국에서는 급격히 약화 내지 해체의 길을 걸었다.

'재벌'로 불리는 한국의 기업집단은 소유경영자의 강력한 리더십 하에 각 계열사들이 시너지효과 창출을 위해 긴밀히 협력하는 선단식 경영을 추구해 왔다. 하지만 외환위기를 전후해서 계열사 간 상호출자와 지급보증의 고리로 연결된 선단식 경영이 특정 계열사의 부실화로 인한 타 계열사의 동반 부실화로 이어지고 말았다. 이로 인해 대우를 포함한 다수의 기업집단이 붕괴되면서 시너지 창출을 위한 재벌의 선단식 경영에 대한 비판이 강하게 나타났다. 이러한 비판은 외환위기 이후 기업지배구조의 개혁 및 정부 규제 강화에 반영됐다.

하지만 삼성은 달랐다. 대규모 기업집단인데도 불구하고 지속적으로 높은 성과를 창출해 왔다. 삼성은 TV, 스마트폰, 반도체, 디스플레이 패널 등 전자산업의 주요 세트와 부품 사업에서 공히 글로벌 1위의 지위를 확보하고 있다. 이러한 과정에서 다각화되고 수직적으로 계열화된 체제에서 흔히 나타나는 전략적 초점의 부재, 관료주의적 비효율성, 강한 계열사에 대한 의존적 행태로 인한 하향평준화 등의 문제점을 극복했다. 오히려 다각화되고 수직적 계열화된 체제의 장점을 십분 활용해 유기적 협업을 통한 융복합화 시너지를 창출해 글로벌 경쟁력을 더욱 높이고 있다는 점에서 주목할 만하다.

현재 삼성은 주요 사업에서 세계적 초일류 기업들과 전방위적인 경쟁전선을 형성하고 있다. 스마트폰 분야의 애플을 비롯해 노키아, 모토로라, HP, 인텔, 마이크론, 소니, 델 등이 그들이다. 놀라운 사실은 이들 경쟁사 대부분이 전문 분야에 특화된 기업이라는 점이다. 삼성이 고도로 다각화되고 수직적 계열화된 기업임에도 불구하고 각 사업·제품 분야에 전업화된 세계적 기업과의 경쟁에서 오히려 우월한 경쟁력을 확보하고 있다는 점은 삼성식 경영 속에 내재된 패러독스의 중요한 단면이다. 이처럼 다각화와 전문적 경쟁력을 동시에 달성하게 된 원천은 무엇일까?

경쟁적 협력 시스템의 개념과 중요성

삼성이 다각화와 전문화를 조화시키면서 '삼성식 패러독스 경영'을 통해 글로벌 일류 경쟁력을 구축하는 과정에서 중요한 촉매역할을 한 '삼성 웨이'의 근본 작동 원리는 삼성 특유의 '경쟁적 협력 시스템'이다. 이는 신경영 이후 삼성이 진화·발전시켜 온 경쟁과 협력이 공존하는 미묘한 긴장관계로, 현재 삼성 내부 계열사나 사업부 간의 관계를 설명하는 핵심용어다.

다각화된 사업을 하는 대규모 기업에서 내부적으로 긴밀한 협력과 치열한 경쟁을 조화시키기는 매우 어렵다. 협력을 도모하다 보면 약한 계열사가 경쟁력 있는 계열사에 의존해 기업 전체의 역량이 질적으로 저하될 수 있다. 반대로 내부 경쟁을 도모하다 보면 역량 결집에 필요한 협력이 일어나지 않아 기업의 경쟁력이 약화될 수 있다. 하지만 삼성은 이러한 경쟁과 협력의 상충 관계를 극복하기 위한 경쟁적 협력 시스템을 진화·발전시켜 오면서 협력이 필요할 경우에는 협력이, 경쟁이 필요한 경우에는 경쟁이 일어나 유기적으로 전체 최적화가 이뤄지도록 하는 방안을 고안해 왔다.

복합형 기업이 시너지를 성공적으로 창출해내는 것은 생각보다 쉽지 않다. 시너지 창출을 위해 계열사 간, 사업부 간 협력을 강조하다 경쟁력이 약한 계열사 내지 사업 부문이 경쟁력이 강한 곳에 의존적으로 기생함으로써 후자의 경쟁력마저 약화되기 때문이다. 그렇기에 GE의 잭 웰치 회장도 본격적인 계열사 간 협력을 통한 시너지 경영의 드라이브를 걸기 전에 먼저 각 계열사의 경쟁력 및 경쟁적 지위를 업계 최고 수준으로 끌어올리는 데 총력을 기울였다. 강한 계열사들이 자발적으로 협력할 때는 고객이 원하는 제품과 서비스가 창출되고 비용이 절감돼 시너지가 창출될 확률이 높아지지만 강한 계열사와 약한 계열사 간의 협력을 반강제적으로 도모할 경우 강한 계열사만 피해를 보고 약한 계열사는 의존적이 되면서 시너지는 고사하고 오히려 역효과가 날 가능성이 높기 때문이다.

삼성도 시행착오를 겪으면서 이러한 시너지 경영의 성공 조건에 눈을 뜨게 됐다. 신경영 이후, 특히 1990년대 후반의 외환위기 이후에는 계열사/사업 부문 간에 꼭 필요한 경우 협력을 통한 시너지를 추구하면서도 시장 경쟁 메커니즘을 적극 도입해 경쟁과 협력의 조화를 추구했다. 필자는 신간 〈삼성웨이〉에서 이러한 삼성 특유의 경쟁과 협력의 조화 체제를 '그룹 내부적인 경쟁적 협력(internal co-opetition)'체제라고 이름 붙였다.

삼성식 경쟁적 협력의 메커니즘

계열사/사업부 간의 협력과 경쟁의 조화를 어떻게 이뤄낼 것이냐는 시너지 경영을 추구하는 복합형 기업 그룹의 가장 중요한 과제다. 신경영 이후 삼성이 경영시스템 구성요소의 대대적인 변화를 추구하는 과정에서 가장 특징적으로 나타난 것이 '경쟁적 협력' 체제다. 신경영 혁신 이전의 삼성은 계열사 간, 사업부 간 경쟁보다는 협력을 통한 시너지 창출에 훨씬 높은 가중치를 뒀다. 이러한 협력 위주의 경영은 소유경영자를 구심점으로 해 공유된 조직문화와 가치에 기반을 둔 강한 결속력을 기반으로 이뤄졌고 그 나름대로 순기능이 있었다. 하지만 이러한 체제가 지속되자 각 사업이 전문적인 경쟁력을 확보하지 못하더라도 생존이 가능해 경쟁력이 약한 계열사나 사업부가 경쟁력이 강한 계열사나 사업부에 의존하게 됨으로써 동반부실과 하향 평준화의 우려가 커졌다. 그러다 1990년대 후반 외환위기의 와중에서 삼성도 심각한 경영부실과 적자를 경험하게 되자 삼성은 계열사/사업부 간 협력 위주에서 내부경쟁 위주로 경영의 강조점을 급격히 바꿨다. 이를 통해 형성된 삼성식 경쟁적 협력 구조는 다음과 같다.

먼저 삼성에서 경쟁력 협력의 가장 중요한 기반인 소유경영구조와 복합형 사업구조에 대해 설명하고 계열사 간, 사업부 간 경쟁과 협력에 가장 중요한 영향을 미치는 엄정한 보상과 승진제도에 대해 설명하고자 한다. 삼성은 위의 방법들을 당근과 채찍으로 활용함으로써 시너지 경영 추진 시 흔히 발생하는 하향 평준화의 위험성을 줄이고 상향 평준화를 촉진할 수 있었다. 기업그룹이 시너지를 창출하기 위해서는 우선 개별 사업이 경쟁력을 확보해야 한다는 원칙을 내부적으로 잘 구현한 것이다.

경쟁적 협력의 기반

삼성의 소유지배구조와 복합사업구조는 결함을 지니기 쉬운 구조들이지만 삼성은 이들을 활용해 계열사 간 치열한 경쟁과 긴밀한 협력을 동시에 유도함으로써 경쟁력 창출의 원천으로 만들었다. 이들이 경쟁력 협력에서 어떤 역할을 하는지를 보자.

1) 소유경영구조와 미래전략실의 역할

먼저 소유경영구조가 경쟁력 협력에 미치는 영향부터 살펴보자. 삼성에서 경쟁과 협력은 소유경영체제에 기반한 강력한 리더십에서 나온다. 그룹경영에서 막강한 권력을 행사하는 이건희 회장과 미래전략실이 경쟁과 협력의 구심점으로서 그룹 전체 차원에서의 최적화를 추구해 왔다. 이들은 계열사 전문경영자들의 경영의사결정을 지원하기도 하고 계열사 차원의 부분 최적화를 제어하는 역할을 해 왔다. 삼성에서는 소유경영자가 전문경영인의 승진 및 임면에 관여해 그룹 차원의 최적화에 기여한 전문경영인을 우대함으로써 치열한 경쟁과 긴밀한 협력을 동시에 촉진할 수 있다. 전문경영자의 인사와 보상에 대한 결정이 계열사 이사회 차원에서만 이뤄진다면 현재 삼성에서 나타나는 정도의 계열사 간 경쟁적 협력 체제는 작동하기 어려울 것이다.

삼성의 계열사들은 더 높은 성과를 내기 위해 치열하게 경쟁한다. 절대적 성과치뿐만 아니라 타 계열사나 사업부와 비교한 상대적 성과에 의해 임원들의 보상과 승진이 크게 좌우되기 때문이다. 강력한 성과주의적 보상과 승진제도 때문에 협력을 통해 경영성과를 크게 높일 수 있을 때는 자발적이고 긴밀한 협력이 일어나며 그 범위와 강도 면에서 독립적인 기업 간의 협력보다 광범위하고 긴밀하다.

반면에 한 부문이나 개인이 희생을 해 전체의 성과를 높여야 할 때, 협력의 효과가 어느 한 부분에만 긍정적으로 나타날 때, 단기적으로는 효과가 나타나지 않고 장기적으로만 효과가 나타날 때는 자발적인 협력이 일어나지 않을 가능성이 크다. 그래서 장기적으로 삼성을 먹여 살릴 만한 혁신적인 신제품개발을 위한 계열사나 사업부 간의 자발적 협력이 잘 일어나지 않는다는 문제점이 발생했다. 이처럼 계열사들이 서로가 장기적으로 윈윈할 수 있음에도 협력을 하지 않는다면 전체 최적화를 위해 이건희 회장과 미래전략실이 조정자로 개입하기도 한다.

2) 복합사업구조의 역할

다음으로 복합사업구조가 경쟁적 협력에 미치는 영향을 살펴보자. 복합사업구조가 있었기에 가치창출을 위한 사업 간 협력과 가치배분에서의 사업 간 경쟁이 가능하다는 것은 자명하다. 삼성은 복합사업구조로 인해 계열사, 사업부와 같이 자율경영과 책임경영을 추진할 수 있는 독립적인 사업단위를 둘 수 있고 이를 바탕으로 객관적 업적 측정과 업적의 상대적 비교에 근거한 보상 방법으로 치열한 내부 경쟁과 긴밀한 협력을 동시에 유발할 수 있었다. 특히 삼성은 전자사업 분야에서 외국의 다른 전자업체들과는 달리 내부적으로 수직적 계열화를 심화해 경쟁적 협력이 경쟁력을 창출할 수 있는 장을 만들었고 이들 간의 경쟁력 협력을 통해 빠른 속도로 글로벌 일류기업의 반열에 오를 수 있었다.

3) 엄정한 내부상대평가와 보상

삼성은 신경영 혁신 이후 모든 단위에서 치열한 경쟁을 유발하고 협력이 요청되는 곳에서는 철저한 협력이 일어나도록 평가와 보상시스템을 재설계했다. 삼성에서는 계열사, 사업부, 팀, 개인 수준에서 업적 평가가 행해진다. 업적 평가에서는 목표 달성도를 평가하는 절대평가 방식과 서로의 성과를 상대적으로 비교하는 상대평가 방식이 동시에 활용되고 있고 평가 결과는 해당 임직원의 승진, 임면, 연봉, 보너스 결정에 직접적인 영향을 미친다. 평가와 보상에 있어서 철저한 업적주의가 작동하면서 치열한 내부 경쟁과 협력을 유발하고 있는 것이다.

삼성의 엄정한 평가 시스템은 맹목적인 시너지 추구 경영의 역작용을 줄이고 적자생존의 내부 경쟁을 기반으로 한 상향 평준화를 달성하는 데 기여했다. 각 계열사 및 사업부는 기본적으로는 자신이 속해 있는 사업이나 제품의 특성에 부합하는 자원과 역량을 구축해 외부적으로는 경쟁자, 특히 전업형 기업과 치열한 경쟁을 해왔고, 내부적으로도 그룹 차원에서 정해진 엄정하고도 높은 수준의 평가 기준에 의해서 다른 계열사나 사업부와 끊임없이 비교 평가돼 왔다.

자료: 송재용 교수, "'삼성웨이' 핵심은 경쟁적 협력-시너지 경영으로 다각도 경쟁력을," DBR(August 2013), pp. 58~61.

토의문제

1. 삼성이 시너지 창출을 위해 구축한 경쟁적 협력 시스템이란 무엇인가?
2. 삼성은 어떻게 사업부 간의 협력과 경쟁을 조화롭게 이루어낼 수 있었는가?
3. 소유경영구조가 경쟁적 협력에 미치는 영향에 대해 설명하라.

참고문헌

동아일보, 『DBR(*Dong-A Business Review*)』(August 2013).

윤용철·이지영(공역), 『리더기업의 흥망』, 한국경제신문사(1992).

Amit, R. and J. Livnat, "Diversification strategies, business cycles and economic performance," *Strategic Management Journal*, Vol. 9(1988), pp. 99~110.

Bettis, R. A., "Performance differences in related and unrelated diversified firms," *Strategic Management Journal*, Vol. 2(1981), pp. 379~383.

__________ and C. K. Prahalad, "The dominant logic: Retrospective and extention," *Strategic Management Journal*, Vol. 16(1995), pp. 5~14.

Bryce, D.J. and S.G. Winter, "A general inter-industry relatedness index," *Management Science*, Vol. 55(2009), pp. 1570~1585.

Chandler, A., *Strategy and Structure*, MIT Press, Cambridge, MA(1962).

Chatterjee S. and B. Wernerfelt, "The link between resources and type of diversification: Theory and evidence," *Strategic Management Journal*, Vol. 12(1991), pp. 33~48.

Christensen, H.K. and C.A. Montgomery, "Corporate economic performance: Diversification strategy versus market structure," *Strategic Management Journal*(1981), pp. 327~343.

Davis, R. and I.M. Duhaime, "Diversification, vertical integration, and industry analysis: New perspective," *Strategic Management Review*, Vol. 13(1992), pp. 511~524.

Doz, Y.L. and C.K. Prahalad, "Managing DMNCs;A search for a new paradigm," *Strategic Management Journal*, Vol. 12(1991), pp. 145~164.

Grant, R.M., "On dominant logic, relatedness, and the link between diversity and performance," *Strategic Management Journal*, Vol. 9(1988), pp. 639~642.

Grant, R.M., A.P. Jammine, and H. Thomas, "Diversity, diversification and profitability among British manufacturing companies," *Academy of Management Journal*, Vol. 31(1988), p.771~801.

Hamel, G. and C.K. Prahalad, "Strategic intent," *Harvard Business Review*(May-June 1989), pp. 63~76.

Harrison, J.S., M.A. Hitt, R.E. Hoskisson and R.R. Ireland, "Synergies and post acquisition performance: Differences vs. similarities in resource allocation," *Journal of Management*, Vol. 17(1991), pp. 173~190.

Ilinitch, A.Y. and C.P. Zeithaml, "Operationalizing and testing Galbraith's center of gravity theory," *Strategic Management Journal*, Vol. 16(1995), pp. 401~410.

Kerin, R.A., V. Mahajan and P.R. Varadarajan, *Contemporary Perspectives on Strategic Market Planning*, Allyn and Bacon, Boston(1990).

Luffman, G.A. and R. Reed, *The Strategy and Performance of British Industry*, 1970-1980, Macmillan, London(1984).

Markides, C.C. and P.J. Williamson, "Related diversification, core competences and corporate performance," *Strategic Management Journal*, Vol. 15(1994), pp. 149~165.

Marris, R., *The Economic Theory of Managerial Capitalism*, Macmillan, London(1964).

Michel, A. and I. Shaked, "Does business diversification affect performance?" *Financial Management*, Vol. 13(1984), pp. 18~24.

Miller, D., "Technological diversity, related diversification, and firm performance," *Strategic Management Journal*, Vol. 27(2006), pp. 601~619.

Neffke, F. and M. Henning, "Skill relatedness and firm diversification," *Strategic Management Journal*, Vol. 34(2013), pp. 297~316.

Palich, L.E., Cardinal, L.B. and C.C. Miller, "Curvilinearity in the diversification-performance linkage: An examination of over three decades of research," *Strategic Management Journal*, Vol 21(2000), pp. 111~174.

Porter M.E., "From competitive advantage to *Corporate Strategy*," *Harvard Business Review*(May-June 1987), pp. 46~49.

Prahalad C.K. and R.A. Bettis, "On dominant logic: A new linkage between diversification and performance," *Strategic Management Journal*, Vol. 7(1986), pp. 485~502.

Roberts, E.B. and C.A. Berry, "Entering new business: Selecting strategies for success," *Sloan Management Review*(Spring 1985), pp. 3~17.

Rumelt, R.P, *Strategy, Structure, and Economic Performance*, Harvard University Press, Cambridge, MA(1974).

__________, "Diversification strategy and profitability," *Strategic Management Journal*, Vol. 3(1982), p. 359~370.

Teece, D.J., "Towards an economic theory of the multiproduct firm," *Journal of Economic Behavior and Organization*, Vol. 3(1982), pp. 38~63.

Salter, M.S. and W.A. Weinhold, *Diversification through Acquisition: Strategies for Creating Economic Value*, The Free Press, New York(1979).

Shayne, G.M., "Implementation strategy and performance outcomes in related diversification," *Strategic Management Journal*, Vol. 26(2005), pp. 643~664.

Thompson, A.A. and A.J. Strickland, *Strategic Management: Concepts and Cases*, Irwin, Homewood, IL(1993).

William, P., R.E. Robert, J.C. Hoskisson, and W.Y. Daphne, "Resource-based theory and corporate diversification: Accomplishments and opportunities," *Journal of Management*, Vol. 37(2011), pp. 1335~1368.

Wrigley, L., "Divisional autonomy and diversification," *Unpublished doctoral dissertation*, Harvard Business School(1970).

Zahavi, T. and D. Lavie, "Intra-industry diversification and firm performance," *Strategic Management Journal*, Vol. 34(2013), pp. 978~998.

STRATEGIC MANAGEMENT

제12장

다각화기업의 관리

세계에서 가장 성공적 기업 중 하나로 손꼽히는 GE의 경우 M&A와 divestiture의 선순환 구조를 가장 잘 활용한 사례로 볼 수 있다. 잘 알려져 있다시피 1등이나 2등이 아닌 사업은 모두 팔아 치우고 지속적인 M&A를 통해 변신을 거듭해온 GE는 divestiture를 가장 적극적으로 활용했다. Divestiture는 사업을 좋은 조건에 '파는'것으로 이해돼야 한다. 특히 저성장 시대에서 언제 팔 것인가는 매우 중요한 문제다. 저성장 산업은 사실 항상 존재했다. 대표적인 것이 군수사업이다.

1980년대 후반 냉전이 마무리되면서 대표적인 미국의 성장산업이었던 군수산업은 급격한 침체에 빠진다. 1986년 1280억 달러에 달하던 미 국방부의 구매액은 1996년 490억 달러로까지 줄어들었다. 대부분의 미국 군수업체들은 큰 침체를 겪었다. 그러나 General Dynamics(GD)는 선제적인 divestiture를 통해 현금을 확보한 덕택에 위기를 넘겼다. 더욱이 침체된 시장에서 매력적인 사업들을 골라 적극적인 M&A에 나섬으로써 위기를 기회로 바꾸는 데 성공했다.

GD는 국방비 감액이 시작되는 것을 감지하고 남들보다 한발 앞서 divestiture를 실행에 옮겼다. 그 결과 1990년 100억 달러에 달하던 매출액이 1992년 불과 36억 달러로 감소했다. 이후 시장이 본격적인 침체 국면으로 접어들자 GD는 공격적인 divestiture를 통해 축적한 자금을 바탕으로 1996년부터 공격적인 M&A에 나섰다. GE는 군수시장의 통합(consolidation)을 주도했고 불과 10년 만에 매출을 6배 이상 늘리며 가장 성공적인 군수업체로 자리매김하게 된다.

GD는 divestiture 전략을 통해 군수산업체라는 본연의 업을 더욱 강화한 대표적 사례라 할 수 있다. GD는 저성장 국면 초기에 비싼 값으로 사업들을 정리해 자금을 확보한 후 저성장이 본격화된 시점에서 경쟁업체들이 싼 가격에 매물로 내놓은 기업들을 다시 사들이는 전략을 구사했다. 즉, 적기에 divestiture와 M&A 전략을 취함으로써 저성장의 한계에 빠진 군수산업에서도 효과적인 성장을 이뤄내는 데 성공했다.

– 이지효(베인&컴퍼니 이사), "값진 회사를 팔아라"(DBR May 2012, p. 71.)

제12장 들어가면서

투자 철수의 전략적 활용

GE(General Electric)는 다각화 전략의 역사와 같이하는 기업이다. 전략사업단위(SBU)라는 개념은 1970년대 초 GE가 처음 적용한 개념이다. 그 당시 GE는 170개의 제품을 생산하는 고도로 다각화된 기업으로 미국의 표준산업분류상 참여하지 않는 산업이 없을 정도였다. GE는 170개의 제품부문을 43개의 전략사업단위라는 개념으로 개편함으로써 효율성을 높일 수 있었다. 또한 PIMS(profit impact of market strategy) 프로그램도 개별 사업단위의 전략이 수익성에 미치는 영향을 평가하기 위해 GE가 개발한 내부 데이터베이스에서 출발하였다.

GE는 다각화기업의 사업 철수(divesture)에 관해서도 한때 유명한 기준을 가지고 있는 기업이다. '어떤 분야든 1등이나 2등이 될 수 없다면 그 사업은 포기해야 한다'는 기준이 그것이다. 그런데 다각화전략과 관련하여 상대적으로 논의가 덜 되고 있는 주제가 사업 철수이다. 사업 철수는 전략의 실패를 인정하는 의사결정이므로 부정적인 면이 있기 때문이다. 다각화를 통해 새로운 성장 동력을 발굴하는 과정에만 중점을 둔다면 사업 철수를 보는 관점은 부정적일 수밖에 없다.

GD(General Dynamics)는 사업 철수를 긍정적 전략수단으로 활용한 기업이다. 미래에 매력적인 사업을 골라 적극적으로 M&A 할 수 있는 현금 확보수단으로 활용한 것이다. 제품수명주기에 따르면 대부분의 산업은 시간이 지남에 따라 쇠퇴의 길을 걸을 수밖에 없다. 이를 받아들이지 않고, 본업에만 매달리는 기업은 코닥과 같이 시장에서 사라질 수 있다. 이런 관점에서 GD는 선제적 사업 철수를 통해 현금을 확보함으로써 경제 침체라는 위기적 상황을 유망 기업을 M&A 할 수 있는 기회로 바꾸는 데 성공하였다.

12.1 기업전략의 과제

다각화기업의 수익성이 단일업종의 전문기업에 비해 낮을 수 있다는 것을 앞장에서 보았다. 이런 가능성은 다각화기업을 관리하는 데 따르는 어려움에 원인이 있다. 다각화를 통해 범위의 경제와 시너지효과를 누리지 못하고, 통합적 관리의 복잡성으로 인한 비용이 증대될 때, 다각화기업의 수익성은 낮아진다. 이 장에서는 다각화기업의 경영관리, 즉 기업전략에 대하여 다룰 것이다. 기업전략을 단순화시킨다면 사업영역에 관한 의사결정, 즉 "우리가 어떤 사업에 종사해야 하는가(What businesses should we be in?)"에 대해 답을 하는 것이라고 할 수 있다. 사업영역에 관한 의사결정은 기본적으로 새로운 사업영역으로 진입하거나 기존사업영역에서 철수하는 다각화 결정이나, 사업단위들 간의 자원배분과 같이 기업의 투자와 관련된 의사결정이라고 하겠다.

따라서 투자에 관한 의사결정문제가 바로 기업전략의 핵심적 과제라고 할 수 있다. 그러나 기업전략이 다루어야 하는 의사결정문제는 이미 제2장에서 살펴보았듯이 이외에도 더 있다. 기업전략은 다음과 같은 과제에 대해 관심을 가지게 된다. 그것은 ① 사업 포트폴리오(portfolio of businesses)의 구성(다각화, 인수, 철수에 관한 의사결정) ② 사업단위 간의 자원배분 ③ 사업단위 전략(business unit strategy)의 수립에 있어서 전사적 조정 ④ 사업단위의 성과분석 ⑤ 사업단위 간의 조정과 시너지 창출이다. 이제부터 이들에 대해서 간단히 살펴보기로 하자.

1) 사업 포트폴리오의 구성: 기업전략에 있어서 가장 핵심적인 과제는 사업 포트폴리오의 구성과 전체 균형에 관한 의사결정문제이다. 이는 신규사업에 대한 다각화를 통해 포트폴리오를 확장하고, 철수를 통해 포트폴리오를 축소시키는 것과 함께, 사업단위 간 자원배분을 통해 포트폴리오의 균형을 달성하고, 또

한 변화시키는 것이 그 핵심이라고 하겠다.

2) 사업단위 간의 자원배분: 사업 포트폴리오의 구성(신규사업의 추가와 기존 사업의 철수 등)이 기업전략의 중요한 의사결정문제이기는 하지만 최고경영층이 빈번하게 당면하는 의사결정문제는 아니다. 이에 비해 사업단위 간의 자원배분 문제는 기업전략에 있어서 핵심적이면서도 지속적으로 당면하는 전략적 의사결정문제이다. 자원배분은 주로 투자자금에 관한 것이지만 경영자의 배치와 이동도 주요한 관심사항이 된다. 사업단위 간의 자원배분에 관한 의사결정에 대해서는 다음 절의 포트폴리오 관리에서 보다 구체적으로 살펴볼 것이다.

3) 사업전략의 수립과 조정: 기업전략이 최고경영층에 의해서 수립된다면 사업단위 전략은 본부관리자와 사업부관리자에 의해 공동으로 수립된다고 할 수 있다. 사업전략안을 제출하는 것이 사업부관리자의 책임이라면 본부관리자는 기업전략과의 연계성과 통일성을 고려하여 사업전략안을 평가하고 승인하게 된다. 이때 본부관리자가 사업전략에 어느 정도 개입할 것인가 하는 것은 다음의 몇 가지 요소에 달려 있다.

우선, 성과 면에서 볼 때 성과가 낮은 사업단위에 대해서는 본부가 집중적으로 개입하게 될 것이며, 성과가 높은 사업단위는 전략의 수립과 실행에 관한 자율성이 높아질 것이다. 사업단위 간의 관련성에서 보면 관련성이 높을수록 전사적 조정의 필요성이 증대될 것이므로 본부의 개입정도가 높아질 것이다. 그런데 본부관리자가 사업전략의 수립에 개입하여 긍정적인 영향을 주기 위해서는 개별사업단위에 대해 잘 이해하고 있어야 할 것이다. 이런 점에서 볼 때, 아무리 다각화의 정도가 높은 기업이라고 하더라도 다양한 사업단위들을 관련지을 수 있는 유사성이 존재해야 할 것이다.

이러한 맥락에서 프라할라드와 베티스(C.K. Prahalad and R.A. Bettis, 1986)는 다각화기업이 성공하기 위해서는 최고경영자가 단일한 지배적 논리(dominant logic)로 전체 기업을 관리할 수 있게끔 사업단위 간에 충분한 전략적 유사성(strategic similarities)이 있어야 한다고 하였다. 지배적 논리란 경영자가 사업을 개념화하고 자원배분에 관한 의사결정을 내리는 방식으로 정의된다. 예컨대 어떤 기업이 전기모터, 에어컨, 전기기구, 제어기구 등과 같이 다양한 사업단위로 구성되어 있다고 하더라도 각 사업단위에서 저원가 생산업자가 된다는 공동목표를 가지고 있다면, 이는 전체를 통합하는 전략 면에서 유사성이 있다고 하겠다. 전략적 유사성은 기업 전체의 학습을 촉진시키므로 한 사업에서 성공적이었던 전략을 다른 사업에도 적용시킬 수 있게 한다. 그러나 한편으로 본사가 상이한 사업단위들의 전략을 지나치게 단일화하려고 할 경우, 사업전략과 개별 사업환경 간의 적합성을 저해할 우려가 있다. 이에 따라 개별 사업환경에 맞는 효과적인 전략을 수립하여 실행하지 못할 가능성이 있다. 지배적 논리에 대해서는 다음 절에서 구체적으로 살펴볼 것이다.

4) 성과의 감시와 통제: 본부는 개별사업단위에 대한 성과목표를 부여하고 이의 달성을 촉구하며 감시하는 책임이 있다. 성과목표는 투자자본수익률·총마진·매출액성장률과 같은 재무적 목표가 되거나, 시장점유율·신제품의 출시율·품질수준 등과 같은 전략적 목표가 되기도 하며, 두 가지를 모두 포함할 수도 있다. 또한 기간 면에서 단기적 목표와 중·장기적 목표를 부여한다.

개별사업단위의 목표와 실제성과 간의 차이를 감시하고 통제하기 위해서는 잘 완비된 경영정보시스템이 뒷받침되어야 한다. 그런데 산업환경이 급변하거나 기술집약적인 산업에서는 적절한 통제방법을 마련하고 이를 실행하는 것이 쉽지 않은 일이다. 예컨대 재무적 목표나 매출액 목표는 목표 자체의 명료성과 함께 성과를 측정하기가 용이하다는 장점이 있으나, 지나치게 이를 중시할 경우 이들 산업에서 중요시되는 혁신성을 억제하는 부작용을 낳게 된다. 이런 점에서 기술집약적 산업의 예측 불가능성과 장기적 시각의 중요성을 고려하면서 성과를 통제하는 방법이 마련되어야 할 것이다.

이런 방법 중의 하나는 본부와 사업단위 간에 목표달성의 이정표 즉, 신제품이나 신 사업의 개발에 있어서 각 단계별 달성시기를 합의하는 것이다. 예컨대 특허권의 신청시기, 제품원형(prototype)의 생산시기, 신제품의 시장출시, 기간별 시장진입의 목표, 기간별 생산성 목표 등과 같이 단계별 달성시기와 목표를 제시함으로써 사업단위의 동기유발과 함께 기업의 장기적 목표에 맞게 사업단위의 중·단기적 목표를 통제할 수 있다.

5) 조정과 시너지효과의 창출: 다각화기업의 본부가 수행하는 주요 조정역할은 경제적 환경의 중·장기적 추세를 예측하고, 전체 투자지출이 기업의 재무능력을 초과하지 않도록 조정하는 것이다. 다각화기업에 있어서 개별사업들의 독립성이 중시될수록 조정의 필요성은 낮아진다. 그러나 원가절감, 기술혁신, 고객의 기호변화에 대한 신속한 대응문제 등과 같이 여러 사업단위가 동시에 직면하는 공통된 사건이나 문제에 대해서는 본부가 개입하게 된다. 개별사업단위가 이들 문제에 독립적으로 대응할 경우 시간과 인력이 중복적으로 투자되어 결과적으로 자원을 낭비하게 될 뿐 아니라, 보다 효율적이며 효과적인 방법을 모색하는 데 도움이 되지 않는다.

사업단위들이 수직적으로 통합되어 있거나, 시장이나 기술 면의 관련성이 높은 다각화기업은 본부의 조정역할이 더욱 커진다고 하겠다. 이들 다각화기업에 있어서 조정은 전략 면의 조정뿐만 아니라 범위의 경제와 기술의 사업 간 이전효과를 증대시키기 위한 운영상의 조정도 이루어질 것이다. 조정활동은 다각화기업의 전체적 응집력을 증가시킨다. 즉, 조정은 단순히 사업단위 간의 갈등이나 문제를 해소하는 측면뿐만 아니라, 시너지효과를 얻기 위한 측면도 중시된다. 이런 점에서 사업 포트폴리오를 운영하는 것은 증권투자가가 증권 포트폴리오를 운영하는 것에서 더 나아가 기업 전체의 정체성과 장기적 방향을 제시하는 문제, 그리고 기업의 가치관과 신념을 정립하는 문제도 포함한다.

12.2 지배적 논리

1. 지배적 논리와 전략적 유사성

다각화기업에 있어서 사업단위 간의 관련성을 논의할 때 최근에 중요시되고 있는 개념이 단일한 지배적 일반경영논리(a single dominant general management logic) 즉, 지배적 논리(dominant logic)이다. 지배적 논리는 경영자가 사업을 개념화하고 중요한 자원배분결정을 내리게 하는 방식으로 정의된다. 지배적 논리는 공통된 패러다임, 인지 가능한 유형의 과거 경험, 익숙하지 않은 상황에 대처할 수 있는 자기탐구적 원칙(heuristic principles) 등에 기반을 둔 일종의 마음가짐(mind set), 준거체계, 또는 세계관을 의미하는 개념으로 사용되고 있다.

앞장에서 언급하였듯이 지배적 논리의 중요성은 사업단위 간 운영수준의 관련성보다 전략수준의 관련성을 강조한다는 데 있다. 지금까지 관련성에 관한 대부분의 논의는 운영수준의 관련성, 즉 시장, 기술, 수직적 통합 면의 관련성이나 연계성(linkage)에 관한 것이었다. 운영수준에서 발생하는 범위의 경제만으로는 다각화의 성공을 보장하는 충분한 근거가 되지 못한다. 사업단위 간에 단순히 기술을 이전하고 자원을 공유하기 위한 기회를 창출하기 위한 목적으로 다각화를 선택할 필요는 없다. 앞장에서 살펴보았듯이 그러한 기회는 기술이나 자원을 시장을 통해 판매함으로써 활용할 수 있기 때문이다. 따라서 다각화의 보다 중요한 근거로 들 수 있는 것이 다각화기업이 누릴 수 있는 자원배분의 효율성, 정보 이전 및 가공의 효율성, 대리인 문제의 회피와 극복 상의 효율성 등을 통해서 거래비용을 최소화할 수 있다는 데 있다.

다각화기업이 기업경영(corporate management)을 통해 조정, 감시, 통제기능을 보다 효율적으로 수행할 수 있는 근거로 제시할 수 있는 것이 지배적 논리이다. 지배적 논리의 중요성은 전략적으로 유사한 사업단위는 하나의 지배적 논리를 사용하여 경영할 수 있다는 데 있다. 따라서 지배적 논리라는 마음가짐이 기업에 존재하는가에 따라 다각화기업의 기업경영 성과가 달라진다. 이를 위해서는 사업단위들이 기업의 지배적 논리와 일치하는 전략적 특징을 공유하여야 한다.

사업 포트폴리오에 속한 사업단위의 특징이 서로 유사한 정도를 전략적 유사성(strategic similarities)이라고 한다면, 기업경영의 복잡성은 포트폴리오에 속한 사업단위들의 수나 규모에 의해서 결정되는 것이 아니라 사업단위들의 동질성, 즉 전략적 유사성에 의해서 결정된다. 전략적으로 서로 다른 사업들에 다각화하고 있는 기업(예컨대 GE)을 경영하는 것이 규모가 거대하지만 하나의 산업에 속한 기업(예컨대 GM)을 경영하거나, 또는 다각화되어 있으나 전략적으로 유사한 사업단위로 구성되어 있는 기업(예컨대 P&G)을 경영하는 것보다 훨씬 복잡하다고 하겠다. 이는 전략적 유사성이 높은 사업들은 하나의 단일한 지배적 논리로 관리할 수 있기 때문이다. 그러나 사업단위 간의 전략적 유사성이 낮은 다각화기업은 복수의 지배적 논리를 필요로 한다.

지배적 논리는 추상적인 인지개념(cognitive concept)이기 때문에 사업단위의 전략적 특징을 구체적으로 평가하는 데 어려움이 있다. 이런 점에서 기업경영을 기업수준의 기능들이 집합체로 파악할 필요가 있다. 즉, 기업경영은 제1절에서 살펴본 바와 같이 사업단위 간의 자원배분, 사업단위 전략의 수립과 조정, 사업단위별 성과목표의 설정과 통제 등과 같은 전사적 수준의 기능을 수행한다고 볼 수 있다. 이러한 기능을 얼마나 효과적으로 수행할 수 있는가 하는 것은 유사한 지식이나 시스템을 다른 사업단위에 적용시킬 수 있는 최고경영층의 능력에 의해서 영향을 받는다. 그런데 공통지식이나 시스템을 다른 사업단위에 적용시킬 수 있는 가능성은 사업단위 간 전략적 유사성에 의해서 달라진다. 〈표 12-1〉은 기업경영의 세 가지 기능과 전략적 유사성의 내용을 나타낸 것이다.

전략적 유사성이라는 측면에서 볼 때 그동안 비관련 다각화에 관한 연구에서 제기되는 의문이 일부 풀리기도 한다. 일반적으로 복합기업은 비관련 사업의 집합체로 간주된다. 그런데 지속적으로 뛰어난 성과를 달성하는 복합기업

표 12-1 기업경영의 기능과 전략적 유사성

기업경영 기능	전략적 유사성
자원 배분	• 자본투자규모의 유사성 • 투자 프로젝트 기간(time spans)의 유사성 • 위험 원천의 유사성 • 사업단위 경영자에게 요구되는 일반관리기술의 유사성
전략 수립	• 핵심성공요인의 유사성 • 산업수명주기상 유사한 단계 • 각 사업단위가 산업 내에서 차지하고 있는 경쟁지위의 유사성
사업단위의 목표 설정·감시·통제	• 유사한 성과변수에 의해 규정된 목표 • 유사한 시간범위(time horizons)의 성과목표

자료: R.M. Grant, "On dominant logic, relatedness and the link between diversity and performance," *Strategic Management Journal*, Vol. 9(1988), p. 641.

을 분석해 보면, 잘 개발되고 효과성이 높은 기업경영시스템이 전략적 유사성이 높은 사업단위에 적용되고 있다. 예컨대 대표적 복합기업인 미국의 타이코(Tyco), 영국의 한손트러스트(Hanson Trust)나 BTR이 뛰어난 성과를 누리는 것은 대부분의 사업단위가 성숙기에 해당되고, 높은 시장점유율을 확보하고 있으며, 글로벌 경쟁이 치열하지 않고, 기술변화가 심하지 않는 산업에 속한다는 공통된 특징을 가지고 있으므로, 엄격한 재무적 통제 시스템과 고도의 자율성이 부여된 사업부제와 같은 통일된 기업경영방식을 모든 사업단위에 적용시키고 있기 때문으로 설명된다.

반면, 관련 다각화의 많은 실패사례가 기업수준의 관련성을 충분히 고려하지 못하였기 때문이라는 것을 보여주고 있다. 예컨대 EMI가 CT스캐너 부문에서 선도적인 기술력을 보유하고 있었음에도 불구하고 의료전자사업에서 실패한 것은 EMI가 음악과 소비자전자사업에 기반을 둔 기업경영시스템을 글로벌 마케팅과 대규모 연구개발투자가 요구되는 의료전자사업에 적용시킬 수 없었기 때문이라고 설명할 수 있다.

2. 지배적 논리의 형성과 수정

지배적 논리는 과거의 경험에 의해서 습득되는데, 일종의 학습된 문제해결행위(a learned problem solving behavior)라고 할 수 있다. 따라서 최고경영층이 다각화기업을 경영할 수 있는 능력은 이들이 익숙한 지배적 논리에 의해서 제한을 받는다. 다시 말해 최고경영층이 전략적 의사결정 문제를 파악하고 정의하고 의사결정을 내리는 데 사용하는 수단들의 다양성이나, 또는 세상을 보는 관점은 과거의 사업관리경험에 의해서 영향을 받는다.

일반적으로 다각화기업의 지배적 논리는 그 기업에서 가장 규모가 큰 사업단위나 기업성장의 역사적 모태가 되었던 핵심사업(예컨대 현대그룹의 현대건설, 삼성그룹의 제일모직이나 제일제당, LG그룹의 럭키 등)에 의해서 영향을 받게 된다. 〈그림 12-1〉에서 알 수 있듯이 핵심사업의 특징은 최고경영층이 문제를 파악하고 정의하는 방식에 영향을 주며, 핵심사업의 필수적 과업을 성공적으로 수행하는 데 도움이 되었던 관리방법이나 문제해결수단에 익숙해지고 숙달되게 한다.

기업이 다각화할 경우 핵심사업을 성공적으로 경영함으로써 습득한 지배적 논리를 새로운 사업에 적용시키려고 할 것이다. 이때 신규사업과 핵심사업의 전략적 특징이 유사하다면 핵심사업의 지배적 논리를 성공적으로 적용시킬

그림 12-1 핵심사업의 특징과 지배적 논리의 형성

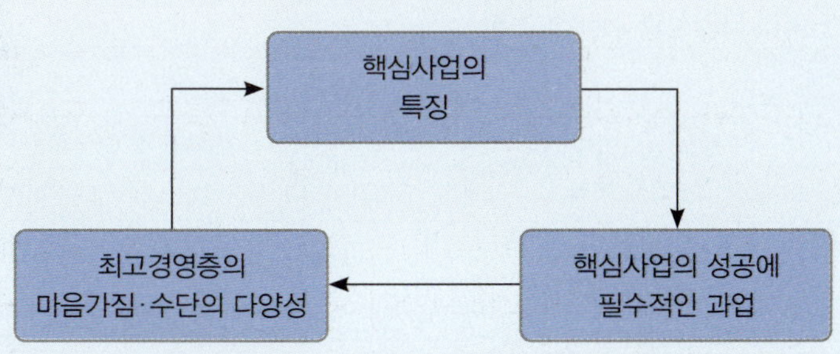

자료: C.K. Prahalad and R.A. Bettis, "On dominant logic: A new linkage between diversification and performance," *Strategic Management Journal*, Vol. 7(1986), p. 491.

수 있다. 이로 인해 경쟁기업의 전략변화와 환경변화에 적절한 방법으로 대응할 수 있을 뿐 아니라 보다 신속하게 대응할 수 있게 된다. 그러나 신규사업의 특징이 핵심사업과 다를 경우 지배적 논리에 의한 대응방식은 그 사업의 상황에 어울리지 않은 부적절한 것이 될 것이다. 따라서 새로운 사업에 적절한 지배적 논리를 추가적으로 개발하여야 할 것이다.

사업 포트폴리오에 속한 사업단위의 특징이 서로 다른 정도를 전략적 다양성(strategic variety)이라고 한다면, 〈표 12-2〉에서 알 수 있듯이 전략적 다양성은 ① 인수나 신규사업개발을 통해 포트폴리오의 구성이 달라지거나, ② 사업단위의 구조적 특징이 변할 때 달라지게 된다. 기업의 전략적 다양성이 변화할 때 최고경영층은 지배적 논리를 수정하거나 새로운 지배적 논리를 개발하여 추가시킬 필요가 있다.

먼저, 기업인수나 신규사업개발을 통해 사업단위가 추가될 때 사업 포트폴리오의 전략적 다양성이 변하는데, 관련성이 낮은 사업으로 다각화할수록 전략적 다양성은 증가하게 된다. 이때 추가된 사업단위가 기존의 사업단위와 어떤 전략적 유사성이 있는가를 고려하여 유사한 관리그룹에 포함시키거나, 필요한 경우 새로운 지배적 논리를 개발하여야 할 것이다. 다음으로, 다각화를 추진하지 않더라도 산업의 구조적 특징이 변하여 사업단위의 전략적 특징에 변화를 초래할 수 있다. 예컨대 정부의 규제완화나 산업의 글로벌화 추세는 경쟁의 본질을 변화시키므로, 지배적 논리를 수정하거나 새로운 지배적논리를 개발하여

표 12-2 전략적 다양성과 지배적 논리

최고경영층의 대 응	전략적 다양성의 변화요인		
	핵심사업의 구조직 변화	새로운 사업의 추가	
		기존사업과 유사함	기존사업과 다름
단일한 지배적 논리	지배적 논리의 수정	변화 없음	복수의 지배적 논리를 만드는 능력 창조
복수의 지배적 논리	지배적 논리를 수정하거나 다른 사업집단에 재분류	유사한 사업집단에 배정함	새로운 지배적 논리를 추가함

자료: C.K. Prahalad and R.A. Bettis, "On dominant logic: A new linkage between diversification and performance," *Strategic Management Journal*, Vol. 7(1986), p. 496.

야 할 것이다.

이상과 같이 전략적 다양성이 변할 때 최고경영층은 지금까지 사용하던 지배적 논리를 수정하거나 새로운 지배적 논리를 개발하여야 한다. 따라서 사업의 전략적 특징이 변하는 것을 파악하고, 이에 따라 지배적 논리의 변화 필요성을 인식하는 능력이 성공적 기업경영의 필수적 조건이 된다.

12.3 자원의 특성과 다각화기업의 관리

다각화기업은 관리의 복잡성으로 인해 다각화가 진행될수록 기업의 성과가 낮아질 가능성이 있다. 이런 관점에서 앞절에서는 다각화기업의 복잡성을 관리할 수 있는 하나의 방법으로 지배적 논리에 대해 살펴보았다. 지배적 논리는 복잡한 사업으로 구성된 기업이라도 사업들 간에 전략적 유사성이 존재한다면 하나의 논리로 전체 기업을 관리할 수 있으므로 기업성과를 높일 수 있다는 주장이다. 그런데 사업들 간에 어느 정도의 전략적 유사성이 존재하는지를 평가하는 것이 쉬운 문제는 아니다. 〈표 12-1〉에서 보았듯이 전략적 유사성은 다양한 측면에서 발생하기 때문에 이를 전체적으로 판단하기가 어렵고 복잡하기 때문이다. 이러한 문제 해결에 도움을 주는 것이 자원준거관점이다. **자원준거관점은 사업단위 간에 존재하는 자원의 공통성에 집중함으로써 전략적 유사성을 판단하는 데 도움을 준다.**

콜리스와 몽고메리(D.J. Collis and C.A. Montgomery)는 자원의 특성에 초점을 맞추어 다각화기업을 관리하는 효과적인 방법을 제시하였다. 이들에 따르면, 다각화기업이 개별 사업의 단순한 합이 아니라 전체적으로 시너지를 창출하기 위해서는 자원의 특성을 고려하여 다각화의 유형(관련 및 비관련 다각화),

그림 12-2 자원의 특성과 다각화기업의 관리

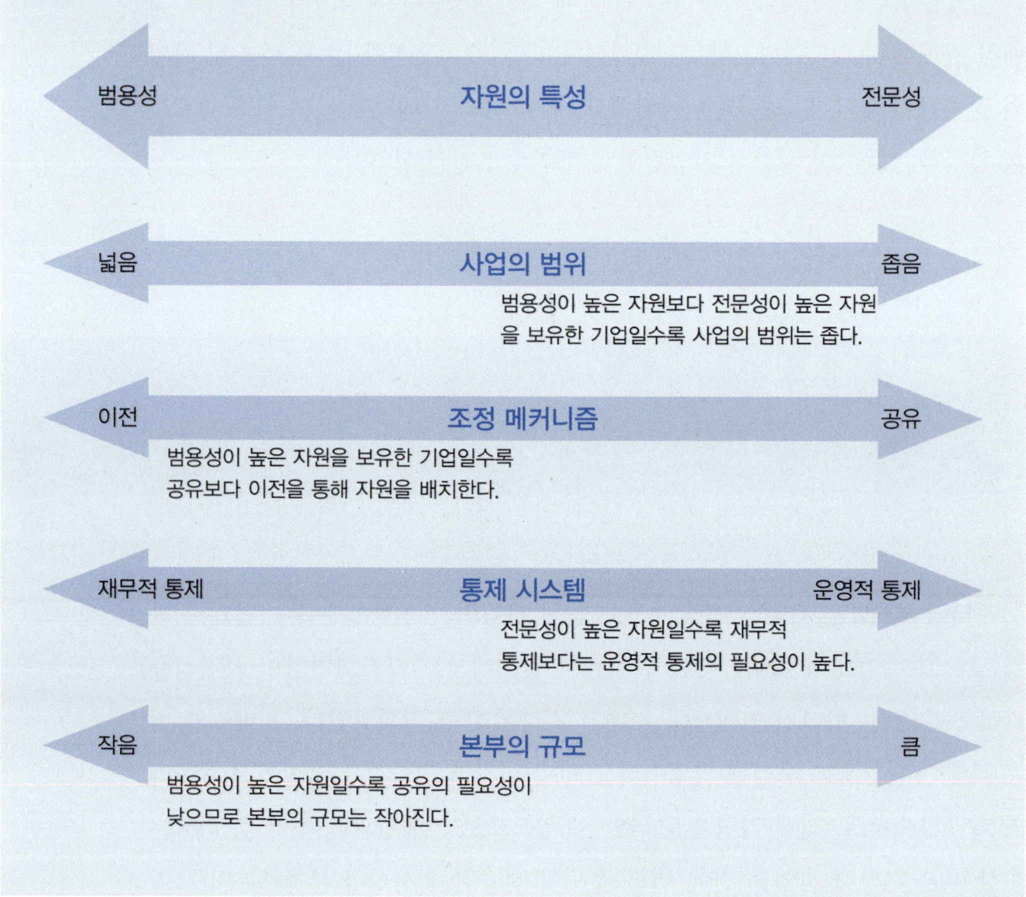

자료: D.A. Collis and C.A. Montgomery, "Creating corporate advantage," *Harvard Business Review*(May-June 1998), p. 73.

조정 메커니즘, 통제 시스템을 선택하여야 한다. 이들의 논리를 전체적으로 요약한 것이 〈그림 12-2〉이다.

1) 자원의 특성: 기업의 경쟁우위를 뒷받침하는 자원은 범용성(general resource)과 전문성(specialized resource)이라는 연속선 상에서 어느 한 점에 위치할 것이다. 어떤 자원은 범용성이 높을 것이며(일반적 인사관리 역량, 재무관리 능력, 위험관리 능력 등), 어떤 자원은 전문성이 높을 것이다(삼성전자의 D 램 설계기술, LG디스플레이의 LCD 관련기술, 현대자동차의 엔진기술 등).

2) 사업의 범위: 기업이 보유하고 있는 자원은 그 특성에 따라 다양한 사업에 활용할 수 있는 범위가 다르다. 범용성이 높은 자원은 다양한 사업에 이전시켜 활용할 수 있으나, 범용성이 낮은 전문화된 자원은 이를 이전시켜 활용할 수 있는 사업의 범위가 제한되어 있다. 따라서 범용성이 높은 자원으로 경쟁우위를 누리고 있는 기업은 다각화를 추진할 때에 광범위한 사업으로 비관련 다각화를 추진할 수 있는 반면, 전문화된 자원으로 경쟁우위를 누리고 있는 기업은 다각화의 범위가 상대적으로 좁은 관련 다각화를 추진해야 할 것이다.

3) 조정 메커니즘: 범용성이 높은 자원을 보유한 기업은 이들 자원을 다른 사업단위에 이전(transferring)시켜 활용할 수 있는 반면, 전문성이 높은 자원을 보유한 기업은 이들 자원을 다른 사업단위와 공유(sharing)하여야 한다. 일반적으로 공공재(public goods)적 성격을 띠는 자원일수록 이전을 통해 다른 사업에 활용할 수 있으며, 사유재(private goods)의 성격을 띠는 자원일수록 공유를 통해 다른 사업에 활용할 수 있다. 이때 이전과 공유의 가장 큰 차이는 조정(coordination)의 필요성에 있다. 이전에는 조정이 필요 없으나 공유에는 조정이 필요하다. 공공재(예컨대 브랜드 명)는 한계생산 비용이 영(제로)에 가까우므로 다른 사업에 추가적으로 이전하여도 현재 사업을 운영하는 데 아무런 지장을 받지 않는다. 이에 비해, 사유재(예컨대 생산시설이나 로봇기계)를 공유하기 위해서는 함께 사용하는 사업단위들 간에 사용 일정을 서로 조정하여야 한다.

한편, 공공재적 성격의 전문성이 높은 자원은 이를 연구개발하고 유지하는 책임을 누가 지는가 하는 투자 및 관리 면에서 조정이 이루어져야 한다. 예컨대 기업 전체의 경쟁우위를 뒷받침하는 핵심역량일 경우, 하나의 사업단위가 모든 책임을 질수는 없을 것이다. 이 경우 대부분 본부가 그 자원의 개발과 활용에 관한 전사적 조정을 책임지게 된다. 결론적으로 이전을 통해 활용되는 범용성 자원은 전사적 조정의 필요성이 낮은 반면, 전문성이 높은 자원이나 기업 전체의 경쟁우위를 뒷받침하는 핵심역량일 경우 전사적 조정의 필요성이 높다.

4) 통제 시스템: 다각화기업은 다양한 사업단위로 구성되어 있으므로 이들 사업단위가 전체 조직의 목표를 달성하기 위해 노력하도록 감시하고 통제하는

시스템이 필요하다. 대표적인 통제 시스템으로는 재무적 통제(financial control)와 운영적 통제(operational control)를 들 수 있다. 재무적 통제는 각 사업단위의 성과를 최종적인 결과물, 주로 재무적 지표를 통해 평가하는 방식이며, 운영적 통제는 결과물보다는 사업을 운영하는 방식, 즉, 의사결정 과정이나 행동을 보고 평가하는 방식이다. 두 통제방식의 차이는 다음의 예를 통해 비교할 수 있다. 갑작스런 불황이 닥친 경우, 재무적 통제는 경영자가 어떤 의사결정과 행동을 하였는지에 상관하지 않고, 목표한 재무적 성과를 달성하는지의 여부로 성공과 실패를 판정한다. 이에 비해, 운영적 통제는 비록 재무적 성과를 달성하지는 못하였다고 하더라도 불황을 예측하고 생산 조정과 재고 감축을 통해 부정적 영향을 최소화하였다면 성공적인 성과를 달성한 것으로 판정한다.

운영적 통제방식을 채택하기 위해서는 본부가 각 사업단위에 대해 잘 알고 있어야 하며, 본부와 사업단위 간에 빈번한 접촉을 통해 많은 정보를 공유하여야 한다. 필요한 경우 본부는 사업에 관한 조언이나, 감독과 지시를 통해 올바른 의사결정을 유도할 수 있다. 따라서 사업단위의 수가 많아질수록 운영적 통제방식을 채택하는 다각화기업은 본부의 업무가 과중될 수 있다. 반면에 재무적 통제방식은 각 사업단위에 높은 자율성을 부여하고 그 결과에 대해서도 책임지게 하는 방식이므로 본부가 수행해야 할 업무는 줄어든다.

결론적으로 범용성이 높은 자원을 보유한 기업일수록 이전을 통해 자원을 활용할 것이므로 사업단위 간에 조정의 필요성이 낮아 재무적 통제방식을 채택하고, 전문성이 높은 자원을 보유한 기업일수록 공유를 통해 자원을 활용할 것이므로 전사적 조정의 필요성이 높아 운영적 통제방식을 채택할 것이다. 이러한 관계는 성과모호성(performance ambiguity)으로 설명할 수 있다. 조정의 필요성이 높고 운영적 통제방식을 채택할수록 사업단위 간의 상호의존성이 증가하여 성과모호성이 높아지기 때문이다. 한 사업단위의 성과가 낮게 나타난 경우 그 원인이 본부에서 관리하는 핵심역량에 문제가 있기 때문인지, 아니면 다른 사업단위가 핵심자원을 공유하는 과정에서 원활하게 협조하지 않았기 때문인지, 아니면 그 사업단위가 의사결정을 잘못하였기 때문인지 명확하게 밝히는 것이 어렵기 때문이다. 이에 비해, 재무적 통제 방식은 각 사업단위에 의사결정의 자율성을 부여하여 독립적으로 운영되게 함으로써 성과모호성이 발생할 가능성이 낮다.

5) 본부의 규모: 이상의 내용을 전체적으로 고려해 볼 때, 범용성이 높은 자원을 보유한 다각화기업은 조정이나 통제와 관련한 업무가 많지 않으므로 본부의 역할도 제한적이다. 이에 따라 본부의 규모도 클 필요가 없다. 그러나 전문성이 높은 자원을 보유한 다각화기업은 조정이나 통제와 관련하여 본부가 수행하여야 할 역할이 많기 때문에 그에 비례하여 본부의 규모도 커질 것이다.

12.4 포트폴리오 계획모형

다양한 사업단위로 구성된 다각화기업을 관리하는 것은 결코 쉬운 문제가 아니다. 이에 따라 경영자, 컨설턴트, 학자들이 다각화기업의 전사적 관리를 원활하게 수행하는 데 도움을 주는 다양한 기법과 분석수단을 개발하기 위해 노력하였다. 그러한 노력의 결과, 전략적 사업단위(strategic business unit; SBU), 포트폴리오 계획모형(portfolio planning model), PIMS(profit impact of market strategy) 프로그램과 같은 방법이 개발되었다. 전략적 사업단위는 독립된 전략을 수립하고 실행할 수 있는 사업단위를 의미한다. 일반적으로 전략적 사업단위는 서로 밀접하게 관련된 복수의 제품으로 구성되며, 다른 사업단위와 비용을 공유하지 않는 독립된 사업단위, 즉 이익센터(profit center)가 된다. 포트폴리오 계획모형은 각 사업단위의 성과를 평가하고 사업단위 전략을 수립하며 사업포트폴리오의 전체적 균형을 평가하는 데 사용된다. 여기에 대해서는 다음 절에서 구체적으로 다룰 것이다. PIMS 프로그램은 시장구조(산업구조)와 전략변수들이 수익성에 미치는 영향을 실증적으로 조사하는 데 그 목적이 있었다. 여기에 대해서는 제5절에서 살펴볼 것이다.

1. 포트폴리오 계획모형의 이점

포트폴리오 계획모형은 지금까지 개발된 전략분석기법 중에서 가장 잘 알려져 있고, 또한 가장 많이 사용되고 있다. 포트폴리오 계획모형은 기본적으로 복수의 전략적 사업단위로 구성된 기업에 있어서 이들 사업단위에 자원을 어떻게 배분할 것인가 하는 문제에 대한 해답을 제공해 주는 수단이다. 이 모형은 기업 차원(전략적 사업단위 간)에서 사용할 수 있을 뿐 아니라 사업단위 차원(다양한 제품들 간)이나 제품 차원(대안적 시장들 간)에서도 사용할 수가 있다.

포트폴리오 계획모형을 사용함으로써 얻을 수 있는 이점은 첫째, 사업(기업)을 잘 이해할 수 있고 둘째, 이로 인해 보다 나은 전략적 의사결정을 내릴 수 있는데 셋째, 특히 자원배분에 관한 의사결정에 도움이 되며 넷째, 포트폴리오의 균형을 분석하는 데 도움이 된다는 것이다.

첫 번째 이점과 관련해 볼 때, 포트폴리오 계획모형은 일반적으로 산업의 매력도(industry attractiveness)와 기업의 경쟁적 지위(competitive position)를 사용하여, 하나의 매트릭스 상에 기업의 전략적 사업단위를 표시함으로써 사업단위에 대한 이해를 높일 수 있다. 전략의 수립과정을 외부분석, 내부분석, 전략적 대안의 파악과 선택과정으로 단순화시켰을 경우, 산업매력도를 평가하는 것은 외부분석의 핵심적 과제이며, 기업의 경쟁적 지위를 파악하는 것은 내부분석의 핵심적 과제이다. 그러므로 이들 두 가지 과제를 하나의 매트릭스 상으로 나타낼 경우 전략적 사업단위에 대한 이해를 높일 수 있는 것은 당연한 이치이다.

두 번째 이점은 사업단위에 대한 이해가 높아지므로 전략수립의 다음 단계인 전략대안을 파악하고 선택하는 데 있어서 보다 나은 의사결정을 내릴 수 있다는 것이다. 더구나 포트폴리오 매트릭스는 특정부문에 속하는 사업단위에 대하여 특정한 전략적 임무(strategic mission)를 부여하기 때문에 전략적 의사결정을 내리는 데 있어서 그만큼 도움이 된다.

세 번째 이점은 관련성이 낮은 사업단위 간의 의사결정을 상호연관시킴으로써 자원배분의 효율성을 극대화할 수 있다는 것이다. 전통적인 사업단위의 관리목표, 특히 다각화된 분권적 기업의 관리목표는 개별사업단위의 이익(예컨대 ROI)을 극대화하는 것이다. 그런데 다각화기업의 어떤 사업단위는 현금이 남아 고민하거나 수익성이 낮은 사업에 투자할 수 있다. 반면, 어떤 사업단위는 자금이 몹시 필요함에도 불구하고 자체적으로 조달이 안 되어 곤란을 당하거나 성장이 제약을 받는 경우가 있을 것이다. 이때 포트폴리오 계획모형을 도입할 경우 각각의 사업단위(예컨대 현금젖소, 문제아)에 다른 전략적 임무를 부여하고, 기업전체를 하나의 통합된 단위로 운영함으로써 전략적 사업단위들의 보완성을 높일 수 있다. 따라서 포트폴리오모형은 사업단위 간의 자금배분에 관한 의사결정을 내리는 데 있어서 유용한 분석수단이다.

마지막으로 포트폴리오 계획모형은 기업의 다양한 사업단위를 하나의 매트릭스 상에 표시해 줌으로써 포트폴리오의 전체 균형과 응집력, 그리고 성장잠재력을 나타내 준다. 이때 포트폴리오의 전체 균형이란 현금흐름, 영속성, 위험 등과 같은 차원에서의 균형을 의미한다. 예컨대 현금흐름 면에서 균형된 포트폴리오가 구성되어 있을 경우, 외부자본 시장에서 자금을 조달할 필요가 없게 된다. 이는 성숙기의 사업단위에서 창출되는 잉여현금을 현금을 필요로 하는 성장기 사업단위에 투자함으로써 가능하다. 또한 기업의 영속성을 유지하

표 12-3 포트폴리오 계획모형

매트릭스	외부 변수	내부 변수
성장성-점유율 매트릭스	산업성장률	시장점유율
산업매력도-사업강점 매트릭스	전반적 산업매력도 • 주요 구조변수 • 산업구조분석 변수	경쟁우위의 원천 • 핵심성공요인 • 가치사슬
수명주기 매트릭스	산업의 성숙도	사업지위의 전반적 측정
수익성 매트릭스	시장의 성장잠재력 자본비용	수익성 현금창출

자료: A.C. Hax and N.S. Majluf, *The Strategy Concept and Process: A Pragmatic Approach*, Prentice Hall International, Inc.(1991), p. 184.

기 위해서는 제품수명주기 상 다른 단계에 있는 사업들로 포트폴리오를 구성하여야 할 것이다. 그리고 기업 전체의 위험관리라는 측면에서 보면, 이익 면에서 상관관계가 낮은 사업에 분산시킴으로써 위험을 감소시킬 수 있다. 이 점에 대해서는 다각화의 동기에서 언급한 바와 같다.

대표적인 포트폴리오 계획모형으로는 BCG의 성장성-점유율 매트릭스(growth-share matrix), GE의 산업매력도-사업강점 매트릭스(industry attractiveness-business strength matrix), 아더 리틀(Arthur D. Little)의 수명주기 매트릭스(life cycle matrix), 마라콘(Marakon)의 수익성 매트릭스(profitability matrix) 등을 들 수 있다. 〈표 12-3〉은 이들 포트폴리오 모형이 사용하는 외부변수(산업의 매력도에 관한 변수)와 내부변수(시장지위에 관한 변수)를 간단히 요약한 것이다. 일반적으로 외부변수는 기업이 통제불가능하며, 내부변수는 통제가능한 것들이다.

2. 성장성-점유율 매트릭스

성장성-점유율 매트릭스는 BCG가 개발하였다고 하여 BCG 매트릭스라고도 한다. 성장성-점유율 매트릭스는 〈그림 12-3〉에서 보는 바와 같이 수직축에 산업성장률(industry growth rate)을 수평축에 상대적 시장점유율(relative market share: 최대 경쟁기업의 시장점유율에 대한 비율)을 측정변수로 정해 놓고 있다. 성장성-점유율 매트릭스의 기본 전제는 산업성장성과 시장점유율이 산업의 매력도와 사업의 경쟁지위를 대변하는 가장 좋은 변수라는 것이다. 이 모형은 산업성장률과 시장점유율이라는 단일변수를 채택함으로써 간단하면서도 쉽게 계량화할 수 있는 장점이 있다. 이들 변수의 선정에는 다음과 같은 논리적 근거가 있다.

첫째, 산업성장률이 산업의 매력도를 잘 대변한다고 볼 수 있는 근거로는 ① 제품수명이론에 있어서 가장 중요한 설명변수가 시장의 성장률이고, ② 성장률이 높은 산업에서는 시장점유율(BCG 매트릭스의 수직축)을 높이기가 쉽고, ③ 성장기에 확보한 시장점유율은 경험곡선효과와 직결되어 수익성을 증가시키며, ④ 성장기 산업은 미래의 시장지위를 구축하는 데 중요한 비중을 점하며,

그림 12-3 성장성-점유율 매트릭스

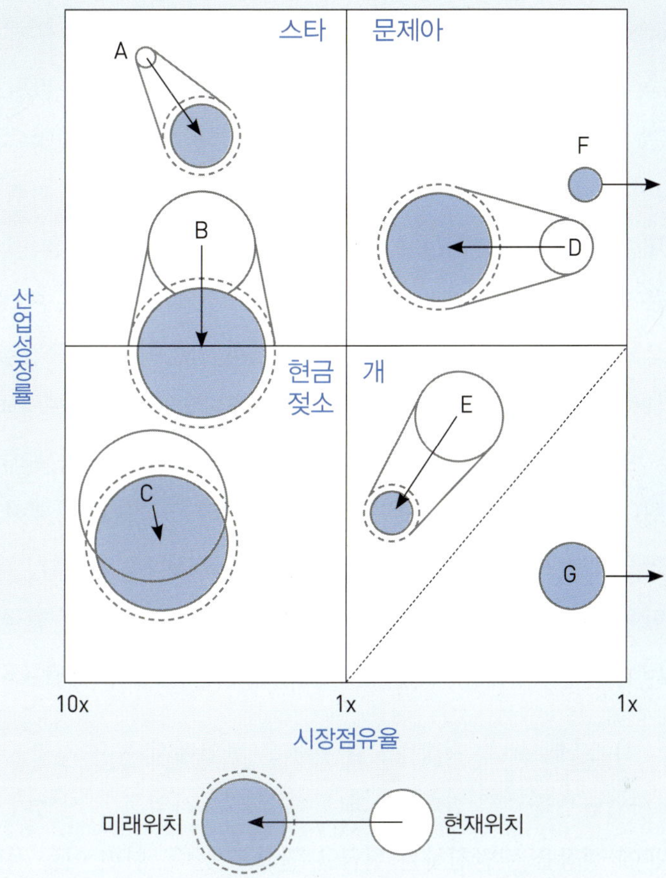

⑤ 성장기에는 보통 수요가 공급을 초과하므로 높은 마진을 부과할 수 있어 수익성이 높고, ⑥ 성장기에 경쟁기업을 공략함으로써 시장에서 독점적 지위를 확보할 수 있다는 것 등을 들 수가 있다.

둘째, 시장점유율이 기업의 경쟁우위를 대변할 수 있다는 근거로는 ① 시장점유율이 높을수록 경험곡선효과를 누릴 가능성이 높으므로 원가우위를 구축할 수 있고, ② 시장점유율이 높은 선두기업일수록 규모의 경제, 상표인지도, 유통 상의 지위 등이 높고, ③ PIMS 프로그램에 의한 실증연구의 결과에 따르면 시장점유율이 높을수록 기업의 수익성이 높아지는 것으로 나타났다는 것 등을 들 수가 있다.

성장성-점유율 매트릭스를 작성하는 데 있어서 수직축과 수평축의 중간점(cut off point)을 어떻게 정할 것인가 하는 것이 중요한 문제가 된다. 먼저, 수직축의 산업성장률은 GNP성장률, 해당산업의 성장률, 바람직한 성장률(목표수준) 등에서 하나를 선택할 수 있을 것이다. 한편, 상대적 시장점유율은 원래 1.0이 중간점이 된다. 그런데 상대적 시장점유율은 자기 기업을 제외한 업계의 최대 기업과 비교한 점유율을 말하므로, 상대적 시장점유율이 1.0보다 크다는 것은 자기 기업이 업계의 선두기업이라는 것을 의미한다. 이에 따라 1.0을 중간점으로 하는 것은 현실적으로 너무 엄격한 기준이므로, 중간점을 0.75나 0.8 정도(평균 이상의 시장지위)로 낮추는 것이 좋다고 주장하기도 한다.

이상의 방법으로 중간점을 설정할 경우 매트릭스는 4개의 상한으로 나누어진다. 따라서 개별사업단위가 속한 산업의 성장률과 상대적 시장점유율을 평가함으로써 사업단위들을 4개의 상한에 나타낼 수가 있다. 각 상한에 속한 사업단위들은 각각 스타(stars), 문제아(problem children), 현금젖소(cash cows), 개(dogs)로 불려진다. 이들의 특징과 전략대안을 요약하면 〈표 12-4〉와 같다.

1) 스타(stars): 시장성장률이 높은 산업에서 높은 시장점유율을 점하고 있는 사업단위를 지칭한다. 스타에 해당되는 사업들은 산업이 성장국면에 있기 때문에 성장을 뒷받침하는 현금을 필요로 한다. 한편 이들 사업은 높은 시장점

표 12-4 각 사업단위의 특징과 전략대안

분 류	수익성	투자요구액	순현금흐름	전략방향
스타	높음	높음	전체적으로 균형 또는 약간 마이너스	현재지위의 고수 시장점유율 증가
현금젖소	높음	낮음	상당한 플러스	현재지위의 고수
문제아	손익분기 또는 적자	아주 높음	상당한 마이너스	시장점유율 증가
개	낮음 또는 적자	투자회수	플러스	수확 또는 철수

유율(강한 경쟁지위)로 인해 경험곡선효과를 크게 누릴 것이므로 마진이 매우 높다. 따라서 많은 현금을 창출하게 될 것이다. 그러므로 스타에 해당하는 사업들은 전체적으로 현금의 수요와 공급이 균형을 이루게 된다. 아직 경쟁지위를 완전히 굳히지 못한 사업단위(young stars)는 추가적인 투자가 필요할 것이므로 현금을 필요로 할 것이다. 산업의 전체 성장성이 낮아질 경우 스타는 현금젖소가 되어 현금을 창출하는 원천이 된다.

2) 현금젖소(cash cows): 현금젖소는 저성장산업에 속하면서 시장점유율이 높은 사업단위를 지칭한다. 현금젖소에 속한 사업 중에서도 현재 지위를 유지하는 데 필요한 투자가 이루어지기도 하지만, 이들 산업의 매력도가 낮아지고 있으므로 현금투자의 필요성은 그렇게 높지 않다. 반면, 강력한 시장지위로 인해 많은 현금을 창출하게 될 것이므로, 전체적으로 다른 사업단위에 투자하는 데 필요한 현금을 공급하게 된다. 현금젖소에서 창출되는 현금은 다음에서 볼 문제아사업 중에서 스타로 발전할 가능성이 있는 사업에 투자하거나 기업 전체의 연구개발 활동에 투자할 것이다.

3) 개(dogs): 성장률이 낮은 시장에 속하고 시장점유율도 낮은 사업단위를 개라고 지칭한다. 이들은 낮은 시장점유율 때문에 경험곡선효과를 거의 누릴 수 없고, 경쟁지위가 뒷받침되지 않으므로 이익을 창출하지도 못한다. 그리고 산업의 성장성이 낮기 때문에 투자의 매력도도 낮다. 여기에 속한 사업단위들은 주로 현금사용자가 되는데, 현재 위치를 고수하기 위해 때로는 많은 현금을 필요로 할 수도 있다. 개에 해당되는 사업단위는 특정한 세분시장에 집중(niche strategy)함으로써 수익성을 회복할 수 있다. 그렇지 않을 경우 신규투자를 억제하고 수확전략(harvest)이나 투자회수(disinvest)전략을 수행하거나, 사업을 매각(divest)하거나 청산(liquidation)을 통해 현금을 창출하여야 할 것이다.

4) 문제아(problem children): 문제아는 성장성이 높은 산업에 속하지만 시장점유율이 낮은 사업단위를 지칭한다. 이들 사업은 산업매력도가 높으므로 성장에 필요한 자금을 많이 필요로 하지만 시장점유율이 낮아 경험곡선효과를 얻

지 못하는 사업들이다. 따라서 이들 사업이 당면하는 문제는 사업의 경쟁지위를 강화하여 스타가 되는 것이다. 이를 위해서 많은 현금이 필요한데, 투자자금이 제한되어 있다는 점을 고려할 때 문제아 중에서 선별적으로 투자하여야 한다. 문제아가 스타가 되지 못하고 시장이 성숙기에 접어 들면 개가 되어 현금을 소비하는 사업단위(cash hogs)가 될 것이다.

성장성-점유율 매트릭스는 기본적으로 현금흐름(cash flow)을 관리하는 데 중점을 두는 모형이다. 따라서 성장성-점유율 매트릭스 상의 포트폴리오 균형은 현금흐름의 균형을 의미한다. 실제 성장성-점유율 매트릭스 상의 모든 사업단위는 현금의 창출자와 사용자로 구분된다. 이런 점이 성장성-점유율 매트릭스의 한계점으로 지적되기도 한다. 기업경영의 주요관심사가 현금흐름이기도 하지만, 그보다 투자수익률이나 매출액성장률, 또는 위험이 보다 중요한 관심사항이 될 수 있을 것이다. 이런 점에서 볼 때 성장성-점유율 매트릭스는 스타나 문제아에 대한 투자가 투자수익률을 증가시킬 수 있는가에 대해서는 설명해주지 않는다. 그리고 사업단위의 위험을 고려하지 않고 현금흐름에 중점을 둔 사업 포트폴리오의 균형을 달성하였다고 하더라도, 상대적으로 위험이 높은 산업이나 사업단위에 집중된 포트폴리오가 될 위험을 내포하고 있다.

〈전략포커스〉에 소개된 CJ는 대기업 순위 14위를 기록하고 있는 그룹으로 현재 식품, 생명공학, 물류·유통, 엔터테인먼트·미디어라는 4개의 사업군으로 구성되어 있다. BCG매트릭스를 이용해 CJ의 사업포트폴리오를 분류해 볼 수 있다. 먼저 현금젖소에 해당하는 사업군은 식품과 물류·유통에 속하는사업이다. CJ의 식품사업에는 CJ제일제당(비비고, 백설, 해찬들, 다시다, 햇반), CJ푸드빌(빕스, 뚜레쥬르, 투썸플레이스)이 있고, 물류·유통에는 CJ오쇼핑, CJ대한통운, CJ올리브네트웍스가 있다. 전체적으로 이들 사업은 산업 성장성은 높지는 않지만 시장점유율은 높아서 꾸준히 수익을 창출하고 있다. 예컨대, 홈쇼핑 산업의 성장은 인터넷 쇼핑몰의 성장으로 인해 한계에 도달한 것으로 보이며, 올리브영(CJ올리브네트웍스)도 현재 멀티숍과의 경쟁이 치열해지면서 시장 포화상태에 다다르고 있다. 한편, 산업 성장성이 높은 생명공학분야의 제약과 BYO유산균 사업은 미래 먹거리사업으로 추진하고 있지만, 현재 CJ의 시장점유율이 높

전략포커스 | **"누나, 문화가 우리의 미래야"… CJ 이재현 회장이 털어놓은 1995년 '그날'**

1995년 3월 이재현 CJ 회장(당시 제일제당 상무)은 누나인 이미경 CJ 부회장(당시 이사)과 함께 미국 로스앤젤레스로 향하는 비행기에 몸을 실었다. 영화감독이자 제작자인 스티븐 스필버그, 월트디즈니 만화영화를 총지휘했던 제프리 카젠버그, 음반업계의 거장 데이비드 게펜이 함께 세운 '드림웍스SKG'에 투자하는 계약을 성사시키러 떠나는 길이었다.

그때까지 CJ는 국내 소비자들에게 설탕과 밀가루를 만드는 식품회사로 인식됐다. 이재현 회장은 시대의 변화에 따라 CJ 사업에도 변화가 필요함을 감지했다. 할리우드 거물들과 협상을 앞두고 이재현 회장은 옆에 있던 누나 이미경 부회장에게 말했다. "이제는 문화야. 그게 우리의 미래야. 단순히 영화나 유통에 그치지 않고 멀티플렉스도 짓고, 영화도 직접 만들고, 음악도 하고, 케이블채널도 만들 거야. 아시아의 할리우드가 되자는 거지."

드림웍스SKG를 통해 콘텐츠 제작과 유통 역량을 키운 뒤 궁극적으로 국내 정서에 맞는 콘텐츠를 직접 제작하겠다는 꿈, 멀티플렉스를 통해 영화 관람 문화를 바꾸겠다는 목표, 문화상품을 앞세워 세계시장에 진출하겠다는 계획을 조심스럽게 털어놓은 것이다.

드림웍스 투자는 이후 CJ그룹이 식품회사라는 오랜 틀을 벗어 던지고 문화기업으로 탈바꿈하는 사업다각화의 초석이 됐다. 제일제당은 3억 달러(3500억 원)를 투자해 드림웍스SKG의 대주주가 됐다. 3억달러는 당시 제일제당 연매출의 20%가 넘는 규모였다. 제일제당은 드림웍스 투자를 통해 배당금 외에 아시아 지역(일본 제외)의 판권을 보유하게 됐다.

또 영화배급, 마케팅, 재무 관리 등 할리우드의 운영 노하우를 지원받기로 합의했다. 한국의 작은 식품회사 제일제당이 할리우드의 최고 '핫 아이콘'인 드림웍스와 손을 잡은 것은 당시 세계의 주목을 끌었다. 이 회장은 1995년 4월 드림웍스 투자를 발표한 뒤, 그해 8월 제일제당 내 '멀티미디어사업부'를 신설, 엔터테인먼트 사업을 본격적으로 시작했다.

국내 영화산업에 투자를 지속하던 CJ는 1998년 4월 국내 최초 멀티플렉스 극장인 'CGV강변11'을 오픈, 영화산업의 일대 전환기를 불러왔다. CJ가 처음 멀티플렉스 설립을 검토하기 시작한 것은 드림웍스 투자를 결정한 시점이다. 국내 영화산업의 성장을 위해서는 멀티플렉스가 필수적이라고 판단했다는 설명이다.

CJ는 영화에 이어 1990년대 후반 케이블방송 사업에도 진출했다. 1997년 음악전문 방송채널인 Mnet을 인수하면서 미디어와 음악제작으로 영역을 확장하기 시작했다. 1999년 1월에는 세계적 음악 전문 채널 MTV네트워크아시아와 전략적 제휴를 체결, 국내 가요의 세계 시장 진출을 추진했다. 2002년 CJ미디어를 설립, 시청 타깃과 특성이 명확한 전문채널들을 잇따라 열었으며 2010년 온미디어를 인수, 현재는 영화, 푸드 스타일, 바둑, 어린이, 패션스타일 등 각기 명확한 타겟 시청층을 보유한 총 18개의 다양한 전문 채널들을 운영하고 있다.

CJ E&M이 2012년 시작한 케이콘(KCON)은 콘서트를 매개로 한류 콘텐츠와 국내 대기업 및 중소기업의 제품을 체험하는 컨벤션을 융합, 한국의 종합적인 브랜드 체험을 제공한다. 한류의 낙수효과를 경험하고 인정한 기업들이 문화 콘텐츠와 결합된 컨벤션에 적극적으로 나서며 참여기업들도 매년 1.5~2배 증가하고 있다.

2013년 10월 방한했던 드림웍스 CEO 제프리 카젠버그는 CJ가 20년도 안 돼 식품회사에서 문화콘텐츠 기업으로 성장한 모습에 놀람을 표한 것으로 유명하다. 짧은 기간 동안 방송, 영화, 음악, 공연 등의 사업을 하는 엔터테인먼트 미디어 그룹과 식품서비스, 유통 등의 라이프스타일 기업이 결합해 시너지를 내는 새로운 비즈니스 모델을 구축했다는 것이다.

이재현 CJ 회장은 "전 세계인이 매년 2~3편의 한국 영화를 보고, 매월 1~2번 한국 음식을 먹고, 매주 1~2편의 한국 드라마를 시청하고, 매일 1~2곡의 한국 음악을 들으며 일상생활 속에서 한국 문화를 마음껏 즐기게 하는 것이 CJ의 목표"라고 강조했다.

출처: 한국경제신문(2019. 5. 31.), 노정동 기자

지 않아 물음표(question mark)로 분류할 수 있다. 마지막으로 CJ E&M과 미디어분야는 스타사업으로 볼 수 있는데, CJ엔터테인먼트, tvN, Mnet 등이 여기에 속한다.

3. 산업매력도-사업강점 매트릭스

산업매력도-사업강점 매트릭스와 성장성-점유율 매트릭스는 그 아이디어에 있어서 기본적으로 동일하다. 성장성-점유율 매트릭스가 산업의 매력도와 사업단위의 경쟁지위를 산업성장률과 시장점유율이라는 단일변수를 사용하는 데 비해, 산업매력도-사업강점 매트릭스는 복수의 변수를 사용하며, 성장성-점유율 매트릭스는 네 개의 상한으로 나누어지는 데 비해 산업매력도-사업강점 매트릭스는 9개의 셀(cell)로 나누어진다는 차이가 있다. 따라서 산업매력도-사업강점 매트릭스는 단일변수를 사용하는 데 따르는 측정의 타당성 문제와 모든 사업단위를 네 개의 그룹으로 나누어야 하는 편중성을 어느 정도 완화시킬 수 있다(〈그림 12-4〉 참조).

산업매력도-사업강점 매트릭스는 크게 상황평가단계와 전략개발단계의 두 단계로 나누어서 설명할 수 있다. 상황평가단계는 매트릭스의 작성단계라고 할 수 있으며, 전략개발단계는 작성된 매트릭스를 바탕으로 각 사업단위에 적합한

그림 12-4 산업매력도-사업강점 매트릭스

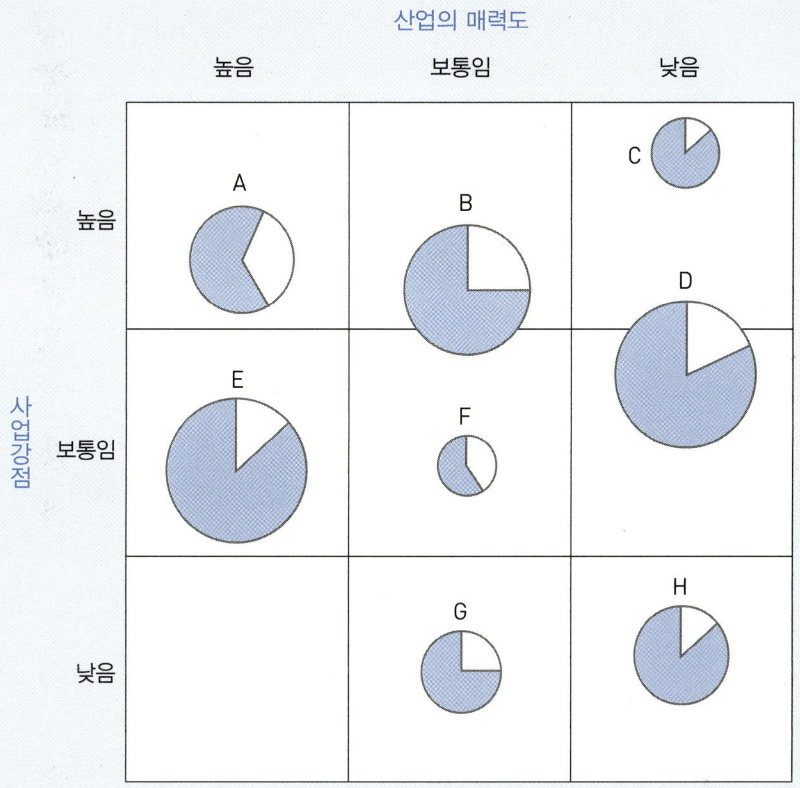

전략을 개발하는 단계이다. 상황평가단계는 다시 네 단계로 나누어 볼 수 있으며, 전략개발단계는 두 단계로 나누어 볼 수 있다.

〈상황평가단계〉

- 1단계: 분석수준 또는 분석단위(사업단위, 세분시장, 제품시장)의 결정
- 2단계: 산업매력도와 사업강점을 결정하는 변수의 파악
- 3단계: 변수들의 상대적 중요도에 따른 가중치 부여
- 4단계: 사업단위의 현재 지위를 평가한 후 합산하여 전체 점수를 산정

〈전략개발단계〉

- 5단계: 현재 전략을 고수할 경우 환경 변화시 사업단위의 미래지위를 예측
- 6단계: 사업단위의 지위변화를 분석하고, 전략변화와 이에 수반되는 필요자원을 파악

상황평가에 있어서 첫 번째 단계는 분석단위를 결정하는 것이다. 기업전략 수준에 있어서는 개별사업단위가 분석단위가 되는데, 사업전략수준에서 이 모형을 사용한다면 주요 시장이나 제품라인이 분석단위가 된다. 이때 각 분석단위들은 어느 정도 독립된 의사결정이나 자원배분이 이루어지는 단위여야 할 것이다.

두번째 단계에서는 산업매력도와 사업의 경쟁지위를 측정하는 적절한 변수를 파악하여야 한다. 산업매력도-사업강점 매트릭스에 있어서 가장 핵심적인 사항이 산업매력도와 사업의 상대적 경쟁지위를 결정하는 변수들을 파악하는 것이다. 이를 위해서는 어떤 산업이 다른 산업보다 매력적인 이유가 무엇이며, 기업이 어떻게 경쟁상의 우위를 확보할 수 있는가 하는 측면에서 이론적 분석이 이루어져야 한다. 〈표 12-5〉는 일반적으로 사용되고 있는 변수들의 예를 들고 있다. 산업에 따라서는 수익성을 결정하는 주요 변수가 무엇인가 하는 것

표 12-5 평가변수의 선정

산업매력도	사업강점
• 시장규모와 예상성장률	• 상대적 시장점유율
• 경쟁의 강도	• 핵심성공요인의 보유정도
• 수익성(이익마진)의 정도	• 경쟁기업과 비교한 이익마진
• 수요의 계절성과 주기성	• 제품품질과 서비스의 정도
• 기술 및 자본의 요구정도	• 상대적 원가지위
• 진입장벽 및 철수장벽*	• 고객과 시장에 대한 지식
• 사회, 문화, 정치적 환경요인	• 기술적 능력
• 대두되고 있는 기회나 위협	• 경영층의 자질

* 진입장벽은 현재 산업에 참가하고 있는 기업이나 참가여부를 검토하고 있는 기업의 입장에서 볼 때 높을수록 좋으며, 철수장벽은 낮을수록 좋다.

이 잘 알려져 있는 경우도 있으나, 어떤 산업에서는 여기에 대해 논란이 많은 경우도 있다.

상황평가의 세 번째 단계는 파악된 변수들의 상대적 중요도에 따라 가중치를 부여하는 단계이다. 산업매력도와 경쟁지위를 결정하는 변수들이 영향력에 있어서 모두 동일하다고 볼 수는 없을 것이다. 따라서 변수의 중요도에 따라 가중치를 부여할 필요가 있다. 가중치는 평가자에 따라 현저하게 달라질 수 있으므로 어느 정도의 객관성을 유지하는 것이 중요한 과제이다.

네 번째 단계는 매트릭스 상에 사업단위의 현재 위치를 나타내는 것이다. 이를 위해 두 가지 차원에 대해 각 변수들의 점수를 평가하고 차원별로 합산하면, 개별사업단위의 매트릭스 상의 지위가 결정된다.

다음으로, 전략의 개발단계는 두 단계로 나누어진다. 첫 번째 단계는 현재 전략을 계속 수행할 경우 환경변화에 따르는 미래상황을 예측하는 것이다. 예측기간은 환경의 변화정도에 따라 보통 3년 내지 5년을 기준으로 그보다 길거나 짧게 잡을 수 있다.

두 번째 단계는 전략변화를 평가하는 것이다. 매트릭스 상에는 하나 이상의 표준적인 전략이 제시되어 있는데, 최고경영자는 이를 바탕으로 개별사업단위의 실제 전략을 구체화하여야 할 것이다. 이를 위해 전략변화에 수반되는 필

표 12-6 산업매력도-사업강점 매트릭스의 전략대안

		산업의 매력도		
		높 음	보통임	낮 음
사업강점	높 음	• 성장 • 시장지배 추구 • 투자의 극대화	• 성장시장의 파악 • 상당한 투자 • 현재지위 고수	• 현재지위 고수 • 현금흐름 확보 • 현상유지를 위한 투자
	보통임	• 세분화를 통한 선두적 지위 확보 • 약점을 파악 • 강점을 구축	• 성장시장의 파악 • 전문화 • 선택적 투자	• 제품계열의 축소 • 투자의 최소화 • 투자회수 준비
	낮 음	• 전문화 • 틈새시장 추구 • 기업인수 고려	• 전문화 • 틈새시장 추구 • 시장철수 고려	• 선두기업에게 운명을 맡김 • 경쟁기업의 현금창출사업 공격 • 시장철수 또는 투자회수

요한 자원을 파악하고 조달가능성을 점검하여야 한다.

〈표 12-6〉은 매트릭스의 각 부문별로 제시되는 전략대안의 한 예이다. 이들 표준적 전략은 전략의 전반적 방향에 있어서 경영자들의 상반된 의견을 수렴시켜 주는 데 도움을 준다. 그러나 실제로 어떤 구체적 행동을 취해야 할 것인가에 대해서는 별다른 도움이 되지 않는다. 따라서 매트릭스가 제시해 주는 일반적 투자전략을 구체화시키는 전략을 수립하는 단계가 뒤따라야 한다.

4. 수명주기 매트릭스

수명주기 매트릭스는 컨설팅회사인 리틀(A.D. Little)사가 만든 것이다. 이 매트릭스의 특징은 산업의 매력도를 시장이나 산업의 수명주기(life cycle)를 통해 측정한다는 데 있다. 따라서 수명주기 매트릭스는 산업진화 차원(산업의 성숙도)과 경쟁지위 차원으로 나누어진다.

(1) 산업진화 차원

수명주기 매트릭스는 〈그림 12-5〉에서 나타난 바와 같이 산업의 진화과정을 네 단계의 수명주기, 즉 잉태기(embryonic), 성장기(growth), 성숙기(mature), 노년기(aging)로 나누어서 파악하고 있다. 구체적으로 어떤 산업이 수명주기 상 어느 단계에 속하는가 하는 것은 다음의 여덟 가지 변수들에 대한 평가를 통해 결정된다. 그것은 ① 성장률, ② 성장잠재력, ③ 제품라인의 수, ④ 경쟁기업의 수, ⑤ 경쟁기업 간 시장점유율의 분포, ⑥ 고객충성도, ⑦ 진입장벽, ⑧ 기술이다. 이들 변수에 있어서 수명단계별 특징을 예로 들어 보면, 잉태기 산업은 일반적으로 급속한 시장성장률로 특징짓는데, 급속한 성장 외에도 기술·시장점유율·고객의 규모와 구성 등에서 변화가 빈번하게 이루어진다는 것이다. 이에 비해 성장기 산업은 여전히 빠르게 성장하지만, 기술·시장점유율·고객 면에서 안정됨으로써 진입장벽이 구축되어 간다는 것이다.

그림 12-5 수명주기 매트릭스

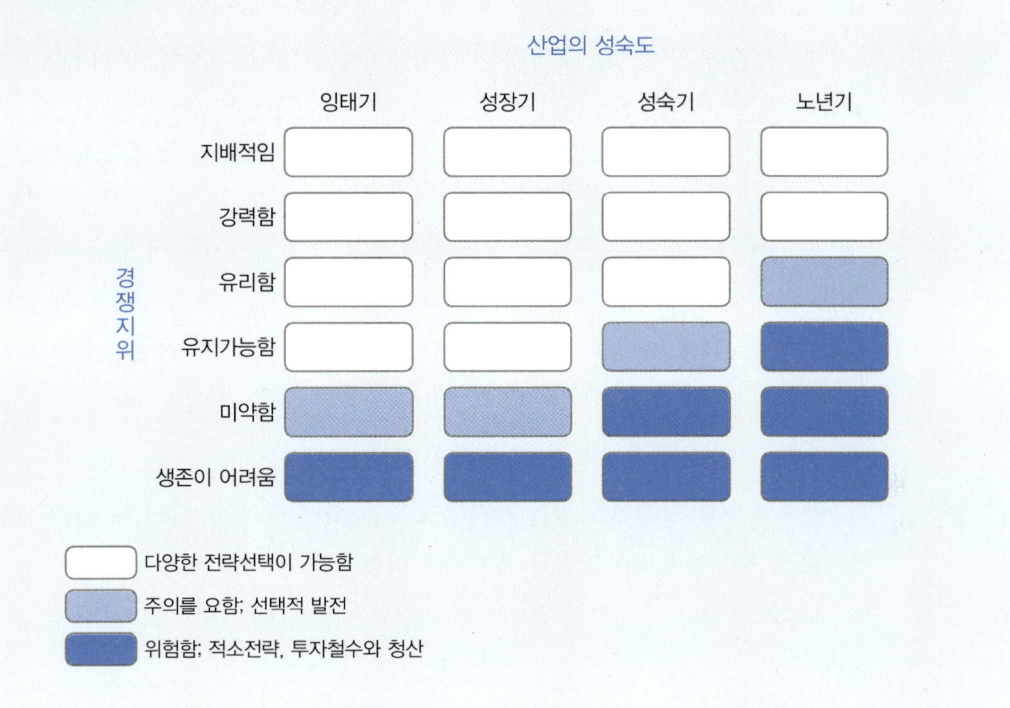

(2) 경쟁지위 차원

기업의 경쟁지위를 평가하는 지표로는 다음과 같은 기준이 사용되고 있다.

1) 지배적임(dominant): 지배적 지위는 준 독점 상태나 강력하게 보호되는 기술적 우위를 보유해야 가능하다. 지배적 지위를 누리는 기업은 드물다.

2) 강력함(strong): 강력한 지위를 가진 기업은 경쟁기업의 행동에 상관하지 않고 자신의 독자적 전략을 추구하는 기업을 의미한다. 지배적 기업과 마찬가지로 모든 산업에서 강력한 경쟁기업이 있는 것은 아니다.

3) 유리함(favorable): 유리한 지위는 산업이 세분화되어 있거나 하여 경쟁기업이 뚜렷하게 나타나고 있지 않는 경우에 해당된다.

4) 유지가능함(tenable): 유지가능한 지위는 기업이 특정시장부문에 특화(지역적 특화 또는 제품별 특화)함으로써 지위를 유지할 수 있는 상태를 의미한다.

5) 미약함(weak): 이 지위의 기업은 현재의 경쟁상황에서는 수익성과 기업 능력이 뒷받침되지 않아 장기적으로 생존할 수 없는 상태이다.

6) 생존이 어려움(nonviable): 이 지위에 있는 기업은 현재와 미래에 있어서 어떤 강점도 가지고 있지 않다.

이상의 여섯 가지 경쟁지위 중 지배적 지위는 산업 내에서 오직 한 개 기업만이 누릴 수 있다. 지배적 기업은 업계의 표준적 기술이나 사양, 그리고 사업방식을 제시할 수 있는데, 애플(스마트폰), 인텔(CPU), 보잉(항공기)과 같은 기업들이 그 예에 해당된다. 강력한 지위의 기업은 상대적 시장점유율이 높으며 명백한 경쟁우위를 확보하고 있는 기업이다. 유리한 지위의 기업은 한두 개의 사업에서 뛰어난 능력을 보유하고 있으며, 이들 사업에서 높은 성과를 누린다. 따라서 이들 사업이 약점을 가지고 있기는 하나 개선의 가능성이 높은 사업들이므로 최고경영자가 관심을 가지고 관리할만한 가치가 있는 부문이다. 생존이 어려운 지위의 기업은 산업에서 철수하거나 청산하는 것이 유일한 전략대안이다.

(3) 수명주기 매트릭스의 전략방향

수명주기 매트릭스에 의한 전략방향을 보면, 먼저 거시적 수준에 있어서는 〈표 12-7〉과 같이 요약할 수 있으며, 구체적인 전략방안은 기업의 경쟁지위에 따라 달라질 것이다. 예컨대 유리한 경쟁지위에 있는 기업이 선택 가능한 전략은 다음과 같이 요약할 수 있다.

1) 스타트업(start up): 강력한 경쟁지위를 보유하고 있는 사업단위가 시장 진입 후 시장지위를 즉시 구축할 수 있는 잉태기 단계에서 사용가능하다.

2) 산업과 동반성장(growth with the industry): 기업이 시장지위를 변화시킴으로써 얻을 수 있는 것은 거의 없고, 시장점유율을 계속 유지할 필요가 있을 때 사용할 수 있다. 이는 주로 지배적 기업이나 강력한 기업이 채택하거나, 수명주기의 후반기(성숙기와 노년기)에 속한 사업이 채택할 수 있는 전략이다.

3) 점진적 지위획득(gain position gradually): 시장점유율을 증가시켜 시장지

표 12-7 수명주기 매트릭스의 전략방향

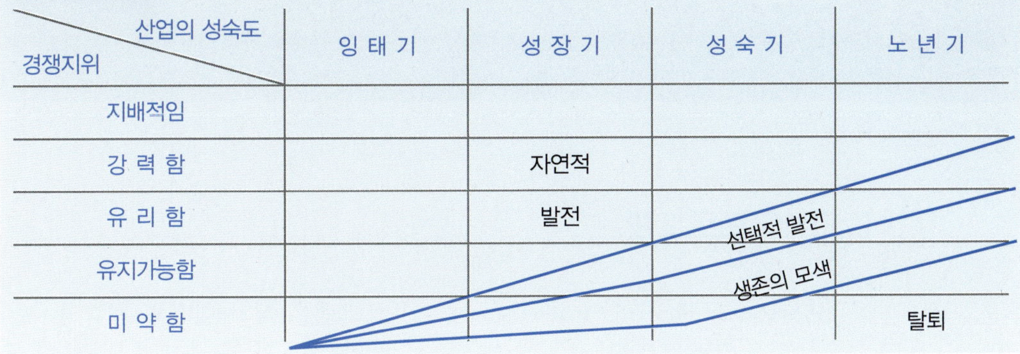

자연적 발전

- 스타트업
- 산업과 함께 성장
- 점진적 지위획득
- 공격적 지위획득
- 지위의 방어
- 수확(harvest)

선택적 발전

- 틈새시장의 탐색
- 틈새시장의 개발
- 틈새시장의 고수

생존의 모색

- 추격(catch-up)
- 소생(renew)
- 회생(turnaround)
- 생존의 연장

탈퇴

- 축소(withdraw)
- 철수(divest)
- 포기(abandon)

위를 강화시킬 수 있는 지위에 있는 사업이 채택할 수 있다.

4) 공격적 지위획득(gain position aggressively): 성숙기로 접어드는 매력적 산업에서 탈퇴할 위험이 있는 유지가능한 또는 미약한 지위의 사업단위에게 요구되는 전략이다.

5) 지위의 방어(defend position): 지배적이거나 강력한 경쟁지위의 사업이 성숙기의 초기 단계에서 경쟁기업으로부터 공격을 받을 때 적용되는 상황이다.

6) 수확(harvest): 노년기 단계에서 사용되는 전략이다.

수명주기 매트릭스는 세부적이면서도 총체적인 전략개발모형으로, 다른 모형과 달리 시장과 산업의 동태적 발전과정을 고려한다는 것이 주요한 장점이다. 예컨대 BCG 매트릭스가 산업성장률이라는 단일변수로 시장의 동태적 진화과정을 대변하는 것보다 발전된 것이라고 볼 수 있다. 그러나 수명주기 매트릭스는 수명주기의 각 단계별로 산업의 매력도를 평가하는 방법에 대해서 명확하게 설명하지 않고 있어서 다른 방법을 통해 보완하여야 할 것이다.

12.5 PIMS 프로그램

1. PIMS 프로그램

PIMS(profit impact of market strategy) 프로그램은 각 사업단위 전략이 수익성에 미치는 영향을 평가하기 위한 수단으로 GE가 구축한 내부 데이터베이스에서 출발하였다. 1972년에 전략과 성과 간의 관계를 보다 잘 이해하기 위해 하버드 경영대학으로 이전되어 이 프로그램에 참여하기를 원하는 다른 기업의 자료를 포함하여 데이터베이스를 확대하였다. 그 뒤, 1975년 PIMS 프로그램의 독립적 운영을 위해 전략계획연구소(Strategic Planning Institute)가 별도로 설립되었는데, 현재 3,000여 개 사업단위의 자료가 축적되어 있다.

PIMS 프로그램은 전략적 행동의 결과를 측정하기 위해 100여 개의 변수들에 대해 수천 개 사업단위의 계량적 측정치를 사용하는 수학적 모형이라고 할 수 있다. PIMS 데이터베이스에 포함되는 변수들은 다음과 같은 세 가지 유형의 변수들이다.

- 산업변수(사업의 경쟁지위와 산업구조의 매력도): 시장성장률, 수명주기단계, 노조결성여부, 고객집중도 등
- 전략변수: 시장점유율, 제품품질, 신제품도입, 마케팅, 연구개발비용 등
- 수익성변수(성과): 매출액 대비 세전영업이익(ROS), 투자자본 대비 세전영업이익(ROI) 등

앞에서 살펴본 성장성-점유율 매트릭스와 산업매력도-사업강점 매트릭스는 산업의 매력도와 사업의 경쟁지위를 평가함으로써 투자전략과 경쟁전략에 대한 이론적 제언을 제시해 주는 데 그 목적이 있다. 이에 비해 PIMS 프로그램은 각각 다른 시장환경과 경쟁환경에 속한 다양한 사업단위의 경험 자료

그림 12-6 PIMS 데이터베이스의 자료

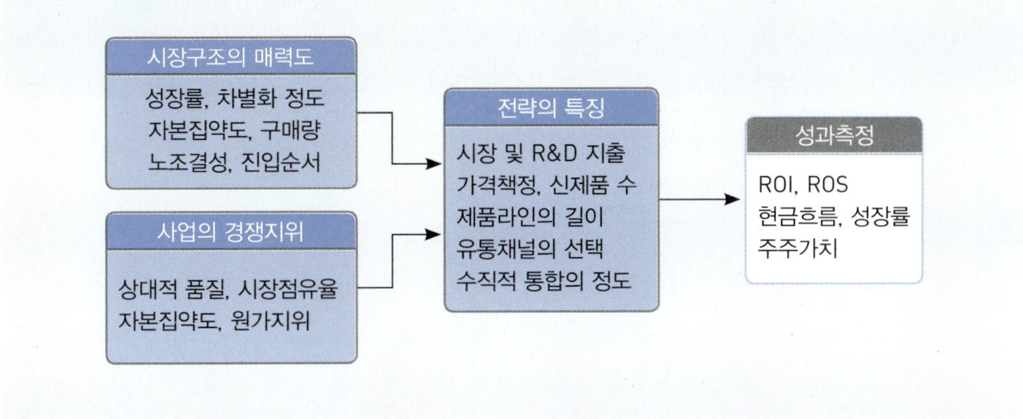

자료: J.A. Czepiel, *Competitive Marketing Strategy*, Prentice Hall, Englewood Cliffs, NJ(1992), p. 402.

를 분석함으로써 전략의 일반적 원칙을 발견하는 데 그 목적이 있다. 이를 위해 PIMS 프로그램은 〈그림 12-6〉에서 알 수 있듯이 시장구조, 경쟁지위, 사업전략에 관한 실제 자료를 사용하여 이들이 재무적 성과에 미치는 영향을 실증적으로 분석한다.

2. PIMS의 전략적 응용

PIMS 데이터베이스를 이용하여 분석한 결과는 전략적 의사결정에 필요한 유용한 정보를 제공해 줄 수 있다. 그중에서도 특히, 다음과 같은 네 가지 의문에 대한 답을 제시해준다(www.pimsonline.com 참조).

① 이 사업에서 어느 정도의 수익성을 기대할 수 있는가(What level of profitability is expected for this business)?

② 이 사업에서 어느 정도의 시장점유율 증가/감소가 예상되는가(What level of market share gain/loss is expected for this business)?

③ 이 사업에서 어느 정도의 마케팅 지출이 예상되는가(What level of marketing expense is expected for this business)?

④ 이 사업은 이익성장성을 창출하는 데 어느 정도의 기회가 되는가(How does this business rate as an opportunity for generating profitable growth)?

이상과 같은 분석정보는 다각화기업이 안고 있는 다음과 같은 의사결정 문제를 해결하는 데 유용하게 이용할 수가 있다.

(1) 사업단위의 성과목표 설정

사업단위의 성과를 평가하기 위해서는 먼저 각 사업단위의 적정한 성과수준이 어느 정도인가를 결정하여야 한다. ROI가 20% 이상이 되어야 한다는 것과 같이 전사적인 성과목표를 정하여 평가할 수도 있다. 그러나 어떤 사업단위(성장률이 높은 산업이나 고부가 가치산업)는 그 목표를 쉽게 달성할 수 있는 반면, 어떤 사업단위(쇠퇴기 산업과 경쟁이 치열한 산업)는 그 목표를 달성하기가 어려울 수도 있다. 따라서 산업의 특성을 고려하지 않고 일률적으로 성과목표를 결정하여 평가하는 것은 바람직하지 않다.

PIMS 분석은 산업변수와 전략변수가 기업의 수익성에 미치는 영향을 수많은 기업들의 자료를 통해 일반화시켜 준다. 따라서 이들 산업변수와 전략변수의 사업단위별 실제 값을 PIMS 분석모형에 대입하면, 그 사업단위의 '정상 ROI(Par ROI)'를 산출할 수 있다. 정상 ROI는 일정한 산업특성과 전략특성을 가지는 사업단위에서 기대되는 수준의 ROI를 의미한다. 따라서 정상 ROI는 사업단위의 평가기준이 될 수 있다. 정상 ROI를 이용하여 해당 사업단위의 수익성 목표를 설정할 수 있고, 실제의 수익성을 평가하는 기준으로 사용할 수 있다. 이런 경우 각 사업단위가 속한 산업의 특성과 실제 사용한 전략의 특성을 고려한 성과목표의 설정과 평가가 가능해진다.

다음의 〈그림 12 7〉에서 알 수 있듯이 사업단위 B(ROI 22% 수준)가 사업단위 A(ROI 18% 수준)보다 높은 ROI를 달성하였다고 하더라도, 사업단위 A가 산업 전체의 성장률이 낮고 노동조합이 결성되어 있는 섬유산업에서 시장점유율이 낮은 사업단위이고, 사업단위 B는 급속하게 성장하는 의료기기산업에서 시장점유율이 높은 사업단위라고 한다면, 사업단위 A는 정상수준보다 높은

그림 12-7 정상 ROI와 성과평가

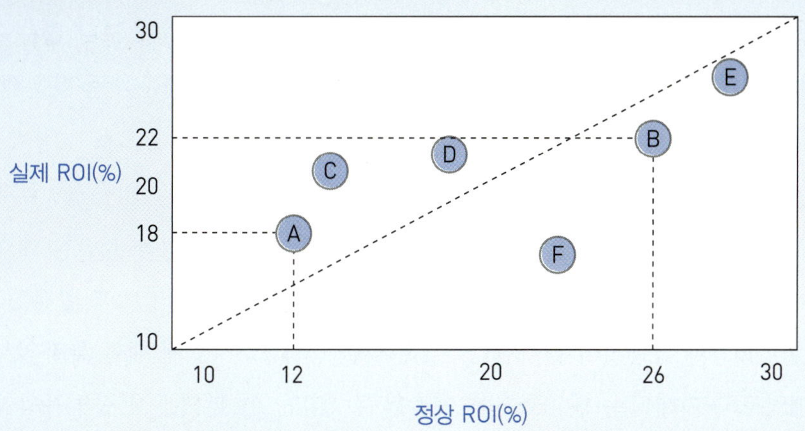

ROI를 달성하였는 데 비해, 사업단위 B는 정상수준에 못 미치는 성과를 달성하였다고 하겠다.

(2) 사업단위 전략의 수립

PIMS 자료를 분석할 경우 다양한 전략변수가 수익성(ROI 등)에 미치는 영향을 측정할 수 있으므로, 이 측정치를 통해 어떤 사업단위가 수익성을 증가시키기 위해서는 전략을 어떻게 수정하여야 하는지를 알 수 있게 한다. 실제, 전략계획연구소가 제공해 주는 전략보고서는 몇 가지 분석을 통해 수익성을 증가시키기 위해 필요한 전략대안을 제시해 준다. 이러한 시나리오 분석(What if scenario)은 전략변수의 상이한 값에 따라 변하는 단기적 결과와 장기적 결과를 시뮬레이션한 후, 시장점유율, 투자집중도, 수직적 통합, 기타 성과목표를 최적화하는 전략적 행동들의 적절한 배합(최적전략)을 제시해 준다. 또한, 분석대상이 되는 사업단위와 유사한 특성을 가진 사업단위의 데이터베이스를 검색하여, 목표 달성에 성공한 사업단위와 실패한 사업단위의 차이점을 분석해 준다. 이를 통해 사업단위의 성과를 증가시킬 수 있는 기회를 제공해 주고, 평균 이상의 성과를 달성할 수 있는 방법을 제시해 준다.

(3) 사업단위 간 투자자금 배분

기업전략에 있어서 가장 어려운 과제 중의 하나가 사업단위 간에 투자자금을 배분하는 것이다. 자금을 배분할 때 수익성이 높은 사업에 보다 많은 자금을 배분할 수도 있으나, 과거의 수익성을 기준으로 자원을 배분하는 것은 좋은 자금배분방법이라고 할 수 없다. 이 방법의 가장 큰 문제는 앞으로 성장가능성이 높아 집중적 투자가 필요한 사업으로 투자자금이 배분되지 않을 수 있다는 것이다. PIMS 프로그램에서 자금을 배분할 때 사용하는 방법은 전략적 매력도 분석법이다. 이 방법은 사업단위의 투자매력도를 당해 시장의 미래 실질성장률과 정상 ROI와 연관지어 평가한다. 이 분석을 통해 그 사업에 대한 투자의 전략적 매력도와 기대되는 현금흐름을 예측할 수 있다. 이 분석은 신규투자의 미래수익을 예측하는 가장 좋은 지표가 PIMS 데이터베이스의 세 가지 변수, 즉 산업의 특성, 산업 내 사업단위의 전략적 지위, 산업의 예상 성장률이라는 데 이론적 근거를 두고 있다.

제12장 토의자료

두산, '소비재 → 중공업' 재편 작업 18년 만에 완료

두산이 창립 118년 만에 그룹의 모태였던 소비재와 식품 분야에서 사실상 손을 뗐다. 외환위기 이후 30건 이상의 사업부 매각과 인수합병(M&A)을 통해 그룹의 체질을 중공업 위주로 완전히 뜯어고친 결과다.

두산 그룹은 8일 치킨 패스트푸드 업체 KFC를 유럽계 사모펀드인 시티벤처캐피털(CVC)에 1000억 원을 받고 매각했다고 발표했다. 자회사 DIP홀딩스가 보유한 KFC운영업체 SRS코리아 지분 100%를 CVC에 넘기는 방식이다. SRS코리아는 2004년 버거킹·KFC 등을 거느린 두산의 외식사업부가 물적분할돼 설립된 회사다. 이 가운데 버거킹 관련 사업부문은 2012년 보고펀드에 매각했고, KFC는 이번에 CVC로 넘어가게 된다. CVC는 글로벌 외식사업 전문 투자펀드(Restaurant Investments Asia B.V.)를 통해 이 지분을 사들인다. 인수 작업은 2014년 6월 말까지 마무리할 예정이다.

KFC 끝으로 'Bye 식품업'

KFC 매각은 두산 그룹이 지난 18년간 끈질기게 추진해온 중공업 그룹으로의 변신 작업이 끝난다는 것을 의미한다. 두산 그룹의 모태는 1896년 설립된 박승직상점. 여성용 화장품 '박가분'으로 히트친 데 이어 1952년 동양맥주(OB맥주)를 설립한 뒤 소비재·식품 분야에서 사세를 키웠다. 그룹명도 1978년까지는 'OB 그룹'이었다. 1990년대 중반에 이르기까지 소비자들은 '두산=맥주회사'로 기억하는 이들이 적지 않았다.

두산이 변신에 나선 것은 창업 100주년이던 1995년부터다. 과잉 설비투자와 출혈 경쟁으로 연간 1조 원 이상의 적자를 기록하는 등 그룹이 위기에 몰리자 생존 차원에서 사업 구조조정에 나선 것이다. 2001년 당시 그룹을 이끌던 박용성 회장은 "소비재 위주의 사업구조를 중공업 중심으로 바꾸겠다"고 선포했다. 개인 고객을 상대하는 회사(B2C)에서 기업 고객을 상대하는 회사(B2B)로 단시일 내 탈바꿈하기 위해 두산이 택한 방법은 M&A였다.

중공업 회사로 변신

1997년 음료 사업부문을 미국 코크사에 매각한 것을 시작으로 OB맥주, 전분당 사업, 종가집김치 등 그룹의 뼈대를 이루던 식품·소비재 관련 사업을 줄줄이 매각했다. '알짜 사업부터 팔아야 팔린다'는 지론을 고수한 박용성 회장이 사석에서 했다는 "나한테 걸레(안 좋은 사업)는 남에게도 걸레"라는 직설적인 표현은 M&A 업계에서 회자되는 명언이다. 1996년부터 두산 그룹이 판 주요 사업부만 총 15개다. 매각 시점에서 단순 합산한 매각금액만 3조3500억 원 정도다. 알토란 같은 사업을 판 돈은 고스란히 미래 사업을 사들이는 데 투입했다. 외환위기를 넘기고 난 2001년부터 시장에 나온 매물을 꾸준히 사들였다. 한국중공업(현 두산

두산 그룹이 사들인 주요회사(단위: 억 원)

연도	회사 주 사업내용	투자금액
2001	한국중공업(現 두산중공업) 발전, 담수, 주·단조 등	3,057
2003	고려산업개발(現 두산건설) 종합건설	3,364
2005	대우종합기계(現 두산인프라코어) 건설기계, 산업기계, 공작기계	16,880
2005	美 AES(現 두산하이드로) 미주지역 수처리 사업	60
2006	영국미쯔이밥콕(現 두산밥콕) 발전소 보일러 원천기술	1,600
2006	루마니아 IMBG 주·단조	146
2007	美 잉거솔랜드 3개 사업부분 컴팩트 건설장비 외	45,000
2009	체코 스코다파워 발전소 터빈 원천 기술	8,000
2010	인도 AE&E 첸나이웍스 발전소 보일러 제조업체	312
2011	독일 AE&E 렌체스 발전설비, 탈황 설비	870
2012	영국 엔퓨어 수처리 전문업체	20
2014	룩셈부르크 서킷포일* 인쇄회로기판 재료 제조업체	미정

* 서킷포일 인수는 아직 완료되지 않았음

두산 그룹이 매각한 주요 사업부문

연도	회사 주 사업내용	투자금액
1996	한국 네슬레 주식 지분 매각, 식품생산 및 판매	235
1996	한국 3M 주식 지분매각, 사무·의료산업용품 등	900
1997	음료사업부문 美코크사에 매각, 음료 생산 및 판매	4,322
1998	두산씨그램 주식 매각, 주류(원저)생산 및 판매	1,275
1999	두산 전분당 사업 1·2차 매각, 감미료 생산 및 판매	2,200
2001	1,2차 OB맥주 매각, 주류 생산 및 판매	10,000
2006	㈜두산 종가집 김치, 김치 생산 및 판매	1,050
2008	㈜두산 테크팩 사업 부문 페트병, 캔 등 생산	4,000
2009	㈜두산 주류사업부문 주류사업	5,030
2010	폴로라이선스 계약 종료 의류유통업	560
2012	SRS코리아 버거킹 외식업	1,100
2014	SRS코리아 KFC 외식업	1,000

자료: 두산 그룹

중공업), 대우종합기계(현 두산인프라코어), 영국 미쓰이밥콕(현 두산밥콕), 미국 밥캣 등 대부분이 중공업 분야 핵심 기술을 가진 회사들이다. 최근엔 룩셈부르크의 인쇄회로기판 관련 원천기술 보유 업체 서킷포일 인수를 추진하고 있다. 주요 12개 회사를 사들이는 데 쓴 돈은 8조 원(단순 합산)에 이른다.

글로벌 금융위기 전 사들여 재무 부담을 키우는 통에 한때 '승자의 저주'로 꼽혔던 밥캣도 최근엔 흑자폭이 날로 커지는 효자가 됐다.

선제적 사업 구조조정 '모범'

두산의 사업 구조조정을 진두지휘한 이가 바로 박용만 두산그룹 회장이다. 당시에는 그룹 구조조정실장을 맡았다.

그는 최근 사석에서 "소비재에서 중공업 중심 기업으로 탈바꿈한 것을 정말 잘 했다고 생각한다"며 "다시 소비재로 돌아가고 싶지는 않다"고 말한 것으로 알려졌다. 내수시장보다 세계 시장을 염두에 둔 사업 전략이 주효했다는 의미다.

두산 그룹 관계자는 "30대 그룹 가운데 100년 이상의 역사를 가진 것은 두산 그룹이 유일하다"며 "그룹이 어려움에 처했을 때 선제적으로 사업 구조조정을 단행해 최적의 사업 포트폴리오를 마련한 덕분"이라고 말했다.

자료: 한국경제(2014.5.9.)

토의문제

1. 두산이 주력제품(또는 주력사업)을 매각하는 이유는 무엇인가?
2. 포트폴리오 계획모형을 활용하여 두산 그룹의 구조변화를 설명하라.
3. 두산 그룹의 다각화는 관련 다각화인가 비관련 다각화인가? 그 이유를 설명하라.

참고문헌

Aaker, D.A., *Strategic Market Management*(3rd Edition), John Wiley & Sons, Inc.(1992).

Bettis, R.A. and C.K. Prahalad, "The dominant logic: Retrospective and extension," *Strategic Management Journal*, Vol. 16(1995), pp. 5~14.

Chatterjee S. and B. Wernerfelt, "The link between resources and type of diversification: Theory and evidence," *Strategic Management Journal*, Vol. 12(1991), pp. 33~48.

Collis, D.A. and C.A. Montgomery, "Creating corporate advantage," Harvard Business Review, May-June 1998, pp. 71~83.

Czepiel, J.A., *Competitive Marketing Strategy*, Prentice Hall, Englewood Cliffs, NJ(1992).

Day, G.S., *Analysis for Strategic Market Decision*, West Publishing Co.(1986).

Doz, Y.L. and C.K. Prahalad, "Managing DMNCs: A search for a new paradigm," *Strategic Management Journal*, Vol.12(1991), pp. 145~164.

Galbraith, J., "Strategy and organization planning," *Human Resource Management*, Vol. 22(Spring-Summer 1983), pp. 63~77.

Grant, R.M., "On dominant logic, relatedness, and the link between diversity and performance," *Strategic Management Journal*, Vol. 9(1988), pp. 639~642.

Hax, A. and N.S. Majluf, *Strategic Management: Pragmatic Approach*, Prentice Hall, International, Inc.(1991).

Kerin, R.A., V. Mahajan, and P.R. Varadarajan, *Contemporary Perspectives on Strategic Market Planning*, Allyn and Bacon, Boston(1990).

Markides, C.C. and P.J. Williamson, "Related diversification, core competences and corporate performance," *Strategic Management Journal*, Vol. 15(1994), pp. 149~165.

Prahalad C.K. and R.A. Bettis, "The dominant logic: A new linkage between diversification and performance," *Strategic Management Journal*, Vol. 7(1986), pp. 485~502.

Rawley, E., "Diversification, coordination costs, and organizational rigidity: Evidence from micro-data," *Strategic Management Journal*, Vol. 31, pp. 873~891.

Teece, D.J., "Towards an economic theory of the multiproduct firm," *Journal of Economic Behavior and Organization*, Vol. 7(1982), pp. 39~63

Thompson, A.A. and A.J. Strickland, *Strategic Management: Concepts and Cases*, Irwin, Homewood, IL(1993).

William, P., R.E. Robert, J.C. Hoskisson, and W.Y. Daphne, "Resource-based theory and corporate diversification: Accomplishments and opportunities," *Journal of Management*, Vol. 37(2011), pp. 1335~1368.

Zhou, Y.M., "Synergy, coordination costs, and diversification choices," *Strategic Management Journal*, Vol. 32(2011), pp. 624~639.

www.pimsonline.com

13

STRATEGIC MANAGEMENT

제13장

전략의 실행-조직구조와 조직문화

1982년 도요타가 GM(제너럴 모터스)으로부터 경영권을 위탁받은 미 캘리포니아 주 프리몬트 누미(NUMMI) 공장은 미국 경제계에 뜨거운 관심을 불러일으켰다. 노사 갈등과 생산성 저하, 품질 불량 등으로 폐쇄됐던 공장을 도요타가 맡고 나서 2년 만에 생산성과 직무 만족도가 50% 이상 상승한 것. GM이 도요타와 합작했지만, 경영은 도요타에 일임했고, 직원들은 그대로였다.

당시 도요타는 공장 문화 개선에 주력했다. GM 시절 시간대별로 근무 태도를 감시하고 생산량을 점검하던 전통을 바꿔 팀별로 자유롭게 작업 방식을 시험하는 재량을 주고, 정해진 시간 안에만 주어진 업무를 완수하도록 했다. 생산된 차에 문제가 있다고 판단하면 작업자 스스로 라인을 멈출 수 있는 권한도 줬다. 전에는 '작업자가 쉬려면 일부러 멈출 수 있다'는 가정 아래 관리자만 독점했던 권한이다. 납품업체 선정 기준은 저가 경쟁 입찰에서 장기 협력 관계 유지 여부로 바뀌었고, 관리자 전용 주차장은 사라졌으며, 임원 연봉은 노동자보다 최고 200배 이상에서 10배 이하로 낮아졌다(누미 공장은 2010년 테슬라가 인수).

하버드대 법학대학원 요차이 벤클러(50) 교수는 누미 공장을 비롯한 다양한 사례를 통해 "인센티브나 처벌, 통제가 아닌 협력에 의지한 시스템이 더 성공적"이란 시사점을 끌어내 2011년 『펭귄과 리바이어던(*The Penguin and the Leviathan*)』이란 책을 썼다. 이 책은 이타심과 선의라는 인간의 본질적 동기를 이끌어내는 협력 체계를 발전시키면 사회 제도를 개혁하고, 범죄를 줄이며, 과학을 발전시키고, 비즈니스까지 개선할 수 있다는 내용을 담고 있다. 뉴욕타임즈와 가디언, 이코노미스트가 그의 책을 지속적으로 다뤘고, 포드 재단은 '예지자상(Visionaries Award)'을 수여했다.

– 이위재 기자(조선 Weekly BIZ, 2014.5.24.~25.)

제13장 들어가면서

협력은 어떻게 이기심을 이기는가?

『포브스(*Forbes*)』 잡지가 20년간(1981~2000년) 가장 영향력 있는 경영서 1위로 선정한 톰 피터스와 로버트 워터만(Tomas Peters and Robert Waterman)의 『초우량기업의 조건(*In Search of Excellence*)』이 1982년에 출간되었다. 이 책에 따르면, 이 당시 미국의 주류 경영학적 사고는 거대한 전략과 합리적 분석에 입각해 경영 활동을 계량화하는 데 집중해 있었다. 모든 것을 수치로 계산하고 이를 토대로 전략과 시스템을 세우는 것이 바람직한 결과를 도출할 수 있다고 생각했다. 그러나 『초우량기업의 조건』은 합리주의만 강조하거나 숫자가 경영의 모든 것을 말해준다는 생각은 잘못됐다고 주장한다. 저자인 피터스와 워터만은 초우량기업을 만드는 핵심은 전략, 조직구조, 시스템과 같은 하드(hard)한 것보다, 사람, 문화, 공유가치, 자율성, 창의성과 같이 보이지 않는 소프트(soft)한 것이라고 주장하였다.

『펭귄과 리바이어던(*The Penguin and The Leviathan*)』의 저자인 요차이 벤클러(Yochai Benkler)는 인간이 이기적임에도 불구하고 협력하는 이유를 다양한 사례를 통해 설명한다. 애덤 스미스의 '보이지 않은 손'에 따르면, 인간은 이기적인 동물이며, 또한 자기 이익만 추구하면 되는 존재이다. 그런데 인간은 이기적인 존재이지만 반드시 자신의 이익만을 위해서 움직이지 않는다는 것이 요차이 벤클러의 주장이다. 심리학적으로 인간은 성장하는 과정에서 도덕성과 가치에 대한 욕구가 강해지면서 협력하는 경향성이 강해지고, 다른 사람들과 일정한 관계를 맺고 있는 이상 평판이나 인맥에도 신경을 쓰지 않을 수 없다는 것이다.

초우량기업의 조건이 문화와 공유가치에 있고, 인간이 이기적인 존재이지만 협력을 지향하는 측면이 있다면, 이런 기업 문화를 만들어 내는 조직은 높은 성과를 달성할 수 있다. GM과 도요타자동차가 협업하여 설립한 NUMMI공장의 사례는, 이기심과 합리주의(인센티브나 처벌)에 근거한 통제(리바이어던)가 아닌 이타심과 협력에 의지한 공장 문화(펭귄)가 더 성공적이라는 사실을 보여주는 것이다. 즉, 책의 부제목처럼 협력이 이기심을 이기는 것이다.

기업의 성공은 잘 수립된 전략을 성공적으로 실행한 결과로 나타나는 것이다. 아무리 좋은 전략을 수립하였다고 하더라도 이를 성공적으로 실행하지 못한다면 원하는 목표를 달성할 수가 없다. 전략의 성공적 실행은 기업의 적절한 내부자원에 의해서 뒷받침될 때 가능하다. 전략실행과 관련된 내부자원은 조직구조, 시스템, 절차, 기업문화 등을 들 수 있다. 이 장에서는 주로 조직구조와 기업문화에 대하여 살펴볼 것이다.

13.1 조직구조의 개념

전략의 성공적 실행을 뒷받침하는 가장 중요한 요소로 들 수 있는 것이 조직구조(organizational structure)이다. 조직은 공통의 목적을 추구하는 사람들의 집단이다. 전략경영의 시각에서 본다면 조직의 목적은 기업의 사명과 장·단기적 목표로 구체화된다. 이러한 목표를 달성하기 위해 기업은 여러 가지 가치활동을 수행하여야 한다. 조직의 규모가 커지고 가치활동이 복잡해질수록 종업원들을 적절한 부서로 집단화하고, 이들 부서가 수행할 활동을 분화(differentiation)할 필요가 있다. 분화란 인력과 자원을 과업에 할당하는 방식으로 조직이 하부단위로 세분화되는 과정을 의미한다. 분화를 위해서는 과업을 적절하게 나누어 개인이나 부서에 할당하여야 한다. 이러한 전문화(specialization) 또는 분업화는 기업의 활동을 보다 효과적이며 효율적으로 수행하는 데 도움을 준다. 한편, 개인이나 부서의 과업이 분화될수록 이들의 과업수행이 조직의 전체 목적을 달성하는 방향으로 나아가게 유도하는 통합(integration)의 필요성이 증대한다. 통합은 분화된 부서 간의 행동을 조직 전체의 목적과 부합하도록 유도하는 작용을 한다. 이를 위해 여러 가지 조정(coordination) 메커니즘을 활용하게 되는데, 조정은 과업을 단순히 분화하는 것보다 훨씬 복잡한 문제이며, 여기에는 책임과 권한을 부여하는 문제도 수반된다. 이상에서 살펴본 세 가지 문제, 즉, 조직 구성원 간의 분업화, 통합을 위한 조정 메커니즘, 의사결정 권한의 배분은 조직설계를 위해 설계자가 사용할 수 있는 도구라고 한다.

이상에서 살펴본 내용은 대부분의 조직이 갖추고 있는 구조적 특징, 즉 조직구조와 연관이 있다. 전략의 성공적 실행은 이를 뒷받침하는 조직구조에 의해서 결정된다. 특히, 어떤 조직구조를 갖출 것인가 하는 것은 중요한 일이다. 조직구조를 결정하는 과정을 조직설계(organization design)라고 한다. 이러한 조직설계는 다음의 세 가지 아이디어에 근거를 두고 있다.

첫째, 조직설계는 조직의 장기적 성공에 있어서 핵심요인이다. 장기적이라는 것은 조직설계의 영향이 수년간 지속된다는 것이다. 둘째, 조직설계는 연속적 과정이다. 조직의 환경이나 전략이 변함에 따라 새로운 조직설계가 시작되어야 한다. 그러므로 조직 재설계가 필요한 시기를 항상 평가하여야 한다. 셋째, 이상의 두 가지 아이디어로부터 유도되는 것은 모든 시대의 모든 조직에 보편적으로 적용되는 설계는 없다는 것이다.

특정한 설계의 적합성은 조직이 처한 상황에 따라 달라질 것이므로 상황이 변하면 새로운 설계가 개발되어야 한다. 조직설계는 적절한 조직형태, 부문화(departmentation)의 근거, 조정에 도달하는 과정이라고 할 수 있다. 조직구조는 다음의 세 가지 구성요소로 이루어져 있다.

첫째, 조직구조는 개인과 부서의 과업과 책임을 할당한다. 또한 조직구조는 전문화의 정도와 함께, 개인을 부서로 부문화하고 부서를 전체 조직으로 부문화하는 문제를 포함하고 있다. 부문화는 전문화된 여러 개의 과업들을 관련성이 깊고 유사한 것끼리 묶어서 집단화하는 것을 의미한다. 조직을 부문화하는 데 사용할 수 있는 근거로는 다음과 같은 것을 들 수 있다. ① 지식과 기술, ② 작업과정과 기능(function: 생산, 마케팅, 재무 등), ③ 시간(공장의 근무교대조), ④ 산출물(생산되는 제품라인), ⑤ 고객(정부, 일반소비자), ⑥ 장소(대상 지역) 이들 여섯 가지 근거는 크게 기능(지식, 기술, 작업과정, 기능, 시간)과 시장(산출물, 고객, 장소)이라는 두 가지 차원으로 나눌 수 있다. 기능차원에 근거한 부문화는 수단에 의한 집단화(a grouping by means)라고 할 수 있다. 이는 최종 산출물을 생산하기 위해 조직이 사용하는 중간 기능들에 의해서 집단화되기 때문이다. 한편 시장에 의해 부문화하는 것은 목적에 근거한 집단화(a grouping by ends)라고 할 수 있다. 이는 시장은 기업이 대상으로 하는 시장의 특징에 의해서 집단화되기 때문이다.

둘째, 조직구조는 공식적 보고관계를 규정한다. 여기에는 권한관계, 의사결정의 책임, 위계계층의 정도, 관리자와 감독자의 통제범위(span of control)를 결정하는 문제가 포함된다. 조직설계의 관점에서 본다면 조직은 상사와 부하관계의 피라미드이다. 이러한 피라미드를 위계구조(hierarchy)라고 한다. 개인이나 부서의 위계가 높을수록 권한도 많아진다. 조직이 수직적이다. 수평적이라고 하는 것은 위계계층의 수에 의해서 결정된다. 위계계층의 수가 많을수록 기업은 수직적 조직이 된다. 통제범위는 경영자가 관리하는 직속 부하의 수를 의미한다. 수평적 조직에 있어서는 통제범위가 넓으며 수직적 조직에서는 좁다.

셋째, 조직구조는 다양한 개인과 부서의 활동을 효과적으로 조정하는 시스템이나 조정 메커니즘을 제공한다. 앞에서 언급하였듯이 개인이나 부서의 과업이 분업화되어 전문화될수록 이들이 조직의 전체 목적을 달성하도록 유도하는 조정의 필요성이 증가한다. 조정 메커니즘은 크게 관료적 조정 메커니즘, 수직적 조정 메커니즘, 수평적 조정 메커니즘으로 나눌 수 있다. 여기에 대해서는 제3절에서 살펴볼 것이다.

이상에서 살펴본 조직구조의 주요 구성요소들은 조직표에 의해서 가시화되는데 〈그림 13-1〉은 조직표의 한 예이다. 조직표를 보면 조직구조의 구성요소를 어느 정도 짐작할 수 있다. 예컨대 〈그림 13-1〉을 보면 조직의 핵심활동이 무엇인가(제조, 마케팅, 연구개발, 재무)를 알 수 있으며, 전문화의 기준이 무엇인가(조직의 기능)를 알 수 있다. 또한 조직표를 통해 종업원의 과업과 책임이 무엇이며(소속된 기능부서의 과업수행), 공식적인 보고체계가 어떻게 되어 있는가(광고부문의 책임자는 마케팅부서의 장에서 보고하고, 마케팅부서의 장은 최고경영자에게 보고함)를 알 수 있다. 그리고 조직의 위계구조를 알 수 있으며(수직적으로 세 개의 위계계층이 있음), 통제의 범위를 알 수 있다(최고경영자의 직속부하는 4

그림 13–1 기능별 조직구조

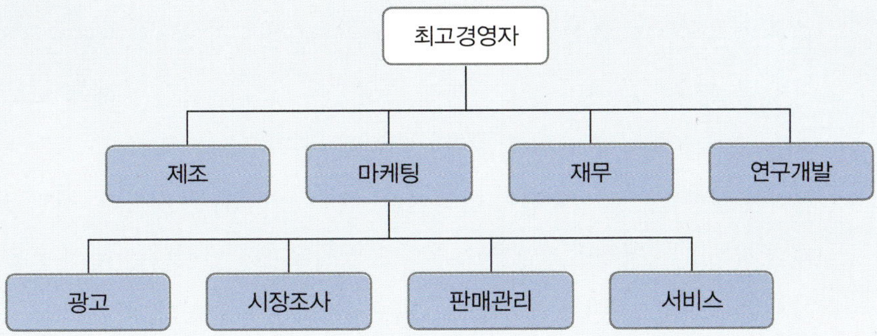

명임). 이와 같이 조직표를 통해 앞에서 살펴본 조직구조의 구성요소, 특히 과업의 할당이나 공식적 보고관계에 대해 알 수 있다. 그러나 세 번째 구성요소인 조정활동이 어떻게 이루어지는가 하는 것은 조직표에 잘 나타나지 않는다.

13.2 조직구조의 변화와 유형

기업이 조직구조를 재설계하게 만드는 요인이 무엇인가에 대해 최초로 연구한 사람이 챈들러(A. Chandler)이다. 챈들러는 미국의 대기업을 대상으로 한 연구(Chandler, 1962)를 통해 조직구조를 결정하는 요인이 전략임을 밝히고, "구조는 전략을 따른다(Structure follows Strategy)"는 명제를 도출하였다. 구조가 전략을 따른다는 명제를 뒷받침하는 논리는 다음과 같다. 기업활동을 어떻게 조직화할 것인가 하는 것은 목적이 아니라 목적을 달성하기 위한 수단이다. 따라서 목적달성(전략실행)에 가장 효과적인 수단(조직구조)을 선택하여야 한다는 것이다.

챈들러에 따르면 조직구조가 전략에 적합하지 않을 때, 기업은 비효율성과 내부운영상의 어려움을 겪게 되어 성과가 낮아지므로 조직구조를 전략에 맞게 재설계하게 된다는 것이다. 전략이 변함에 따라 조직구조가 변화되는 과정은 다음과 같은 순서로 요약된다. ① 새로운 전략이 채택되었는데도 조직구조가 바뀌지 않을 경우, ② 관리상의 문제가 발생하여 기업의 성과가 하락하므로, ③ 이러한 문제를 해결하기 위해 전략에 적합한 조직구조를 채택하고, ④ 이로 인해 전략이 성공적으로 실행됨에 따라 수익성이 증가한다는 것이다. 이런 점에서 볼 때 조직구조는 전략의 실행을 촉진하고 성과목표를 달성하는 데 도움을 주는 관리적 수단이며, 개인과 부서의 노력을 조정하는 수단이다. 좋은 조직구조는 구성원이 과업을 보다 효과적이며 효율적으로 수행하는 데 도움을 준다.

소규모의 단일사업에서 출발한 기업이 지역적 확장과 수직적 통합을 거쳐, 다양한 사업으로 다각화함에 따라 기업의 조직구조도 한 사람에 의한 관리로부터 기능별 조직구조, 사업부제, 분권화된 전략적 사업단위로 변하게 된다. 이러한 변화과정은 기업이 성장하면서 당면하는 관리문제에 대응하여 보다 효과적인 수단을 모색하는 과정이다. 구체적인 관리문제로는 과업의 기능별 전문화 문제, 권한의 집권화(centralization)와 분권화(decentralization) 문제(집권화는 조직의 의사결정권이 조직내의 단일 위치, 개인 또는 부서에 집중되어 있는 정도, 이와 상반되는 개념이 분권화), 현지 시장환경에 대한 대응문제, 업무의 조정문제 등을 들 수 있다. 어떤 상황에 어떤 조직구조가 적합한가 하는 것은 조직구조의 유형과 각 조직구조의 장점과 단점을 살펴봄으로써 알 수 있을 것이다.

1. 기능별 조직구조

19세기 후반 기업이라는 현대적 조직이 등장함에 따라 이 조직에 바람직한 조직구조의 모델로 제시된 것이 베버(M. Weber)의 관료제(bureaucracy)이다. 관료제는 관리의 공식화(formalization)(개별 과업의 수행내용과 수행절차, 수행방법, 그리고 작업결과 등에 대해 사전에 기준을 정해 놓은 정도), 표준화(standardization), 전문화(specialization)로 특징된다. 관료제의 조정 메커니즘은 규칙(rules)과 위계구조(hierarchy)이다. 그런데 20세기에 접어들어 기업이 해결해야 할 가장 중요한 문제는 대량생산의 이점을 누리는 것이었다. 대량생산방식은 규모의 경제로 연결되는데, 이를 위해서는 원재료 조달, 노동력 확보, 생산기법 면의 안정성이 요구된다. 대량생산방식의 이점을 높이기 위해서 채택된 것이 기능별 조직구조(functional structure)이다. 기능별 조직구조에 있어서 부문화의 근거는 기능(function)이다(〈그림 13－1〉 참조).

기능별 조직구조의 장점은 효율적이라는 데 있다. 기능별로 전문화함으로써 학습효과와 경험곡선효과를 누리는 데 유리하며, 종업원들은 한 기능에 집중함으로써 깊이 있는 기량을 개발하고 축적할 수 있다. 이에 따라 신속한 생산활동이 가능하며 저원가우위를 누릴 수 있다. 기능별 조직구조의 핵심은 전문화와 표준화의 이익을 얻음으로써 효율성을 극대화하는 데 있다고 요약할 수 있다.

기능별 조직구조는 중앙집권적이다. 기능부서 간의 조정은 위계구조에 의해서 이루어지고, 기능부서의 보스는 업무조정에 있어서 본부의 보스에게 의존하게 된다. 최고경영층은 기업의 전략적 방향과 조정업무를 책임지고, 중간관리층은 조직운영을 책임지며, 하위계층은 판매와 애프터서비스와 같은 활동을 수행하게 된다. 기능별 조직구조는 단일사업에 종사하는 기업이나 상대적으로 안정된 환경에서 소수의 제품을 취급하는 기업에게 적합한 조직구조이다. 환경이 안정적이고 과업을 표준화할 수 있는 가능성이 높을수록 조직을 기능별 구조에 의해 통제하기가 쉬워진다. 조직을 기능별로 부문화함으로써 규모의 경제를 극대로 누릴 수 있다.

기능별 조직구조는 몇 가지 불리한 점을 가지고 있다. 이 조직구조에 있어서 기능간 조정에 대한 책임은 최고경영층에게 있다. 환경이 불안정하거나 제품라인이 확대될수록 최고경영층으로 의사결정이 집중된다. 이와 함께 최고경영층은 조정업무의 과중으로 시달리게 된다. 또한 하위경영자들이 기능별 목표에 치중하게 되어 좁은 시각을 가질 수 있으며, 기능부서 간의 이동이 제한될 경우 폭 넓은 경험을 축적할 수 없다. 좁은 시각과 경험부족으로 경영자들은 조직 전체를 조망할 수 있는 능력을 개발하지 못하게 되며, 그 결과 시장변화에 덜 민감하게 된다.

기능별 조직구조의 장점과 단점을 요약하면 다음의 〈표 13－1〉과 같다.

표 13-1 기능별 조직구조의 장점과 단점

장 점	단 점
• 전략결과에 대한 중앙집권적 통제가 가능함 • 단일사업의 조직구조로 적합함 • 핵심활동을 해당기능부서에 배분함으로써 전략과 조직구조 간의 연계를 강화할 수 있음 • 기능별로 차별적 역량을 개발하는 데 적합한 조직구조임 • 기능별 전문화로 인해 경험곡선효과를 누리는 데 유리함 • 과업이 일상적이고 반복될수록 운영효율성이 높아짐	• 기능 간의 조정문제가 발생함 • 기능부서 간에 경쟁과 갈등이 야기됨 • 지나친 전문화를 조장하고, 경영자의 시각을 좁게 할 우려가 있음 • 기능부서 간에 상호교류가 되지 않을 경우 폭넓은 경험을 축적할 수 없음 • 이익에 관한 최종책임이 최고경영자에게 미루어짐 • 기능별 부서의 이익에 치중할 경우 기업 전체의 최적화가 저해됨 • 근시안적 시각이 창의적 기업가정신, 변화에의 적응, 활동원가사슬의 재구성 노력 등에 방해가 됨

자료: A.A. Thompson and A.J. Strickland, *Strategic Management: Concepts and Cases*(7th Edition), Irwin, Homewood, IL(1993), p. 225.

2. 사업부 조직구조

조직이 제품라인을 확장해 갈수록 기능별 조직구조는 최고경영층에 의한 조정활동이 한계에 달하게 된다. 사업부(business/product division) 조직구조는 1920년대 후반부터 GM이나 듀퐁(Dupont) 등의 회사가 개발한 조직형태이다. 사업부 조직구조는 부문화의 기준이 고객집단이나 제품라인이다(〈그림 13-2〉 참조). 종업원은 기능별보다 제품계열별로 분류되며, 예산과 계획에 있어서 독립적으로 운영되는 이익센터(profit center)가 된다. 따라서 각 사업부는 해당 제품라인의 전략실행에 필요한 대부분의 기능을 갖춘 하나의 독립된 전략적 사업단위(strategic business unit)가 된다. 사업부 관리자는 사업부의 전체 성과에 책임을 지며, 최고경영자가 사업부 관리자를 관리한다. 각 사업부는 자체 내에 생산, 마케팅, 재무와 같은 하위기능별 조직단위로 구성되어 있다. 제품라인에 필요한 모든 기능이 사업부 내에 포함되어 있으므로 사업부 관리자가 이들 기능에 대한 책임과 권한을 가지고 있다.

사업부제 조직은 최고경영층의 조정기능이 사업부 관리자에게 위임됨으로

그림 13-2 사업부 조직구조

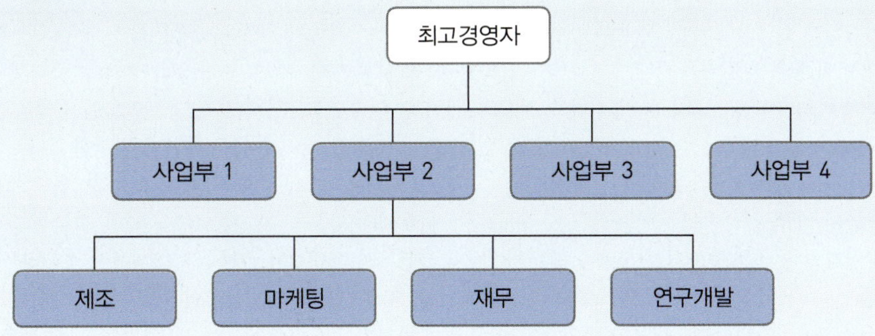

써 어느 정도 분권화된다. 즉, 최고경영자는 기업 전체의 전략적 기능과 사업부 간의 조정에 관한 책임을 지며, 사업부 내의 기능 간 조정은 사업부 관리자에게 위임된다. 사업부 수준에서 보면 제품라인에 대한 전략적 책임과 기능별 조정이 위임되므로 다른 사업부의 제품라인과 표준화해야 하는 필요성이 줄어든다. 이에 따라 기능별 조직이 가지는 전문화의 이점이 사라질 수 있다.

사업부 조직구조는 제품과 시장이 다양해짐에 따라 발생하는 문제를 해결하는 데 도움된다. 각 사업단위가 독립적이므로 사업부 관리자는 제품전략을 자유롭게 수행할 수 있으며, 시장별 특성을 고려하여 적응성과 유연성을 높일 수 있다. 따라서 사업부 조직구조는 다양한 제품과 서비스를 생산하고, 개별 사업부의 하위 기능단위에 필요한 인력을 충분히 보유한 대규모 기업에게 적합한 조직구조이다. 사업부 조직구조는 시장적응성이 높아지는 데 반해 효율성이 낮아진다. 표준화가 가능한 기능별 조직구조에 비해 상대적으로 규모의 경제를 누릴 수 있는 가능성이 낮아지기 때문이다.

사업부 조직구조의 장점과 단점을 요약하면 〈표 13-2〉와 같다.

표 13-2 사업부 조직구조의 장점과 단점

장　　점	단　　점
• 다각화기업에 있어서 책임을 분산하고 권한을 위임하는 데 좋은 방법임 • 사업부의 독특한 환경에 맞는 사업전략을 개발할 수 있음 • 사업부의 핵심활동과 필요한 기능을 중심으로 조직화할 수 있음 • 최고경영자의 부담을 줄여 기업전략에 전념하게 함 • 이익과 손실에 대한 명백한 책임을 사업단위 관리자에게 부여함	• 기업과 사업단위 차원의 스탭기능이 중복되어 간접비 부담이 증가함 • 어떤 의사결정문제를 집권화하고 어떤 의사결정문제를 분권화할 것인가 하는 문제가 발생함 • 기업자원을 얻기 위해 사업부 간에 치열한 경쟁이 이루어짐 • 사업부의 자율성이 관련 사업단위들을 조정하는 데 장애가 되어, 전략적 적합성의 이익을 얻는 데 제약이 됨 • 기업경영이 사업단위 관리자들에게 상당히 의존함 • 기업경영자가 사업부의 상황에 대해 잘 모르게 되어 문제발생시 어떻게 대처해야 할지를 모름

자료: A.A. Thompson and A.J. Strickland, *Strategic Management: Concepts and Cases*(7th Edition), Irwin, Homewood, IL(1993), p. 229.

3. 매트릭스 조직구조

시장 적응성과 운영 효율성을 동시에 얻기 위한 노력이 또 다른 조직형태를 필요로 하게 되었다. 기능별 조직구조가 효율성을 극대화하는 데 비해, 사업부 조직구조는 시장 적응성을 높인다. 이들 두 조직형태의 이점을 모두 얻기 위한 노력이 매트릭스 조직구조(matrix organization structure)를 도입하게 되었다. 매트릭스 조직구조는 부문화의 두 가지 근거(기능과 제품)가 동시에 채택되는데, 〈그림 13-3〉은 기능별 구조와 사업부(제품별) 구조가 결합된 형태이다. 이와 달리, 지역별 구조와 제품별 구조가 결합되기도 한다.

다른 조직형태와 달리 매트릭스 조직구조는 종업원이 두 명의 상사를 두게 된다. 이는 전통적인 경영원칙(명령의 단일성)에 위배되는 것이다. 두 개의 명령계통 중에서 하나는 기능별 구조에 따르며, 다른 하나는 사업부 구조에 따른다. 따라서 최고경영자는 두 조직구조의 보스가 되며, 두 조직구조 간의 권력균형을 유지하는 조정의무를 가지게 된다. 만약 하나의 조직구조가 우세해지면 매트릭스구조는 기능별 조직구조나 사업부 조직구조와 별 차이가 나지 않으며,

그림 13-3 매트릭스 조직구조

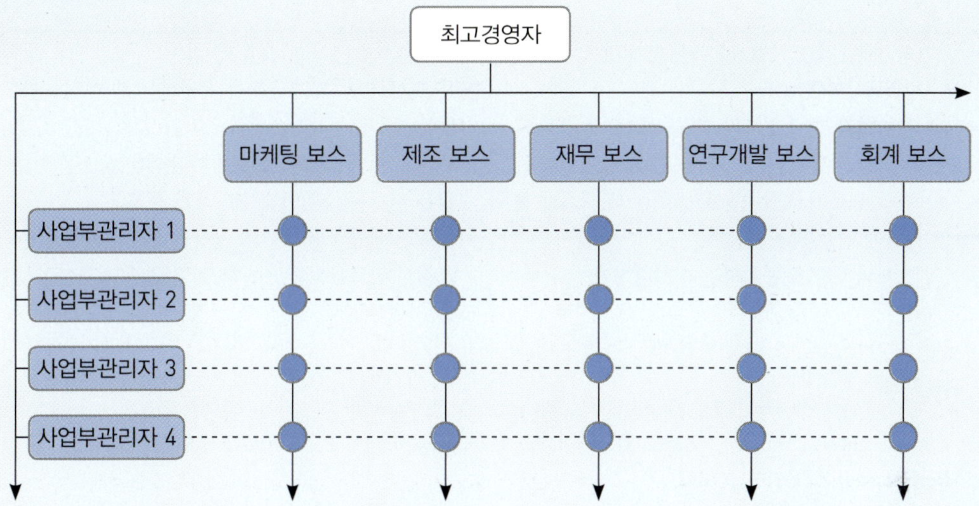

매트릭스 조직구조의 이점은 사라진다.

매트릭스 내의 기능별 구조나 사업부 구조를 책임지는 매트릭스 보스는 그들의 부하에 대한 완전한 통제권을 가지지 못한다. 이들 보스는 각자가 책임질 업무를 명확히 하기 위해 다른 조직구조의 보스와 협력해야 한다. 그리고 부하들이 양 보스에게 보고의무가 있으므로 성과측정, 인사고과와 같은 문제에서도 보스들이 협의하여야 한다. 이런 활동들은 많은 시간을 필요로 할 뿐 아니라, 빈번한 의사소통과 인내, 그리고 다른 사람과 함께 일하는 기술을 필요로 한다.

매트릭스 조직구조의 중간관리자는 두 명의 상사에 속하게 된다. 이들 관리자에게 서로 상충되는 명령이 공식적으로 하달될 수도 있다. 이에 따라 양측으로부터 압력을 받게 될 것이므로 관리자가 갈등에 빠지기도 한다. 이런 점에서 매트릭스 조직구조에는 갈등의 여지가 잠재되어 있다. 매트릭스 조직구조의 중복권한 구조로 인한 갈등이 매트릭스 보스들에 의해서 해결된다면 최고경영자의 부담이 줄어든다. 이를 위해서 해당 보스들 간에 활발한 의사소통이 이루어져야 할 것이다.

매트릭스 조직구조의 장점과 단점을 요약하면 〈표 13-3〉과 같다.

표 13-3 매트릭스 조직구조의 장점과 단점

장 점	단 점
• 두 가지 차원(기능/제품)에 대해 동일한 전략적 우선순위를 부여함 • 대립되는 시각 간에 견제와 균형(checks and balances)을 조장함 • 기능 면의 전략적 적합성을 달성하는 데 도움을 줌(두 차원이 기능/제품일 경우) • 조직 전체의 이익을 중시하는 의사결정이 이루어지게 함 • 협력, 의사합일, 갈등해소, 관련 활동 간의 조정을 촉진시킴	• 관리하기에 매우 복잡함 • 두 권한 계통 간의 균형을 유지하는 데 어려움이 있음 • 권한의 지나친 공유가 장애가 되어 의사소통에 많은 시간을 소비하게 함 • 신속한 행동과 과감한 의사결정에 어려움이 있음 • 조직의 관료주의를 조장하고, 창의적 기업가정신을 저해함

자료: A.A. Thompson and A.J. Strickland, *Strategic Management: Concepts and Cases*(7th Edition), Irwin, Homewood, IL(1993), p. 232.

〈전략포커스〉에 소개된 매트릭스 조직구조는 기능별 조직구조나 사업부제의 단점을 보완할 수 있다는 장점이 있다. 그런데 매트릭스 조직구조는 장점과 함께 단점도 뚜렷한 조직구조이다. 이론적으로는 훌륭하지만 복잡하기 때문에 현실에서 이를 효과적으로 운영하는 것이 어렵다는 주장이 많았다. 예컨대, 피터스와 워터만(Peters and Waterman)은 1982년 출간한 『초우량기업의 조건(*In Search of Excellence*)』에서 "초우량기업은 모두 고객과 가까운 조직구조를 택하고 있다. 이들 중 매트릭스 조직구조를 채택한 기업은 한 곳도 없다."고 하였다. 또한 매트릭스 조직구조를 채택한 모범사례로 꼽히던 스웨덴의 다국적기업 ABB도 1998년 글로벌 제품별 사업부제로 조직구조를 변경하였다.

최근 경영환경의 복잡성이 증가함에 따라 매트릭스 조직구조의 필요성을 강조하는 주장도 대두되고 있다. 즉, 사업이 단순하면 조직구조도 단순한 것이 바람직하지만, 다양한 제품을 여러 시장에 판매하는 복잡한 사업을 하고 있는 기업은 단순한 조직구조로는 시장과 고객의 다양화로 인해 발생하는 복잡성을 충분히 해소하기 어렵다는 주장이다. 국내 금융기관들이 매트릭스 조직구조를 채택함으로써 성과를 높일 수 있는 것은 금융시장의 특징, 즉, 다양한 상품시장과 고객으로 인해 발생하는 복잡성을 해소하는 데 도움이 되기 때문이라고 할

전략포커스 | '매트릭스 조직'…금융업계에 낯설지 않다

금융권에 매트릭스 조직체계 도입이 이어지고 있다. 금융사뿐 아니라 공기관이나 금융당국도 매트릭스 조직을 도입하고 있다. 매트릭스 조직이란 기존 조직을 유지하면서도 이와 별도로 여러 부문에 공통적으로 적용되는 업무나 프로젝트를 수행하는 조직을 꾸리는 체계다. 한 명이 두 조직에 소속돼 업무를 수행한다. '사업부문제'라고도 한다. 예를 들어 한 금융지주사 산하에 있는 은행과 저축은행, 증권사 등에 각각 투자금융(IB)을 담당하는 부서가 있을 경우, 해당 부서를 지주사 투자금융사업부문으로 묶는 것이다. 각자 속한 회사는 다르지만 IB업무라는 틀 안에서 의사결정을 하고 사업을 실행하게 된다.

최근 예금보험공사는 리스크관리와 부실금융회사 정리 부문에 매트릭스 조직을 도입했다. 예보 안에 있는 은행과 금융투자업, 보험, 저축은행 담당 부서에서 리스크관리 업무를 떼어내 한곳으로 모아 리스크총괄부라는 매트릭스 조직을 만든 것이다. 또 금융사 구조조정 단계에서 신속한 업무를 위해 각 금융업권별 부서 내에 있는 구조조정 담당 조직을 한곳으로 모아 구조개선총괄부를 신설했다. 결과적으로 업무별로는 리스크총괄부와 구조개선총괄부를 두고 업권별로는 은행금투관리부, 보험관리실, 저축은행관리부 등 업권별로 조직을 두는 체계로 개편했다.

매트릭스 조직체계는 최근 10년간 국내 금융업계 화두 중 하나다. 매트릭스 조직체계는 2008년 하나금융그룹이 처음 도입해 실험을 시작했다. 당시 김승유 하나금융그룹 회장은 매트릭스 조직 총괄센터, 기업금융BU(business unit)와 개인금융BU, 자산관리BU를 둔 매트릭스 조직을 도입했다. 하나금융그룹에 이어 KB금융지주와 신한금융지주, 우리금융 등도 매트릭스 조직체계를 도입했다. 2017년에는 금융감독원도 매트릭스 조직체계를 도입했다. 기존에 업권별로 부서를 나눠 운영했던 체계에서 벗어나 모든 업권의 영업행위와 건전성을 통합 감독하는 건전성총괄조정팀과 영업행위총괄조정팀을 만들었다.

금융권이 당국과 업계를 가리지 않고 매트릭스 조직체계를 도입하는 것은 해당 사업에 집중하면서 성과를 내기가 유리하다는 판단 때문이다. 처음으로 매트릭스 조직체계를 도입한 하나금융지주에서는 특히 하나금융투자가 큰 수혜를 입었다는 분석이다. 매트릭스 조직체계 도입 이전 업계에서 중하위권에 머물렀던 하나금융투자는 조직개편 뒤 영업력이 크게 강화되면서 현재는 8위권 증권사다. 신한금융지주도 은행과 증권사 WM사업부문을 통합한 뒤 자산이 증가하는 추세며, KB금융도 매트릭스 조직체계 도입 이후 영업이익이 개선되고 있다.

매트릭스 조직체계가 좋은 성과를 보이는 것은 기존 법인 중심형 조직에 비해 효율적이라는 설명이다. 성과 자체에 집중할 수 있고 계열사 간 시너지 확보도 용이하다는 것. 고객의 피드백이 있을 경우에도 이에 대한 대응이 법인별로 따로 나뉘지 않고 그룹 전체가 대응할 수 있기 때문에 상황대처능력도 뛰어나다는 평가다.

하지만 매트릭스 조직체계가 지배구조를 왜곡시킨다는 비판도 있다. 대부분 금융회사가 금융지주를 도입하고 계열 법인별로 경영을 분리했음에도 매트릭스 조직을 통해 지주사 권한이 과도하게 커질 수 있다는 비판이다. 또 대부분 국내 금융지주회사는 은행의 비중이 매우 높아 실적에 따른 공과가 은행에 집중될 가능성도 높다는 지적도 있다. 국회입법조사처도 매트릭스 조직 체계에 대해 "영업부문별 보고라인에 지휘 중복이 발생하고 수평적 교류에 익숙하지 않은 조직문화 때문에 의사결정에 혼선을 초래할 수 있다."고 지적한 바 있다.

출처: 비즈니스 WITH BUSINESS WATCH(2019. 1. 28.), 강현창 기자

수 있다.

이상에서 살펴본 세 가지의 조직형태가 조직구조의 가장 기본적인 유형이다. 실제 기업의 조직구조는 이들 기본 유형에서 각 기업의 특성에 맞게 적절하게 변형된 것이다. 이런 점에서 볼 때 완전하면서도 이상적인 조직구조는 존재하지 않으며, 전략과 조직구조 간의 적합성에 적용시킬 수 있는 보편적인 법칙은 없다. 피터 드러커(P.F. Drucker)는 조직설계의 어려움을 다음과 같이 표현하고 있다.

> "직무를 수행할 수 있는 가장 단순한 조직구조가 최상의 조직구조이다. 문제를 일으키지 않는 조직구조가 좋은 조직구조이다. 조직구조가 단순할수록 잘못될 가능성이 낮다.……조직구조를 설계하는 원칙들은 수단이다. 수단은 그 자체로서 좋고 나쁜 것이 아니다. 사용할 때 잘 사용하거나 잘못 사용할 수 있는 것이다. 최대한의 단순성과 최대한의 적합성을 얻기 위해서는 핵심적 결과(key results)를 산출하는 데 필요한 핵심적 활동(key activities)에 명백한 초점을 맞추어 설계하는 것이다. 조직구조는 가능한 한 단순하게 설계하여야 한다. 무엇보다 설계자는 설계하는 조직구조의 목적을 항상 염두에 두어야 할 것이다." – 피터 드러커(P. F. Drucker), *Management*(1974), pp. 601~602.

13.3 조정 메커니즘

조직설계의 첫 번째 구성요소가 과업과 책임의 할당(전문화 또는 분업화)이라고 하였다. 그런데 전문화된 과업이 부서나 개인에게 부과된 경우, 이들의 과업수행이 조직 전체의 목적을 달성하는 데 도움이 되는 방향으로 유도하는 조정활동이 필요하다. 이를 위해 기업이 사용할 수 있는 조정 메커니즘에는 세 가지 유형이 있다. 그것은 ① 관료적 조정 메커니즘, ② 수직적 조정 메커니즘, ③ 수평적 조정 메커니즘이다.

1. 관료적 조정 메커니즘

대부분의 조직이 몇 가지 정도의 관료적 조정 메커니즘을 사용하고 있다. 여기에는 규칙(rules), 규제(regulations), 표준적 운영절차(standard operating procedure) 등이 포함된다. 과업을 수행하는 규칙이나 규정을 정해 놓음으로써 원하는 방향으로 과업이 수행되게 할 수 있다. 일반적으로 관료적 조정 메커니즘은 종업원의 행동을 표준화하려고 노력한다. 즉, 구성원이 무엇을 해야 할 것인가를 미리 규정하는 것은 표준(standard)을 정함으로써 과업이 조정되게 하는 데 목적이 있다.

민츠버그(H. Mintzberg)에 따르면 조정을 위한 표준화는 다음과 같은 네 가지 형태의 표준화로 나누어진다.

① 과업절차의 표준화(과업내용을 규정하고 수행절차를 프로그램화(programming))

② 산출물의 표준화(달성해야 할 결과를 명확히 규정)

③ 지식이나 기술의 표준화(사전교육을 통해 지식이나 투입물을 표준화)

④ 규범의 표준화(공통된 믿음의 공유)

2. 수직적 조정 메커니즘

수직적 조정 메커니즘은 활동 간의 조정을 위해 직접적 감독과 같은 유형의 조정 메커니즘을 사용한다. 대표적인 예로는 다음과 같은 것을 들 수 있다.

1) 직접 문의(direct referral): 이 메커니즘은 종업원들이 해결할 수 없는 문제나 판단하기 어려운 문제가 발생할 경우 감독자에게 직접 문의하게 하는 것이다.

2) 계획이나 일정표: 계획이나 일정표는 종업원들에게 계속적인 정보를 제공해 준다. 가장 널리 사용되는 계획이 예산이다. 계획이나 일정표가 잘 수립되어 있을 경우 종업원들 스스로 자신의 업무를 추진하게 맡겨 놓을 수 있다.

3) 위계계층의 추가: 감독을 위한 새로운 권한계층이나 지위를 신설함으로써 조정을 강화할 수 있다. 새로운 계층을 추가하여 통제범위를 줄임으로써 보다 밀접한 의사소통과 통제가 가능해진다.

4) 수직적 정보시스템: 여기에는 정기적인 보고서, 서면정보, 컴퓨터화된 자료요약 등이 포함된다. 최근에는 많은 기업들이 정보시스템을 구축하여 매일 또는 주별 보고를 통해 최고경영층과 하위수준 간의 활동을 연계시키고 있다.

이상의 네 가지 조정 메커니즘은 조정기능의 정도에 있어서 다르다. 직접 문의가 가장 낮은 조정기능을 수행하며, 수직적 정보시스템이 가장 높은 조정기능을 수행한다.

3. 수평적 조정 메커니즘

수직적 조정 메커니즘이 기본적으로 직접적인 감독방식에 의존하는 데 비해, 수평적 조정 메커니즘은 부서 간의 상호조정에 의존한다. 수평적 조정 메커니즘은 그 중요성이 큼에도 불구하고, 일반적으로 조직표에는 잘 나타나지 않는다. 다음과 같은 것들이 대표적인 수평적 조정 메커니즘이다. 뒤쪽(프로젝트 팀)으로 갈수록 보다 강력한 조정기능을 발휘한다.

1) 메모 등의 문서교환: 각 부서들이 당면한 의사결정이나 문제들에 관한 서류나 메모를 교환함으로써 자기 부서의 활동을 다른 부서가 알게 한다.

2) 직접 접촉: 문제로 인해 영향을 받는 관리자들이 직접 접촉함으로써 문서교환 보다 나은 조정을 이룰 수 있다.

3) 연락역(liason roles): 연락역이란 한 부서에 속하면서 다른 부서와의 의사소통을 책임지고 조정을 전담하는 사람을 말한다. 예컨대 생산통제(production control) 부문의 연락역은 제조활동과 판매활동 간의 조정을 담당하게 된다.

4) 태스크 포스(task forces): 직접 접촉이나 연락역은 주로 두 부서 간을 연결한다. 여러 부서가 관련되어 있을 때는 태스크 포스가 구성된다. 태스크 포스는 문제와 관련이 있는 각 부서를 대표하는 임시위원회라고 할 수 있다. 따라서 문제가 해결되고 나면 태스크 포스는 해체된다.

5) 전담 조정가(full time integrator): 이 메커니즘은 조정기능을 전담하는 조정가를 지정하는 방법이다. 전담 조정가는 제품관리자, 프로그램관리자, 브랜드관리자와 같은 직위를 가지게 된다. 전담 조정가는 어떠한 부서에도 속하지 않고, 여러 부서 간의 조정기능을 담당한다. 그런데 수직적 조정 메커니즘 중에서 감독계층을 신설하는 경우와는 달리 전담 조정가는 상당한 책임(조정업무)을 맡게 되는데 비해 권한은 거의 없다. 따라서 설득이 문제해결을 위한 주요 수단이 된다.

6) 프로젝트팀(project teams): 장기적 태스크 포스의 일종으로 프로젝트팀이 구성될 수 있다. 프로젝트팀은 부서 간의 활동에 대해 상당기간 동안 강력한 조정기능이 요구될 때 사용된다.

이상에서 살펴본 세 가지의 조정 메커니즘은 기업에 따라 적절하게 배합되어 사용된다. 동태적 환경에 속한 기업들은 수평적 조정 메커니즘에 의존하는 경향이 높고, 안정적 환경에 속한 기업일수록 관료적 또는 수직적 조정 메커니즘에 의존하게 된다. 관료적 또는 수직적 조정 메커니즘에 의존하는 기업일수록 기계적 형태(mechanistic type)의 조직에 가깝고, 수평적 조정 메커니즘을 사용하는 조직은 유기적 형태(organic type)의 조직에 가깝다.

13.4 조직구조의 적합성

조직구조가 기업의 성과에 영향을 준다는 점에 대해서는 다음과 같은 측면을 고려해 볼 수 있다. 조직설계에 있어서 중요한 세 가지 가정은 다음과 같다.

① 조직의 구성원과 업무를 집단화하는 방법이 조직의 성과에 영향을 준다는 것은 아담 스미스(Adam Smith)가 제시한 분업의 이익을 통해 쉽게 설명된다. 즉, 분업의 이익은 전문화와 부문화를 통해 조직의 성과를 높일 수 있다는 것을 보여주는 대표적인 예이다. 따라서 경영자는 적절한 조직구조를 설계하기 위해 노력하여야 할 필요성이 있다.

② 조직설계를 통해 개인의 행동에 영향을 줄 수 있으므로 경영자 입장에서 볼 때 통제수단이 된다. 조직구조는 개인의 기대에 영향을 주어 동기유발적인 작용을 하는 데, 동기유발된 행동은 성과를 달성하는 데 도움을 준다.

③ 조직설계는 본질적으로 효율성의 문제와 관련이 있다. 조직설계는 투입물을 산출물로 전환시키는 비용(생산원가)을 감소시키기 위해 업무를 조직화하는 것이다. 이때 적절한 분업과 조정 메커니즘을 활용할 경우 효율적인 조직을 만들 수 있다.

조직설계는 조직의 수준에 따라 조직 수준, 사업부 수준, 기능별 수준으로 나누어진다. 필요한 경우는 특정한 프로젝트(예컨대 신제품 도입)를 위해 별도의 조직구조가 만들어지기도 한다. 따라서 조직구조의 적합성은 설계수준에 따라 다르게 적용된다. 단업 사업의 기업은 기업전략과 사업전략 간의 구분이 없으므로 기업수준과 사업수준의 조직설계가 같다. 다각화기업에 있어서는 많은 사업부가 있으므로 조직설계도 다양하게 이루어진다. 이러한 기업에 있어서 기업수준의 적합성과 사업수준의 적합성은 다르게 나타날 것이다.

기업이 적절한 조직구조를 가지고 있는가 하는 것은 다음의 세 가지 질문에 답을 해 봄으로써 알 수 있다.

- 조직구조가 조직의 전략을 실행하는 데 적합한가?
- 조직구조가 조직이 환경 내에서 적절하게 운영되는 데 도움을 주는가?
- 조직설계의 요소들(부문화의 근거와 조정 메커니즘)이 서로 적합한가?

전략과 환경 간의 적합성은 좋은 조직설계의 핵심적 결정요소이다. 따라서 부문화의 근거와 조정 메커니즘이 전략이나 환경과 적합해야 하며, 특히 이들간에 내적 일관성이 있어야 한다. 적합성을 달성할 수 있는 조직설계의 일반적 과정을 요약하면 〈그림 13－4〉와 같다.

그림에서 알 수 있듯이 조직설계의 출발점은 환경을 분석하고 전략을 수립하는 것이다. 전략이 수립되고 나면 수행해야 할 핵심과업을 파악하여야 한다. 조직설계의 다음 단계는 부문화의 근거를 정하고 필요한 조정 메커니즘을 만드는 것이다. 바람직한 조직구조를 평가하는 데 있어서 고려되는 사항으로는 ① 환경과의 적합성, ② 전략과의 적합성, ③ 조직설계의 비용, ④ 최고경영층의 가치체계를 들 수 있다. 이론적으로 가장 중요시되는 것이 첫 번째와 두 번째의

그림 13－4 조직설계의 일반적 과정

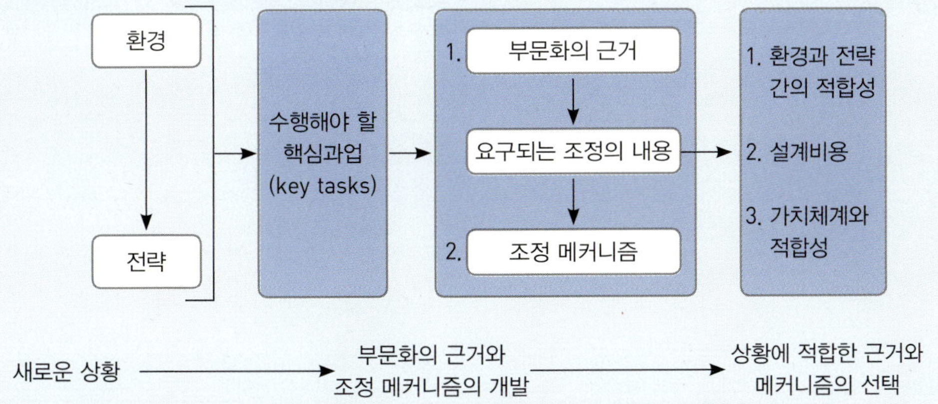

자료: V.K. Narayanan and R. Nath, *Organization Theory: A Strategic Approach*, Irwin, Homewood, IL(1993), p. 334.

환경 및 전략과의 적합성이다. 조직설계 비용과 가치체계는 실용적인 평가기준이기는 하나 조직형태를 선택하는 데 있어서 지배적인 이유가 되지 않는다.

1. 조직설계, 환경, 성과 간의 연관성

챈들러가 기업 수준의 조직설계에 관심을 가졌다고 한다면 사업부 수준의

그림 13-5 로렌스와 로쉬의 조직설계모형

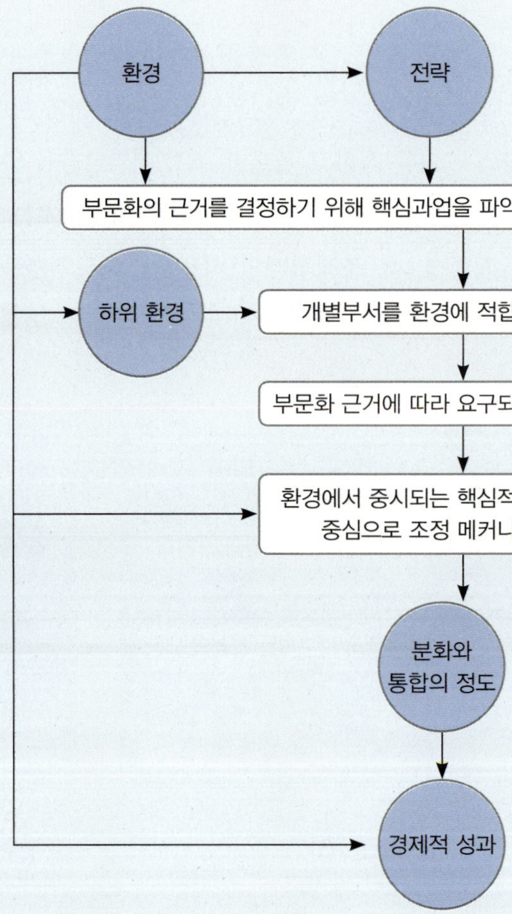

자료: V.K. Narayanan and R. Nath, *Organizational Theory: A Strategic Approach*, Irwin, Homewood, IL(1993), p. 324에서 재인용.

조직설계에 대한 연구도 이루어졌다. 로렌스와 로쉬(P. Lawrence and J. Lorsch)는 상황이론의 맥락에서 사업부 수준의 조직설계에 있어서 환경과 경제적 성과 간의 연관성을 연구하였다. 이들의 연구는 〈그림 13-5〉로 요약할 수 있는데, 다음과 같이 다섯 단계로 나누어서 설명할 수 있다.

〈1 단계〉 조직은 개별부서나 조직단위에 전략이나 환경을 고려한 적정수준의 과업을 부과할 수 있도록 조직구조를 구축하여야 한다. 이를 위해 부문화의 근거를 결정하기 위한 핵심과업(key tasks)을 파악한다.

〈2 단계〉 개별부서는 각각 다른 환경에 속해 있다. 따라서 각 부서는 하위환경과 일치하게끔 내부적으로 조직되어야 한다. 환경이 안정적이고 확실성이 높다면, 기계적 형태(mechanistic type)의 조직구조를 채택하고, 반대로 환경이 동태적이라면 유기적 형태(organic type)의 조직구조를 채택하여야 한다.

〈3 단계〉 부문화에는 조정의 필요성이 뒤따르는데, 부문화의 근거가 무엇인가에 따라 요구되는 조정의 내용이 달라질 것이다. 조정 메커니즘은 경쟁환경에서 중시되는 핵심적 상호의존성을 중심으로 부서들을 통합할 수 있도록 설계되어야 한다. 예컨대 신제품 도입이 핵심이라면 마케팅과 연구개발활동 간의 조정이 중요시되며, 제품 인도와 스케쥴이 중요하다면 마케팅과 생산활동 간의 조정이 중요시된다.

〈4 단계〉 조직설계가 효과적이기 위해서는 분화와 통합이 적절하게 이루어져야 하는데, 일반적으로 분화의 정도가 높을수록 더 높은 통합의 정도가 요구된다.

〈5 단계〉 가장 효과적인 기업은 다양한 하위환경에 적응할 수 있을 정도로 조직구조를 분화하고, 동시에 전체 기업환경에서 발생하는 경쟁적 문제를 해결할 수 있도록 분화된 조직구조를 통합하는 메커니즘을 발휘하는 기업이다.

2. 피터스와 워터만(T.J. Peters and H. Waterman)의 연구

피터스와 워터만은 『초우량기업의 조건(*In Search of Excellence*, 1982)』이

라는 책에서 미국의 초우량기업을 선정하고 이들 기업이 가지고 있는 공통적 특징을 다방면에 걸쳐 도출하였다. 이 중에서 조직구조와 관련된 부분을 살펴보면 몇 가지 중요한 교훈을 얻을 수 있다.

① 대부분의 초우량기업에 있어서 조직구조의 기초는 아주 안정적이며 변하지 않는 형태를 취하고 있는데, 보통 분권화된 사업단위 또는 제품사업부(business/product division)형태를 취하고 있다. 이 형태는 기업 내의 모든 구성원이 이해할 수 있는 구성블럭을 제시해 주며, 일상적인 이슈와 복잡성에 접근하는 근거가 된다.

② 이러한 기초적이고 단순한 형태의 구성블럭을 명확히 하고, 조직구조의 나머지 부문은 의도적으로 유동성과 탄력성을 유지하게 함으로써 변화하는 환경조건에 적응하게 한다. 태스크 포스나 프로젝트팀을 구성하거나, 새로운 이슈와 기회에 대응하기 위해 소규모 사업부를 신설하기도 한다.

③ 새로 등장하는 사업기회를 기존 사업부에서 추구하도록 하지 않고 새로운 사업부를 신설한다. 때로는 새로운 제품이나 제품라인은 자동적으로 독립된 사업부로 분리시키는 방침이 정해져 있기도 하다.

④ 효율성의 증대, 비용의 공유, 경쟁강점의 강화, 변하는 시장환경에의 적응을 촉진시키기 위해 조직구성원, 심지어는 제품과 제품라인까지도 한 사업부에서 다른 사업부로 빈번하게 이전시킨다.

⑤ 대부분의 초우량기업에서는 본부수준에 상대적으로 적은 인원이 배치되어 있으며, 이들 본부 인원도 항시 본부에 있는 것이 아니라 자주 현장에 나가 있다. 초우량기업 중 하나인 에머슨(Emerson)은 종업원이 54,000명인데 본부의 스탭진은 100명에도 미치지 않았다. 기능별 조직구조의 장점은 효율성에서 뛰어나며 기본적 활동을 잘 수행한다는 것이다. 그러나 기능별 조직구조는 특히 창의성과 기업가정신을 저해하며, 환경변화에 신속하게 적응하지 못하고 주요한 환경변화를 무시하는 경향이 있다.

⑥ 기업가적이고 적응력이 뛰어난 조직을 유지하는 핵심은 소규모화하는 데 있다. 그리고 조직단위를 소규모화하는 것은 새로운 활동이나 확장되는 활

동을 독립된 조직단위로 분리하는 것이다. 대부분의 초우량기업에 있어서 사업단위의 규모는 매출액 기준으로 5천만 달러에서 1억 달러를 초과하지 않으며, 인원에 있어서 1,000명을 초과하지 않는다.

⑦ 조직이 경직되고 둔해지는 것을 방지하기 위해서 다음과 같은 습관 타파(habit breaking)기법을 사용한다. ⓐ 정기적으로 재조직화한다. ⓑ 최우수인력을 프로젝트팀에 속하게 하고, 핵심문제의 해결과 중심적 전략동인(strategic thrust)의 실행을 위해 특권을 부여한다. ⓒ 특수한 경영재능을 활용하고 시장적합성을 높이기 위해 필요한 경우 제품과 제품라인을 다른 사업부로 이전한다. ⓓ 거대하고 관료적인 사업부를 다수의 소규모 사업부로 분리한다. ⓔ 실험적 조직설계를 시험하기도 하고 새로운 기회추구를 지원하기에 충분할 정도의 유연성을 확보한다.

⑧ 느슨하면서도 엄격한(loose and tight) 조직구조를 채택함으로써 하위 종업원들의 자율성, 기업가정신, 혁신을 북돋우고, 다른 한편으로 최고경영층이 강력한 중앙집중적 방향을 설정할 수 있게 한다. 정기적 재조직화, 유연한 조직형태(프로젝트팀과 태스크 포스의 활용), 하위 경영자에게 자율성 부여, 다양한 실험 등과 같은 것은 모두 느슨한(loose) 방법으로 업무를 수행함으로써 얻을 수 있는 자극적 측면에 중점을 두는 방법이다. 반면, 정기적 의사소통, 신속한 피드백, 간결한 서류업무, 몇 개의 핵심적 가치관에 대한 강한 충성, 자기 훈련 등과 같은 것은 엄격한(tight) 중앙통제를 가능하게 함으로써 기준에서 크게 벗어나는 일이 없도록 한다.

이상에서 살펴본 원칙들을 적용하면 새로운 기회를 추구하는 기업가정신을 배양하고 환경변화에 적응하는 능력을 증대시킨다. 유동적이며 유연한 조직구조, 다시 말해 기본형태(제품사업부)는 안정적으로 유지하지만 주변사항은 빈번하게 재조직하는 조직구조는 하나의 규범이다. 유동성과 탄력성을 유지하는 목적은 끊임없이 바뀌는 전략의 필요성에 조직구조를 적합시키고, 현재의 조직구조가 고착되거나 정치권력화되어 장애요인이 되는 것을 방지하는 데 있다.

13.5 조직문화의 개념

조직문화에 대한 정의는 원래 인류학의 정의에서 출발한다. 그러나 인류학자들은 조직문화 그 자체보다 큰 사회적 문화유형에 관심을 가지고 있다. 이런 측면에서 문화인류학적 정의를 살펴보면 다음과 같다.

> "한 민족의 문화는 행동양식의 독특한 유형과 이를 뒷받침하는 신념, 가치관, 규범, 전제들로 구성되어 있다. 문화는 학습되고 사회의 구성원들에 의해 공유되며 그들의 행동에 강제적 영향을 준다. 따라서 문화는 모든 사회가 생존하기 위해서 풀어야 할 문제들에 대한 해답을 제공해 준다(The culture of a people consists of their distinctive modal patterns of behavior and the underlying beliefs, values, norms, and premises. Culture is learned and shared by the members of a society and has a compelling influence on their behaviors. Thus culture provides solutions to problems that all societies must solve if they are to remain viable)."
>
> –텁스트라와 데이비드(V. Terpstra and K. David(1985), p. 56.)

이상의 정의에서 다음과 같은 세 가지 측면이 강조된다.

첫째, 문화는 학습(learned)된다. 문화는 인간이 태어날 때 부여받는 것이 아니라 인간이 만들어 내는 것이다. 인간은 의식적 및 무의식적 학습을 통해 문화를 습득하게 된다. 개인이 문화를 학습하는 과정을 사회화(socialization)라고 한다.

둘째, 문화는 공동체 속에서 공유(shared)된다. 한 사회 내 개인들의 행동이나 믿음이 중복되는 특징이 있을 때 이를 문화라고 한다. 따라서 문화는 의사소통을 통해 다른 사람에게 전달될 수 있다. 이런 점에서 문화는 사회 내 개인간의 조정역할을 하며 사회를 결속시키는 접착제가 된다.

셋째, 문화는 구성원들의 행동에 강제적으로 영향(a compelling influence)

을 준다. 이런 점에서 문화는 사회 내 개인의 행동을 표준화한다. 이 때문에 문화가 조직 내에서 조정 메커니즘이 될 수 있다. 그러나 약한 문화 속에서는 이런 영향이 크게 느껴지지 않는다.

조직(또는 기업)은 그 조직이 속한 사회의 하위집단이다. 따라서 문화의 수준이라는 측면에서 볼 때 조직문화는 인류학자들이 대상으로 하는 사회집단의 문화에 속하는 하위수준의 문화이다. 이런 점에서 조직문화도 위에서 살펴본 세 가지 측면을 그대로 적용시킬 수 있다. 새로 조직에 속한 구성원은 사회화과정을 통해 그 조직의 신념과 가치관을 습득하게 된다. 습득된 신념과 가치관은 구성원들의 동질성을 높이므로 결속력을 강화시켜 준다. 그리고 공유된 가치관으로 인해 이들의 행동은 공통된 특징을 보이게 될 것이며, 행동의 표준화는 바람직한 기업의 목표달성으로 연결될 가능성이 높다.

문화에 대한 일반화된 정의를 내리기가 어려운 것과 같이 조직문화에 대한 정의에 있어서도 일반화가 어렵다. 조직문화의 일반적인 구성요소로 가공품, 신념, 규범, 가치관, 전제들이 제시되고 있으나, 구체적 구성요소나 그 분류방법에 있어서 학자들마다 다르다. 여기서는 샤인(E.H. Schein)의 모형과 7S 모형을 통해 살펴보기로 한다.

1. 샤인의 모형

샤인은 문화의 구성요소를 인식수준의 정도를 중심으로 다음의 〈그림 13-6〉과 같은 세 가지 구성요소를 제시하고 있다.

1) 가공품(artifacts)과 창조물(creations): 가공품과 창조물이란 기술과 제품, 기구와 도구, 방침과 규율, 서류와 문서, 전통과 일화, 구성원과 집단의 의례와 예식, 행동패턴 등과 같이 표면적으로 나타나고 눈으로 볼 수 있는 물질적·상징적, 그리고 행동적 인공창조물을 의미한다. 이들은 일반적으로 그 사회의 문화유산이라고 말할 수 있다. 따라서 이들 인공적 작품은 그 사회에 대한 전체적인 인상과 표면적인 사회문화의 특성을 형성하는 데 가장 직접적이고 결정적인

그림 13-6 문화의 구성요소

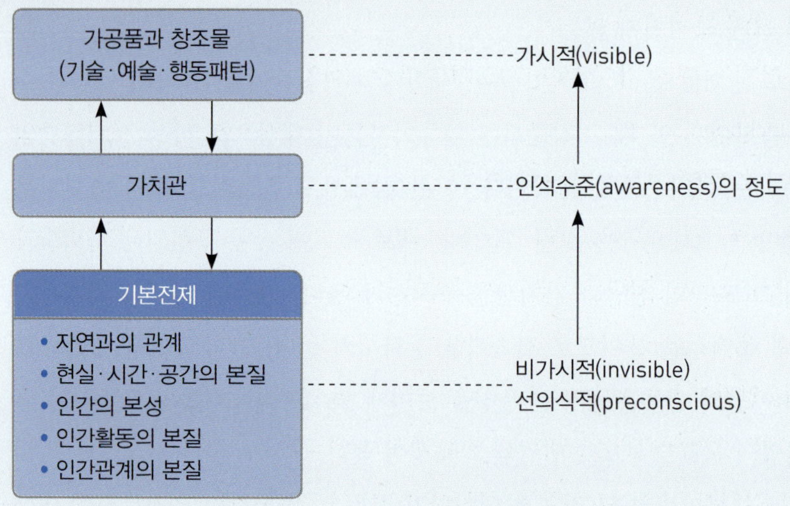

자료: E.H. Schein, "Coming to a new awareness of organizational culture," *Sloan Management Review*(Winter 1984), p. 4.

요소로 작용한다.

2) 가치관(values): 가치관은 사회구성원들이 일반적으로 인식하고 있는 행동의 지침으로서 위에서 설명한 인위적 창조를 지배하는 요소이다. 개인의 창의성에 대한 존중, 개인의 책임에 대한 중요성, 중요한 문제에 대한 합의중시, 개방적 의사소통 등이 가치관의 좋은 예들이다.

3) 기본전제(assumptions): 기본전제는 가치관과 밀접한 관계를 가지고 있는 개념으로서 사회구성원이 인식하지 못하는 선의식적 가치(preconscious value)라고 할 수 있다. 기본전제는 "기업은 이익을 내야 한다", "학교는 학생을 가르쳐야 한다", "병원은 병을 고쳐야 한다" 등과 같이 당연하고도 엄연한 사실과 같은 것이다. 즉, 기본전제는 사회구성원들이 매우 당연한 것으로 받아들이는 가정이기 때문에 논의의 대상이 되지 않는다. 이것이 기본전제와 가치관의 차이점이다. 가치관은 그것의 옳고 그름에 대한 토론의 여지가 없다. 기본전제

는 사회구성원의 지각, 사고, 그리고 느낌에 영향을 줌으로써 그들의 태도와 행동의 형성에 결정적인 역할을 한다. 그러므로 기본전제는 가치관과 문화의 형성에 가장 중요한 요소가 된다.

기본전제는 여러 가지 측면으로 설명해 볼 수 있으나 클로크혼과 스트로드벡(F.R. Kluckhohn and F.L. Strodtbeck)이 사용한 질문을 적용시켜 볼 수가 있다. 클로크혼과 스트로드벡은 모든 인간집단에 공통적으로 적용할 수 있는 다섯 가지 질문을 통해 각 문화의 가치추구양식을 연구하였다. 그것은 ① 인간본성의 특질, ② 인간과 자연과의 관계, ③ 인생의 중점시제, ④ 인간활동의 양식, ⑤ 인간관계의 양식 등의 다섯 가지 항목이다.

첫째, 인간본성의 특질에 있어서는 기본적으로 인간을 선한 것(천사)으로 보는가 악한 것(악마)으로 보는가, 아니면 선악이 혼합된 것으로 보는가 하는 문제이다. 이러한 구분에 따라 조직관리에 있어서 X이론과 Y이론의 적용이 가능하고 그에 따라 각각 다른 관리방법(가공물과 창조물)이 등장한다. 둘째, 인간과 자연과의 관계에 있어서는 인간이 자연에 얼마나 영향을 줄 수 있는지에 관한 기본전제이다. 즉, 인간이 자연을 지배하거나 정복할 수 있다고 보는지, 또는 자연에 종속 또는 복종하여야 된다고 보는지, 아니면 상호조화의 관계로 보는지에 대한 전제를 말한다. 셋째, 인생의 중점시제란 삶의 주 관심시기가 과거인가, 현재인가, 미래인가에 관한 문제이다. 넷째, 인간활동의 양식은 무엇이 올바른 행동이고 무엇이 그릇된 행동인지에 대한 기본전제를 의미한다. 즉, 인생의 목적이 존재(being) 그 자체에 있는 것인지, 성장의 과정(being in becoming)에 있는 것인지, 아니면 행동함(doing)에 있는 것인지 하는 문제이다. 다섯째, 인간관계의 양식은 인간관계가 권위주의적인 수직관계인지, 그룹 중심적인 평행관계인지, 개인주의적 동등한 관계인지에 대한 기본전제를 의미한다.

이상에서 본 문화의 세 가지 구성요소는 각각 밀접한 관계를 가지고 서로에게 영향을 미치고 있다. 특히, 각 문화의 기본전제가 다르면 가치관이 달라지고 이에 따라 우리가 접할 수 있는 가공품과 창조물이 문화에 따라 달라진다. 예컨대 인간관계의 본질을 수평적인 관계로 보는가 수직적인 관계로 보는가에 따라서 인간관계에 대한 가치관이 달라진다. 수평적 관계를 전제로 할 경우 인간관계는 경쟁의 관계로 파악되고 여기에서 유도될 수 있는 가치관은 개인의 창의성과 능력개발을 중시하며, 개개인이 모두 자신의 의견을 자유롭게 발표할 수 있는 권리와 이를 위한 개방적인 의사소통을 중시한다.

반면, 수직적인 인간관계를 전제로 하는 경우 개인 간의 동등한 경쟁보다는 사회질서 속의 틀을 벗어나지 않는 수준에서의 경쟁이 중시되고, 상호협조적이고 집단적인 질서를 중시하여 가부장적 권위에 의한 질서유지가 중시된다. 그 결과로서 나타나는 관리제도(창조물)의 한 특성으로서는 기업의 업적평가나 인식제도가 수평적인 관계에서는 실력주의(meritocrasy)에 근거를 둔 성과급제도로 나타나고, 수직인 관계에서는 연공서열(seniority)에 의한 인사고과제도로 나타날 수가 있다.

2. 7S(Seven S's) 모형

조직문화의 구성요소로서 7S는 〈그림 13-7〉에서 보는 것처럼 공유가치(shared value), 전략(strategy), 조직구조(structure), 시스템(system), 구성원(staff), 기량(skill), 행동 및 관리스타일(style)을 포함한다. 이 중에서 특히 공유가치가 조직문화 형성에 가장 중요한 역할을 한다. 이들 7S 중에서 전략과 조직구조가 하드한 요소(hard factors)라고 한다면, 나머지 5S는 소프트한 요소(soft factors)라고 할 수 있다. 전통적인 기업경영에서는 전략과 조직구조에 대해서 중점적으로 다루어왔다. 이들 구성요소들의 개념을 간단히 설명하면 다음과 같다.

1) 공유가치(shared value): 공유가치는 조직구성원이 공유하고 있는 가치관, 이념, 전통가치, 기본목적 등을 포함한다. 이는 전략적 목표설정이나 조직구성원의 행동 등 다른 구성요소에 지배적인 영향을 줌으로써 조직문화 형성에 가장 중요한 위치를 차지하고 있다.

2) 전략(strategy): 전략은 조직의 장기적 방향과 기본성격을 결정하는 것으로, 조직의 목적과 계획, 그리고 이를 달성하기 위한 자원배분패턴을 포함한다.

그림 13-7 7S 모형

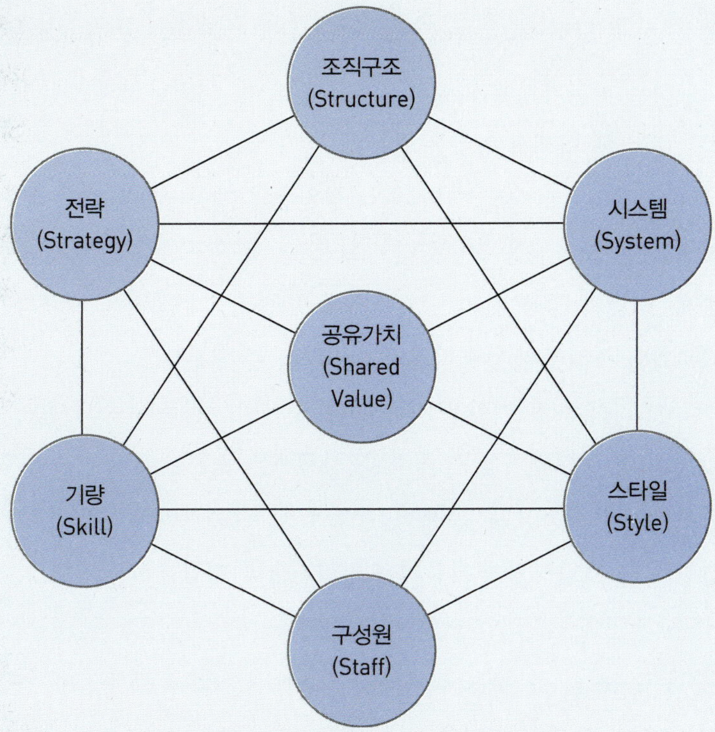

전략은 조직의 이념·목적·기본가치를 중심으로 이를 달성하기 위한 조직운영에 장기적인 틀을 제공함으로써 다른 구성요소에 영향을 주게 된다.

3) 조직구조(structure): 조직구조는 전략을 실행하는 데 필요한 틀로서 조직구조와 직무설계, 권한관계와 방침규정 등과 같이 구성원들의 역할과 그들 간의 상호관계를 지배하는 공식적 요소들을 포함한다. 따라서 조직구조는 제도와 함께 구성원들의 행동에 영향을 준다.

4) 시스템(system): 시스템은 조직의 의사결정이나 일상적 운영과 관련이 있는 모든 제도와 절차를 의미한다. 따라서 시스템은 조직의 기본가치에 적합하며 장기 전략목적을 달성하는 데 적합한 커뮤니케이션제도, 경영정보시스템, 의사결정제도, 보상 및 인센티브제도, 경영계획과 목표설정제도, 결과측정과 조정 및 통제 등 각 분야의 경영관리제도와 절차를 포함한다.

5) 구성원(staff): 조직문화는 구성원의 행동을 통해 실제로 나타난다. 구성원은 조직의 인력구성, 구성원들의 능력과 전문성, 가치관과 신념, 욕구와 동기, 지각과 태도, 행동패턴 등을 의미한다. 구성원들의 가치관과 행동은 조직이 의도하는 기본가치에 의해서 영향을 받으며, 인력구성과 전문성은 조직이 추구하는 전략에 의해서 영향을 받는다.

6) 스타일(style): 스타일은 구성원들의 행동경향과 행동패턴을 말하며, 특히 리더십 스타일을 포함한다. 스타일은 조직구성원 간의 상호관계, 집단과의 관계, 리더와 부하 간의 상호관계에 있어서 기본성격을 지배하는 요소로서 조직문화와 조직분위기에 직접적인 영향을 주게 된다.

7) 기량(skill): 기량은 각종 기계 및 장비, 컴퓨터 등과 같이 생산과 정보처리 분야의 하드웨어는 물론 이를 사용하는 소프트웨어 기술을 포함한다. 또한 동기부여와 행동강화, 통제 및 통합조정, 갈등관리와 변화관리, 목표관리와 예산관리 등 기업경영에 사용되는 관리기술과 기법을 포함한다.

3. 조직문화와 기업성과

조직문화에 대한 관심은 조직문화가 전략의 실행에 영향을 줄 것이라는 전제에서부터 출발하였다. 이는 수립된 전략이 조직문화에 맞지 않는다면 성공적으로 실행되지 못할 것이므로, 전략은 실패하고 기업의 성과는 낮아질 것이라는 것이다. 포터(M.E. Porter)의 본원적 전략과 조직문화와의 연관성을 그 예로 들어 보면, 상이한 조직문화는 상이한 본원적 전략을 잉태하게 된다. 일반적으로 차별화 우위는 혁신, 개인주의, 위험 감수 등을 조장하는 조직문화가 뒷받침되어야 하는 데 비해, 원가우위는 근면, 규율, 세부사항에 대한 관심 등을 중시하는 조직문화에 의해서 얻어진다. 따라서 적절한 조직문화가 뒷받침될 때 본원적 전략이 추구하는 경쟁우위를 획득하고 강화할 수 있다. 문화는 경쟁우위를 얻는 수단이지 목적은 아니다. 그 자체로 좋거나 나쁜 조직문화는 있을 수 없다. 따라서 기업의 목적달성에 있어서 어떤 조직문화가 적합한가 하는 것이 경영자의 관심사항이 된다.

한편, 미국기업을 대상으로 한, 딜과 케네디(T.E. Deal and A.A. Kennedy)의 연구에 따르면 강한 문화를 가진 기업(기업의 가치관이 명확하게 규정되어 있고 종업원들이 이를 알고 있는 정도가 높은 기업)은 그렇지 않은 기업에 비해 성과가 높은 것으로 나타났다. 이는 강한 문화는 다음과 같은 두 가지 방식으로 종업원들이 과업을 잘 수행하게 해주기 때문이라는 것이다. 첫째, 강한 문화는 종업원이 항상 어떻게 행동해야 하는지를 세세하게 기술하는 비공식적 체제의 규칙이 된다. 둘째, 강한 문화는 종업원들이 무엇을 하는지에 대해 잘 알게 해줌으로써 그들이 보다 열심히 일하게 한다.

이와 같이 조직문화가 기업의 성과달성에 영향을 줄 수 있는 것은 조직문화가 다음과 같은 중요한 기능을 발휘할 수 있기 때문이다.

첫째, 조직문화는 조직구성원들에게 정체감(a sense of identity)을 심어준다. 조직문화가 조직구성원들에게 정체감을 심어준다는 것은 조직문화를 공유함으로써 구성원들이 일체감 내지는 동질감을 갖게 해준다는 의미이다. 동질감은 외부상황이 급변할 때 구성원들의 결속력을 강화해 주고, 외부상황에 대응하여 구성원들을 한 덩어리로 뭉치게 하는 구심점이 된다. 일본 우수기업의 사원의식은 다른 나라 기업들의 사원의식에 비해 결속력과 단결력이 높다고 한다. 이와 같은 단결력과 결속력은 조직문화에 의해서 뒷받침된다. 이러한 사실은 미국의 우량기업에서도 공통적으로 발견되고 있다.

둘째, 조직문화는 자신보다 조직에 대한 충성심 또는 몰입도(organizational commitment)를 높이게 만든다. 조직몰입도란 조직구성원들이 조직에 대해서 갖게 되는 충성심과 조직의 목표를 달성하기 위해 자신의 모든 노력과 능력을 기꺼이 바치고자 하는 마음자세를 의미한다. 조직몰입도가 높을수록 조직에 대한 충성심, 자기의 역할 및 작업에 대한 몰입, 그리고 조직의 목표와 가치관을 자신의 것으로 채택하여 동일시하는 정도가 높아진다. 조직문화는 조직구성원들의 인지도를 높여주고, 이를 통해서 조직구성원들이 행하는 바에 대하여 정당성을 부여함으로써, 결국 조직을 더욱 결속시키고 협동체제를 강화해 준다. 즉, 조직문화는 구성원들에게 조직에서 기대되는 행동패턴과 조직이 지향하는 바를 암시함으로써 구성원들의 몰입도가 더욱 더 높아지게 하고 조직의 결속을 두텁게 해준다.

셋째, 조직문화는 조직의 안정성을 증진시켜 준다. 강한 조직문화에서는 조직몰입도가 높아지고, 조직몰입도가 높은 회사에서는 이직률과 결근율이 낮게 나타난다. 실제로 많은 기업에서 이직률과 결근율이 증가하게 되면 조직구성원들의 사기가 떨어지고 불량률이 늘어나며, 기업 이미지를 하락시켜 기업운영에 어려움을 겪게 된다. 그러나 강한 조직문화를 가진 기업일수록 이런 점에서 비교적 안정적인 것으로 나타나므로 조직의 안정성은 구성원들의 단결심과 일체감을 높여주게 된다.

넷째, 조직문화는 조직 구성원들의 행동을 유도하고 형성하는 의미부여의 장치로 작용한다. 조직문화의 가장 중요한 기능 중의 하나는 조직 구성원들이 보고 배운다는 점이다. 어떤 위기가 닥쳤을 때 어떻게 대응해야 할지를 몰라 난감한 경우가 있다. 이때 특별한 문제가 없는 한, 그 기업이 평소 일하던 방식대로 대응하게 된다. 다시 말해서 조직 구성원의 입장에서 보면 조직문화는 위급할 때 선택할 수 있는 행동지침을 마련해준다. 즉, 조직 구성원에게 기대하는 것이 무엇이며, 어떤 행동이 보상을 받게 되며, 조직에서 해야 할 것과 하지 말아야 할 것이 무엇인가 등의 질문에 대한 해답을 제공해준다는 것이다.

제13장 토의자료

전 세계 3만 개 협력업체 오케스트라처럼 지휘

"이 회사는 옷을 팔아 연간 수백억 달러의 매출을 올린다. 그러나 옷을 만드는 공장도, 재봉하는 직원도 없다."

홍콩 의류업체 리앤펑(利豊, Li & Fung) 얘기다. 리앤펑은 생산시설 없이 공급망 관리를 통해 연간 20억 벌이 넘는 옷을 만들어 판다. 원자재 구매, 재봉 등 모든 생산과정은 협력업체가 맡는다. 리앤펑은 협력업체를 관리만 할 뿐이다. 리앤펑은 전 세계 40개국에 있는 약 3만 개의 공장을 관리한다. 협력업체 직원까지 포함하면 200만 명 이상의 인력을 움직인다. 하지만 리앤펑이 직접 월급을 주는 직원은 1만 5000명에 불과하다.

리앤펑 매출(단위: 억 달러)

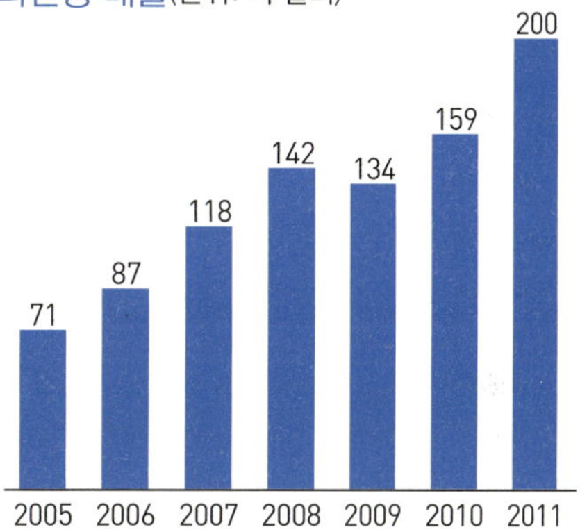

자료: 리앤펑 홈페이지

리앤펑 계열사 중 유통 업체인 IDS그룹, 편의점 체인인 써클 K 등 3개사가 홍콩 증시에 상장돼 있다. 페라가모의 아시아지역 유통망과 완구업체 토이저러스의 아시아 판매권도 보유하고 있다. 2009년 비즈니스위크는 이 회사를 세계에서 가장 영향력 있는 회사 29개 중 하나로 선정했다. 리앤펑은 지난해 약 200억 달러의 매출을 올렸다.

리앤펑은 '오케스트라 지휘자'

리앤펑은 1906년 설립됐다. 처음에는 장난감, 원단 등의 무역중개업체로 출발했다. 성장궤도에 들어선 것은 창업자 펑팍류가 손자인 빅터 펑 회장을 회사로 불러들이면서부터다. 펑 회장은 미국 MIT와 하버드대를 나와 하버드 비즈니스 스쿨에서 경영학을 강의하고 있었다. 그는 할아버지의 뜻에 따라 1976년 경영자로 변신했다. 펑 회장은 강의하던 이론을 현장에 접목했다. 먼저 전산화를 추진했다. 물류와 재고를 관리하는 시스템을 도입해 비용을 줄였다.

펑 회장은 자체생산 대신 외주시스템도 도입했다. 이를 위해 리앤펑은 우선 생산시설을 정리했다. "공장을 갖고 있으면 협력업체와 경쟁관계에 놓이게 되고, 이는 원활한 협력관계를 구축하는 데 방해가 된다"는 철학에 따른 것이다.

리앤펑은 1990년대 초 협력업체 네트워크를 관리하는 공급자관리(SRM, supplier relationship management) 시스템을 개발했다. SRM의 핵심은 외주다. 리앤펑은 제조원가가 싼 공장을 찾는다. 디자인, 원자재 조달, 제조 관리, 운송, 통관도 협력사에 맡긴다. 리앤펑이 특정 의류를 주문

받으면 단추는 중국, 지퍼는 일본, 실은 파키스탄에서 조달해 방글라데시 협력업체 공장에서 봉제하는 식이다. 1990년대 중국이 '세계의 공장'으로 부각되자 리앤펑은 급성장했다. 1992년부터 2006년까지 매출이 연평균 22%씩 늘었다.

리앤펑은 스스로를 오케스트라 지휘자에 비유한다. 지휘자도 악기를 다룰 수 있지만, 직접 연주하지 않는다는 것. 펑 회장은 "리앤펑의 역할은 공급업체를 조율해 전체적으로 훌륭한 사운드를 내게 하는 것"이라고 설명했다.

"협력업체 일감 적당히 줘라"

리앤펑은 협력업체에 단가를 낮추라고 압력을 가하거나 쥐어짜지 않는다. 협력업체와의 관계에 '30/70' 규칙을 적용한다. '협력업체 생산능력의 30%보다는 많게, 하지만 70%는 넘지 않게'가 핵심이다. 30%/70%는 리앤펑에 대한 매출의존도를 말한다. 협력업체가 리앤펑에 과도하게 의지하지 않게 하겠다는 취지다. 리앤펑은 이를 '느슨한 연계(loose coupling)'라고 표현한다.

펑 회장은 이런 관계를 액체, 고체, 기체에 비유하기도 한다. 30% 미만은 기체에 해당한다. 협력업체와의 지속적인 관계를 유지하기 힘들다는 것이다. 반면 70%가 넘으면 고체상태로 유연성이 전혀 없게 된다는 주장이다. 펑 회장은 협력업체와의 관계가 '액체 상태'를 유지해야 한다고 강조한다.

협력업체는 리앤펑에 전적으로 의지할 수 없기 때문에 다양한 거래처를 뚫어야 한다. 협력업체가 다른 회사들과도 일할 수 있어야 새로운 아이디어가 생기고, 이를 활용할 수 있다는 것이 리앤펑의 경영 방침이다.

펑 회장은 "우리 네트워크에는 항상 새로운 협력업체가 드나들 수 있다"며 "힘 있는 발주업체가 협력업체를 압박하게 되면 협력업체의 창의성이 떨어지는 것은 물론, 2차 협력업체들에 또 다른 압박이 가해질 수밖에 없다"고 말했다. 전체 네트워크에 해가 될 수 있다는 게 그의 생각이다.

리앤펑은 또 새로운 협력업체를 네트워크에 포함시킬 때 상호 공생하는 관계임을 강조한다. 리앤펑은 절대 협력업체가 하고 있는 사업에 진출하지 않겠다고 약속한다. 신뢰를 쌓기 위해서다. 협력업체에 대한 통제력을 잃지 않으면서도 효율을 유지할 수 있는 방법은 공생이라고 펑 회장은 강조한다.

"관료주의를 경계하라"

리앤펑은 유연한 조직을 갖추기 위해 노력하고 있다. 조직이 유연해야 위기에서도 쉽게 벗어날 수 있다는 펑 회장의 경영철학 때문이다. 그는 기업이 커지면 관료주의의 함정에 빠지게 되고, 혁신을 게을리 할 수 밖에 없다고 강조한다. 자신이 지향하는 조직 문화를 '크지만 작은 기업(big small company)'이라고 설명한다.

리앤펑은 유연한 조직을 유지하기 위해 회사 내부에 작은 사업단위(유닛)를 만들어 직원들이 자율적으로 운영하게 한다. 한 유닛당 구성원은

20~50명 정도다. 리앤펑에는 현재 300개의 유닛이 활동한다.

리앤펑에서 이 유닛의 리더들은 '작은 존 웨인(Little John Waynes)'이라고 불린다. 미국 서부영화에 출연한 배우 존 웨인이 총잡이들을 이끄는 것을 보고 힌트를 얻었다. '존 웨인'들은 자신의 사업을 하는 것처럼 일한다. 유닛 운영에 대해 모든 책임을 진다. 자신의 유닛이 어떤 사업을 할지 아이디어를 내고, 이익을 내기 위한 전략도 짠다. 이윤이 나면 그중 얼마를 성과급으로 가져갈지도 스스로 정한다.

자료: 한국경제(2012.6.1.)

토의문제

1. 리앤펑의 조직구조는 일반적인 의류업체와 어떻게 다른가?
2. 리앤펑의 조정 메커니즘에 대해 그 특징을 설명하라.
3. 리앤펑은 다른 기업과 비교해 어떤 조직문화를 가지고 있는가?

참고문헌

김세영(역), 『조직문화와 리더십』, 교보문고(1990).

임창희, 『조직행동』, 비앤엠북스(2013).

Barney, B., "Organizational culture: Can it be a source of competitive advantage?," *Academy of Management Review*, Vol. 11(1986), pp. 656~665.

Burns, T. and G.M. Stalker, *The Management of Innovation*, Tavistock, London(1961).

Chandler, A., *Strategy and Structure*, MIT Press, Cambridge, MA(1962).

Csaszar, F., "Organizational structure as a determinant of performance: Evidence from mutual funds," *Strategic Management Journal*, Vol. 33(2012), pp. 611~632.

Deal, T.E. and A.A. Kennedy, *Corporate Cultures*, Addison Wesley Publishing, MA(1982).

Drucker, P.F., *Management: Tasks, Responsibilities, Practices*, Harper & Row, New York(1974).

Galan, J.I. and M.J. Sanchez-Bueno, "The continuing validity of the strategy-structure nexus: New findings, 1993-2003," *Strategic Management Journal*, Vol. 30(2009), pp. 1234~1243.

Galbraith, J.R., "The value adding corporation: Matching structure with strategy," in J.R. Galbraith, E.E. Lawler and Associates, *Organizing for the Future*, Jossey Bass, San Francisco(1993), pp. 15~42.

Jaysen, J.S., Z. Simsek, and Q. Cao, "Ambidexterity and performance in multiunit contexts: Cross-level moderating effects of structural and resource attributes," *Strategic Management Journal*, Vol. 33(2012), pp. 1286~1303.

Kluckhohn, F.R. and F.L. Strodtbeck, *Variations in Value Orientations*, Harper & Row, New York(1961).

Lawrence, P. and J. Lorsch, *Organization and Environment*, Harvard University Press(1967).

Mintzberg, H., "Structuring of Organization," in J.B. Quinn, H. Mintzberg and R.M. James, *The Strategy Process: Concepts, Contexts, and Cases*, Prentice Hall, Englewood Cliffs, NJ(1988).

Narayanan, V.K. and R. Nath, *Organization Theory: A Strategic Approach*, Irwin, Homewood, IL(1993).

Peters T.J. and H. Waterman, Jr., *In Search of Excellence*, Haper & Row, New York(1982).

Schein, E.H., "Coming to a new awareness of organizational culture," *Sloan Management Review*(Winter 1984), pp. 3~16.

____________, *Organizational Culture and Leadership*, Jossey Bass Inc., San Francisco(1985).

Soda, G. and A. Zaheer, "A network perspective on organizational architecture: Performance effects of the interplay of formal and informal organization," *Strategic Management Journal*, Vol. 33(2012), pp. 751~771.

Terpstra V. and K. David, *The Cultural Environment of International Business*(2nd Edition), South Western Publishing, Cincinnati, Ohio(1985).

Thompson, A.A. and A.J. Strickland, *Strategic Management: Concepts and Cases*, Irwin, Homewood, IL(1993).

Weigelt, C. and D.J. Miller, "Implications of internal organization structure for firm performance," *Strategic Management Journal*, Vol. 34(2013), pp. 1411~1434.

Zhao, Z.J. and J. Anand, "Beyond boundary spanners: The 'collective bridge' as an efficient interunit structure for tranferring collective knowledge," *Strategic Management Journal*, Vol. 34(2013), pp. 1513~1530.

국문색인

영문색인

【저자 약력】

방호열(hybang@pusan.ac.kr)

부산대학교 상과대학 무역학과(상학사)
고려대학교 대학원 무역학과(경영학석사)
고려대학교 대학원 무역학과(경영학박사)
현재: 부산대학교 경영대학 경영학과 교수
저서: 『국제경영』 『국제통상론』
논문: "1차 자료와 2차 자료에 의한 전략집단 분류의 비교분석－중국 화장품 산업을 중심으로"
"국제 기업가정신과 국제화 성과간의 관계"
강의과목: 국제경영학, 국제경영전략

김민숙(kms@gw.kmu.ac.kr)

부산대학교 대학원 무역학과(경제학석사)
부산대학교 대학원 무역학과 국제경영전공(경제학박사)
University of Nevada, Las Vegas(UNLV) 호텔경영학과(경영학석사)
부산외국어대학교 국제무역학과 조교수
현재: 계명대학교 국제통상학과 부교수
저서: 『의료관광론(2011)』
논문: "글로벌기업 초우량센터의 전략적 중요요인과 초우량요인에 관한 연구"
"한국기업 해외자회사의 지식창출 결정요인분석－외국인 불리성과 전략적 지향성을 중심으로－"
강의과목: 국제경영전략, 해외시장조사론

제2판

전략경영 Strategic Management

제1판 발행 2014년 8월 15일
제2판 발행 2020년 3월 16일

지은이 방호열 · 김민숙
펴낸이 김영훈
기획 영업 전영완
편집인 김병성
펴낸곳 도서출판 문우사 MoonWoo
주소 경기도 고양시 일산동구 정발산로 24(장항동, 웨스턴돔타워) 2동 814호
전화 031) 901-6542, 070) 4200-6542 팩스 031) 906-6542
홈페이지 www.munu.co.kr 대표메일 moonwoosa@hanmail.net
출판신고번호 제396-2013-000113호

ISBN 979-11-85994-73-4 93320

값 30,000원